Gerhard Wettig
Chruschtschows Berlin-Krise 1958 bis 1963

Quellen und Darstellungen zur
Zeitgeschichte
Herausgegeben vom Institut für
Zeitgeschichte

Band 67

R. Oldenbourg Verlag München 2006

Gerhard Wettig

Chruschtschows Berlin-Krise 1958 bis 1963

Drohpolitik und Mauerbau

R. Oldenbourg Verlag München 2006

Unterstützt durch die gemeinsame Kommission für die Erforschung der jüngeren Geschichte der deutsch-russischen Beziehungen, gefördert aus Mitteln des Bundesministeriums des Innern.

Bibliografische Information Der Deutschen Bibliothek
Die Deutsche Bibliothek verzeichnet diese Publikation in der Deutschen Nationalbibliografie; detaillierte bibliografische Daten sind im Internet über <http://dnb.ddb.de> abrufbar.

© 2006 Oldenbourg Wissenschaftsverlag GmbH, München
Rosenheimer Straße 145, D-81671 München
Internet: oldenbourg.de

Umschlaggestaltung: Dieter Vollendorf

Gedruckt auf säurefreiem, alterungsbeständigem Papier (chlorfrei gebleicht).
Gesamtherstellung: R. Oldenbourg Graphische Betriebe Druckerei GmbH, München

ISBN-13: 978-3-486-57993-2
ISBN-10: 3-486-57993-2

Inhalt

Vorwort

Die vorliegende Untersuchung der sowjetischen Politik in der zweiten Berlin-Krise wurde durchgeführt im Rahmen eines Projekts der Gemeinsamen Kommission zur Erforschung der jüngeren Geschichte der deutsch-russischen Beziehungen. Daher gebührt an dieser Stelle der erste Dank den beiden Ko-Vorsitzenden Horst Möller und Aleksandr Tschubarjan, sowie dem von Eberhard Kuhrt geleiteten deutschen Kommissionssekretariat. Die vom Bundesministerium des Innern zur Verfügung gestellten Sachmittel haben die zahlreichen Recherchen in Berlin und Moskau sowie einmalige Studienaufenthalte in München und Freiburg i.B. ermöglicht. Das Institut für Zeitgeschichte unter Horst Möller übernahm die Betreuung des Projekts. Hermann Wentker als Leiter der Abteilung Berlin und Hannelore Georgi als deren Sekretärin unterstützten mich während meiner Forschungsaufenthalte in der Stadt in jeder logistischen und sonstigen Hinsicht. Ingrid Morgen, Hildegard Maisinger und Elke Schindler im Münchener Stammhaus leisteten wichtige administrative Hilfestellung. Das Manuskript ist im Institut von Udo Wengst und seinen MitarbeiterInnen zur Publikation vorbereitet worden. Im Verlag war Gabriele Jaroschka damit befaßt. Den Genannten sei hier herzlich für ihre Beiträge zum Zustandekommens des Buches gedankt.

Mein Dank gilt weiterhin den Leitungen und Angestellten der benutzten Archive: des Archivs des russischen Außenministeriums (AVPRF) und des Archivs für neueste Geschichte (RGANI) in Moskau, des Bundesarchivs, vor allem der Stiftung Archive Parteien und Massenorganisationen der ehemaligen DDR (SAPMO) in Berlin und des Militärarchivs in Freiburg, sowie des Politischen Archivs des Auswärtigen Amtes mit den Beständen des früheren ostdeutschen Ministeriums für Auswärtige Angelegenheiten. Bei der Ermittlung der einschlägigen RGANI-Akten in der Bayerischen Staatsbibliothek half mir Freddy Litten. Michal Reiman wies mich auf relevante Bestände in den Prager Archiven hin und stellte mir den von ihm mitherausgegebenen Band zur Verfügung, in dem sie veröffentlicht vorliegen. Lorenz Luthi machte mich darauf aufmerksam, daß in den früheren Zentralen Parteiarchiven in Budapest (MOL) und Warschau (AAN) ebenfalls wichtige Dokumente zu finden sind; Magdolna Baráth und Wanda Jarzabek recherchierten diese für mich und schickten mir entsprechende Kopien. Matthias Uhl machte mir Archivalien zugänglich, die er für ein paralleles Forschungsprojekt (über die sicherheitspolitisch-militärischen Aspekte der sowjetischen Politik in der Berlin-Krise) gesammelt hatte, dessen Ergebnisse in Kürze veröffentlicht werden. Von Torsten Diedrich erhielt ich zusätzliche Unterlagen aus dem Freiburger Militärarchiv, die er in der Zeit meines dortigen Besuchs in das Militärgeschichtliche Forschungsamt ausgeliehen hatte. Aleksej Filitov verdanke ich wichtige Hinweise auf russische Publikationen. Ruth Wunnicke leistete

mir wertvolle Hilfe bei der Beschaffung von Materialien aus Berliner Bibliothe-
ken.

Die Bildstellen des Bundesarchivs in Koblenz und der Nachrichtenagentur dpa
in Frankfurt am Main stellten ebenso Abbildungen zur Verfügung wie Günter
Buchstab und Harald Odehnal von der Konrad-Adenauer-Stiftung in Sankt Au-
gustin, die hierfür großzügigerweise keine Gebühren verlangten. Die Unterstützung durch den Kustos am AlliiertenMuseum in Berlin, Bernd von Kostko, war
bei der Feststellung geeigneter Aufnahmen unersetzlich.

Schließlich habe ich noch meiner Frau Heide zu danken, die mich bei meiner
Arbeit ermutigt und die dabei entstandenen Belastungen willig ertragen hat.

Gerhard Wettig

1. Einleitung

Themenstellung

Die zweite Berlin-Krise war ein zentrales Ereignis des Kalten Krieges. Auch wenn sie weniger dramatisch verlief als die Kuba-Krise, entstanden wiederholt sehr gefährliche Situationen. Ihre Dauer war ohne Beispiel: fünf Jahre zwar unterschiedlich intensiver, aber doch beharrlicher Ost-West-Konfrontation vom Spätherbst 1958 bis zum Spätherbst 1963 mit dem Höhepunkt des Mauerbaus im August 1961 und den folgenden Monaten verschärfter Spannung. Am Ende gab es keinen klaren Abschluß. Vielmehr ging die Krise lediglich von einer Akut- in eine Latenzphase mit verändertem, aber letzlich auf das gleiche Ziel ausgerichtetem sowjetischen Vorgehen über, die erst durch das Vier-Mächte-Abkommen vom 3. September 1971 – fast 13 Jahre nach Chruschtschows erstem Berlin-Ultimatum – abgeschlossen und am 2. Juni 1972 in Kraft gesetzt wurde. Die Mauer, die den Westmächten unwichtig schien und daher von ihnen widerstandslos hingenommen wurde, war für die Deutschen ein Schock, der in West-Berlin und in der Bundesrepublik das Vertrauen zu den Verbündeten auf eine harte Probe stellte und fortan wesentlichen Einfluß auf das Verhältnis zu diesen hatte, blieb bestehen.[1]

Im Mittelpunkt der Untersuchung steht die sowjetische Berlin-Politik. Sie wurde wesentlich von Chruschtschow bestimmt, der sich 1957 der letzten Rivalen im innerparteilichen Machtkampf entledigt hatte. Die Zeitfolge war kein Zufall: Das Berlin-Ultimatum, das die Krise auslöste, ging auf eine einsame Entscheidung des Kremlchefs zurück.[2] Obwohl das Wagnis offen zu Tage lag, wagte außer Mikojan keines der Führungsmitglieder Bedenken zu äußern. Das Außenministerium hielt zwar eine vorsichtigere Politik für angebracht, aber Gromyko fügte sich völlig den Wünschen des obersten Chefs und war bestrebt, diesen unbedingt zufriedenzustellen. Ein Einwand kam daher für ihn nicht in Frage.[3] Die Außenpolitik war mithin seit spätestens 1958 im Kern eine persönliche Angelegenheit Chruschtschows, der daher die Zentralfigur der Darstellung ist. Dabei zeigt sich,

---

[1] Vgl. Andreas Wilkens, Der unstete Nachbar. Frankreich, die deutsche Ostpolitik und die Berliner Vier-Mächte-Verhandlungen 1969–1974, München 1990, S. 123–176; David C. Geyer, The Missing Link. Henry Kissinger and the Back-Channel Negotiations on Berlin, in: David C. Geyer/Bernd Schaefer (Hrsg.), American Détente and German Ostpolitik, 1969–1972. Supplement to the Bulletin of the German Historical Institute No. 1, Washington/DC 2004, S. 80–97, dazu die ergänzenden Ausführungen der beteiligten Akteure Vjačeslav Kevorkov, Egon Bahr, James S. Sutterlin und Kenneth Skoug, ebd., S. 143–146, 146 f., 156 f., 157 f.

[2] Außer der Darstellung in Kapitel 3 siehe W. Taubman, a.a.O., S. 398.

[3] Ebd.; O. Grinevskij, Na Smolenskoj Ploščadi v 1950-ch godach, in: Meždunarodnaja žizn', 11/1994, S. 120 f.; Oleg Grinevskij, Tysjača odin den' Nikity Sergeeviča, Moskau 1998, S. 37 f.

daß sein Denken und Handeln weithin von anderen Vorstellungen bestimmt wurde, als der Westen voraussetzte.

Das Erkenntnisinteresse gilt dem Geschehensablauf von 1958 bis 1963. Die Vorgänge und die ihnen zugrunde liegenden Motive sollen so weit wie möglich aus sich selbst heraus erkannt und beurteilt werden. Eine im voraus fixierte Sym- oder Antipathie wird ebenso zu vermeiden gesucht wie eine Rechtfertigung unter gegenstandsimmanenten Aspekten. Es wird ein Verständnis der Zusammenhänge angestrebt, das von den spezifischen Wahrnehmungen (perceptions) der politischen Akteure ausgeht. Wie sahen sie jeweils ihre Rolle, wie schätzten sie die Bedingungen ihres Handelns ein, und welche Ziele setzten sie sich? Wie reagierten sie auf widrige Realitäten? Was erreichten sie vor diesem Hintergrund? Angesichts der Fülle relevanter Probleme, Vorgänge und Ereignisse konzentriert sich die Darstellung auf Schwerpunkte des Geschehens. Der Leitgesichtspunkt für deren Auswahl ist, daß der Konflikt um Berlin grundsätzlich Sache der Westmächte und der Sowjetunion war. Die vier Staaten, die 1945 die „oberste Gewalt" im besetzten Deutschland übernommen hatten, waren trotz Übergabe wesentlicher Befugnisse an die Bundesrepublik bzw. an die DDR weiter im Besitz der zentralen Kompetenzen hinsichtlich der Stadt. Von den vier Berlin-Mächten waren nur die beiden „Supermächte" imstande, über Krieg oder Frieden zu entscheiden und damit auf den Verlauf der Krise bestimmenden Einfluß zu nehmen. Mithin spielten Großbritannien und Frankreich nur in der „zweiten Liga", während die deutschen Staaten überhaupt keine eigenen Rechtstitel besaßen und zudem der Fähigkeit zu selbständigem Handeln entbehrten.

Bundesrepublik und DDR waren jedoch von den Berlin-Entscheidungen vital betroffen. Ihr Unvermögen, sich aus eigener Kraft in die Berlin-Krise einzuschalten, hinderte sie nicht daran, sich um Einfluß auf das Vorgehen der jeweiligen Schutz- und Führungsmacht zu bemühen. Das gelang freilich nur so weit, wie diese auf die unterbreiteten Wünsche und Vorstellungen einging. Die Regierungen in Bonn und Ost-Berlin waren nicht unmittelbar als Akteure des Krisengeschehens von Bedeutung. Daher behandelten die Vier Mächte die Deutschen auf der Gegenseite nicht als direkten Widerpart, mit dem sie sich auseinanderzusetzen hatten, sondern sahen allein sich wechselseitig als Antagonisten im Ringen um Berlin. Für die Amerikaner war die DDR als nicht anerkannter Staat prinzipiell kein Ansprechpartner, und der Kreml suchte die Bundesrepublik zwischen 1957/58 und 1963/64 so weit wie möglich von internationaler Mitsprache auszuschließen. Der Einfluß, den beide Staaten auf unterschiedliche Weise und in unterschiedlichem Maße innerhalb ihres jeweiligen Lagers ausübten, sollte nicht unterschätzt werden, kann aber in der Darstellung der Konflikte um Berlin nur als Bestandteil der internen Prozesse auf beiden Seiten Berücksichtigung finden. Daher treten nur die UdSSR und die Westmächte als miteinander ringende Gegner in Erscheinung, während die west- und die ostdeutschen Akteure als deren – freilich nicht unwichtige – Anhängsel behandelt werden.

Quellenlage

Wie Rolf Steininger 2003 zur wissenschaftlichen Literatur über die Berlin-Krise von 1958 bis 1963 festgestellt hat, gibt es „[m]it Blick auf die Sowjetunion und die DDR nach wie vor mehr Fragen als Antworten". „Weshalb löste Chruschtschow die Krise aus? Warum das Ultimatum? Welche Rolle spielte die SED-Führung? Wann wurde die Entscheidung für den Bau der Mauer getroffen, und wer traf sie?" Man sehe sich „größtenteils immer noch auf Spekulationen angewiesen."[4] Während sich die Geschichtsschreibung auf der Grundlage interner Quellen bereits ausführlich mit der westlichen Politik befaßt[5] und die Geschichte des Kalten Krieges wesentlich anhand westlicher Dokumente dargestellt hat,[6] waren über die Entscheidungen und die Motive der sowjetischen Seite, welche die Krise auslöste und in Gang hielt, gesicherte Informationen kaum verfügbar.

Die einschlägigen Publikationen enthalten vergleichsweise geringe Aufschlüsse über das Handeln des Kreml. Die von Bernd Bonwetsch und Aleksej Filitov veröffentlichten Reden der östlichen Parteiführer – ohne die schon zuvor von Wilfriede Otto edierten Ausführungen Ulbrichts – auf der Sitzung des Politisch Beratenden Ausschusses des Warschauer Vertrages Anfang August 1961 nehmen, wenn man von dem Plädoyer des SED-Chefs und den unterstützenden Bemerkungen seines polnischen Kollegen Gomułka absieht, keinen Bezug auf den bevorstehenden Mauerbau, so daß das Zustandekommen des zuvor gefaßten Be-

[4] Rolf Steininger, Die Berlin-Krise und der 13. August 1961, in: Rainer Eppelmann/Bernd Faulenbach/Ulrich Mählert (Hrsg.), Bilanz und Perspektiven der DDR-Forschung, Paderborn 2003, S. 63.

[5] Siehe Joachim Arenth, Der Westen tut nichts! Transatlantische Kooperation während der zweiten Berlin-Krise (1958–1962) im Spiegel neuer amerikanischer Quellen, Frankfurt/Main–Berlin–Bern 1993; Michael R. Beschloss, The Crisis Years. Kennedy and Khrushchev, 1960–1963, New York 1991; John C. Ausland, Kennedy, Khrushchev, and the Berlin Crisis 1961–1964, Oslo 1996; Michael R. Beschloss, Mayday, Eisenhower, and the U-2 Affair, New York 1986; Christian Bremen, Die Eisenhower-Administration und die zweite Berlin-Krise 1958–1961, Berlin 1996; William Burr, Avoiding the Slippery Slope. The Eisenhower Administration and the Berlin Crisis, November 1958–January 1961, in: Diplomatic History, 1994, S. 177–205; Honoré M. Catudal, Kennedy and the Berlin Wall Crisis. A Case Study in U.S. Decision Making, Berlin 1981; John P. S. Gearson, Harold Macmillan and the Berlin Wall Crisis, 1958–62. The Limits of Interests and Force, Houndmills–London 1998; Norman Gelb, The Berlin Wall: Kennedy, Khrushchev, and a Showdown in the Heart of Europe, New York 1986; Hans-Peter Hinrichsen, Das Krisenmanagement der USA und UdSSR auf dem Höhepunkt der 2. Berlin-Krise, in: Historische Mitteilungen 2 (1989), S. 117–177; Michael Jochum, Eisenhower und Chruschtschow. Gipfeldiplomatie im Kalten Krieg 1955–1960, Paderborn 1996; Hanns Jürgen Küsters, Adenauer und Brandt in der Berlin-Krise 1958–1963, in: Vierteljahrshefte für Zeitgeschichte 40 (1992), S. 483–542; Victor Mauer, Macmillan und die Berlin-Krise, in: Vierteljahrshefte für Zeitgeschichte 44 (1996), S. 229–256; Frank A. Mayer, Adenauer and Kennedy: A Study in German-American Relations, 1961–1963, Houndmills–London 1996; Christof Münger, Ich bin ein Berliner. Der Wandel der amerikanischen Berlinpolitik während der Präsidentschaft John F. Kennedys. Zürcher Beiträge zur Sicherheitspolitik und Konfliktforschung Band 49, Zürich 1999; Christof Münger, Kennedy, die Berliner Mauer und die Kubakrise. Die westliche Allianz in der Zerreißprobe 1961–1963, Paderborn 2003; Rolf Steininger, Der Mauerbau. Die Westmächte und Adenauer in der Berlinkrise 1958–1963, München 2001.

[6] So insbesondere Michael L. Dockrill, The Cold War, 1945–1963, Basingstoke 1988; John Wilson Young, Coldwar Europe 1945–1991, London 1997; Marc Trachtenberg, A Constructed Peace. The Making of the European Settlement 1945–1963, Princeton/NJ 1999; Yvan Vanden Berghe, Der Kalte Krieg 1917–1991, Leipzig 2002; Rolf Steininger, Der Kalte Krieg, Frankfurt/Main 2003.

schlusses kaum beleuchtet wird.[7] Der Band von Matthias Uhl und Armin Wagner enthält Dokumente vor allem ostdeutscher Provenienz über die militärischen Maßnahmen in der DDR 1961 und läßt nur darauf schließen, daß vor deren Anlaufen am 25. Juli die zugrunde liegende politische Entscheidung gefallen ist.[8] André Steiner und Karl-Heinz Schmidt haben nach ostdeutschen Quellen die innenpolitischen Nöte der SED-Führung vor dem Mauerbau dargestellt.[9] Informationen über kleine Teilbereiche oder auf dieser Grundlage erstellte Überblicksdarstellungen finden sich bei Vladislav Zubok, Constantine Pleshakov, Aleksandr Fursenko und Timothy Naftali.[10] In mehreren Aufsätzen und, etwas abgeschwächt, in einem folgenden Buch hat Hope Harrison die Ansicht, Ulbricht habe Chruschtschow unter Druck gesetzt und ihn zu einer Berlin-Politik wider Willen gezwungen.[11] Ihr widersprechen Michael Lemke, Hartmut Mehls, Wilfriede Otto und Aleksandr Fursenko.[12] Dieser und der Chruschtschow-Biograph William

[7] Bernd Bonwetsch/Aleksei Filitow, Chruschtschow und der Mauerbau. Die Gipfelkonferenz der Warschauer-Pakt-Staaten vom 3.–5. August 1961, in: Vierteljahrshefte für Zeitgeschichte, 48 (2000), S. 166–171; Wilfriede Otto, 13. August 1961 – eine Zäsur in der europäischen Nachkriegsgeschichte, in: Beiträge zur Geschichte der Arbeiterbewegung, 2/1997, S. 55–84.

[8] Matthias Uhl/Armin Wagner (Hrsg.), Ulbricht, Chruschtschow und die Mauer. Eine Dokumentation [mit Einleitung]. Schriftenreihe der Vierteljahrshefte für Zeitgeschichte, München 2003.

[9] André Steiner, Politische Vorstellungen und ökonomische Probleme im Vorfeld der Errichtung der Berliner Mauer. Briefe Walter Ulbrichts an Nikita Chruschtschow, in: Hartmut Mehringer (Hrsg.), Von der SBZ zur DDR. Studien zum Herrschaftssystem in der Sowjetischen Besatzungszone und in der Deutschen Demokratischen Republik. Sondernummer Schriftenreihe der Vierteljahrshefte für Zeitgeschichte, München 1995, S. 233–268; André Steiner, Eine wirtschaftliche Bilanz der Mauer, in: Hans-Hermann Hertle/Konrad H. Jarausch/Christoph Kleßmann (Hrsg.), Mauerbau und Mauerfall. Ursachen – Verlauf – Auswirkungen, Berlin 2002, S. 189–202; Karl-Heinz Schmidt, Dialog über Deutschland. Studien zur Deutschlandpolitik von KPdSU und SED (1960–1979), Baden-Baden 1998, S. 27–113.

[10] Vladislav Zubok/Constantine Pleshakov, Inside the Kremlin's Cold War. From Stalin to Khrushchev, Cambridge/MA–London 1996; Aleksandr Fursenko/Timothy Naftali, „One Hell of a Gamble". Khrushchev, Castro and Kennedy 1958–1964, New York–London 1997. Hannes Adomeit, Imperial Overstretch: Germany in Soviet Policy from Stalin to Gorbachev., Baden-Baden 1998, bringt keine wesentlichen Aufschlüsse über die sowjetische Politik in der zweiten Berlin-Krise.

[11] Von Hope M. Harrison sind erschienen: Ulbricht and the Concrete „Rose". New archival evidence on the dynamics of Soviet-East German relations and the Berlin Crisis, 1958–1961. Cold War International History Project, Working Paper Nr. 5, Washington/D.C. 1993; The Berlin Crisis and the Khrushchev-Ulbricht Summits in Moscow, 9 and 18 June 1959, in: Cold War International History Project Bulletin 11 (Winter 1998), S. 204–217; Ulbricht, Khrushchev, and the Berlin Wall, 1958–1961, in: Gustav Schmidt (Hrsg.), Ost-West-Beziehungen. Konfrontation und Détente 1945–1989, Band 2, Bochum 1993, S. 333–348; Die Berlin-Krise und die Beziehungen zwischen der UDSSR und der DDR, in: Gerhard Wettig (Hrsg.), Die sowjetische Deutschland-Politik in der Ära Adenauer, Rhöndorfer Gespräche Band 16, Bonn 1997, S. 105–122; Driving the Soviets Up the Wall. A Super-Ally, a Superpower, and the Building of the Berlin Wall, 1958–1961, in: Cold War History 1 (2000), S. 53–94; Wie die Sowjetunion zum Mauerbau getrieben wurde. Ein Superalliierter, eine Supermacht und der Bau der Berliner Mauer, in: H.-H. Hertle/K. H. Jarausch/Ch. Kleßmann, a.a.O., S. 77–96; Hope M. Harrison, Driving the Soviets Up the Wall. Soviet-East German Relations 1953–1961, Princeton/NJ–Oxford 2003, S. 96–234.

[12] Michael Lemke, Die Berlinkrise 1958 bis 1963. Interessen und Handlungsspielräume der SED im Ost-West-Konflikt, Berlin 1995; Michael Lemke, Die SED und die Berlin-Krise 1958 bis 1963, in: Gerhard Wettig, Die sowjetische Deutschland-Politik, a.a.O., S. 123–137; Michael Lemke, Die Beziehungen zwischen DDR und Sowjetunion im Vorfeld der Berlinkrise, in: H.-H. Hertle/K. H. Jarausch/Ch. Kleßmann, a.a.O., S. 67–76; Michael Lemke, Einheit oder Sozialismus? Die Deutschlandpolitik der SED 1949–1961, Köln 2001; Hartmut Mehls (Hrsg.), Im Schatten der Mauer. Dokumente 12. August bis 29. September 1961, Berlin 1990; Wilfriede Otto, 13. August 1961, a.a.O., S. 40–72, 2/1997, S. 55–92; A. A. Fursenko, Kak byla postroena berlinskaja stena, in: Istoričeskie

Taubman (der freilich den auswärtigen Problemen nur wenig Aufmerksamkeit
schenkte) haben in großem Umfang, Aleksej Filitov, Vladislav Zubok und Hope
Harrison in geringerem Maße sowjetische Akten benutzt; alle anderen Autoren
stützen sich nur auf Dokumente aus DDR-Beständen.

Mit der hier vorgelegten Monographie wird der Versuch unternommen, den
bisher sehr begrenzten Einblick in die Politik der UdSSR während der Berlin-
Krise wesentlich zu erweitern, auch wenn dies durch den nur partiell möglichen
Zugang zu den russischen Archiven[13] sehr erschwert ist. Die dadurch bedingten
Lücken konnten weithin durch Materialien aus Archiven der ehemaligen DDR,[14]
dem Politischen Archiv des Auswärtigen Amtes[15] sowie stellenweise des Landes-
archivs Berlin geschlossen werden.[16] Ergänzend werden publizierte Akten aus
tschechischen[17] und russischen Archiven[18] herangezogen. Bei den Unterlagen aus
den nicht-sowjetischen Warschauer-Pakt-Staaten handelt es sich vielfach um Dokumente sowjetischer Provenienz, die Chruschtschow – anders als die Führer der
UdSSR vor und nach ihm – den anderen Parteichefs zur Unterrichtung über seine
Außenpolitik übersandte. Meistens sind diese Stücke, die nicht selten im russischen Originaltext vorliegen, in Moskau nicht zugänglich.

Wichtig ist auch die Überlieferung anderer Staaten. Eine herausragende Bedeutung kommt den Akten der DDR zu, die nicht nur der Forschung ohne Einschränkung zur Verfügung stehen, sondern auch in besonderem Maße Aufschluß
über die interne Sicht auf sowjetischer Seite geben. Der Kreml, nicht zuletzt
Chruschtschow persönlich, legte immer wieder Auffassungen, die nicht nach
außen hin zu erkennen gegeben wurden, Ulbricht und anderen Vertretern des
SED-Regimes dar, um ihre Mitwirkung an der sowjetischen Politik im gewünschten Sinne zu gewährleisten. Die Ost-Berliner Akteure bemühten sich zudem aufgrund ihres ausgeprägten Interesses an den Fragen, um die es ging, immer wieder
um Auskunft und Einflußnahme. Eine bedeutsame Quelle ist auch die amerikanische Gegenüberlieferung, die namentlich in den Bänden der „Foreign Relations
of the United States" vorliegt. Die USA waren in der Berlin-Krise das hauptsächliche Gegenüber der UdSSR. Im Kontakt mit ihnen kamen die entscheidenden

---

zapiski, 4/2001 (122), S. 79f. Fursenko hatte den Aufsatz zunächst mit genauen Nachweisen aus
dem Präsidentenarchiv (APRF) versehen, das die politisch wichtigsten sowjetischen Akten enthält,
mußte diese dann jedoch streichen.

13 Es konnten benutzt werden verschiedene Bestände des Archivs des russischen Außenministeriums
(Archiv vnešnej politiki Rossijskoj Federacii, AVPRF) und des – aus dem Archiv des ZK der
KPdSU hervorgegangenen – Russischen Staatsarchivs für neueste Geschichte (Rossijskij gosu-
darstvennyj archiv novejšej istorii, RGANI [früher CChSD]), nicht dagegen des Präsidentenarchivs, das nur wenigen russischen Forschern unter Kautelen offensteht.

14 Bundesarchiv Berlin (BArchB), Stiftung Archiv Parteien und Massenorganisation im Bundes-
archiv (SAPMO-BArch), Bundesarchiv-Militärarchiv (BArch-MArch), Politisches Archiv des
Auswärtigen Amtes – Bestände des Ministeriums für Auswärtige Angelegenheiten der früheren
DDR (PA/MfAA)

15 Verwendete Abkürzung: PA.

16 Verwendete Abkürzung: LArchB.

17 Michal Reiman/Petr Luňák, Studená válka 1954–1964. Sovětské dokumenty v českých archivech,
Brünn 2000. Ich danke Michal Reiman, der mich auf das Buch aufmerksam machte und mir ein
Exemplar schenkte.

18 Besonders wichtig: Fursenko, A. A. (Hrsg.), Archivy Kremlja. Prezidium CK KPSS 1954–1964.
Černovye protokol'nye zapisi zasedanij. Stenogrammy, Moskau 2003. Die publizierten Einzel-
dokumente und -vorgänge sind im Quellen- und Literaturverzeichnis aufgeführt.

Probleme zur Sprache. Die darüber angefertigten Aufzeichnungen korrigieren nicht nur einseitige Beurteilungen und Sichtweisen der sowjetischen Akteure, sondern ersetzen auch verschiedentlich fehlende Akten aus Moskau. Als wenig informativ haben sich Quellen über Fühlungnahmen mit der westdeutschen Seite erwiesen. Die Bundesrepublik gehörte ja nicht zu den Mächten, die Berlin-Kompetenzen besaßen und daher an der Krise unmittelbar beteiligt waren. Wegen der Mißliebigkeit ihrer Politik überschüttete sie der Kreml bis zum Ende der Amtszeit Adenauers mit Polemik und schloß sie weithin vom diplomatischen Diskurs aus, wenn man von einigen Gesprächen Chruschtschows mit dem wegen seiner eigensinnigen Haltung geschätzten Botschafter Kroll absieht, in denen aber nur anderweitig Bekanntes wiederholt wurde. Daher wird in dieser Untersuchung auf westdeutsche Archivalien verzichtet.

Als Quellen, welche die sowjetischen Dokument ergänzen, werden – mit den üblichen quellenkritischen Vorbehalten – Memoiren herangezogen. Sie bieten vor allem Anhaltspunkte für die Einschätzung subjektiver Befindlichkeiten, die den amtlichen Aufzeichnungen nicht zu entnehmen sind. Besondere Bedeutung haben die Erinnerungen Chruschtschows,[19] seines Sohnes Sergej[20] und Schwiegersohnes Aleksej Adshubej,[21] seiner persönlichen Mitarbeiter Oleg Trojanovskij,[22] Oleg Grinevskij[23] und A. M. Aleksandrov-Agentov[24] sowie eines Diplomaten in der Ost-Berliner Botschaft, Julij Kvicinskij.[25] Indirekten Einblick in unverfügbare sowjetische Unterlagen bieten die Arbeiten anderer Historiker, vor allem russischer Kollegen, die Zugang dazu hatten. Als Gegenüberlieferung, die das Bild vervollständigt, sind vor allem die zahlreich publizierten amerikanischen Archivalien[26] wertvoll.

---

[19] Memuary Nikity Sergeeviča Chrušč̇ëva, in: Meždunarodnaja žizn', 10/1993, S. 47–90 [Fortsetzungsteil, in dem auf die Berlin-Krise Bezug genommen wird].

[20] Sergej Chrušč̇ëv, Roždenie sverchderžavy. Kniga ob otce, Moskau 2000.

[21] Aleksej Adžubej, Te desjat' let, Moskau 1989.

[22] Oleg Trojanovskij, Čerez gody i rasstojanija. Istorija odnoj sem'i, Moskau 1997.

[23] Oleg Grinevskij, Tysjača odin den' Nikity Sergeeviča, Moskau 1998; Oleg Grinevskij, Berlinskij krizis 1958–1959gg., in: Zvezda, 2/1996, S. 126–156.

[24] A.M. Aleksandrov-Agentov, Ot Kollontaj do Gorbačëva. Vospominanija diplomata, Moskau 1994.

[25] Julij Kvicinskij, Vremja i slučaj. Zametki professionala, Moskau 1999. Diese Memoiren erschienen bereits vorher in deutscher Übersetzung: Julij A. Kwizinskij, Vor dem Sturm. Erinnerungen eines Diplomaten, Berlin 1993.

[26] Von den amtlich herausgegebenen „Foreign Relations of the United States" (FRUS) wurden die Bände VIII (Berlin Crisis 1958–1959), IX (Berlin Crisis 1959–1960; Germany; Austria) und X (Eastern Europe; Soviet Union; Cyprus) der Serie 1958–1960 und die Bände V (Soviet Union), VI (Kennedy-Khrushchev Exchanges), XIV (Berlin Crisis 1961–1962) und XV (Berlin Crisis 1962–1963) benutzt. Darüber hinaus verwendete ich von Chadwyck-Healey publizierte Microfiches der Serie „The Berlin Crisis, 1958–1962".

2. Vorgeschichte

Latenter Konflikt mit der DDR über deren Souveränitätsbefugnisse

Die Koexistenz von Ost und West im geteilten Berlin beruhte auf den besonderen Rechten der Vier Mächte. Diese waren von der UdSSR während der Blockade von 1948/49 zwar in Abrede gestellt, danach aber wieder anerkannt worden, weil sie als Instrument des Anspruchs auf deutsche Einheit unter sozialistischem Vorzeichen nützlich erschienen. Die SED-Führung war bestrebt, die Abschottung in Deutschland auf Berlin auszudehnen, was auf eine Einschränkung von dessen Vier-Mächte-Status hinauslief. Schon 1952 war sie in Moskau wegen Schließung der Sektorengrenze vorstellig geworden.[1] Als die Sowjetunion seit 1954 offen zur offenen Zwei-Staaten-Politik überging, stellte sie sich auf den Standpunkt, die DDR sei uneingeschränkt souverän. In voller Konsequenz hätte das ihre totale Verfügungsgewalt über die Zugangswege West-Berlins bedeutet.[2] Das zuzugestehen, war man in Moskau nicht bereit, denn das hätte die Rechtsposition der UdSSR in dem geteilten Land beeinträchtigt und das Risiko einer Konfrontation mit den Westmächten nach sich gezogen. Dem Vertrag über die Souveränität der DDR vom 20. September 1955 wurde daher ein Briefwechsel beigefügt, der die Zuständigkeit für die Abwicklung des westlichen Verkehrs bei der Sowjetunion beließ.[3]

Die SED-Führung war mit der Beschränkung ihrer Berlin-Befugnisse nicht einverstanden. Sie vertrat die Ansicht, die UdSSR habe mit einer früheren Erklärung „die volle Souveränität der DDR bestätigt".[4] Im März 1957 fertigte das Außenministerium eine Aufzeichnung an, in der ganz Berlin als ostdeutsches Territorium beansprucht und die Anerkennung der vollen Souveränität über den Luftraum der Stadt gefordert wurde. Vor allem sollte die Benutzung der Flugkor-

---

[1] M. Gribanov: Spravka ob ustanovlenii ochrany na sektornoj granice v Berline, 4. 12. 1952, AVPRF, 082, 40, 98, 266, Bl. 15; A. Vyšinskij und V. Semënov an I. V. Stalin, 20. 12. 1952, AVPRF, 082, 40, 98, 266: 18–22; Vorlage von V. Molotov und G. Puškin für das Präsidium des Ministerrats der UdSSR (Instruktionsentwurf für Čujkov und Semenov), 18. 3. 1953, in: Christian F. Ostermann (Hrsg.), The Post-Stalin Succession Struggle and the 17 June 1953 Uprising in East Germany. The Hidden History. Declassified Documents from US, Russian, and other European Archives, Washington/ DC 1996 [in Vervielfältigungsform verbreitetes Manuskript], Dok.-Nr. 4 [Signatur: AVPRF, 06, 12, 18, 283, Bl. 1 f.].
[2] Entwurf: Vertrag über Freundschaft, Zusammenarbeit und gegenseitige Hilfe zwischen der DDR und der UdSSR (mit Anlagen), o.D. [1. Halbjahr 1955], SAPMO-BArch, DY 30/3503, Bl. 62–67.
[3] Vertrag zwischen der UdSSR und der DDR, 20. 9. 1955, in: Ernst Deuerlein zus. mit Hansjürgen Schierbaum (Bearb.), Dokumente zur Deutschlandpolitik, III. Reihe, Band 1, hrsg. vom Bundesministerium für gesamtdeutsche Fragen, Frankfurt/Main 1961, S. 368–377.
[4] Protokoll über die Beendigung des Kriegszustandes und des Besatzungsregimes (Entwurf), o.D. [Frühjahr oder Sommer 1955], SAPMO-BArch, DY 30/3503, Bl. 66.

ridore durch die drei Westmächte nicht mehr geduldet werden. Weil die ablehnende sowjetische Position bekannt war, beschränkte man sich zunächst auf das Verlangen nach prinzipieller Billigung. Die UdSSR sollte den Anspruch der DDR auf die volle Hoheit in ihrem Luftraum für legitim erklären, aber hinzufügen, die Implementierung setze das Einvernehmen der betroffenen Staaten voraus. Das intern erklärte Ziel war eine Festlegung, „die sich gegen die Nichtanerkennung der [ost]deutschen Souveränität durch die Westmächte richtet." Damit hätte die UdSSR sich die Forderung gegenüber dem Westen zu eigen gemacht. Daran war der Kreml nicht interessiert. Er suchte die SED-Führung mit dem Hinweis zu beschwichtigen, das Problem sei nur vorübergehender Art. Demnach war bis auf weiteres keine Regelung erforderlich.[5]

Die SED-Führung hielt daran fest, daß ihr der westliche Flugverkehr unterstellt werden müsse. Sie machte geltend, dieser diene weithin nicht der Versorgung der Garnisonen West-Berlins, sondern entgegen seiner Bestimmung zivilen Zwecken. Im ausgehenden Sommer 1957 ersuchte die DDR-Regierung den Kreml um Prüfung, „ob es gegenwärtig möglich ist, Maßnahmen einzuleiten, die den Flugverkehr in den Luftkorridoren in Übereinstimmung mit der in den einschlägigen Dokumenten festgelegten Rechtslage [gemeint war die grundsätzliche sowjetische Anerkenntnis des Anspruchs der DDR auf Souveränität] bringen." Zudem sollten alle nicht-militärischen Flüge der Westmächte ihrer Genehmigung unterworfen werden. Wie die gleichzeitigen Bemühungen um volle Übernahme des Flughafens Schönefeld vermuten lassen, sollte der zivile Luftverkehr zwischen West-Berlin und der Bundesrepublik von Tempelhof dorthin verlegt werden, damit die Kontrolle auf ostdeutschem Gebiet stattfinden konnte. In Moskau lehnte man erneut ab.[6] Anfang 1958 legte das Außenministerium der DDR Ulbricht einen Entwurf vor, der die „Beseitigung der Überreste des zweiten Weltkriegs" durch einen Friedensvertrag vorsah. Das sollte die Existenz aller vier- und dreiseitigen Institutionen, vor allem auch der Alliierten Luftsicherheitszentrale, beenden, auf denen die Existenz West-Berlins und die Benutzung seiner Zugangswege beruhten.[7] Daneben sah die SED-Führung die DDR-Souveränität durch die westlichen Militärmissionen in Potsdam unzulässig eingeschränkt, denen die UdSSR nach dem Krieg im Gegenzug zur Gewährung entsprechender Rechte in den Westzonen Bewegungsfreiheit auf ostdeutschem Gebiet eingeräumt hatte. Nach einem – bewußt herbeigeführten – Zwischenfall wurden die Mitglieder der französischen Mission im Sommer 1957 von der DDR aufgefordert, den erlittenen Schaden nicht bei der UdSSR, sondern bei ihr geltend zu machen. Damit wäre ihre Zuständigkeit anerkannt worden, was den Besitz der Hoheitsrechte impliziert hätte. Das lag nicht im sowjetischen Interesse. Die Botschaft in Ost-Berlin erhob energisch Einspruch und wies darauf hin, die Militärmissionen seien beim Oberkommandierenden der sowjetischen Truppen in Deutschland akkreditiert. Werde das in Frage gestellt,

[5] Dorothee Mußgnug, Alliierte Militärmissionen in Deutschland 1946–1990, Berlin 2001, S. 53 f.; Michael Lemke, Sowjetische Interessen und ostdeutscher Wille. Divergenzen zwischen den Berlinkonzepten von SED und UdSSR in der Expositionsphase der zweiten Berlinkrise, in: Burghard Ciesla/Michael Lemke/Thomas Lindenberger (Hrsg.), Sterben für Berlin? Die Berliner Krisen 1948 : 1958, Berlin 2000, S. 205 f.

[6] Ebd., S. 206 f.

[7] O. Winzer an W. Ulbricht (mit Anlage), 10. 1. 1958, SAPMO-BArch, DY 30/3508, Bl. 1–20.

bedeute dies das Ende der sowjetischen Militärmissionen in der Bundesrepublik. Die SED-Führung sah sich nach anfänglichem Widerstreben zum Einlenken genötigt. Der Kreml stellte mit Nachdruck fest, daß die Vier-Mächte-Vereinbarungen Gültigkeit hätten. Unverständlich sei der „zweifelhafte Standpunkt", dem zufolge ganz Berlin die „Hauptstadt der DDR" sei. Eine Änderung des Status komme nicht in Betracht; die bestehenden Übereinkünfte ließen „kaum Unklarheiten" zu. Das Verhalten der DDR-Volkspolizei an der Sektorengrenze gegenüber westlichen Amtspersonen wurde zudem als „unelastisch, zu schroff und zu wenig zuvorkommend" gerügt.[8]

Wachsende Aufgeschlossenheit gegenüber Vorstellungen der DDR

Im Jahr 1957 traf die Bonner Regierung mit Genehmigung der westlichen Besatzungsmächte Maßnahmen in West-Berlin, die in Moskau großes Mißfallen hervorriefen: Sie ließ im Februar die Bildung eines Verfassungsgerichts und im Dezember die Ausdehnung der Verträge über die europäischen Gemeinschaften EWG und EURATOM auf die Stadt beschließen. Vor allem die Erklärung, diese seien auch im „Land Berlin" gültig, rief in Moskau heftigen Protest hervor.[9] Daraufhin fand die SED-Führung Anfang 1958 bei der UdSSR mehr Gehör mit der Klage über von West-Berlin ausgehende Störeffekte. Ein Bericht der sowjetischen Botschaft vom 24. Februar sprach vom „offenen Kampf zwischen dem kapitalistischen und sozialistischen System" in Berlin. Der Feind bediene sich des Westteils, um „politische Provokationen und wirtschaftliche Diversionen verschiedener Art gegen die DDR" zu organisieren. West-Berlin werde auch „als besonderes Propaganda-Schaufenster der westlichen Welt" benutzt. Es gelte, „diese Aktivität zu neutralisieren". Die Frage müsse „unabhängig von der Regelung des deutschen Problems als Ganzem durch allmähliche wirtschaftliche und politische Eroberung West-Berlins" entschieden werden.[10]

Das Politbüro der SED stimmte am 12. Februar einer Vorlage zu, der zufolge das „Diktat der westlichen Alliierten" in der Stadt „auf die Dauer nicht aufrechterhalten bleiben" konnte und der „Kampf gegen den deutschen Imperialismus und seine aggressive Revanchepolitik" mit der „Zukunft Berlins untrennbar verbunden" war. Die „Frontstadtpolitiker" in dessen westlichem Teil hätten diesem eine „besondere Rolle" in den atomaren Aggressionsbestrebungen der NATO zugewiesen. Es solle „unter allen Umständen Provokationsherd inmitten der DDR bleiben". Durch Mobilisierung aller Kräfte seien eine „Wende in Westberlin" herbeizuführen und „Berlin zur Hauptstadt des Friedens" zu machen. Das erfordere den „Abzug aller Besatzungstruppen", die „Zurückdrängung des Einflusses der Monopolisten und Militaristen" und eine „Beseitigung des NATO-Stützpunktes und der Agentenorganisationen". Der „ganzen Berliner Arbeiterklasse" müsse

8 Ebd., S. 208f.
9 Ebd., S. 211.
10 Wiedergegeben bei A. Orlov, Tajnaja bitva sverchderžav, Moskau 2000, S. 414.

„anhand der Entwicklung in den letzten Jahren deutlich gemacht" werden, daß das „veränderte Kräfteverhältnis in der Welt" und die „Überlegenheit des sozialistischen Lagers und des Weltfriedenslagers" die Möglichkeit schüfen, „die Kriegstreiber zu zügeln und den Frieden zu erhalten". Auf dieser Basis gelte es, in der Stadt „wieder demokratische Verhältnisse" zu schaffen und ein „normales Verhältnis" zu ihrer Umgebung, mithin zur DDR, herzustellen.[11] Obwohl es um Leitlinien des innenpolitischen Kampfes in West-Berlin ging, wurden erstmals die Statusforderungen erhoben, die Chruschtschow, freilich ohne das Verlangen nach einer „demokratischen" Umgestaltung der Stadt, sich später im Ultimatum an die Westmächte vom November 1958 zu eigen macht.

Eine Bonner Rüstungsentscheidung erleichterte es Ulbricht, mit seinen Vorstellungen im Kreml durchzudringen. Am 25. März stimmte der Bundestag einer Regierungsvorlage zu, die Bundeswehr mit nuklearen Trägern auszurüsten, die im Falle eines Kernwaffenkonflikts mit Sprengköpfen aus amerikanischen Depots bestückt werden sollten. Nach sowjetischer Darstellung handelte es sich dabei um „Atomkriegspläne der westdeutschen Revanchisten". Die SED-Führung hob vor allem hervor, das „Festhalten Westdeutschlands an der aggressiven NATO und an den Plänen zur Ausrüstung der Bundeswehr mit atomaren Waffen, die Stationierung von Atomwaffen auf dem Gebiet der Bundesrepublik, die Bereitstellung Westdeutschlands als Aufmarschraum eines Atomkrieges in Europa" seien nicht mit „gutnachbarlichen und freundschaftlichen Beziehungen zwischen der Bundesrepublik und der Sowjetunion" zu vereinbaren. Auch legten EWG und EURATOM einer „Wiedervereinigung Deutschlands auf friedlicher und demokratischer Grundlage neue Hindernisse in den Weg". Im Gegensatz dazu sei die DDR bereit, „der Bildung einer Zone der Begrenzung und Kontrolle der Rüstungen zuzustimmen" und damit einen wichtigen „Schritt auf dem Wege zur Erreichung eines Systems der gesamteuropäischen kollektiven Sicherheit" zu tun.[12]

Nicht nur im Blick auf die westdeutsche Haltung war Chruschtschow für die Wünsche der SED-Führung aufgeschlossener als früher. Er sah sich auch zunehmend enttäuscht, weil die USA nicht auf den Vorschlag einer Gipfelkonferenz über die deutsche Frage[13] eingingen.[14] Auf dieser sollte über einen Friedensvertrag mit Deutschland verhandelt werden, der eine „Liquidierung der Kriegsfolgen" (d. h. des Besatzungsrechts) herbeiführen und das Territorium „von ausländischen Truppen befreien" würde.[15] Das lief auf eine Kursänderung hinaus: Bis dahin hatte die UdSSR auf den Erhalt der Besatzungsrechte Wert gelegt und das verbale Bekenntnis zur deutschen Einheit durch Festhalten an Restbeständen der Vier-Mächte-Befugnisse bekräftigt. Der Kremlchef sah auch die UdSSR beleidigt: Präsident Eisenhower, so argwöhnte er, hielt es nicht für nötig, sich mit dem Vertreter

---

[11] Anlage zum Arbeitsprotokoll der Politbürositzung Nr. 6 vom 12. 2. 1958, SAPMO-BArch, DY 30/J IV 2/2A/613, Bl. 37–62 (Zitate auf Bl. 38, 40, 52, 53, 55)

[12] Entwurf. Thesen für das deutsch-sowjetische Kommuniqué, o.D. [Frühjahr 1958], SAPMO-BArch, DY 30/3503, Bl. 191–193.

[13] Pamjatnaja zapiska, 1. 3. 1958, SAPMO-BArch, DY 30/3475, Bl. 16–21.

[14] Vgl. sowjetische Einschätzung der amerikanischen Haltung (dte. Übers. und russ. Original), 5. 6. 1958, SAPMO-BArch, DY 30/3475, Bl. 39–49.

[15] Sowjetische Ausarbeitung (dte. Übers. und russ. Original [dieses ohne die zwei Anfangsblätter]), 5. 6. 1958, SAPMO-BArch, DY 30/3475, Bl. 22–33. Zitat auf Bl. 23f.

der Sowjetmacht an einen Tisch zu setzen und von gleich zu gleich zu verhandeln. Mit Pressionen an der Schwachstelle Berlin suchte er seine Position gegenüber den USA zu stärken. Am 15. Januar 1958 wurden amerikanische Militärzüge zwischen West-Berlin und Westdeutschland angehalten. Es seien neue Ausweisvorschriften zu befolgen. Da der Schritt geeignet schien, ein Verfügungsrecht der UdSSR über die Zugangswege zu stipulieren, weigerte sich der Befehlshaber des Transports. Erst nach einer Intervention auf höchster Ebene wurde das Verlangen fallengelassen.[16]

Drei Tage später wurde die Frau des amerikanischen Stadtkommandanten beim Einkauf in Ost-Berlin von DDR-Polizisten festgenommen und erst nach drei Stunden freigelassen. Die sowjetische Seite wies den Protest gegen dieses Vorgehen zurück und stellte mit dem Hinweis, das sei eine Angelegenheit zwischen den USA und der „souveränen Deutschen Demokratischen Republik", ihre Verantwortung für Berlin in Abrede.[17] Im Mai wurde einer amerikanischen Militärkolonne an der Berliner Stadtgrenze der Zugang zur Autobahn nach Westdeutschland verweigert, weil sie sich dem Verlangen nach zusätzlichen, bis dahin nicht verlangten Begleitpapieren widersetzte, aus denen eine Überprüfungskompetenz der östlichen Seite herzuleiten gewesen wäre. Washington wollte eine Eskalation der Spannungen vermeiden und verlegte den Transport auf die Bahn, wo das Ansinnen nicht gestellt wurde.[18] Etwa zur gleichen Zeit verschärfte die DDR die Zollkontrollen an der Sektorengrenze und nahm einen Tag lang rigorose Durchsuchungen vor.[19] Das alles wurde in den westlichen Hauptstädten mit Sorge vermerkt.[20]

In Moskau hielt man das bisherige Plädoyer für die deutsche Einheit, um dessentwillen man an den Vier-Mächte-Rechten festgehalten hatte, für propagandistisch wirkungslos. Die Öffentlichkeit pflichte weithin der Bonner These vom Spalterstaat DDR bei und unterstütze die Forderung nach Wiedervereinigung durch freie Wahlen.[21] Daher stieß das Verlangen der SED-Führung, die Zweistaatlichkeit durch Verzicht auf alle einheitswahrenden rechtlichen Vorbehalte zu vollenden, auf offene Ohren. Chruschtschow neigte insbesondere zunehmend ihrer Ansicht zu, die Bindungen West-Berlins an die Bundesrepublik seien illegitim und daher abzulehnen. Die UdSSR ging dazu über, die Ausdehnung westdeutscher Verträge auf West-Berlin generell mit Protesten zu beantworten,[22] und weigerte sich erstmals, ein vor dem Abschluß stehendes Abkommen mit der Bundesrepublik auf die Stadt zu erstrecken. Das bedeutete zunächst noch keine generelle Ab-

16 Jean E. Smith, Der Weg ins Dilemma. Preisgabe und Verteidigung der Stadt Berlin, [West-]Berlin 1965, S. 165.
17 Ebd.
18 Ebd., S. 167f.
19 Ebd., S. 167.
20 Siehe die Dokumente in: Foreign Relations of the United States (FRUS) 1958–1960, Bd. VIII: Berlin Crisis 1958–1959, Washington 1993, S. 1–65
21 I. Turaginov an A. A. Gromyko, 16. 1. 1958, AVPRF, 0757, 3, 18, 13, Bl. 25 f.; Merkblatt, o. Verf. u. Datum [DDR-Aufzeichnung vom Sommer 1958], PA-MfAA, A–17339a, Bl. 38 f.; N. Patoličev an das ZK der KPdSU, 13. 8. 1958, AVPRF, 0757, 3, 18, 14, Bl. 28 f.
22 Gespräch Semënov – DDR-Botschafter König, 4. 4. 1958, AVPRF, 0742, 3, 17, 2, Bl. 11; Gespräch Semënov – König, 15. 4. 1958, AVPRF, 0742, 3, 17, 2, Bl. 12; Gespräch O. Seljaninov – P. Florin, 12. 5. 1958, RGANI, 5, 49, 76 (rolik 8873), Bl. 71–75.

lehnung jeder Bonner „Einmischung" in deren Angelegenheiten. Noch Anfang Mai setzte der sowjetische Führer in einer Stellungnahme das Bestehen westdeutscher „Rechte" in West-Berlin voraus. Dagegen erhob die SED-Führung Einspruch. Der Kreml korrigierte sich und stellte fortan jede Befugnis Bonns zu dortiger Mitsprache in Abrede.[23]

Eingehen auf die innenpolitischen Nöte der SED-Führung

In der DDR-Bevölkerung herrschte große Unzufriedenheit mit dem SED-Regime. Die Hoffnung auf nationale Vereinigung unter westlichem Vorzeichen war weit verbreitet.[24] Die Massenflucht nach Westen, welche die bestehenden wirtschaftlichen Schwierigkeiten sehr verschärfte, war nicht zu übersehen.[25] Für die Führung stand die Ursache seit langem fest: Stör- und Sabotagetätigkeit des westlichen „Klassenfeindes", der sich vor allem des inmitten der DDR gelegenen Außenpostens West-Berlin bediente. Chruschtschow war aber lange nicht bereit, das politische und ökonomische Versagen der „offenen Grenze" zur Last zu legen. In der Auseinandersetzung mit dem Westen setzte er weniger auf militärische Stärke als auf wirtschaftlichen Erfolg. Im freien Wettbewerb, nicht mittels Zwang sollte sich die Überlegenheit des Sozialismus über den Kapitalismus erweisen.[26] Als Ort dafür hatte er vor allem Deutschland ausersehen, weil sich die beiden Systeme allein dort unter gleichartigen Voraussetzungen und als entwickelte Industriegesellschaften gegenüberstanden. Die DDR sollte sich ohne den Einsatz von Gewalt gegenüber der Bundesrepublik als besser und attraktiver durchsetzen.[27] Von einer Schließung der Grenze in Berlin wollte er daher nichts wissen.[28] Ulbricht unterließ es daher, den Rückstand seines Landes auf die Lage in Berlin zu-

---

[23] Gespräch Semënov – DDR-Botschafter König, 4. 4. 1958, AVPRF, 0742, 3, 17, 2, Bl. 11; Gespräch Semënov – König, 15. 4. 1958, 17. 4. 1958, AVPRF, 0742, 3, 17, 2, Bl. 12. Als frühes Beispiel der öffentlichen Polemik siehe die Botschaft des Obersten Sowjets der UdSSR an die Volkskammer der DDR, 21. 4. 1958, in: Dokumente zur Deutschlandpolitik, III 4/2. Hbbd., S. 1025–1027.

[24] So erklärte Stefan Heym einem sowjetischen Diplomaten am 10. 9. 1955, mindestens 90% lehnten das Regime ab und sähen sich durch die Hoffnung auf Wiedervereinigung der Notwendigkeit enthoben, sich mit ihm zu arrangieren – eine Einschätzung, die von einem sowjetischen Journalisten in der DDR mit Einfluß in Moskau geteilt wurde (Alexei Filitov, The Soviet Policy and Early Years of Two German States 1949–1961, unveröffentlichtes Manuskript, S. 7f [nach Akten aus dem RGANI]).

[25] Henrik Bispinck, „Republikflucht": Flucht und Ausreise als Problem für die DDR-Führung, in: Dierk Hoffmann/Michael Schwartz/Hermann Wentker (Hrsg.), Vor dem Mauerbau. Politik und Gesellschaft in der DDR der fünfziger Jahre, München 2003, S. 285–309.

[26] Vgl. Chruščёv gegenüber Senator Humphrey lt. Bericht von Botschafter Thompson an Außenminister Dulles, 3. 12. 1958, in: The Berlin Crisis 1958–1962. National Security Archive documents published by Chadwick-Healey on microfiche, 00451, Bl. 2; Chruščёv auf der Moskauer Tagung der kommunistischen Parteiorganisationen, 6. 1. 1961, in: Pravda, 25. 1. 1961.

[27] Michael Lemke, Einheit oder Sozialismus? Die Deutschlandpolitik der SED 1949–1961, Köln-Weimar-Wien 2001, S. 257f., 263; Michael Lemke, Die Berlinkrise 1958 bis 1963. Interessen und Handlungsspielräume der SED im Ost-West-Konflikt, Berlin 1995, S. 46f. Der Gedanke, den Ost-West-Konflikt als wirtschaftlichen Wettbewerb auszutragen, war für Chruščёv so zentral, daß er einen Reden- und Aufsatzband unter dieses Motto stellte: N. S. Chruščёv, K pobede v mirnom sorevnovanii s kapitalizmom, Moskau 1959.

[28] Karl Schirdewan, Aufstand gegen Ulbricht. Im Kampf um politische Kurskorrektur gegen stalinistische, dogmatische Politik, Berlin 1994 (2. Aufl.), S. 71f.

rückzuführen und sprach von einer 1945 vorgeblich weit schlechteren Ausgangslage in der Sowjetzone[29], zu der dann noch weitere Nachteile hinzugekommen
seien. Nur in vager Form machte er „erschwerende" Einwirkungen aus dem Westen geltend, welche die UdSSR durch materielle Hilfe ausgleichen müsse.[30] Diesen Standpunkt vertrat er noch, als sich Chruschtschow Anfang 1957 persönlich
nach den Gründen des Flüchtlingsstroms erkundigte.[31]

Mit dem Hinweis auf die besondere, exponierte Lage der DDR bewog der
SED-Chef den Kreml ab 1954 immer wieder neu zu wirtschaftlicher Unterstützung. Wenn der Erfolg der sowjetischen Hilfe ausblieb, erklärte er, die DDR leide
nach wie vor unter den schlechten Ausgangsbedingungen, die sie im Wettstreit mit
der Bundesrepublik von Anfang an benachteiligt hätten. Chruschtschow ließ sich
lange Zeit beruhigen. Andropow als Leiter der zuständigen Abteilung des ZK-
Apparats und bevorzugter Berater des Kremlchefs hielt die Probleme freilich für
überwiegend hausgemacht und meinte, die SED solle mit unnötigen Härten gegenüber der Bevölkerung Schluß machen.[32] Bis Anfang 1958 hielt Chruschtschow
den freien Verkehr innerhalb Berlins für nicht zu beanstanden, auch wenn der damit gegebene Kontakt die Flucht aus der DDR erlaubte. Intern bezeichnete er es
sogar als positiv, daß der Konflikt zwischen Sozialismus und Kapitalismus in
einem Land mit offenen Grenzen ausgetragen werde.[33]Die Enttäuschungen über
die westliche Politik weckten im Kreml ab 1957/58 mehr Verständnis, wenn die
SED-Führung vor sorglosem Umgang mit den Gefahren aus dem Westen warnte
und die Fortgeltung des Besatzungsrechts als Hemmnis für die sozialistische Entwicklung hinstellte. Zudem wurde der DDR als unverzichtbarem Eckstein der sowjetischen Position in Mitteleuropa erhöhte Aufmerkamkeit zuteil.[34] Je weniger
von der westlichen Seite zu erhoffen war, desto wichtiger schien es, jeder Schwä-
chung dieser Bastion entgegenzuwirken. West-Berlin führte als „Schaufenster des
Westens" der DDR-Bevölkerung vor Augen, wie viel freier und besser man im
Westen lebte. Da Ost und West in der Stadt nur durch eine durchlässige Demarkationslinie voneinander getrennt waren, gab es Gelegenheit zu Verwandten- und
Freundestreffen über die Scheidelinie hinweg, wo man Eindrücke und Meinun-

---

[29] Dieser Ansicht ist freilich von einem Experten, der bis 1957 an der Wirtschaftsplanung der DDR
mitwirkte, scharf widersprochen worden: In den später zur SBZ/DDR gehörenden Gebieten des
Deutschen Reiches sei die wirtschaftliche Situation sogar erheblich besser gewesen als im Landes-
durchschnitt, und es habe auch deutlich weniger Kriegszerstörungen gegeben. Siehe Fritz Schenk,
Deutsche Einheit kommt nur mühsam voran. Die fortwährende Last der sozialistischen Hypothe-
ken, in: Deutschland Archiv, 5/2001, S. 844.

[30] Ralph Sowart, Planwirtschaft und die „Torheit der Regierenden". Die „ökonomische Hauptaufgabe" der DDR vom Juli 1958, in: Jahrbuch für Historische Kommunismusforschung, 1999,
S. 176.

[31] Vgl. Michael Lemke, Die Berlinkrise 1958 bis 1963, a.a.O., S. 48–50.

[32] V. Zubok/V. Vodop'janova, Sovetskaja diplomatija i berlinskij krizis, in: A.O. Čubar'jan (otv.
red.), Cholodnaja vojna. Novye podchody, novye dokumenty, Moskau 1995, S. 261 f.

[33] Hope M. Harrison, Ulbricht and the Concrete „Rose": New Archival Evidence on the Dynamics
of Soviet-East German Relations and the Berlin Crisis, 1958–1961, Cold War International History Project, Working Paper No. 5, Washington/DC (Woodrow Wilson International Center for
Scholars), May 1993, S. 4 f.

[34] I. Turaginov an A. A. Gromyko, 16. 1. 1958, AVPRF, 0757, 3, 18, 13, Bl. 25–27; Soobraženija
posolstva SSSR v FRG po voprosu o zaključenija mirnogo dogovora s Germaniej, 11. 4. 1985,
AVPRF, 0757, 3, 18, 13, Bl. 116–120; N. Patoličev an das ZK der KPdSU, 13. 8. 1958, AVPRF, 0757,
3, 18, 14, Bl. 28 f.

gen austauschte. Der Kreml sah außer in der Massenflucht auch darin zunehmend
ein entscheidendes Hindernis dafür, daß die DDR die Aufgabe verfehlte, Ausgangsbasis für die staatliche Vereinigung Deutschlands zu sein.[35] Chruschtschow
begann, West-Berlin als den „Knochen" zu betrachten, der ihm „im Hals"
stecke.[36]

Sich anbahnender Kurswechsel

Wenn die UdSSR vom Besatzungsrecht und der darauf beruhenden Vorstellung
einer Vier-Mächte-Kompetenz für Deutschland abrückte, wandte sie sich damit vom Gedanken der staatlichen Einheit ab. Das schien angebracht, weil deren
Verwirklichung unter sozialistischem Vorzeichen als „völlig irreal" galt.
Chruschtschow wollte gleichwohl das Bemühen darum nicht grundsätzlich aufgeben, denn er glaubte, die Vereinigung sei „nur eine Frage der Zeit". Man könne
mit ihr völlig sicher rechnen. Es komme darauf an, „auf welcher Grundlage" sie
zustande komme. Das – und nicht etwa ein rascher Zusammenschluß – sei entscheidend. Mit einem Ausbau der sozialistischen Macht ohne gesamtdeutsche
Rücksichten wollte er gewährleisten, daß die DDR die Kraft und die Attraktivität
entwickelte, um die Deutschen im Westen für sich und ihr System zu gewinnen.
Der – ideologisch behauptete – geschichtliche Trend zum Sozialismus war durch
Konsolidierungsschritte zu fördern. Auf die weitere Wahrung von Restbeständen
der früheren Einheit kam es demgegenüber nicht an. Chruschtschow appellierte
in diesem Sinne an die deutschen Arbeiter, die er als politische Verbündete betrachtete: „Darum beeilen Sie sich nicht; der Wind bläst Ihnen nicht ins Gesicht;
überlegen Sie alles gründlich."[37]

Der Entfaltung des sozialistischen Potentials in der DDR wurde der Vorrang
vor der Respektierung der Formen gesamtdeutscher Gemeinsamkeit eingeräumt.
Nachdem der Kreml die bürgerliche Öffentlichkeit der Bundesrepublik nicht
durch Einheitsparolen gewonnen hatte, sollte jetzt mit sozialistischen Erfolgen

---

[35] Vgl. die Äußerungen Chruščevs gegenüber US-Unterstaatssekretär Harriman am 25. 6. 1959 lt.
Telegram From the Embassy in the Soviet Union to the Department of State, 25. 6. 1959, in:
Foreign Relations of the United States (hinfort: FRUS) 1958–1960, Bd. VIII: The Berlin Crisis
1958–1959, Department of State Publication 10038, Washington/DC 1993, S. 941, 943, sowie Telegram From the Embassy in the Soviet Union to the Department of State, 26. 6. 1959, ebd., S. 951.
[36] Oleg Grinevskij, Tysjača odin den' Nikity Sergeeviča, Moskau 1998, S. 18.
[37] Rede Chruščevs auf der IX. Gesamtdeutschen Arbeiterkonferenz in Leipzig, 7. 3. 1959, in: Dokumente zur Deutschlandpolitik, IV. Reihe, Bd. 1, 2. Halbbd., hrsg. vom Bundesministerium für Innerdeutsche Beziehungen, Frankfurt/Main–[West-]Berlin 1971, S. 1053–1068 (russ.), 1068–1086
(dte. Übers.) [Zitate auf S. 1061 f./1078]. Unter Berufung auf A. James McAdams, Germany Divided. From the Wall to Reunification, Princeton/NJ 1993, S. 45, der seinerseits Jean Edward Smith,
The Defense of Berlin, Baltimore/MD 1963, S. 199, als Quelle nennt, stellt Hope M. Harrison, The
bargaining power of weaker allies in bipolarity and crisis: The dynamics of Soviet-East German relations, 1953–1961, Diss. Columbia University 1993, UMI Ann Arbor (Order Number 9412767),
S. 173, Chruščevs Äußerungen in einen völlig anderen Zusammenhang. Demnach forderte der sowjetische Parteichef die SED-Führung angesichts der bevorstehenden Verhandlungen über den
Abschluß eines Friedensvertrages und die Umwandlung West-Berlins in eine „Freie Stadt" dazu
auf, sich davon keine raschen Resultate zu versprechen, sondern mit zuversichtlicher Geduld darauf zu warten, bis sich der Erfolg als Ergebnis eines längeren, aber mit Sicherheit zielführenden
Prozesses eintreten werde. Davon war jedoch in Chruščevs Ausführungen keine Rede.

ein allmählicher Meinungsumschwung herbeigeführt werden. Deshalb durften nicht länger hemmende Rücksichten auf bürgerliche Vorstellungen genommen werden. Die Zweistaatlichkeit war zu vollenden, um den Weg zur späteren sozialistischen Einheit freizumachen. Das hieß unter anderem, die „anomale" Lage in Berlin durch Beseitigung des besatzungsrechtlichen Vier-Mächte-Status zu „normalisieren". Die dortige systematisch ausgeübte „Störtätigkeit" des Westens mußte beendet werden, damit die DDR damit den bis dahin vergeblich erstrebten sozialistischen Sieg im Wettstreit mit der kapitalistischen Bundesrepublik erringen konnte.

Mit diesen Überlegungen gab der Kreml dem SED-Chef mehr Einfluß. Zudem wurde Botschafter Puschkin, der sich in der Moskauer Zentrale oft mit Erfolg gegen Ulbrichts Wünsche gewandt hatte, aus Ost-Berlin abberufen. An seine Stelle trat Perwuchin, der im Juni 1957 an der Palastrevolte gegen Chruschtschow beteiligt gewesen war und daher zu Hause nicht das nötige Gewicht besaß, um ostdeutschen Ansinnen wehrend entgegentreten zu können. Es bahnte sich ein außenpolitischer Kurswechsel an, ohne daß ein sachlicher Anlaß bestanden hätte: Die DDR hatte sich nach einer Krise relativ stabilisiert;[38] die Aussichten der weiteren wirtschaftlichen Entwicklung schienen insgesamt positiv. Von Teilbereichen abgesehen, wurde ein hohes Wachstum erwartet.[39] Die weiterbestehenden Schwierigkeiten wurden auf den Exodus nach Westen zurückgeführt. Das war nicht neu, auch wenn der zuständige Abteilungsleiter im Zentralkomitee der KPdSU meinte, im Verhältnis des SED-Regimes zur Intelligenz sei „eine besonders kritische Phase" eingetreten.[40] Neu war jedoch, daß die sowjetische Seite auf der RGW-Tagung im Mai 1958 die wirtschaftliche Situation der DDR kritisch hinterfragte. Ulbricht mußte einräumen, daß das Ziel verfehlt worden war, „die DDR zum sozialistischen Schaufenster gegenüber dem Westen zu machen." Im Pro-Kopf-Verbrauch liege sie weit hinter der Bundesrepublik zurück und habe zudem die niedrigsten Zuwachsraten im sozialistischen Lager. Wie früher zog er den Schluß, daß sein Land mehr Unterstützung benötige.[41] Chruschtschow erklärte sich dazu erneut bereit, um die Überlegenheit des Sozialismus am deutschen Beispiel zu beweisen. Notfalls werde die UdSSR deswegen den Riemen enger schnallen.[42] Wachsende sowjetische Beschäftigung mit den wirtschaftlichen Problemen erschwerte es Ulbricht, sich kritischer Nachfrage zu entziehen. Wieso hatte alle Unterstützung durch die UdSSR nicht zum Erfolg geführt? War damit

[38] M. Lemke, Einheit, a.a.O., S. 415.
[39] S. Skačkov an das ZK der KPdSU (mit Anlage), 22. 1. 1959, RGANI, 5, 49, 176 (rolik 8906), Bl. 96–116; S. Skačkov an V. V. Kuznecov (mit Anlagen), 4. 6. 1959, RGANI, 5, 49, 176 (rolik 8906), Bl. 148–172. Vgl. Lemke, Einheit, a.a.O., S. 415.
[40] Nach deutlich mehr als 150000 Flüchtlingen 1955 und 1956 war deren Zahl 1957 auf knapp 130000 zurückgegangen. 1958 wurden es 20000 weniger (Harald Horn, Die Berlin-Krise 1958/61, Frankfurt/Main 1970, S. 27). Die Einschätzung des Abteilungsleiters laut einem Dokument aus dem RGANI, zitiert in: Die Schandmauer, in: Der Spiegel, 32/2001, http://www.spiegel.de/spiegel/0,1518,149484,00.html, Seite 4 von 13.
[41] W. Ulbricht an die Leiter der anderen Delegationen der Moskauer RGW-Tagung vom 20.–23. 5. 1958, 20. 5. 1958, wiedergegeben in: B. Ihme-Tuchel, a.a.O., S. 275. Vgl. die Ausführungen Chruščevs (SAMO-BArch, DY 30/3475, Bl. 194–205) und Leuschners (SAMO-BArch, DY 30/3475, Bl. 102–112).
[42] R. Sowart, a.a.O., S. 173–175, 179f.; M. Lemke, Einheit, a.a.O., S. 416f.

zu rechnen, daß weitere Hilfe ein anderes, besseres Resultat erzielte? Zweifel an
den ostdeutschen Darstellungen gab es auch in politischer Hinsicht. Schon im Januar hatte der Kreml den SED-Führern nicht mehr abgenommen, die DDR bleibe
nur wegen materieller, durch Wirtschaftshilfe behebbarer Defizite hinter der Bundesrepublik zurück. Es gebe auch politische Motive für die massenhafte Abwanderung nach Westen. Daraufhin erklärte Ulbricht, die Probleme seien auf die offene Grenze zurückzuführen. Dem Fluchtweg über West-Berlin komme vorrangige Bedeutung zu; dieser Störfaktor müsse beseitigt werden. Chruschtschow war
dazu nach wie vor nicht bereit.[43] Die SED-Führung vermied offene Kritik daran,
brachte aber indirekt Mißfallen zum Ausdruck: Es fehle an einer abgestimmten
Linie für die politische Arbeit in Berlin; auch gebe es unter den Kommunisten
Differenzen über die Berlin-Frage insgesamt. Manche von ihnen glaubten, man
dürfe erst im Zuge der Wiedervereinigung an eine Lösung des Problems denken.
Es gelte, schon jetzt allmählich auf eine politische und wirtschaftliche Einbeziehung der westlichen Stadthälfte in den Osten hinzuarbeiten und damit Voraussetzungen für die künftige Wiedervereinigung zu schaffen. Berlin sei die Hauptstadt
der DDR; das müsse die Haltung zum Westteil der Stadt bestimmen, dem keine
Zugehörigkeit zur Bundesrepublik zugebilligt werden dürfe.[44]

Entschluß zum Vorgehen gegen West-Berlin

Das Konzept eines Friedensvertrages mit beiden deutschen Staaten, für das die
Ost-Berliner Botschaft im Kreml plädierte,[45] war anscheinend von vornherein mit
dem Gedanken verbunden, dieser lasse sich auch allein von der UdSSR und den
Volksdemokratien mit der DDR abschließen, falls die Westmächte sich weigerten
und damit eine Übereinkunft für ganz Deutschland, also auch für die Bundesrepublik, verhinderten. Auf jeden Fall sollte die westliche Position im Lande, vor
allem in Berlin, untergraben werden, denn der Friedensvertrag würde sich mit der
Übertragung voller Souveränität an den SED-Staat verbinden und die Rechtsgrundlage für das Besatzungsregime in West-Berlin beseitigen, das diesem eine
vom territorialen Umfeld unabhängige Existenz erlaubte. Indirekt würde das
mutmaßlich auch die moralische Basis für die Aufrechterhaltung der westlichen
Präsenz in Westdeutschland erschüttern.[46] Das stieß in Moskau nicht auf Gegen-

---

[43] Gespräch N. R. Šelech – K. Maron, 27. 1. 1958, RGANI, 5, 48, 82 (rolik 8875), Bl. 11–13; Hope
    Millard Harrison, The bargaining power, a.a.O., S. 167; M. Lemke, Einheit, a.a.O., S. 443–449.
    Demgemäß bestand die sowjetische Seite in Gesprächen mit einer DDR-Delegation unter Grote-
    wohls Leitung vom 3.–8. 1. 1957 auch darauf, daß die Benutzung der Luftkorridore zwischen
    West-Berlin und der Bundesrepublik durch amerikanische, britische und französische Flugzeuge
    zeitweilig zu akzeptieren sei (Beate Ihme-Tuchel, Das „nördliche Dreieck". Die Beziehungen zwi-
    schen der DDR, der Tschechoslowakei und Polen in den Jahren 1954 bis 1962, Köln 1994, S. 173 f.,
    unter Hinweis auf die Feststellung des Verhandlungsresultats in: Neues Deutschland, 9. 1. 1957).
[44] Gespräch O. P. Seljaninov – P. Florin, 12. 5. 1958, RGANI, 5, 49, 81, Bl. 70–74.
[45] Soobraženija posolstva SSSR v FRG po voprosu o zaključenija mirnogo dogovora s Germaniej,
    11. 4. 1958, AVPRF, 0757, 3, 18, 13, Bl. 118 f.; K predstojaščej poezdke sovetskoj pravitel'stvennoj
    delegacij v Bonn, 17. 4. 1958, AVPRF, 0757, 3, 18, 16, Bl. 20 f.; N. Patoličev an das ZK der KPdSU,
    13. 8. 1958, AVPRF, 0757, 3, 18, 14, Bl. 29.
[46] Vladislav M. Zubok, Khrushchev's Motives and Soviet Diplomacy in the Berlin Crisis 1958–1962,

liebe. In Ost-Berlin wurde daraufhin ein anderes Konzept ausgearbeitet, um den
Flüchtlingsstrom zumindestens zu verringern. Der Leitgedanke war, Bonn durch
Handhabung der Kontrolle über den Warenverkehr auf den Zugangswegen nach
West-Berlin unter Druck zu setzen. Je nach dem, wie sich die Stadt im „kalten
Krieg gegen die DDR" verhalte, wollte man mehr Schärfe oder Milde zeigen.[47]
Wie weit die politischen und wirtschaftlichen Schwierigkeiten der DDR auf die
Bundesrepublik und West-Berlin zurückzuführen waren, blieb umstritten. Ulbricht schrieb die Probleme westlichem Einfluß zu; die Ansichten im Kreml waren
weiterhin geteilt. Chruschtschow näherte sich im Frühjahr 1958 der Auffassung
des SED-Chefs.[48] Wie es scheint, konnte er sich nicht vorstellen, daß die Mängel
des ostdeutschen Sozialismus systembedingt waren, und legte sich darum die Erklärung zurecht, dessen normales Funktionieren werde durch den Westen gestört,
der gezielt in der DDR Unzufriedenheit und Fluchtwillen säe. Wenn er das voraussetzte, standen Maßnahmen zur Abwehr westlicher Einwirkungen nicht in
Widerspruch zum freien Systemwettbewerb, sondern schienen ihn sogar zu fördern. Mit dem Gerücht, die östliche Seite plane Beschränkungen der Bewegungsfreiheit in Berlin,[49] beeinflusste Ulbricht möglicherweise den Denkprozeß des
Kremlchefs. In einem Gespräch, das vermutlich Mitte Juni stattfand, erklärte ihm
Chruschtschow: „Walter, versteh doch eins: Bei offenen Grenzen können wir den
Wettbewerb mit dem Kapitalismus nicht bestehen." Ulbricht war gerne einver-
standen.[50]

Am 20. Juni gaben beide die Absicht bekannt, für eine „grundlegende Verbesserung der Lage in Deutschland und in Europa insgesamt" zu kämpfen. Eine „Friedensregelung mit Deutschland" und eine „Liquidierung des Besatzungsregimes in
West-Berlin" seien hierfür unerläßlich. Dadurch würden „die jetzige gefährliche
Lage im Zentrum Europas liquidiert, eine zuverlässige Barriere gegen den deutschen Militarismus und Revanchismus geschaffen und die Sicherheit der europäischen Völker gewährleistet werden." Die Lage in West-Berlin, „die sich infolge
der Beibehaltung des Besatzungsregimes ergeben hat", sei „unerträglich". Die
Stadt liege „auf dem Territorium der Deutschen Demokratischen Republik" und
sei „zum gefährlichen Konfliktherd in Europa und zum Zentrum der Subver-
sions- und Diversionstätigkeit und der feindlichen Propaganda gegen die Deutsche Demokratische Republik und die anderen Länder des sozialistischen Lagers
geworden." Den Westmächten wurde vorgeworfen, sie wollten die „seit langem
herangereifte Frage" des Okkupationsregimes nicht regeln, dies vielmehr auf ganz
Berlin ausdehnen. Der Westteil müsse den „Status einer entmilitarisierten Freien
Stadt" erhalten. Deren Unabhängigkeit und Gesellschaftsordnung könnten von

Arbeitspapier für die internationale wissenschaftliche Konferenz „The Soviet Union, Germany,
and the Cold War, 1945–1962", Essen und Potsdam, 28.6.–3.7. 1994, S. 10.
[47] Gespräch M.G. Pervuchin – W. Ulbricht, 11. 6. 1958, RGANI, 5, 49, 81, Bl. 149f.
[48] V. Zubok/V. Vodop'janova, a.a.O., S. 261f.
[49] V. M. Zubok/Z. K. Vodop'janova, a.a.O., S. 261.
[50] Sergej Guk, Pri otkrytych granicach my ne smožem tjagat'sja s kapitalizmom [Interview-Aussage
von Viktor N. Beleckij, der das Gespräch dolmetschte], in: Izvestija, 29. 9. 1992. In dem Gespräch
wurde Bezug auf die Losung des V. SED-Parteitags von Mitte Juli 1958 genommen. Chruščëv hielt
sich aus diesem Anlaß in Ost-Berlin auf. Zuvor hatte ihn Ulbricht Mitte Juni und Anfang Juli in
Moskau aufgesucht. Zur Datierung vgl. auch die bei H. Harrison, The bargaining power, a.a.O.,
S. 164, genannten Quellen.

den „Mächten unter Beteiligung der Organisation der Vereinten Nationen zuverlässig garantiert" werden. Den Westmächten sollte der Verzicht auf ihre Besatzungsrechte und die darauf gegründete militärische Präsenz durch zeitlich begrenzte Übergangsregelungen erleichtert werden. Auf diese Weise lasse sich der Wechsel schrittweise vollziehen; abrupte Veränderungen würden vermieden.[51]

Mit der Infragestellung des Status quo in Berlin ließ sich Chruschtschow auf einen Konflikt an einer besonders empfindlichen Nahtstelle des Ost-West-Verhältnisses ein. Wie sein Sohn betont, setzte er sich dasselbe Ziel wie Stalin zehn Jahre zuvor: den westlichen Fremdkörper im eigenen Machtbereich zu „assimilieren oder wenigstens zu neutralisieren". Er habe jedoch die Konfrontation mit den Westmächten zu vermeiden gesucht und gehofft, die West-Berliner Bevölkerung für sein Vorhaben zu gewinnen. Statt sie auszuhungern, wollte er ihr eine Perspektive bieten. Er hielt das Angebot für attraktiv, ihr gegen Aufgabe der Bindung an den Westen ein festes Verhältnis zur „krisenfreien sozialistischen Wirtschaft" zu garantieren, welches das Leben „immer besser und schöner" machen würde. Die Stadt sollte sich so allmählich „aus einem Gegner wenn nicht in einen Verbündeten, so doch wenigstens in einen wohlwollenden Neutralen verwandeln." Der Status einer entmilitarisierten „Freien Stadt", die an den kapitalistischen Verhältnissen festhalten durfte, sollte die Voraussetzungen für eine derartige Entwicklung schaffen.[52] Das erscheint glaubwürdig, denn Chruschtschow ging internen Zeugnissen zufolge nach dem Berlin-Ultimatum von der Erwartung aus, er könne die Stadt mit Handelszusagen für sich gewinnen. Der Glaube, er habe bessere materielle Aussichten zu bieten als der Westen, entsprang der Überzeugung, der Sozialismus sei dem Kapitalismus überlegen. Die „Freie Stadt" sollte den West-Berlinern die Angst nehmen, daß ihnen das SED-Regime aufgezwungen werden solle, und sie auf den Osten umorientieren. Das war eine jener spontanen Eingebungen, welche die Politik des Kremlchefs bestimmten.[53]

Überlegungen und Beratungen im Sommer 1958

Ulbricht nahm die Freistadtidee zurückhaltend auf und ließ Skepsis erkennen, daß die West-Berliner dafür zu gewinnen seien.[54] Er hielt Lockung für verfehlt und setzte auf administrativen und militärischen Zwang. Nach seiner Ansicht sollte die UdSSR mit dem Einsatz ihrer Truppen drohen und bei Bedarf damit ernstma-

---

[51] Text: Pravda, 21. 6. 1958.

[52] S. Chruščëv, a.a.O., S. 413 f., 416. In gleichem Sinne aufgrund von Recherchen im ehemaligen Zentralen Parteiarchiv der KPdSU (RGANI) V. M. Zubok/Z.K. Vodop'janova, a.a.O., S. 261.

[53] A. M. Aleksandrov-Agentov, O Kollontaj do Gorbačëva. Vospominanija diplomata, sovetnika A. A. Gromyko, pomoščnika L. I. Brežneva, Ju. V. Andropova, K. U. Černenko i M. S. Gorbačëva, Moskau 1994, S. 71, 103; V. M. Falin, Bez skidok na obstojatel'stva. Političeskie vospominanija, Moskau 1999, S. 78; F. I. Novik, SSSR i načalo berlinskogo krizisa v 1958 godu [Wiedergabe von Interview-Auskünften Falins], in: Boris M. Tupolev (Bearb.), Rossija i Germanija, hrsg. vom Institut für allgemeine Geschichte der Russischen Akademie der Wissenschaften, Bd. 3, Moskau 2004, S. 333. Nach den Angaben beider Diplomaten handelt es sich um einen Vorgang erst aus dem Herbst 1958. Die Tatsache, daß Chruščëv und Ulbricht die Freistadt-Idee schon Mitte Juni 1958 ihren Erörterungen zugrunde legten, legt die Annahme eines Irrtums bei dieser Zeitangabe nahe.

[54] Sergej Chruščëv, Roždenie sverchderžavy. Kniga ob otce, Moskau 2000, S. 414.

chen.[55] Der Moskauer ZK-Apparat dagegen wollte auch die politisch-moralischen Aspekte bedacht wissen. Man solle nicht nur wirtschaftliche Mittel und Gewalt einsetzen. Andropow riet Chruschtschow Ende August, dem SED-Chef, der gerade in einem Sanatorium nahe Moskau weilte, in zurückhaltender Form nahezulegen, er solle lieber den „kommunistischen Einfluß auf die deutsche Intelligenz" verstärken.[56] Dieser vertrat die Ansicht, die DDR solle auf der Grundlage des wechselseitig befürworteten Friedensvertrages den Verkehr zwischen beiden Teilen Berlins einschränken und überwachen. Das fand im Kreml keinen Gefallen.[57]

Ein Stopp der Massenflucht aus der DDR ließ sich auch erreichen, wenn die Flüge zwischen West-Berlin und der Bundesrepublik ostdeutscher Kontrolle unterworfen wurden, denn dann konnten die Flüchtlinge nicht mehr nach Westen weiterreisen. Die Aufnahmekapazität der Stadt käme bald an ihre Grenzen, und die Westmächte wären zu Abwehrmaßnahmen gezwungen. Um ein künftiges Vorgehen in diesem Sinne argumentativ vorzubereiten, führte Ulbricht nach Abstimmung mit dem Kreml[58] am 10. Juli 1958 auf dem V. SED-Parteitag aus, die „Arbeiter und Bauern", denen die „Macht in der DDR" gehöre, seien wegen der Wühltätigkeit von West-Berlin aus „im Interesse der Verteidigung ihrer Errungenschaften gezwungen, gewisse Maßnahmen zur Neutralisierung der von Westberlin ausgehenden feindlichen Tätigkeit zu treffen." Mit den „Folgen des Besatzungsregimes in Westberlin und der Weiterführung der Frontstadtpolitik" müsse Schluß sein; die Lage in Berlin müsse „unbedingt normalisiert werden."[59]

Chruschtschow sagte auf dem Parteitag umfangreiche materielle Hilfe zu, um die DDR für den innerdeutschen Systemwettstreit zu rüsten. Um der Welt zu zeigen, daß sie auf dem Weg dahin sei, schaffte die SED-Führung auf sein Betreiben hin die Lebensmittelrationierung ab, obwohl dies nach dem Urteil der ostdeutschen Fachleute den „inneren Möglichkeiten und Bedingungen" des Landes widersprach.[60] Wider besseres Wissen gab sich Ulbricht zuversichtlich, „innerhalb weniger Jahre" werde sich die Volkswirtschaft so „entwickeln, daß die Überlegenheit der sozialistischen Gesellschaftsordnung der DDR gegenüber der Herrschaft der imperialistischen Kräfte im Bonner Staat eindeutig bewiesen wird und infolgedessen der Pro-Kopf-Verbrauch unserer werktätigen Bevölkerung mit allen wichtigen Lebensmitteln und Konsumgütern den Pro-Kopf-Verbrauch der Gesamtbevölkerung in Westdeutschland erreicht und übertrifft."[61] Er sicherte dem Kreml zu, daß sich die DDR der UdSSR anschließe, die mit dem „Aufbau des Kommunismus" die USA in zehn Jahren hinsichtlich Produktion und Konsum

55 V. M. Zubok/Z. K. Vodop'janova, a.a.O., S. 261.
56 Ebd., S. 261 f.
57 A. Orlov, Tajnaja bitva sverchderžav, Moskau 2000, S. 417.
58 Gespräch M. G. Pervuchin – W. Ulbricht, 11. 6. 1958, RGANI, 5, 49, 81, Bl. 148.
59 Auszug aus dem Referat Ulbrichts, 10. 7. 1958, in: Dokumente zur Deutschlandpolitik, hrsg. vom Bundesministerium für Gesamtdeutsche Fragen, III. Reihe, Band 4, Teilband 3, Frankfurt/Main 1969, S. 1397 f.
60 Entwurf eines Schreibens an einen ungenannten Adressaten, o.D. [1959 oder 1. Halbjahr 1960], SAPMO-BArch, DY 30/3707, Bl. 30–32; M. Lemke, Berlinkrise, a.a.O., S. 51; M. Lemke, Einheit, a.a.O., S. 416; R. Sowart, a.a.O., S. 175 f.
61 Referat Ulbrichts am 10. 7. 1958, in: Protokoll der Verhandlungen des V. Parteitages der Sozialistischen Einheitspartei Deutschlands, 1. bis 5. Verhandlungstag, [Ost-]Berlin 1959, S. 67–71 (Zitat auf S. 68).

einholen und überholen wollte.[62] Chruschtschow fügte hinzu, das deutsche Volk habe im Osten bewiesen, daß es besser wirtschaften könne als die Kapitalisten. Das Tempo der Entwicklung sei dort weit höher, und der Sozialismus erringe laufend „Siege im friedlichen Wettbewerb mit dem Kapitalismus."[63]

Der Kremlchef äußerte intern Verärgerung darüber, daß die Bundesregierung die Forderung nach Wiedervereinigung durch freie Wahlen ständig „wiederkäue". Er hielt das für um so schlimmer, als dieses Verlangen „bei einem Teil der deutschen Bevölkerung" auf Sympathie stieß und damit dem Westen einen propagandistischen Vorteil verschaffte. Daher galt es, mit einem Gegenvorschlag an die Öffentlichkeit zu treten.[64] Er griff Adenauers vertraulichen Vorschlag auf, eine Ständige Arbeitsgruppe der Vier Mächte zur Ausarbeitung von Vorschlägen zur deutschen Frage zu bilden. Das hatte er zwar zunächst abgelehnt, sah aber nun darin eine Möglichkeit, das Bonner Konzept der Wiedervereinigung zu konterkarieren. Das vom Bundeskanzler angeregte Gremium sollte die Schaffung des von der UdSSR seit 1948 geforderten Beratungsorgans der zwei deutschen Staaten beschließen, durch das die DDR ein Veto bei der Entscheidung über alle Deutschland-Probleme erhalten würde. Der Vier-Mächte-Kommission war anschließend nur noch die Aufgabe zugedacht, über die mit dem Friedensvertrag unmittelbar zusammenhängenden Fragen zu sprechen. Mit der üblichen Begründung, die Deutschen hätten selbst über ihr Schicksal zu entscheiden, wurde eine Behandlung des Vereinigungsthemas durch die vier Mächte von vornherein ausgeschlossen. Damit verband sich die Absicht, die „Manöver der Adenauer-Regierung in der deutschen Frage" zu erschweren und der Öffentlichkeit den Standpunkt der UdSSR und der DDR „verständlicher" zu machen.[65] Das sowjetische Parteipräsidium faßte am 15. August den Beschluß, der SED eine derartige Initiative zu „empfehlen", die man dann unterstützen wolle.[66]

Aufforderung zum Abschluß eines Friedensvertrages

Es folgten Beratungen mit Ulbricht. Dieser hatte unter Hinweis auf die amerikanische Zwei-China-Politik ein analoges Vorgehen der Sowjetunion in Deutschland gefordert. Demnach sollte der Kreml sein Versäumnis bei der Aufnahme der diplomatischen Beziehungen zur Bundesrepublik im Jahr 1955 nachholen, d.h.

---

[62] Kapitel „Die entscheidende Etappe des wirtschaftlichen Wettbewerbs des Sozialismus mit dem Kapitalismus und die gegenwärtige internationale Lage" aus dem Rechenschaftsbericht Chruščëvs, 27. 1. 1959, in: N. S. Chruščëv, Mir bez oružija – mir bez vojn, Bd. 1, Moskau 1960, S. 12–49; Schlußwort N. S. Chruščëvs, 5. 2. 1959, ebd., S. 49–80; Beschlüsse des XXI. KPdSU-Parteitags, 7. 2. 1959, in: Pravda, 7. 2. 1959.

[63] V. Parteitag. Rede des Genossen N.S. Chruschtschow. Als Manuskript gedruckt. Hrsg.: Pressebüro des V. Parteitages der SED, SAPMO-BArch, DY 30/IV 1/V 9, Bl. 367f.

[64] Merkblatt, o.D. [Sommer 1958], AA-MfAA, A–17339a, Bl. 83f.

[65] Oleg Grinevskij, Berlinskij krizis 1958–59gg. Zametki diplomata, in: Zvezda, 2/1996, S. 136; Michael Lemke, Sowjetische Interessen und ostdeutscher Wille. Divergenzen zwischen den Berlinkonzepten von SED und UdSSR in der Expositionsphase der zweiten Berlinkrise, in: Burghard Ciesla/Michael Lemke/Thomas Lindenberger (Hrsg.), Sterben für Berlin? Die Berliner Krisen 1948 : 1958, Berlin 2000, S. 211–213.

[66] V. Kuznecov an ZK der KPdSU, 12. 9. 1958, AVPRF, 0742, 3, 21, 33, Bl. 1.

die Anerkennung der DDR im Westen durchsetzen.[67] Chruschtschow sah in einer amerikanischen Warnung vor „operativen Schritten" gegen West-Berlin, falls die USA zur Verteidigung der Inseln Quemoy und Matsu gegen einen chinesischen Angriff Gewalt anzuwenden genötigt sein sollten, den Ausdruck schwerer Sorge um die verwundbare Position in der früheren deutschen Hauptstadt. Er war keineswegs willens, sich für Peking einzusetzen, wie in Washington befürchtet wurde, fühlte sich aber in der Absicht bestärkt, den Situationsvorteil in Berlin offensiv zu nutzen. „Sollen die Chinesen doch ruhig Krach wegen ihrer kümmerlichen Inseln machen! Für uns aber ist es an der Zeit, Dulles in Berlin zu zeigen, was eine Harke ist."[68] Das entsprach dem Wunsch Ulbrichts, endlich „mit Westdeutschland in einer anderen Sprache [zu] reden".[69]

Beide Parteichefs beschlossen rasch Aktionen zur Vorbereitung des Vorgehens,[70] ohne aber genaue Einzelschritte festzulegen.[71] Am 21. August bereitete ein Bericht von ZK-Sekretär Andropow die sowjetische Führung auf die Kursänderung vor. Darin war von alarmierender Zunahme der Massenflucht aus der DDR die Rede. Im ersten Halbjahr habe sich der Exodus gegenüber dem Vorjahreszeitraum um 50% erhöht. Darunter seien vor allem dringend benötigte Fachkräfte aus der Intelligenz.[72] Die unausgesprochene Botschaft lautete, es müsse unbedingt etwas unternommen werden. Der erste Schritt erfolgte am 4. September. Gemäß sowjetischen Vorgaben und nach anschließender Überprüfung der Entwürfe in Moskau richtete die DDR Noten an die Vier Mächte einschließlich der UdSSR, die sofort publiziert wurden.[73] Es sollte ein baldiger Friedensvertrag mit Deutschland abgeschlossen werden. Während die Siegermächte ihn vorbereiteten, solle eine Kommission aus Vertretern beider deutscher Staaten zusammentreten, um dazu einen gemeinsamen Standpunkt zu erarbeiten.[74] Die DDR-Regierung wandte sich mit einer ausführlichen Erklärung gleichen Inhalts an die deutsche

---

[67] Foreign Relations of the United States (FRUS) 1958–1960, Bd. VIII: Berlin Crisis 1958–1959, Washington 1993, S. 261.

[68] G. M. Kornienko, Cholodnaja vojna. Svidetel'stvo ego učastnika, Moskau 1995, S. 60f (unter Berufung auf die intern gegebene Darstellung von G. M. Puškin, damals Leiter der Informationsabteilung des ZK der KPdSU, über die ihm gegenüber gemachte Äußerung Chruščëvs, als er ihm Dulles' Erklärung zur Kenntnis brachte. Die chinesische Führung hatte sich im Sommer 1958 dazu entschlossen, gegen beide Inseln militärisch vorzugehen, beschränkte sich aber in der folgenden Zeit auf deren Beschießung an jedem zweiten Tag.

[69] Gespräch M. G. Pervuchin – W. Ulbricht/O. Grotewohl, 2. 10. 1958, RGANI, 5, 49, 76 (rolik 8873), Bl. 205.

[70] Vladislav M. Zubok, Khrushchev's Motives and Soviet Diplomacy in the Berlin Crisis 1958–1962, Arbeitspapier für die internationale wissenschaftliche Konferenz „The Soviet Union, Germany, and the Cold War, 1945–1962", Essen und Potsdam, 28. 6.–3. 7. 1994, S. 7.

[71] O. Grinevskij, Berlinskij krizis, a.a.O., S. 136. Daß sich die Überlegungen noch nicht zu einem festen Konzept verdichtet hatten, ergibt sich auch aus dem Inhalt der Gespräche zwischen Ulbricht und Botschafter Perwuchin im Frühherbst.

[72] Ju. Andropow an das ZK der KPdSU, 21. 8. 1958, RGANI, 5, 49, 82 (rolik 8873), Bl. 1 f.; A. Orlov, Tajnaja bitva sverchderžav, Moskau 2000, S. 414 f.

[73] Beschluß des Präsidiums des ZK der KPdSU vom 15. 8. 1958, erwähnt im Schreiben von V. Kuznecov an das ZK der KPdSU, 12. 9. 1958, AVPRF, 0742, 3, 21, 33, Bl. 1; Aktenvermerk über Gespräch zwischen dem stellv. Außenminister Winzer und Botschaftssekretär Astavin (bei Übergabe der Notenentwürfe), 27. 8. 1958, PA/MfAA, A 133, Bl. 223–225; H. Harrison, The bargaining power, a.a.O., S. 152–154 [Wiedergabe von Quellen über die Vorbereitung der Noten während der zweiten Augusthälfte].

[74] Note der Regierung der DDR an die Regierungen Frankreichs, Großbritanniens, der UdSSR und der USA, 4. 9. 1958, in: Dokumente zur Deutschlandpolitik, a.a.O., III, 4/3, S. 1446–1448.

Öffentlichkeit.[75] Eine an Bonn gerichtete Note ließ erkennen, daß der Vorschlag vor allem auf eine Änderung der Situation in West-Berlin abzielte. Unter anderem hieß es, die „Friedenskräfte" der Stadt – womit ausdrücklich die Parteigänger der SED gemeint waren – müßten dazu befähigt werden, „überall ihre gerechte Sache zu vertreten." Es gelte, „eine friedliche und saubere Atmosphäre" zu schaffen, wofür die Partei kämpfe. Auch der Abschied von der „Frontstadt"-Rolle und die „Verwandlung ganz Berlins in eine Stadt des Friedens" wurden gefordert.[76]

Die Note forderte mit Nachdruck eine Rüstungsbeschränkung der Bundesrepublik, vor allem den Verzicht auf jede Form der Teilhabe an nuklearen Waffen. Das wurde in der Erklärung genauer ausgeführt. Der Friedensvertrag stehe in unmittelbarem Zusammenhang „mit den Vorschlägen für die Schaffung einer atomwaffenfreien Zone in Europa, einer Zone der verminderten Rüstung und mit dem schrittweisen Abzug der ausländischen Truppen aus beiden deutschen Staaten und der Beseitigung der ausländischen Militärstützpunkte in allen europäischen Ländern." „Mit Hilfe eines Friedensvertrages" müsse „die Mauer beseitigt" werden, „die durch die Remilitarisierung in Westdeutschland und durch die Eingliederung Westdeutschlands in die NATO errichtet wurde und die jeden ersten Schritt zur friedlichen Regelung der nationalen Frage des deutschen Volkes verhindert." Am 18. September 1958 bekundete die UdSSR in einer Antwortnote offiziell ihre Zustimmung zu allen erhobenen Forderungen und appellierte an die Westmächte und die Bundesrepublik, sich den Vorschlägen anzuschließen.[77] Im Auslandsapparat der KPdSU rechnete man freilich nicht damit, daß sich der Westen dazu bereit finden werde.[78]

Vorbereitungen für die politische Offensive gegen West-Berlin

Das ostdeutsche Außenministerium formulierte intern den Standpunkt, Berlin sei „Hauptstadt der DDR" und gehöre nicht zur Bundesrepublik. Diese besitze dort keine Zuständigkeit und könne ihre Verträge nicht auf die Stadt ausdehnen. Von einem fortbestehenden Vier-Mächte-Status dürfe nicht länger die Rede sein, denn der Vertrag mit der UdSSR vom 20. September 1955 habe mit allen Resten des Besatzungsregimes Schluß gemacht. Den drei westlichen Staaten wurde das Recht abgesprochen, Beschlüsse über die Stellung West-Berlins zu fassen und der Bundesrepublik dort irgendwelche Kompetenzen einzuräumen.[79] Die Westmächte, so hieß es an anderer Stelle, hätten aufgrund ihrer „Maßnahmen zur Spaltung

---

[75] Erklärung der Regierung der DDR, 4. 9. 1958, ebd., S. 1541–1545.
[76] Note der Regierung der DDR an die Regierung der Bundesrepublik Deutschland, 4. 9. 1958, ebd., S. 1448–1450.
[77] Note der Regierung der UdSSR an die Regierung der DDR, 18. 9. 1958, ebd., S. 1586–1588 (dte. Übersetzung); Note der Regierung der UdSSR an die Regierungen der Westmächte, 18. 9. 1958, ebd., S. 1588–1590 (dte. Übersetzung); Note der Regierung der UdSSR an die Regierung der Bundesrepublik Deutschland, 18. 9. 1958, ebd., S. 1582–1585 (russ. Originaltext und dte. Übersetzung).
[78] V. M. Falin, a.a.O., S. 79.
[79] Stellungnahme zur amerikanischen Note vom 20. September 1958 über die Frage der völkerrechtlichen Vertretung Berlins durch die Bundesrepublik, o.D. [Ende Sept. 1958], PA-MfAA, LS-A 327, o.Bl.

Deutschlands und Berlins" ihre Rechte in der Stadt verloren. Die Westsektoren
seien „als rechtswidrig unter fremder Verwaltung stehend zu betrachten." Demnach sollte auch die rechtliche Basis für die westlichen Militärmissionen in Potsdam entfallen.[80] Anscheinend wurde die Stellungnahme dem Kreml nicht übermittelt. Die SED-Führung erkundigte sich bei der sowjetischen Botschaft, was
nach dem zu erwartenden westlichen Nein auf die Initiative vom 4. September geschehen solle. Perwuchin stellte daraufhin eine weitere Note in Aussicht, welche
die sowjetische Position in der deutschen Frage unterstreiche und den DDR-Vor-
schlag des Friedensvertrages unterstütze. Dabei könne man auch grundlegende
Prinzipien der ins Auge gefaßten Regelung formulieren. Diese Absicht wurde in
Ost-Berlin besonders begrüßt.[81]

Ulbricht und Grotewohl plädierten für einen harten Kurs. Am 2. Oktober
drangen sie bei Perwuchin darauf, daß man von einer Position der Stärke aus ope-
rieren müsse. Adenauer plane eine verschärfte Subversionstätigkeit gegen die
DDR und habe der SPD eine „Kapitulation" in der Deutschland-Politik aufgenö-
tigt. Dem müsse man begegnen, indem man den „chauvinistischen Charakter" der
Bonner Politik mit dem Vorschlag gesamtdeutscher Wahlen entlarve und erkläre,
diese könnten stattfinden, wenn Westdeutschland die Beschlüsse über die nukleare Bewaffnung der Bundeswehr und die Stationierung amerikanischer Kernwaffen auf ihrem Territorium aufhebe, aus der NATO austrete und die westlichen
Truppen zum Abzug veranlasse. Eine Erfüllung dieser Bedingungen war nicht zu
erwarten. Beide SED-Politiker rechneten damit, daß die Ernsthaftigkeit des Angebots keinem Test unterworfen werde. Die Parole gesamtdeutscher Wahlen sei
geeignet, in der Bundesrepublik eine Massenbewegung in Gang zu bringen und
die SPD zu spalten. Der sowjetische Botschafter stimmte dem zu.[82]

Drei Tage später kam Ulbricht gegenüber Perwuchin und dessen Amtskollegen
in Bonn, Smirnow, auf die starke innenpolitische Position Adenauers zu sprechen
und forderte erneut eine Entlarvung von dessen Aggressionsplänen. Diese ließen
sich mit Dokumenten belegen. Die UdSSR müsse ihre Position so formulieren,
daß es keine Illusionen über eine Vereinigung mehr geben könne. Smirnow lenkte
die Aufmerksamkeit auf den fortschreitenden Aufbau der Bundeswehr, die in den
nächsten Jahren zu einer selbständigen Kraft von 350 000 bis 500 000 Mann heran-
wachsen werde. Wenn die sozialistischen Staaten durch vereintes Bemühen eine
Verzögerung von zwei bis drei Jahren erreichen könnten, wäre das ein großer Ge-
winn. Dabei hoffte er augenscheinlich auf die Wirkung politischen Drucks. Nachdem die USA ihre Verbündeten in den letzten Jahren in schwierigen Situationen
kaum jemals unterstützt hätten, seien die Voraussetzungen für eine Verzögerung
günstig.[83] Nach dem Gedankenaustausch mit Ost-Berlin wurde in Moskau ein
Beschluß vorbereitet, der „einen schärferen Kurs gegenüber Westdeutschland"
zum Inhalt hatte.[84]

---

[80] Zur Stellung und Praxis der Militärmissionen, o.D. [Ende Sept. 1958], PA-MfAA, LS-A 327, o.Bl.
(auf Bl. 8 f. des Dokuments).
[81] Gespräch M. G. Pervuchin – W. Ulbricht/O. Grotewohl, 2. 10. 1958, RGANI, 5, 49, 82, Bl. 204 f.
[82] Ebd., Bl. 199–204.
[83] Gespräch M. G. Pervuchin/A. A. Smirnov – Ulbricht, 5. 10. 1958, RGANI, 5, 49, 82, Bl. 207–217.
[84] Aktenvermerk Rossmeisl über Gespräche mit leitenden Mitarbeitern des sowjetischen Außenministeriums am 7. 10. 1958, PA-MfAA, A 149, Bl. 178–182.

Während sich die sowjetische Seite mit der DDR über die deutschen Fragen verständigte, schlug sie gegenüber der Bundesrepublik einen scharfen Ton an. In einem Gespräch mit Adenauer kritisierte Botschafter Smirnow am 14. Oktober nochmals die Atomrüstung und hob hervor, diese erschwere die Lage in Europa und verschlechtere das Verhältnis zur Sowjetunion. Das Bemühen des Bundeskanzlers, die Weiterentwicklung der beiderseitigen Beziehungen von der Lage in der DDR abhängig zu machen, rufe in Moskau eine „äußerst negative Reaktion" hervor und füge den „nationalen Interessen des deutschen Volkes" ernstlichen Schaden zu. Mit dem Hinweis, die UdSSR habe längst auf ihre Besatzungsrechte verzichtet, so daß es keine „Sowjetzone" mehr gebe, über die sie bestimmen könne, deutete er die Absicht des Kreml an, das Vier-Mächte-Konzept insgesamt in Abrede zu stellen.[85] Zur gleichen Zeit verschärfte Moskau den Widerstand gegen jede Form der Wahrnehmung West-Berliner Angelegenheiten durch die Bundesrepublik.[86]

Steigerung bis zur Ablehnung der Vier-Mächte-Rechte insgesamt

Chruschtschow sah nach dem schwachen Protest, mit dem die Westmächte auf die Note der DDR reagierten, keinen Anlaß, Risiken zu befürchten,[87] und setzte seinen Kurs unbesorgt fort. Trotzdem hielt er es für richtig, dem Verbündeten nochmals den ersten Eskalationsschritt zu überlassen. Wie sich der Westen daraufhin verhalte, werde Auskunft darüber geben, wie weit man gefahrlos gehen könne. Nach Kontakten von Parteiapparat zu Parteiapparat beschloß das Politbüro der SED Mitte Oktober, Maßnahmen zu ergreifen, um Berlin zu einer „Stadt des Friedens" zu machen.[88] Bevor Ulbricht mit den daran geknüpften Schlußfolgerungen an die Öffentlichkeit trat, erörterte er die Sache mit der sowjetischen Führung[89] und legte anschließend seinen Redetext zur Prüfung vor.[90] Mit Billigung aus Moskau erklärte er am 27. Oktober, das westliche Besatzungsregime sei mit dem Völkerrecht unvereinbar. Die Westmächte hätten kein Recht auf Anwesenheit und Zugang. Im übrigen liege West-Berlin auf dem „Territorium der DDR". Er verlangte, den „Mißbrauch" der Stadt für Zwecke der „Spionage und Sabotage gegen die DDR" zu beenden, den „unnatürlichen, auch gegen die Interessen der Einwohner Westberlins herbeigeführten Zustand zu ändern" und „die ganze Stadt zur Stadt des Friedens und des Fortschritts zu machen."[91]

---

[85] Aktenvermerk Botschafter König über ein Gespräch mit dem stellv. Leiter der 3. Europäischen Abteilung des sowjetischen Außenministeriums, Lunkov, am 21. 10. 1958, PA-MfAA, A 149, Bl. 111–116.

[86] Aktenvermerk v. Thun über ein Gespräch mit Žiljakov und Bykov im sowjetischen Außenministerium am 10. 10. 1958, PA-MfAA, A 149, Bl. 157f.; Entwurf einer Antwortnote, o.D. [Oktober 1958], PA-MfAA, A 149, Bl. 165f. (dte. Übers.), 167 (russ. Originaltext).

[87] S. Astavin an A. A. Gromyko, 11. 9. 1958, AVPRF, 0742, 3, 5, 7, Bl. 72f.

[88] Beschluß vom 14. 10. 1958, zitiert bei B. Ihme-Tuchel, a.a.O., S. 240.

[89] H. Harrison, The bargaining power, a.a.O., S. 168f. (aufgrund von Akten aus dem AVPRF).

[90] O. Winzer an W. Ulbricht, 6. 11. 1958, SAPMO-BArch, DY 30/3504, Bl. 62f.

[91] Text: Dokumente zur Deutschlandpolitik, a.a.O., III 4/3, S. 1831–1850.

Die Medien der DDR hatten diese Ansicht bereits wiederholt geäußert, ohne daß dies praktische Konsequenzen nach sich gezogen hätte. Daher legten die westlichen Regierungen den Worten Ulbrichts wenig Bedeutung bei. Ihr Schweigen dürfte Chruschtschow in der Überzeugung bestärkt haben, daß er bei dem geplanten Angriff gegen den Vier-Mächte-Status Berlins nur mit geringem Widerstand zu rechnen habe. Am 6. November befaßte er das ZK-Präsidium mit „Überlegungen über Deutschland". Er führte aus, vom Potsdamer Abkommen sei außer der Berlin-Regelung (die in Wirklichkeit darin überhaupt keine Erwähnung gefunden hatte) nichts übrig geblieben.[92] Solle man es daher nicht gänzlich fallenlassen? Außer Mikojan, der eine drastische Verschärfung des Ost-West-Konflikts befürchtete, stimmten alle Mitglieder des Gremiums zu.[93] Entgegen der üblichen Praxis scheint ihnen die daraufhin formulierte Rede nicht zugegangen zu sein.[94] Der polnische Parteichef Gomułka aber, bei dessen Empfang sie gehalten werden sollte, erhielt einen Voraustext, dessen Lektüre ihn hell entsetzte, weil darin unmißverständlich ein Vorgehen zur Beendigung der westlichen Berlin-Präsenz angekündigt wurde. Bei der Ankunft des Gastes in Moskau erläuterte Chruschtschow, die geplante Aufhebung der amerikanischen, britischen und französischen Rechte in der Stadt sei erst der „Anfang des Kampfes".[95]

Diplomaten der DDR-Botschaft in Moskau erhielten kurz vor der Rede den Hinweis, es werde „etwas Neues" zur deutschen Frage gesagt werden.[96] Chruschtschow stellte zur Überraschung seines eigenen Außenministeriums am 10. November bei Begrüßung der polnischen Delegation die westlichen Berlin-Rechte öffentlich in Abrede. Die Westmächte hätten die in Potsdam 1945 übernommene Pflicht zur Demokratisierung des besetzten Landes nicht erfüllt und könnten sich daher nicht auf die ihnen in dem Abkommen gewährten Rechte berufen. West-Berlin sei Teil der Hauptstadt der DDR, bilde aber „eine Art Staat im Staate". Die Westmächte betrieben von dort aus eine „subversive Tätigkeit" gegen die DDR, die UdSSR und andere Länder. Es sei an der Zeit, den Berlin betreffenden Teil des Abkommens zu überprüfen. Die Signatarstaaten müßten die Überreste des Besatzungsregimes beseitigen, um eine normale Lage in der Hauptstadt der DDR zu schaffen. Deshalb wolle die Sowjetunion die Funktionen ihrer Organe auf die souveräne DDR übertragen. Falls die Westmächte an irgendwelchen Berlin

---

[92] Dahinter stand unausgesprochen der – seit 1946 immer wieder erhobene – Vorwurf, die Westmächte hätten sich der in Potsdam übernommenen Verpflichtung zur gesellschaftlich-politischen Transformation Deutschlands entzogen, als sie sich weigerten, in ihren Besatzungsgebieten die „demokratischen Reformen" der SBZ/DDR durchzuführen.

[93] Protokoll der Sitzung des Präsidiums des ZK der KPdSU (TOP VII), 6. 11. 1958, in: A. A. Fursenko (otv. red.), Archivy Kremlja. Prezidium CK KPSS 1954–1964. Černovye protokol'nye zapisi zasedanij. Stenogrammy, Moskau 2003, S. 338 f.

[94] Anastas Mikojan, Tak bylo, Moskau 1990, S. 604, gibt an, das Präsidium des ZK der KPdSU sei über die Ansprache nicht informiert gewesen. Dem widerspricht die Tatsache, daß das in der vorigen Fußnote genannte Protokoll nicht nur die Diskussion über den Kerngedanken der Rede bezeugt, sondern auch deren Datum enthält. Falls es sich nicht um einen Erinnerungsirrtum Mikojans handelt, kann nur gemeint sein, daß den Mitgliedern des ZK-Präsidiums die genauen Formulierungen nicht zur Kenntnis gebracht wurden.

[95] Douglas Selvage, Khrushchev's November 1958 Berlin Ultimatum: New Evidence form the Polish Archives, in: Cold War International History Bulletin, 11 (1998), S. 200–203.

[96] Botschafter König, Bemerkungen über die Vorbereitung der Schritte der Sowjetregierung betreffend Änderung des Status von Westberlin, 4. 12. 1958, PA-MfAA, A 17723, Bl. 81.

betreffenden Fragen interessiert seien, könnten sie ihre Beziehungen zur DDR vertraglich regeln. Die UdSSR werde ihre Bündnisverpflichtungen dieser gegenüber auf der Grundlage des Warschauer Vertrags strikt (svjato) einhalten. Um zu verdeutlichen, was damit gemeint war, fügte Chruschtschow hinzu, falls „irgendwelche aggressiven Kräfte" gegen die DDR vorgehen wollten, werde dies als ein Angriff auf die Sowjetunion und alle Warschauer-Pakt-Länder angesehen werden. Mit anderen Worten: Jeder Versuch, das Recht auf alleinige Verfügung in Frage zu stellen, das der Kreml dem SED-Regime bezüglich der Stadt und ihrer Verbindungswege zugestehe, werde Krieg mit der UdSSR bedeuten.[97]

Diese öffentliche Festlegung machte die Überlegungen des Außenministeriums gegenstandslos, die seit Anfang August angestellt worden waren. Im Unterschied zu Chruschtschow war die zuständige Abteilung um Formulierungen bemüht gewesen, die für die Westmächte möglichst annehmbar sein sollten. Die Argumentation ging davon aus, daß West-Berlin als besetztes Gebiet westlicher Kontrolle unterstehe und daher kein Bestandteil der Bundesrepublik sei. Von Rechten, welche die DDR gegenüber den drei westlichen Staaten geltend zu machen habe, war keine Rede. Vielmehr wurde gefordert, die UdSSR müsse als vierter Sieger über Deutschland an allen Entscheidungen in den Westsektoren beteiligt werden; „Einmischungen" der Bonner Regierung in deren Angelegenheiten seien nicht zuzulassen. Der Entwurf war Anfang November dem diplomatischen Apparat der DDR zugeleitet worden und hatte in Erwartung von dessen Stellungnahme noch keine abschließende Form erhalten.[98]

Vorbereitung des Berlin-Ultimatums

Chruschtschows Standpunkt, das Besatzungsrecht sei als „Überrest des Krieges" eine nicht hinzunehmende Anomalie, richtete sich gleichermaßen gegen die Präsenz der Westmächte in West-Berlin und ihren Zugang zu der Stadt. Von zentraler Bedeutung war die Forderung, der Anspruch auf ungehinderten Zugang sei aufzugeben. Die DDR habe wie jedes andere Land ein Recht auf uneingeschränkte Souveränität über ihr ganzes Staatsgebiet, mithin auch über die nach West-Berlin führenden Verkehrswege. Das bedürfe einer unzweideutigen Festlegung im Frie-

---

[97] Ansprache Chruščevs zur Begrüßung der polnischen Parteiführung in Moskau, 10.11.1958, in: Dokumente zur Deutschlandpolitik, a.a.O., IV 1, S. 3–24 (russ. Originaltext und dte. Übersetzung).

[98] M. Lemke, Sowjetische Interessen, a.a.O., S. 211–213. Der Notenentwurf traf am 5.11.1958, also nach der programmatischen Rede Ulbrichts vom 27.10.1958, in Ost-Berlin ein. Die – möglichst innerhalb eines Tages erbetene – Stellungnahme der DDR ließ fast eine Woche auf sich warten, so daß die daraufhin abgeschlossene Ausarbeitung Chruščev nicht mehr erreichte, bevor dieser am 10.11.1958 seine entscheidenden Ausführungen machte. Die Stellungnahmen der beiden Parteichefs, die vielfach den Vorstellungen der sowjetischen Diplomaten wenig entsprachen, waren Gegenstand von Kontakten zwischen den Parteisekretariaten. Die Auffassung der sowjetischen Diplomaten, man solle so weit wie möglich auf eine offene Herausforderung der USA verzichten und statt dessen an deren eigenen Auffassungen anknüpfen, kam auch in anderen Berlin-Stellungnahmen des Ministeriums zum Ausdruck, vgl. Aktenvermerk v. Thun über ein Gespräch mit Žiljakov und Bykov im sowjetischen Außenministerium am 10.10.1958, PA-MfAA, A 149, Bl. 157f.

densvertrag. Dieser Standpunkt hatte weitreichende Konsequenzen. Wenn die UdSSR damit ernstmachte, verlor West-Berlin jeden Anspruch auf Schutz vor Repressalien, zu denen die SED-Führung greifen mochte, um beliebige Ziele durchzusetzen. Die westlichen Militärtransporte, die allein unzweideutig dem Zugriff der DDR entzogen waren, waren ungeachtet ihres relativ geringen Umfangs der Angelpunkt der Zugangsfrage. Aus dem verbrieften Recht der Westmächte hierauf leitete sich ihr Anspruch auf Zulassung auch des zivilen Personen- und Gütertransits ab, denn ihre Garnisonen hatten mit der obersten Gewalt in der Stadt auch die Verantwortung für deren Versorgung aus Westdeutschland übernommen. Der zivile Verkehr beruhte mithin auf dem militärischen Zugangsrecht. Zugleich machte die Anwesenheit der westlichen Truppen, um deretwillen die Militärtransporte durchgeführt wurden, den Willen zur Behauptung auch der nicht-militärischen Außenverbindungen deutlich.

Maßnahmen gegen Militärkonvois richteten sich daher faktisch gegen die Präsenz der Westmächte insgesamt. Solange Chruschtschow diese respektiert hatte, war die Abfertigung der westlichen Truppentransporte in sowjetischer Hand verblieben, so daß die SED-Führung keinerlei Einfluß darauf hatte. Mit der Ankündigung, daß die DDR künftig darüber zu bestimmen habe, gab er zu erkennen, auf das Durchfahrtsrecht der drei westlichen Staaten keine Rücksicht mehr zu nehmen. Die Ernsthaftigkeit dieses Willens demonstrierte er mit einer präzedenzlosen Aktion am 14. November. Am Kontrollpunkt zu West-Berlin hielten sowjetische Offiziere Militärfahrzeuge der USA fest und ließen sie von DDR-Polizei umstellen, nachdem sich die Insassen geweigert hatten, neben den üblichen Begleitpapieren auch die Ladungen kontrollieren zu lassen. Der Berliner Stadtkommandant der USA versetzte eine Panzerkampfgruppe in Alarmbereitschaft und wandte sich mit einem scharfen Protest an sein sowjetisches Gegenüber. Daraufhin lenkte die UdSSR ein.[99] Das dürfte nicht zuletzt auf die Warnung der sowjetischen Auslandsaufklärung zurückzuführen sein, die Amerikaner würden den Zugang möglicherweise mit militärischen Maßnahmen verteidigen.

Chruschtschow verzichtete gleichwohl nicht darauf, sein offensives Vorgehen fortzusetzen.[100] Er wollte zwar keinesfalls eine kriegerische Auseinandersetzung riskieren, hoffte aber, seine Ziele mit Drohungen zu erreichen. Wie sein Biograph William Taubman darlegt, sah er sich durch zweierlei bestärkt. Auf der Genfer Gipfelkonferenz 1955 habe er die Bemerkung Eisenhowers, der Krieg sei im nuklearen Zeitalter sinnlos, als Zeugnis von Kriegsangst und Eingeschüchtertheit aufgefaßt.[101] In der Suez-Krise habe er diese Einschätzung bestätigt gesehen, weil er – zu unrecht – nicht nur den militärischen Rückzug Großbritanniens und Frankreichs aus der Kanalzone, sondern auch die darauf gerichtete Intervention der USA auf seine Drohung zurückgeführt habe, notfalls von den sowjetischen Kernwaffen Gebrauch zu machen.[102] Er ließ sich daher 1958 nicht durch Ein-

[99] Christian Bremen, Die Eisenhower-Administration und die zweite Berlin-Krise 1958–1961, Veröffentlichungen der Historischen Kommission zu Berlin Bd. 95, Berlin–New York 1998, S. 75.
[100] V. Zubok/V. Vodop'janova, a.a.O., S. 264.
[101] W. Taubman, a.a.O., S. 352f.
[102] Ebd., S. 359f.; Sergej Chruschtschow, Die Geburt einer Supermacht. Ein Buch über meinen Vater,

wände beirren. Er blieb unbeeindruckt von der Warnung des militärischen Vertre-
ters in der DDR, ohne militärische Gegenwehr würden zwar die Briten und Franzosen, nicht aber die Amerikaner aus West-Berlin weichen.[103] Auch die kritische
Frage seines Sohnes, was er denn im wahrscheinlichen Fall westlicher Ablehnung
tun werde,[104] veranlaßte kein Umdenken.

　　Chruschtschow lag offensichtlich daran, sein Vorgehen als allein gegen die
Westmächte gerichtet darzustellen. Am 20. November suchte Botschafter in
Bonn, Smirnow, Adenauer auf und erklärte, die Schritte zur Beseitigung des Okkupationsstatus von Berlin seien nicht als Anzeichen für das Bestreben zu verstehen, die Beziehungen zur Bundesrepublik zu verschlechtern. Ihnen liege im Gegenteil die Absicht zugrunde, günstigere Bedingungen für die Entwicklung des
gegenseitigen Verhältnisses zu schaffen, denn dadurch werde ein künstlicher
Spannungsherd ausgeschaltet. Er sei beauftragt, den Bundeskanzler darüber zu
informieren, daß die UdSSR darüber ein Dokument vorbereite, das auch der Bundesregierung zugehen werde. Smirnow gab namens seiner Regierung der Hoffnung Ausdruck, daß man in Bonn „mit aller Ernsthaftigkeit" auf den Schritt eingehen werde, den die sowjetische Seite „im Interesse einer Verbesserung der Situation in Deutschland und Europa" unternehme. Die Westmächte hätten schon seit
langem das Recht auf Ausnutzung der künstlichen, auf Fortsetzung des Besatzungsregimes beruhenden Lage verwirkt, nachdem sie das Potsdamer Abkommen
gebrochen hätten.[105] Dieser Hinweis folgte Chruschtschows Argumentation vom
10. November, dem zufolge die Alliierten in Potsdam sowohl den Berlin-Status
als auch die politische Umgestaltung Deutschlands (die angeblich nur im sowjetisch besetzten Teil durchgeführt worden war) festgelegt hatten. Tatsächlich jedoch handelte es sich um Beschlüsse, die unabhängig voneinander zu verschiedenen Zeitpunkten gefaßt worden waren. Das Außenministerium sah sich daher bei
der Formulierung der folgenden Note veranlaßt, nur einen inneren Zusammenhang beider Sachfragen zu behaupten.

　　Als sich Chruschtschow am 10. November auf das Potsdamer Abkommen berief, hatte er die historischen Tatsachen gegen sich. Der Status von Berlin war
nicht im Sommer 1945 von den „Großen Drei" festgelegt worden. Vielmehr hatte
ihn die Europäische Beratungskommission zusammen mit der Zoneneinteilung
im Herbst 1944 formuliert. Anfang 1945 war Frankreich als vierte Besatzungsmacht einbezogen worden. Der Fehler beruhte darauf, daß Chruschtschow seine
Rede formuliert hatte, ohne den Rat von Sachverständigen in Anspruch zu nehmen. Vor allem war das Außenministerium nicht gefragt worden. Ihm wurde erst
die Abfassung der Note an die drei westlichen Regierungen übertragen, welche
die zuvor gegenüber der Öffentlichkeit festgelegte Politik in die Sprache der Diplomatie übersetzte. Es ging mithin dabei nur noch um Einzelheiten. An
Chruschtschows Ausführungen orientiert, behielt das Außenministerium die Bezugnahme auf das Potsdamer Abkommen bei, korrigierte sie aber dahingehend,

---

Klitzschen 2003, S. 266, 265; Vladislav Zubok/Constantine Pleshakov, Inside the Kremlin's Cold
War. From Stalin to Khrushchev, Cambridge/MA–London 1996, S. 190 f.
[103] Bericht vom 19. 11. 1958, zitiert in: A. Orlov, a.a.O., S. 415.
[104] S. Chruschtschow, Die Geburt, a.a.O., S. 263 f.
[105] Zitiert bei F. I. Novik, a.a.O., S. 337 f.

daß die Westmächte mit der verweigerten Erfüllung der Potsdamer Verpflichtungen einen Vertrag gebrochen hätten, mit dem der Berlin-Status lediglich eng zusammenhänge. Damit wurde im Kern die Argumentation aufrechterhalten, der Westen habe wegen Verletzung von 1945 übernommenen Pflichten von Potsdam den Anspruch auf Genuß der Besatzungsrechte verwirkt.

3. Politik im Zeichen des Berlin-Ultimatums

Das Berlin-Ultimatum

Das sowjetische Außenministerium legte einen an Chruschtschows Äußerungen orientierten Entwurf am 19. November 1958 vor. Er ging, nachdem Ulbricht über den Inhalt unterrichtet worden war, dem Ministerrat zur Beschlußfassung zu.[1] Die Note wurde den Westmächten am 27. November 1958 übergeben und sofort veröffentlicht.[2] Eine Note analogen Inhalts ging an die Bundesrepublik.[3] Den drei westlichen Regierungen wurde ein Sechs-Monate-Termin gesetzt, bis zu dem sie die Forderungen anzunehmen und sich zu Verhandlungen über die Einzelheiten bereit zu finden hätten. Andernfalls werde die UdSSR ihre Drohung wahrmachen und ohne vorherige Übereinkunft mit ihnen der DDR die Souveränität über die Zugangswege übertragen. Demnach waren Verhandlungen die einzige Chance der Westmächte, Einfluß auf die Modalitäten ihrer Vertreibung aus West-Berlin und dessen Umwandlung in eine entmilitarisierte Freie Stadt zu nehmen, wobei ihr Anspruch auf freien Zugang von vornherein ausgeschlossen sein sollte. Auch hieß es ausdrücklich, West-Berlin liege auf dem „Territorium der DDR". Es war daher ein „Zugeständnis", wenn keine Eingliederung in diese gefordert, sondern der Status einer „selbständige[n] politische[n] Einheit – Freie[n] Stadt" mit dem Recht auf Beibehaltung der kapitalistischen Ordnung vorgesehen war. Die verlangte Selbständigkeit sollte durch die Beseitigung nicht nur der westlichen Präsenz, sondern auch aller Bindungen an die Bundesrepublik hergestellt werden. Auch wenn das SED-Regime nicht auf die Stadt ausgedehnt werden sollte, war aufgrund der geographischen Verhältnisse klar, daß sie wirtschaftlich und politisch in eine Abhängigkeit von der DDR und deren Hegemonialmacht UdSSR geraten mußte.

Wenn die Westmächte auf die Forderung nicht eingingen und den Abschluß eines Friedensvertrages mit entsprechenden Folgevereinbarungen verweigerten, wollte die UdSSR den Friedensvertrag mit der DDR allein abschließen und dann zusammen mit dieser das vorgesehene Programm verwirklichen. Wie Chruschtschow schon am 10. November erklärt hatte, würde die Sowjetunion anschlie-

---

[1] Botschafter König, Bemerkungen über die Vorbereitung der Schritte der Sowjetregierung betreffend Änderung des Status von Westberlin, 4.12.1958, PA-MfAA, A 17723, Bl. 82f.; Gespräch M. G. Pervuchin – W. Ulbricht, 17.11.1958, RGANI, 5, 49, 77, Bl. 184f.; Hope M. Harrison, The bargaining power of weaker allies in bipolarity and crisis: The dynamics of Soviet-East German relations, 1953–1961, Diss. Columbia University 1993, UMI Ann Arbor (Order Number 9412767), S. 170f.

[2] Text: Ernst Deuerlein/Hannelore Nathan (Bearb.), Dokumente zur Deutschlandpolitik, IV. Reihe, Band 1, 1. Halbband, hrsg. vom Bundesministerium für innerdeutsche Beziehungen, Frankfurt/Main – [West-]Berlin 1971, S. 151–163 (russ.), 163–177 (dte. Übers.).

[3] Ebd., S. 178–184 (russ.), 184–191 (dte. Übers.).

ßend jeden Versuch, die DDR an der Wahrnehmung der ihr durch den Separatvertrag übertragenen souveränen Rechte zu hindern, als militärische Aggression gegen den Verbündeten behandeln. Sollten die drei westlichen Staaten versuchen, den Zugang nach West-Berlin zu erzwingen, werde die UdSSR die DDR bei deren bewaffnetem Widerstand unterstützen. Dann komme es zum Krieg. Chruschtschow erläuterte seine Vorstellungen auf einer Pressekonferenz. Abweichend von der Note begründete er das Verlangen nach Beseitigung des Besatzungsregimes in West-Berlin erneut damit, daß die Westmächte ihr dortiges Recht verwirkt hätten, weil sie den Verpflichtungen aus dem Potsdamer Abkommen nicht nachgekommen seien. Zugleich verdeutlichte er, Verhandlungen könnten nur einer „Präzisierung und Erörterung" der unterbreiteten Vorschläge dienen. Sollte die westliche Seite die in der Note „aufgeworfene Frage in ihrer Gesamtheit ablehnen", werde es „kein[en] Gegenstand für Unterredungen über die Berliner Frage" geben.[4]

Mit der Drohung, das vorgesehene Programm gegebenenfalls auch ohne westliche Mitwirkung durchzuführen, beanspruchte Chruschtschow das Recht, allein über die Fortgeltung der Vier-Mächte-Regelungen zu entscheiden. Er glaubte, ohne den Westen über die Verbindungswege West-Berlins zur Außenwelt und die westliche Berlin-Präsenz verfügen zu können. Die Westmächte sollten sich, ob sie wollten oder nicht, innerhalb der gesetzten Frist dazu verstehen, die frühere deutsche Hauptstadt zu räumen und die Bevölkerung der Westsektoren ihrem Schicksal zu überlassen. Obwohl das Projekt der „entmilitarisierten Freien Stadt West-Berlin" eine Respektierung der dortigen demokratischen Ordnung vorsah, ließ die Verschiebung der Machtverhältnisse, die mit der geforderten Statusänderung zu erwarten stand, die Wirksamkeit vertraglicher Zusicherungen auf längere Sicht fraglich erscheinen. Was der Kreml Anfang 1959 im einzelnen plante, war geeignet, die Skepsis zu verstärken. Die ins Auge gefaßten weitreichenden Wohlverhaltenspflichten gegenüber der DDR waren geeignet, auch dann, wenn sie in Verhandlungen noch eingeschränkt werden sollten, die aufgrund der geographischen Verhältnisse bestehende Abhängigkeit zu verschärfen und eine fortschreitende Einbeziehung der Stadt in das ostdeutsche Staatsgefüge einzuleiten.

Konnte West-Berlin, wenn es auf das SED-Regime und seine sowjetische Schutzmacht angewiesen war, überhaupt daran denken, sich gegen Zumutungen zur Wehr zu setzen? Das galt umso mehr, als die These, die Stadt liege auf dem Territorium der DDR, dem SED-Regime einen grundsätzlichen Anspruch auf Unterwerfung zubilligte. Demgemäß hieß es, der Freistadt-Status beruhe auf freiwilliger Gewährung. Demzufolge ergab sich daraus kein Rechtsanspruch, auf den sich West-Berlin gegenüber der DDR berufen konnte. Zwar sprach Chruschtschow von vertraglichen Zusicherungen für die innere Autonomie West-Berlins und meinte das augenscheinlich ernst, doch ließ der Wegfall des westlichen Schutzes in Verbindung mit einer Wohlverhaltenspflicht gegenüber der DDR anderes erwarten. Das sowjetische Außenministerium sah Anfang 1959 im Einvernehmen mit der SED-Führung weit auslegbare Vertragsklauseln vor, die deren Interventionswünschen keine Grenze setzten. Das war ungleich mehr als ein bloßer Verzicht auf westlichen Rückhalt, wie er Chruschtschow vorschwebte. Regelungen

---

[4] Ebd., S. 201–209 (dte. Übers.).

wie das geplante Verbot, Flüchtlinge ohne Zustimmung des Herkunftsstaates, mitthin der DDR, aufzunehmen, tendierten objektiv dazu, die Sonderexistenz West-Berlins längerfristig illusorisch zu machen. Von Ulbricht, dem der Freistadt-Status von Anfang an mißfallen hatte,[5] war nicht zu erwarten, daß er Möglichkeiten zu seiner Beseitigung auslassen würde.

Deutschlandpolitische Ziele

Mit dem Friedensvertrag verfolgte Chruschtschow die Absicht, auch die gesamtdeutsche Situation fundamental zu verändern. Der seit 1948 vertretene Standpunkt, die Modalitäten einer eventuellen Vereinigung seien allein Sache der Deutschen und müßten daher von Vertretern beider Behörden bzw. Regierungen festgelegt werden,[6] sollte endlich Anerkennung finden. Demnach hatten die Vier Mächte – und das hieß praktisch: die westlichen Staaten, denn die UdSSR konnte über das SED-Regime die innerdeutschen Gespräche bestimmen – keinerlei Mitsprache in der Frage der staatlichen Einheit. Dabei war klar, daß die gegensätzlichen Auffassungen von Bundesrepublik und DDR kein Einvernehmen über die nationale Einheit erwarten ließen. Der geforderte Friedensvertrag mit „Deutschland" lief daher, wie man in Moskau bei der Ausarbeitung des Textes Anfang 1959 intern unzweideutig aussprach, auf eine rechtliche Bestätigung der Teilung hinaus. Das ostdeutsche Regime stand nicht zur Disposition. Ein vereinigtes Deutschland sollte „demokratisch und friedliebend" sein und den „Prinzipien des Potsdamer Abkommens" entsprechen, mithin die gleiche Ordnung haben wie die DDR.[7] Hinter der Vorstellung, beide Seiten sollten sich zunächst nur um Annäherung bemühen,[8] stand die Absicht, der DDR zu internationaler Anerkennung zu verhel-

---

[5] Sergej Chruschtschow, Die Geburt einer Supermacht. Ein Buch über meinen Vater, Klitzschen 2003, S. 263.

[6] Der Standpunkt war erstmals formuliert worden in der Warschauer Erklärung der Außenminister der UdSSR, Albaniens, Bulgariens, der Tschechoslowakei, Jugoslawiens, Polens, Rumäniens und Ungarns vom 24. 6. 1948, wiedergegeben in: Vnešnjaja politika Sovetskogo Sojuza. Dokumenty i materialy. 1948 god. Čast' pervaja: Janvar'–ijun' 1948 goda, Moskau 1950, S. 247 f. Der Standpunkt wurde im wesentlichen unverändert bis Anfang der sechziger Jahre aufrechterhalten. Das gilt auch für das Verhandlungsangebot vom 10. 3. 1952, wie begleitende offizielle Stellungnahmen aus Moskau und Ost-Berlin belegen: Erklärung des Vorsitzenden des DDR-Ministerrats, Grotewohl, vor der Volkskammer, 14. 3. 1952, in: Otto Grotewohl, Im Kampf um die einige Deutsche Demokratische Republik, Bd. III, [Ost-]Berlin 1959, S. 79 f., 88 f.; Erklärung des sowjetischen Außenministers Vyšinskij bei Entgegennahme der Antwortnote der Westmächte am 25. 3. 1952, berichtet von Associated Press aus Moskau, 27. 3. 1952; Sendung von Radio Moskau in Russisch, 25. 3. 1952, 9.25 Uhr GMT; Rede von SED-Generalsekretär Ulbricht, 3. 5. 1952, in: Walter Ulbricht, Zur Geschichte der deutschen Arbeiterbewegung, Bd. IV, [Ost-]Berlin 1964, S. 336; V. Semenov an V. M. Molotov [rückblickende Darlegung], 2. 5. 1953, AVPRF, 082, 41 271, 18, Bl. 52–55.

[7] In allen öffentlichen wie internen Stellungnahmen wurden die genannten Kriterien ausschließlich der DDR zugeschrieben, während der Bundesrepublik dieses Gütesiegel stets ausdrücklich abgesprochen wurde.

[8] Schreiben Chruščëvs an Eisenhower, 11. 6. 1958 (dte. Übersetzung), in: Dokumente zur Deutschlandpolitik, a.a.O., III, 4/3, S. 1238; Interview Chruščëvs mit J. Waters, 11. 6. 1958 (dte. Übersetzung), ebd., S. 1243 f.; Erklärung der Regierung der DDR, 4. 9. 1958, ebd., S. 1541–1545; Note der Regierung der DDR an die Regierungen der Vier Mächte, 4. 9. 1958, ebd., S. 1546–1548; Note der Regierung der DDR an die Regierung der Bundesrepublik Deutschland, 4. 9. 1958, ebd., S. 1548–

fen. Der Hinweis, danach könne man über eine Konföderation sprechen, sollte in der Bundesrepublik gesamtdeutsche Erwartungen wecken, mit deren Hilfe man eine allmähliche Distanzierung des Landes vom Westen herbeizuführen hoffte.

Dem grundlegenden Wandel der politischen Verhältnisse, auf den die Berlin- und Deutschland-Forderungen vom 27. November 1958 abzielten, wird die von William Taubman geäußerte Ansicht nicht gerecht, der zufolge Chruschtschow nur die Anerkennung der DDR im Auge hatte und die Derogation der westlichen Berlin-Rechte lediglich als Druckmittel zu diesem Zweck einsetzte.[9] Nur Ulbricht habe nach West-Berlin gegriffen.[10] Zwar war Chruschtschow bis weit in das Jahr 1958 primär an allgemeinen Entspannungs- und Koexistenzfortschritten interessiert gewesen, doch erweiterte er dann seine Forderungen. In den Verhandlungen über Berlin seit 1959 lehnte er es wiederholt ab, den Westmächten für eine Anerkennung der DDR die weitere Präsenz in der Stadt und das damit verknüpfte Zugangsrecht zuzugestehen.[11] Auch die Ansicht, Chruschtschow habe mit der politischen Offensive gegen den Vier-Mächte-Status der Stadt nur die festgefahrenen Ost-West-Beziehungen wieder in Bewegung bringen wollen, ist nicht zu halten. Wie er gegenüber Senator Humphrey am 1. Dezember 1958 erklärte, sah er in West-Berlin einen „schmerzenden Dorn" und ein „Krebsgeschwür", nach dessen Beseitigung „alles besser" werde.[12]

Weitere Aussagen machen deutlich, daß Friedensvertrag und Freistadtregelung auf keinen Fall zu Verhandlungsobjekten werden sollten.[13] Nur wenn sich die Lage in Berlin „normalisierte", war eine wesentliche Stärkung der sowjetischen Position mit positiven Auswirkungen auf den Kampf gegen die westdeutsche „Atomrüstung" und das westliche Rüstungsprogramm insgesamt zu erwarten. Das wiederum sollte die politischen Grundlagen der NATO in Frage stellen. Die veränderte internationale Lage sollte in der Bundesrepublik zur Bildung einer „Regierung der nationalen Einheit" ohne Adenauer und die CDU/CSU führen, als deren Kern freilich auch die SPD nicht in Betracht kam.[14]

1550; Note der Regierung der UdSSR an die Regierungen der drei Westmächte, 27. 11. 1958, ebd., IV, 1/1, S. 151–163 (russ.), 163–177 (dte. Übers.).

[9] William Taubman, Khrushchev. The Man and his Era, New York 2003, S. 396 f.

[10] Ebd., S. 405.

[11] Im Juni 1959 hatten, wie Gromyko in einem internen Bericht feststellte, sich Großbritannien und Frankreich informell zur Anerkennung der DDR bereit gefunden (Hope M. Harrison, Driving the Soviets Up the Wall. Soviet – East German Relations 1953–1964, Princeton/NJ–Oxford 2003, S. 130). Wenn Taubmans Annahme zugetroffen hätte, wäre daher zu erwarten gewesen, daß die sowjetische Führung ihre Anstrengungen darauf gerichtet hätte, damit Druck auf die USA auszuüben. Statt dessen erklärte Chruščëv der SED-Führung, die Anerkennung könne ruhig noch warten, und verfolgte einen Kurs, den über Zwischenschritte zur Durchsetzung der Ziele in Berlin führen sollte (Kratkaja zapis' peregovorov. S partijno-pravitel'stvennoj delegaciej GDR 9 ijunja 1959g., 27. 6. 1959, AVPRF, 0742, 4, 31, 33, Bl. 74 f., 77, 82 f.; Zapis' peregovorov s partijno-pravitel'stvennoj delegaciej GDR 18 ijunja 1959g., 29. 6. 1959, AVPRF, 0742, 4, 31, 33, Bl. 91). In den sowjetisch-amerikanischen Gesprächen der Kennedy-Zeit boten die USA mehrfach an, die DDR anzuerkennen, wenn die UdSSR wesentliche Berlin-Zugeständnisse mache.

[12] Taubman, a.a.O., S. 406–408.

[13] Botschafter Pervuchin im Gespräch mit seinem ungarischen Amtskollegen laut István Rostás an Károlyi Kiss/Imre Hollai (ungar.), 25. 4. 1961, MOL 288.f.32/1961/12.ö.e., Bl. 160, 162; Rundfunk- und Fernsehansprache Chruščëvs, 7. 8. 1961, in: Dokumente zur Deutschlandpolitik, IV 6/2 (1975), S. 1522; Pressekonferenz Chruščëvs, 27. 11. 1958, ebd., IV 1/1 (1971), S. 205 f.

[14] Bericht von Botschafter A. A. Smirnov im Gespräch mit Pervuchin und Ulbricht, 5. 12. 1958, RGANI, 5, 49, 82, Bl. 284.

Sicherheitspolitische Ziele

Der Friedensvertragsvorschlag zielte nach Gromykos interner Aussage auch darauf ab, die westliche Sicherheitspolitik zu konterkarieren. Die Klauseln über den Bündnisverzicht Deutschlands und den Abzug der ausländischen Truppen richteten sich gegen den Fortbestand der atlantischen Allianz. Diese sollte mit der Bundesrepublik das hauptsächliche Stationierungsgebiet und ein unverzichtbares Truppenpotential verlieren. Zudem wollte der Kreml der westlichen These von der Notwendigkeit der Verteidigung gegen eine bestehende Bedrohung die Rechtfertigung entziehen. Der Außenminister ging davon aus, daß dies den „Zerfall der NATO" bewirken werde.[15] Für den Rückzug der Streitkräfte aus Deutschland wurde eine Ein-Jahres-Frist, eventuell auch ein schrittweises Vorgehen ins Auge gefaßt. Entscheidende Bedeutung wurde dem Austritt der Bundesrepublik aus dem Bündnis beigemessen. Dadurch – und durch damit verknüpfte militärische Beschränkungen (wobei man im Kreml nicht zuletzt an die dann nicht mehr mögliche Ausrüstung der Bundeswehr mit Trägersystemen für Kernwaffen gedacht haben dürfte) – werde die von der Bundeswehr ausgehende Bedrohung entschärft. Es komme darauf an, das zusammen mit dem Rückzug der westlichen Verbände zu gewährleisten. Hinsichtlich der zeitlichen und sonstigen Modalitäten könne man Zugeständnisse machen.[16] Das erforderte die gleichzeitige Räumung Ostdeutschlands durch die sowjetischen Truppen und den Rückzug der DDR aus dem Warschauer Pakt. Gromyko rechnete damit, daß die Aussicht auf militärische Neutralisierung Deutschlands den westlichen Regierungen innenpolitische Schwierigkeiten bereiten werde, wenn man die Sache so darstelle, „daß die Sympathien der gesellschaftlichen Kreise in der Welt, vor allem in den Ländern, die unter der Hitlerschen Aggression gelitten haben, in größtmöglichem Umfang unserer Seite zufallen".[17]

Allem Anschein nach war Chruschtschow bereit, die DDR militärisch freizugeben, wenn die Bundesrepublik analoge Regelungen akzeptierte. Er dachte die deutsche Bevölkerung in beiden Staaten für den Friedensvertrag und die Freistadtregelung unter anderem dadurch zu gewinnen, daß er ihr die Befreiung von militärischen Lasten und Bindungen versprach. Den westlichen Regierungen sollte damit die Ablehnung seines „Angebots" schwer gemacht werden. Mit der ausdrücklichen Betonung des nur zeitweiligen Charakters der sowjetischen Truppenpräsenz im Stationierungsvertrag mit der DDR vom November 1957 war der mögliche Rückzug verbal bereits vorweggenommen worden. Indizien deuten darauf hin, daß es dem Kremlchef damit ernst war. Sein Emissär Mikojan drang Anfang 1959 in Washington bei Außenminister Dulles auf eine Vereinbarung über den Austritt beider deutschen Staaten aus dem jeweiligen Bündnis.[18] Auf der Genfer Außenministerkonferenz bot Gromyko dem Westen den Rückzug der sowje-

---

[15] A. Gromyko an ZK der KPdSU, 25. 12. 1958, AVPRF, 0742, 3, 21, 33, Bl. 16f.
[16] A. Gromyko an ZK der KPdSU, 8. 1. 1959, AVPRF, 0742, 4, 32, 40, Bl. 11–13.
[17] Ebd., Bl. 12.
[18] Hinweis darauf ebd., S. 11 f. Vgl. Memorandum of Conversation [between Dulles and Mikoyan], 5. 1. 1959, in: FRUS 1958–1960, VIII, a.a.O., S. 234, 236.

tischen Truppen nicht nur aus der DDR, sondern auch aus Ungarn und Polen an und plädierte nachdrücklich dafür, „Deutschland frei [von] ausländischen Truppen und Stützpunkten" zu machen. Wenn den Westmächten das schwer falle, sei zu erwägen, den zwei deutschen Staaten noch für eine begrenzte Zeit die Mitgliedschaft in ihrer jeweiligen Allianz zu gestatten.[19] Äußerungen dieser Art setzten sich während der gesamten Dauer der Berlin-Krise fort.[20]

Die Bereitschaft zum militärischen Rückzug aus Ostmitteleuropa war Bestandteil eines politischen Gesamtkonzepts, das Chruschtschow auch unabhängig von seiner Berlin-Politik verfolgte. Er hatte die Gründung des Warschauer Pakts 1955 veranlaßt, um ein Tauschobjekt in der Hand zu haben, das er den Westmächten für deren Verzicht auf die NATO anbieten konnte. Das System der kollektiven Sicherheit in Europa, das an die Stelle der beiden Bündnisse treten sollte, hatte aber in den westlichen Hauptstädten keinen Gefallen gefunden. Dort ging man davon aus, daß der Vorschlag darauf abzielte, den Zusammenhalt des Westens und die amerikanische Präsenz zu beseitigen, um die UdSSR zur beherrschenden Macht auf dem europäischen Festland zu machen. Chruschtschow hielt jedoch weiter an seinem Plan fest. Er glaubte, sich den militärischen Rückzug aus dem westlichen Vorfeld seines Landes leisten zu können, weil er trotz der Krise von 1956 davon überzeugt war, daß die kommunistischen Bindungen und die bilateralen Beistandsverträge Systemübereinstimmung und Hegemonie hinreichend gewährleisteten. Da er sich wesentlich auf die nuklearstrategische Abschreckung stützte, war auch unter militärischen Aspekten keine vorgeschobene Truppenpräsenz erforderlich. Mit dem Rückzug der sowjetischen Streitkräfte aus Rumänien zog er 1958 die erste Konsequenz aus seinem sicherheitspolitischen Leitgedanken. Von der 1959 erwogenen Räumung Ungarns und Polens nahm er Abstand, weil die betroffenen Parteichefs nicht auf den Rückhalt an der Sowjetmacht verzichten wollten.[21] Trotzdem hielt er den Vorschlag aufrecht, fügte jedoch hinzu, dessen Verwirklichung sei nicht eilig. Er wollte die Verbündeten nicht drängen.[22]

[19] Telegram From the Delegation at the Foreign Ministers Meeting to the Department of State, 16. und 21. 5. 1959, ebd., S. 711, 732 f.

[20] Siehe z.B. die Äußerung Chruščëvs gegenüber Botschafter Thompson am 21. 1. 1961 lt. Bericht der US-Botschaft an das Department of State, 24. 1. 1961, FRUS 1961–1963, V, Dokument 13; Vorschläge der UdSSR an die USA lt. P. Abrasimov an N. S. Chruščëv, 8. 2. 1961, RGANI, 5, 30, 365 (rolik 4632), Bl. 27; Niederschrift der Unterrredung zwischen N. S. Chruschtschow und J. Kennedy am 3. Juni 1961, SAPMO-BArch, DY 30/3663, Bl. 84; Schreiben Chruščëvs an Kennedy, 30. 11. 1962, FRUS 1961–1963, VI, S. 190–198.

[21] Pervaja beseda N. S. Chruščëva s Mao Czė-dunom, 31 ijul'ja 58g., in: Novaja i novejšaja istorija, 1/2001, S. 125; Matthew Evangelista, „Why Keep Such an Army?": Khrushchev's Troop Reductions, Cold War International History Project, Working Paper No. 19, Washington/DC, December 1997, S. 16 [unter Hinweis auf die Memoiren Chruščëvs und Adžubejs].

[22] Aufzeichnungen des tschechoslowakischen Parteichefs Novotný sowie seines Außenministers David über die Moskauer Beratung der Warschauer-Pakt-Staaten am 4. 2. 1960, 9. bzw. 20. 2. 1960, in: Michal Reiman/Peter Luňák (Hrsg.), Studená Válka. Sovětské dokumenty v českých archivech, Prag 2000, S. 138, 142 (tsch.).

Chruschtschows politisches Kalkül

Wieso erhob Chruschtschow weitreichende Forderungen, welche die USA durch Infragestellung eines zentralen Engagements herausforderten, und verschärfte sie noch durch die Form eines Ultimatums?[23] Damit erhöhte er zwar den Druck auf die Amerikaner, griff aber zugleich ihr Weltmachtprestige an und intensivierte damit ihre Abwehr. Weshalb riskierte er eine Ost-West-Konfrontation, die das Risiko eines tödlichen Nuklearkonflikts in sich barg? Schließlich wollte er es auf keinen Krieg ankommen lassen. Anscheinend ging er davon aus, daß er kein ernstes Wagnis eingehe. Einwände beantwortete er mit dem Bemerken, der Westen könne doch am exponierten Außenposten West-Berlin kein großes Interesse haben.[24] Zudem glaubte er, daß die USA einen Krieg scheuten.[25] Das widersprach Aussagen, die von der Einsicht in die zentrale Bedeutung des amerikanischen Berlin-Engagements zeugten. Seine Einschätzung, Washington wolle einen militärischen Konflikt vermeiden, strafte die amtliche These von den dortigen „Kriegstreibern" Lügen. Das Vorgehen des Kremlchefs war darauf angelegt, daß nicht die offensiv fordernde UdSSR, sondern die um Abwehr bemühte Gegenseite vor der Wahl zwischen Krieg und Frieden stehen sollte. Die Vereinigten Staaten und ihre Verbündeten sollten sich zum Nachgeben genötigt sehen, um nicht dem Fait accompli eines Friedensvertrags mit daraus abgeleiteter vorbehaltloser Verfügung der DDR über die West-Berliner Zugangswege gegenüberzustehen, der nur durch Einleitung eines militärischen, potentiell zu einer nuklearen Katastrophe führenden Konflikts zu begegnen sei. Dies wäre, wie Chruschtschow immer wieder betonte, eine völlig unverhältnismäßige, irrationale Reaktion. Die Westmächte sollten sich vernünftigerweise für die Wahl des geringeren Übels entscheiden und sich daher dem sowjetischen Ansinnen fügen.

Zweifel daran, daß die USA ohne militärische Konfrontation zur Preisgabe ihrer Position in Berlin zu bewegen seien, waren vor allem im Außenministerium verbreitet.[26] Westliche, vor allem amerikanische Politiker und Diplomaten machten in Gesprächen immer wieder geltend, die Verteidigung West-Berlins sei der

---

23 Der Sechs-Monate-Termin wurde auf Chruščevs ausdrückliches Verlangen hin eingefügt. Noch am 20. 11. 1958 meinten führende sowjetische Außenpolitiker in Partei und Staat gegenüber Vertretern der DDR, man wolle das geplante Aktionsprogramm ohne allzu große Eile, Schritt für Schritt durchsetzen. Das werde mindestens ein Jahr in Anspruch nehmen (Botschafter König, Bemerkungen über die Vorbereitung der Schritte der Sowjetregierung betreffend Änderung des Status von Westberlin, 4. 12. 1958, PA-MfAA, A 17723, Bl. 82 f.).
24 Sergej Chruščev, Nikita Chruščev: Krizisy i rakety. Vzgljad iznutri, Bd. 1, Moskau 1994, S. 416.
25 Vgl. u. a. Bericht über Unterredung zwischen Chruščev und Ulbricht, 30. 11. 1960, AVPRF, 0742, 6, 43, 4, als Anhang A in englischer Übersetzung veröffentlicht in: Hope M. Harrison, Ulbricht and the Concrete „Rose": New Archival Evidence on the Dynamics of Soviet-East German Relations and the Berlin Crisis, 1958–1961, Working Paper No. 5, Cold War International History Project, Woodrow Wilson Center, Washington/DC, Mai 1993; Chruščev im Gespräch mit Ulbricht, 30. 11. 1960, berichtet in: Otčët Posolstva SSSR v GDR za 1960 god, 15. 12. 1960, RGANI, 5, 69, 267 (rolik 8948), Bl. 93.
26 V. Zubok/Z. Vodop'janova, Sovetskaja diplomatija i berlinskij krizis (1958–1961 gg.), in: M.M. Narinskij (Hrsg.), Cholodnaja vojna. Novye podchody, novye dokumenty, Moskau 1995, S. 264; Vladislav Zubok, Der sowjetische Geheimdienst in Deutschland und die Berlinkrise 1958–1961, in: Wolfgang Krüger/Jürgen Weber (Hrsg.), Spionage für den Frieden? Nachrichtendienste in Deutschland während des Kalten Krieges, München–Landsberg/Lech 1997, S. 126. Auch Chruščevs Sohn gibt an, daß er Zweifel geäußert habe: S. Chruščev, Nikita Chruščev, a.a.O., S. 416.

unverzichtbare Angelpunkt des atlantischen Bündnisses. Chruschtschow nahm das nicht ernst, obwohl er gleichzeitig mit seinem Vorgehen die Absicht verfolgte, die Europa-Präsenz der USA und den Zusammenhalt der NATO zu erschüttern. Er setzte allein auf den Erfolg der Drohung mit dem Nuklearkrieg. Das blieb im Westen nicht ohne Wirkung. Die Eisenhower-Administration beabsichtigte zwar, mit einer Gegendrohung zu kontern, nahm aber wegen des Einspruchs europäischer Verbündeter, vor allem des britischen Premierministers Macmillan, davon Abstand, um den Zusammenhalt der Allianz nicht zu gefährden.[27] Chruschtschow sah seine Einschätzung bestätigt. Der Hinweis auf den andernfalls abzuschließenden Separatvertrag mit der DDR schien seinen Zweck zu erfüllen, auch ohne daß der Wille dahinterstand, den Worten notfalls die Tat folgen zu lassen.[28] Er wünschte im übrigen nicht nur wegen des Kriegsrisikos keine einseitige Friedensregelung mit der DDR. Er wollte ihr auch keine Macht über die Zugangswege West-Berlins einräumen, solange noch westliche Truppen in der Stadt standen. Dadurch wäre die sowjetische Konfliktkontrolle gefährdet worden, denn dann hätte das SED-Regime auf den Transitstrecken eigenmächtig handeln und die UdSSR dadurch in heikle Situationen bringen können.

Chruschtschow glaubte an den Erfolg auch aufgrund der Erwartung, daß er die Deutschen, vor allem die West-Berliner, mit der Aussicht auf „Beseitigung der Überreste des Zweiten Weltkriegs" für sich gewinnen könne. Das sollte die westliche Seite zusätzlich unter Druck setzen. Tatsächlich war jedoch nicht daran zu denken, daß man im Westteil Deutschlands das Besatzungsrecht als schwere, möglichst rasch abzuwerfende Bürde ansah. Anwesenheit und Rechtsposition der Westmächte galten vielmehr als Schutz und Unterstützung gegenüber der UdSSR. Chruschtschow war zuversichtlich, daß er seine Ziele in allen wesentlichen Punkten erreichen würde. Er war entschlossen, sich auf keinen echten Kompromiß einzulassen; nur über Nebensächlichkeiten – etwa Termine und Durchführungsmodalitäten – ließ er mit sich reden.[29] Trotz westlicher Bereitschaft, über die Berlin-Forderungen zu sprechen, führte diese Politik in die Irre. Die USA zeigten sich nicht bereit, ihre Position in der Stadt aufzugeben. Dadurch geriet der Kremlchef in ein Dilemma: Er konnte die verlangte Übereinkunft nicht durch die Ausführung von Drohungen in Richtung Krieg erzwingen. Das führte zu fortwährenden Verzögerungen, hinter denen sich nackte Ohnmacht verbarg. Das 1958 erstmals formulierte und 1961 erneuerte Ultimatum wurde jeweils stillschweigend fallengelassen, und Chruschtschow hoffte bis 1962/63 auf künftige „Einsicht" im Westen.[30] Im Gegensatz zu ihm rechnete Ulbricht von vornherein nicht damit, daß sich die Berlin-Forderungen ohne größeren Widerstand durchsetzen ließen. Er hielt es für selbstverständlich, daß die bloße Androhung nicht zum Erfolg führte

---

[27] William Burr, Avoiding the Slippery Slope: The Eisenhower Administration and the Berlin Crisis, November 1958–January 1959, in: Diplomatic History, 1994, S. 177–205.

[28] V. Zubok/Z. Vodop'janova, Sovetskaja diplomatija i berlinskij krizis (1958–1962 gg.), in: M. M. Narinskij (glavn. red.), Cholodnaja vojna. Novye podchody, novye dokumenty, Moskau 1995, S. 264.

[29] In diesem Sinne agierte die sowjetische Delegation während der folgenden Genfer Außenministerkonferenz (Mai bis Juni 1959).

[30] Vgl. den Bericht des Sohnes über Chruščëvs Reaktion auf entsprechende Einwände in: Sergej Chruščëv, Roždenie sverchderžavy. Kniga ob otce, Moskau 2000, S. 273 f.

und daß der Separatvertrag daher ungeachtet der westlichen Haltung abgeschlossen werden mußte. Daß die Hegemonialmacht dazu nicht bereit war, enttäuschte ihn zutiefst.

Die angestrebte Friedens- und Freistadtregelung

Die Entwürfe für die entscheidenden Vereinbarungen – für den Friedensvertrag in den Varianten eines Vier-Mächte-Abschlusses mit beiden Staaten oder einer sowjetischen Separatvereinbarung mit der DDR[31], für das Freistadt-Statut[32] und die Garantie-Erklärung für West-Berlin[33] – wurden im Moskauer Außenministerium ausgearbeitet und danach der SED-Führung zur Hinzufügung von „Bemerkungen und Ergänzungen" unterbreitet.[34] Gromyko nahm Ulbrichts Wünsche nach restriktiver Formulierung der Einzelheiten entgegen und empfahl sie der Parteiführung zur Annahme.[35] In Ost-Berlin formulierte man zur anschließenden Begutachtung in Moskau Einzelheiten der Durchführung wie die Modalitäten der Übertragung der Transitrechte an die DDR, die Bedingungen für die Benutzung ostdeutschen Gebietes durch die „Freie Stadt" und die Entscheidung von Einzelfragen bei der Ablösung des westlichen Besatzungsregimes. Die SED-Führung plädierte dabei stets für möglichst restriktive Regelungen.[36]

Der Friedensvertrag sollte „mit Deutschland" – d. h. mit beiden Staaten oder gegebenenfalls mit einer Konföderation – abgeschlossen werden. In der Präambel war von einem nicht mehr zu rechtfertigenden „zutiefst unnormalen Zustand" die Rede: Fremde Truppen stünden annähernd 14 Jahre nach Kriegsende noch immer im Lande; der deutschen Nation sei weiter die Möglichkeit genommen, „ihre

---

[31] A. Gromyko an das ZK der KPdSU, 25. 12. 1958, AVPRF, 0742, 3, 21, 33, Bl. 16–20; W. Ulbricht an N. S. Chruščëv, 3. 1. 1959, SAPMO-BArch, DY 30/3505, Bl. 1; A. Gromyko an das ZK der KPdSU, 8. 1. 1959, AVPRF, 0742, 4, 32, 40, Bl. 6–12; W. Ulbricht an N. S. Chruščëv, 27. 2. 1959, SAPMO-BArch, DY 30/3505, Bl. 163.

[32] A. Gromyko an das ZK der KPdSU, 15. 1. 1959, AVPRF, 0742, 4, 33, 59, Bl. 37 f.; W. Ulbricht an N. S. Chruščëv, 14. 2. 1959, SAPMO-BArch, DY 30/3505, Bl. 161 f. Dem sowjetischen Entwurf ging am 9. 1. 1959 ein Memorandum der DDR-Regierung voraus, in dem bereits wesentliche Elemente des vorgesehenen Freistadt-Statuts enthalten waren (Dokumente zur Deutschlandpolitik, hrsg. vom Bundesministerium für Gesamtdeutsche Fragen, Reihe IV, Bd. 1/1. Hbbd., Frankfurt/Main–[West-]Berlin 1971, S. 516–531; als sowjetische Zusammenfassung siehe Zapadnyj Berlin dolžen stat' vol'nym demilitarizovannym gorodom, in: Pravda, 10. 1. 1959).

[33] Protokoll über Garantien des Status der Freien Stadt Westberlin (Übers. aus dem Russ.), o.D., SAPMO-BArch, DY 30/3505, Bl. 357–359.

[34] A. Gromyko an das ZK der KPdSU, 8. 1. 1959, AVPRF, 0742, 4, 33, 59, Bl. 38.

[35] A. Gromyko an das ZK der KPdSU, 9. 1. 1959, AVPRF, 0742, 4, 32, 40, Bl. 6–39; A. Gromyko an das ZK der KPdSU, 15. 1. 1959, AVPRF, 0742, 4, 32, 40, Bl. 44–46; A. Gromyko an das ZK der KPdSU, 17. 1. 1959, AVPRF, 0742, 4, 32, 40, Bl. 48–64; A. Gromyko an das ZK der KPdSU, o.D. [Januar 1959], AVPRF, 0742, 4, 32, 40, Bl. 67–82.

[36] H. Axen an W. Ulbricht (mit Anlagen), 12. 2. 1959, SAPMO-BArch, DY 30/3505, Bl. 108–129; Statut der Freien Stadt Westberlin [Entwurf], o.D., SAPMO-BArch, DY 30/3505, Bl. 130–139 (dt.), 140–150 (russ.): Entwurf: Statut der Freien Stadt Westberlin, o.D., SAPMO-BArch, DY 30/3505, Bl. 151–160; Probleme im Zusammenhang mit der Übergabe der Vertreter Westberlin an die Regierung der Deutschen Demokratischen Republik, 4. 2. 1959, SAPMO-BArch, DY 30/3505, Bl. 56–61; Vorschläge des Politbüros des ZK der SED zur Regelung der Übergabe der Rechte und Funktionen der Sowjetunion hinsichtlich Westberlins an die DDR, o.D., SAPMO-BArch, DY 30/3505, Bl. 348–356; W. Ulbricht an N. S. Chruščëv, 27. 2. 1959, SAPMO-BArch, DY 30/3505, Bl. 163.

staatliche Souveränität in vollem Umfang zu verwirklichen und gleichberechtigte Beziehungen zu anderen Staaten zu unterhalten;" sie stehe außerhalb der Organisation der Vereinten Nationen. Dem müsse man durch den Friedensschluß und die damit verbundene Aufhebung des Besatzungsstatus ein Ende setzen. Der Passus, daß sich die vertragschließenden Seiten dabei von den Prinzipien leiten ließen, die „in den Dokumenten der Anti-Hitler-Koalition und besonders im Potsdamer Abkommen enthalten" seien, machte für den Kenner der sowjetischen Terminologie die Absicht deutlich, den Vertrag in den Kontext einer auf politisch-gesellschaftliche Transformation ausgerichteten Entwicklung zu stellen.

In der publizierten, für DDR wie Bundesrepublik gedachten Version des Friedensvertrages[37] wurde deren „volle Souveränität" vorgesehen. Beide Staaten sollten sich jedoch dazu verpflichten, keinem Militärbündnis beizutreten, die gegen eine der vertragschließenden Mächte gerichtet sei, und sich nicht an Militärbündnissen zu beteiligen, denen die UdSSR, die USA, Großbritannien und Frankreich nicht gemeinsam angehörten. Die anderen Länder hatten diese Verpflichtung zu respektieren und alles zu unterlassen, was deren direkte oder indirekte Verletzung nach sich ziehen könnte. Auch sollten sie alles tun, „damit Deutschland auf gleichberechtigter Grundlage an Maßnahmen teilnehmen kann, die auf die Festigung der europäischen Sicherheit und die Schaffung eines auf gemeinschaftlichen Anstrengungen der europäischen Staaten beruhenden Sicherheitssystems ausgerichtet sind." Damit hielt sich der Kreml die Möglichkeit offen, die Deutschen in ein gesamteuropäisches Sicherheitsarrangement einzubeziehen, das er seit der Vier-Mächte-Konferenz in Berlin vom Januar/Februar 1954 propagierte und als dessen Verwirklichung der im folgenden Jahr begründete Warschauer Pakt offiziell galt.

Der sowjetische Entwurf enthielt auch Vorschriften über die innere Ordnung in den deutschen Staaten. Sie sollten gehalten sein, „das Wiedererstehen, die Existenz und Tätigkeit der Nationalsozialistischen Partei und ihrer Gliederungen oder unter ihrer Kontrolle befindlicher Organisationen" auf ihrem Territorium „einschließlich der politischen, militärischen und halbmilitärischen Organisationen wie auch die Entstehung und Tätigkeit ähnlicher Parteien und Organisationen und insbesondere revanchistischer Parteien und Organisationen, die eine Überprüfung der Grenzen Deutschlands fordern oder territoriale Ansprüche an andere Staaten zum Ausdruck bringen, unter Androhung strafrechtlicher Verfolgung nicht zuzulassen." Weiter war ihnen die Pflicht aufzuerlegen, alle Organisationen einschließlich Emigrantenverbänden aufzulösen und unter Strafandrohung zu verbieten, die eine „feindliche Tätigkeit" gegen irgendeine der Siegermächte im Zweiten Weltkrieg entfalteten. Personen, die zu solchen Vereinigungen gehörten, sollten kein politisches Asyl erhalten dürfen.

In der DDR waren diese Forderungen – ebenso wie die gleichfalls als Auflage vorgesehene Beachtung der Menschenrechte und Grundfreiheiten – nach Moskauer These mustergültig erfüllt, bedurften aber noch in allen Punkten der Durchsetzung in der Bundesrepublik. Mit der Festlegung innenpolitischer Pflich-

---

[37] Text: Pravda, 11. 1. 1959; Politisches Archiv des Auswärtigen Amtes/Bestände des Ministeriums für Auswärtige Angelegenheiten der früheren DDR (hinfort: PA-MfAA), C 844/75, Bl. 139–164.

ten im Friedensvertrag suchte sich die UdSSR eine rechtliche Handhabe zu verschaffen, ihre Systemvorstellungen mittels Interpretation der betreffenden Bestimmungen geltend zu machen. Das mußte vor allem dann politisch bedeutsam werden, wenn nach dem vorgeschlagenen Abzug der Stationierungstruppen die angelsächsischen Mächte nicht länger auf dem europäischen Kontinent präsent waren und daher kaum noch gegenhalten konnten. Der Hinweis auf unerfüllte innerstaatliche Verpflichtungen mochte auch dazu dienen, die Bundesrepublik zur Bildung der vorgeschlagenen Gesamtdeutschen Kommission mit der DDR zu drängen, als deren Themen wesentlich Konföderation, Annäherung und spätere Vereinigung – mithin nicht zuletzt auch Fragen der inneren Ordnung – ins Auge gefaßt waren.

Ulbricht war mit dem sowjetischen Friedensvertragsentwurf einverstanden.[38] Die Liste der West-Berlin-Ziele in der Version, die für den Fall des Separatabschlusses mit der DDR vorgesehen war,[39] weckte im Politbüro der SED den Wunsch nach Ergänzungen. Die UdSSR sollte sich verpflichten, „unbeirrbar" auf das Ende der fremden Besetzung, die Beseitigung der bisherigen „Unruhe und Provokation" und die Durchsetzung der Freistadt-Regelung hinzuwirken. Zudem wollte man den Anspruch auf Erstreckung der DDR-Souveränität auf West-Berlin dadurch bestätigt sehen, daß der dortigen „Regierung" (als die der Senat nach Aufhebung des westlichen Besatzungsregimes und Lösung der Bindungen zur Bundesrepublik firmierte) nur Verwaltungsfunktionen zugestanden wurden. Die Klausel, die in allgemeiner Form jede Art der Zusammengehörigkeit der Stadt mit dem westdeutschen Staat verbot,[40] sollte durch genaue Regelungen ergänzt werden.[41] Der Bestimmung, nach der sich die „Freie Stadt" (deren staatliche Qualität mit dem Synonymbegriff „selbständige politische Einheit" zum Ausdruck gebracht wurde) eine neue Verfassung zu geben hatte, war anzufügen, die Übertragung von auswärtigen Kompetenzen an andere Staaten setze die Zustimmung der vertragschließenden Seiten voraus. Das lief auf ein Veto der DDR gegen eine Vertretung der West-Berliner Interessen im Ausland durch die Bundesrepublik hinaus. Der Abschluß internationaler Abkommen, deren Durchführung Leistungen oder Genehmigungen der DDR erforderte (was angesichts der künftigen Transitabhängigkeit fast ausnahmslos der Fall sein würde), sollte nur mit deren Einverständnis möglich sein.

Die Auflage, eine eigene Währung, ein eigenes Bankensystem und ein eigenes Budget zu etablieren, und die Pflicht, sich wirtschaftlich mit der DDR abzustimmen, sollten die Abhängigkeit der Stadt gewährleisten. West-Berlin sollte seine

---

38 W. Ulbricht an N. S. Chruščëv, 3. 1. 1959, SAPMO-BArch, DY 30/3505, Bl. 1.

39 Text: SAPMO-BArch, DY 30/3505, Bl. 261–284. Vgl. dazu die vorangegangenen Entwürfe des Friedensvertrages mit Deutschland, ebd., Bl. 203–227; 228–260.

40 Vgl. V. Zorin an das ZK der KPdSU, 24. 10. 1959, AVPRF, 0742, 4, 34, 60, Bl. 129; M. Pervuchin an A. A. Gromyko, 21. 11. 1959, 0742, 4, 34, 60, Bl. 140–146.

41 H. Axen an W. Ulbricht (mit Anlagen), 12. 2. 1959, SAPMO-BArch, DY 30/2.2.035/118, Bl. 1–15; W. Ulbricht an N. S. Chruščëv, 14. 2. 1959, SAPMO-BArch, DY 30/3505, Bl. 161f.; W. Ulbricht an N. S. Chruščëv (mit Anlagen), 27. 2. 1959, AVPRF, 0742, 4, 32, 41, Bl. 71–97; A. Gromyko an das ZK der KPdSU, 27. 2. 1959, AVPRF, 0742, 4, 32, 41, Bl. 9–11. Vgl. die sowjetischen Entwürfe für ein „Abkommen über die Freie Stadt Westberlin" und die – wohl vom DDR-Außenministerium hinzugefügten – Abänderungsvorschläge mit Korrekturen und Bemerkungen von Ulbrichts Hand, o.D. [zweite Februarhälfte 1959], in: SAPMO-BArch, DY 3505, Bl. 116–129.

Staatsbürgerschaft nur dann verleihen können, wenn der Herkunftsstaat – nach Lage der Dinge also die DDR – zustimmte. Diese sollte auch die Möglichkeit erhalten, die Erwerbstätigkeit ostdeutscher „Grenzgänger" in der Stadt zu unterbinden. Beschwerden gegen die Handhabung der Regelungen waren einer gemischten Kommission beider Seiten zu unterbreiten, die ihre Beschlüsse einstimmig fassen würde, mithin nur im Einvernehmen mit dem SED-Regime tätig werden konnte.[42] Dem ostdeutschen Verlangen nach stärkstmöglicher Knebelung der „Freien Stadt" lag zugrunde, daß Ulbricht den von Chruschtschow vorgesehenen Sonderstatus mittels sabotierender Ausführungsregeln aushöhlen wollte und statt Übereinkunft generell Konfrontation suchte. Das Freistadt-Angebot sollte kein Mittel zur Verständigung sein, wie der Kremlchef wollte, sondern eine politische Waffe, die den Westen unter Druck setzte.[43] Demnach durfte die für West-Berlin vorgesehene innere Autonomie nur ein Zwischenstadium auf dem Weg seiner Einbeziehung in die DDR sein.

Gromyko akzeptierte die maximalistischen Forderungen des SED-Regimes.[44] In seinem Ministerium dachte man ebenfalls an restriktive Regelungen nicht allein im Blick auf die Entmilitarisierung und Neutralisierung der Stadt, sondern auch auf die Ordnung ihrer inneren Angelegenheiten. Zwar wurde das Fortbestehen der bisherigen Eigentumsverhältnisse vorgesehen, doch sollten ausdeutbare ökonomische Richtlinien Handhaben für umfangreiche Interventionen bieten. Der „Mißbrauch" wirtschaftlicher Macht sollte verboten sein, „private Monopolorganisationen" waren unter Verdikt zu stellen und die Stadtbehörden zur Gewähr von Vollbeschäftigung und zu dazu dienlichen Maßnahmen zu verpflichten. Das waren rechtliche Instrumente, mit denen sich das Verlangen nach einer politisch-gesellschaftlichen Umgestaltung „gemäß dem Potsdamer Abkommen" begründen ließ. Diesem sollte im Friedensvertrag als rechtfertigender Grundlage fortdauernde Geltung bescheinigt werden. Nach sowjetischer These waren dessen innenpolitische Forderungen nur in der DDR erfüllt worden waren, während sie im übrigen Deutschland noch zur Erfüllung anstanden. Dem SED-Staat wurde unter anderem das Verbot aller Organisationen und Aktivitäten „faschistischen oder anderen antidemokratischen Charakters", der „Kriegspropaganda" und der „feindliche[n] Tätigkeit" zugute gehalten, das auch in der „Freien Stadt" implementiert werden müsse.[45] Sozialistisch ausgerichtete Eingriffe in die innere Ordnung West-

---

[42] Siehe vorangegangene Fußnote.
[43] So Ulbricht in einem Gespräch mit Botschafter Pervuchin im November 1958 laut V. Zubok/Z. Vodop'janova, Sovetskaja diplomatija i berlinskij krizis (1958–1962 gg.), in: M. M. Narinskij (glavn. red.), Cholodnaja vojna. Novye podchody, novye dokumenty, Moskau 1995, S. 264.
[44] A. Gromyko an das ZK der KPdSU, 27. 2. 1959, AVPRF, 0742, 4, 32, 41, Bl. 11. Die undatierten sowjetischen Entwürfe, deren deutsche Übersetzungen sich im Ulbricht-Nachlaß befinden (Entwurf: Statut der Freien Stadt Westberlin, o.D., SAPMO-BArch, DY 3505, Bl. 130–139; Entwurf: Statut der Freien Stadt Westberlin, o.D., SAPMO-BArch, DY 3505, Bl. 151–160), stellen die der SED-Führung zur Kommentierung übersandten Texte dar und enthalten daher die Ergänzungen bzw. Korrekturen noch nicht. Daß die sowjetische Führung den ostdeutschen Wünschen auf Gromykos Empfehlung hin zustimmte, ergibt sich aus der Tatsache, daß sie in den entsprechenden Entwürfen des Jahres 1961 berücksichtigt sind (Proekt: Soglašenie o vol'nom gorode Zapadnyj Berlin, o.D., SAPMO-BArch, DY 30/3506, Bl. 98–102; Entwurf: Statut der Freien Stadt Westberlin, o.D., SAPMO-BArch, DY 30/3506, Bl. 103–115).
[45] Entwurf: Statut der Freien Stadt Westberlin, o.D., SAPMO-BArch, DY 30/3505, Bl. 130–139; Entwurf: Statut der Freien Stadt Westberlin, o.D., SAPMO-BArch, DY 30/3505, Bl. 151–160.

Berlins waren demnach legitim. Dem ostdeutschen Regime wurde damit ein sehr weitreichendes Instrumentarium äußerer Einwirkung zugebilligt. Von der Autonomie, mit der Chruschtschow die Bevölkerung für seinen Vorschlag gewinnen wollte,[46] blieb kaum etwas übrig.

Vorstellungen über die Ablösung der Besatzungsrechte

Anfang Februar 1959 legte die SED-Führung in Moskau einen Plan dazu vor, wie die Abfertigung des West-Berlin-Verkehrs unter ihrer Regie aussehen sollte.[47] Aus dem Bolz-Sorin-Briefwechsel vom 20. September 1955, welcher der DDR die „Bewachung und Kontrolle" ihrer Grenzen sowie der „Verbindungslinien zwischen der Deutschen Bundesrepublik und West-Berlin" auf ihrem Territorium mit Ausnahme der Personen- und Gütertransporte der westlichen Garnisonen zugestanden hatte,[48] leitete sie den Schluß ab, daß die zivile Nutzung des Zugangs zu Land und Wasser, für die sie seit 1955 Gebühren erhob, bereits ihrer Kontrolle unterliege.[49] Es ging demnach nur noch darum, den westlichen Militärtransit und die Luftkorridore ostdeutscher Aufsicht zu unterwerfen. Demgemäß sollten „sämliche Kontrollfunktionen, die mit Zustimmung der DDR zeitweilig von den sowjetischen Streitkräften in Bezug auf den Verkehr von Truppenpersonal und Gütern der Garnisonen der drei Westmächte in Westberlin ausgeübt wurden, an die Organe der DDR" übergehen. Der Kreml sollte den westlichen Regierungen „in geeigneter Form" klarmachen, daß die Verbindungswege fortan „ausschließlich Angelegenheit der DDR" seien. Als Möglichkeit wurde ins Auge gefaßt, daß die Kontrolle während einer begrenzten Übergangszeit zusammen mit der UdSSR ausgeübt werden könne.

Weiter sollte die UdSSR die Westmächte unmißverständlich darauf hinweisen, daß der zivile Luftverkehr insgesamt keine Rechtsgrundlage besitze und daß die – während einer Übergangszeit noch erforderlichen – Flüge zur Versorgung der West-Berliner Garnisonen in engsten Grenzen zu halten seien. Die Alliierte Luftsicherheitszentrale sei aufzulösen und durch eine DDR-Behörde zu ersetzen. Falls die Vier-Mächte-Institution noch für eine gewisse Zeit fortbestehe, müsse die DDR dort den Platz der UdSSR einnehmen. Wie gefordert wurde, durfte der gesamte Verkehr zwischen West-Berlin und der Außenwelt künftig nur noch kraft Genehmigung der DDR und darauf beruhenden Vereinbarungen abgewickelt werden. Auch der Besuch westlicher Militärpersonen in Ost-Berlin sollte vertraglicher Erlaubnis bedürfen. Die SED-Führung legte auf die Kontrolle des Flugverkehrs, der Luftsicherheitszentrale und des militärischen Landtransits besonderen

[46] Siehe etwa Aufzeichnung sowjetischer Herkunft ohne Über- und Unterschrift (in dtr. Übers.), 17. 8. 1960, SAPMO-BArch, DY 30/3506, Bl. 330.
[47] W. Ulbricht an A. Gromyko (russ.) mit Anlage (russ. u. dt.), 4. 2. 1959, SAPMO-BArch, DY 30/3505, Bl. 48–61.
[48] Text: Dokumente zur Deutschlandpolitik, a.a.O., S. 372–377.
[49] Vgl. die Bemerkung Ulbrichts während eines Gesprächs mit der sowjetischen Führung am 9. 6. 1959, die Kontrolle an den Zugangswegen liege bereits zu 95% in den Händen der DDR (Kratkaja zapis' peregovorov. S partijno-pravitel'stvennoj delegaciej GDR 9 ijunja 1959 g., 27. 6. 1959 (Anfertigungsdatum), AVPRF, 0742, 4, 31, 33, Bl. 71f.).

Wert und unterbreitete dem Kreml dazu weitere ins einzelne gehende Ausarbeitungen.[50]

Zugleich unterbreitete sie in Moskau präzise Vorschläge, wie die Restbestände des Vier-Mächte-Regimes von 1945 zu liquidieren seien. Die Militärmissionen der drei Westmächte in Potsdam, die Militärmissionen von Drittstaaten in West-Berlin, das Alliierte Abrechnungsbüro, das Alliierte Reise- und Verbindungsbüro und das Alliierte Kriegsverbrechergefängnis in Spandau sollten aufgelöst werden. Die Ost-Berliner Akteure drangen vor allem darauf, die von Potsdam aus unter dem Schutz der Immunität durchgeführte westliche Spionagetätigkeit zu beenden und das westliche Monopol für die Genehmigung von Reisen aus der DDR in das nicht-sozialistische Ausland zu beseitigen. Sie war weiter daran interessiert, die Missionen im Westteil der Stadt in diplomatische Vertretungen bei der DDR umzuwandeln und den bis dahin durch das Abrechnungsbüro bewirkten Preisstopp für ostdeutsche Leistungen aufzuheben. Die in Spandau einsitzenden wenigen Häftlinge sollten den zwei deutschen Staaten zu weiterer Strafverbüßung übergeben werden.[51] Alle Restbestände des Vier-Mächte-Verhältnisses von 1945, das in protokollarischen Formen des Umgangs der sowjetischen Militärbehörden mit entsprechenden westlichen Stellen zum Ausdruck kam, waren nach ostdeutscher Ansicht nicht mehr gerechtfertigt und daher zu beseitigen, um so zu zeigen, daß alle Besatzungskompetenzen hinfällig geworden seien. So erschien das Recht der westlichen Militärs und Beamten auf freien Aufenthalt in Ost-Berlin nicht mehr akzeptabel; alle ausländischen Besucher der Stadt sollten der DDR-Genehmigung bedürfen.[52]

Gegen keinen der ostdeutschen Wünsche erhob der Kreml Einwände. Ihre Erfüllung setzte aber unausgesprochen voraus, daß zuvor zentrale Forderungen – vor allem nach Abschluß des deutschen Friedensvertrages, nach Beendigung des Besatzungsrechts, nach Abzug der auswärtigen Truppen und nach Umwandlung West-Berlins in eine „Freie Stadt" – erfüllt waren. Bei Fortdauer der bestehenden Verhältnisse dagegen konnte die sowjetische Seite dem ostdeutschen Verlangen nur um den Preis des einseitigen Verzichts auf Rechte und Vorteile entsprechen. Wurden beispielsweise die Potsdamer Militärmissionen aufgelöst oder der freie Aufenthalt in Ost-Berlin unterbunden, war vorauszusehen, daß die Westmächte

---

[50] Betrifft: Die sogenannte Alliierte Flugleitzentrale, o.D., SAPMO-BArch, DY 30/3505, Bl. 94–98; Betrifft: Rechte der Deutschen Demokratischen Republik in bezug auf den gesamten Flugverkehr zwischen Westberlin und Westdeutschland, o.D., SAPMO-BArch, DY 30/3505, Bl. 100f.; Betrifft: Kontrolle des Verkehrs von Truppenpersonal und Gütern zwischen Westberlin und Westdeutschland, o.D., SAPMO-BArch, DY 30/3505, Bl. 102–107.

[51] Betrifft: Das sogenannte Alliierte Abrechnungsbüro für Post- und Fernmeldeleistungen, o.D., SAPMO-BArch, DY 30/3505, Bl. 65–69; Betrifft: Das Kriegsverbrechergefängnis in Spandau, o.D., SAPMO-BArch, DY 30/3505, Bl. 70–72; Betrifft: Das sogenannte Alliierte Reise- und Verbindungsbüro in Westberlin, o.D., SAPMO-BArch, DY 30/3505, Bl. 75–77; Zur Frage der Militärmissionen, o.D., SAPMO-BArch, DY 30/3505, Bl. 82–88; Betrifft: Die Militärmissionen der Westmächte in Potsdam, o.D., SAPMO-BArch, DY 30/3505, Bl. 89–93.

[52] Betrifft: Die bisher vom sowjetischen Oberkommando, vom Oberbefehlshaber der in Berlin stationierten sowjetischen Truppen und der sowjetischen Botschaft mit Vertretern der Westmächte, mit dem Westberliner Senat und mit Zweigstellen der Bonner Behörden unterhaltenen Kontakte, o.D., SAPMO-BArch, DY 30/3505, Bl. 62–64; Betrifft: Behandlung der Angehörigen der in Westberlin stationierten Garnisonen der drei Westmächte im demokratischen Sektor von Berlin, o.D., SAPMO-BArch, DY 30/3505, Bl. 73f.

umgekehrt der UdSSR die entsprechenden Möglichkeiten in ihrem Machtbereich verweigern würden. Diesen Preis wollte Chruschtschow jedoch nicht zahlen. Je länger der politische Sieg auf sich warten ließ, desto ungeduldiger wurde die SED-Führung. Hier lag Stoff für Konflikte zwischen Moskau und Ost-Berlin.

Gespräche mit den Westmächten

Die Westmächte richteten ihr Bestreben vorrangig darauf, die demokratische Selbstbestimmung West-Berlins zu verteidigen. Was in der Blockade von 1948/49 gegen Stalin behauptet worden war und seitdem als Symbol der Freiheit galt, durfte nicht preisgegeben werden. Die Stadt war zwar, rein militärisch gesehen, ein Klotz am Bein, hatte aber für die Aufrechterhaltung des Vertrauens nicht nur der Bundesrepublik, sondern auch Westeuropas insgesamt auf den Schutz der USA entscheidende Bedeutung. Wurde diese Erwartung an der sensiblen Nahtstelle des Ost-West-Verhältnisses enttäuscht, war das Bündnis gefährdet. Außer Premierminister Macmillan, der aus Neigung zu Beschwichtigung und antideutschem Ressentiment dem Kreml weit entgegenkommen wollte,[53] waren sich alle im Westen dessen bewußt. Die ständig wiederholte sowjetische Behauptung, die verlangte Regelung diene nur der rechtlichen Bestätigung eines bereits bestehenden Zustandes und bringe niemandem Nachteile, täuschte nicht über den offensiven Charakter seiner Politik hinweg. In Washington ging die erste Reaktion nach der Chruschtschow-Rede vom 10. November 1958 dahin, dem Druck auf alle Fälle standzuhalten und die Entschlossenheit der UdSSR notfalls durch einen bewaffneten Konvoi zu testen. Die Absicht wurde jedoch fallengelassen, als Großbritannien und Frankreich der harten amerikanischen Linie nicht zu folgen bereit waren und die USA der Einigkeit unter den Verbündeten höchste Priorität einräumten.[54] Gleichwohl waren weder Eisenhower noch de Gaulle bereit, die ihnen vom Kreml nahegelegte „Lösung des Berlin-Problems" zu akzeptieren: Sogar Macmillan lehnte die geforderte politische Kapitulation ab und hielt mit Rückenstärkung aus Washington daran auch dann noch fest, als ihm die sowjetische Führung anbot, „die vier Mächte könnten in West-Berlin eine kleine symbolische Gruppe von Truppen haben, die sich nicht in die inneren Angelegenheiten der Freien Stadt einmischen würden", während der Zugang zu ihr durch internationale, von der UNO bestätigte Abkommen auf der Basis der DDR-Souveränität gewährleistet werde.[55] Wie die Westmächte die Zumutung der UdSSR abwehren wollten, blieb freilich unklar.

Chruschtschow wartete sechs Wochen vergebens darauf, daß die westlichen Regierungen um Erörterung des Friedensvertrags nachsuchten. Er wurde nervös, als er erkannte, daß seine Forderung und das damit verknüpfte Ultimatum

---

[53] John P. S. Gearson, Harold Macmillan and the Berlin Wall Crisis, 1958–62, Houndmills–London 1998; Rolf Steininger, Der Mauerbau. Die Westmächte und Adenauer in der Berlinkrise 1958–1963, München 2001, S. 21–66.

[54] Burr, a.a.O., S. 177–205.

[55] Aufzeichnung über den Besuch Macmillans in der UdSSR im Februar 1959 (poln.), o.D. [Ende Feb./Anfang März 1959], AAN, KC PZPR XI A/281, Bl. 625–637.

nicht die erwartete Verhandlungsbereitschaft, sondern Irritation und Handlungs-
blockade in den westlichen Hauptstädten hervorriefen. Das brachte ihn in einen
inneren Zwiespalt. Er wollte sowohl den Druck aufrechterhalten als auch die Bereitschaft zu Verhandlungen und Konzessionen fördern. Um aus der Sackgasse
herauszukommen, schickte er Mikojan nach Washington. Dieser versicherte Dulles, die UdSSR wolle in Berlin den Westmächten nicht den Boden unter den Füßen
wegziehen, und stellte in Abrede, daß der Vorschlag vom 27. November als „Ultimatum oder Drohung" gemeint sei.[56] Die amerikanische Führung verstand das
als Verzicht auf ein Zeitlimit und erklärte sich daraufhin zu einer Außenministerkonferenz bereit. Der Kreml verbuchte das als großen Erfolg, beschloß aber, weiter auf ein Treffen Chruschtschows mit Präsident Eisenhower zu dringen.[57] Macmillan erhielt kurz danach aus Moskau die Auskunft, die Berlin-Verhandlungen
könnten sich über die Ende Mai ablaufende Sechs-Monate-Frist bis Juni oder Juli
hinziehen. „Es gibt keine Zeitgrenze."[58] Auch gegenüber dem westdeutschen Botschafter Kroll betonte Chruschtschow, die UdSSR stelle kein Ultimatum.[59] Die
Zusicherung, man könne auch länger als in der November-Note festgelegt miteinander sprechen und Übereinkünfte treffen, wurde jedoch davon abhängig gemacht, daß der Westen wirklich auf das Ziel der verlangten Regelung zugehe.[60]
   Mikojan suchte während des Besuchs in Washington auch die amerikanische
Sorge zu zerstreuen, die UdSSR steuere auf einen Krieg zu. Bezeichnenderweise
ging damit der Versuch einher, die Bundesrepublik zu diskreditieren. Eine militärische Konfrontation drohe nur von den „westdeutschen Militaristen". Der Präsident verzichtete höflicherweise auf direkten Widerspruch und wich auf die Feststellung aus, auch er trete dafür ein, daß Deutschland nie wieder zur Gefahr für
andere Länder werde. Das sei bereits durch die Bindung der Bundesrepublik an
die NATO gewährleistet. Die militärischen Beschränkungen, auf die er zur Begründung hinwies, erklärte Mikojan für praktisch bedeutungslos. Die „revanchi-
stisch gestimmten Kreise" in Westdeutschland – einschließlich Adenauers, auch
wenn dieser gegenteilige Erklärungen abgebe – hätten es auf eine Verschärfung der
Spannungen abgesehen. Bonn betreibe eine subversive Tätigkeit gegen die DDR
und vergrößere damit die Gefahr eines bewaffneten Konflikts. Wie könne man da
freie gesamtdeutsche Wahlen abhalten, wie es die USA forderten? Weiter meldete
Mikojan den Anspruch auf Reparationen aus der Bundesrepublik an.[61]

[56] Mikojan gegenüber Dulles, 5. 1. 1959, Memorandum of Conversation, in: FRUS 1958–1960, VIII,
    a.a.O., S. 237; William Taubman, Khrushchev. The Man and his Era, New York–London 2003,
    S. 409.
[57] Protokoll der Sitzung des Präsidiums des ZK der KPdSU (TOP II), 24. 1. 1959, in: A. A. Fursenko
    (otv. red.), Archivy Kremlja. Prezidium CK KPSS 1954–1964. Černovye protokol'nye zapisi zase-
    danij. Stenogrammy, Moskau 2003, S. 345.
[58] So nach John P. S. Gearson, Harold Macmillan and the Berlin Wall Crisis, 1958–62. The Limits of
    Interests and Force, London 1998, S. 71.
[59] Botschafter Thompson an Außenminister Dulles, 3. 2. 1959, in: The Berlin Crisis 1958–1962. Na-
    tional Security Archive documents published by Chadwick-Healey on microfiche, 00711, Bl. 1.
[60] Aufzeichnung über den Besuch Macmillans in der UdSSR im Februar 1959 (poln.), o.D. [Ende
    Feb./Anfang März 1959], AAN, KC PZPR XI A/281, Bl. 627.
[61] Zapis' besedy tov. Mikojana s prezidentom SŠA Ėjzenchauėrom 17 janvarja 1959g., SAPMO-
    BArch, DY 30/3662, Bl. 31–44; V. M. Zubok/Z. K. Vodop'janova, Sovetskaja diplomatija i berlin-
    skij krizis (1958–1962), in: M. M. Narinskij (gl. red.), Cholodnaja vojna. Novye podchody, novye

Die USA bestanden darauf, daß Verhandlungen unter Druck nicht in Betracht kämen. Die sowjetische Führung gab entsprechende Zusicherungen (denen freilich anderslautende Aussagen niederer Chargen gegenüberstanden[62]). Dulles und andere amerikanische Spitzenpolitiker hatten daraufhin nichts mehr gegen ein Gipfeltreffen einzuwenden. Eisenhower jedoch lehnte dieses kategorisch ab. Am 19. Januar schränkte er gegenüber Mikojan ein, man könne nur auf der Ebene der Außenminister verhandeln.[63] Chruschtschow wünschte zwar dringend eine Gipfelbegegnung, veranlaßte jedoch das sowjetische Parteipräsidium dazu, sich damit einverstanden zu erklären.[64] In der Streitsache kam es zu keiner Annäherung. Mikojan wandte sich dagegen, daß die Besetzung nur noch in West-Berlin fortdauere, nachdem sie in beiden deutschen Staaten längst beendet worden sei, und hob hervor, daß die UdSSR zur Änderung dieses Zustands weder die Übergabe der Stadt an die DDR noch die Ersetzung der westlichen Garnison durch sowjetische Truppen verlange. Ein ständiger Ausschuß aus Vertretern der USA, der UdSSR und anderer Staaten könne verhindern, daß sich die DDR in die inneren Angelegenheiten West-Berlins einmische, und die freie Benutzung der Zugangswege garantieren. Dulles bezeichnete demgegenüber die Tatsache, daß die DDR „keine richtige Regierung" habe, sondern dem Volk aufgezwungen worden sei, als entscheidendes Hindernis für eine Freistadt-Regelung.[65]

Mikojan hatte zwar keine Annäherung der amerikanischen Position an die sowjetischen Forderungen erreicht, bewertete jedoch den Gedankenaustausch positiv. Ausschlaggebend dafür war zum einen, daß ihm der Präsident abschließend versichert hatte, er wolle den sowjetischen Vorschlag ernsthaft prüfen. Zum anderen schöpfte er Hoffnung aus Eisenhowers einleitender Bemerkung, er wolle klären, ob es nicht Möglichkeiten einer Verständigung gebe. Das amerikanische Volk suche genau so wie das sowjetische einen Weg zu besseren Beziehungen. Die USA beabsichtigten nicht, den Kommunismus zu verdammen. Sie hätten nichts dagegen, daß das sowjetische Volk unter dem System lebe, das es bevorzuge. Auch wenn sie in einigen Fragen, etwa derjenigen Berlins, eine feste Haltung einnähmen, hofften sie doch, die beiden Großmächte könnten in Frieden miteinander leben. Den Aussagen Dulles' entnahm Mikojan mit Befriedigung, daß auch er gegen Gewaltgebrauch gegenüber der DDR sei, den deutschen Militarismus nicht wiedererstehen lassen wolle und die sowjetischen Sicherheitsinteressen in Europa anerkenne.[66] Das stehe alles in scharfem Kontrast zur bisherigen Ansicht, der Kom-

dokumenty, Moskau 1995, S. 258. In gleichem Sinne äußerte sich Mikojan auch gegenüber Dulles: Memorandum of Conversation, 16. 1. 1959, in: FRUS 1958–1960, Bd. VIII, a.a.O., S. 270–274.

[62] Vgl. z. B. Barco an Dulles [über Gespräch mit dem sowjetischen UNO-Diplomaten Oberenko], 27. 2. 1959, in: The Berlin Crisis 1958–1962. National Security Archive documents published by Chadwick-Healey on microfiche, 00842, Bl. 1.

[63] S. Chruščëv, Nikita Chruščëv, a.a.O., S. 419; W. Taubman, a.a.O., S. 409.

[64] Protokoll der Sitzung des Präsidiums des ZK der KPdSU (TOP I), 11. 2. 1959, in: A. A. Fursenko, Archivy Kremlja, a.a.O., S. 345 f.

[65] Zapis' besedy tov. Mikojana s prezidentom SŠA Ėjzenchauėrom 17 janvarja 1959g., SAPMO-BArch, DY 30/3662, Bl. 45–50; Christian Bremen, Die Eisenhower-Administration und die zweite Berlin-Krise 1958–1961, Veröffentlichungen der Historischen Kommission zu Berlin Bd. 95, Berlin 1998, S. 120.

[66] Zapis' besedy tov. Mikojana s prezidentom SŠA Ėjzenchauėrom 17 janvarja 1959g., SAPMO-BArch, DY 30/3662, Bl. 31–33, 50.

munismus müsse als Übel der Welt behandelt und „zurückgerollt" werden. Das leite einen vielversprechenden Wandel ein.[67]

Der vermeintlich sich abzeichnende Wandel der amerikanischen Haltung schien die Richtigkeit der offensiven Berlin-Politik zu bestätigen. Die sowjetische Führung meinte anscheinend, sie könne das Umdenken im Westen durch Herausforderungen an den Zugängen West-Berlins intensivieren. Am 2. Februar 1959 verweigerten sowjetische Offiziere vier Militärlastwagen der USA, welche die DDR passiert hatten, am Kontrollpunkt Helmstedt die Weiterfahrt nach Westdeutschland. Entgegen den geltenden Vereinbarungen bestanden sie darauf, die Fahrzeuge zu besteigen und die Ladung in Augenschein zu nehmen. Als das Begleitpersonal dies ablehnte, wurde die Kolonne festgehalten. Erst als die amerikanische Regierung zwei Tage später einen geharnischten Protest nach Moskau sandte und Präsident Eisenhower persönlich darüber auf einer eigens einberufenen Pressekonferenz berichtete, durften die Fahrzeuge passieren.[68] Des Rückziehers ungeachtet, wollte der Kreml den eingeschlagenen Kurs fortsetzen. Zwar schloß er eine Blockade aus, faßte aber weitreichende Veränderungen ins Auge, die noch vor Abschluß des Friedensvertrages und der Vereinbarungen über die „Freie Stadt" verwirklicht werden sollten. Es wurde vorgesehen, daß die westliche Garnison keine Waffen mehr auf den Zugangswegen transportieren könne und den Land- und Luftverkehr zu ihrer Versorgung im Einvernehmen mit der DDR abwickeln müsse.[69] Im Blick auf die deutsche Frage legte das sowjetische Parteipräsidium fest, daß die bestehende Zweistaatlichkeit rechtlich zu fixieren sei. Falls die Westmächte darauf nicht eingingen, werde die UdSSR den separaten Friedensvertrag mit der DDR abschließen und die darauf beruhenden Regelungen durchführen.[70]

Als der britische Premierminister in die UdSSR reiste, um die befürchtete Konfrontation zu verhindern, sah man in Moskau darin ein weiteres Anzeichen für günstige Veränderungen im Westen. Der Verlauf des Besuchs widersprach jedoch dieser Erwartung insofern, als Macmillan, vor seiner Abreise von Eisenhower dazu gedrängt, für den westlichen Standpunkt eintrat. Chruschtschow reagierte darauf mit einer öffentlichen Brüskierung des Gastes, aus der dieser aber nicht die Konsequenz einer vorzeitigen Abreise zog. Im Kreml hielt man sich zugute, man habe eine recht scharfe Auseinandersetzung bestanden und Angriffe auf die sowjetische Position pariert. Damit habe man klar gemacht, daß man Drohungen nicht fürchte und die eigenen Absichten durchsetzen werde. Der Westen sehe sich vor die Wahl zwischen Krieg und Frieden gestellt. Für die Entscheidung müsse er die volle Verantwortung übernehmen. Das werde er sich gründlich überlegen. Zu dieser optimistischen Sicht kam die illusionäre Einschätzung, die Präsenz in Berlin habe nur geringen Wert für die westliche Seite. Daß sie gleichwohl daran fest-

---

[67] Anastas Mikojan, Tak bylo, Moskau 1990, S. 605.
[68] Jean E. Smith, Der Weg ins Dilemma. Preisgabe und Verteidigung der Stadt Berlin, [West-]Berlin 1965, S. 183.
[69] Protokoll der Sitzung des Präsidiums des ZK der KPdSU (TOP I), 11. 2. 1959, in: A. A. Fursenko, Archivy Kremlja, a.a.O., S. 345 f. Die Militärkonvois sollten aufgrund einer Abmachung mit der DDR die Autobahn benutzen; Landung und Start der Militärflugzeuge wurden auf dem DDR-Flughafen Schönefeld vorgesehen.
[70] Protokoll der Sitzung des Präsidiums des ZK der KPdSU (TOP LXIV), 21. 2. 1959, ebd., S. 346 f.

halten wolle, sei auf Prestigebedürfnisse zurückzuführen. Chruschtschow war bereit, darauf einzugehen. Er meinte intern, auf diese Weise sei das Problem zu lösen.[71] In anderem Zusammenhang freilich war er sich der großen Bedeutung Berlins für USA und NATO bewußt. Wollte er das bei der Lagebeurteilung nicht wahrhaben, weil es ihm nicht ins Konzept paßte, oder lag es an seiner spontanen-augenblicksbedingten Art, daß er einmal dies und dann wieder anderes im Sinne hatte?

Auseinandersetzungen im Vorfeld der Verhandlungen

Mit der prinzipiellen Zustimmung Washingtons zum Außenministertreffen waren nicht alle Hindernisse aus dem Weg geräumt. Bei den Westmächten zeichneten sich unterschiedliche Haltungen ab. Alle waren zwar bereit, mit der UdSSR über ihre Position in Berlin zu verhandeln, ohne sie deswegen aufzugeben. Dabei war aber strittig, welche Linie man im einzelnen verfolgen wollte. Die Regierungen in Washington und Paris wollten unbedingt daran festhalten, daß sie kraft Eroberung ein originäres Recht auf Anwesenheit besaßen. Dagegen meinte Macmillan, man könne davon abgehen und als Ersatz ein mit Moskau ausgehandeltes vertragliches Präsenzrecht akzeptieren. Das lehnten Eisenhower, Dulles und de Gaulle mit der Begründung ab, eine solche Rechtsbasis wäre von vornherein weniger eindeutig und verläßlich. Allenfalls könne das als Rückfallposition ins Auge gefaßt werden. Der britische Premierminister rief auch mit dem Vorschlag Widerspruch hervor, man solle sogleich Zugeständnisse anbieten. Sein Beschwichtigungseifer war jedoch gedämpft worden, als er auf seiner schon erwähnten „Entdeckungsreise" nach Moskau das volle Ausmaß der dortigen Unnachgiebigkeit vor Augen hatte.[72] Nach längerem Disput setzten sich die USA und Frankreich im wesentlichen durch, doch hielt der Londoner Regierungschef insgeheim an der Hoffnung auf einen akzeptablen Kompromiß fest. Anders als die amerikanische und französische Seite war er bereit, einem Rückzug der Vier Mächte aus Deutschland zuzustimmen.

Besonders schwierig war die Abstimmung des Vorgehens für den Fall des militärischen Konflikts. Es ging nicht nur um die Frage, wie man reagieren solle, wenn Chruschtschow die Drohung wahrmachte, den Separatvertrag mit der DDR abzuschließen und daraufhin dieser die Sperrung der Verkehrswege zu erlauben. In den westlichen Hauptstädten wußte man nicht, daß der Kreml dem SED-Regime keinesfalls die Macht an den Zugängen überlassen wollte, solange dort aufgrund fortbestehender westlicher Berlin-Präsenz das Risiko eines militärischen Zusammenstoßes bestand, und befürchtete daher, daß er sich jederzeit zur Übertragung von Kontrollfunktionen an die ostdeutschen Behörden entschließen könnte. Wenn er dabei mutmaßlich auf eine ausdrückliche Revokation der westlichen

---

[71] Botschafter Gede aus Moskau an W. Gomułka (poln.), 3. 3. 1959, AAN, KC PZPR XI A/281, Bl. 266–270.

[72] Dazu aus sowjetischer Sicht: Information über die Gespräche Chruščev – Macmillan 21.2.–3.3. 1959 (tsch. Übers.), in: M. Reiman/P. Luňák, a.a.O., S. 81–89. Vgl. Sergej Chruschtschow, Die Geburt einer Supermacht. Ein Buch über meinen Vater, Klitzschen 2003, S. 266 f.

Rechte verzichtete, würde man der Öffentlichkeit kaum erklären können, daß man deswegen ein Kriegsrisiko eingehe. Daher hatte man seit langem die Möglichkeit ins Auge gefaßt, die Abfertigung des Militärverkehrs durch ostdeutsches Personal hinzunehmen, wenn die UdSSR gleichzeitig freie Durchfahrt garantiere und der These zustimme, sie habe die DDR nur als „Agenten" eingesetzt. Man hoffte, den Kreml auch auf dieser Basis weiterhin für den ungehinderten Zugang verantwortlich machen zu können. Als Dulles die Bonner Regierung Mitte November 1958 davon in Kenntnis setzen ließ, antwortete diese, von der Presse unterstützt, mit einem Aufschrei. Die Sorge, daß Moskau die westliche Berlin-Position scheibchenweise demontieren könnte, wenn die Übergabe entscheidender Kontrollfunktionen erst einmal erfolgt war, ließ sich nicht von der Hand weisen. Die durch die westdeutschen Einwände hervorgerufenen internen westlichen Erörterungen führten dazu, daß die „Agententheorie" fallengelassen wurde. Das neue, von den Briten nur bedingt unterstützte amerikanische Konzept sah vor, zuerst einen Testkonvoi auf den Weg nach West-Berlin zu bringen und dann die DDR vor die Wahl zu stellen, eine folgende bewaffnete Kolonne entweder durchzulassen oder mit Gewalt zu stoppen. Die UdSSR entscheide sich, wenn sie ihr bei dem letztgenannten Vorgehen Hilfe leiste, für den Krieg und gebe sich als Aggressor zu erkennen. Damit wollte man der Alternative entgehen, entweder für die Preisgabe der Stadt oder die Einleitung eines militärischen Konflikts optieren zu müssen.[73]

Während sich die Westmächte über ihr Vorgehen bei einer akuten Konfrontation nur mühsam und unvollständig verständigen konnten, hatten sie bei der Erörterung der zur Verhandlung stehenden Thematik und des Rahmens der bevorstehenden Konferenz kaum Schwierigkeiten. Sie einigten sich darauf, daß die UdSSR Präsenz und Zugang der Westmächte auf die eine oder andere Weise akzeptieren müsse. Sie sollte sich weiter zum Verzicht auf einseitige Handlungen, vor allem auf den angedrohten Abschluß des Separatfriedensvertrags, verpflichten. Im Gegenzug erschienen notfalls eine Anerkennung der DDR und das Eingehen auf Teilforderungen vertretbar. Vor allem war daran gedacht, in West-Berlin die Tätigkeit der von östlicher Seite als „subversiv" gebrandmarkten Organisationen zu beenden und die Rundfunksendungen an ostdeutsche Hörer einzustellen. Insgesamt wurde vorgesehen, die Berlin-Frage in den Zusammenhang der Deutschland-Politik zu stellen und dem sowjetischen Verlangen nach Friedensvertrag und Freistadtregelung die Forderung nach demokratischer Vereinigung des geteilten Landes entgegenzuhalten. Wie die westlichen Delegationen während der Konferenz erläuterten, setzte das von sowjetischer Seite geforderte Ende des kriegsbedingten Besatzungsregimes ein Ende des kriegsbedingten Teilungszustandes voraus. Erst dann ließen sich ein Friedensvertrag schließen und normale Verhältnisse in Berlin herstellen. Als Gegenleistung des Westens wurden Maßnahmen der Rüstungsbeschränkung in Aussicht genommen, um Moskauer Wünsche nach einer Gewähr für die Sicherheit in Europa zu befriedigen. Die Berlin- und

---

[73] C. Bremen, a.a.O., S. 76–108, 134–148; J. P. S. Gearson, a.a.O., S. 43–90; dazu – auch für die nachfolgenden Absätze – die Dokumente in: FRUS 1958–1960, Bd. VIII, a.a.O., S. 172–686.

Deutschland-Frage sollte mit den Problemen des gesamten Kontinents zu einem „Paket" verschnürt werden.

Der westlichen Erklärung der grundsätzlichen Bereitschaft zum Dialog mit der UdSSR über die Berlin-Frage folgten Auseinandersetzungen über die Modalitäten. Während im Westen eine Tagung der Außenminister ins Auge gefaßt wurde, gab der Kreml einer Gipfelkonferenz den Vorzug. Es lag ihm freilich vor allem daran, daß überhaupt diplomatische Gespräche begannen. Daher akzeptierte er auch Verhandlungen auf der Ebene der Außenminister. Deren Ergebnisse müßten dann anschließend von den Regierungschefs bewertet und ergänzt werden. Die westliche Seite war einverstanden, machte jedoch geltend, daß sich die Minister zuvor über die wesentlichen Fragen geeinigt hätten. Demgegenüber bestand man in Moskau darauf, das Gipfeltreffen müsse auf jeden Fall stattfinden. Falls wichtige Probleme ungelöst geblieben seien, wäre es darum umso wichtiger. Eine Verständigung hierüber wurde nicht erzielt. Die sowjetische Führung nahm zudem erneut den altbekannten Standpunkt ein, die mit Friedensvertrag und Teilung verknüpften innerdeutschen Fragen könnten in keiner Weise Gesprächsgegenstand auf der vorgesehenen Konferenz sein. Nur „die Deutschen selbst" dürften sich in einer Kommission aus Vertretern beider deutscher Staaten damit befassen. Die von den Westmächten zum Ausdruck gebrachte Absicht, diese Probleme mit der UdSSR zu erörtern, wurde als Wille ausgelegt, die Verhandlungen zwischen den Vier Mächten von vornherein scheitern zu lassen.[74]

Festlegung der sowjetischen Verhandlungsposition

Für Ulbricht war die Außenministerkonferenz eine Gelegenheit, die internationale Anerkennung der DDR voranzutreiben. Eine ihm unterbreitete Vorlage enthielt grundlegende Forderungen. Die DDR sollte – und zwar möglichst offiziell durch alle beteiligten Staaten – von Anfang an zur Teilnahme eingeladen sein und an allen Verhandlungen gleichberechtigt teilnehmen. Die UdSSR sollte auch die volle Mitwirkung an den vorbereitenden Gesprächen erwirken. Nur falls „dieser Weg nicht gangbar" sein sollte, wollte sich Ost-Berlin mit voller Kenntnisgabe aller Vorgänge und deren Erörterung mit dem Kreml zufriedengeben. Ost und West sollten sich unter allen Umständen auf ein Gipfeltreffen unter Einschluß der DDR verständigen, auf dem Friedensvertrag, Freistadtregelung und deutsch-deutsche Konföderation abschließend zu beschließen seien. Sofern das auf der Außenministerkonferenz nicht durchzusetzen sei, sollte die sowjetische Delegation wenigstens dafür sorgen, daß die Differenzen aufgelistet und den Staats- und Regierungschefs zur Entscheidung überwiesen würden.[75] Der Kreml dämpfte die Erwartungen. DDR-Botschafter König bekam zu hören, die Wünsche hinsichtlich

[74] A. A. Gromyko im Gespräch mit Botschafter Dejean, 16. 2. 1959, AVPRF, 0742, 4, 9, 8, Bl. 27–30; Memorandum der sowjetischen Regierung an die amerikanische Regierung, 28. 2. 1959, in: M. Reiman/P. Luňák, a.a.O., S. 73–76. Vgl. A. A. Gromyko im Gespräch mit Botschafter Kroll, 16. 2. 1959, AVPRF, 0742, 4, 9, 8, Bl. 31–33.

[75] Durch Konsultation mit der Sowjetunion zu klärende Fragen, o.D. [Anfang April 1959], SAPMO-BArch, NY 4090/464, Bl. 27–32.

des Verhandlungsresultats seien „sehr hoch gestellt". Das Maximum sei „schwerlich erreichbar". Als Mindestziel solle die Feststellung nicht nur der unterschiedlichen, sondern auch der angenäherten Standpunkte ins Auge gefaßt werden. Um den Weg dorthin nicht zu verbauen, müsse man sich schon bei der Bestimmung des Maximalziels zurückhalten. Auch das Verlangen nach gleichberechtigter Teilnahme der DDR erschien problematisch: Die Westmächte würden die beiden deutschen Staaten vermutlich nur als „Ratgeber mit beratender Stimme" akzeptieren.[76]

Die sowjetische Führung war nicht bereit, auf mehr zu bestehen. Sie verlangte zwar zunächst von den Westmächten, die DDR müsse zusammen mit der Bundesrepublik an der Konferenz voll teilnehmen, wollte aber deswegen keinesfalls das Zustandekommen des Außenministertreffens gefährden. Die drei westlichen Regierungen wandten sich nicht nur mit Rücksicht auf die Bundesregierung dagegen. Eine Anerkennung der DDR wurde zwar eventuell in Erwägung gezogen, doch sollte diese auf jeden Fall erst später als Gegenleistung für eine sowjetische Anerkennung der westlichen Berlin-Präsenz erfolgen. UdSSR und Westmächte einigten sich darauf, den deutschen Staaten „Katzentische" zuzuweisen, die ihren Vertretern zwar die Anwesenheit im Konferenzsaal, aber keine Mitsprache ermöglichten. Die Streitfrage der DDR-Anerkennung wurde damit umgangen.[77] Um die Konferenz nicht zu gefährden, verzichtete der Kreml auch auf die Durchsetzung der Forderung nach Teilnahme Polens und der Tschechoslowakei. Er gab dem westlichen Argument nach, es gehe um Vier-Mächte-Angelegenheiten, bei denen andere nicht mitzureden hätten. In den Verhandlungen kam er wieder auf das Verlangen zurück, ohne freilich mit Nachdruck auf dessen Erfüllung zu dringen.

Der Kreml suchte die westliche Bereitschaft zur militärischen Neutralisierung Deutschlands, d.h. zur Entlassung der Bundesrepublik aus der NATO, dadurch zu vergrößern, daß er, sofern zweckmäßig, längere Übergangsfristen einräumen wollte.[78] Ende April gab er zudem in Ost-Berlin zu verstehen, auf der bevorstehenden Genfer Außenministerkonferenz solle das Freistadt-Statut (dessen Vorlage die DDR übernommen hatte) noch nicht unterbreitet werden, weil man zuerst westliche Vorschläge abwarten wolle.[79] Es galt demnach, die Entscheidung über Friedensvertrag und Freistadt nicht über's Knie zu brechen. Die Außenminister sollten augenscheinlich vor allem die einzuschlagende Richtung für einen Verhandlungsprozeß von längerer Dauer abstecken, der dann von den Staats- und Regierungschefs, abgeschlossen werden würde. Da Moskau das Statut zurückhielt, kam es in Genf überhaupt nicht zur Sprache. Das damit verknüpfte Garan-

---

[76] Telegramm von Botschafter König aus Moskau [über ein Gespräch mit dem stellv. Außenminister Zorin], 13. 4. 1959, SAPMO-BArch, NY 4090/464, Bl. 33–35.

[77] Memorandum der sowjetischen Regierung an die amerikanische Regierung, 28. 2. 1959, in: M. Reiman/P. Luňák, a.a.O., S. 73–76.

[78] Neben den amerikanischen Dokumenten in: FRUS 1958–1960, Bd. VIII, a.a.O., S. 373–686, siehe u. a. A. Gromyko an das ZK der KPdSU, 8. 1. 1959, AVPRF, 0742, 4, 32, 40, Bl. 12f., und das sowjetische Protokoll des Gesprächs zwischen Präsident Eisenhower und einem Spitzenfunktionär der UdSSR: Zapis' besedy tov. Mikojana s prezidentom SŠA Ějzenchauěrom 17 janvarja 1959g., SAPMO-BArch, DY 30/3662, Bl. 31–50.

[79] O. Winzer an W. Ulbricht [über Gespräch mit Botschafter Pervuchin am Vortag], 25.4.59 DY 30/3392, Bl. 3 f.

tieprotokoll wurde erst spät – und auch dann nur informell – erörtert.[80] Auch andere Projekte der SED-Führung stellte der Kreml zurück, so den von ihr ausgearbeiteten Vertragsentwurf über eine Konföderation zwischen beiden deutschen Staaten. Er begründete die Ablehnung mit dem Hinweis, der Friedensvertrag als notwendige Voraussetzung werde nicht in baldiger Frist zustande kommen. Würde man die Sache schon auf der Außenministerkonferenz zur Diskussion stellen, erhielten die Westmächte Gelegenheit, die Frage der deutschen Vereinigung in den Mittelpunkt zu rücken und damit von der Notwendigkeit abzulenken, das Besatzungsregime in West-Berlin zu liquidieren. Aus dem gleichen Grund wandte man sich in Moskau auch gegen die Vorlage des Entwurfs für einen Nicht-Angriffs-Vertrag zwischen Bundesrepublik und DDR.[81]

Bei den eigenen Forderungen hingegen wollte der Kreml keine Abstriche akzeptieren. Gromyko erhielt den Auftrag, das im November 1958 festgelegte Programm in allen wesentlichen Punkten unverändert durchzusetzen. Um die westlichen Regierungen zur Annahme zu motivieren, betonte Chruschtschow die Bereitschaft, die Lebensfähigkeit der „Freien Stadt West-Berlin" einschließlich der Sicherung gegen Einmischung und Zugangssperrung auf jede nur erdenkliche Weise vertraglich zu gewährleisten. Sein Hauptinteresse war, das Anwesenheitsrecht der Westmächte und die Bindungen an die Bundesrepublik zu beseitigen. Dagegen erschienen ihm alle Garantien annehmbar, die auf Zusagen und/oder auf der Mitwirkung internationaler Organisationen oder unbeteiligter Kleinstaaten beruhten. Er forderte die westliche Seite zu entsprechenden Vorschlägen auf und ließ selbst gelegentlich Anregungen fallen, daß die UNO oder ein Gremium neutraler Staaten tätig werden könne. Auch die Präsenz kleiner westlicher Polizeikontingente, die – anders als Truppen – keine Besatzungsrechte ausübten, erschien denkbar, wenn auch sowjetische Kräfte beteiligt würden. Die Ausdehnung einer derartigen Regelung auf beide Teile Berlins wurde als total ausgeschlossen abgelehnt.[82] Die Verhandlungen sollten sich strikt auf den Westen der Stadt beschränken.

---

[80] Herter aus Genf (mit Wiedergabe des sowjetischen Vorschlags für ein Protokoll mit Garantien für die „Freie Stadt West-Berlin"), 1. 6. 1959, in: The Berlin Crisis 1958–1962. National Security Archive documents published by Chadwick-Healey on microfiche, 01335, Bl. 1–3.

[81] V. Kuznecov an das ZK der KPdSU (Anlage: Materialy k besede s partijno-pravitel'stvennoj delegaciej GDR vo vremja eë prebyvanija v SSSR 8–20 ijunja s.g.), 5. 6. 1959, AVPRF, 0742, 4, 31, 33, Bl. 26–35.

[82] Siehe u. a. die Äußerungen gegenüber Senator Humphrey lt. Botschafter Thompson an Außenminister Dulles, 3. 12. 1958, in: The Berlin Crisis 1958–1962. National Security Archive documents published by Chadwick-Healey on microfiche, 00451, Bl. 3; Hillenbrand an Dulles, 10. 3. 1959, ebd., 00929, Bl. 1 f.

4. Genfer Außenministerkonferenz

Allgemeiner Charakter der Verhandlungen

Die Genfer Außenministerkonferenz 1959 war eine jener diplomatischen Groß-veranstaltungen des Kalten Krieges, bei denen es den Akteuren ganz wesentlich auch um die Gunst der Öffentlichkeit ging. In der ersten Sitzungsphase vom 11. Mai bis 20. Juni gab es keine Stellungnahme im Plenum, die nicht anschließend sogleich der Presse im Wortlaut mitgeteilt worden wäre. Chruschtschow setzte darauf, daß es durch die Konferenz und weitere Aktionen zunehmend gelingen werde, die „Gehirne der öffentlichen Meinung" umzudrehen. Das Bemühen um Zustimmung der amerikanischen Regierung werde vielleicht fehlschlagen. Um so wichtiger sei es, daß der Welt die „positiven Vorschläge" der UdSSR bekannt wür-den.[1] Ost wie West waren gleichermaßen bemüht, dem Publikum den Eindruck zu vermitteln, daß sie für eine gerechte Sache kämpften. Der Kreml präsentierte sich nicht als offensiver Herausforderer, sondern als Verteidiger von Frieden, Ent-spannung und Normalität. Sein Streben war angeblich nur darauf gerichtet, einem in Berlin und Deutschland faktisch bereits bestehenden Zustand Geltung zu ver-schaffen. Dieser Selbstdarstellung zufolge, stellte er den Status quo nicht in Frage, sondern war im Gegenteil um dessen Befestigung bemüht. Nach der amtli-chen, auch intern verwendeten Sprachregelung suchte die UdSSR keine einseiti-gen Vorteile zu erlangen. Sie wollte lediglich im Interesse aller Beteiligten, also auch der Westmächte, eine anomale, spannungs- und kriegsträchtige Lage beseiti-gen. Daher fehlte in den sowjetischen Stellungnahmen jeder Hinweis darauf, daß West-Berlin aus der westlichen Welt herausgebrochen, von der DDR abhängig ge-macht und dem östlichen Machtbereich eingegliedert werden sollte. Westliche Vorhaltungen dieses Inhalts wurden empört zurückgewiesen.[2]

Vor diesem Hintergrund schien es erforderlich, die richtige Mitte zwischen dem Engagement für die „gerechte Sache" und der Bereitschaft zu friedlicher Verstän-digung zu demonstrieren. Deswegen suchte die UdSSR auf der Konferenz neben der Propagierung ihrer Ziele ihren Kompromißwillen glaubhaft zu machen. Sie stellte immer wieder irgendwelche Zugeständnisse groß heraus. Auch wenn sie nur unwesentliche Details betrafen, war das nicht ohne Bedeutung. Die sowjeti-

[1] Kratkaja zapis' peregovorov s partijno-pravitel'stvennoj delegaciej GDR 9 ijunja 1959g., 27. 6. 1959 (Datum der Niederschrift), AVPRF, 0742, 4, 31, 33, Bl. 80f.
[2] Vgl. z. B. Memorandum of Conversation [Dulles–Mikojan], 16. 1. 1959, in: Foreign Relations of the United States (hinfort: FRUS) 1958–1960, Bd. VIII: The Berlin Crisis 1958–1959, Department of State Publication 10038, Washington/DC 1993, S. 270–274; Zapis' besedy tov. Mikojana s prezidentom SŠA Ějzenchauèrom 17 janvarja 1959g., SAPMO-BArch, DY 30/3662, Bl. 31–44; V. M. Zu-bok/Z. K. Vodop'janova, Sovetskaja diplomatija i berlinskij krizis (1958–1962), in: M. M. Narinskij (gl. red.), Cholodnaja vojna. Novye podchody, novye dokumenty, Moskau 1995, S. 258.

sche Delegation konnte ihre Forderungen nicht mit der Härte geltend machen, die dem Pressionszweck voll entsprochen hätte. Die Alternative des separaten Friedensvertrags mit der DDR ließ sich nur mit Vorsicht ausspielen, wenn man nicht beim Publikum den Eindruck einer Drohung hervorrufen wollte, die mit der behaupteten Friedensliebe unvereinbar gewesen wäre. Der Kreml mußte entweder bei der Nötigung oder der Propaganda Abstriche machen. Um dem Dilemma zu entgehen, suchte Chruschtschow dem Entstehen von Situationen vorzubeugen, in denen er, wenn er nicht als Bluffer dastehen wollte, zu deutlichen Drohungen oder gar zu deren Ausführung genötigt sein würde.

Das zog weitreichende Konsequenzen nach sich. Der Kreml suchte die westlichen Regierungen mit positiven Anreizen zur Billigung von Friedensvertrag und Freistadtregelung zu bewegen. Die bittere Pille des offenkundigen Hinauswurfs aus West-Berlin sollte ihnen mit einer Vier-Mächte- oder UNO-Garantie für die Stadt versüßt werden.[3] Der SED-Führung wurde die ausdrückliche Verpflichtung angesonnen, „sich nicht in die inneren Angelegenheiten der Freien Stadt einzumischen und eine ungehinderte Verbindung der Freien Stadt zur Außenwelt zu gewährleisten."[4] Die Westmächte sollten irgendwie eine möglichst zuverlässig erscheinende Gewähr dafür erhalten, daß die innere Selbstbestimmung West-Berlins nicht angetastet werde. Mit rechtlichen „Garantien" sollte ihnen die Sorge genommen werden, daß die Freiheit der Stadt bedroht sei, um ihnen die Annahme der geforderten Regelungen akzeptabel zu machen. Gromyko bot als Ersatz für das westliche Besatzungsregime in West-Berlin die Stationierung von Truppen der Vier Mächte oder neutraler Staaten an.[5] Alle derartigen Vorschläge konnten aber nicht darüber hinwegtäuschen, daß der Westen die Stadt beherrschendem östlichen Einfluß überlassen und damit entscheidende politische Positionen zugunsten der UdSSR und der DDR räumen sollte. Daher blieb dem Bemühen der Erfolg versagt. Das sowjetische Dilemma bestand fort. Der Kreml scheute davor zurück, nach der erklärten Absicht zu handeln und den separaten Friedensvertrag mit der DDR abzuschließen. Ein unentschlossener Kurs war die Folge.

Auftakt der Verhandlungen

Obwohl die UdSSR das Verlangen nach Konferenzteilnahme Polens und der Tschechoslowakei schon vor Beginn der Genfer Verhandlungen fallengelassen hatte, präsentierte Gromyko die Forderung erneut auf den ersten Plenarsitzungen, um in der Öffentlichkeit für Unterstützung zu werben.[6] In den folgenden Beratungen[7] legte er in den Sachfragen eine Unnachgiebigkeit an den Tag, die nur bei

---

[3] Das bot schon Mikojan bei seinen Gesprächen in Washington Anfang bis Mitte Januar 1959 an, vgl. z. B. Memorandum of Conversation, 16. 1. 1959, FRUS 1958–1960, Bd. VIII, a.a.O., S. 270–274.

[4] Wiedergabe nach Michael Lemke, Die Berlinkrise von 1958 bis 1963. Interessen und Handlungsspielräume der SED im Ost-West-Konflikt, Berlin 1995, S. 123.

[5] Bericht des britischen Außenministers über ein Gespräch mit Gromyko während einer Zusammenkunft mit den Kollegen aus den USA, aus Frankreich und aus der Bundesrepublik, 18. 5. 1959, in: FRUS 1958–1960, Bd. VIII, a.a.O., S. 714.

[6] Ausführungen auf den Sitzungen vom 12. und 13. 5. 1959, ebd., S. 23–26, 37–41.

[7] Die folgende zusammenfassende Darstellung beruht auf den Dokumenten in: FRUS 1958–1960,

äußerster Vorgehenshärte zum Erfolg hätte führen können. Der westlichen Seite wurde zunehmend klarer, daß für Moskau das Ergebnis der Verhandlungen in allen wesentlichen Punkten unverrückbar feststand. Gromyko ließ keine Abstriche von den gestellten Forderungen zu. Nur zu zeitlichen Streckungen fand er sich bereit. Die Westmächte bestanden jedoch darauf, daß auch ihre Vorstellungen zu berücksichtigen seien. Vor allem müsse zusammen mit dem Friedensvertrag auch die deutsche Einheit zur Sprache kommen. Nur wenn der Kreml die Einheit des geteilten Landes auf der Basis freier Wahlen akzeptiere, könne man auf dessen Wunsch nach „europäischer Sicherheit", also auf das Verlangen nach Abzug der Truppen der Vier Mächte aus Deutschland und nach Entlassung der beiden deutschen Staaten aus den Bündnissen, eingehen. Wahlen, die das SED-Regime gefährdeten, kamen aber aus Moskauer Sicht von vornherein nicht in Betracht. Gromyko erklärte auch, Sicherheit in Europa erfordere noch viel mehr als den Rückzug der ausländischen Streitkräfte und den Verzicht auf Allianzbindungen. Dazu gehöre vor allem auch eine Statusänderung für West-Berlin. Die Stadt mußte nach seiner Darstellung völlig aus dem Westen herausgelöst und zu umfassendem Wohlverhalten gegenüber der DDR verpflichtet werden. Daher stand die angebotene Garantie der auswärtigen Nichteinmischung, mit der die Vier Mächte den Status der „selbständigen politischen Einheit" und die Selbstverwaltung – nicht Selbstregierung – der Einwohner vertraglich absichern könnten, unter dem Vorbehalt der „gesetzlichen Rechte der Deutschen Demokratischen Republik".[8]

Auch aus anderen Gründen kam der Vereinigungsplan der Westmächte, dem Ende Mai detaillierte Vorschläge zur Wiederherstellung der Einheit Berlins hinzugefügt wurden,[9] für die UdSSR nicht in Betracht. Gromyko erklärte, auf beiden Seiten hätten sich „verschiedene Lebensweisen" herausgebildet, die zu respektieren seien[10]. Das Verlangen nach „Abhaltung freier Wahlen unter der Vormundschaft der Vier Mächte"[11] sei unrealistisch und anachronistisch. Der Weg zur deutschen Einheit führe allein über eine Beratung zwischen Vertretern beider Staaten. Dem Westen gehe es nicht um die Vereinigung, sondern um ein Manöver, das von den Erfordernissen Friedensvertrag und Normalisierung in West-Berlin ablenken solle. Damit begründete er auch die Ablehnung jeder Art von „Paket", das diese beiden zentralen Probleme mit anderen Dingen zusammenschnüre, die – wie insbesondere die Frage der freien Wahlen – nichts damit zu tun hätten. Demgemäß sollte über nichts anderes als die sowjetischen Forderungen gesprochen werden. Ein Prozeß des Gebens und Nehmens, bei dem der Kreml einen politischen Preis für Zugeständnisse der anderen Seite zu zahlen gehabt hätte, kam demnach nicht in Betracht. Gromyko forderte die westlichen Außenminister dazu auf, ihrer erklärten Bereitschaft zu „Verbesserungen" in Berlin und Deutschland konkrete Vorschläge darüber folgen zu lassen, wie sie die „Anomalie" des Besatzungsregimes in der Stadt und die von dort ausgehende „Subversion" gegen die sozialisti-

Bd. VIII, a.a.O., S. 687–802, und in: Dokumente zur Deutschlandpolitik, hrsg. vom Bundesministerium für innerdeutsche Beziehungen, IV. Reihe, Band 2, erster Halbband, Frankfurt/Main-[West-]Berlin 1971, S. 1–546 (Sitzungen vom 11.5.–10.6.1959).
[8] Erklärung Gromykos, 2.6. 1959, in: Dokumente zur Deutschlandpolitik, a.a.O., IV, 2/1, S. 449.
[9] Erklärung Herters, 26.5. 1959, ebd., S. 358–368 (engl. u. dte. Übers.).
[10] Erklärung Gromykos, 2.6. 1959, ebd., S. 449.
[11] Erklärung Gromykos, 18.5. 1959, ebd., S. 141.

schen Länder zu beseitigen gedächten. Das sollte die Aufmerksamkeit allein auf
die vorgesehenen Verhandlungsthemen lenken, bei denen westliche Konzessionen
zur Diskussion standen. Damit wurden Zugeständnisse der UdSSR von vornherein ausgeschlossen. Die USA, Großbritannien und Frankreich beharrten aber
darauf, daß neben der Berlin-Frage auch das zusammen mit ihr entstandene
Deutschland-Problem gelöst werden müsse.

Nachdem UdSSR und Westmächte eine Zeitlang ihre gegensätzlichen Ansichten im Plenum vorgetragen hatten, begannen sie in informellem Rahmen vertrauliche Gespräche darüber zu führen, ob eine Übereinkunft möglich sei. Auf westlicher Seite wurde stellenweise erwogen, auf dem originären Besatzungsrecht in
Berlin eventuell nicht mehr zu bestehen, falls die UdSSR willens wäre, Anwesenheit und Zugangsfreiheit der Westmächte auf anderer Grundlage zuverlässig zu
gewährleisten. Dann könne man auch die Truppenstärke in West-Berlin verringern, vielleicht sogar bis zu einem nur noch symbolischen Umfang. Gromyko war
darüber erfreut, bestand aber darauf, daß auf der Basis solcher Teilzugeständnisse
nur eine zeitweilige Regelung in Betracht komme. Die Westmächte müßten zudem den Besatzungsstatus aufgeben und sowjetische Einheiten in West-Berlin akzeptieren. Umgekehrt kam freilich die Stationierung westlichen Militärs in der
„Hauptstadt der souveränen DDR" nicht in Frage. Die vom sowjetischen Außenminister angebotene Alternative, es könnten – eventuell mit einem Rechtstitel der
UNO – Soldaten neutraler Länder in West-Berlin stationiert werden, bot der
Stadt nach westlicher Ansicht keinen ausreichenden Schutz. Auch in der Zugangsfrage kam es zu keiner Annäherung, weil Gromyko weder ostdeutsche Kontrol-
leure in der Rolle „sowjetischer Agenten" akzeptierte noch sich auf eine Verpflichtung der UdSSR einließ, die DDR notfalls zur Gewährung freier Durchfahrt
nach und von West-Berlin anzuhalten.[12]

Am 1. Juni 1959 unterbreitete der sowjetische Außenminister den Entwurf
eines Protokolls über Garantien für West-Berlin, der, wie er betonte, „nach voller
Konsultation mit der DDR" formuliert worden war. Danach sollten in der Stadt
symbolische Kontingente wahlweise der Vier Mächte oder neutraler Staaten stationiert werden, die sich in die inneren Angelegenheiten nicht einmischen und daher auch keine Besatzungsrechte erhalten sollten. Eine Kommission aus Vertretern der Vier Mächte und der DDR sollte für alle Angelegenheiten des Status, der
Wahrung der Unabhängigkeit, des Verbots feindlicher Tätigkeit [gegen die DDR
und andere sozialistische Staaten] und der Einhaltung des Nichteinmischungsge-
bots (das nach östlicher These von der Bundesrepublik verletzt wurde) zuständig
sein. Nach westlicher Ansicht war eine derartige Vereinbarung nicht geeignet, den
Schutz West-Berlins zu gewährleisten.[13] Zwei Tage später mußte Gromyko über
die Art des vom Kreml für akzeptabel erachteten Regimes an den Zugangswegen
Auskunft geben. Würde die UdSSR DDR-Kontrolleure als ihre „Agenten" aner-

[12] Memorandum of Conversation. Meeting of Foreign Ministers, Palais des Nations, Geneva, 28. 5.
1959, in: FRUS 1958–1960, Bd. VIII, a.a.O., S. 773–781; Außenminister Herter an Präsident Eisenhower, 29. 5. 1959, ebd., S. 781 f.; Record of Conversation [zwischen den vier Außenministern],
29. 5. 1959, ebd., S. 783–788.
[13] Memorandum of Conversation. Meeting of Foreign Ministers, Palais des Nations, Geneva, 1. 6.
1959, in: FRUS 1958–1960, Bd. VIII, a.a.O., S. 803–809. Text des Entwurfs: ebd., S. 810 f.

kennen? Der Außenminister verneinte. Würde sie eine Gewähr für das Recht auf freie Durchfahrt übernehmen und als Auftraggeber einer mit der Durchführung betrauten DDR auftreten? Wieder war die Antwort negativ. Würde sie die bisherige Kontrollfunktion aufgeben? Gromyko bejahte. Was würde geschehen, wenn die DDR ihre vertragliche Pflicht zur Gewährung freier Durchfahrt verletze? Der sowjetische Chefunterhändler entgegnete, eine Übereinkunft darüber werde schwierig sein, wenn man kein Vertrauen zur DDR habe. Aufgrund dieser Auskünfte kamen die westlichen Außenminister zu dem Schluß, daß mit einer tragfähigen Vereinbarung nicht zu rechnen sei.[14]

Im Plenum der Genfer Konferenz setzten sich die westlichen Delegationen gegen die sowjetischen West-Berlin-Vorwürfe zur Wehr. Sie wollten konkret wissen, was der Inhalt der Beschwerden im einzelnen sei. Gromykos Erwiderung enthielt pauschale Anklagen im Stile propagandistischer Polemik. Als Verhandlungsführer der USA präsentierte Herter eine Liste von Gegenbeschwerden, um zu zeigen, daß der Westen keinesfalls geringeren Grund zur Klage habe. Vorhaltungen dieser Art könnten die Gespräche nur in eine Sackgasse führen. Der Grund für die Unruhe in und um Berlin, von der die UdSSR spreche, sei nicht das fortbestehende Besatzungsregime, sondern das spannungserzeugende Verhalten der SED-Führung. Deren „allgemeine Wühltätigkeit" ziele „auf die Untergrabung der in Westberlin bestehenden gesellschaftlichen, politischen und wirtschaftlichen Ordnung und letzten Endes auf die Machtergreifung" ab.[15]

Orientierung auf eine Interimsvereinbarung statt Dauerregelung

Der tote Punkt war erreicht. Die sowjetische Seite kam in informellen Gesprächen mit westlichen Konferenzdelegierten zu dem Schluß, daß deren Regierungen vorerst nicht zum Abschluß eines Friedensvertrags mit beiden deutschen Staaten bereit seien. Vorschläge für eine umfassende Regelung böten keine Aussicht auf Erfolg. Man müsse nun über Vereinbarungen in Einzelfragen weiterzukommen suchen. Möglich erschienen vor allem Abmachungen über die zahlenmäßige Verringerung der West-Berliner Garnison, die man auf einen nur noch symbolischen Umfang beschränken könne. Auch dem Verlangen nach Stopp der propagandistischen Rundfunksendungen aus der Stadt und nach Beseitigung der dort mit Spionage und Subversion befaßten Organisationen sei man auf amerikanischer Seite zu entsprechen bereit. Chancen ergäben sich zudem wegen der westlichen Bereitschaft, über die Art der Rechtsgrundlage für den weiteren Aufenthalt der reduzierten Truppenkontingente in West-Berlin zu reden. Ebenso weckte es in Moskau Hoffnung, daß die USA der Anknüpfung von Kontakten zwischen beiden deutschen Staaten nicht länger völlig ablehnend gegenüberzustehen schienen und ein Verbot für die Vergrößerung der Bundeswehr und ihre Ausrüstung mit Kernwaffen für möglich erachteten.[16]

[14] Meeting of Foreign Ministers, Palais des Nations, Geneva, 3. 6. 1959, ebd., S. 823–833.
[15] Erklärung Herters, 5. 6. 1959, in: Dokumente zur Deutschlandpolitik, a.a.O., IV, 2/1, S. 480.
[16] Spravka o sondaže amerikancev i našich dopolnitel'nych ukazanijach sovetskoj delegacii v Ženeve, 6. 6. 1959, AVPRF, 0742, 4, 31, 33, Bl. 36–41.

Damit bot sich in sowjetischer Sicht bereits vor einer endgültigen Regelung die Gelegenheit, das westliche Besatzungsregime durch Teilabmachungen zu untergraben und wichtige Teilziele – wie vor allem eine Reduzierung der westlichen Truppenpräsenz in Berlin auf einen unbedeutenden „symbolischen" Umfang und die einseitige Einstellung der „Diversionstätigkeit" auf dem deutschen Schauplatz – zu erreichen. Kernstück dieses Bemühens war die Idee, die Anwesenheit der Westmächte in der Stadt durch ein vorläufiges Abkommen zu akzeptieren, um ihr dadurch sowohl die rechtliche Grundlage als auch die zeitliche Dauer zu nehmen. Sollte bei der Verwirklichung einer solchen Übereinkunft ein Vier-Mächte-Aufsichtsgremium erforderlich werden, erschien auch das annehmbar, falls die Regelung die Souveränität der DDR über ihr Territorium und dessen Verkehrswege nicht beeinträchtigte. Das sowjetische Außenministerium empfahl daher, das Verlangen nach Friedensvertrag und Freistadtregelung zurückzustellen, um eine Zwischenlösung anzustreben.[17] Chruschtschow griff die Anregung auf, die einen Ausweg aus dem Verhandlungspatt zu bieten schien. Dabei setzte er als selbstverständlich voraus, daß die Westmächte den gewährten Aufschub mit der späteren Erfüllung aller sowjetischen Forderungen zu honorieren hatten.[18]

Die westlichen Regierungen hofften unterdessen, daß die in Aussicht gestellten Zugeständnisse zur Basis eines Kompromisses werden könnten, der es erlaube, den harten Kern ihrer Position, das Recht auf Anwesenheit in West-Berlin, zu behaupten. Am 8. Juni 1959 boten die drei Außenminister in einem informellen Gespräch an, fortan auf eine Vermehrung ihrer Truppen in der Stadt zu verzichten, und stellten zudem Reduzierungen in Aussicht, wenn die Entwicklung dies zulasse, ohne daß die Wahrnahme der westlichen Verantwortlichkeiten beeinträchtigt werde. Die UdSSR sollte dafür das Recht des freien Zugangs auf den Land-, Wasser- und Luftwegen akzeptieren. Die Abwicklung des Verkehrs könne durch deutsches Personal übernommen werden, sofern damit keine Kompetenzübertragung an die DDR verbunden sei. Weiter wurde eine Bestätigung der freien Bewegung zwischen innerhalb Berlins gefordert. Einer Vier-Mächte-Kommission war die Aufgabe zugedacht, die Durchführung der Übereinkunft zu begleiten. Die Regelungen sollten bis zur Vereinigung Deutschlands in Kraft bleiben.[19]

Der Kreml kam zu dem Schluß, daß die Westmächte auf einer Bestätigung ihrer Besatzungsrechte in West-Berlin beharrten und mithin nicht bereit waren, den geforderten Freistadt-Status zu akzeptieren. Es galt daher, sie nunmehr mit allem Nachdruck vor die Alternative zu stellen, entweder einem Abkommen zuzustimmen, das über ein Zwischenstadium zur Erfüllung des sowjetischen Verlangens führte, oder sich einem einseitigen Vorgehen der UdSSR und der DDR gegenüberzusehen. Ihnen sollte informell der Vorschlag gemacht werden, daß der bisherige Zustand für die Dauer eines Jahres bestehen bleiben könne, wenn sie dafür

---

[17] Ebd., Bl. 41; V. Kuznecov an das ZK der KPdSU, 4.6. 1959, AVPRF, 0742, 4, 32, 42, Bl. 104; V. Kuznecov an das ZK der KPdSU, 5.6. 1959, AVPRF, 0742, 4, 31, 33, Bl. 26; Aufzeichnung über Gespräch mit V. Zorin unmittelbar nach Unterredung der vier Außenminister, 6.6. 1959, SAPMO-BArch, NY 4090/464, Bl. 47–49.

[18] Kratkaja zapis' peregovorov. S partijno-pravitel'stvennoj delegaciej GDR 9 ijunja 1959g., 27.6. 1959 (Datum der Niederschrift), AVPRF, 0742, 4, 31, 33, Bl. 71–87.

[19] Außenminister Herter an Präsident Eisenhower, 8.6. 1959, in: FRUS 1958–1960, Bd. VIII, a.a.O., S. 856–858.

ihre Truppen in der Stadt auf einen nur noch symbolischen Umfang – vielleicht 1000 Mann – verringern und die Propaganda- und Subversionstätigkeit gegen die DDR einstellen würden. Obwohl klar war, daß sie nicht die Absicht hatten, Raketen- und Atomwaffen in West-Berlin zu dislozieren, wurde ihnen aus „politisch-propagandistischen" Gründen auch die Erklärung des Verzichts darauf angesonnen.

Zudem sollte ein „Gesamtdeutsches Komitee" auf paritätischer Grundlage binnen Jahresfrist einen Plan zur Wiedervereinigung bzw. zur Annäherung beider Staaten und zur Verstärkung ihrer Kontakte ausarbeiten. Dagegen wandte die DDR ein, daß ein Konferenzbeschluß hierzu als Anerkennung einer Vier-Mächte-Zuständigkeit für die Frage der deutschen Einheit ausgelegt werden könne. Auch bringe eine Festlegung auf Annäherung an die Bundesrepublik die Gefahr mit sich, daß die ostdeutsche Bevölkerung das als Widerspruch zum Kampf gegen die westdeutsche Militär- und Atomrüstung ansehe. Das Komitee solle sich statt dessen mit dem Problem des Gewaltverzichts, der Regelung von Truppenstärken und Rüstungen, der Beratung des Friedensvertrages und anderen Aspekten des deutsch-deutschen Verhältnisses befassen. Eine Kopplung der West-Berlin-Frage mit den Beziehungen zwischen beiden Staaten müsse unbedingt vermieden werden. Dahinter stand allem Anschein nach die Sorge, daß in diesem Fall der zu erwartende Dissens zwischen den zwei deutschen Seiten die Chance auf Durchsetzung der Ziele in West-Berlin gefährden könnte. Der Kreml äußerte sich nicht zu diesem Bedenken, war aber zur Erfüllung des Verlangens bereit, Wohlverhaltenspflichten nur für West-Berlin gegenüber der DDR, keinesfalls aber umgekehrt zu stipulieren.[20]

Verhandlungen über das sowjetische Angebot einer Interimsvereinbarung

Am 9. Juni 1959 beantwortete Gromyko das westliche Anerbieten mit dem Vorschlag einer zeitlich befristeten Zwischenregelung und verlangte deren rasche Annahme. Demnach wollte die UdSSR für die Dauer eines Jahres die westlichen Besatzungsrechte anerkennen und die bisherigen Verhältnisse an den Zugangswegen akzeptieren. Damit würde die Kommission aus Vertretern beider deutscher Staaten die Möglichkeit erhalten, sich in der Zwischenzeit über eine Vereinigung zu verständigen. Diese Interimsregelung wurde an die Bedingung geknüpft, daß die feindliche Propaganda gegen die DDR von West-Berlin aus beendet, jede Spionageorganisation in der Stadt aufgelöst und eine Verpflichtung zum Verzicht auf die dortige Stationierung von Atomwaffen akzeptiert werde.[21] Der sowjetische Außenminister stellte in Abrede, ein Ultimatum formuliert zu haben, und antwortete auf die Frage, ob nach Ablauf der Ein-Jahres-Frist die westlichen Rechte

---

20 O. Winzer (Genf) an W. Ulbricht/O. Grotewohl/H. Rau/S. Schwab, 8. 6. 1959, SAPMO-BArch, NY 4090/464, Bl. 50–53.
21 Außenminister Herter an Präsident Eisenhower, 9. 6. 1959, in: FRUS 1958–1960, Bd. VIII, a.a.O., S. 858–861.

weiter anerkannt werden würden, sein Land werde nie einer unbegrenzten Fortsetzung des westlichen Besatzungsregimes zustimmen.[22]

Dem Kreml ging es mithin nicht um einen Kompromiß, sondern um Zwischenschritte, die näher an das Endziel heranführen sollten. Chruschtschow änderte nur die kurzfristige Taktik, nicht die langfristige Strategie. Er wollte dem Westen keine endgültige Regelung zumuten, um ihn über den Umweg eines Interimsabkommens zum Verzicht auf seine Rechte zu bewegen. Glaubte er, die Amerikaner suchten nur das Gesicht zu wahren, wozu ein Ein-Jahres-Aufschub ausreiche? Das Anerbieten der Westmächte, auf die „Spionage-, Subversions- und Propagandazentren" in West-Berlin zu verzichten, bewog die UdSSR ebenso wenig zur Anerkennung ihres Anspruchs auf Anwesenheit und Zugang wie ihre Bereitschaft, die dortige Garnison zahlenmäßig zu begrenzen. Dieses Entgegenkommen und der Eindruck, daß die westlichen Regierungen den Einwänden Bonns wenig Gehör schenkten und dem West-Berliner Bürgermmeister Willy Brandt bei dessen Besuch in Genf keine Gelegenheit zum internationalen Auftritt gaben, verstärkten im Kreml die Hoffnung, der Westen werde zuletzt auf seine Rechte verzichten.[23]

Chruschtschow bestand darauf, 14 Jahre nach Kriegsende sei eine andere Regelung nötig als eine Bestätigung weiterer Besetzung. Nur eine zeitweilige Duldung des Okkupationsregimes galt als erträglicher „Kompromiß". In Moskau wurde Anfang 1961 als zeitlicher Endpunkt angepeilt. Die Dauer der Übergangsfrist erschien jedoch zweitrangig, weil man vor allem auf das anschließende Ende des Besatzungsrechts Wert legte. Als die vom Westen geforderte Gewähr für die weitere Freiheit des zivilen Zugangs nach West-Berlin wurde der Abschluß eines entsprechenden Vier-Mächte-Vertrages in Aussicht genommen, der bei der UNO registriert werde. Bei Verstößen gegen die darin festgelegten Verpflichtungen sollten die beteiligten Staaten freilich nur in Ost-Berlin vorstellig werden können. Den deutschen Staaten sollte bei ihren Verhandlungen eine Frist gesetzt werden, innerhalb derer sie sich zu einigen hätten. Wenn sie, wie der Kreml voraussah, zu keiner Übereinkunft gelangten, werde man von weiterer Rücksichtnahme befreit und zum Abschluß des Friedensvertrages mit den Ländern ermächtigt sein, die dazu bereit seien. Gegenüber Ulbricht begründete Chruschtschow seine „Geduld" unter anderem damit, daß sich im Laufe der Zeit das Kräfteverhältnis weiter zu östlichen Gunsten verändere. Wenn man zuwarte, gewinne man Vorteile, welche die Lösung der Probleme erleichtern werde. Zudem werde die DDR 1961 beginnen, den Lebensstandard der Bundesrepublik einzuholen und damit in der Lage sein, auf die innerdeutsche Entwicklung größeren Einfluß zu nehmen.[24]

Die Westmächte suchten weiter nach Möglichkeiten, die UdSSR zur Anerkennung ihrer Rechte in Berlin zu bewegen. Ihre Außenminister boten eine Regelung an, welche die DDR und die anderen sozialistischen Staaten künftig vor jeder Be-

[22] Außenminister Herter an das State Department, 12. 6. 1959, ebd., S. 879–884.
[23] O. Winzer (Genf) an W. Ulbricht, 15. 6. 1959, SAPMO-BArch, NY 4090/464, Bl. 61–63; O. Winzer (Genf) an W. Ulbricht, 16. 6. 1959, SAPMO-BArch, NY 4090/464, Bl. 64; P. Florin (Genf) an W. Ulbricht, 15. 6. 1959, SAPMO-BArch, NY 4090/464, Bl. 65 f.
[24] Kratkaja zapis' peregovorov s partijno-pravitel'stvennoj delegaciej GDR 9 ijunja 1959g., 27. 6. 1959 (Datum der Niederschrift), AVPRF, 0742, 4, 31, 33, Bl. 74–78, 81.

drohung aus West-Berlin schütze, und meinten, den Kreml damit zur Akzeptanz ihrer dauernden Präsenz in der Stadt auf einer anderen Rechtsgrundlage veranlassen zu können. Sie stellten vor allem ein Ende der als subversiv monierten Aktivitäten in Aussicht. Gromyko beharrte aber darauf, eine unbegrenzte Fortdauer der westlichen Berlin-Rechte komme nicht in Betracht. Er gestand lediglich zu, daß die Interimsvereinbarung auf mehr als ein Jahr ausgedehnt werden könne.[25] Der Kreml bestand darauf, die westlichen Rechte müßten nach Ablauf der Vereinbarung automatisch entfallen. Zudem sollte es schon während der vertraglichen Übergangszeit zu Veränderungen kommen, um grundlegende Forderungen (vor allem nach Beendigung der westlichen Aktivitäten von West-Berlin aus) rasch zu erfüllen, der DDR neue Rechte und Einflußmöglichkeiten zu geben und die Stellung der drei Besatzungsmächte zu untergraben. Der Bildung einer Kommission aus Vertretern beider deutscher Staaten wurde dabei besondere Bedeutung beigemessen.[26]

Chruschtschows Zuversicht

In Washington hoffte man, der tote Punkt in den Verhandlungen sei zu überwinden, wenn der Präsident sich einschalte. Eisenhowers briefliche Intervention bewog jedoch den Keml nicht dazu, von seiner Position abzugehen.[27] Chruschtschow entnahm dem Schreiben, daß die USA weiter auf Bestätigung ihrer Rechte in Berlin bestanden und Friedensvertrag samt Freistadtregelung ablehnten. Das kam für ihn nicht in Betracht, auch wenn sie dafür die Verringerung der Garnison und den Verzicht auf Subversionstätigkeit anboten. Wie er intern äußerte, war ein Kompromiß nur in der Frage des Zeitpunkts möglich. Der sowjetische Parteichef ging zwar davon aus, daß die USA den Friedensvertrag aus Sorge um den Erhalt der NATO ablehnten, zweifelte aber trotzdem nicht an der Durchsetzbarkeit seiner Forderung, sondern glaubte sich damit erst recht auf dem richtigen Weg: Das verlangte Ende der Ende der Besetzung werde dem westlichen Bündnis einen entscheidenden Schlag zufügen.[28]

Die westlichen Außenminister präzisierten die Offerte am 16. Juni mit dem Vorschlag, die Truppen in Berlin dauerhaft auf 11 000 Mann zu begrenzen. Der zugleich ins Auge gefaßte Verzicht auf deren atomare Bewaffnung war zwar praktisch bedeutungslos, weil eine derartige Ausstattung nie beabsichtigt worden war, erfüllte aber eine immer wieder erhobene sowjetische Forderung. Wie es hieß, konnte die Garnison bei entsprechender Lage weiter verringert werden. Die UdSSR sollte dafür den „freien und ungehinderten Zugang nach West-Berlin zu Land, zu Wasser und in der Luft" in Geltung lassen „für alle Personen, Güter und

25 Telegramm der US-Konferenzdelegation an das State Department, 12. 6. 1959, in: FRUS 1958–1960, Bd. VIII, a.a.O., S. 884–888.
26 Spravka o sondaže amerikancev i našich dopolnitel'nych ukazanijach sovetskoj delegacii v Ženeve, 6. 6. 1959, AVPRF, 0742, 4, 31, 33, Bl. 36–41.
27 D. Eisenhower an N.S. Chruščev, 15. 6. 1959, in: FRUS 1958–1960, Bd. VIII, a.a.O., S. 902; N.S. Chruščev an D. Eisenhower, 17. 6. 1959, in: FRUS 1958–1960, Bd. VIII, a.a.O., S. 914–917.
28 Zapis' peregovorov s partijno-pravitel'stvennoj delegaciej GDR 18 ijunja 1959g., 29. 6. 1959 (Datum der Niederschrift), AVPRF, 0742, 4, 31, 33, Bl. 89–91.

Kommunikationsmittel einschließlich derjenigen der in West-Berlin stationierten Streitkräfte Frankreichs, des Vereinigten Königreichs und der Vereinigten Staaten". „Unbeschadet fortbestehender Grundverantwortlichkeiten" könnten die bisher geltenden Verfahren auch von „deutschem Personal" durchgeführt werden, soweit das nicht bereits (beim Zivilverkehr) der Fall war. Der Sowjetunion würde es mithin freistehen, die Abfertigung auch der westlichen Militärtransporte an Organe der DDR zu übertragen. Auch wurde die Zustimmung zu allen Maßnahmen angeboten, die „mit den Grundrechten und den Grundfreiheiten vereinbar" seien und darauf abzielten, „in beiden Teilen Berlins Betätigungen zu verhüten, welche entweder die öffentliche Ordnung stören oder die Rechte und Interessen anderer ernstlich berühren oder Einmischungen in die inneren Angelegenheiten anderer darstellen könnten." Dabei sollte „die Freizügigkeit zwischen Ost- und West-Berlin auch weiterhin erhalten" bleiben. Konflikte bei der Anwendung dieser Regelungen sollten von einer Vier-Mächte-Kommission entschieden werden. Zentrale Bedeutung maßen die drei Staaten ihrer damit verknüpften Forderung zu, die Vereinbarung werde „bis zur Wiedervereinigung in Kraft bleiben." Ohne sie erschien alles andere wertlos.[29]

Der Kreml hielt den Vorschlag für unannehmbar. Das Verlangen, das Verbot der „Subversions-, Propaganda- und Spionagezentren" und aller Störaktivitäten müsse nicht nur für West-Berlin, sondern beiderseits gelten, stieß auf heftige Ablehnung. Das als große Konzession gemeinte westliche Angebot, der Militärtransit auf den Straßen- und Schienenwegen der DDR könnte durch deren Organe als „Agenten der UdSSR" abgewickelt werden, weckte kein Interesse, weil man die Bereiche möglichen Konflikts mit den Westmächten selbst in der Hand behalten wollte. Bei aller Unzufriedenheit mit dem Erreichten hielt Gromyko den Stand der Verhandlungen für „nicht schlecht, sogar gut". Die wachsende westliche Bereitschaft zu Konzessionen und ein Gespräch mit dem britischen Außenminister schienen zu zeigen, daß der Westen in einer schwachen Position war und die Notwendigkeit erkannte, West-Berlin zu räumen. Die Frage sei nur, wann und wie. Die USA klammerten sich an ihre Besatzungsrechte, weil sie sonst alle ihre Positionen in Europa zu verlieren fürchteten, und die Briten wollten noch verhandeln, um ihr Gesicht zu wahren. Das Erfordernis, den Okkupationsstatus der Stadt aufzugeben, werde ausdrücklich anerkannt; der Westen habe in der Berlin-Frage weithin nachgegeben. Die Außenminister Großbritanniens und Frankreichs hätten zudem privat einer De-facto-Anerkennung der DDR zugestimmt.[30]

Chruschtschow sah sich in seiner Siegesgewißheit bestätigt.[31] Er wollte den Westmächten trotzdem die Annahme seiner Forderungen durch Entgegenkom-

---

[29] Text: Dokumente zur Deutschlandpolitik, a.a.O., IV, 2/1, S. 635–637 (engl. u. frz. mit dtr. Übers.). Vgl. Direktive für die Delegation der DDR im zweiten Verhandlungsabschnitt, o.D. [Ende Juli/ Anfang August 1959], SAPMO-BArch, NY 4090/464, Bl. 76–80. Zu diesen und den folgenden Ausführungen siehe auch die Aufzeichnung über das Gespräch des tschechoslowakischen Ministerpräsidenten Široký und anderer Regierungsmitglieder mit A. Gromyko über die Ergebnisse der Genfer Konferenz, 6. 8. 1959, in: Michal Reiman/Peter Luňák (Hrsg.), Studená Válka. Sovetské dokumenty v českých archivech, Prag 2000, S. 105–110 (tsch.).

[30] Hope M. Harrison, Driving the Soviets up the Wall. Soviet – East German Relations 1953–1964, Princeton/NJ–Oxford 2003, S. 130.

[31] Chruščev schlug daher im Gespräch mit Averell Harriman einen triumphierenden Ton an (ebd., S. 121).

men in Fragen erleichtern, die ihm nicht wichtig waren. Er lehnte daher das Verlangen der SED-Führung ab, Zweifel am unbegrenzten Charakter der DDR-Souveränität dadurch auszuschließen, daß die vorgesehene Vier-Mächte-Kommission nur den Freistadtstatus garantieren dürfe, denn er hielt es für richtig, den erhofften westlichen Verzicht auf „Spionage- und Agententätigkeit" in West-Berlin durch die Zuständigkeit der Kommission auch für die Nichteinmischung in dessen innere Angelegenheiten zu honorieren.[32] Am entscheidenden Punkt blieb Chruschtschow gegenüber dem Westen hart. Gromyko stellte am 19. Juni klar, auf Kompromißbasis komme nur eine „Vereinbarung über eine vorläufige Regelung der Westberlin-Frage" in Betracht, „die während einer bestimmten Frist gültig wäre." In der zu vereinbarenden Zeit habe die Kommission beider deutscher Staaten „konkrete Maßnahmen zur Vorbereitung und zum Abschluß eines deutschen Friedensvertrages und zur Vereinigung Deutschlands auszuarbeiten". Nur mit dieser zeitlichen Begrenzung sei an eine vorläufige Übereinkunft zu denken, zu der die Westmächte eine Verringerung der Besatzungstruppen in West-Berlin, die Einstellung der dortigen „Wühltätigkeit" und den Verzicht auf die Stationierung von Atomwaffen in der Stadt beizutragen hätten. Als einzige Konzession bot er eine Verlängerung des Interimsabkommens auf eineinhalb Jahre an und forderte, danach müsse das westliche Besatzungsregime beendet sein.[33]

Scheitern des sowjetischen Interimsvorschlags

Das war für die Gegenseite völlig unannehmbar. Damit hatten die Verhandlungen wieder den toten Punkt erreicht. Die Außenminister kamen überein, die Konferenz vom 20. Juni bis 13. Juli zu vertagen.[34] Chruschtschow hoffte, bei dem Ende des Monats vorgesehenen Moskau-Besuch von Vizepräsident Nixon könnte sich eine Abschwächung der amerikanischen Haltung abzeichnen. Das erwies sich in der Unterredung am 27. Juni als Illusion. Beide Politiker hielten ohne Abstriche an den gegensätzlichen Standpunkten fest. Der Meinungsaustausch mutierte zum Streitgespräch, bei dem der Kremlchef in Hitze geriet und unter drohendem Hinweis auf die Kernwaffen seines Landes die Entschlossenheit bekräftigte, das westliche Besatzungsregime nicht dauernd hinzunehmen. Nixon seinerseits war zu keinerlei Entgegenkommen bereit.[35]

Chruschtschow sah vorerst keine Chance mehr, zu einer Vereinbarung über Friedensvertrag und Freistadtregelung zu gelangen. Er verschob die Durchsetzung seiner Forderungen auf später, ohne deswegen den Druck auf die Westmächte abzuschwächen. Falls diese glaubten, langfristig an der Okkupation West-Berlins festhalten zu können, müsse das notfalls durch einseitiges Vorgehen ver-

---

[32] O. Winzer an W. Ulbricht/O. Grotewohl, 7. 7. 1959, SAPMO-BArch, NY 4090/464, Bl. 74 f.

[33] Erklärung Gromykos, 19. 6. 1959, Dokumente zur Deutschlandpolitik, a.a.O., IV, 2/1, S. 652–654; Meeting of Foreign Ministers, Palais des Nations, Geneva, 19. 6. 1959, in: FRUS 1958–1960, Bd. VIII, a.a.O., S. 921–926.

[34] Schlußkommuniqué der Genfer Außenministerkonferenz, 20. 6. 1959, in: Dokumente zur Deutschlandpolitik, IV 2/1, a.a.O., S. 706.

[35] Memorandum of Conversation, 26. 7. 1959, in: FRUS 1958–1960, Bd. VIII, a.a.O., S. 1057–1069.

hindert werden. Er erklärte Staatssekretär Harriman, dann würde die Garnison zwar nicht angegriffen, wohl aber an der Benutzung der Verbindungswege gehindert werden. Der Westen könne angesichts der Macht, die der UdSSR inzwischen zu Gebote stehe, nicht länger von einer Position der Stärke aus agieren. Komme es zum Krieg, würden die sowjetischen Raketen die westeuropäischen Länder und die vorgeschobenen US-Stützpunkte unfehlbar zerstören.[36] Im Gespräch mit Senator Humphrey bekundete Chruschtschow den Willen zu rücksichtsloser Durchsetzung seiner Forderungen und verlieh den Worten mit erneuter Androhung vernichtender Raketenschläge Nachdruck.[37]

Demgemäß standen sich die Auffassungen bei der Wiederaufnahme der Genfer Verhandlungen unversöhnlich gegenüber. Am 28. Juli tauschten die Delegationen nochmals Vorschläge aus. Das westliche Papier änderte die Position vom 16. Juni dahingehend, daß nur noch eine begrenzte Vertragsdauer vorgesehen wurde. Wenn die Wiedervereinigung Deutschlands nach fünf Jahren nicht stattgefunden habe, sei die Lage wieder offen. Sofern es auch nur eine der Vier Mächte verlange, müsse man dann über eine neue Regelung beraten. Eine weitere Neuerung war, daß die UNO eingeschaltet werden sollte, um die Einhaltung des Verbots subversiver Tätigkeit in beiden Teilen der gespaltenen Stadt zu überwachen.[38]

Der sowjetische Vorschlag hielt dagegen an einer 18-monatigen Interimslösung fest, mit deren Ablauf das Besatzungsregime sein Ende finden müsse. Den Westmächten wurde angesonnen, in dieser Zeit ihre Truppen in West-Berlin auf eine symbolische Zahl, maximal 3–4000 Mann, zu reduzieren und sich dazu zu verpflichten, zusammen mit der UdSSR Maßnahmen gegen die Fortsetzung der dortigen „Wühltätigkeit" und „feindseligen Propaganda" zu treffen. Die DDR würde in einer einseitigen Erklärung eine gleichartige Verpflichtung übernehmen. Zugleich war die seit langem geforderte, paritätisch mit Vertretern der zwei deutschen Staaten zu besetzende Kommission zu bilden, die ihre Beschlüsse einstimmig fassen müsse.[39] Die am 28. Juli 1959 unterbreiteten Vorschläge waren jeweils für die andere Seite unannehmbar. In den folgenden Gesprächen kam es nur in wenigen Bereichen zu einer Annäherung, vor allem in der Frage der propagandistischen Betätigungen und der subversiven Aktionen. Die westlichen Außenminister bestanden auf einer Wechselseitigkeit der einzugehenden Verpflichtungen. Gromyko deutete in vager Form ein mögliches Einlenken an, machte aber die bindende Zusage vom Einvernehmen in den anderen Streitfragen abhängig. Ohne daß das Kernproblem geklärt worden wäre, wie es um die Geltung der westlichen Berlin-Rechte nach Ablauf des Zwischenabkommens stehen sollte, bissen sich die Unterhändler an der sowjetischen Forderung nach Reduzierung der Garnison in West-Berlin auf 3–4000 Mann und an der Frage der Interimsdauer fest. Die

[36] Telegram From the Embassy in the Soviet Union to the Department of State, 25. 6. 1959, in: FRUS 1958–1960, Bd. VIII, a.a.O., S. 941–943.
[37] William Taubman, Khrushchev, The Man and his Era, New York–London 2003, S. 413 f.
[38] Telegram From the Delegation to the Foreign Ministers Meeting to the Department of State, 28. 7. 1959, in: FRUS 1958–1960, Bd. VIII, a.a.O., S. 1082 f.; Bericht über den Austausch von Arbeitspapieren auf der Konferenz der Außenminister in Genf, 28. 7. 1959, in: Dokumente zur Deutschlandpolitik, IV 2/2, a.a.O., S. 1106.
[39] Ebd., S. 1106 f.

Außenminister beendeten die Gespräche am 5. August und kamen überein, sie irgendwann wiederaufzunehmen.[40] Chruschtschow blieb die Zusage einer Gipfelkonferenz versagt, doch konnte er das verschmerzen, nachdem er zum Besuch in den USA und zum Gespräch mit Präsident Eisenhower eingeladen worden war.

Schlußbilanz der Genfer Verhandlungen

Der Kreml verfehlte das Ziel, die Westmächte in Genf zur Annahme der im November 1958 gestellten Forderungen oder wenigstens eines dahin führenden Interims zu bewegen. Gleichwohl zog Gromyko auf der Schlußsitzung der Außenministerkonferenz eine positive Bilanz. Es sei zu einer „spürbare[n] Annäherung der Positionen" gekommen, alle Seiten hätten „die Notwendigkeit einer Veränderung der Lage in Westberlin anerkannt", und es sei Einverständnis darüber erzielt worden, daß ein Zwischenabkommen die Stärke der westlichen Truppen in der Stadt regeln, den Verzicht auf eine dortige Stationierung von Atom- und Raketenwaffen festlegen und die Unzulässigkeit von „Wühltätigkeit und feindliche[r] Propaganda" feststellen müsse. Auch seien sich alle einig darüber, daß ein solches Abkommen zeitlich begrenzt werden müsse. Das habe für die UdSSR „prinzipielle Bedeutung", denn sie könnte keine Übereinkunft unterschreiben, die „das Besatzungsregime in Westberlin verewigen würde."[41] Den gleichen Tenor hatte der Bericht, den der sowjetische Außenminister wenig später der tschechoslowakischen Führung in Prag gab. Dabei fügte er hinzu, von vornherein sei eine abschließende Lösung der schwierigen Probleme nicht zu erwarten gewesen. In Genf hätten die Westmächte aber eingeräumt, daß ihre Position in Berlin nur vorläufiger Art sei, und demgemäß eine Interimsvereinbarung angestrebt, deren formeller Abschluß nur eine Frage der Zeit sei. Eine Differenz bestehe nur noch in der Frage, wie lange das Interim dauern solle, aber darüber werde man sich einigen können. Gromyko zog den Schluß, die westliche Anwesenheit in der Stadt sei nunmehr „substantiell in Zweifel" gezogen.[42]

Die Darstellung des Außenministers war auf Zuversicht abgestellt und ignorierte vieles, was die optimistische Sicht hätte in Frage stellen können, vor allem den Umstand, daß die westliche Seite zu Konzessionen nur so weit bereit war, wie es der langfristigen Sicherung der Berlin-Präsenz diente. Gromyko gab freilich in Prag auch zu erkennen, daß die Interimsvereinbarung an den Amerikanern gescheitert war. Diese seien – anders als die Briten – durch das sowjetische Entgegenkommen nicht zufriedengestellt worden und hätten gefordert, die UdSSR müsse die West-Berlin-Rechte über die Abkommensdauer hinaus bestätigen. Der

40 Siehe die Dokumente in: FRUS, 1958–1960, Bd. VIII, S. 1078–1116. Vgl. die Darstellung bei Christian Bremen, Die Eisenhower-Administration und die zweite Berlin-Krise 1958–1961, Veröffentlichungen der Historischen Kommission zu Berlin Bd. 95, Berlin–New York 1998, S. 391–404.
41 Erklärung Gromykos, 5. 8. 1959, in: FRUS, 1958–1960, Bd. VIII, S. 1174 f.
42 Aufzeichnung über ein Gespräch des tschechoslowakischen Ministerpräsidenten Široký und anderer Regierungsmitglieder mit A. Gromyko über die Ergebnisse der Genfer Konferenz, 6. 8. 1959, in: M. Reiman/P. Luňák, a.a.O., S. 105.

Moskauer Chefdiplomat wertete dies als bloße Taktik und deutete die Hoffnung an, daß eine persönliche Botschaft Chruschtschows an Premierminister Macmillan mit dem Hinweis, die sowjetische Seite könne keinesfalls weiter nachgeben, zu einer Änderung der eingenommenen Haltung führen werde. Zugleich bewertete er die westliche Weigerung, den Vorschlag einer aus Vertretern der zwei deutschen Staaten zu bildenden Kommission zu akzeptieren, als einen Versuch, die Position der DDR zu untergraben und westdeutschem Wohl- bzw. Übelwollen zu überantworten. Die UdSSR werde sich aber nicht darauf einlassen, Ostdeutschland zum Gegenstand irgendeiner Übereinkunft dritter Staaten zu machen. Dabei ging es ausdrücklich auch um „die faktische Anerkennung der DDR und die Bestätigung des Zusammenbruchs der Politik Adenauers". Der Außenminister lobte die Briten wegen ihrer Aufgeschlossenheit in der Frage der Kommission und ihrer Zustimmung zu dem Vorschlag, die ungelösten Fragen einer Gipfelkonferenz zu unterbreiten. Auch die Vertreter der USA seien sich über die Notwendigkeit eines Treffens auf höchster Ebene im klaren und hätten erkennen lassen, daß sie noch drei bis fünf Monate zur Änderung ihrer ablehnenden Haltung benötigten. Wenig konstruktiv, ja feindlich habe sich Frankreich auf der Konferenz verhalten; es sei durchweg der Bonner Linie gefolgt. Jedoch habe Couve de Murville bemerkenswerte Mäßigung in seiner Abschlußerklärung an den Tag gelegt. In der Rücksichtnahme, deren die französische Seite in der Algerien-Frage bedurfte, sah Gromyko einen Hebel, der sie Entgegenkommen gegenüber der UdSSR nötigen könnte.[43]

Der sowjetische Außenminister bezeichnete die Gesprächsatmosphäre in Genf intern als „sehr kühl", meinte aber, die Westmächte wollten, ungeachtet einiger „Ausfälle" Herters, die Lage nicht verschärfen. Er hob hervor, die Konferenz sei „unstreitig erfolgreich" gewesen. Obwohl man keine förmlichen Abkommen erreicht habe, seien in den Verhandlungen die Umrisse einer Vereinbarung deutlich geworden, die praktisch auf die Beseitigung der westlichen Rechte in West-Berlin hinausliefen. Schon jetzt hätten die Westmächte mit dem Verzicht auf eine Vermehrung ihrer Garnison das – 1945 fixierte – Recht aufgegeben, 45000 Soldaten in der Stadt zu stationieren. Wenn man die politische Gesamtperspektive in den Blick nahm, war nach Gromykos Darstellung das Ergebnis noch besser. Das zeige sich schon daran, daß die USA sich zur Einladung Chruschtschows veranlaßt gesehen hätten (der danach ein Gegenbesuch Eisenhowers in der UdSSR folgen sollte). Der Westen sei sich dessen bewußt, daß er den Kalten Krieg nicht mehr fortsetzen könne und die Dulles-Politik ändern müsse. Dazu habe zweifellos die „feste und prinzipielle Haltung der Sowjetunion in der West-Berlin-Frage" beigetragen. Angesichts der unterschiedlichen Ansichten, die auf der Konferenz zwischen den westlichen Delegationen zutage getreten seien, gelte es nun, alle Differenzen in der Politik der Westmächte zu studieren. Die UdSSR und ihre Freunde müßten die bisherige „prinzipielle Linie" fortsetzen, die positiven Ergebnisse von Genf herausstellen und auf eine Gipfelkonferenz dringen. Deren Resultat hänge freilich vom Westen ab.[44]

---

43 Ebd., S. 106–108.
44 Ebd., S. 108–110.

Die optimistische Bilanz überrascht, nachdem Chruschtschow zuvor einen Verhandlungserfolg noch auf der Außenministerkonferenz erwartet hatte. Im Juni 1959 hatte er gegenüber der SED-Führung betont, man sei auf dem besten Weg, das gesteckte Ziel zu erreichen. Die DDR sei mit ihrer Zulassung zu den Genfer Beratungen bereits de facto anerkannt worden. Im Blick auf West-Berlin hätten sogar die USA eingeräumt, daß die dortige Lage anomal sei und einer Normalisierung bedürfe.[45] Er glaubte, daß die Westmächte außerstande seien, seiner neuen Salamitaktik auf Dauer zu widerstehen. Ihre Position schien ins Wanken zu geraten, weil die Zugeständnisse nicht mehr in einem einzigen Schritt, sondern scheibchenweise gefordert wurden. In der Hoffnung, die UdSSR werde sich mit Teilkonzessionen zufriedengeben, würden sie unter der „ernüchternden" Aussicht auf den separaten Friedensvertrag, der sie als „Damoklesschwert" ständig unter Druck setze, allmählich das ihnen unbeirrbar abverlangte Ganze aufgeben.[46] Diese Perspektive ließ ein forciertes Vorgehen überflüssig, ja sogar schädlich erscheinen, weil es in den neutralen Ländern und bei den Pazifisten auf Unverständnis stoßen würde. Zudem nähmen die „fortschrittlichen" Kräfte in Deutschland stetig zu, welche die DDR unterstützten. Es gebe einen Stimmungswandel zugunsten von Friedensvertrag und Freistadtregelung. Das lasse mit Gewißheit den Sieg erwarten.[47]

Chruschtschow wurde durch diesen Optimismus an der Wahrnehmung der Chancen gehindert, die ihm der westliche Vorschlag vom 28. Juli bot. Selbst wenn er nicht davon abgegangen wäre, daß eine dauernde Bestätigung des Anspruchs der Westmächte auf Anwesenheit in Berlin nicht in Betracht komme, hätte er ein Interimsabkommen haben können, das für seine Position in künftigen Verhandlungen von Vorteil gewesen wäre. In Aussicht stehende vertragliche Regelungen wie insbesondere eine Verringerung der westlichen Garnison auf nur noch symbolischen Umfang und die Einstellung aller „Subversions-, Propaganda- und Spionageaktivitäten" einseitig in West-Berlin hätten nicht wieder zurückzunehmende Fakten geschaffen, während die UdSSR auf die volle Durchsetzung ihrer Ziele nur kurzzeitig verzichtet hätte. Nach Ablauf der Zwischenvereinbarung wäre auf einer für die westliche Seite veschlechterten Basis weiterzuverhandeln gewesen. Zudem wäre es fraglich gewesen, ob die Bevölkerung angesichts weitreichender Konzessionen an die bedrohende Seite das Vertrauen auf den westlichen Schutz bewahrt hätte.

Daher war es für West-Berlin und die NATO-Staaten ein Glück, daß die kategorische sowjetische Forderung, die Übereinkunft über das Interim müsse bereits die anschließende Aufhebung des Besatzungsregimes festlegen, die Einigung verhinderte. Chruschtschow bestand darauf, daß ihm der volle Erfolg zufallen müsse, und verzichtete damit auf die erreichbaren Teilergebnisse, die ihm das angestrebte Endziel nähergebracht hätten. Er gewährte dem Westen einen Regelungsauf-

45 Kratkaja zapis' peregovorov s partijno-pravitel'stvennoj delegaciej GDR 9 ijunja 1959g., 27. 6. 1959 (Datum der Niederschrift), AVPRF, 0742, 4, 31, 33, Bl. 74 f.

46 Zapis' peregovorov s partijno-pravitel'stvennoj delegaciej GDR 18 ijunja 1959g., 29. 6. 1959 (Datum der Niederschrift), AVPRF, 0742, 4, 31, 33, Bl. 89.

47 Kratkaja zapis' peregovorov s partijno-pravitel'stvennoj delegaciej GDR 9 ijunja 1959g., 27. 6. 1959 (Datum der Niederschrift), AVPRF, 0742, 4, 31, 33, Bl. 77 f.

schub, ohne den dafür gebotenen Preis entgegenzunehmen. Dem lag die Überzeugung zugrunde, es gebe einen unwiderstehlichen Trend, der den Sozialismus überall, nicht zuletzt auch in Deutschland, je länger, desto mehr zum Sieg führen werde. Daher brauche man sich nicht auf halbe Lösungen einzulassen, sondern könne zuversichtlich darauf warten, bis sich der uneingeschränkte Erfolg mühelos einstelle.

5. Chruschtschows USA-Besuch und die gescheiterte Pariser Gipfelkonferenz

Chruschtschows Besuch in den USA

Die amerikanische Führung hatte bis zum Sommer 1959 stets den Standpunkt vertreten, multi- und bilaterale Gespräche der obersten Führer kämen nur in Frage, wenn die Außenminister zuvor Fortschritte erzielt hätten, die eine Übereinkunft erwarten ließen. Das war nach der Genfer Konferenz nicht der Fall. Wenn Washington gleichwohl am 11. Juli Chruschtschow in die USA zu Gesprächen mit Eisenhower einlud, beruhte das auf einem internen Versehen. Nachdem die Einladung ausgesprochen war, sah sich der Präsident mit innerem Widerwillen zu der Begegnung mit dem Kremlchef genötigt.[1] Dieser war hoch erfreut und erklärte sich zum Meinungsaustausch „auf inoffizieller Grundlage und in einer freimütigen Atmosphäre" bereit. Nach seinem Bekunden war ein Spitzentreffen gerade dann nötig, wenn es unter den Außenministern zu keiner Einigung gekommen war. Dem bilateralen Dialog würde, so hoffte er, bald eine Gipfelkonferenz zu viert folgen.[2] Chruschtschow sah in der Einladung eine Anerkennung der sowjetischen Gleichrangigkeit. Zugleich jedoch hatte er die Sorge, daß der Gegner die Gelegenheit nutzen könnte, um ihn als Repräsentanten der UdSSR vor der Weltöffentlichkeit zu erniedrigen. Groß war daher seine Erleichterung, als er bei der Ankunft mit allen Ehren empfangen wurde.[3]

Während der Kreml an Verhandlungen mit anschließender Übereinkunft interessiert war, schloß die amerikanische Seite gerade dies von vornherein aus. Die Verbündeten sollten sich keinesfalls mit Vereinbarungen als vollendeten Tatsachen konfrontiert sehen. Auch wollte man die Bedingung weiter aufrechterhalten, daß vor Beschlüssen der Chefs zuerst die Außenminister einen Konsens über zentrale Fragen herstellen müßten. Zwischen Eisenhower und Chruschtschow wurden daher beim Gespräch in Camp David nur Meinungen ausgetauscht. Der Präsident betonte, in Berlin und Deutschland gehe es zunächst vor allem um Maßnahmen der Vertrauensbildung. Dabei müsse man auf einseitiges Vorgehen verzichten. Erfolgversprechende Verhandlungen seien bislang nur über andere Themen, vor allem über Abrüstung, zu führen. Chruschtschow räumte ein, das Grundproblem

[1] Rolf Steininger, Der Mauerbau. Die Westmächte und Adenauer in der Berlinkrise 1958–1963, München 2001, S. 130f.
[2] Vgl. die zwischen Chruščëv und Eisenhower vom 12. bis 31. 7. 1959 ausgetauschten vertraulichen Botschaften (dte. Übers.), SAPMO-BArch, DY 30/3662, Bl. 81–92/Michal Reiman/Peter Luňák, Hrsg., Studená válka. Sovětské dokumenty v českých archivech, Prag 2000, S. 111–117.
[3] Oleg Grinevskij, Tysjača i odin den' Nikity Sergeeviča, Moskau 1998, S. 39–41; William Taubman, Khrushchev. The Man and his Era, New York–London 2003, S. 420–423.

der wechselseitigen Beziehungen liege dort, nicht in Berlin. Ihm wurde ein Entwurf unterbreitet, in dem es hieß, die Differenzen über Berlin und Deutschland, Abrüstung, Propaganda und Dritte Welt seien eng miteinander verknüpft und ließen sich daher auch nur in Verhandlungen über die Gesamtproblematik lösen. Diese sollten durch eine *permanent consultative machinery* gesteuert werden. Chruschtschow reagierte auf den Vorschlag mit Ablehnung und Enttäuschung. Darin sei keine einzige neue Anregung zu finden. Es gehe nur darum, alte Positionen einzufrieren und die UdSSR von der Unterzeichnung des Friedensvertrages abzuhalten. Eisenhower zog das Papier zurück und forderte seinen Gesprächspartner zu einem Gegenvorschlag auf. Dieser dürfe aber keine zeitliche Festlegung für das Ende der Berlin-Präsenz enthalten.

Der Präsident erklärte sich bereit, einen Friedensvertrag der UdSSR mit der DDR zu akzeptieren, wenn die westlichen Berlin-Rechte davon nicht berührt würden. Genau das wollte Chruschtschow nicht. Er bestand darauf, daß der Vertrag Schluß mit dem Besatzungsregime machen müsse. Die deutschen Staaten sollten über die für sie damit verbundenen Fragen innerhalb eines festzulegenden Zeitrahmens miteinander verhandeln. Wenn ihr Bemühen um nationale Einheit fehlschlage, hätten die Vier Mächte Frieden mit dem geteilten Land zu schließen. Die beiden Führer erhitzten sich bei der Diskussion so heftig, daß Eisenhower jeden Gedanken an eine vierseitige Gipfelkonferenz von sich wies und sogar seinen Gegenbesuch in Moskau in Frage stellte. Nach einer Abkühlungspause gestand er zu, die Lage in Berlin sei „anomal", und erklärte sich mit einer zahlenmäßigen Verringerung der westlichen Garnison und mit der Einstellung der Propaganda und Spionage gegen die DDR aus dem Westteil der Stadt einverstanden.

Die entscheidenden Punkte blieben weiter strittig. Chruschtschow war jedoch über die Äußerungen des Präsidenten hoch erfreut und rückte seinerseits von dem Verlangen ab, die westliche Seite müsse seine Forderungen innerhalb einer bestimmten Frist erfüllen, um die UdSSR vom Abschluß des angedrohten Separatvertrags mit der DDR und von einer einseitigen Freistadtregelung für West-Berlin abzuhalten. Eisenhower versicherte daraufhin, er habe nicht die Absicht, die besatzungsrechtliche Präsenz in der Stadt dauernd aufrechtzuerhalten, und stellte dem Kremlchef in Aussicht, daß innerhalb einiger Monate Gipfelkonferenz und Gegenbesuch stattfinden könnten. Eine letzte Schwierigkeit entstand, als Chruschtschow den Verzicht auf einen Friedensvertragstermin nicht im Kommuniqué erwähnt sehen wollte. Es kam jedoch zu einer Einigung. Nach Aussage der amerikanischen Akten setzte der sowjetische Führer zwar durch, daß nicht auf sein Zugeständnis hingewiesen wurde, zeigte sich aber bereit, entsprechende Ausführungen des Präsidenten auf der folgenden Pressekonferenz mündlich zu bestätigen. Das geschah dann auch am folgenden Tag.[4]

---

[4] Memorandum of Conversation, 26. 9. 1959, FRUS 1958–1960, Vol. X Part 1: Eastern European Region, Soviet Union, Cyprus, http://dosfan.lib.uic.edu/ER/frus/frus58–60x1/12soviet6.html, S. 3–9; R. Dvořák an A. Novotný (mit Anlage), 12. 10. 1959, in: M. Reiman/P. Luňák, a.a.O., S. 128–134; Vertrauliche Information des ZK der KPdSU über den Aufenthalt Chruščevs in den USA an die führenden Vertreter der demokratischen Länder, Oktober 1959, ebd., S. 117–128; Kommuniqué über die Besprechungen zwischen Chruščev und Eisenhower in Camp David, 27. 9. 1959, in: Dokumente zur Deutschlandpolitik, hrsg. vom Bundesministerium für Innerdeutsche Beziehungen, Frankfurt/Main–[West-]Berlin 1972, IV, 3, S. 284f.; Pressekonferenz Eisenhowers, 28. 9. 1959,

Das Gespräch zwischen Eisenhower und Chruschtschow war für Washington insofern ein Erfolg, als faktisch ein Berlin-Moratorium ohne die bisher geforderten Gegenleistungen vereinbart worden war. Für die Vertagung hatte Chruschtschow auch blockinterne Gründe. Ulbricht hatte ihm im Juni erklärt, daß die DDR auf eine Konfrontation mit dem Westen ökonomisch nicht hinreichend vorbereitet sei. Die Wirtschaft mache zwar Fortschritte, kämpfe aber nach wie vor mit großen Problemen. Daher hatte der SED-Chef eine enge Zusammenarbeit mit der UdSSR und zusätzliche sowjetische Lieferungen für notwendig erachtet. Außer Erdöl, das er für die industrielle Produktion benötigte, sollte die UdSSR auch Konsumgüter schicken. Er begründete dieses Verlangen, das man in Moskau als nicht durch materielle Erfordernisse gerechtfertigt ansah, mit der innenpolitisch besonders schwierigen Lage seines Landes. Der Vergleich mit dem höheren Lebensstandard der Bundesrepublik und die Erreichbarkeit West-Berlins als Einkaufsstätte führten dazu, daß die Bevölkerung unzuverlässig sei. Daraufhin hatte ihm Chruschtschow in allgemeiner Form Abhilfe zugesagt, aber nichts Konkretes in Aussicht gestellt.[5] Als sichtbares Indiz der wirtschaftlichen und politischen Labilität in der DDR galt in Moskau die fortgesetzte Massenflucht nach Westen, die nicht nur wegen ihres Umfangs Sorge hervorrief. Besonders schwerwiegend erschien, daß vor allem dringend benötigte Fachkräfte der Intelligenz und junge Leute weggingen.[6]

Das Ergebnis des USA-Besuchs in Moskauer Sicht

Während Chruschtschow die Forderung nach Abschluß des Friedensvertrags und Umwandlung West-Berlins in eine „Freie Stadt" vorerst ruhen ließ, sagte ihm Eisenhower eine Gipfelkonferenz der Vier Mächte zu. Der Kremlchef wußte zwar, daß damit das Verhandlungsergebnis noch nicht entschieden war, kehrte aber in euphorischer Stimmung nach Hause zurück.[7] Das war nicht nur auf seinen allgemeinen, von der Idee des „gesetzmäßigen Fortschritts" zum Sozialismus bestimmten Optimismus zurückzuführen. Auch seine Neigung zur Überbewertung verbaler Konzessionen[8] trug dazu bei. Eisenhowers Verwendung sowjetischer Formeln zur Kennzeichnung der Lage ließ ihn glauben, Zustimmung in der Sache

---

ebd., S. 287–290; O. Grinevskij, Tysjača i odin den', a.a.O., S. 92–95; W. Taubman, a.a.O., S. 435–438; Christian Bremen, Die Eisenhower-Administration und die zweite Berlin-Krise 1958–1961, Veröffentlichungen der Historischen Kommission zu Berlin Bd. 95, Berlin–New York 1998, S. 424–429. Die im Zusammenhang mit Chruščevs USA-Besuch veröffentlichten Dokumente sind abgedruckt in: Dokumente zur Deutschlandpolitik, a.a.O., S. 213–284. Zur amerikanischen Sicht des Besuchsverlaufs vgl. R. Steininger, a.a.O., S. 134, 136.

[5] Kratkaja zapis' peregovorov s partijno-pravitel'stvennoj delegaciej GDR 9 ijunja 1959g., 27. 6. 1959 (Anfertigungsdatum), AVPRF, 0742, 4, 31, 33, Bl. 83–85.

[6] Ju.V. Andropov an das ZK der KPdSU, 3. 11. 1959, RGANI, 5, 49, 182, Bl. 157–160; Botschaftssekretär Kočemasov an Ju.V. Andropov, 11. 9. 1959, RGANI, 5, 49, 185, Bl. 103–105.

[7] Oleg Trojanovskij, Čerez gody i rasstojanija. Istorija odnoj sem'i, Moskau 1997, S. 219 f.; V. Suchodrev, Jazyk moj – drug moj. Ot Chruščeva do Gorbačeva, Moskau 1999, S. 105 f.

[8] Schon im Januar 1959 hatte Mikojan bei seinem Besuch in Washington den Eindruck gewonnen, daß dort sogar Dulles inzwischen eingesehen habe, daß man an der bisherigen „Politik des Kalten Krieges" gegenüber der UdSSR nicht länger festhalten könne (Anastas Mikojan, Tak bylo, Moskau 1990, S. 605).

gefunden zu haben. Diesen Schluß zog Chruschtschow vor allem aus der Äußerung, die Situation in Berlin sei „anomal" und lasse eine Änderung wünschenswert erscheinen. Seine Bilanz war daher trotz fehlender greifbarer Erfolge positiv. Die Befürworter einer „Politik von der Position der Stärke aus" in den USA könnten sich zwar noch immer nicht von ihren alten Schlagworten trennen, wüßten aber, daß ihre Vorstellungen keine Aussicht auf Erfolg mehr hätten. Es setzten sich ein „nüchterneres Urteil über die Lage" und eine „vernünftigere Auffassung vom Kräfteverhältnis" durch, das die gestiegene Macht der UdSSR widerspiegele. In den kapitalistischen Staaten gewännen die „friedliebenden Kräfte" immer mehr Einfluß. Das sowjetische Konzept der „friedlichen Koexistenz" werde zunehmend akzeptiert, so daß ein Verhältnis zwischen Ost und West entstehe, bei dem man sich wechselseitig Zugeständnisse mache. Der Kremlführer hatte dabei freilich keine wirklich ausgewogenen Beziehungen im Sinn. Neben das Postulat „außenpolitischer Elastizität" stellte er das Erfordernis, die „Leninsche Prinzipienfestigkeit auf dem Gebiet der Außenpolitik" zu wahren. Er sah eine baldige Lösung der Abrüstungsprobleme voraus und sprach die Hoffnung aus, daß sich die „insgesamt noch immer besorgniserregende Lage" in Europa durch Abschluß des deutschen Friedensvertrags und Bereinigung der Berlin-Frage weithin beruhigen lasse.[9]

Gromyko erläuterte den Botschaftern der Warschauer-Pakt-Staaten in Moskau, man habe zwar keine Abkommen unterzeichnet, doch seien große Fortschritte bei der Entspannung erzielt worden. Eisenhower habe sich dafür ausgesprochen, die bestehenden ideologischen Differenzen beiseite zu lassen und nach Auswegen aus der internationalen Spannung zu suchen. Der Außenminister räumte ein, daß der amerikanische Präsident eine Lösung der Konflikte als sehr schwierig bezeichnet hatte. Chruschtschow habe unwidersprochen darauf hingewiesen, daß die Position der UdSSR weltweit Unterstützung finde. In der Berlin-Frage stellte Gromyko das Fehlen einer Annäherung fest. Chruschtschow habe aber unmißverständlich erklärt, daß er einen Verbleib der Westmächte in der Stadt für ausgeschlossen halte und in diesem Punkt keine Zugeständnisse mache. Einvernehmen habe nur über die Fortsetzung der Gespräche bestanden. Zur entsprechenden Formulierung im Kommuniqué gab der sowjetische Chefdiplomat eine vom Hergang abweichende Erläuterung. Danach hatte Chruschtschow nicht auf einen Termin für die vorgesehenen Gipfelverhandlungen verzichtet und sich lediglich gegen eine Erwähnung dieser Konzession gewandt, sondern erklärt, ohne Fristsetzung könnten die Verhandlungen noch zehn Jahre dauern. Beharre man darauf weiter, müsse die Öffentlichkeit wissen, daß die UdSSR einen Separatabschluß mit der DDR ins Auge fasse. Daraufhin hätten die Amerikaner erwidert, dann sähen sie keine Möglichkeit für eine Gipfelkonferenz. Der Streit sei dadurch beendet worden, daß beide Seiten ihren jeweiligen Standpunkt auf der abschließenden Pressekonferenz darlegten.

---

[9] Von Chruščëv erstatteter Bericht „Über die internationale Lage und die Außenpolitik der Sowjetunion" auf der Tagung des Obersten Sowjets am 31. 10. 1959, in: Die sowjetische Außenpolitik. Akten und Dokumente des Obersten Sowjets der UdSSR 1956–1962, Moskau 1962, S. 82–124.

Insgesamt stellte Gromyko in Übereinstimmung mit dem Kremlchef einen großen Erfolg fest. Es sei nicht nur nach einem Ausweg aus dem Kalten Krieg gesucht
worden, sondern es habe sich auch gezeigt, daß die amerikanische Regierung erkannt habe, mit den bisherigen Methoden nicht weitermachen zu können. Sie
sehe, daß sie die alten Bahnen der Politik Dulles' verlassen und nach neuen Lösungen suchen müsse. Sie entwickele zwar noch keine Initiative, wolle aber doch alles
zur Verbesserung der Atmosphäre tun. Dadurch erhalte die UdSSR die Chance,
mit ihrer Politik „auf breiter Front" voranzukommen. Es gelte, diese zuvor fehlenden Möglichkeiten zu nutzen, obwohl die ideologischen Differenzen unver-
mindert fortbestünden. Zudem meinte der Außenminister, der Besuch habe die
amerikanischen „Prahlereien" verringert und die Akteure in Washington ernüch-
tert. Nach einer Mitteilung der KPdSU-Spitze an die osteuropäischen Parteifüh-
rungen waren Eisenhower und seine Umgebung beunruhigt über die politische
Sackgasse, in die sie geraten seien, und wollten daher das Verhältnis zur UdSSR
entspannen. Sie seien aber noch nicht bereit, ihre außenpolitischen Positionen zu
räumen. Beiden sowjetischen Stellungnahmen war die Erwartung zu entnehmen,
die USA würden künftig immer mehr genötigt sein, von ihren Standpunkten abzurücken. Es war demnach damit zu rechnen, daß der Kreml seine Ziele in wachsendem Maße durchsetzen konnte.[10]

Für Chruschtschow war es ein großer Erfolg, daß er erreicht hatte, was er während des ganzen Jahres erstrebt hatte: die Zusage für eine Gipfelkonferenz über
Friedensvertrag und Berlin, die im nächsten Frühjahr stattfinden sollte. Den Verhandlungen mit den Regierungschefs der drei Westmächte sah er in der Gewißheit
entgegen, daß es in der schwierigen Berlin-Frage zu einer Übereinkunft nach seinen Vorstellungen kommen werde.[11] Darin beirrte ihn auch nicht die allgemeine
sowjetische Einschätzung, daß die Bundesrepublik – stets als „reaktionäre", die
Verständigung hemmende Kraft im westlichen Bündnis betrachtet – als der
„grundlegende Stützpunkt in Europa" wesentlichen Einfluß auf die amerikanische Politik ausübe. Es galt als „offensichtlich", daß die USA ihr Interesse an einer
Verständigung mit der UdSSR nicht um Westdeutschlands willen opferten.[12]

Der optimistischen Sicht Chruschtschows lag Selbsttäuschung zugrunde. Mit
der Bemerkung, die Lage in Berlin sei anomal und lasse eine Änderung wünschenswert erscheinen, hatte Eisenhower der Freistadtregelung nicht zugestimmt,
auch wenn der Kremlchef das in späteren Gesprächen behauptete. Wie sich anschließend zeigte, hielt der Präsident den Besatzungsstatus der früheren deutschen
Hauptstadt zwar für ungewöhnlich und wollte ihn angesichts sowjetischer Infragestellung durch eine andere, allseits akzeptierte Rechtsgrundlage der westlichen
Präsenz ersetzen. Demnach ging es darum, die UdSSR gegen kleinere Zugeständnisse wie das Verbot geheimdienstlicher Tätigkeit in West-Berlin zur Stabilisierung der Insel inmitten ihres Machtbereichs zu bewegen und dadurch die Fort-

---

10 R. Dvořák an A. Novotný (mit Anlage), 12. 10. 1959, in: M. Reiman/P. Luňák, a.a.O., S. 128–134;
    Vertrauliche Information des ZK der KPdSU über den Aufenthalt Chruščevs in den USA, Okto-
    ber 1959, ebd., S. 117–128; Äußerungen Chruščevs gegenüber einem TASS-Korrespondenten,
    29. 9. 1959, ebd., S. 291.
11 O. Grinevskij, Tysjača i odin den', a.a.O., S. 144.
12 Gespräch V. A. Zorin – L. Bolz, 15. 10. 1959, RGANI, 5, 49, 183 (rolik 8909), Bl. 209–211.

dauer der überlebensnotwendigen Verkehrs- und Zugehörigkeitsbindungen der Stadt an den Westen zu gewährleisten. Gerade das aber wollte Chruschtschow nicht zulassen. Er wollte keine Festigung des bestehenden Zustandes durch klare, allseits anerkannte Verhältnisse, sondern die Beseitigung des westlichen Schutzes für den Außenposten West-Berlin und die Kontrolle von dessen Zugangswegen durch die DDR. Letztlich lief das auf die Unterwerfung der Stadt insgesamt hinaus.

Schwindende Erwartungen und wachsende Opposition

In den folgenden Monaten blieb Chruschtschow zuversichtlich. Anfang Januar 1960 sprach er erneut vom Erfolg seiner USA-Reise und sah darin den „überzeugenden Beweis dafür", daß sich die Position der UdSSR und ihrer Verbündeten „bedeutend gefestigt" habe. Er stellte eine „ständig zunehmende Unterstützung bei den breiten Volksmassen" fest. Diese nötige zusammen mit dem veränderten Kräfteverhältnis in der Welt die „herrschenden Kreise der Westmächte" dazu, sich auf neue Verhältnisse einzustellen und die „friedliche Koexistenz" zur Basis der Beziehugnen zu den sozialistischen Ländern zu machen. Man müsse die günstige Lage nutzen und die „Initiative im Kampf um den Frieden" in der Hand behalten. Zu diesem Zweck sollte die Stärke der Armee in den nächsten eineinhalb bis zwei Jahren um 1,2 Mio. Mann verringert werden. Er ging davon aus, daß die Raketenwaffe die Sicherheit des Landes voll gewährleiste. Zudem schränkten allzu große Militärverbände die ökonomische Leistungsfähigkeit ein. Nehme man Einsparungen vor, werde sich die ohnehin schon „mächtige und schnell wachsende Wirtschaft" der UdSSR und der anderen sozialistischen Staaten, welche „die Wirtschaft der kapitalistischen Welt in den nächsten Jahren zu überflügeln" sich anschicke, künftig noch besser entwickeln. Auch sollte die Sowjetunion bei den werktätigen Massen noch größeres Ansehen gewinnen und sie noch mehr von ihrer Friedensliebe überzeugen. Die Öffentlichkeit sollte sehen, daß der Kreml die Erwartungen nicht auf Krieg richte, sondern die ideologischen und politischen Differenzen mit den Mitteln des friedlichen Wettbewerbs austrage.[13]

Die optimistische Sicht stieß in den Moskauer Führungskreisen weithin nicht auf Zustimmung. Viele sahen darin eine unbegründete Sorglosigkeit gegenüber dem Westen. Unter den Militärs verbreitete sich Unzufriedenheit, ja Empörung darüber, daß die Truppenzahl so stark reduziert wurde. Auch wurde Chruschtschows Absicht, den Konsens mit dem „imperialistischen Hauptfeind" zu einem wesentlichen Ziel der Politik zu machen, weithin abgelehnt. Im Apparat des KGB wuchs der Argwohn, daß „prinzipielle Positionen" der UdSSR aufgegeben würden. Als Botschafter Menschikow im Spätherbst 1960 aus Washington nach Moskau zurückkehrte, wurde er des dortigen Mißmuts inne. Nach Gesprächen in mehreren Spitzenbehörden zollte er diesem Trend in seinem Tätigkeitsbericht Tri-

---

[13] N. S. Chruščëv an W. Ulbricht, 8. 1. 1960, SAPMO-BArch, DY 30/3507, Bl. 7–11 (russ.), 1–6 (dte. Übers.). Vgl. seine Ausführungen auf der Tagung des Obersten Sowjets der UdSSR am 14. 1. 1960, Die sowjetische Außenpolitik, a.a.O., S. 132–205.

but. Er warnte davor, daß künftige Verhandlungen von den USA nur dazu benutzt würden, die Lösung der strittigen Probleme endlos hinauszuzögern. Das Kollegium des Außenministeriums widmete dem eine ausführliche Beratung. Menschikow betonte auf der Sitzung, es gehe den Amerikanern nicht allein darum, die Regelung der West-Berlin-Frage auf die lange Bank zu schieben. Es handele sich zugleich um eine neue antisowjetische Strategie, die das bestehende Sicherheitsdefizit der USA zeitlich überbrücken solle. Dahinter stehe das Ziel, danach militärische Überlegenheit zu gewinnen. Zugleich suche Washington eine Entwicklung zum Kapitalismus in Gang zu setzen. Chruschtschow sah sich damit dem unausgesprochenen Vorwurf ausgesetzt, sich am bösen Spiel des Feindes zu beteiligen.[14]

Mit seinem durch wenig Fakten untermauerten Optimismus leistete der sowjetische Parteichef dem Eindruck Vorschub, er habe sich den Amerikanern verschrieben. Die Gründe, die unter Aspekten der Sicherheit und der Wirtschaft für einen vorsichtigen Umgang mit den USA und dem Westen sprachen, blieben außer Betracht. Chruschtschow war demgegenüber der Ansicht, Sicherheit und Wohlstandsfortschritte seien wesentlich der „Politik der friedlichen Koexistenz" zu verdanken. Die „aggressiven Kräfte" im Westen seien dadurch 1959 an der Entfesselung eines heißen Krieges oder gar eines nuklearen Infernos gehindert worden – ein Erfolg, der ohne Abstriche von den eigenen Zielen erreicht worden sei. Auch weiterhin gelte es, Spannung abzubauen. Den „Imperialisten" dürfe sich kein Anlaß bieten, diese wieder zu verschärfen. Das verschaffe zugleich der UdSSR Vertrauen in der internationalen Öffentlichkeit. Ein anderer Kurs würde vor allem im Verhältnis zu den unterentwickelten Ländern schädlich sein und in die Isolation führen. Der Kremlchef gab dabei dem Glauben an die „Macht der Völker" und den „Sieg des Sozialismus" Ausdruck. „Flexibles" Entgegenkommen mobilisiere auch innerhalb der kapitalistischen Welt Kräfte des Widerstands gegen die Kriegstreiber. Zu diesen zählte er in den USA ausschließlich Personen außerhalb der Eisenhower-Administration. Den Kritikern in Moskau suchte er klarzumachen, daß dies „keine Politik der Versöhnung" mit dem Westen sei. Die UdSSR beharre uneingeschränkt auf allen ihren Forderungen. An dieser prinzipiellen Position hielt Chruschtschow nicht nur theoretisch, sondern auch praktisch fest, wie seine Zurückhaltung bei der Behandlung des Berlin- und Deutschland-Problems zeigte.[15]

Seine Opponenten in der sowjetischen Führung ließen sich davon nicht überzeugen. Sie sahen ihr Eintreten für einen scharfen Kurs durch Berichte der Auslandsaufklärung bestätigt, daß Bonn mit Erfolg die Neigung Washingtons konterkariert habe, der UdSSR Konzessionen zu machen.[16] In ihrer Skepsis wurden sie durch den Besuch eines persönlichen Emissärs von Präsident Eisenhower, Henry Cabot Lodge, im Februar 1960 bestärkt. Dieser teilte Chruschtschow mit, daß sich die amerikanische Administration vor den Wahlen im Herbst aus innenpolitischen Gründen keine Flexibilität leisten könne, und lehnte ab, als der Kremlchef

---

[14] O. Grinevskij, Tysjača i odin den', a.a.O., S. 144–147.
[15] Aufzeichnung des tschechoslowakischen Außenministers David über die Ausführungen Chruščevs auf der ordentlichen Sitzung des Politisch Beratenden Ausschusses des Warschauer Pakts in Moskau am 4. 2. 1960, 20. 2. 1960, in: M. Reiman/P. Luňák, a.a.O., S. 141–147.
[16] O. Grinevskij, Tysjača i odin den', a.a.O., S. 149.

auf baldige Einigung über Berlin drang und die Bereitschaft der Amerikaner, „nicht nach der Pfeife Adenauers" zu tanzen, zum Kriterium ihres guten Willens erklärte. Lodge forderte ihn auf, auf der bevorstehenden Gipfelkonferenz in der französischen Hauptstadt vom Standpunkt des „Alles oder nichts" abzugehen. Die Äußerungen weckten die Befürchtung, die USA würden mit leeren Händen nach Paris kommen. Der Bericht über das Gespräch schockierte die Diplomaten des Außenministeriums; die Gegner der amtlichen Politik sahen sich bestätigt.[17]

Chruschtschow hielt, ungeachtet beginnender Zweifel,[18] an seiner Hoffnung fest. Um dem Westen ein positives Signal zu geben, stellte er sich am 2. April 1960 auf einer Pressekonferenz nachdrücklich als Optimisten dar, der davon überzeugt sei, daß sich die strittigen Fragen mit ein oder zwei Zusammenkünften zwischen den Führern von Ost und West regeln ließen. Sollte die UdSSR freilich bei den „leitenden Staatsmännern" der Verbündeten im Zweiten Weltkrieg „kein Verständnis" finden, würde sie zum Abschluß des Separatvertrags mit der DDR mit anschließender Aufhebung aller westlichen Berlin-Rechte genötigt sein. Eine solche Lösung wäre jedoch „sehr unerwünscht".[19] Mit diesem Hinweis konnte er freilich weder den Kritikern in Moskau imponieren noch die USA zum Entgegenkommen veranlassen Wenig später erklärte ihm der amerikanische Botschafter, auf der Gipfelkonferenz sei allein mit einer Übereinkunft über die Einstellung der Kernwaffenversuche zu rechnen. Damit bot sich kaum noch Aussicht auf andere Erfolge, namentlich in der Berlin-Frage, auf die es dem sowjetischen Führer vor allem ankam.[20]

Nach den detaillierten Angaben eines sowjetischen Diplomaten, der die Kreml-Interna kannte, sah sich Chruschtschow am 7. April 1960 im ZK-Präsidium einer geschlossenen Front von Kritikern gegenüber. Diese forderten ihn auf, die West-politik grundlegend zu ändern. Die Amerikaner verstünden nur eine Sprache: Macht und Stärke. Wie die Auslandsaufklärung berichte, wollten Eisenhower, de Gaulle und Macmillan auf der Gipfelkonferenz keine Angebote vorlegen. Chruschtschow widersprach nicht, hielt aber anscheinend an seinem Kurs insgeheim fest.[21] Diese Erinnerung gibt zweifellos die vorherrschende Haltung im Kreml zutreffend wieder. Für die Sitzung liegt freilich keine archivalische Bestätigung vor. Ein Protokoll war nicht zu ermitteln.[22] Das Fehlen muß nicht bedeuten, daß die Beratung nicht stattfand, denn es könnte auch auf besonders strenge Geheimhaltung zurückzuführen sein, die entweder von vornherein keine Aufzeichnung zuließ oder aber deren spätere Vernichtung nach sich zog. Der Kremlchef dürfte sich in der Hoffnung auf ein positives Ergebnis durch ein Gespräch mit de

---

[17] Ebd., S. 151 f. In gleichem Sinne O. Trojanovskij, a.a.O., S. 221.

[18] Hierzu auch Fedor Burlatsky, Khrushchev and the First Russian Spring. The Era of Khrushchev Through the Eyes of His Advisor, New York 1988, S. 155–157.

[19] O. Grinevskij, Tysjača i odin den', a.a.O., S. 154–156; Pressekonferenz Chruščëvs, 2. 4. 1960, in: Dokumente zur Deutschlandpolitik, IV. Reihe, Bd. 4, 2. Halbband, Frankfurt/Main–[West-]Berlin 1972, S. 667–670.

[20] O. Grinevskij, Tysjača i odin den', a.a.O., S. 162 f.

[21] Ebd., S. 163 f.

[22] A. A. Fursenko, Kak byla postroena berlinskaja stena, in: Istoričeskie zapiski, 4/2001 (122), S. 74. Fursenko konnte die weiter klassifizierten Bestände des ZK-Apparats einschließlich der Chruščëv-Materialien einsehen.

Gaulle bestärkt gesehen haben. Dieser vertraute ihm an, sein Land werde kaum für immer in der NATO bleiben und seine Politik auf dieses Bündnis gründen.[23] Wenn in Europa ein echtes Kräftegleichgewicht entstehe, würden die Amerikaner nicht mehr gebraucht werden.[24] Aus Washington kamen jedoch schlechte Nachrichten, die es immer fraglicher machten, daß die USA ihren Widerstand gegen die sowjetischen Forderungen aufgeben würden.[25]

Der U-2-Zwischenfall und seine Auswirkungen

Zur Relation von Spionage und Gegenspionage im Kalten Krieg gehörte es, daß die USA die Vorteile der UdSSR im personellen Einsatz durch technische Mittel auszugleichen suchten. Wie Chruschtschow seit langem wußte, aber zu seinem großen Ärger nicht verhindern konnte,[26] führten die Amerikaner seit 1956 Aufklärungsflüge über sowjetischem Gebiet durch. Am 9. April 1960 startete wieder eine U-2-Maschine zu Beobachtungszwecken über sowjetischem Territorium. Diesmal war der Kremlchef besonders erbost, weil der Flug den innenpolitischen Gegnern in die Hände spielte. Diese spotteten untereinander, die Amerikaner hätten den „weisen Politiker" und „Kämpfer für den Frieden" während der Reise durch ihr Land um den Finger gewickelt und ihm Freundschaft vorgespiegelt. Chruschtschow fühlte sich auf's Kreuz gelegt. Er meinte, in Washington wisse man doch, daß die Aufklärungsmissionen ihm jedesmal „fürchterliche Kopfschmerzen" bereiteten. Wenn gleichwohl kurz vor der Gipfelkonferenz eine solche Aktion durchgeführt werde, könne sie nur dem Zweck dienen, ihm seine Ohnmacht vor Augen zu führen. Um der Eisenhower-Administration einen Rippenstoß zu verpassen, veranlaßte er eine – als offiziös erkennbare – Stellungnahme in der „Pravda".[27] Darin wurde der amerikanische Außenminister wegen einer Äußerung scharf kritisiert, mit der er vor Hoffnungen auf eine rasch zu erzielende Übereinkunft gewarnt hatte. Wie es im Artikel des KPdSU-Organs hieß, ließ die Sowjetunion nichts unversucht, die – vor allem in Berlin und Deutschland bestehenden – Konflikte zu regeln. Demgegenüber lehne die andere Seite alle Vorschläge ab und unterbreite keinerlei eigene Vorstellungen. Sie halte an der „anomalen Lage" fest, wolle das Besatzungsregime in West-Berlin unbegrenzt verlängern und widersetze sich dem Bemühen, die „gefährlichen Überreste des Zweiten Weltkriegs" zu liquidieren.[28]

Am 25. April wandte sich Chruschtschow selbst mit öffentlichen Ausführungen an die Adresse der USA. Er machte seine Forderungen in voller Härte geltend,

---

[23] Ju.V. Dubinin, O Šarle de Golle, in: Novaja i novejšaja istorija, 1/2001, S. 71 f. Als junger Diplomat an der Botschaft in Paris dolmetschte Dubinin das Gespräch.

[24] W. Taubman, a.a.O., S. 452.

[25] O. Trojanovsikj, a.a.O., S. 221 f.

[26] Vgl. W. Taubman, a.a.O., S. 443 f.

[27] O. Grinevskij, Tysjača i odin den', a.a.O., S. 165–172. In gleichem Sinne F. Burlatsky, a.a.O., S. 157. Vgl. Memuary Nikity Sergeeviča Chruščёva, in: Meždunarodnaja žizn', 10/1993, S. 47.

[28] Obozrevatel', Ne v nogu so vremenem. Po povodu vystuplenija K. Gertera, in: Pravda, 14. 4. 1960. Wie allgemein bekannt war, deutete die Verfasserangabe, die im Deutschen mit „Beobachter" zu übersetzen ist, auf eine amtliche Veranlassung des Artikels.

polemisierte heftig gegen die westlichen Verhandlungspositionen und stellte fest: „Je näher der 16. Mai, der Tag der Begegnung der Regierungschefs, rückt, desto einseitiger gehen gewisse Staatsmänner der Westmächte an die Probleme heran." Zugeständnisse des Westens, die wesentliche Forderungen unerfüllt ließen, kämen nicht in Betracht. Suche man „gerade jene Seiten des einen oder anderen Problems heraus" und blähe sie auf, „die keineswegs zur Ausarbeitung von für alle annehmbaren Entscheidungen beitragen", trage das „natürlich nicht dazu bei, Wege zur Lösung wichtiger internationaler Fragen zu finden", sondern führe „zur Erhaltung der Spannungen" und stehe „folglich der Normalisierung der Beziehungen zwischen den Staaten im Wege." Die Stellungnahme eines führenden amerikanischen Diplomaten, die den amtlichen Standpunkt wiedergab, war nach Chruschtschows Darstellung „mit der Atmosphäre, welche in den Beziehungen zwischen der UdSSR und den USA" nach den Gesprächen mit Präsident Eisenhower entstanden sei, „offensichtlich" unvereinbar. Auf diese Weise lasse sich die Sowjetunion nicht unter Druck setzen. Was mit den angeblich unernsten, den Konflikt nicht dämpfenden, sondern verstärkenden Konzessionen gemeint war, deutete der Kremlchef an, als er auf der Beseitigung der Besatzungsrechte bestand, und das westliche Bemühen um deren Erhalt mit dem Abschluß des Friedensvertrags unvereinbar bezeichnete. Damit würden auch die Zugänge einschließlich der Luftwege verloren gehen. Er unterstellte der westlichen Seite „blinden Haß gegen die Gesellschaftsordnung der sozialistischen Länder" und drohte mit deren angeblich überlegenen militärischen Macht.[29] Ein weiterer Vorwurf an die Adresse der USA lautete, sie steckten eine Verhandlungsposition „im Geiste des Kalten Krieges" ab.[30] Zugleich war Chruschtschow bestrebt, noch vor der Gipfelkonferenz in möglichst vielen Fragen zu einem Einvernehmen zu gelangen.[31]

Die gespannte Lage verschärfte sich auf's äußerste, als am 1. Mai ein weiterer Aufklärungsflug der Amerikaner stattfand. Diesmal gelang es der UdSSR, das Flugzeug abzuschießen. Der Pilot fiel ihr als Zeugnis der Spionage in die Hände.[32] Davon wußte man aber in Washington zunächst nichts. Die Instruktionen hatten für den Fall des Abschusses vorgesehen, daß der Mann sich und das Flugzeug vernichtete, um der anderen Seite keine Beweise in die Hand zu geben. Chruschtschow inszenierte ein raffiniertes Katz-und-Maus-Spiel. Die Regierung der USA verwickelte sich immer stärker in ein Gestrüpp unhaltbarer Ausflüchte und Unwahrheiten und stand, als die sowjetische Seite schließlich mit der Wahrheit herausrückte, ratlos vor ihrer Blamage.[33] Der Kremlchef genoß den Triumph. Im engen Kreis äußerte er sich höchst befriedigt darüber, daß er die Vereinigten Staaten vor der ganzen Welt bloßgestellt hatte. Sein Hochgefühl wurde freilich zunehmend von den Folgen der Dynamik beeinträchtigt, die er in Gang gesetzt hatte. „Je mehr er die Amerikaner der Spionage überführte", so stellt einer seiner eng-

---

[29] Rede Chruščëvs in Baku, 25. 4. 1960, in: Dokumente zur Deutschlandpolitik, IV, 4/2, S. 825–834.
[30] Obozrevatel', Ne vstvljajte, gospoda, palki v kolesa!, in: Pravda, 27. 4. 1960.
[31] Das Präsidium der KPdSU bestätigte am 25. 4. 1960 einen entsprechenden Auftrag an Botschafter Carapkin (O. Grinevskij, Tysjača i odin den', a.a.O., S. 172).
[32] Ebd., S. 181–186.
[33] Ebd., S. 207–228; W. Taubman, a.a.O., S. 442f., 445f., 455–457. Vgl. R. Steininger, a.a.O., S. 152–155.

sten Mitarbeiter im Rückblick fest, „desto stärker zwang er sie dazu, öffentlich die Notwendigkeit der Aufklärungsflüge zu verteidigen."[34]

Auf diese Weise wurde die Basis für erfolgversprechende Verhandlungen untergraben. Als Eisenhower nach dem Scheitern aller Vertuschungsversuche den Entschluß faßte, den Rücktritt des CIA-Direktors nicht anzunehmen, sondern zu seiner eigenen Verantwortung zu stehen, war es kaum noch vorstellbar, daß die beiden entscheidenden Männer von Ost und West am Verhandlungstisch gegenüber Platz nehmen würden. Der amerikanische Botschafter in Moskau, Thompson, hatte den Präsidenten zu recht davor gewarnt, das Bauernopfer auszuschlagen. Eisenhower hielt jedoch die Aufklärungsflüge als Erfordernis der „nationalen Sicherheit" für unerläßlich, weil die USA ungleich geringere Möglichkeiten zur Spionage durch Agenten hätten als die UdSSR und den Mangel durch den Einsatz überlegener technischer Mittel ausgleichen müßten. In einer Erklärung bezeichnete er die Flüge als unverzichtbar und kündigte ihre Fortsetzung an. Damit war Chruschtschow die Möglichkeit genommen, den U-2-Zwischenfall auf Eigenmächtigkeiten untergeordneter Instanzen zurückzuführen. Vor seinen Moskauer Kritikern konnte er nicht mehr rechtfertigen, trotzdem mit dem amerikanischen Präsidenten zu verhandeln. Zugleich war er über dessen ungenierten Versuch empört, sich das Recht zur Spionage zu nehmen und von weiteren Aktivitäten dieser Art zu sprechen. Dadurch sah er die UdSSR vor aller Welt beleidigt. Als der Geheimdienst der USA hervorragende Fotos von sowjetischen Anlagen vorlegte, um den Bürgern seines Landes die Notwendigkeit der Flüge plausibel zu machen, erhielt der Kremlchef zudem das mißliche Gefühl, die Amerikaner wollten der Öffentlichkeit die technische Unterlegenheit der Sowjetunion vor Augen stellen.[35]

Vorbereitung auf das Pariser Gipfeltreffen

Angesichts der Entrüstung, die im Kreml und in der gesamten UdSSR über den U-2-Flug herrschte, stellte sich die Frage, ob Verhandlungen mit den Westmächten nicht aus Prestigegründen abgelehnt werden mußten. Eisenhower war inzwischen zum Inbegriff aller Boshaftigkeit erklärt worden, mit dem man nichts zu tun haben durfte. Für die Kritiker Chruschtschows kamen Sorgen wegen dessen sprunghafter Art hinzu, die befürchten ließ, daß sich der sowjetische Führer trotz allem Bekenntnis zu Härte am Ende doch noch zu Zugeständnissen hinreißen lassen könnte. Dieser wiederum mußte sich fragen, was überhaupt noch von einem Treffen zu erhoffen war. Es fiel ihm schwer, auf die Gipfelkonferenz zu verzichten, die nach langer Mühe endlich bevorstand und mit der er so große Hoffnungen verbunden hatte. Aber einen Mißerfolg konnte er sich nach der Brüskierung durch Eisenhower innenpolitisch vollends nicht mehr leisten. Die Hoffnung, die Blamage des Präsidenten als Waffe nutzen zu können, die ihn zu Zugeständnissen

---

34 O. Grinevskij, Tysjača i odin den', a.a.O., S. 233–235.
35 Ebd., S. 235–246; Memuary Nikity Sergeeviča Chruščeva, a.a.O., S. 47–50; W. Taubman, a.a.O., S. 457–460.

nötigte, schwand immer mehr, als die internationale Öffentlichkeit zunehmend Sympathie für dessen aufrechte, ehrliche Haltung erkennen ließ und sich gegen die sowjetische Handhabung des Falles wandte. Chruschtschow mußte fürchten, daß seine Moskauer Opponenten mit Freude jeden Anlaß nutzen würden, um ihm Versagen und Preisgabe sowjetischer Interessen vorzuwerfen.

Mit der Formulierung einer Position auf der Basis des Genfer Vorschlags vom 28. Juli 1959 schloß das sowjetische Außenministerium die Konferenzvorbereitungen ab. Die damaligen Deutschland- und Berlin-Forderungen wurden verschärft, wenn man davon absieht, daß an eine von zwei auf zweieinhalb Jahre verlängerte Übergangsphase gedacht war, während welcher der Zugangsverkehr weiter nach den bisherigen Verfahrensregeln abgewickelt werden sollte. Danach sollte es jedoch keine Verhandlungen über den künftigen Status mehr geben. Vielmehr sollten dem Auslaufen des Interimsabkommens automatisch der Abschluß des Friedensvertrages und die Durchführung der Freistadtregelung folgen. Auch sollte die westliche Garnison in der Übergangszeit nicht mehr nur auf 3–4000 Mann verringert, sondern schrittweise bis auf Null gebracht werden. Schon während des Interims war zudem die Einstellung aller Aktivitäten in West-Berlin vorgesehen, die von UdSSR und DDR für friedens- und entspannungsfeindlich erklärt wurden. Anders als von Gromyko seinerzeit in Aussicht gestellt, war nicht einmal in vager Form von irgendeiner Gegenverpflichtung für den Ostteil der Stadt die Rede. Es konnte kein Zweifel daran bestehen, daß es um nichts anderes als einen – zeitlich etwas gestreckten – Totalverzicht der Westmächte auf die Behauptung ihrer Positionen ging.[36]

Nach der Erinnerung eines engen Mitarbeiters von Chruschtschow, dessen Ausführungen sich durch große Genauigkeit auszeichnen, plädierten mehrere Führungsmitglieder in der Vorbesprechung zur Gipfelkonferenz dafür, diese abzusagen. Das erklärte der Kremlchef für unklug. Die Öffentlichkeit werde dann der UdSSR die Schuld daran geben, daß es zu keiner Übereinkunft gekommen sei. Besser wäre es daher, die Teilnahme von einer Entschuldigung Eisenhowers und seiner Zusage abhängig zu machen, auf weitere Spionageflüge zu verzichten. Ob der Präsident dazu bereit sein werde, lasse sich schwer sagen. Wenn er gescheit wäre, müsse er sich darauf einlassen. Das würde ihn jedoch nicht vom Druck befreien. Vielmehr stünde er dann während der Verhandlungen vor der Wahl, entweder die „prinzipielle Position" der Sowjetunion bezüglich Abrüstung und Deutschland zu akzeptieren oder die Schuld am Scheitern der Verständigung zu übernehmen. Unter allen Umständen liege der Schwarze Peter beim Westen; die UdSSR dagegen könne nur gewinnen. Wie der Gewährsmann weiter darlegt, stimmten die anderen Präsidiumsmitglieder nur widerwillig zu, weil sie fürchteten, Chruschtschow könnte von der harten Linie abweichen und der westlichen Seite entgegenkommen.[37]

Die intensive Vorbereitung der Konferenz durch das Außenministerium[38] läßt sich als Hinweis auf einen weiterbestehenden Willen zu Verhandlungen interpre-

---

[36] Text: FRUS 1958–1960, Vol IX, a.a.O., S. 395–397. Vgl. Ch. Bremen, a.a.O., S. 509–511.
[37] O. Grinevskij, Tysjača i odin den', a.a.O., S. 247–249.
[38] Darauf weist A. A. Fursenko, Kak byla, a.a.O., S. 74, hin.

tieren. Es ist freilich möglich, daß die Diplomaten, die Chruschtschow häufig nicht in seine Überlegungen einbezog, mangels neuer Instruktionen einfach die bisherige Politik fortschrieben. Als Indiz dafür, daß der Kremlchef noch immer eine Übereinkunft anstrebte, könnten die Vorschläge gelten, die er dem französischen Staatspräsidenten als Gastgeber des Gipfeltreffens am 9. Mai überreichen ließ.[39] Zu der Annahme, daß er zunächst noch auf Verständigung hoffte, würden auch mehrere Erinnerungsberichte passen, denen zufolge er sich erst auf dem Flug nach Paris dazu entschloß, die Konferenz platzen zu lassen. Da habe er den bis dahin anders orientierten Mitgliedern seiner Delegation erklärt, er werde die Teilnahme von einer demütigenden Entschuldigung des amerikanischen Präsidenten abhängig machen und damit dessen Ablehnung provozieren. Die Verhandlungen seien damit beendet, bevor sie begonnen hätten.[40] Völlig sicher ist diese Version nicht.[41] Ein Mitarbeiter Chruschtschows berichtet, erst durch dessen Erklärung zu Konferenzbeginn habe er vom Kurswechsel erfahren.[42] Diese Aussage könnte jedoch darauf zurückzuführen sein, daß der Autor vielleicht schon vorher zur Vorbereitung der Konferenz nach Paris gekommen und daher nicht Zeuge von Chruschtschows Äußerungen im Flugzeug geworden war.[43] Ein sowjetisches Papier in den Ost-Berliner und Prager Akten, in dem das Vorgehen angekündigt und begründet wurde, läßt sich leider nicht datieren.[44]

Der sowjetische Führer argumentierte gegenüber den westlichen Staats- und Regierungschefs, das unverhüllte Festhalten Eisenhowers an den Spionageflügen komme einer Kriegserklärung gleich. Daher bestünden kaum noch Chancen für eine Übereinkunft.[45] In einer namens des ZK gegebenen internen Begründung hieß es, die „unerhörten und beispiellosen Aktionen gegen die Souveränität des Sowjetstaates, also gegen die Souveränität als geheiligtes und unumstößliches Prinzip in den zwischenstaatlichen Beziehungen", seien als „wohlerwogene Politik der USA" anzusehen, die man fortsetzen wolle. Der Aussage des Präsidenten, er könne nicht unter der sowjetischen Drohung des Friedensvertragsabschlusses mit der DDR an der Konferenz teilnehmen, wurde entgegengehalten, daß die UdSSR mit der betreffenden Erklärung nur die „feste Entschlossenheit" bekundet habe, die Reste des Krieges auszuräumen, Frieden zu schließen und die Lage zu

---

[39] Text: Foreign Relations of the United States 1958–1960, Vol. IX: Berlin Crisis 1959–1960, Germany, Austria, Washington 1993, S. 395–397.

[40] M. A. Men'šikov, S vintovkoj i vo frake, Moskau 1996, S. 231; Anastas Mikojan, Tak bylo, Moskau 1990, S. 605; O. Trojanovskij, a.a.O., S. 225 f.; O. Grinevskij, Tysjača i odin den', a.a.O., S. 250; N. S. Chruščëv, Vremja, ljudi, vlast', Band 4, Moskau 1999, S. 431.

[41] Nach Mitteilung von Aleksandr Fursenko, der alle Akten des Präsidentenarchivs einsehen konnte, gibt es keine amtlichen Dokumente, denen der genaue Zeitpunkt von Chruščëvs Entschluß zu entnehmen wäre.

[42] A. M. Aleksandrov-Agentov, Ot Kollontaj do Gorbačëva. Vospominanija diplomata, sovetnika A. A. Gromyko, pomoščnika L. I. Brežneva, Ju. V. Andropova, K. U. Černenko i M. S. Gorbačëva, Moskau 1994, S. 106 f.

[43] Darauf deutet die Bemerkung hin, Chruščëv habe sich das wohl schon vor der Konferenz ausgedacht.

[44] Aufzeichnung ohne Überschrift, Verfasser und Datum [mit handschriftlichen Hinzufügungen, von denen nur „Mai 60" eindeutig erkennbar ist], SAPMO-BArch, DY 30/3507, Bl. 175–178. Die tschechische Fassung des – offensichtlich der Unterrichtung der Parteichefs der verbündeten Länder dienenden – Dokuments wird von den Herausgebern des Bandes, in dem sie abgedruckt wurde, auf den 14. 5. 1960 datiert (M. Reiman/P. Luňák, a.a.O., S. 163–165).

[45] N. S. Chruščëv, Vremja, a.a.O., S. 429–431.

normalisieren. Die „wirkliche Drohung" gehe von den Amerikanern aus. Daher
könne sich die sowjetische Delegation nur dann am Gipfel beteiligen, wenn die
USA den Verzicht auf künftige Überflüge erklärten, die bisherigen provokatori-
schen Handlungen verurteilten und die unmittelbar daran Beteiligten bestraften.
Andernfalls bestehe keine Aussicht auf einen Konferenzerfolg. Wäre die Regierung der UdSSR bereit, unter den bestehenden Bedingungen „an Verhandlungen
teil[zu]nehmen, die von vornherein zum Scheitern verurteilt sind, dann würde sie
auf diese Weise zum Mitbeteiligten an einem Betrug an den Völkern werden.[46]

Das geplatzte Gipfeltreffen

Die Annahme, daß Chruschtschow die zuvor heftig angestrebte Gipfelkonferenz
schon vor deren Beginn nicht mehr wollte, wird durch Erläuterungen vor ausländischen Journalisten[47] gestützt. Auch seine Erklärung im Kreise der Regierungschefs deutet darauf hin. Er verlangte von Eisenhower in äußerst kategorischer und
scharfer Form Entschuldigung und Wiederholungsverzicht. Aufgrund der damit
provozierten Ablehnung blieb die Bedingung für die Beteiligung an der Gipfelbegegnung unerfüllt, die in der Instruktion festgelegt worden war. Der sowjetische
Führer fand dafür keine Worte des Bedauerns. Es sei besser, „eine bestimmte Zeit
vergehen [zu] lassen", um die zutage getretenen Fragen zu klären. Das gebe denjenigen, welche die Verantwortung für den verkündeten „aggressiven Kurs in den
Beziehungen zur Sowjetunion und zu den anderen sozialistischen Ländern" trügen, Gelegenheit zur Analyse der dadurch herbeigeführten Lage. Er schlug daher
vor, die Konferenz „um etwa sechs bis acht Monate zu vertagen".[48] Auf der Rück-
reise nach Moskau wiederholte er diese Aussage in Ost-Berlin und fügte hinzu,
man habe es danach in Washington mit einem anderen Präsidenten zu tun, von
dem man mehr Zugänglichkeit erwarten könne. Im übrigen sei keine Eile geboten,
weil das sozialistische Lager gegenüber dem Westen fortlaufend an Stärke gewinne.[49] In Moskau wurde Chruschtschow von seinen Führungskollegen mit Jubel empfangen.

Der Verzicht auf sofortige Verhandlungen lief faktisch auf ein Moratorium hinaus, ohne daß der Kreml irgendeine der Gegenleistungen erhalten hatte, die er im
Vorjahr für den Aufschub durch ein Interimsabkommen gefordert hatte. Im Westen hatte man keinen Grund, das zu bedauern. Dagegen war Chruschtschows
Entschluß, die Entscheidung über Berlin ein weiteres Mal zu vertagen, für Ul-

[46] Aufzeichnung ohne Überschrift, Verfasser und Datum, SAPMO-BArch, DY 30/3507, Bl. 175–
178; M. Reiman/P. Luňák, a.a.O., S. 163–165.
[47] Beseda N. S. Chruščëva s sovetskimi i inostrannymi žurnalistami (11. 5. 1960), in: Pravda, 13. 5.
1960.
[48] Erklärung Chruščëvs auf dem Präliminartreffen der vier Staats- und Regierungschefs am 16. 5.
1960, in: Dokumentation zur Deutschlandpolitik, a.a.O., IV 4/2. Hbbd., S. 1037–1041. Protokolle
der beiden Sitzungen des Präliminartreffens am 16. 5. 1960 finden sich in: FRUS 1958–1960,
Vol IX, a.a.O., S. 438–452, 456–459. Vgl dazu auch Chruščëvs rückblickende Darstellung in:
Memuary, a.a.O., S. 52–55.
[49] Rede Chruščëvs in Ost-Berlin, 20. 5. 1960, in: Dokumentation zur Deutschlandpolitik, a.a.O.,
IV 4/2. Hbbd., S. 1060–1068 (russ.), 1069–1080 (dte. Übers.).

bricht ein schwerer Schlag. Er war besorgt und frustriert. Im Gegensatz zum Kremlchef hatte er nicht die Befriedigung, die westlichen Regierungen zuerst zur Anerkennung seiner Gleichrangigkeit gebracht zu haben und dann derjenige gewesen zu sein, der ihnen die Verhandlungen verweigerte.[50] Mit dieser emotionalen Sichtweise täuschte sich Chruschtschow über den politischen Schaden, den er seiner Sache zugefügt hatte. Vor allem ging die Erwartung fehl, nach Eisenhowers Abtreten Ende des Jahres würden neue Verhandlungen ohne weiteres wieder zustande kommen. Während seiner gesamten Regierungszeit fand nie wieder eine Vier-Mächte-Begegnung über Berlin statt, die zu Vereinbarungen hätte führen können. Mit Verzögerung kam es zwar zum bilateralen Dialog mit den USA, doch ging dieser über Vorgespräche nicht hinaus, weil die Amerikaner den Eindruck vermeiden mußten, Entscheidungen ohne ihre zwei westlichen Berlin-Partner zu treffen. Es blieb bei einem Austausch von Standpunkten. Die Verbündeten waren für die dabei ins Auge gefaßten Einigungsmöglichkeiten nicht verantwortlich und konnten darum ohne Schwierigkeiten hinterher Einspruch erheben. Eine verbindliche Vereinbarung war auf diese Weise von vornherein ungleich schwerer zu erreichen, als wenn alle Berlin-Mächte an den Verhandlungen beteiligt waren.

Die Verzögerung, die Chruschtschow akzeptierte, hieß nicht, daß er von seinen Zielen Abstriche machte. Wie polnische Beobachter mit Einblick in die Innenverhältnisse des Kreml feststellten, machte er nach wie vor „gewaltige Anstrengungen zur Liquidierung der ‚Überreste des Krieges' und zur Verwirklichung des Konzepts der Isolierung der kapitalistischen Großmächte" und trieb eine Politik, die „unverminderten Offensivcharakter" habe und die Westmächte unter Druck setze, einen „dynamischen Status quo" zu akzeptieren. Das gelte, auch wenn bei den internen Beratungen die deutsche Frage an die zweite Stelle gerückt sei und hinter der Ankündigung eines erneuten Reglungsversuchs im Jahre 1961 taktische Gesichtspunkte stünden. Es gehe darum, die Gegner an der Spitze von Partei und Staat in Schach zu halten und zugleich gegenüber dem Westen die Notwendigkeit des Friedensvertragsabschlusses zu unterstreichen. Das Problem werde vorerst für noch nicht erledigungsreif erachtet, doch habe sich nichts am Ziel geändert. Im Kreml wolle man die Westmächte aus Berlin vertreiben und glaube, daß unter dieser Voraussetzung die Chance einer Verständigung über die Neutralisierung Westdeutschlands bestehe.[51]

[50] H. M. Harrison, Driving the Soviets up the Wall. Soviet – East German Relations, a.a.O., S. 137 f.
[51] Resumé des politischen Berichts der Botschaft der VRP in Moskau für die Zeit vom 1. 7.–31. 12. 1960 (poln.), AAN, KC PZP XI A/78, Bl. 433–437.

6. Entwicklung des Verhältnisses zur DDR bis Anfang 1961

Historischer Hintergrund und unterschiedliche Sichtweisen

Die SED-Führung entwickelte sich in den fünfziger Jahren von einem Satellitenregime, das bei der Staatsgründung 1949 weiterhin voll dem sowjetischen Besatzungsregime unterlag und ausdrücklich nur administrative Befugnisse erhalten hatte, zum Juniorpartner mit wachsendem Selbstbewußtsein gegenüber der UdSSR. Schon 1953 hatten die Nachfolger Stalins geprüft, ob nicht die „Autorität der DDR" in der Bevölkerung durch Kompetenzübertragungen gestärkt werden solle. Angesichts der galoppierenden inneren Krise waren sie freilich zu der Auffassung gelangt, sie müßten zunächst durch einen aufgenötigten „Neuen Kurs" Ordnung schaffen. Nach dem Aufstand am 17. Juni hatten sie die Politik der Eingriffe zusätzlich verstärkt, ehe sie dem Regime im März 1954 im Rahmen des Besatzungsrechts souveräne Rechte zuerkannten. Der Vorbehalt wurde ausdrücklich wiederholt, als sie der DDR im September 1955 in Vertragsform größeren politischen Freiraum zubilligten. In den Jahren 1957 und 1958 wurde die Präsenz sowjetischer Instrukteure und Berater verringert.

Das Berlin-Ultimatum vom November 1958 stellte eine grundlegende Veränderung in Aussicht. Chruschtschow bekundete den Willen, das Besatzungsrecht völlig aufzuheben. Er hatte dabei zwar die Westmächte im Auge, deren Rechtsposition und Militärpräsenz in West-Berlin unhaltbar gemacht werden sollte, doch verband sich damit die Konsequenz, daß die UdSSR gegenüber der DDR keine übergeordneten Okkupationsbefugnisse mehr besitzen würde. Anforderungen an die ostdeutsche Seite waren demnach nur noch mit der Pflicht zu kommunistischer Solidarität und zu allianzkonformem Verhalten zu begründen. Ulbricht nutzte die neuen Möglichkeiten. Er versuchte zunehmend, unter Berufung auf den sowjetischen Standpunkt die Restbestände des Vier-Mächte-Status, vor allem die rechtliche Basis für die Präsenz der Westmächte in Berlin und für freien Zugangsverkehr, auszuhöhlen, ohne daß bereits vertragliche Vereinbarungen darüber vorlagen. Wie in der Forschung übereinstimmend festgestellt wurde, zog das Spannungen und Konflikte mit der UdSSR nach sich.

Die mit dem Thema befaßten Historiker sind dabei zu unterschiedlichen Ansichten über die Relation der wechselseitigen Einflußnahme gelangt. Hope Harrison ist sich zwar des enormen Machtgefälles zwischen UdSSR und DDR bewußt, sieht aber darin keinen Hinderungsgrund für die Annahme, daß Ulbricht seinen Willen Chruschtschow aufnötigen konnte. Als Hebel hätten ihm gedient: die einseitige Schaffung vollendeter Tatsachen, der Hinweis auf chinesische „Papiertiger"-Vorwürfe an die Adresse des Kreml, die sowjetische These von der entscheidenden Rolle des ostdeutschen Staates im globalen Systemwettstreit und geschicktes Kontern und Sabotieren der Politik Moskaus. Vor allem habe er es verstanden, die Schwäche der DDR durch die Perspektive drohenden Zusammenbruchs in Verhandlungsmacht umzuwandeln. Demnach geriet Chruschtschow immer wieder unter übermächtigen Druck: Der kleine Verbündete habe ihn auf diese Weise gegen seinen Willen vorangetrieben.[1] Ähnlich urteilt Marc Trachtenberg.[2] Michael Lemke dagegen kommt zu dem Schluß, das wechselseitige Verhältnis sei durch die Tatsache bestimmt worden, daß die SED-Führung in jeder Hinsicht vom Schutz und der Unterstützung der UdSSR abhängig gewesen sei. Demnach konnte Ulbricht zwar seine Position vertreten und durchzusetzen suchen, mußte sich aber fügen, wenn der Kreml das für nötig hielt.[3] Auch Detlef Nakath betont, die DDR habe die sowjetischen Interessen „immer zuerst in Rechnung" stellen müssen. In „jeder wichtigen Frage" sei sie zur Konsultation mit Moskau genötigt gewesen, und dort habe man die Entscheidung „de facto" getroffen.[4] Für Aleksandr Fursenko, der sich auf Dokumente aus Moskauer Archiven stützt, ist die DDR ein „Satellit des sowjetischen Blocks" gewesen, obwohl man „die Rolle" ihrer Führer bei den Entscheidungen zur deutschen Frage „nicht bagatellisieren" dürfe.[5]

Ausgangslage

Für die SED galt, daß alle Aktionen und Stellungnahmen hinsichtlich Deutschlands und Berlins mit Moskau abzustimmen waren.[6] Das verstand sich für Chruschtschow von selbst; ihm stellte sich das beiderseitige Vorgehen dar als eine koordinierte Politik, bei der jeder seinen speziellen Part zu übernehmen hatte. Der Kreml schützte die DDR durch seine militärische Macht vor dem Verlangen

---

[1] Hope M. Harrison, Die Berlin-Krise und die Beziehungen zwischen der UDSSR und der DDR, in: G. Wettig (Hrsg.), Die sowjetische Deutschland-Politik in der Ära Adenauer, Bonn 1997, S. 105–122; Hope M. Harrison, Driving the Soviets up the Wall: A Super-Ally, a Superpower, and the Building of the Berlin Wall, 1958–1961, in: Cold War History, Vol. I, Nr. 1, August 2000, S. 53–74.

[2] M. A. Trachtenberg, Constructed Peace. The Making of the European Settlement 1945–1963, Princeton/N.J. 1999, S. 321–324.

[3] M. Lemke, Die Berlinkrise, a.a.O., S. 36–92; Michael Lemke, Die SED und die Berlin-Krise 1958 bis 1963, in: Gerhard Wettig, Die sowjetische Deutschland-Politik in der Ära Adenauer, Bonn 1997, S. 123–137.

[4] Detlef Nakath, Von der Konfrontation zum Dialog. Zum Wandel des Verhältnisses zwischen beiden deutschen Staaten, in: Aus Politik und Zeitgeschichte. Beilage zur Wochenzeitung „Das Parlament", B 43/2003, 3. 11. 2003, S. 42.

[5] A. A. Fursenko, Kak byla postroena berlinskaja stena, in: Istoričeskie zapiski, 4/2001 (122), S. 73.

[6] In den Akten finden sich immer wieder Belege dafür, daß die DDR-Führung gehalten war, den Kreml vor jedem Schritt genau von dem geplanten Vorgehen in Kenntnis zu setzen und um „Bemerkungen" dazu nachzusuchen. So wandte sich Ulbricht am 4. 5. 1960 an den sowjetischen Botschafter mit dem Entwurf einer Note an die UdSSR und die Westmächte, mit der er gegen „Provokationen der Westberliner Polizei" auf dem S-Bahn-Gelände protestierte (W. Ulbricht an M. G. Pervuchin, 4. 5. 1960, SAPMO-BArch, DY 30/3507, Bl. 295–302). Ein Schreiben der DDR-Regierung an Adenauer konnte erst abgesandt werden, nachdem Chruščev es als „zeitgemäß und nützlich" gebilligt hatte (N. S. Chruščev an W. Ulbricht, SAPMO-BArch, DY 30/3507, Bl. 15).

nach Wiedervereinigung in Freiheit und gab so dem Verbündeten Sicherheit nach innen und außen. Der von ihm unterstützte Standpunkt, die nationale Einheit könne nur in Gesprächen zwischen beiden Staaten vereinbart werden, lief auf ein Veto gegen die Bonner Forderung nach freien Wahlen hinaus. Die Anerkennung der DDR sollte allen Verhandlungen über die deutsche Frage zugrunde gelegt werden. Nur was Ost-Berlin akzeptierte, konnte demnach beschlossen werden. Angesichts der gegensätzlichen Standpunkte beider Staaten war von vornherein nicht mit einer Übereinkunft zu rechnen. Die östliche Propaganda stellte das westdeutsche Nein zu einem solchen Dialog als Beweis für die Ablehnung der staatlichen Einheit heraus. Die DDR müsse „zunächst die inneren Voraussetzungen für die Wiedervereinigung schaffen". Dazu sollten „sich die Kräfte des Volkes gegen den deutschen Militarismus zusammenschließen, die Führung der Adenauerpartei isolieren und bei den Bundestagswahlen der Adenauerpartei eine Niederlage bereiten."[7]

Wenn es um die Abwehr der Forderung nach staatlicher Einheit unter westlichdemokratischem Vorzeichen ging, stimmten die Interessen von UdSSR und DDR voll überein. Chruschtschow ging zudem davon aus, aufgrund kommunistischer Gemeinsamkeit bestehe Harmonie in jeder Hinsicht. Durch Abstimmung der Positionen zwischen beiden sozialistischen Staaten werde man stets zu einer Verständigung gelangen. Nach den Erschütterungen in Ostmitteleuropa 1956, die er als Protest gegen fremdnationale Bestimmung deutete, suchte er das Bedürfnis der verbündeten Länder nach Eigenständigkeit durch Zugeständnisse zu befriedigen, um damit die Ressentiments gegen die sowjetische Hegemonialmacht abzubauen. Er lockerte die Zügel in der Erwartung, dadurch das sozialistische Lager zu stabilisieren. Auf dem XXI. KPdSU-Parteitag verzichtete er darauf, den Anspruch auf die „führende Rolle" im sozialistischen Lager ausdrücklich zu erneuern. Es war nur noch von einer „besonders wichtigen Rolle" der UdSSR in der kommunistischen Bewegung die Rede.[8] Die bisherige „Anleitung" wollte er deswegen nicht aufgeben, wohl aber weniger intensiv und sichtbar ausüben. Zu Anfang schien das gegenüber der DDR wie beabsichtigt zu funktionieren. Ulbricht und seine Mitarbeiter unterbreiteten Chruschtschow bzw. den zuständigen Moskauer Stellen weiterhin die außenpolitisch wichtigen Entwürfe, vor allem die Formulierungen zur Deutschland- und Berlin-Politik, zur vorherigen Beurteilung[9] und suchten sich anfangs stets im voraus mit dem Kreml abzustimmen. Dieser nahm manchmal erhebliche Korrekturen vor,[10] während anderes ohne Veränderung durchging.[11]

7 W. Ulbricht an G. M. Puškin, 11. 5. 1956, SAPMO-BArch, DY 30/3496, Bl. 1.
8 ZK der KPdSU an das ZK der SED, 23. 1. 1959, SAPMO-BArch, NY 4182/1206, Bl. 22–30.
9 Siehe z. B. Gespräch M. G. Pervuchin – W. Ulbricht, 9. 1. 1959, RGANI, 5, 49, 279 (rolik 8945), Bl. 5–10.
10 Siehe W. Ulbricht an N. S. Chruščёv (mit Anlagen), 1. 10. 1958, RGANI, 5, 49, 93 (rolik 8879), Bl. 1–44 (russ. Übers.), 45–134 (dtr. Originaltext); Aktenvermerk Kundermann über Gespräch Winzer – Astavin in der sowjetischen Botschaft am 21. 11. 1958, PA-MfAA, A 133, Bl. 328; Bericht von M. G. Pervuchin über die Gespräche Chruščёv – Ulbricht am 11./12. 4. 1959, 19. 4. 1959, RGANI, 5, 49, 279 (rolik 8945), Bl. 119f.
11 Anweisung des ZK der KPdSU an M. Pervuchin [Auftrag, Ulbricht über das Einverständnis mit dem Text eines Briefes des ZK der SED an die sozialdemokratischen Arbeiter in Westdeutschland zu unterrichten], o.D. [Ende Juli 1960], RGANI, 5, 49, 279 (rolik 8945), Bl. 161.

Anders als Stalin war Chruschtschow bei der Koordination in gewissem Umfang zu Gegenseitigkeit bereit. Hatte früher nur die SED-Führung ihre Stellungnahmen der anderen Seite vor Beschlußfassung vorgelegt, so wurde Ulbricht nun auch seinerseits öfters konsultiert, wenn es um ihn betreffende außenpolitische Probleme ging.[12] Selbstverständlich lag die Entscheidung stets allein auf sowjetischer Seite. Der ostdeutsche Parteichef konnte aber Überlegungen einbringen und auf die Gestaltung von Einzelheiten Einfluß nehmen. Nicht unwichtig war, daß er – ein Novum – Dokumente und Informationen über manche ihn interessierende internationale Vorgänge erhielt und auf diese Weise zu einem Urteil über das Vorgehen des Kreml in verschiedenen Fragen befähigt wurde. Die Abschwächung der sowjetischen Dominanz zeigte sich auch in einer verringerten Penetration der ostdeutschen Machtapparate. Vor allem der Staatssicherheit und der Armee wurde nunmehr größere Selbständigkeit zugestanden, doch waren dort weiter – in geringerem Umfang und mit reduzierten Kompetenzen – sowjetische „Berater" tätig.[13] Anderswo, so bei der Polizei und im Flugzeugbau, wurden die Experten der UdSSR völlig zurückgezogen.[14] Das erweiterte die Handlungsfreiheit der DDR nach innen und außen.

Als Chruschtschow das Berlin-Ultimatum formulierte, glaubte er, daß sich an der im wesentlichen reibungslosen Zusammenarbeit nichts ändern werde. Tatsächlich jedoch vollzog sich ein Wandel. Die Befugnisse, die sich der Kreml bis dahin vorbehalten hatte,[15] hatten die Kontrolle über die Westpolitik der SED-Führung zuverlässig gewährleistet. Ulbricht war es verwehrt worden, den Konflikt mit den Westmächten durch eigenmächtige Schritte in und um Berlin zu verschärfen. Das stand in Frage, als Chruschtschow der DDR einen Anspruch auf Souveränität über ihr gesamtes Territorium, vor allem auch die volle Verfügungsgewalt über die Verkehrswege West-Berlins (einschließlich der Luftkorridore), prinzipiell zubilligte. Wenn die UdSSR, wie beabsichtigt, jede Verantwortung für den Transit künftig von sich wies, brachte sie zwar den Westen in eine schwierige Lage, erlaubte aber zugleich Ulbricht, Maßnahmen nach eigenem Gutdünken zu

---

[12] Bericht Ulbrichts auf der 3. Tagung des ZK der SED, Stenografische Niederschrift, 2. 12. 1958, SAPMO-BArch, DY 30/IV 2/1/11. Bl. 42 [Abstimmung der sowjetischen Noten vom 27. 11. 1958 mit der SED]; A. Gromyko an das ZK der KPdSU, 15. 1. 1959, AVPRF, 0742, 4, 33, 59, Bl. 37 f. [Hinweis auf Abstimmung der Vereinbarungsentwürfe für die bevorstehende Vier-Mächte-Konferenz mit der SED]; W. Ulbricht an N. S. Chruščёv (mit 2 Anlagen), 27. 2. 1959, AVPRF, 0742, 4, 32, 41, Bl. 71–80 [Modifikationswünsche des SED-Politbüros zu den sowjetischen Vereinbarungsentwürfen]; A. Gromyko an das ZK der KPdSU, 27. 2. 1959, AVPRF, 0742, 4, 32, 41, Bl. 9–11 [Befürwortung der SED-Wünsche].

[13] W. Ulbricht an das ZK der KPdSU, 21. 11. 1958, SAPMO-BArch, DY 30/3386, Bl. 29–31; Michael Lemke, Die Berlinkrise 1958 bis 1963. Interessen und Handlungsspielräume der SED im Ost-West-Konflikt, Berlin 1995, S. 42–46; Roger Engelmann, Aufbau und Anleitung der ostdeutschen Staatssicherheit durch sowjetische Organe 1949–1959, in: Andreas Hilger/Mike Schmeitzner/Ute Schmidt (Hrsg.), Diktaturdurchsetzung. Instrumente und Methoden der kommunistischen Machtsicherung in der SBZ/DDR 1945–1955, Berichte und Studien [des Hannah-Arendt-Instituts für Totalitarismusforschung] Nr. 35, Dresden 2001, S. 63 f.

[14] Persönl. Verschlußsache für W. Stoph, BArch-MArch, ZK 01, Tgb.-Nr. 41/58, 30. 9. 1958, Bl. 87; Persönl. Verschlußsache für W. Stoph, BArch-MArch, ZK 01, Tgb.-Nr. 41/58, 30. 9. 1958, Bl. 194.

[15] Vertrag zwischen UdSSR und DDR sowie Briefwechsel zwischen Zorin und Bolz, 20. 9. 1955 (dt. und russ.), in: Dokumente zur Deutschlandpolitik, hrsg. vom Bundesministerium für Gesamtdeutsche Fragen, III. Reihe, Band 1, Frankfurt/Main 1961, S. 368–377.

treffen, indem er aufgrund der seinem Staat zugebilligten Souveränität für sich das Recht zu unabgestimmter Entscheidung in Anspruch nahm.

Auseinandersetzungen über die Frage der Verständigung mit den Westmächten

Solange die Westmächte zur vollen Erfüllung seiner Forderungen nicht bereit waren, zögerte Chruschtschow immer wieder von neuem, dem Ultimatum vom November 1958 die Tat folgen zu lassen. Ulbricht war damit zunehmend unzufrieden. Er sah sich in der Erwartung getäuscht, daß Friedensvertrag und Freistadtregelung innerhalb von sechs Monaten mit oder ohne Einverständnis der Westmächte durchgesetzt werden würden, und war der Ansicht. daß die UdSSR verpflichtet war, die westliche Weigerung durch die zugesagte Regelung allein mit der DDR zu beantworten.

Die fundamentale Differenz trat im Juni 1959 offen zutage. Chruschtschow war nach Ablauf der gesetzten Frist von seinem Vorhaben abgerückt, die Westmächte mit dem Separatvertrag zu konfrontieren, und erklärte den SED-Führern, er wolle vorerst auf eine abschließende Lösung der Berlin-Frage verzichten. Durch ein Zwischenabkommen wolle er den Eindruck vermeiden, er suche die andere Seite an die Wand zu drücken und auf Biegen und Brechen zur Erfüllung der Forderungen zu zwingen. Man müsse ihr Zeit lassen. „Die Amerikaner wollen die DDR nicht anerkennen – aus Prestigegründen. Das macht uns nichts aus. Sie haben die Sowjetunion [nach deren Gründung] 16 Jahre lang nicht anerkannt, und da wollt ihr, daß sie euch nach 10 Jahren anerkennen. Ihr werdet mindestens 17 Jahre warten müssen." Wie er hinzufügte, würde Druck nur „die Entspannung stören", aber nichts einbringen.[16] Chruschtschow stellte den ostdeutschen „Freunden" vor Augen, nach Ende der Übergangsfrist werde eine „sehr vorteilhafte Situation" bestehen, die, wie zu entnehmen war, nicht nur der UdSSR, sondern auch der DDR nützen werde. Ulbricht beharrte jedoch auf seinem Standpunkt und verlangte eine verbindliche Festlegung, wann mit der westlichen Präsenz in West-Berlin endgültig Schluß sei. Chruschtschow lehnte dies ab; er wollte hinsichtlich des Zeitpunkts „flexibel" bleiben.[17]

Ulbricht befürchtete endlose Verzögerungen. Er schlug daher vor, das festgelegte Ziel wenigstens teilweise durchzusetzen. Der Kreml solle die westliche Anregung aufgreifen, die DDR als „Agent der UdSSR" mit der Abwicklung des Landverkehrs nach West-Berlin unter Einschluß der Militärtransporte zu beauf-

---

[16] Damit stimmt die Tatsache überein, daß die Garantieerklärung, welche die DDR nach einem vor Beginn der Pariser Gipfelkonferenz im Mai 1960 vorgelegten sowjetischen Memorandum gegenüber den Westmächten abgeben sollte, ausdrücklich nicht von der westlichen Bereitschaft zur diplomatischen Anerkennung des ostdeutschen Staates abhängig gemacht wurde (Christian Bremen, Die Eisenhower-Administration und die zweite Berlin-Krise 1958–1961, Veröffentlichungen der Historischen Kommission zu Berlin Bd. 95, Berlin–New York 1998, S. 511).

[17] Kratkaja zapis' peregovorov. S partijno-pravitel'stvennoj delegaciej GDR 9 ijunja 1959g., 27. 6. 1959 (Datum der Niederschrift), AVPRF, 0742, 4, 31, 33, Bl. 74f., 77, 82f.; Zapis' peregovorov s partijno-pravitel'stvennoj delegaciej GDR 18 ijunja 1959g., 29. 6. 1959 (Datum der Niederschrift), AVPRF, 0742, 4, 31, 33, Bl. 91.

tragen. Davon aber wollte Chruschtschow nichts wissen.[18] Neben seiner generellen Neigung zu einer Politik des Alles-oder-nichts sprachen auch konkrete Überlegungen dagegen. Die Westmächte hatten ihr informelles Angebot an die Bedingung geknüpft, weiter als Besatzungsmächte in den Westsektoren bleiben zu können. Solange das der Fall war, gefährdete die Übergabe von Befugnissen an den Zugangswegen die sowjetische Kontrolle des Verhältnisses zum Westen. Dann konnte das SED-Regime nämlich eigenmächtig Aktionen einleiten, für deren Folgen der Kreml einstehen mußte. Diesem unkalkulierbaren Risiko wollte sich Chruschtschow nicht aussetzen. Erst wenn die westliche Präsenz in Berlin und möglichst ganz Deutschland beseitigt war, durften die „deutschen Freunde" Kontrollfunktionen – also Macht – an dieser heiklen Stelle ausüben, denn dann konnte von dort kein Konflikt mehr mit den Westmächten ausgehen.[19]

Chruschtschow mußte sich auch in der Folgezeit mit dem Verlangen Ost-Berlins auseinandersetzen, das Ultimatum von 1958 verpflichte zum Abschluß des Separatfriedensvertrags. Ulbricht erneuerte seinen Versuch, Chruschtschow wenigstens zu Teilschritten zu bewegen. Anfang 1960 unterbreitete er die Idee eines „Vorfriedensvertrages" mit der Bundesrepublik. Dieser sollte dem Westen als Regelung vorgeschlagen werden, die sich sofort verwirklichen lasse, weil er den Einwand des Westens berücksichtige, daß die deutsche Spaltung keinen Friedensschluß erlaube. Das dürfe nicht „jeden Fortschritt" blockieren. Dringende Regelungen seien vorab zu treffen. Der Vorvertrag sollte nicht nur „die vordringlichsten Bestimmungen des Friedensvertrages enthalten", sondern zugleich „auf die Beseitigung der schlimmsten Auswüchse der gefährlichen Entwicklung Westdeutschlands abzielen." Die Bonner Regierung sollte „in Schwierigkeiten gestürzt werden". Insgesamt war an einen „bedeutende[n] Schritt" zur Gewährleistung der „friedlichen Entwicklung Deutschlands" im Sinne der SED gedacht.

Eine derartige Ausrichtung ließ keine Übereinkunft erwarten. Weitere Formulierungen machten das zusätzlich klar. Zwar wurde zugestanden, die Mitgliedschaft beider deutscher Staaten solle vom Vorvertrag unberührt bleiben, doch sollten die Westmächte zu Verhandlungen mit Zielsetzungen verpflichtet werden, die sie ablehnten: Friedensvertrag, Abzug der westlichen Truppen aus West-Berlin und der Bundesrepublik, Transformation von Staat und Gesellschaft in Westdeutschland gemäß dem Potsdamer Abkommen (das nach östlicher These eine Umwälzung wie in der DDR festgelegt hatte) und Verbot der von Bonn angeblich betriebenen „Kriegs- und Revanchehetze". Ulbricht rechnete nicht mit der An-

---

[18] Kratkaja zapis' peregovorov. S partijno-pravitel'stvennoj delegaciej GDR 9 ijunja 1959g., 27. 6. 1959 (Datum der Niederschrift), AVPRF, 0742, 4, 31, 33, Bl. 81.

[19] Die UdSSR gestand jedoch der DDR im Juni 1959 zu, den Bediensteten der ausländischen Militärmissionen in West-Berlin die Benutzung der Landwege zu verweigern. Das erschien möglich, weil die westlichen Rechtsansprüche sich nicht auf diesen Teil des Verkehrs bezogen (Anlage zum Schreiben von V. Kuznecov an das ZK der KPdSU, 5. 6. 1959, AVPRF, 0742, 4, 31, 33, Bl. 28). Bei den Militärmissionen handelte es sich um Vertretungen von Kriegsgegnern Deutschlands im Zweiten Weltkrieg, die ursprünglich beim Kontrollrat akkreditiert gewesen waren und inzwischen bei den westlichen Besatzungsbehörden registriert waren und konsularische Funktionen ausübten. Die SED-Führung suchte Druck auszuüben, um eine Übertragung von deren Tätigkeit auf diplomatische Vertretungen zu erreichen, die entweder bei der DDR bereits bestanden (im Fall der Warschauer-Pakt-Staaten und Jugoslawiens) oder nach ihrer Ansicht eingerichtet werden sollten (im Fall der neutralen Länder und der NATO-Mitglieder).

nahme dieses Programms. Er beabsichtigte vielmehr ausdrücklich eine Wiederbelebung der Diskussion über den Friedensvertrag, also die Erneuerung der antiwestlichen Kampagne.[20]

Der Vorschlag lief darauf hinaus, die sowjetische Politik der Verständigung mit den Westmächten zu diskreditieren. Chruschtschow sollte einsehen, daß diese auch durch „Kompromiß"-Offerten nicht zur Erfüllung der gestellten Forderungen zu bewegen seien. Im Kreml ließ man sich freilich auf dieses Spiel nicht ein und lehnte es ab, den Vorvertrag zum Thema von Verhandlungen mit den Westmächten zu machen. Ulbricht änderte daraufhin die Taktik und hielt Chruschtschow am 30. November 1960 vor, er müsse bei der Propagierung des Friedensvertrags Vorsicht walten lassen. In der Bevölkerung habe sich die Ansicht verbreitet, in Moskau werde nur geredet, aber nichts getan. Das konnte Chruschtschow nicht gelten lassen. Er hakte ein, Ulbricht sei doch selbst damit einverstanden gewesen, daß man nach der geplatzten Pariser Gipfelkonferenz vom Mai auf den Vertragsabschluß verzichtet habe. Der SED-Chef erwiderte, das sei zwar damals richtig gewesen, doch sei die Lage mittlerweile schwierig geworden. Der sowjetische Führer sah sich genötigt, das seitherige Zögern zu rechtfertigen, und erklärte, wenn er den Separatvertrag auf die Tagesordnung gesetzt hätte, wäre der fatale Eindruck entstanden, er habe das Gipfeltreffen platzen lassen, um dafür einen Vorwand zu finden. Das Abwarten sei mit „gewaltigem Erfolg" belohnt worden, wie Gespräche mit Vertretern der Westmächte und sogar der Bundesrepublik[21] zeigten. Für 1961 stellte er in Aussicht, dem Westen ein Abkommen zu „gewähren", das den Übergang zur Umwandlung West-Berlins in eine „Freie Stadt" herstelle. Werde das Angebot abgelehnt, wolle er den Separatvertrag mit der DDR abschließen. Bis dahin sollte Ulbricht auf eigenmächtige Schritte verzichten.[22]

Der ostdeutsche Parteichef traute der Zusicherung nicht und berief sich darauf, daß die UdSSR den Standpunkt bestätigt habe, es gebe kein Vier-Mächte-Abkommen, das zu berücksichtigen wäre. Sogar die Westmächte hätten anerkannt, daß im Westteil der Stadt eine anomale Lage bestehe. Demnach war in Berlin kein besonderer Status zu respektieren. Indirekt kritisierte Ulbricht die Haltung der UdSSR mit dem Hinweis, Adenauer habe seit der sowjetischen Festlegung im November 1958 zwei Jahre gewonnen und diese Zeit zu einer „Kampagne für die Verteidigung Westberlins" genutzt. Die einschränkende Bemerkung, die Staaten und Völker hätten sich freilich durch die Verzögerung an die Notwendigkeit einer Regelung gewöhnt, die sich nicht gegen die Hauptstadt der DDR richte, verschleierte

---

[20] Vorschlag für den Abschluß eines Vorfriedensvertrages mit beiden deutschen Staaten (handschriftlich von Ulbricht abgezeichnet), 26. 1. 1960, SAPMO-BArch, DY 30/3507, Bl. 26–30.
[21] Chruščёv bezog sich hier auf eine kürzliche Unterredung mit Botschafter Kroll, dessen Auffassungen freilich oft in erheblichem Ausmaß vom Standpunkt der Bundesregierung abwichen.
[22] Sowjetisches Protokoll des Treffens von N. S. Chruščёv und W. Ulbricht, 30. 11. 1960, in: Hope M. Harrison, Ulbricht and the Concrete „Rose". New Archival Evidence on the Dynamics of Soviet-East German Relations and the Berlin Crisis, 1958–1961, Working Paper No. 5, Cold War International History Project, Woodrow Wilson International Center for Scholars, Washington/DC, Mai 1993, Anlage A; Aktenvermerk über die Unterredung von W. Ulbricht mit N. S. Chruščёv, 30. 11. 1960, SAPMO-BArch, DY 30/3566, Bl. 83. Der ostdeutsche Aktenvermerk gibt den Inhalt des Gesprächs nur teilweise wieder und enthält, wie der Vergleich mit der Wortwechselaufzeichnung des sowjetischen Protokolls vermuten läßt, sogar mißverständliche Angaben, bringt aber an einigen wenigen Stellen zusätzliche Ausführungen.

den Vorwurf etwas. Wie unzufrieden Ulbricht war, zeigt sein Fazit, die Schwierigkeiten im Osten Berlins seien stärker gewachsen als im Westen der Stadt. Man müsse „die Lage real einschätzen" und „daraus eine Reihe Konsequenzen ziehen". Er fügte hinzu, der „Einfluß der Friedenskräfte in Westdeutschland" wachse; „sehr langsam" erfolge dort eine „Neugruppierung der politischen Kräfte", und es sei eine zunehmende Distanz der Jugend zum Staat zu erkennen. Damit eröffne sich eine „reale Perspektive" zur Gewinnung der westdeutschen Bevölkerung.[23] Glaubte Ulbricht das wirklich, oder wollte er nur das düstere Bild etwas aufhellen?

Der SED-Chef wollte auch dem Kreml Anstöße zum Handeln geben. An die Stelle des geforderten Friedensvertrags zwischen Deutschland und allen Staaten der Anti-Hitler-Koalition könne als „Kompromiß" ein Vertrag nur mit den Ländern treten, die dazu bereit seien. Man brauche nicht unbedingt darauf zu bestehen, daß die Westmächte die DDR durch einen Friedensschluß förmlich anerkennten, wenn man auch anders zur entmilitarisierten Freien Stadt West-Berlin komme. Als „weiterer Kompromiß" sei ein „Übergangsfriedensvertrag mit beiden deutschen Staaten" möglich. Dieser sollte die Zweistaatlichkeit und die Grenzen festschreiben, „Überreste des zweiten Weltkriegs" wie insbesondere die Vorbehaltsrechte der Westmächte für Deutschland als Ganzes und West-Berlin beseitigen, die Vier-Mächte-Organe einschließlich der Luftsicherheitszentrale abschaffen, die westliche Truppenpräsenz in West-Berlin durch die sowjetischerseits in Genf angebotene Regelung ersetzen und den „westlichen Privilegien" auf den Verbindungswegen ein Ende bereiten.

Als taktische Konzessionen hielt Ulbricht eine zeitlich begrenzte Hinnahme der Bindung der „Freien Stadt" an die westdeutsche Währung und eine Zusicherung an den Westen für denkbar, die DDR werde ihren Bestimmungen für die Abwicklung des Transitverkehrs die Vereinbarungen von 1949 zugrunde legen. Für unannehmbar hielt er dagegen das westliche Verlangen, den Verkehr in irgendeiner Form der Aufsicht einer Vier-Mächte-Kommission zu unterstellen. Auch müsse der Zivilverkehr völlig aus den vierseitigen Vereinbarungen herausgehalten werden. Dazu könne man höchstens eine außervertragliche „Empfehlung" abgeben. Zugleich müsse der UdSSR während der Übergangszeit, in der sich noch westliche Vertreter in West-Berlin befanden, eine dortige Beobachtermission zustehen.[24] In einer Unterlage für Gespräche mit der UdSSR wurden einzelne Punkte näher konkretisiert.[25] Vorabregelungen dieser Art erklärte der Kreml in den folgenden Konsultationen fast durchweg für „nicht zweckmäßig". Lediglich über eine „ordentliche Bezahlung" von DDR-Dienstleistungen durch die Westmächte (wie sie vor allem beim West-Berlin-Transit erbracht wurden) bestand Übereinstimmung.[26]

---

[23] Ausführungen von W. Ulbricht laut Stichwort-Protokoll der Beratung des Politbüros der SED, 4. 1. 1961, SAPMO-BArch, DY 30/J IV 2/2/743, Bl. 7–17.
[24] O. Winzer an W. Ulbricht (mit Anlagen), 10. 1. 1961, SAPMO-BArch, DY 30/3508, Bl. 1–25.
[25] Ausarbeitung ohne Überschrift und Verfasser (mit handschriftlichen Bemerkungen Ulbrichts), 16. 1. 1961, SAPMO-BArch, DY 30/3508, Bl. 37–46.
[26] Überlegungen, die während der Konsultation zum Ausdruck gebracht wurden, o.D. [2. Januarhälfte 1961], SAPMO-BArch, DY 30/3508, Bl. 26–36.

Dissens über die Geltung von Vier-Mächte-Rechten auf DDR-Gebiet

Dem Kreml schien eine genaue Abstimmung mit Ost-Berlin vor allem dann zwingend, wenn Fragen des Vier-Mächte-Status berührt wurden. Das galt vor wie nach Ausbruch der Berlin-Krise. Am 2. Mai 1958 verfügte die Regierung in Ost-Berlin eine starke Gebührenerhöhung für fremde Schiffe auf ihren Wasserstraßen. Die drei westlichen Staaten protestierten bei der UdSSR. Das Vorgehen lasse sich nicht mit Unterhalts- und Verwaltungskosten rechtfertigen und schränke die normale Transporttätigkeit durchfahrender Schiffe aus West-Berlin und der Bundesrepublik empfindlich ein. Die sowjetische Führung, deren Billigung Ulbricht vermutlich zuvor eingeholt hatte, wies den Einspruch zurück und lehnte das Verlangen ab, eine Aufhebung der Maßnahme zu veranlassen. Die DDR besitze „in vollem Umfang Jurisdiktion über das Territorium, das sich unter ihrer Souveränität befindet." Im übrigen liege keine Einschränkung der normalen Transporttätigkeit vor. Es gehe um eine Angelegenheit „rein kommerziellen Charakters".[27] Die Verpflichtung zur Aufrechterhaltung des Güterverkehrs nach West-Berlin wurde dabei nicht grundsätzlich in Abrede gestellt; der Schaden für die Stadt ließ sich durch westdeutsche Finanzzuschüsse beheben. Bei allem Widerwillen konnten, wie man vermutlich in Moskau vorausgesehen hat, die Westmächte daher die Änderung hinnehmen.

In anderen Fällen fand die SED-Führung kein Gehör in Moskau. Nachdem sie im Februar 1959 die Forderung angemeldet hatte, daß die seit 1945 bestehenden Vier-Mächte-Einrichtungen, vor allem die Militärmissionen der Westmächte in Potsdam, aufgrund des bevorstehenden Friedensvertrages zu beseitigen seien,[28] erklärte sie nach dem eingetretenen Verzug, damit müsse schon vorher Schluß gemacht werden. Mehr als alles andere hätten die beim Oberkommando der sowjetischen Truppen akkreditierten Missionen ihre Berechtigung verloren und seien unverzüglich aufzulösen. Sie waren Ulbricht wegen ihres Rechts auf freie, unbehelligte Bewegung auf dem Territorium der DDR seit langem ein Dorn im Auge. Ihr Status widersprach dem Anspruch auf uneingeschränkte Souveränität und gestattete den Westmächten eine weithin ungehinderte Aufklärungstätigkeit. Der Kreml ließ zwar nicht gelten, daß es zwischen den Truppen der UdSSR und der Westmächte auf Besatzungsrecht gegründete Beziehungen gebe, hielt aber die bestehende Regelung für notwendig, weil umgekehrt die Sowjetunion bei den Stäben der drei Westmächte Militärmissionen unterhielt. Deren Existenz sollte nicht gefährdet werden. Mit dem Hinweis, der UdSSR dürften keine Nachteile entstehen, wurde das Ersuchen abgelehnt.[29]

Die Militärmissionen waren demnach so lange zu dulden, wie sie und andere Institutionen der frühen Nachkriegszeit nicht insgesamt durch den Friedensvertrag beseitigt wurden. Bis dahin waren sie weiter zu respektieren. Die sowjeti-

---

[27] D. Bruce an M. Pervuchin, 16. 5. 1958, PA/MfAA, A 133, Bl. 105 (dte. Übers. aus dem Russ.), 112 f. (russ. Übers. des engl. Originals); M. Pervuchin an D. Bruce, o.D. [2. Hälfte Mai 1958], PA/MfAA, A 133, Bl. 111.

[28] Dorothee Mußgnug, Alliierte Militärmissionen in Deutschland 1946–1990, Berlin 2001, S. 55 f.

[29] V. Kuznecov an das ZK der KPdSU (mit Anlage), 5. 6. 1959, AVPRF, 0742, 4, 3, 33, Bl. 28 f.

schen Möglichkeiten zur Aufklärung auf westdeutschem Gebiet durften keinesfalls in Frage gestellt werden. Nur wenn dieses Risiko nicht bestand, war die sowjetische Seite bereit, auf die ostdeutschen Wünsche einzugehen. Das schien der Fall zu sein, als ihr im Juni 1958 amerikanische Piloten, die unbeabsichtigt in den Luftraum der DDR geraten und dort abgeschossen worden waren, in die Hände fielen. Ungeachtet entgegenstehender Abmachungen mit den Westmächten wurden sie den Sicherheitsorganen der DDR überstellt. Man glaubte, deren Zuständigkeit mit der Behauptung, diese seien von Anfang an in ostdeutschem Gewahrsam gewesen, begründen zu können. Ost-Berlin suchte durch Freigabeverhandlungen mit den USA eine Bestätigung ihrer uneingeschränkten Souveränität auf ihrem Territorium zu erlangen. Im Einvernehmen mit dem Kreml machte sie geltend, eine „Einmischung sowjetischer Militärs" komme nicht in Frage. Hätte Washington das akzeptiert, wäre die Rechtsgrundlage der westlichen Militärmissionen erschüttert worden. Die Amerikaner weigerten sich. Nach langem Hin und Her kam es zu einem Kompromiß: Die USA traten über das Rote Kreuz mit DDR-Behörden in Verbindung.[30]

Als Anfang 1960 die SED-Führung in Moskau darauf drang, die westlichen Missionen seien ihrer Aufsicht zu unterstellen, sah der Kreml das Risiko eines schweren Konflikts mit den USA und lehnte ab. Eine Änderung sei ausgeschlossen; die Sache sei durch Vereinbarungen mit den Westmächten festgelegt. Andernfalls wäre ein Ende der sowjetischen Militärmissionen bei den westlichen Truppenbefehlshabern in der Bundesrepublik zu erwarten.[31] Das kam für Moskau nicht in Betracht. Um ihren Kontrollanspruch durchzusetzen, dekretierte die DDR-Regierung am 3. Februar 1960, die Militärmissionen der Westmächte seien künftig nicht mehr beim Oberkommando der Sowjetstreitkräfte, sondern bei ihr akkreditiert. Die bisherigen Ausweise seien ungültig und müßten durch neue, von ihr ausgestellte Personaldokumente ersetzt werden. Die UdSSR rügte intern, daß die Regeln der Vorauskonsultation verletzt worden seien,[32] wahrte aber nach außen hin die Solidarität mit dem Verbündeten.[33] Die USA und Frankreich erhoben sofort Einspruch bei den sowjetischen Behörden und erklärten, wenn nicht weiter wie bisher verfahren werde, sähen sie nur die Möglichkeit, ihre Vertreter zurückzuziehen, was die Schließung der Missionen der UdSSR in der Bundesrepublik bedeuten würde. Das blieb ohne Wirkung. Erst als – zuerst Frankreich, danach auch die angelsächsischen Mächte – die Bewegungsfreiheit der sowjetischen Verbindungsoffiziere auf den jeweiligen Dienstort beschränkten, sah sich die UdSSR zu der Aufforderung an die DDR bemüßigt, „die bislang gültigen Papiere für die amerikanische, britische und französische Militärmission vorläufig unverändert zu belassen." Daraufhin sah sich diese zum Einlenken genötigt, und die

---

[30] D. Mußgnug, a.a.O., S. 131–143; Gespräch M. G. Pervuchin – W. Ulbricht, 23. 6. 1958, RGANI, 5, 49, 76, Bl. 146.

[31] Aktenvermerk über Gespräch zwischen dem stellv. Außenminister Schwab und Botschaftsrat Seljaninov, 8. 8. 1958, PA/MfAA, A 133, Bl. 162–166.

[32] Gespräch O. Seljaninova – G. König/P. Florin, 28. 1. 1960, RGANI, 5, 49, 288, Bl. 39f.

[33] Daraus hat Dorothee Mußgnug, die ihre Ausführungen nur auf ostdeutsche und westliche Archivquellen stützt, den irrigen Schluß gezogen, es habe sich um eine originär sowjetische Maßnahme gehandelt (D. Mußgnug, a.a.O., S. 147–153).

westlichen Staaten hoben die Beschränkungen für die Militärmissionen in West-deutschland auf.[34]

Ulbricht hielt jedoch an seiner Absicht fest und wies die Sicherheitsorgane der DDR an, bei nächster Gelegenheit gegen die westlichen Offiziere im Lande vor-zugehen. Als am 21. Juni 1960 Wagen der britischen Militärmission ein Gebiet befuhren, in dem die Volkspolizei Übungen abhielt, und auf Stoppbefehle nicht reagierten, verhinderte die ostdeutsche Seite Aufnahmen mit Gewalt und be-schlagnahmte die Fotoausrüstungen. Den Protest des Befehlshabers der Rhein-armee beantwortete der Befehlshaber der Sowjettruppen in Deutschland mit dem Hinweis, Handlungen wie Verletzung von Sperrgebieten, Eindringen in Übungs-bereiche und Fotografieren militärischer Objekte könnten zu „unliebsamen Fol-gen" führen. Es sei Sache der anderen Seite, durch „unbedingte Achtung der Ge-setze und Bestimmungen der DDR" künftig Zwischenfälle zu vermeiden.[35] Damit blieben zwar Existenz und Status der Militärmissionen grundsätzlich unange-tastet, doch wurde das SED-Regime in der restriktiven Auslegung von deren Rechten unterstützt. Ulbrichts Appell an Chruschtschow vom Januar 1961, die Vereinbarung über die Militärmissionen überhaupt aufzuheben, blieb dagegen erfolglos.[36]

In folgenden Konsultationen weigerte sich die UdSSR, den Status der westli-chen Militärmissionen in der DDR und die Regelungen auf den Transitstrecken zu ändern. Nur wenn die Militärfahrzeuge von der vorgeschriebenen Route willkür-lich abgewichen seien, sollten die ostdeutschen Behörden ihnen Anweisungen geben können. Werde eine Verletzung der Ordnung festgestellt, sei „zur Vermei-dung von Komplikationen" eine Abstimmung mit der sowjetischen Seite erfor-derlich. Auf der gleichen Linie lag, daß die Sowjetunion der DDR zwar zuge-stand, daß ihre Gesetze auch für westliche Militärangehörige gälten, sie aber zu-gleich dazu verpflichtete, im Falle von Verstößen „entsprechend den Umständen zu handeln, wobei in den notwendigen Fällen zwischen unseren Vertretern Kon-takte unterhalten werden".[37] Diese Regelung war dazu bestimmt, die sowjetische Kontrolle über das ostdeutsche Vorgehen zu gewährleisten. Die damit verbun-dene Erwartung, daß es künftig keine Konflikte mit den Westmächten wegen Übergriffen der DDR gegen Angehörige der Militärmissionen mehr geben werde, erfüllte sich freilich nicht.[38]

Als Botschafter Perwuchin Ulbricht am 20. März 1961 eröffnete, das Verteidi-gungsministerium der UdSSR habe die Absicht, die über die Militärmissionen und Truppenstäbe hergestellten Kontakte zwischen den sowjetischen Streitkräften und den amerikanischen Verbänden in Deutschland zu verbessern, wagte der

---

[34] Jean E. Smith, Der Weg ins Dilemma. Preisgabe und Verteidigung Berlins, [West-]Berlin 1995, S. 200f.

[35] Botschafter Pervuchin übermittelte am 4. 7. 1960 Ulbricht den Text dieses Schreibens von Armee-general Jakubovskij an General Cassels, SAPMO-BArch, DY 30/3683, Bl. 24f.

[36] D. Mußgnug, a.a.O., S. 62.

[37] Überlegungen, die während der Konsultation zum Ausdruck gebracht wurden, o.D. [2. Januar-hälfte 1961], SAPMO-BArch, DY 30/3508, Bl. 26–36.

[38] R. Malinovskij/M. Zacharov an das ZK der KPdSU (mit Anlage), 24. 3. 1962, RGANI, 5, 30, 399, Bl. 78–79; R. Malinovskij/M. Zacharov an das ZK der KPdSU, 31. 3. 1962, RGANI, 5, 30, 399, Bl. 81.

SED-Chef keinen offenen Widerspruch, versuchte jedoch, dem eine Richtung in seinem Sinne zu geben. Er erklärte daher sein Einverständnis und fügte hinzu, er betrachte das als ersten Schritt zur Herstellung engerer Fühlungnahmen zwischen beiden Oberkommandos, welche die Militärmissionen überflüssig machen würden, so daß diese aufgelöst werden könnten. Nach Perwuchins Antwort ging es aber darum, die Kontakte mit Hilfe der Militärmissionen auszuweiten. Die Frage ihrer Liquidierung stelle sich erst künftig im Zusammenhang mit der Liquidierung der Überreste des Zweiten Weltkrieges insgesamt. Ulbricht fügte das Petitum hinzu, daß dies „in einer nicht allzu fernen Zukunft" der Fall sein solle, und machte geltend, die gewünschte Ausweitung der Kontakte müsse auf die Ebene der Oberbefehlshaber und Armeegruppenstäbe gehoben werden. Dann würden die Militärmissionen keinen Sinn mehr haben.[39] Diese und ähnliche Darlegungen beeindruckten den Kreml nicht: Die westlichen Militärmissionen in der DDR blieben noch bis 1990 bestehen, weil die UdSSR ihre analogen Spionagemöglichkeiten in der Bundesrepublik nicht gefährden wollte.

Beginnende Konflikte wegen des Status von Ost-Berlin

Ulbricht suchte unablässig die Souveränität seines Staates zu erweitern. Daher waren ihm die Überreste des 1945 für Berlin festgelegten Vier-Mächte-Status in der „Hauptstadt der DDR", an denen die UdSSR aus Rücksicht auf die Westmächte festhielt, ein Dorn im Auge. Zu den mißliebigen Residuen gehörte das freie Passieren der Sektorengrenze. Ende August 1960 nahm der SED-Chef die „Revanchistenkundgebungen" des Vertriebenenverbandes von Anfang September in West-Berlin zum Anlaß, den Kreml um die Erlaubnis zu ersuchen, außer einer Gegenkampagne auch eine Schließung der Grenze für die Teilnehmer des Treffens durchzuführen. Er bat darüber hinaus zu prüfen, ob es möglich sei, für die gleiche Zeit anzuordnen, daß Bürger der Bundesrepublik den Ostteil der Stadt nur mit einer „ordentlichen Aufenthaltsgenehmigung" betreten dürften. Mit dem Hinweis, das müsse gründlich überlegt werden, denn diese Maßnahme bedeute die „allmähliche Einführung der Einreisegenehmigung in die Hauptstadt der DDR für westdeutsche Bürger", machte Ulbricht deutlich, daß es ihm um mehr als einen nur augenblicksbedingten Schritt ging.[40]

Moskau antwortete positiv.[41] Am 31. August erhob die DDR-Regierung daraufhin öffentlich Einspruch „gegen den Mißbrauch Westberlins für Kriegs- und Revanchehetze" und verfügte, daß Westdeutsche während der Vertriebenentagung nur mit spezieller Erlaubnis die Sektorengrenze passieren durften.[42] Die

---

[39] Gespräch M. G. Pervuchin – W. Ulbricht, 20. 3. 1961, RGANI, 5, 49, 377 (rolik 8978), Bl. 18f.
[40] Handschriftlich erteilter Auftrag W. Ulbrichts an A. Neumann zur Formulierung eines Vorschlags, der „auf der Parteischiene" nach Moskau gehen sollte, 21. 8. 1960 (mit Erledigungsvermerk 24. 8.), SAPMO-BArch, DY 30/3291, Bl. 12f.
[41] V. Kočemasov an V. Zorin, 29. 8. 1960, AVPRF, 0742, 5, 41, 54, Bl. 66. Der einzige Vorbehalt war, daß Personen aus sozialistischen Ländern von der Regelung auszunehmen seien.
[42] Anordnung des Ministeriums des Innern der DDR über das Betreten der Hauptstadt der DDR durch Bürger der Deutschen Bundesrepublik, in: Dokumente zur Deutschlandpolitik, IV, Bd. 5

DDR unterliege keinem Vier-Mächte-Regime, nachdem die Westmächte selbst das Abkommen darüber (durch die Mißachtung ihrer angeblichen Verpflichtungen aus dem Potsdamer Abkommen, wie unausgesprochen gemeint war) aufgehoben hätten. Sie könne „nicht zulassen, daß revanchistische und militaristische Kräfte das Westberliner Besatzungsstatut ausnutzen, um Revanchekundgebungen und Kriegshetze durchzuführen."[43] Demnach war nur eine befristete Repressalie gegen eine als Kerntruppe des „Revanchismus" betrachtete Organisation vorgesehen. Nachdem die Tagung beendet war und die Maßnahme auslief, nutzte Ulbricht den gewonnenen Spielraum zu weiterem Vorgehen. Das DDR-Innenministerium machte am 8. September 1960 mit der Begründung, die „westdeutschen Revanchisten und Militaristen" wollten ihre Provokationen auch künftig fortsetzen,[44] den Besuch von Privatpersonen in Ost-Berlin dauerhaft von amtlicher Erlaubnis abhängig.[45] Der Kreml nahm die Anordnung hin,[46] äußerte aber intern Unmut.[47] Dem Verzicht auf offenen Widerspruch lag die Einschätzung zugrunde, die sowjetischen Interessen seien nicht ernstlich bedroht. Da wollte man die „deutschen Freunde" nicht bloßstellen.

Moskau sah jedoch nicht tatenlos zu, als sich die amerikanische Seite dagegen wandte, daß der Zutritt zu einer Exklave ihres Sektors von einer Aufenthaltsgenehmigung abhängig gemacht wurde. Handwerker, Monteure und andere Personen, die von West-Berlin nach Steinstücken wollten, sollten demnach das dazwischen liegende DDR-Territorium nur mit einer jeweils auszustellenden Einzelerlaubnis überqueren können. Der Politische Berater des US-Stadtkommandanten richtete daraufhin eine Beschwerde an sein sowjetisches Gegenüber.[48] Perwuchin forderte Ulbricht auf, wie bisher ohne vorherigen Antrag Passierscheine ausstellen zu lassen. Aufenthaltsgenehmigungen zu erteilen, ergebe „überhaupt keinen Sinn", wenn nur ein kurzes Stück DDR-Gebiet überquert werde.[49]

(1973), a.a.O., S. 191 f.; Abraham, Materialien über einige Fragen in Zusammenhang mit Berlin in den letzten Tagen, o.D. [Sept. 1960], PA-MfAA, A–617, Bl. 43.

[43] Fernsehdiskussion Ulbrichts mit Eisler und Kegel, 3. 9. 1960, in: Dokumente zur Deutschlandpolitik, IV, Bd. 5 (1973), a.a.O., S. 208–219. Das Abkommen, auf das Bezug genommen wurde, war die Potsdamer Drei-Mächte-Vereinbarung vom 2. 8. 1961, das angeblich die Grundlage für die Vier-Mächte-Rechte bildete.

[44] Befehl des Ministers des Innern Nr. [offengelassen]/60 (Entwurf), 6. 9. 1960, SAPMO-BArch, DY 30/3507, Bl. 340 f.

[45] Text: Anordnung des Ministeriums des Innern der DDR, 8. 9. 1960, in: Dokumente zur Deutschlandpolitik, a.a.O., IV, 5, S. 229 f.

[46] Vgl. Karl-Heinz Schmidt, Dialog über Deutschland. Studien zur Deutschlandpolitik von KPdSU und SED (1960–1979), Baden-Baden 1998, S. 28 f.

[47] Otčët o rabote Posolstva SSSR v GDR za 1960 god (Bericht von M. Pervuchin an Ju. V. Andropov im ZK der KPdSU), 15. 12. 1960, RGANI, 5, 49, 287 (rolik 8948), Bl. 77, 80, 86, 87. Vgl. auch die Äußerung von Botschaftssekretär Kvicinskij gegenüber einem SED-Funktionär, die Maßnahme sei zwar „völlig richtig und notwendig" gewesen, habe aber nicht die Entspannung gefördert (was nach sowjetischer Ansicht unbedingt erforderlich war) und die Einstellung der Deutschen gegenüber der östlichen Politik und der DDR zutiefst negativ beeinflußt (Gespräch Ju. A. Kvicinskij – P. Papist, 21. 10. 1960, RGANI, 5, 49, 288, Bl. 276–278).

[48] Garde-Generalmajor N. Zacharov an M. G. Pervuchin, o.D. (11. 10. 1960), SAPMO-BArch, DY 30/3691, Bl. 46 f. (russ.), Bl. 40 f. (dte. Übers.).

[49] M. Pervuchin an W. Ulbricht (mit Anlage), 12. 10. 1960, SAPMO-BArch, DY 30/3691, Bl. 42–44 (russ.), Bl. 36–38 (dte. Übers.).

Die SED-Führung suchte ihre alleinige Verfügungsgewalt auf dem gesamten DDR-Territorium noch mit einem weiteren Schritt zu demonstrieren. Die westlichen Amtspersonen, die beim Betreten Ost-Berlins von jeder Kontrolle freigestellt waren, sollten ihre Ausweise vorzeigen. Die Westmächte sahen das als Beschränkung ihres aus dem Besatzungsstatus herrührenden Rechts an. In Moskau hatte man die Sorge, ein derartiger ostdeutscher Eingriff in eine Vier-Mächte-Angelegenheit könne dazu führen, daß die Westmächte umgekehrt den Bediensteten der UdSSR den Zutritt zu den Westsektoren erschwerten. Darüber brachte man in Ost-Berlin Erstaunen zum Ausdruck. Die Begründung für die vorgesehene Maßnahme wurde als ungenügend verworfen. Später erfolgte der Hinweis, die sowjetische Botschaft in Berlin habe, wie Ulbricht und Grotewohl bekannt sei, kürzlich die Weisung erhalten, die kommerzielle, kulturelle und sonstige Tätigkeit im Westteil der Stadt zu verstärken. Im Hinblick darauf könnten Schwierigkeiten entstehen, was freilich nicht unbedingt der Fall sein müsse.[50] Damit lehnte der Kreml den Wunsch nicht völlig ab, wollte aber Modalitäten gewährleistet sehen, die den Westmächten keine Handhabe für Beschränkungen des sowjetischen Zutritts gaben.

Ulbricht war vorsichtig genug gewesen, den Vier-Mächte-Status nicht direkt in Frage zu stellen. Er wollte nur die öffentlich vertretene Position symbolisch untermauern, Ost-Berlin sei als „Hauptstadt der DDR" keinen besatzungsrechtlichen Beschränkungen unterworfen.[51] Daher verzichtete er auf die Festlegung einer Genehmigungspflicht und war vorerst damit zufrieden, wenn sich die westlichen Beamten überhaupt einer ostdeutschen Formalität fügten. Sie sollten zunächst nur ihre amtliche Eigenschaft nachweisen. Das Verlangen war sachlich nicht zu rechtfertigen, denn sie kamen in Dienstfahrzeugen nach Ost-Berlin, die den Status der Insassen eindeutig auswiesen. Die Vorzeigepflicht diente dem politischen Zweck, das DDR-Recht auf Kontrolle prinzipiell festzustellen.[52] Der Verzicht auf Stipulierung einer Genehmigungspflicht erlaubte es der UdSSR, die Maßnahme gegenüber den Westmächten herunterzuspielen. Der westliche Anspruch auf freien Zutritt wurde demnach nicht in Frage gestellt und mochte daher als unangetastet gelten. Daher wiesen die sowjetischen Behörden den Protest des amerikanischen Botschafters in Bonn dagegen zurück, daß er bei einer Fahrt über die Sektorengrenze trotz des Standers an seinem Wagen zum Vorzeigen des Ausweises genötigt worden war. Westlichen Gesprächspartnern wurde versichert, es sei nicht daran gedacht, Vertreter der drei westlichen Staaten am Betreten Ost-Berlins zu hindern. In Wahrung der Solidarität mit der DDR wurden aber keine Zweifel an deren Befugnis zur Regelung von Zutrittsfragen geäußert.[53] Die sowjetische Seite bekundete freilich nur nach außen hin Zustimmung. Intern zeigte sie Unmut über das ostdeutsche Vorgehen. Das Erstaunen über die Behandlung des Botschafters und der Hinweis, die Vertreter der UdSSR würden beim Betreten

---

[50] Hope M. Harrison, Driving the Soviets up the Wall. Soviet – East German Relations 1953–1964, Princeton/NJ–Oxford 2003, S. 145 f. (unter Berufung auf Berichte des DDR-Botschafters an Ulbricht vom 23. 9. 1960).

[51] Abraham, Materialien über einige Fragen in Zusammenhang mit Berlin in den letzten Tagen, o.D. [Sept. 1960], PA-MfAA, A-617, Bl. 44.

[52] W. Ulbricht an N. S. Chruščëv, 18. 10. 1960, BArch, DY 30/3507, Bl. 371 f.

[53] K.-H. Schmidt, a.a.O., S. 30–32.

West-Berlins keinerlei Kontrolle unterworfen, ließen die Sorge erkennen, die
Westmächte könnten ebenso verfahren. Unruhe sprach auch aus der Frage, ob
denn gar „eine Anweisung zur Kontrolle westlicher, in Bonn akkreditierter Diplomaten" erlassen worden sei. Auch bei anderen Gelegenheiten zeigte sich deutliches Mißfallen.[54]

Ulbricht reagierte empört auf die Vorhaltung, das Vorgehen der DDR-Grenz-
organe könnte auf der Gegenseite Nachahmung finden. Das sei abwegig, denn ein
„grundsätzlicher Unterschied" bleibe dabei außer Betracht. Die UdSSR und die
Volksdemokratien seien mit der DDR durch Freundschaftsverträge verbunden,
und auch die Bundesrepublik und die West-Berliner Behörden hätten diplomatische Beziehungen zur Sowjetunion. Dagegen forderten die USA „unkontrollierte
Einreise in die Hauptstadt der DDR, um zu demonstrieren, daß sie die DDR nicht
anerkennen." Er sehe nicht, daß die Kontrolle westlicher Diplomaten durch ostdeutsche Organe zu Schwierigkeiten für die UdSSR in West-Berlin führen könnte.
Er berief sich darauf, daß sich auch Moskau gegen die These wende, Ost-Berlin
unterliege einem Vier-Mächte-Status. Folglich könnten daraus keine Forderungen
gegen die DDR abgeleitet werden.[55] Damit ignorierte er die Sorge, sein Vorgehen
könne unabhängig von der eigenen Interpretation der Rechtslage Gegenmaßnahmen der Westmächte provozieren.

Ulbricht stellte Chruschtschow die Frage, wie zu verhindern sei, daß die Westmächte und die Bundesrepublik „den nicht mehr bestehenden Viermächte-Status
ausnutzen, um in der Hauptstadt und in der DDR Einfluß zu gewinnen." Die
Bonner Regierung schaffe in West-Berlin vollendete Tatsachen und baue die Stadt
„zu ihrem vorgeschobenen Stützpunkt für ihre Revanchepolitik, für Agententätigkeit gegen die sozialistischen Länder und zur Organisierung der Republikflucht aus der DDR" aus. Erweiterungen des Zug- und Flugverkehrs dorthin
brächten ihr Vorteile ohne Gegenleistungen an die DDR. Trotzdem werde – so
der Vorwurf an die sowjetische Adresse – „in der Hauptstadt der DDR der nicht
mehr bestehende Viermächte-Status weitgehend beibehalten." Westdeutsche Ab-
geordnete, Agenten und Bischöfe könnten, ebenso wie die Besatzungstruppen der
Westmächte, „ohne Kontrolle einreisen, sich frei bewegen und auftreten". Die
westliche Forderung nach Einhaltung des Vier-Mächte-Status Gesamt-Berlins
ziele auf die Anerkennung einseitig geschaffener Tatsachen ab, was seit der Wie-
deraufrüstung Westdeutschlands und dem „aggressiven Auftreten" Bonns nicht
mehr „möglich" sei. Wie er Chruschtschow erklärte, waren die Westdeutschen bei
Besuchen in Ost-Berlin „anmeldepflichtig", die westlichen Militärs und Diplomaten hatten in der Hauptstadt der DDR ihre Ausweise vorzuzeigen, und die Ge-
setze der DDR galten auch dort. Er verzichtete aber vorerst darauf, auf dem
Stimmrecht der Ost-Berliner Vertreter in der Volkskammer zu bestehen.[56]

Die sowjetische Seite billigte, als in der zweiten Januarhälfte 1961 Konsultationen stattfanden, die Ausweisvorzeigepflicht für westliche Militärs und Beamte in
Ost-Berlin und sprach den Gesetzen der DDR Geltung auf deren gesamtem Ter-

54 K.-H. Schmidt, a.a.O., S. 32 f.
55 W. Ulbricht an N. S. Chruščëv, 18. 10. 1960, SAPMO-BArch, DY 30/3507, Bl. 371 f.
56 W. Ulbricht an Chruščëv, 22. 11. 1960, SAPMO-BArch, DY 30/3507, Bl. 377, 380 f.

ritorium zu, unterschied aber zwischen Aufenthalten der westlichen Bediensteten in dieser Stadt und Besuchen im übrigen Land. Die Vertreter des SED-Regimes ersuchten um die Genehmigung von Maßnahmen gegen „demonstrative Fahrten" westlicher Militärpatrouillen, welche die Verhaltensmaßregeln auf den Straßen angeblich bewußt mißachteten und ein „provokatorisches Verhalten" gegenüber den staatlichen Organen an den Tag legten. Vor allem die Frage der westlichen Militärbusse müsse geprüft werden. Davon aber wollten die sowjetischen Gesprächspartner nichts wissen.[57]

Weitere Konflikte wegen des Status von Ost-Berlin

Ungeachtet aller Unbotmäßigkeit, war sich Ulbricht der Grenze bewußt, bis zu der er die Sieger- und Führungsmacht UdSSR herausfordern konnte. Mit dem Verlangen nach Vorweisen der Identitätspapiere hatte er einen Schritt gewählt, der nach aller Voraussicht weder prinzipielle Einwände noch ernste Sorgen auf sowjetischer Seite hervorrief. Das Vorgehen war rechtlich durch die amtliche Forderung nach Beseitigung aller „Überreste des Zweiten Weltkriegs", vor allem des Berliner Okkupationsstatus, gedeckt, die keine Basis mehr für „Privilegien" der Westmächte bot, wie die DDR seit Anfang 1959 im Kreml unwidersprochen geltend machte.[58] Moskauer Bedenken, der Schritt könne sowjetischen Interessen ernstlich Abbruch tun, wurden dadurch weithin zerstreut, daß sich voraussichtlich aus der Vorzeigeforderung keine Gefahr für den sowjetischen Zutritt zu West-Berlin ergab. Aber der Vorwurf blieb bestehen, der SED-Chef habe gegen die Regel der Vorausabstimmung mit Moskau verstoßen. Das durfte nicht wieder geschehen.

Ulbricht war seitdem genötigt, diesem Verlangen zu entsprechen. Er suchte aber das sowjetische Einverständnis dadurch zu präjudizieren, daß er bei der Darstellung seiner Absichten keine genauen Angaben über die Modalitäten machte. In Moskau war man inzwischen gewarnt. Als daher der SED-Chef „in Abhängigkeit von der internationalen Lage" ein weiteres Mal das Recht auf Kontrolle des Zutritts demonstrieren wollte und zunächst allgemein beim sowjetischen Außenministerium vorfühlen ließ,[59] läuteten dort die Alarmglocken. Das folgende Gesuch um Genehmigung einer Verordnung, der zufolge die Einreise von Bussen mit Touristen und „anderen Gruppen" nur aufgrund einer DDR-Erlaubnis möglich sein sollte, rief bei Perwuchin den Argwohn hervor, mit den „anderen Gruppen" seien die Militärs und Diplomaten der Westmächte gemeint, die oft in Bussen durch Ost-Berlin fuhren. Der Botschafter unterstrich, dieser Personenkreis dürfe nicht so behandelt werden wie geplant, und fügte hinzu, er müsse sich im übrigen

[57] Überlegungen, die während der Konsultation zum Ausdruck gebracht wurden, o. D. [2. Januarhälfte 1961], SAPMO-BArch, DY 30/3508, Bl. 26–36.
[58] Probleme im Zusammenhang mit der Übergabe der Rechte der sowjetischen Vertreter betreffend Westberlin an die Regierung der Deutschen Demokratischen Republik, 4. 2. 1959, SAPMO-BArch, DY 30/3505, Bl. 56–61, dazu insbesondere die Anlagen zum Alliierten Abrechnungsbüro, zum Alliierten Gefängnis in Spandau, zur Behandlung westlicher Diplomaten und Militärs in Ost-Berlin, zum Alliierten Reise- und Verbindungsbüro und zu den westlichen Militärmissionen in Potsdam, ebd., Bl. 62–93.
[59] Gespräch M. Ja. Chošev – K. Maron, 10. 10. 1960, RGANI, 5, 49, 281 (rolik 8946), Bl. 203.

wegen der komplizierten Sachlage noch mit Moskau beraten. Er war ärgerlich, daß dem Kreml nur eine äußerst kurz bemessene Frist für seinen Bescheid zugestanden sein sollte, und betonte, solche Regelungen könnten nur mit ausdrücklicher Billigung der UdSSR getroffen werden.[60]

Die Befürchtung, die Genehmigungspflicht solle auch für Busse mit westlichen Amtspersonen gelten, erwies sich als berechtigt. Wie Ulbricht auf Nachfrage Chruschtschows hin zugab, wollte er „die in Westberlin stationierten Offiziere und Soldaten" nicht mehr „in Autobussen nach Belieben in der Hauptstadt der DDR herumfahren" lassen, wo sie dann „provokatorische Zwecke verfolgen" könnten. Mit der Versicherung, er werde über den Zutritt von Ausländern und Staatenlosen zur „Hauptstadt der DDR" erst dann entscheiden, wenn er „vorher die Zustimmung der sowjetischen Freunde eingeholt" habe,[61] gab er jedoch dem Druck nach. Ein führender Diplomat der UdSSR konstatierte gleichwohl eine „gewisse Inflexibilität" der ostdeutschen Seite, die sie „nicht immer" Rücksicht auf die Folgen ihres Vorgehens nehmen lasse.[62] Chruschtschows Mißtrauen kam etwa in der Nachfrage zum Ausdruck, ob denn die DDR etwa eine Genehmigungspflicht für die Botschafter der Westmächte in Bonn vorsehe, wenn diese mit ihrem sowjetischen Amtskollegen Deutschland-Fragen in Ost-Berlin besprechen wollten. Das stellte Ulbricht in Abrede und erklärte, diese würden, falls zuvor avisiert, „sogar ohne Kontrolle durchgelassen" werden. Damit verband er die Anregung, auch sonst könnten die westlichen Diplomaten vom Vorzeigen ihrer Ausweise befreit werden, wenn sie sich vorher bei der DDR anmeldeten.[63]

Chruschtschow antwortete kurz, die Dinge sollten während Ulbrichts Moskau-Besuch erörtert werden. Bis dahin dürfe es an der Grenze zu West-Berlin keine Veränderung geben.[64] Als er am 30. November mit Ulbricht zu einem Meinungsaustausch zusammentraf, bestand er darauf, daß die DDR generell keine einseitigen „Schritte zur Liquidierung der Überreste des Zweiten Weltkriegs" unternehme. Das sei erforderlich, auch wenn die westlichen Besatzungsrechte mit der Souveränität der DDR unvereinbar seien. Andernfalls stünden eine Verschärfung der Lage und eine Störung der Verhandlungen mit den Westmächten zu erwarten. Die UdSSR dürfe ihr Wort gegenüber der anderen Seite nicht brechen, vor einem Gipfeltreffen nichts am bestehenden Zustand zu ändern. Vor allem müsse die Kontrolle an den Sektorenübergängen in der bisherigen Form bestehen bleiben. Sowjetunion und DDR sollten keine getrennten Initiativen entfalten, sondern einen Plan gemeinsamer Taktik der sozialistischen Länder vereinbaren, der

---

[60] Aktenvermerk über Unterredung zwischen M. Pervuchin und O. Winzer, 18. 10. 1960, PA/MfAA, G-A 478, Bl. 2 f. Wie Ulbricht in dem dabei übergebenen Brief an Chruščev ausführte, war es notwendig, daß die DDR „aktiver gegen die Förderung revanchistischer und militaristischer Provokationen in Westberlin durch die Bonner Regierung" vorging, die „Störtätigkeit" der West-Berliner „Revanchisten und Militaristen" unterband und deren „provokatorisches" Auftreten in der „Hauptstadt der DDR" verhinderte (W. Ulbricht an N. S. Chruščev, 18. 10. 1960, SAPMO-BArch, DY 30/3507, Bl. 368f).

[61] W. Ulbricht an N.S. Chruščev, 18. 10. 1960, SAPMO-BArch, DY 30/3507, Bl. 370–372.

[62] Otčët o rabote Posolstva SSSR v GDR za 1960 god (Bericht von M. Pervuchin an Ju. V. Andropov im ZK der KPdSU), 15. 12. 1960, RGANI, 5, 49, 287 (rolik 8948), Bl. 80.

[63] W. Ulbricht an N. S. Chruščev, 18. 10. 1960, SAPMO-BArch, DY 30/3507, Bl. 371. Zur Anlage siehe SAPMO-BArch, DY 30/3682, Bl. 26–30.

[64] N. S. Chruščev an W. Ulbricht, 24. 10. 1960, SAPMO-BArch, DY 30/3682, Bl. 39.

Varianten für das Vorgehen unter verschiedenen Umständen enthalte.[65] Ulbricht konnte als positives Ergebnis verbuchen, daß die UdSSR die Vorzeigepflicht gegenüber den USA voll unterstützte. Der sowjetische Stadtkommandant beantwortete die amerikanischen Proteste mit dem Hinweis, es handele sich um eine innere Angelegenheit der DDR, in die er sich nicht einmische.[66]

Eine weitere Kontroverse entstand wegen der Absicht des SED-Chefs, den Ost-Berliner Mitgliedern der Volkskammer den gleichen Status zu geben wie den anderen Abgeordneten, sobald im Dezember eine Sitzung des Bundestags im Westteil der Stadt einen geeigneten Vorwand biete.[67] Der Kreml hielt jedoch an diesem formalen Überrest des Vier-Mächte-Status fest, um die Westmächte nicht unnötig herauszufordern, solange sie in Berlin präsent waren. Ulbricht sah sich daraufhin genötigt, das Vorhaben zurückzustellen. Er gab seinem Ärger darüber Ausdruck, der Vier-Mächte-Status in West-Berlin ständig mißachtet werde, während er im Ostteil der Stadt nach wie vor gelten solle. Diesen „unklaren Zustand", den man lange Jahre zugelassen habe, erklärte er für nicht länger tragbar.[68]

Im Frühjahr 1961 drang die ostdeutsche Seite in Moskau auf Veränderungen, die, wenn man von der Forderung nach höheren Entgelten für die Dienstleistungen der DDR auf den Zugangswegen absieht, allesamt auf einen Abbau von Elementen des Berliner Vier-Mächte-Status hinausliefen: geänderte Abfertigungsmodalitäten im westlichen Militärverkehr, Einführung eines Pflichtumtauschs für westliche Besucher des Sowjetsektors, Einschränkungen des Rechtes der Westmächte auf Zutritt sowie Aufhebung der auf Übereinkünfte der Okkupationsmächte zurückgehenden Regelungen und Institutionen. Die UdSSR erklärte das in fast allen Punkten für verfrüht und machte klar, daß dem Verlangen erst entsprochen werden könne, wenn das Besatzungsrecht durch Abschluß des Friedensvertrags seine Grundlage verloren habe. Die DDR wurde darauf hingewiesen, „daß bei der Verwirklichung jeder konkreten Maßnahme weitere Konsultationen durchgeführt und miteinander Kontakte unterhalten werden müssen."[69]

Strittiges Verhalten gegenüber West-Berlin

Die Führungen von UdSSR und DDR waren unterschiedlicher Meinung darüber, wie man die Ziele gegen den Westen am besten durchsetzte. Chruschtschow wollte seine Ziele möglichst durch positive Anreize erreichen, etwa indem er Kontakte knüpfte und Sympathien zu wecken suchte. Die West-Berliner sollten

[65] Otčёt o rabote Posolstva SSSR v GDR za 1960 god (Bericht von M. Pervuchin für Ju. V. Andropov im ZK der KPdSU), 15.12. 1960, RGANI, 5, 49, 287, Bl. 91. Vgl. Aktenvermerk über die Unterredung von W. Ulbricht mit N.S. Chruščёv, 30. 11. 1960, SAPMO-BArch, DY 30/3566, Bl. 84.
[66] Siehe z.B. I. Il'ičёv an M. Pervuchin (Übermittlung eines Telegramms von Generalmajor Zacharov), 24. 2. 1961, AVPRF, 0742, 6, 17, 5, Bl. 1.
[67] W. Ulbricht an N. S. Chruščёv, 18. 10. 1960, SAPMO-BArch, DY 30/3507, Bl. 373.
[68] W. Ulbricht an N. S. Chruščёv, 22. 11. 1960, zitiert nach K.-H. Schmidt, a.a.O., S. 37f.
[69] Arbeitsnotizen. Überlegungen, wie sie während der Konsultation zum Ausdruck gebracht wurden, o.D. [spätestens erste Junihälfte 1961], DY 30/3508, Bl. 26–36 [Zitat auf Bl. 36]; Ministerium für Nationale Verteidigung. Operative Verwaltung, Tagebuch-Nr. Va/144/61, o.D. [22. 6. 1961], BArch-MArch, VA–01/18790, Bl. 2.

durch lockende Angebote gewonnen werden. Den ersten Schritt dazu sah er in der Zuerkennung des Freistadt-Status. Nach seiner Ansicht würdte es Zustimmung bei der Bevölkerung wecken, wenn ihre Stadt vom westlichen Besatzungsregime „befreit" wurde und den Status einer „selbständigen politischen Einheit" erhielt. Diese sollte durch enge wirtschaftliche und kulturelle Beziehungen allmählich in den Kreis der sowjetisch orientierten Staaten einbezogen werden. Eine ökonomische Zusammenarbeit, die nicht von unsicheren kapitalistischen Konjunkturschwankungen abhänge und mithin stabil sein werde, werde dafür eine gute Grundlage bieten.[70] Im Sommer 1960 wurde die Botschaft bei der DDR angewiesen, sich um breite wirtschaftliche, kulturelle und sonstige Kontakte und vielfältige institutionelle Verbindungen mit West-Berlin zu bemühen.[71] Während einer Woche des sowjetischen Films im Frühjahr 1961 war intern von künftigen „Sonderbeziehungen" die Rede. Diese würden Bonn Grund zur Sorge [um den Erhalt der Bindungen der Stadt an die Bundesrepublik] geben.[72]

Ulbricht dachte anders. Er glaubte nicht an die Möglichkeit, die West-Berliner zur östlichen Seite herüberzuziehen, und setzte auf restriktive, zwangsgestützte Maßnahmen. Jede Chance, die der Stadt geboten wurde, war in seiner Sicht eine Stärkung des Feindes.[73] Solange West-Berlin nicht voll unterworfen war, sah er in ihm einen politischen Fremdköper, gegen den die DDR abgeschirmt werden mußte.[74] Am 22. Januar 1959 erhielt Innenminister Maron den Auftrag, bis 28. Februar „einen Vorschlag über die Neuregelung des Systems der Sicherung der Sektorengrenze innerhalb Berlins auszuarbeiten".[75] Chruschtschow war damit nicht einverstanden. Er wollte alles vermeiden, was in West-Berlin Ablehnung hervorrufen und negatives Aufsehen erregen konnte.[76] Perwuchin kritisierte, der Boykott der „deutschen Freunde" gegen die Stadt habe 1948/49 im Kampf um die Kontrolle Gesamt-Berlins seine Berechtigung gehabt, seither sei jedoch „das eine oder andere im Lande passiert". Die dadurch veränderte Lage mache es notwendig, sich „neue Aufgaben" zu stellen.[77] Die Politik der DDR trage „in der Regel einseitigen, vornehmlich administrativen Charakter" und sei nur auf die Be-

---

[70] V. Zubok/Z. Vodop'janova, Sovetskaja diplomatija i berlinskij krizis (1958–1962 gg.), in: M. M. Narinskij (glavn. red.), Cholodnaja vojna. Novye podchody, novye dokumenty, Moskau 1995, S. 261.

[71] Otčet o rabote Posol'stva SSSR v GDR za 1960 god (Bericht von M. Pervuchin an Ju.V. Andropov im ZK der KPdSU), 15. 12. 1960, RGANI, 5, 49, 287 (rolik 8948), Bl. 85; Aufzeichnung sowjetischer Herkunft ohne Über- und Unterschrift (in dtr. Übers.), 17. 8. 1960, SAPMO-BArch, DY 30/ 3506, Bl. 330.

[72] Äußerungen von Botschafter Pervuchin im Gespräch mit seinem ungarischen Amtskollegen: István Rostás an Károlyi Kiss/Imre Hollai (ungar.), 25. 4. 1961, MOL 288.f.32/1961/12.ö.e., Bl. 161 f.

[73] V. Zubok/Z. Vodop'janova, Sovetskaja diplomatija i berlinskij krizis (1958–1962 gg.), in: M. M. Narinskij (glavn. red.), Cholodnaja vojna. Novye podchody, novye dokumenty, Moskau 1995, S. 261.

[74] Alexei Filitov, The Soviet Policy and Early Years of Two German States 1949–1961, unveröffentlichtes Manuskript, S. 14 (nach Akten aus dem RGANI).

[75] Auszug aus dem Protokoll der Sicherheitskommission des Politbüros der SED vom 22. 1. 1961, BArch-MArch, VA 01/5046, Bl. 69.

[76] Alexei Filitov, The Soviet Policy and Early Years of Two German States 1949–1961, unveröffentlichtes Manuskript, S. 14 (nach Akten aus dem RGANI).

[77] Äußerungen von Botschafter Pervuchin im Gespräch mit seinem ungarischen Amtskollegen: István Rostás an Károlyi Kiss/Imre Hollai (ungar.), 25. 4. 1961, MOL 288.f.32/1961/12.ö.e., Bl. 161 f.

schränkung der Bewegungsfreiheit zwischen beiden Teilen der Stadt ausgerichtet. Dagegen würden die „breiten Möglichkeiten" der legalen Arbeit in West-Berlin nicht genutzt. Auf diese Weise könne man bei der Bevölkerung keine Erfolge erzielen.[78]

Ulbricht wurde noch mißtrauischer, als die Gespräche Chruschtschows mit Eisenhower in Camp David Ende September 1959 die Aussicht auf eine sowjetisch-amerikanische Verständigung zu eröffnen schienen. Er befürchtete ein Arrangement, das zwar der DDR die Souveränität über die Zugangswege West-Berlins gebe, aber die westliche Präsenz in der Stadt nicht beseitige und ein Transitabkommen ohne wesentliche Eingriffsmöglichkeiten der DDR vorsehe.[79] Er suchte die Annäherung der zwei Großmächte durch eine Propagandakampagne aufzuhalten, welche die „feindselige Tätigkeit [der USA] gegen die DDR und die anderen Länder des sozialistischen Lagers" thematisierte. Er traf auch innenpolitische Maßnahmen, die sich, wie die Sowjetbotschaft rügte, gegen das Bemühen um einen Brückenschlag in der Berlin-Frage richteten. Anfang 1960 schickte er nach Moskau die Schreckensmeldung, die „westdeutschen Militaristen" planten ein Bombardement Dresdens und Leipzigs mit taktischen Raketen. Vier Monate später, nach Abbruch der Pariser Gipfelkonferenz, suchte er den Kreml zur politischen Offensive gegen West-Berlin zu überreden.[80]

---

[78] Otčët o rabote Posolstva SSSR v GDR za 1960 god (Bericht von M. Pervuchin für Ju. V. Andropov im ZK der KPdSU), 15.12. 1960, RGANI, 5, 49, 287, Bl. 88–90; Aufzeichnung des tschechoslowakischen Außenministers David über Chruščëvs Ausführungen auf der ordentlichen Sitzung des Politisch Beratenden Ausschusses des Warschauer Pakts in Moskau am 4. 2. 1960, 20. 2. 1960, in: Michal Reiman/Petr Luňák, Studená válka 1954–1964. Sovětské dokumenty v českých archivech, Brünn 2000, S. 145–147.

[79] Diese Möglichkeit deutete Botschafter Pervuchin in einem Gespräch mit seinem ungarischen Amtskollegen an: István Rostás an Karolyi Kiss/Imre Hollai (ungar.), 25.4. 1961, MOL 288. f. 32/1961/12.ö.e., Bl. 160.

[80] V. Zubok/Z. Vodop'janova, a.a.O., S. 265 f.

7. Die Frage der wirtschaftlichen Standfestigkeit der DDR

Interessenlagen im innerdeutschen Handel

Der innerdeutsche Handel[1] funktionierte bis Sommer 1960 selbst dann noch reibungslos, wenn das Ost-West-Verhältnis gespannt war. Das Berliner Abkommen vom 20. September 1951 wurde Jahr für Jahr verlängert und durch ausfüllende Vereinbarungen über Warenlisten ergänzt. Die DDR zog aus dem Güteraustausch großen wirtschaftlichen Vorteil. Die Lieferungen aus der Bundesrepublik wurden nicht mit äußerst knapper Westwährung, sondern auf dem Verrechnungswege bezahlt und enthielten weithin „Defizitmaterialien", die das SED-Regime wegen fehlender Devisen anderswo nicht beschaffen konnte. Es handelte sich um technologisch entwickelte Produkte und um Rohstoffe, deren die ostdeutsche Schwerindustrie bedurfte, die in den frühen fünfziger Jahren auf sowjetisches Geheiß ohne Rücksicht auf fehlende Ressourcen aufgebaut worden war. Vom innerdeutschen Handel profitierte indirekt auch die UdSSR, für welche die DDR manche Güter erst aufgrund der Vorprodukte aus Westdeutschland bereitstellen konnte.

In Bonn war man am Warenaustausch als solchem nicht interessiert und wußte zudem, daß der Warenaustausch die Wirtschaft der DDR und das SED-Regime stärkte. Gleichwohl schien der Handel notwendig, denn die Bereitschaft zur Lieferung wichtiger Güter trug wesentlich dazu bei, daß die DDR den zivilen West-Berlin-Verkehr über ihr Territorium nicht in Frage stellte.[2] Ulbricht war sich bewußt, daß er auf Westdeutschland angewiesen war. Die DDR habe außer der UdSSR, die aber seine Bitten nur teilweise erfüllen könne, sonst niemanden, der ihr ökonomisch helfe.[3] Der Lieferung von „Defizitwaren" aus der Bundesrepublik kam daher allergrößte Bedeutung zu. Ein untrügliches Anzeichen dafür war, daß bei den Verhandlungen über den innerdeutschen Handel von der sonst stets erhobenen Forderung nach staatlicher Anerkennung keine Rede war. Das SED-Regime war sogar damit einverstanden, daß die jährlichen Rahmenabkommen, die faktisch von beiden Regierungen geschlossen wurden, auf Bonner Verlangen hin nach außen keinen staatlichen Charakter erhielten.

---

[1] Das war die DDR-amtliche Bezeichnung, während man in der Bundesrepublik bis 1969 offiziell vom „Interzonenhandel" sprach.

[2] So etwa die Einschätzung von Wirtschaftsminister Erhard in dessen New Yorker Vortrag vom 28. 9. 1960, zitiert bei Karl-Heinz Schmidt, Dialog über Deutschland. Studien zur Deutschlandpolitik von KPdSU und SED (1960–1979), Baden-Baden 1998, S. 42 (Fn. 48).

[3] Gespräch M. G. Pervuchin – W. Ulbricht, 15. 7. 1960, RGANI, 5, 49, 288, Bl. 233.

Als Unterhändler agierten der Leiter der West-Berliner Treuhandstelle für Interzonenhandel, Kurt Leopold, und der Leiter der zuständigen Hauptabteilung im DDR-Ministerium für Außenhandel und Innerdeutschen Handel, Heinz Behrendt. Die SED-Führung schrieb es sich öffentlich als Verdienst zu, sich aus „nationaler Verantwortung" für den Handel mit der westdeutschen Seite und seine Ausweitung einzusetzen, und wies auf die großen Zuwächse hin, die erreicht worden seien. Die Bonner Regierung stelle dagegen aufgrund ihrer „antinationalen Politik" den Warenaustausch unter „Ausnahmerecht" und begrenze die Absatzmöglichkeiten für DDR-Waren.[4] Der Wille, die kommerziellen Beziehungen zur Bundesrepublik so weit wie möglich auszubauen, beruhte auf der Erwartung, man könne sich auf deren Fortführung verlassen. Das Interesse Bonns am West-Berlin-Verkehr schien das hinreichend zu gewährleisten. Die Möglichkeit, daß auch andere Berlin-Fragen das Verhalten des Geschäftspartners beeinflussen könnten, blieb außer Betracht.[5] Solange der Transit nicht in Frage gestellt wurde, glaubte die SED-Führung, daß die Bundesregierung deswegen am innerdeutschen Handel unbedingt festhalten müsse. Daher ging sie davon aus, daß sie in jeder anderen Hinsicht das wechselseitige Verhältnis belasten könne, ohne eine Einstellung der Lieferungen befürchten zu müssen.

Restriktion des Besuchs von Ost-Berlin und Kündigung des Handelsabkommens

Als Ulbricht Chruschtschows Berlin-Ultimatum zustimmte, scheint er trotz der Lieferabhängigkeit geglaubt zu haben, die DDR könne ein Embargo der Bundesrepublik überstehen. Im Juni 1958 bezeichnete er zwar die Fortsetzung des Warenaustauschs der sozialistischen Länder mit ihr als zweckmäßig, machte aber den Vorbehalt, daß die östlichen Außenhandelsorganisationen ihn ständig koordinieren müßten. Er plädierte dafür, die Kontrolle des Warenverkehrs zwischen West-Berlin und der Bundesrepublik als Druckmittel einzusetzen. Die Abfertigung der Transporte solle nach Maßgabe dessen, wie sich die Bundesregierung im „kalten Krieg gegen die DDR" verhalte, verschärft oder gelockert werden.[6] Ulbricht meinte sogar, im Kampf gegen den westdeutschen Feind ökonomische Waffen einsetzen zu können.[7] Chruschtschow war sich – anders als die sowjetischen Wirtschaftsexperten – zu diesem Zeitpunkt noch nicht im klaren darüber, daß wirtschaftliche Faktoren im innerdeutschen Verhältnis eine wesentliche Rolle spielten. Wie er später äußerte, habe ihn „erst Adenauers Kündigung [der Han-

---

[4] Entwurf eines ökonomischen Rechenschaftsberichts für den V. SED-Parteitag, S. II/34 a/b, o.Bl., SAPMO-BArch, FBS 347/14149.
[5] Vgl. Detlef Nakath, Zur politischen Bedeutung des Innerdeutschen Handels in der Nachkriegszeit (1948/49–1960), in: Christoph Buchheim (Hrsg.), Wirtschaftliche Folgelasten des Krieges in der SBZ/DDR, Baden-Baden 1995, S. 222–228.
[6] Gespräch M. G. Pervuchin – W. Ulbricht, 11. 6. 1958, RGANI, 5, 49, 81, Bl. 148–150.
[7] Gespräch M. G. Pervuchin – W. Ulbricht, 5. 12. 1958, RGANI, 5, 49, 82, Bl. 285.

delsvereinbarungen] mit der Nase darauf gestoßen", daß die DDR „von Westdeutschland abhängig" war.[8]

Ulbricht hielt seine politische Position für so stark, daß er die Bundesregierung
herausfordern zu können glaubte, ohne mit ökonomischen Gegenmaßnahmen
rechnen zu müssen. Am 8. September 1960 ließ er unbesorgt eine Genehmigungspflicht für westdeutsche Besuche in Ost-Berlin einführen. Zunächst schien sich
seine Erwartung zu bestätigen. Als sich Bonn über seinen Beauftragten für den innerdeutschen Handel um eine Zurücknahme der Verfügung bemühte, verzichtete
es auf Kündigung des Abkommens von 1950, damit die DDR ihr Gesicht wahren
könne, und war bereit, ein bloßes „Zeichen" als erstes Entgegenkommen zu
akzeptieren. Die SED-Führung lehnte ab. Im Bundeskabinett war die Reaktion
darauf umstritten. Schließlich wurden am 30. September auf Drängen der USA die
Handelsvereinbarungen zum Jahresende außer Kraft gesetzt. Zugleich bot man
Verhandlungen über deren Erneuerung an. Die DDR-Regierung protestierte und
drohte politische Folgen an.[9] Ulbricht ließ in einem Schreiben an Chruschtschow
die Absicht erkennen, auf den Handel mit der Bundesrepublik künftig zu verzichten. Es sei damit zu rechnen, daß kein neuer Vertrag abgeschlossen werde.
Bonn sei „entschlossen, eine gezielte Schädigung der Wirtschaft der DDR durchzuführen". Der Güteraustausch solle nach westdeutscher Ansicht nur „mit weniger wichtigen Waren auf Grund von Einzelverträgen" fortgesetzt werden. Das
hielt der SED-Chef für unannehmbar.[10]

Bemühen um Umorientierung der DDR-Wirtschaft

Die DDR befand sich, nicht zuletzt wegen der 1959 eingeleiteten Zwangskollek-
tivierung der Landwirtschaft, freilich in einer schweren Wirtschaftskrise. Sie
wurde daher durch die Kündigung des innerdeutschen Handelsvertrages noch
härter getroffen, als es ohnehin der Fall gewesen wäre. Die SED-Führung gab aber
nach außen hin nicht zu, daß sie auf den Warenaustausch mit der Bundesrepublik
angewiesen war. Sie erklärte, der bevorstehende Verzicht auf die westdeutschen
Importe werde nur für kurze Zeit Schwierigkeiten bereiten. Dabei war klar, daß
auf die Güter, die von Westdeutschland geliefert wurden, keinesfalls verzichtet
werden konnte. Ulbricht suchte aber Ersatz zu schaffen durch neue Wirtschaftsbeziehungen zur UdSSR, die Kontinuität und Planbarkeit sichern sollten. Bis dahin hatte es nur sporadische, meist auf DDR-Ersuchen zurückgehende Importe
solcher Waren aus der Sowjetunion gegeben. Die zentrale Kommission, die sich
unter Leitung des SED-Chefs seit Anfang 1960 um Lösung der ökonomischen

---

8 Aktenvermerk über Unterredung Ulbrichts mit N. S. Chruščëv, 30. 11. 1960, SAPMO-BArch, DY
   30/3566, Bl. 83 f.
9 Crisis Over Berlin. American Policy Concerning the Soviet Threats to Berlin, November 1958–
   December 1962, Part IV: June 1960–January 1961, Research Project No. 614-D, February 1970,
   Historical Studies Division, Department of State, Document No. 02939, The Berlin Crisis, 1958–
   1962, microfiche published by Chadwyck-Healey Inc., 1992, Bl. 31–35; D. Nakath, Zur politischen Bedeutung, a.a.O., S. 233–235; K.-H. Schmidt, a.a.O., S. 27.
10 W. Ulbricht an N. S. Chruščëv, 18. 10. 1961, SAPMO-BArch, DY 30/3507, Bl. 369 f.

Probleme bemühte,[11] suchte nunmehr dort den Bedarf dauerhaft und auf hohem Niveau zu decken. Damit sollten stabile Voraussetzungen für den sozialistischen Aufbau geschaffen werden.

Ulbricht bot als Gegenleistung an, die DDR wolle ihre Industrie auf die Bedürfnisse der UdSSR ausrichten und dafür Beschränkungen ihres Handlungsspielraums akzeptieren. Er wollte also auf wirtschaftliche Eigenständigkeit verzichten und die Produktion auf Kosten der Exportchancen im Westen an sowjetischen Wünschen ausrichten. Zum Ende des devisenfreien innerdeutschen Warenbezugs würde demzufolge der Verzicht auf die Einnahme westlicher Devisen hinzukommen. Der – bisher schon unzureichende – Zugang zu fortgeschrittener westlicher Technik würde dann völlig fehlen.[12] Aus politischen Gründen wollte Ulbricht gleichwohl die Abhängigkeit von den Lieferungen aus den NATO-Ländern, vor allem aus der Bundesrepublik, beseitigen und sich wirtschaftlich auf die UdSSR umstellen. In der Aufkündigung des Handelsabkommens durch Bonn sah er eine Befreiung, die alle Opfer rechtfertigte. Wenn die „Störfreimachung" gelang, die er nun zum Ziel des Bemühens erklärte, änderte sich das Kräfteverhältnis in Deutschland von Grund auf. Er hatte dann eine bis dahin unvorstellbare Handlungsfreiheit gegenüber dem „Klassenfeind" im Westen. Ökonomische Erfordernisse würden ihn nicht mehr daran hindern, die geopolitische Macht an den Zugängen West-Berlins ausnutzen und die Stadt seinem Willen zu unterwerfen.

Der dafür zu entrichtende Preis einer verstärkten Abhängigkeit von der UdSSR erschien relativ gering, handelte es sich doch dabei um Bindungen, die auf grundlegender Übereinstimmung im Kampf gegen den gemeinsamen Feind beruhten. Ulbricht wollte weit mehr als nur die Vermeidung von Konzessionen, die der westdeutschen Seite für eine Wiederaufnahme des Handels zu machen waren. Er stellte Chruschtschow den Schaden aufgrund der Aufkündigung des innerdeutschen Warenaustauschs in grellen Farben dar. Der DDR-Wirtschaft drohe in größtem Umfang ein Mangel an Gütern, die sie zur Erreichung der Produktionsziele benötige. Die Bezüge aus dem Westen, vor allem aus Westdeutschland, machten bei entscheidenden Warengruppen weit mehr als die Hälfte – in einem Fall sogar 92% – des Bedarfs aus. Natürlich seien diese Materialien auch anderswo erhältlich, doch fehlten dafür die Devisen. Diese Argumentation verfolgte den Zweck, den sowjetischen Führer zu einer Versorgungsgarantie für die DDR zu veranlassen. Wenn die UdSSR nicht massiv mit Lieferungen einspringe, werde sich die ohnehin schwierige Produktionslage im kommenden Jahr zur Katastrophe entwickeln.[13]

Ulbricht stieß mit seinem Vorschlag auf wenig Gegenliebe. Den sowjetischen Wirtschaftsfachleuten war die Belastung zu groß, die mit einer ausreichenden Ver-

[11] Wilfriede Otto, 13. August 1961 – eine Zäsur in der europäischen Nachkriegsgeschichte, in: Beiträge zur Geschichte der Arbeiterbewegung, 1/1997, S. 47.

[12] Michael Lemke, Ein Ausweg aus der Krise? Der Plan einer ostdeutsch-sowjetischen Wirtschaftsgemeinschaft als Systemkonkurrenz zum innerdeutschen Handel 1960–1964, in: Heiner Timmermann (Hrsg.), Die DDR zwischen Mauerbau und Mauerfall, Münster–Hamburg–London 2003, S. 251 f.

[13] W. Ulbricht an N. S. Chruščev (in russ. Übersetzung), 19. 10. 1960, SAPMO-BArch, DY 30/3707, Bl. 245–256.

sorgung der ostdeutschen Industrie verbunden war. Der SED-Chef wandte sich
erneut an Chruschtschow und klagte, seit 1959 hätten sich die Verhältnisse in seinem Land drastisch verschlechtert. Während die Bundesrepublik „auf dem kapitalistischen Weltmarkt eine führende Position gewonnen", einen Produktionszu-
wachs von 12–13% erzielt, die zerstörten Stadtzentren wieder aufgebaut und die
Reallöhne erhöht habe, sei die DDR zu all dem nicht in der Lage gewesen. Der
Abstand zwischen beiden Staaten habe sich nicht verringert, sondern vergrößert.
Als zentrales Problem hob er die Abhängigkeit von westdeutschen Lieferungen
hervor. Selbst wenn es sowjetischem Druck auf Bonn gelingen sollte, das Handelsabkommen wieder in Kraft zu setzen, wäre damit nur wenig gewonnen. Der
Warenaustausch diene der Bundesregierung dazu, „die Abhängigkeit der DDR zu
erhalten, um in die DDR einzudringen und bei den Auseinandersetzungen um
einen Friedensvertrag plötzlich eine wirtschaftliche Krise in der DDR hervorzurufen." Nur massive sowjetische Hilfe und eine enge beiderseitige Verflechtung
könnten davor schützen. Das werde „schwere Belastungen und große Opfer für
die UdSSR" mit sich bringen. Ulbricht stellte mit Nachdruck die Frage, wie sein
Land „ökonomisch von Westdeutschland unabhängig gemacht" werden könne,
wie von ihm „die ökonomische Hauptaufgabe zu erfüllen" sei und wie sich „die
Lage in der DDR weiter [...] festigen" lasse. „Welche Taktik" sei „bei den Verhandlungen über die Wiederherstellung eines Handelsabkommens der DDR mit
Westdeutschland anzuwenden"?[14]

Sowjetische Ablehnung

Der Kreml zog aus der drohenden Einstellung der westdeutschen Lieferungen andere Schlüsse. Er bereitete zwar ein Programm vor, das die Wirtschaft der DDR
notfalls aufrechterhalten sollte, sah aber die Aufkündigung des Vertrags durch
Bonn nicht als unwiderruflich an und forderte das SED-Regime dazu auf, sich
energisch um Wiederaufnahme des Warenaustauschs zu bemühen und dabei prag-
matische Kompromisse nicht zu scheuen, sofern keine prinzipiellen Positionen
preisgegeben würden. Dementsprechend standen die Unterstützungszusagen der
UdSSR unter dem Vorbehalt, daß eine Fortsetzung der Importe aus der Bundesrepublik tatsächlich nicht zu erreichen sei. Es ging nicht nur darum, die Lasten
einer Nothilfe für die DDR zu vermeiden. Man wollte im Kreml auch nicht auf
die Vorteile verzichten, die der UdSSR durch die Weiterleitung von „Defizitwaren" aus der Bundesrepublik indirekt aus dem innerdeutschen Handel erwuch-
sen.[15] Ulbricht sah sich durch die sowjetische Haltung genötigt, Verhandlungen
mit Bonn über Fortsetzung des Güteraustauschs zu akzeptieren, und erklärte seinen Moskauer Gesprächspartnern, er warte auf die Vorschläge der westdeutschen
Seite. Die Bemerkung, er wolle die bisherigen Regelungen um ein Jahr verlängert
sehen, deutete an, daß er zunächst weder Zugeständnisse noch ein dauerhaftes Ar-

14 W. Ulbricht an N. S. Chruščёv, 22. 11. 1960, SAPMO-BArch, DY 30/3507, Bl. 377–387.
15 M. Lemke, Ein Ausweg, a.a.O., S. 252; Michael Lemke, Die Berlinkrise 1958 bis 1963. Interessen
    und Handlungsspielräume der SED im Ost-West-Konflikt, Berlin 1995, S. S. 58 f.

rangement auf Dauer ins Auge faßte. Um der UdSSR guten Willen zu zeigen, wies er die DDR-Grenzbehörden an, die Kontrolle der Transporte zwischen der Bundesrepublik und West-Berlin „loyal zu handhaben", damit „die Bonner Regierung keinen Grund hat, besondere Forderungen zu stellen."[16]

Sollte Ulbricht geglaubt haben, die sowjetische Führung werde sich damit zufriedengeben, sah er sich enttäuscht. Chruschtschow betonte in einem Gespräch am 30. November, er sei nicht bereit, auf die Defizitwaren aus der Bundesrepublik zu verzichten, und machte deutlich, daß er nicht davon überzeugt war, die westdeutsche Seite lasse sich nicht zur Fortsetzung des Handels bewegen. Ein Lieferstopp des Westens sei selbst dann wenig wahrscheinlich, wenn es zum Abschluß des separaten Friedensvertrages mit der DDR komme. Angesichts einer – wie er glaubte – abflauenden Konjunktur im Westen werde man sich dort die Chancen des Osthandels nicht entgehen lassen. Die Bundesrepublik werde sich veranlaßt sehen, dem Beispiel der anderen westlichen Staaten zu folgen, um nicht mit Wirtschaftssanktionen allein dazustehen. Er räumte aber ein, die Möglichkeit eines Ausbleibens benötigter Einfuhren lasse sich nicht völlig ausschließen.[17]

Ulbricht wiederholte demgegenüber, mit der Erneuerung des Abkommens über den innerdeutschen Handel sei kaum zu rechnen. Er wolle aber trotzdem versuchen, Verhandlungen anzuknüpfen. Dabei werde er zusichern, im Falle ihres Erfolgs werde die Abfertigung des West-Berliner Transitverkehrs keinen Anlaß zu ernsten Konflikten bieten. Dagegen stellte er keine Änderung der Besuchsregelung für Ost-Berlin in Aussicht, obwohl das der Grund für die westdeutsche Kündigung gewesen war. Zugleich wollte er die Westmächte auffordern, in Bonn auf Änderung der dortigen Haltung zu dringen. Andernfalls hätten sie die politischen und finanziellen Forderungen der DDR durch ein Abkommen über die Bezahlung der von dieser erbrachten Transitdienste zu erfüllen.

Damit sollte offensichtlich die sowjetische Forderung nach Abschluß des Handelsabkommens konterkariert werden: Es war zu erwarten, daß die Westmächte es scharf ablehnen würden, in östlichem Interesse Druck auf die Bundesregierung auszuüben, zumal wenn ihnen die DDR eine Repressalie androhte, und daß zugleich die Bonner Verhandlungsbereitschaft schwinden werde. Dem entsprach es, daß Ulbricht Chruschtschow erneut von der Aussichtslosigkeit des Bemühens um Fortsetzung des innerdeutschen Handels zu überzeugen suchte. Adenauer lehne diesen völlig ab und wolle allenfalls einen stark eingeschränkten Warenaustausch zulassen. Es werde sich in den Verhandlungen vermutlich herausstellen, daß es Bonn vor allem um die Aufrechterhaltung des Vier-Mächte-Status von Berlin gehe. Diese Forderung betreffe mehr als nur die Beziehungen der DDR zur Bundesrepublik. Der Bundeskanzler suche die NATO-Länder in seine Konflikte mit der DDR zu ziehen und damit der Weiterentwicklung des Handels zwischen dem

[16] W. Ulbricht (Moskau) an A. Neumann, 21. 11. 1960, SAPMO-BArch, DY 30/3291, Bl. 22f.
[17] Sowjetisches Protokoll des Treffens von N. S. Chruščëv und W. Ulbricht, 30. 11. 1960, in englischer Übersetzung wiedergegeben als Anlage A in: H. Harrison, Ulbricht, a.a.O.; Aktenvermerk über die Unterredung von W. Ulbricht mit N. S. Chruščëv, 30. 11. 1960, SAPMO-BArch, DY 30/3566, Bl. 82–85.

sozialistischen Lager und den kapitalistischen Staaten insgesamt entgegenzuwirken.[18]

Chruschtschow erkannte an, die Abhängigkeit der DDR von Westdeutschland bedürfe als zentrales Problem einer Lösung, und erklärte, die „Ökonomik" müsse „unantastbar sein".[19] Um das zu gewährleisten, sah er ein Maximalprogramm vor für den Fall, daß der innerdeutsche Handel zum Erliegen komme. Er gab freilich – im Gegensatz zu Ulbricht, der in weiteren Lieferungen aus dem Westen nur eine zeitweilige Aushilfe sah – einer Fortführung des Güteraustauschs mit der Bundesrepublik den Vorzug, „denn wir wollen nicht die Gans töten, welche die goldenen Eier legt." Er hielt die Hoffnung auf weitere Warenbezüge aus Westdeutschland für realistisch. Für diesen Fall sah er ein bloßes Minimalprogramm der DDR-Hilfe vor. Im übrigen rügte Chruschtschow, daß es überhaupt zur wirtschaftlichen Abhängigkeit von Bonn gekommen sei. Man hätte sich beizeiten davon befreien müssen. Nun aber unterstützten die Kapitalisten das Bemühen, sich aus ihr zu lösen, indem sie eine Blockade angekündigt hätten. Er stimmte Ulbricht zu, daß die Unabhängigkeit der DDR von der kapitalistischen Welt, vor allem von der Bundesrepublik, durch Anbindung ihrer Wirtschaft an das sozialistische Lager hergestellt werden solle, sagte alle benötigten Metalle zu und sprach sich dafür aus, den Lebensstandard der Ostdeutschen zu erhalten und zu verbessern. Er war aber nicht bereit, die sowjetischen Goldreserven dafür in Anspruch zu nehmen. Güter, welche die UdSSR nicht liefern könne, ließen sich anderswo durch Tauschvereinbarungen besorgen. Kakao, Kaffee und Kautschuk könne die DDR in der Dritten Welt bekommen, wenn sie dafür dort etwas aufbaue. Sie dürfe freilich nicht länger die Hände in die Hosentaschen stecken, sondern müsse selbst etwas tun, um unnötige Forderungen [an den Kreml] zu vermeiden.[20]

In diesen Äußerungen drückte sich ein innerer Zwiespalt aus. Chruschtschow machte sich die Idee einer Autarkie des sozialistischen Lagers durch wechselseitige ökonomische Verflechtung und enge Anbindung der DDR an die UdSSR zu eigen. Das erschien ihm als ein großartiges Konzept, das ihn und seine Verbündeten von bisherigen politischen Rücksichtnahmen auf den Westen befreien und die wirtschaftliche Überlegenheit des Sozialismus über den Kapitalismus voll zur Entfaltung bringen würde. Zugleich ließ ihn das Urteil der Wirtschaftsfachleute nicht unbeeinflußt, die auf die hohen Kosten eines Verzichts auf die Lieferung westlicher, vor allem westdeutscher „Defizitwaren" und der dadurch erforderten Versorgung der ostdeutschen Produktion hinwiesen. Angesichts solch gegensätzlicher Erwägungen suchte Chruschtschow beides miteinander zu vereinen. Er

---

[18] Sowjetisches Protokoll des Treffens von N. S. Chruščëv und W. Ulbricht, 30. 11. 1960, in englischer Übersetzung wiedergegeben als Anlage A in: Hope M. Harrison, Ulbricht and the Concrete „Rose". New Archival Evidence on the Dynamics of Soviet-East German Relations and the Berlin Crisis, 1958–1961, Working Paper No. 5, Cold War International History Project, Woodrow Wilson International Center for Scholars, Washington/DC, Mai 1993.

[19] Aktenvermerk über Unterredung Ulbrichts mit N. S. Chruščëv, 30. 11. 1960, SAPMO-BArch, DY 30/3566, Bl. 83 f.

[20] Sowjetisches Protokoll des Treffens von N. S. Chruščëv und W. Ulbricht, 30. 11. 1960, in englischer Übersetzung wiedergegeben als Anlage A in: Hope M. Harrison, Ulbricht and the Concrete „Rose". New Archival Evidence on the Dynamics of Soviet-East German Relations and the Berlin Crisis, 1958–1961, Working Paper No. 5, Cold War International History Project, Woodrow Wilson International Center for Scholars, Washington/DC, Mai 1993.

orientierte sich an den Vorstellungen Ulbrichts und suchte zugleich dessen Wünschen Grenzen zu setzen.

Verhandlungen über die Fortführung des innerdeutschen Handels

Auf Moskauer Drängen hin fand sich die SED-Führung eineinhalb Monate nach der Ankündigung der Bundesregierung zum ersten informellen Gespräch bereit. Am 17. November 1960 kamen die beiden Beauftragten für den innerdeutschen Handel zusammen und steckten die Ausgangspositionen ab. Der westdeutsche Vertreter respektierte zwar formell den Standpunkt der DDR, die ökonomischen Regelungen könnten nicht an politische Bedingungen geknüpft werden, stellte aber fest, faktisch bestehe ein Junktim zwischen dem innerdeutschen Handel und dem Verkehr auf den West-Berliner Zugangswegen. Sonst würde der Handel gar nicht existieren. Sein Gesprächspartner bestätigte das indirekt mit der Erklärung, ohne diesen Handel gäbe es „logischerweise" keinen West-Berlin-Verkehr. Dabei betonte er das „souveräne Recht der DDR, diesen Verkehr zu kontrollieren."[21] Die Bundesregierung gab zu erkennen, daß sie darüber hinaus an ihrer Forderung nach Änderung der Verhältnisse festhielt, die am 8. September hinsichtlich der Besuche in Ost-Berlin geschaffen worden waren. Erst nachdem sie den Eindruck gewonnen hatte, die Kontrollen würden nur noch „locker" gehandhabt, war sie zu Verhandlungen über den innerdeutschen Handel bereit.[22] Ulbricht sah sich wegen der Äußerungen Chruschtschows zum Eingehen darauf veranlaßt.

Der Vertreter der Bundesregierung hatte die schwierige Aufgabe, die DDR zur Billigung eines politischen Verlangens zu bewegen, die nach deren Erklärung grundsätzlich nicht in Betracht kam, weil vorgeblich nur wirtschaftliche Fragen zur Erörterung standen. Er mußte sich daher nicht nur in der Sache durchsetzen, sondern auch einen Weg finden, wie er die westdeutschen Forderungen geltend machen konnte, ohne den offenen Konflikt mit dem prinzipiellen Nein zu jeder Diskussion darüber heraufzubeschwören. Zu diesem Zweck formulierte er etwa, ein Eingehen der DDR auf „verschiedene Wünsche" könnte „als Entgegenkommen gewertet werden" und die Wiederaufnahme des Handels „erwirken".[23] Oder er erwähnte „einige Punkte", bei denen man „Entgegenkommen zeigen" müsse, um dem westdeutschen Partner „die Möglichkeit zu geben, das alte Abkommen ... wieder in Kraft zu setzen."[24] Später wollte er in einer mündlichen Erklärung die Erwartung zum Ausdruck bringen, daß in angemessener Zeit ein Eingehen auf

---

[21] Betr.: Gespräch zwischen Ministerialdirektor Krautwig vom Bundeswirtschaftsministerium in Bonn und dem Genossen Behrend [sic], HA Innerdeutscher Handel, 17. 11. 1960, SAPMO-BArch, DY 30/3566, Bl. 70–74.

[22] Crisis Over Berlin, a.a.O., Bl. 43.

[23] Vermerk [der Leitung der HA Innerdeutscher Handel im Ministerium für Außenhandel und Innerdeutschen Handel der DDR] über ein inoffizielles Gespräch in der Treuhandstelle für den Interzonenhandel, 12. 12. 1960, SAPMO-BArch, DY 30/3566, Bl. 96f.

[24] Vermerk [der Leitung der HA Innerdeutscher Handel im Ministerium für Außenhandel und Innerdeutschen Handel der DDR] über ein Gespräch im MAI, 13. 12. 1960, SAPMO-BArch, DY 30/3566, Bl. 98.

die geäußerten Vorstellungen ins Auge gefaßt werde. Die andere Seite müsse darauf nicht antworten, aber der Aufnahme des Wortlauts in das Verhandlungsprotokoll zustimmen.[25]

Der Kernpunkt war die Forderung, die Genehmigungspflicht für westdeutsche Besucher Ost-Berlins müsse auf irgendeine Weise zurückgenommen werden. Auch sollten die Wasserstraßengebühren aufgehoben werden. Für diese gebe es keine Rechtfertigung mehr. Auch solle die DDR die Entgelte für die Benutzung der Autobahnen pauschal erheben und die Möglichkeit einer Plombierung von Lkw-Ladungen zwecks vereinfachter Abfertigung vorsehen. Daneben wurden Vereinbarungen über die Bezahlung der Dienstleistungen vorgeschlagen, die von ostdeutscher Seite zur Aufrechterhaltung der Verbindungen zwischen West-Berlin und der Bundesrepublik erbracht wurden. Davon erschien der DDR anfangs nur die Plombierung diskutabel, alles andere, vor allem die Rücknahme der Genehmigungspflicht für den Besuch Ost-Berlins, wurde abgelehnt als Einmischung in innere Angelegenheiten. Außerdem wurden Gegenbedingungen gestellt, namentlich nach Aufhebung von Einreiseverweigerungen für SED-Funktionäre. Die Bundesregierung müsse alle Restriktionen aufheben und bei den Westmächten für deren Beseitigung sorgen. Zugleich wollte die DDR über die Modalitäten des Handels und andere Fragen jeweils separate Übereinkünfte für Westdeutschland oder West-Berlin schließen.[26] Behrendt suchte Leopolds Widerstand gegen die ostdeutsche Position mit dem Argument zu kontern, wenn es nicht in der verbliebenen kurzen Zeit zu einem Einvernehmen komme, trete ein vertragsloser Zustand ein. Dann wären die Abmachungen über die Dienstleistungen im Transitverkehr außer Kraft gesetzt und die Genehmigungen für die Ausfuhr von Vorbehaltsgütern aus West-Berlin in Frage gestellt.[27]

Durchbruch zum Verhandlungserfolg

Das SED-Regime wollte keine Zugeständnisse machen und stellte zudem Gegenforderungen. Auf dieser Basis war die Bundesregierung nicht zum Abschluß bereit. Das beunruhigte Chruschtschow, der erst nach Kündigung des innerdeutschen Handelsabkommens erkannt hatte, wie schwer die DDR getroffen wurde, wenn die Lieferungen aus der Bundesrepublik ausblieben.[28] Angesichts der drohenden Nöte wünschte er dringend die Fortsetzung des Handels und hielt deshalb

25 Vermerk [der Leitung der HA Innerdeutscher Handel im Ministerium für Außenhandel und Innerdeutschen Handel der DDR] über die Besprechung mit Dr. Leopold, 20. 12. 1960, 14–16 Uhr, SAPMO-BArch, DY 30/3566, Bl. 135 f.; Vermerk [der Leitung der HA Innerdeutscher Handel im Ministerium für Außenhandel und Innerdeutschen Handel der DDR]. Betr.: Besprechung mit Dr. Leopold im MAI, 20. 12. 1960, SAPMO-BArch, DY 30/3566, Bl. 138.

26 Vermerk [der Leitung der HA Innerdeutscher Handel im Ministerium für Außenhandel und Innerdeutschen Handel der DDR] über ein Gespräch im MAI, 13. 12. 1960, SAPMO-BArch, DY 30/3566, Bl. 98–105; Notiz für Genossen Behrendt, o.D. [Mitte Dezember 1960], SAPMO-BArch, DY 30/3566, Bl. 109.

27 [Leiter der Staatlichen Plankommission der DDR] H. Rau an [Bundeswirtschaftsminister] L. Erhard, 19. 12. 1960, SAPMO-BArch, DY 30/3566, Bl. 128–131.

28 Zapis' besedy tovarišča N. S. Chruščeva s tovariščem V. Ul'brichtom, 30 nojabrja, AVPRF, 0742, 6, 43, 4, Bl. 9.

ein Entgegenkommen der DDR für nötig. Die sowjetische Seite drang in Bonn auf eine Einigung[29] und beantwortete Ulbrichts Bericht vom 14. Dezember über den Stand der Verhandlungen[30] mit der Empfehlung, die wenig kompromißbereite Haltung[31] zu korrigieren. Zwar ließ sie gelten, daß die Bundesregierung die Weiterführung des Handels „durch das Aufwerfen der Westberlin-Frage, die keinerlei direkte Beziehung zum Handel zwischen der DDR und der Bundesrepublik hat, zu erschweren" suche, und räumte ein, „natürlich" könnten „keine Zugeständnisse politischer Art gemacht werden, die der grundsätzlichen Position der DDR und der Sowjetunion abträglich sind", doch betonte sie zugleich die große wirtschaftliche und politische Bedeutung des Warenaustauschs mit Westdeutschland. Als Prinzipien, an denen man unbedingt festhalten müsse, seien nur die Nichtzugehörigkeit West-Berlins zur Bundesrepublik und dessen Umwandlung in eine „Freie Stadt" nach Abschluß des Friedensvertrages anzusehen. Die Durchsetzung dieser Grundsätze sei aber erst im folgenden Jahr aktuell und spiele daher im Augenblick keine Rolle. Man könne daher den Westdeutschen außerhalb der Handelsvereinbarung, also in juristisch nicht bindender Form, den „Anschein eines Auswegs" bieten, ohne die grundsätzliche Position zu beeinträchtigen.

Demnach war es „erforderlich, geduldig und sorgfältig nach Möglichkeiten zu suchen, um auf der Grundlage eines gewissen Kompromisses, der die prinzipielle Seite der Sache nicht berührt, zu einer Übereinkunft zu gelangen." Eine „elastische Entscheidung" erschien angebracht. Der Kreml empfahl vor allem, die Anordnung über die Genehmigungspflicht für westdeutsche Besuche in Ost-Berlin zwar formal aufrechtzuerhalten, aber bei den Verhandlungen zu verstehen zu geben, „daß die Regierung der DDR nicht beabsichtigt, Hindernisse für den Besuch des demokratischen Berlins [sic] durch Bürger der Bundesrepublik zu schaffen, wenn diese die Souveränität der DDR achten und sich an die dort bestehende Ordnung halten." Im übrigen solle man auf eine Verschärfung der – derzeit [wegen der Verhandlungen] ohnehin locker gehandhabten – Personenkontrollen vorerst verzichten.[32] Das lief praktisch darauf hinaus, dem Bonner Vorschlag zu folgen, den Westdeutschen bei der Einreise nach Ost-Berlin „irgendwelche ‚Papierchen'" auszuhändigen, ohne ihnen das Anstehen in einer Schlange oder andere Erschwernisse zuzumuten.[33]

Noch am 21. Dezember 1960 formulierte das SED-Politbüro Instruktionen, die den Unterhändler zu Unnachgiebigkeit verpflichteten. Einen Tag später galt das nicht mehr:[34] Ulbricht erteilte – augenscheinlich auf Moskauer Betreiben – in aller

---

[29] K.-H. Schmidt, a.a.O., S. 46.

[30] W. Ulbricht an N. S. Chruščёv, 14. 12. 1960, SAPMO-BArch, DY 30/3566, Bl. 110f.

[31] Notiz für Genossen Behrendt, 14. 12. 1960, SAPMO-BArch, DY 30/3566, Bl. 109.

[32] Streng vertrauliches Papier ohne Überschrift und Datum [20. 12. 1960 oder kurz danach], SAPMO-BArch, DY 30/3566, Bl. 184–186.

[33] Vermerk [der Leitung der HA Innerdeutscher Handel im Ministerium für Außenhandel und Innerdeutschen Handel der DDR] über die Besprechung mit Dr. Leopold, 20. 12. 1960, SAPMO-BArch, DY 30/3566, Bl. 135.

[34] Detlef Nakath, Zur Geschichte der deutsch-deutschen Handelsbeziehungen. Die besondere Bedeutung der Krisenjahre 1960/61 für die Entwicklung des innerdeutschen Handels, Hefte zur DDR-Geschichte 4, Berlin 1993, S. 31. Nakath weist aufgrund seiner Quellen ausdrücklich darauf hin, daß die am 21. 12. 1960 vom Politbüro der SED festgelegte Verhandlungsdirektive einen Tag später plötzlich „überholt" war. Als Grund kommt allein sowjetische Einflußnahme in Betracht.

Eile handschriftlich neue Weisungen, denen zufolge zentrale Forderungen Bonns
zu erfüllen waren. Wenn das Handelsabkommen wieder in Kraft gesetzt werde,
könnten wesentliche Zugeständnisse zum Gegenstand eines Briefwechsels werden. Die DDR sollte zudem mittels Erklärung das normale Funktionieren des
Verkehrs zwischen West-Berlin und der Bundesrepublik feststellen. Auch sei eine
verbesserte „Anwendung" der Verordnung vom 8. September zuzusagen. Über
die Entgelte für die Benutzung der Transitwasserstraßen könnten die Verkehrs-
ministerien verhandeln.[35] Die Instruktion wurde sofort an den ostdeutschen Verhandlungsführer weitergeleitet.[36]

Am 22. Dezember zeigte sich Behrendt daher konziliant. Er beharrte zwar
gegenüber Leopold auf dem Standpunkt, über die Aufhebung bzw. Nichtanwen-
dung der Verordnung über die Einreise westdeutscher Besucher könne nicht verhandelt werden, erklärte aber, man stelle „bei den zuständigen Stellen Überlegungen an [...] mit dem Ziel, die Durchführungsbestimmungen zur Anordnung vom
8. September 1960 weiter zu verbessern." Er brachte auch zum Ausdruck, der
Verkehr zwischen West-Berlin und der Bundesrepublik verlaufe gemäß den Bestimmungen des DDR-Innenministers „vollkommen normal" und stellte Verhandlungen über die Gebühren für die Benutzung der Transitwasserstraßen in
Aussicht, die jedoch nicht mit den Geprächen über den innerdeutschen Handel
verknüpft werden sollten. Damit wurde zwar der Bonner Forderung nur unzurei-
chend entsprochen, doch war dies ein deutlicher Schritt über die bisherige völlige
Ablehnung hinaus. Die Kompromißwilligkeit wurde unterstrichen durch die Bereitschaft, „den zuständigen Stellen der DDR die Empfehlung zu geben", Erleich-
terungen für den Warentransport und Personenverkehr zwischen West-Berlin
und der Bundesrepublik zu prüfen.[37]

Die DDR verstand sich zu erheblichen Konzessionen. Sie ging auf das Bonner
Verlangen ein, man müsse sich die jederzeitige Aussetzung der zu vereinbarenden
Lieferungen vorbehalten, wenn die andere Seite berechtigte „politische Erwartungen" enttäusche und/oder den West-Berlin-Verkehr beeinträchtige. Das schien
der Bundesregierung unerläßlich, weil sie mit der Möglichkeit einer Sanktion die
bleibende Gültigkeit der Konzessionen zu gewährleisten suchte, welche die DDR
nur außervertraglich zu machen bereit war.[38] Bei der Erörterung hierüber kam es
freilich zunächst zu erneuter heftiger Auseinandersetzung. Behrendt verlangte die
Zurücknahme des Briefes, der dies festlegte. Als er auf kategorische Ablehnung
stieß, unterbrach er die Sitzung, um sich mit den vorgesetzten Dienststellen zu besprechen.[39] Die SED-Führung erkannte, daß Bonn davon nicht abzubringen
war.[40] Angesichts des sowjetischen Drängens auf eine Übereinkunft gab sie nach
und erreichte lediglich, daß die Widerrufsklausel nach außen hin nicht in einen

[35] W. Ulbricht an A. Neumann/W. Stoph, 21. 12. 1960, SAPMO-BArch, DY 30/3291, Bl. 9–11.
[36] H. Behrendt an H. Rau, 23. 12. 1960, SAPMO-BArch, DY 30/3566, Bl. 177.
[37] H. Behrendt an K. Leopold, 22. 12. 1961, SAPMO-BArch, DY 30/3566, Bl. 160–163.
[38] K. Leopold an H. Behrendt, 21. 12. 1960, SAPMO-BArch, DY 30/3566, Bl. 151.
[39] Vermerk [der Leitung der HA Innerdeutscher Handel im Ministerium für Außenhandel und
Innerdeutschen Handel der DDR] über die Besprechung mit den Vertretern der Treuhandstelle für
den Interzonenhandel im MAI, 22. 12. 1960, SAPMO-BArch, DY 30/3566, Bl. 152–154.
[40] Aufzeichnung Behrendts über Frage des Junktims, o.D. [ca. 24. 12. 1960], SAPMO-BArch, DY
30/3566, Bl. 209f.

Zusammenhang mit der Übereinkunft über den innerdeutschen Handel gebracht wurde[41] und auf den Warenbegleitscheinen unerwähnt blieb. Damit konnte sie gegenüber der Öffentlichkeit die Vorstellung aufrechterhalten, nicht unter Druck zugestimmt zu haben. Am 29. Dezember wurde die abschließende Übereinkunft erzielt.[42]

Das Verhandlungsergebnis

Die öffentliche Vereinbarung, die Kündigung des Abkommens über den innerdeutschen Handel werde einschließlich des Durchführungsprogramms für 1961 widerrufen, wurde durch ein streng geheimgehaltenes Protokoll über politische Fragen ergänzt. Danach war der Verkehr zwischen West-Berlin und der Bundesrepublik zwar nicht Gegenstand einer Vereinbarung, doch erkannten die Leiter beider Delegationen an, daß man für „vertraglich geregelte Wirtschaftsbeziehungen zwischen den beteiligten Währungsgebieten bestimmte Voraussetzungen" schaffen müsse. Sie stellten weiterhin fest, daß die Sorge vor einer Beeinträchtigung des „Verkehr[s] zwischen den beteiligten Währungsgebieten und durch die beteiligten Währungsgebiete" – also zwischen West-Berlin und der Bundesrepublik über DDR-Territorium – „nicht begründet" sei. Sie sahen Abfertigungserleichterungen durch Plombierung von Lastwagen- und Schiffsladungen vor, soweit die technischen Voraussetzungen dafür bestünden. Auch hieß es, die „Durchführungsbestimmungen zur Anordnung [der DDR über die Genehmigungspflicht für westdeutsche Besuche in Ost-Berlin] vom 8. September 1960" sollten „im Sinne der Erwartungen des Delegationsleiters West verbessert werden." Die westdeutsche Seite gab Zusagen nur in einigen wenig wichtigen Punkten.[43]

Wie das amerikanische State Department rückblickend feststellte, verzichtete die DDR faktisch auf die Anwendung der Verordnung vom 8. September 1960. Besucher Ost-Berlins wurden an den Übergangsstellen nicht kontrolliert; Personen ohne Aufenthaltsgenehmigung blieben ohne Strafe.[44] Die DDR stellte intern fest, daß auf Sicherung der Sektorengrenze weithin verzichtet worden sei. „Nur eine gewisse Überwachung des grenzüberschreitenden Verkehrs" werde noch durchgeführt.[45] Der westdeutsche Unterhändler erklärte, die Zusagen bezüglich einer „erleichternden Handhabung" der Kontrollen beim Betreten und Verlassen

---

[41] Daher wurde die Widerrufsklausel erst am 26. 1. 1961 im „Bundesanzeiger" bekanntgegeben (D. Nakath, Zur Geschichte, a.a.O., S. 34).

[42] Vermerk [der Leitung der HA Innerdeutscher Handel im Ministerium für Außenhandel und Innerdeutschen Handel der DDR] vom 2. 1. 1961 über eine Besprechung mit den Vertretern der Treuhandstelle für den Interzonenhandel in der TSI, 29. 12. 1960, SAPMO-BArch, DY 30/3566, Bl. 219–223.

[43] Ergebnisprotokoll, 29. 12. 1960, SAPMO-BArch, DY 30/3655, Bl. 228f. Auszugsweise Wiedergabe bei D. Nakath, Zur Geschichte, a.a.O., S. 32. Auszugsweise Wiedergabe der Bewertung auf der Sitzung des SED-Politbüros vom 4. 1. 1961 ebd., S. 32–34.

[44] Crisis Over Berlin, a.a.O., Bl. 45.

[45] NVA/Institut für Deutsche Militärgeschichte, Die Nationale Volksarmee in der Aktion vom 13. August 1961, Hauptbearbeiter: Kapitän zur See Glaser, 20. 2. 1964, BArch-MArch, VA–01/ 14835, Bl. 22f.

des Ostsektors seien voll erfüllt worden.[46] Im Februar kam es freilich zu Schwierigkeiten. Die SED-Führung wollte den gesamtdeutschen Kirchentag der Evangelischen Kirche verhindern und suchte deshalb den westlichen Mitgliedern der Synode Besuche in Ost-Berlin zu verwehren, wo die vorbereitenden Beratungen mit den Vertretern der ostdeutschen Landeskirchen stattfanden. Daraufhin stellte Leopold unter Hinweis auf die Widerrufsklausel einen Abbruch der Wirtschaftsbeziehungen in Aussicht. Das wirkte.[47]

Der Abschluß der Handelsvereinbarung wirkte sich auf die Abwicklung des West-Berlin-Verkehrs positiv aus. Dieser lief nach dem Urteil des westdeutschen Verhandlungsführers seit Ende 1960 so reibungslos wie noch nie seit 1945. In der Frage der Gebührenerhöhung für die Benutzung der Wasserstraßen zur Stadt bahnte sich eine Verständigung an. Das ostdeutsche Entgegenkommen war um so bemerkenswerter, als an der Spitze SED Unzufriedenheit über die Widerrufsklausel laut und die dadurch bewirkte „Rechtsunsicherheit" öffentlich beklagt wurde.[48] Trotzdem erklärte Ulbricht dem Politbüro, die Übereinkunft sei ein Erfolg seiner Politik. Zu der Einigung habe der sowjetische Beschluß beigetragen, „der DDR alle Engpaßmaterialien zu liefern, damit die DDR ökonomisch von Westdeutschland unabhängig wird". Der Kampf werde nunmehr vor allem im wirtschaftlichen Bereich geführt. Die Feststellung, die „Entscheidung über den Sieg über den Kapitalismus" werde vor allem „in der Sphäre der materiellen Produktion" fallen, gelte „in erster Linie für die DDR".[49]

Faktisch war das sowjetische Interesse am innerdeutschen Handel entscheidend, denn die SED-Führung konnte es sich ohne Unterstützung durch den Kreml nicht leisten, auf die Lieferungen aus der Bundesrepublik zu verzichten. Aus Moskauer Sicht mußte das Abkommen wieder in Kraft gesetzt werden, weil die Verwirklichung des zwischen Chruschtschow und Ulbricht besprochenen Autarkieplans eine Sache der Zukunft war. Bis dahin sollte Westdeutschland so weit und so lange wie möglich zur ökonomischen Stärkung der DDR und der UdSSR genutzt werden. Zudem war daran gedacht, die für West-Berlin vorgesehene Freistadtregelung durch allmähliche Einbeziehung der Stadt in den östlichen Wirtschaftsraum vorzubereiten. Da durfte es keine Unterbrechung des innerdeutschen Handels geben, welche die West-Berliner Wirtschaft auf den Westen ausrichtete. Vielmehr galt es, deren Orientierung auf den Osten zu verstärken. Daher forderte der Kreml die DDR zur Erhöhung ihres Güteraustauschs mit der Stadt auf.[50] Das gefiel dem SED-Regime, das West-Berlin durch möglichst weitgehende Isolierung in die Knie zu zwingen hoffte, ebenso wenig wie der Umstand, daß die UdSSR den Warenaustausch mit der Bundesrepublik auszubauen suchte und da-

---

[46] Dr. Hoferecht an W. Brandt, 11. 4. 1961, LArchB, 12941, Bl. 19f.; Pankow braucht Interzonenhandel, in: Der Telegraf, 28. 3. 1961.

[47] W. Ulbricht an M.G. Pervuchin, 14. 2. 1961, SAPMO-BArch, DY 30/3566, Bl. 244.

[48] Dr. Hoferecht an W. Brandt, 11. 4. 1961, LArchB, 12941, Bl. 19f.; Pankow braucht Interzonenhandel, in: Der Telegraf, 28. 3. 1961; Wasserstraßengebühr wird überprüft, in: Die Welt, 8. 3. 1961; Heinz Behrendt, Bonns Manöver stören den innerdeutschen Handel, in: Neues Deutschland, 5. 3. 1961.

[49] Ausführungen von W. Ulbricht nach dem stichwortartigen Protokoll der Beratung des Politbüros [der SED], 4. 1. 1961, SAPMO-BArch, DY 30/J IV 2/2/743, Bl. 8f.

[50] Aufzeichnung über Besprechung zwischen H. Behrendt und A. Mikojan in Moskau, 28. 1. 1961, SAPMO-BArch, DY 30/3566, Bl. 234–240.

mit den Erfordernissen der „Störfreimachung" zuwiderhandelte. Die Übereinkunft über den innerdeutschen Handel wirkte sich negativ auf das Bemühen um
wirtschaftliche Unabhängigkeit der DDR aus: Viele dortige Firmen schlossen zur
Sicherung der benötigten Zulieferungen langfristige Verträge mit Partnern in der
Bundesrepublik ab, mit denen sie in Geschäftsverbindung standen. Entgegen der
amtlichen Absicht verstärkte sich so die Abhängigkeit vom „Klassenfeind".[51] Die
ökonomische Standfestigkeit der DDR im Konfrontationsfall wurde noch zwei-
felhafter als zuvor.

Wirtschaftsverhandlungen zwischen UdSSR und DDR

Nach Erneuerung des Abkommens über den innerdeutschen Handel bemühte
sich Ulbricht weiter, die sowjetische Schutzmacht durch Hinweis auf die wirtschaftliche Lage seines Landes zu materieller Hilfe zu bewegen. Er konnte darauf
bauen, daß der Kreml das Wohlergehen der DDR als „sehr grundsätzliche Frage
für den internationalen Kommunismus" ansah, denn dort müsse sich das sozialistische System „in einem hochentwickelten Industriestaat als richtig und überlegen" erweisen.[52] In Übereinstimmung damit erklärte er Chruschtschow am 19. Januar 1961, trotz fortgesetzter westlicher Atomrüstung sei „die Hauptfrage doch
der ökonomische Wettbewerb zwischen dem sozialistischen Lager und den kapitalistischen Staaten". Er warf Adenauer vor, den kalten Krieg zu verschärfen und
„hauptsächlich mit ökonomischen Waffen den Kampf gegen die DDR zu führen."
Die Nöte seines Landes bezeichnete er als Ergebnis feindlicher Machenschaften.
Wie im vorangegangenen Herbst stellte er ein Anwachsen der inneren Schwierigkeiten und einen großen Rückstand gegenüber der Bundesrepublik fest. Das ge-
statte es Bonn, „ständigen politischen Druck" auszuüben. Er verwies auf den ste-
ten Flüchtlingsstrom und die weit geringeren Mittel für die Modernisierung des
Kapitalstocks. Beides sei durch die ungünstige Ausgangslage der DDR nach
Kriegsende und die Hochkonjunktur in der Bundesrepublik verursacht. Zudem
habe man aus innenpolitischen Gründen mehr Mittel für den Konsum bereitstellen müssen, als eigentlich vertretbar gewesen sei.[53]
    Außer Betracht blieb, daß die verschärfte ökonomische Notlage und die ver-
stärkte Massenflucht wesentlich auf den 1959 verschärften Sozialisierungskurs der
SED zurückzuführen waren. Auch Chruschtschow freilich war davon überzeugt,
daß dies nicht die Ursache war. Er glaubte vielmehr, der forcierte Übergang zum
Sozialismus müsse Leistungsfähigkeit und Attraktivität der DDR erhöhen. Nach
marxistisch-leninistischer Doktrin war es undenkbar, daß sich die Schaffung von
Grundlagen für die Entwicklung zur kommunistischen Gesellschaft negativ aus-
wirkte. Folglich war der politische und wirtschaftliche Mißerfolg der DDR un-
günstigen Startbedingungen und feindlichen Einflüssen geschuldet. Als gravieren-

---

[51] George Bailey, Die große Krise der DDR. Zur Vorgeschichte des Mauerbaus, in: Gerbergasse 18,
   3/2001 (Heft 22), S. 5 f.
[52] Niederschrift von Äußerungen A. Mikojans im Gespräch mit B. Leuschner (Anlage zum Protokoll des SED-Politbüros vom 6. 6. 1961), o.D., SAPMO-BArch, DY 30/J IV 2/2/766, Bl. 8 f.
[53] W. Ulbricht an N. S. Chruščëv, 18. [recte: 19.] 1. 1961, SAPMO-BArch, DY 30/3508, Bl. 59–73.

des Problem, das die Lage im abgelaufenen Jahr wesentlich verschlechtert habe, nannte Ulbricht Schwierigkeiten bei der Beschaffung von Rohstoffen. Um die Industrieproduktion aufrechtzuerhalten, habe man unterbliebene Lieferungen aus Westdeutschland durch Einfuhren aus westlichen Staaten ausgleichen und sich dafür hoch verschulden müssen. Angesichts nur kurzfristiger Kreditierungen sei die DDR vorübergehend zahlungsunfähig gewesen. Darum solle die DDR-Wirtschaft „mehr oder minder" von westdeutschen „Defizitmaterialien" unabhängig werden; die Arbeitsfähigkeit der Betriebe bedürfe unterbrechungsloser Sicherung; der Bedarf an Westimporten müsse zwecks Abbau der Verschuldung verringert werden. Es gelte, den Warenaustausch mit der UdSSR und den anderen sozialistischen Ländern kräftig auszuweiten, um die notwendigen Lieferungen von dort zu bekommen. Nur auf diese Weise sei die ökonomische Lage zu stabilisieren und das Land „von den subversiven Aktivitäten der imperialistischen und militaristischen Kreise Westdeutschlands unabhängig [zu] machen." Das erschien unerläßlich, um die Handlungsfreiheit für das Vorgehen gegen West-Berlin zu gewährleisten. Andernfalls war Bonn in der Lage, östlichen Druck zur „Liquidierung der Überreste des Zweiten Weltkriegs" mit einem „gezielten Embargo", d.h. mit Lieferverzögerungen und der Verweigerung von „Defizitmaterialien", zu beantworten. Ulbricht forderte, dem Westen klarzumachen, daß „jede gegen die DDR gerichtete wirtschaftliche Erpressung zum Scheitern" verurteilt sei. Aus dem wiederaufgenommenen innerdeutschen Handel müsse man zwar größtmöglichen Vorteil ziehen, dürfe sich aber nicht auf ihn verlassen, denn man habe „bestenfalls nur eine Atempause" erhalten.[54]

Am 30. Januar 1961 erklärte Chruschtschow sein grundsätzliches Einverständnis mit Maßnahmen zur ökonomischen Stabilisierung der DDR und Erweiterung der wirtschaftlichen Zusammenarbeit. Im Blick auf die Einzelheiten verwies er auf Gespräche, die gerade in Moskau mit einer Delegation aus Ost-Berlin geführt wurden.[55] Das war keine Ausweichtaktik. Chruschtschow war ernstlich von den Ergebenheitsbekundungen Ulbrichts beeindruckt. Dieser bot, um die Abhängigkeit von der Bundesrepublik zu beenden, die Eingliederung der DDR in die sowjetische Wirtschaftsplanung und damit den Verzicht auf ökonomische Eigenexistenz an. Die Importe aus Westdeutschland sollten durch Güter aus der UdSSR ersetzt werden. Auf dieser Grundlage sollte eine ausreichende Versorgung garantiert werden. Chruschtschow machte sich den Gedanken zu eigen, daß eine enge Kooperation ein gemeinsames autarkes Wirtschaften ermögliche. Durch Zusammenfassung der Ressourcen sollte das sozialistische Lager ökonomische und technologische Unabhängigkeit vom Westen gewinnen. Zugleich sah er große Hilfsleistungen an die DDR vor, der er wegen des Systemwettbewerbs in Deutschland einen höheren Lebensstandard zubilligte als den anderen sozialistischen Ländern. Er rechnete damit, daß der anvisierte Verbund zwar zu Anfang erhebliche materielle Opfer erforderte, am Ende jedoch allen Beteiligten Vorteile bringen werde.[56]

---

54 W. Ulbricht an N. S. Chruščëv, 18. [recte: 19.] 1. 1961, SAPMO-BArch, DY 30/3508, Bl. 59–73.
55 N. S. Chruščëv an W. Ulbricht (russ.), 30. 1. 1961, SAPMO-BArch, DY 30/3508, Bl. 123.
56 Vgl. die Ausführungen Chruščëvs auf der Moskauer Tagung der kommunistischen Parteiorganisationen der UdSSR, 6. 1. 1961, in: Pravda, 25. 1. 1961, und auf der Moskauer Tagung des Politisch Beratenden Ausschusses der Warschauer-Pakt-Staaten, 4. 8. 1961, in: Novaja i novejšaja istorija

Die östlichen Strukturen sollten auf dieses Ziel „etappenweise" ausgerichtet werden.[57]

Anders als Chruschtschow ließen sich die sowjetischen Wirtschaftsplaner nicht von der Vision eines Zusammenschlusses beider – und möglicherweise noch weiterer – Volkswirtschaften blenden. Sie kalkulierten nüchtern die materiellen Vor- und Nachteile und wogen sorgfältig ab, was politisch notwendig war. Dabei kamen sie zu dem Schluß, daß die Interessen von UdSSR und DDR nur teilweise übereinstimmten. Zwar war man in Moskau genauso wie in Ost-Berlin bestrebt, die ostdeutsche Abhängigkeit von den Lieferungen aus der Bundesrepublik zu verringern, um die DDR bei einer offenen Ost-West-Konfrontation, etwa bei der Durchsetzung von Separatfriedensvertrag und Freistadtregelung, vor bedrohlichem Ressourcendefizit zu schützen, doch fand das Ziel einer raschen und totalen „Störfreimachung" keine Gegenliebe: Die Kosten erschienen zu hoch, zumal die DDR seit Mitte 1960 von einer Krise geschüttelt wurde und darum für lange Zeit einen hohen Zuschußbedarf erwarten ließ. Auch wollte man nicht auf Lieferungen aus dem Westen, vor allem aus der Bundesrepublik, verzichten.

Die Skepsis der Moskauer Ökonomen trat deutlich zu Tage, als im Januar 1961 Gespräche mit der DDR über den Ausbau der Wirtschaftsbeziehungen begannen. Zwar sagte die sowjetische Seite gleich zu Anfang zu, sie wolle einspringen, falls es bei dem Warenaustausch mit Westdeutschland zu Schwierigkeiten komme.[58] Alles weitergehende Verlangen der SED-Führung stieß dagegen auf Ablehnung. Das galt vor allem für den Wunsch, die sozialistischen Länder sollten verbindlich in der Öffentlichkeit erklären, „wirtschaftliche Erpressungen gegen die DDR" wegen des Friedensvertrags und West-Berlins seien von vornherein aussichtslos, denn der Kreml werde sofort mit umfassender Unterstützung einspringen. Publikationen über die Hilfe der UdSSR sollten wirksame Sanktionen ausgeschlossen erscheinen lassen.[59] Das setzte Unterstützungszusagen von einem Ausmaß voraus, das für die sowjetische Seite nicht in Betracht kam.

Bei Eröffnung der Verhandlungen stellte Leuschner als Leiter der ostdeutschen Delegation instruktionsgemäß das Problem der Lieferabhängigkeit von der Bundesrepublik in den Mittelpunkt. Wie könne man diese Verwundbarkeit beseitigen? Mikojan reagierte mit der Zusicherung, die Wiederaufnahme des Handels mit Bonn ändere nichts an der grundsätzlichen Erklärung des Kremlchefs, die DDR müsse von „imperialistischen Störmanövern" unabhängig gemacht werden. Das sei jedoch eine komplizierte Aufgabe. Man müsse einen Sachplan vereinbaren, bei welchen Warengruppen die Abhängigkeit zu welchem Zeitpunkt beseitigt werden solle. Die DDR habe der UdSSR mehr Güter zu liefern und könne dafür von dieser mehr Rohstoffe erhalten. Mit dem Hinweis, die ostdeutsche Seite solle

2/1999, S. 70–73 (russ.)/Vierteljahrshefte für Zeitgeschichte, 48 (2000), S. 189–192 (dte. Übers.). Hierzu auch M. Lemke, Ein Ausweg, a.a.O., S. 256 f.

[57] Referat von B. Leuschner auf der 12. Tagung des ZK der SED am 16. 3. 1961 (stenografische Niederschrift), SAPMO-BArch, DY 30/I 2/1/253, Bl. 7 f.

[58] Aktenvermerk über eine Unterredung zwischen den Ministern A. Mikojan und H. Rau, 23. 1. 1961, SAPMO-BArch, DY 30/3655, Bl. 245.

[59] Aufzeichnung ohne Überschrift [Notizen Ulbrichts über die Diskussion im SED-Politbüro nach seinem Bericht über die Fragen des Friedensvertrages und der West-Berlin-Regelung], 16. 1. 1961, SAPMO-BArch, DY 30/3508, Bl. 43.

auf andere Märkte, etwa nach Südamerika, vorzudringen suchen, gab Mikojan zu
erkennen, daß sie sich die benötigten Materialien weithin nicht aus der Sowjetunion, sondern in möglichst großem Umfang aus anderen Ländern beschaffen
solle. Er fügte hinzu, daß die DDR den wiederhergestellten Warenaustausch mit
der Bundesrepublik dazu nutzen müsse, um von dort so viel Stahl wie möglich zu
importieren. Das bedeute keine Abhängigkeit, wenn man zugleich festlege, daß
die UdSSR bei erneutem Abbruch des innerdeutschen Handels sofort einspringen
würde.[60]
    Ulbricht suchte seinen Forderungen nach wirtschaftlicher Unterstützung auf
einer Ost-Berliner RGW-Tagung Nachdruck zu verleihen. Er argumentierte ein
weiteres Mal damit, daß sich die beiden gegensätzlichen Weltsysteme auf dem
Territorium Deutschlands „unmittelbar und an einem entscheidenden Punkt" ge-
genüberstünden. Es sei „von ausschlaggebender Bedeutung", daß die DDR die
„allseitige Überlegenheit der sozialistischen Gesellschaftsordnung" praktisch beweise. Das sei „keine leichte Aufgabe", weil man den Kampf „unter sehr komplizierten wirtschaftlichen Bedingungen bei offenen Grenzen" führen müsse. Zudem sei die „ökonomische Macht der westdeutschen Monopole durch den amerikanischen Rückhalt heute stärker als während des Faschismus." Zugleich forderte
er die Durchsetzung der Vorschläge für Friedensvertrag und Freistadtregelung.[61]
    Ungeachtet der erklärten sowjetischen Bereitschaft, der DDR weit entgegenzu-
kommen, entstanden bei der Erörterung konkreter Einzelfragen immer wieder
große Schwierigkeiten. Die SED-Unterhändler verlangten, im Interesse der „Störfreimachung" dürfe die UdSSR nicht länger ihren Importbedarf über den innerdeutschen Handel befriedigen. Umgekehrt zögerten die Vertreter Moskaus, die
von Chruschtschow zugesagte Lieferung von „Defizitmaterialien" in direkte
Pflichten zu übersetzen. Mikojan äußerte zwar Verständnis dafür, daß die Ostdeutschen 1961 nicht mit der halben Margarinemenge des Vorjahrs auskommen
könnten, sah sich aber zugleich zu dem Hinweis veranlaßt, daß auch die Sowjetunion große Ausfälle und Schwierigkeiten zu verkraften habe.[62] Dennoch gelang
es Leuschner, das Versprechen größerer Lieferungen als bisher zu erwirken. Die
entscheidenden Differenzen blieben bestehen. Das belastete die weitere Wirt-
schaftsentwicklung der DDR mit erheblichen Unsicherheiten.[63] Leuschner
konnte als Erfolg lediglich verbuchen, daß er „umfassende Vorschläge zur Lösung
der grundlegenden Probleme der Rohstoffversorgung der DDR, der schrittweisen
Überwindung der Abhängigkeit von Westdeutschland" und anderer Fragen unterbreitet habe. Er habe auch um Mehrlieferung von Rohstoffen, Industrieausrü-
stungen, Komplettierungsmaterialien und Lebensmittel im Wert von 8 Mrd. Ver-
rechnungsmark (d. h. DM-Äquivalenten) gebeten und dargelegt, daß zur völligen
Stabilisierung der inneren Lage „für mehrere Jahre eine bedeutende Wirtschaftshilfe notwendig" sei.[64]

60 B. Leuschner an W. Ulbricht, 27. 1. 1961, SAPMO-BArch, DY 30/3708, Bl. 54–57.
61 Ansprache Ulbrichts bei einem Empfang zu Ehren der Teilnehmer der RGW-Tagung, 1. 3. 1961,
    SAPMO-BArch, DY 30/3405, Bl. 2f.
62 B. Leuschner an W. Ulbricht, 30. 1. 1961, SAPMO-BArch, DY 30/3708, Bl. 64–67.
63 B. Leuschner an W. Ulbricht, 20. 3. 1961, SAPMO-BArch, DY 30/3708, Bl. 68–70.
64 Bericht über die Verhandlungen mit der Regierung der UdSSR zur wesentlichen Vertiefung der
    Wirtschaftsbeziehungen in den Jahren 1962–1965, o.D. [Ende März 1961], DY 30/3708, Bl. 81–87.

Im Blick auf die zu befürchtende Ost-West-Konfrontation nach Abschluß des Separatvertrags mit der DDR versprach der Kreml jedoch, zusätzliche Hilfe zu leisten und „Defizitmaterialien" zu liefern, falls die Handelsbeziehungen zwischen beiden deutschen Staaten abgebrochen würden. Umfang und Art dieser Unterstützung sollten innerhalb von zwei Monaten festgelegt werden.[65] Ulbricht erklärte sich mit den vorgesehenen Maßnahmen zur Umstellung der DDR-Wirtschaft und den Verhandlungsergebnissen notgedrungen „völlig einverstanden". Er ermächtigte Leuschner zur Unterschrift unter die Vereinbarung, beauftragte ihn jedoch zugleich, in Moskau auszurichten, bestimmte Ziele des Sieben-Jahr-Plans seien aufgrund der gegebenen Voraussetzungen nicht mehr zu erreichen. Daher rechne er mit einer weiteren Zunahme der Republikflucht.[66] Die Unterzeichnung der wirtschaftlichen Vereinbarungen mit der UdSSR fand am 30. Mai 1961 statt.[67]

Die Kremlführung reagierte auf Ulbrichts Unzufriedenheit mit nochmaliger Versicherung völliger Solidarität. Wie man hinzufügte, waren die Probleme des SED-Regimes nicht nur Sache der DDR, sondern zugleich „grundsätzliche Fragen des Kommunismus", denen „Bedeutung im Weltmaßstab" zukomme. Denn in der kapitalistischen Welt sei die Ansicht weit verbreitet, der Sozialismus bzw. Kommunismus sei „etwas für unterentwickelte Länder", aber nicht für hochentwickelte westliche Industriestaaten geeignet. Daher komme es darauf an zu beweisen, daß er auch dort „richtig und überlegen" sei. In der DDR als „westliche[m] Vorposten des sozialistischen Lagers" müsse sich entscheiden, „daß der Kommunismus auch für Industriestaaten die höhere, bessere Gesellschaftsordnung ist." Der „Nachweis für die Richtigkeit des Marxismus-Leninismus" sei daher eine „grundsätzliche Frage für die kommunistische Weltbewegung." Die UdSSR leiste der DDR wegen deren „schlechteren Augangsbedingungen" gegenüber der Bundesrepublik Hilfe, denn nach wie vor müsse man diese „einholen und überholen". Das könne eine längere Zeit, möglicherweise fünf oder zehn Jahre, dauern. Auf jeden Fall müsse der Marxismus in Deutschland, wo er geboren worden sei, unbedingt „seine Richtigkeit und Bewährung beweisen". Die SED könne die Aufgabe der stetigen Aufwärtsentwicklung nicht allein lösen, daher müsse die Sowjetunion helfen. Mikojan fügte ausdrücklich hinzu, man müsse den Lebensstandard in der DDR „vom Standpunkt der historischen Verantwortung" beurteilen, die man „gegenüber der Entwicklung des Kommunismus in der Welt" habe. Demgemäß bezeichnete er den Vergleich nicht mit anderen sozialistischen Ländern, sondern mit der Bundesrepublik als Maßstab dafür, was man erreichen müsse.[68]

[65] Protokoll über die Verhandlungen zwischen den Regierungsdelegationen der UdSSR und der DDR über die Wirtschaftsbeziehungen 1962–1965, Punkt 6, 27. 4. 1961, DY 30/3708, Bl. 202f.
[66] Vermerk über Besprechung mit B. Leuschner und G. Mittag bei W. Ulbricht, 3. 5. 1961, SAPMO-BArch, DY 30/3709, Bl. 2–15.
[67] Protokoll der Verhandlungen zwischen den Regierungsdelegationen der DDR und der UdSSR über die weitere Entwicklung der ökonomischen Beziehungen 1962–1965 (Anlage zum Protokoll der Sitzung des SED-Politbüros Nr. 24/61 vom 6. 6. 1961), SAPMO-BArch, DY 30/J IV/2/824, Bl. 23–28.
[68] Niederschrift über die wichtigsten Gedanken, die Genosse Mikojan in einem Gespräch mit Genossen Leuschner in kleinstem Kreis (leitende sowjetische Genossen und die Genossen der deutschen Delegation) äußerte. Anlage Nr. 2 zum Protokoll Nr. 24 der Sitzung des SED-Politbüros

Bemühen um Abwendung wirtschaftlicher Gefahren bei der bevorstehenden Konfrontation

Am Rande der Warschauer-Pakt-Tagung am 28./29. März 1961 befaßten sich die östlichen Parteichefs mit der Frage, welche wirtschaftlichen Probleme bei Abschluß des vorgesehenen Separatfriedens mit der DDR zu erwarten seien. Alle stimmten darin überein, daß man sich durch die Schwierigkeiten nicht von dem Vorhaben abbringen lassen dürfe. Es werde aber nicht leicht sein, mit den Konsequenzen eines ökonomischen Boykotts der Bundesrepublik fertigzuwerden. Die größten Einbußen werde die DDR erleiden, aber auch andere Staaten würden stark betroffen sein. Die SED-Führung sollte die Abhängigkeit von westdeutschen Lieferungen verringern und den Warenaustausch mit den sozialistischen Staaten erhöhen.[69] Dem Kreml stellte sich mit zunehmender Dringlichkeit die Frage, wie der DDR über den Berg zu helfen sei, wenn es an den West-Berliner Zugangswegen zur Konfrontation komme und Bonn den innerdeutschen Handel einschränke oder gar einstelle.[70]

Die Ost-Berliner Botschaft der UdSSR und die Ständige Vertretung von Gosplan in der DDR bemühten sich um eine genaue Einschätzung der ostdeutschen Wirtschaftslage. Inwieweit war man dort auf Lieferungen aus der Bundesrepublik und aus anderen NATO-Ländern angewiesen? Welche Bezugsalternativen waren möglich? Welche Waren konnte die DDR für den Export bereitstellen? Was davon war im Handel mit sozialistischen Ländern oder mit der Dritten Welt zu verwenden? Das Ergebnis war niederschmetternd. Der Warenaustausch mit Westdeutschland war entweder gar nicht zu ersetzen (etwa bei Produkten fortgeschrittener Technik) oder nur durch enorme Belastungen für das sozialistische Lager, vor allem für die UdSSR selbst, wettzumachen (namentlich bei Energie- und Rohstoffen). Die DDR verfügte wegen ihrer Export- und damit Devisenschwäche kaum über Möglichkeiten, Einfuhren von der Bundesrepublik auf andere westliche Lieferanten zu verlagern. Bei Ausbleiben der Importe aus dem anderen Teil Deutschlands ließ sich die ökonomische Standfestigkeit des SED-Staates, falls überhaupt, nur mit enormen Kosten und Opfern der RGW-Länder gewährleisten.[71] Auch das SED-Politbüro befaßte sich mit der Frage. Am 18. Juli nahm es einen Zwischenbericht über den Stand der Vorbereitungen zur „Störfreimachung" der Volkswirtschaft entgegen. Auch wenn der geplanten Umstellung „absolute Vorrangigkeit" zugebilligt wurde, waren die Ökonomen skeptisch. Nach

vom 6. 6. 1961, SAPMO-BArch, DY 30/J IV/2/2/766. In gleichem Sinne äußerte sich Chruščev auf der Moskauer Tagung des Politischen Konsultativkomitees am 4. 8. 1961, wiedergegeben in: Novaja i novješaja istorija, 2/1999, S. 71 f.

[69] J. Kádár vor dem ZK der UVAP, 10. 6. 1961, MOL 288.f.4/41.o.e., Bl. 1 f.

[70] Botschaft der UdSSR in der Bundesrepublik (I. Kuz'minčev/L. Usyčenko), Ob otnošenii v FRG k pamjatnoj zapiski sovetskogo pravitel'stva ot 4 ijunija 1961 goda i vystuplenijam N. S. Chruščeva po germanskomu voprosu, 3. 7. 1961, AVPRF, 0757, 6, 51, 47, Bl. 44; Aufzeichnung der 3. Eur. Abt. des Außenministeriums der UdSSR, 20. 7. 1961, Bl. 44–46.

[71] Položenie o Gruppe vnešnej torgovli v Postojannoj predstavitel'stve Gosplana SSSR v GDR, 5. 7. 1961 [handschriftlich hinzugefügt], AVPRF, 0742, 6, 47, 39, Bl. 34 f.; Aufzeichnung der 3. Eur. Abt. des Außenministeriums der UdSSR, 20. 7. 1961, Bl. 44–46; A. Mikojan/A. Gromyko an das ZK der KPdSU, 21. 7. 1961 [handschriftlich hinzugefügt], AVPRF, 0742, 6, 47, 39, Bl. 36–43; M. Pervuchin an A. A. Gromyko, 27. 7. 1961, AVPRF, 0742, 6, 47, 39, Bl. 47–49.

ihrem Urteil konnten in vielen Fällen weder sowjetische Produkte noch Lieferungen aus den sozialistischen Ländern hochwichtige Importgüter aus der Bundesrepublik ersetzen. Eine „Planvariante zur Sicherung unserer Wirtschaft bei einem plötzlichen Abbruch des Handels durch Westdeutschland" schien daher wenig realistisch.[72]

Auf die Durchsetzung der gestellten Forderungen wollte man freilich weder in Moskau noch in Ost-Berlin verzichten. Um einen Kollaps der DDR bei der zu erwartenden Konfrontation zu verhindern, ließ Chruschtschow den Ministerrat der UdSSR am 31. Mai beschließen, es seien Vorschläge für die Anlage einer „speziellen Materialreserve" zwecks „unverzügliche[r] Hilfe" an die ostdeutsche Wirtschaft auszuarbeiten für den Fall eines Handelsabbruchs durch die Bundesrepublik.[73] Die Staatliche Plankommission arbeitete eine Vorlage aus. Auf ihrer Grundlage wurde Anfang August der Beschluß gefaßt, für den Fall des Abbruchs des innerdeutschen Handels eine Materialreserve bereitzuhalten, die der DDR die ausfallenden Lieferungen der Bundesrepublik ersetzen würde.[74] Selbst wenn die vorgesehenen Güter ausreichen sollten, waren die Probleme nicht ausgeräumt. Es war fraglich, ob die nötigen Kapazitäten für den Transport aus der UdSSR vorhanden waren.[75] Der Versuch der SED-Führung, in aller Eile die binnenwirtschaftlichen Strukturen im Sinne einer „Störfreimachung" zu ändern, stieß zunehmend auf unüberwindliche Schwierigkeiten. Alarmierende Defizite an Arbeitskräften und an Lebensmitteln komplizierten die Lage zusätzlich. In Ost-Berlin setzte sich immer stärker die Einsicht durch, daß die gestellte Aufgabe nicht in der kurzen Zeit bis zum Jahresende, sondern bestenfalls „Schritt für Schritt" zu lösen war. Damit wurden wichtige Voraussetzungen für das geplante Vorgehen gegen West-Berlin zweifelhaft.[76]

Ulbricht wandte sich an Parteichef Gomułka mit einer Darstellung der „wichtigsten politischen und ökonomischen Probleme", die sich aus verstärkten „Störmanövern westdeutscher militaristischer, revanchistischer Kreise" gegen die DDR ergäben. Er verband damit die „Bitte um Hilfeleistung bei der Lösung wichtiger ökonomischer Probleme". Mit der „politischen, wirtschaftlichen und militaristischen Entwicklung in Westdeutschland" verbinde sich eine „enorme Intensivie-

---

[72] Protokoll des Politbüros der SED Nr. 35/61, Sitzung vom 18. 7. 1961 (mit Anlage Nr. 9), SAPMO-BArch, DY 30 J IV 2/2/777, Bl. 1–8, 11–56.

[73] Bezugnahme auf den Beschluß in: V. Novikov/N. Patoličev an ZK der KPdSU (O special'nom material'nom rezerve Soveta Ministrov SSSR dlja okazanija nezamedlitel'noj pomošči v slučae razryva torgovych otnošenij meždu Germanskoj Demokratičeskoj Respublikoj i Federativnoj Respublikoj Germanii), 11. 8. 1961, RGAĖ, 4372, 79, 939, Bl. 58; Aufzeichnung von V. Novikov/N. Patoličev (mit Anlage), 11. 8. 1961, in: Istoričeskij archiv, 1/1998, S. 55, 59; Beschluß des Ministerrates der UdSSR, August 1961 [11. oder 12.8.], ebd., S. 60.

[74] Entwurf für Beschluß des ZK der KPdSU über die Schaffung einer „speziellen Materialreserve" durch den Ministerrat der UdSSR, (3.?) 8. 1961, RGANI, 3, 12, 947, Bl. 25; Schreiben V. Novikov/N. Patoličev an ZK der KPdSU „O special'nom material'nom rezerve Soveta Ministrov SSSR dlja okazanija nezamedlitel'noj pomošči v slučae razryva torgovych otnošenij meždu Germanskoj Demokratičeskoj Respublikoj i Federativnoj Respublikoj Germanii", 11. 8. 1961, RGAĖ, 4372, 79, 939, Bl. 58–63; Beschluß des Präsidiums des ZK der KPdSU, 12. 8. 1961, in: Istoričeskij archiv, 1/1998, S. 60; Beschluß des Ministerrates der UdSSR (mit Unterschrift Chruščëvs), (12.?) 8. 1961, ebd., S. 60–62.

[75] DDR-Verkehrsminister an W. Ulbricht, 28. 7. 1961, SAPMO-BArch, DY 30/3709, Bl. 47–49.

[76] Niederschrift der Sitzung des Ministerrats der DDR unter Vorsitz von B. Leuschner, 27. 7. 1961, BArchB, DC/20/3–345, Bl. 4–17.

rung und gesteigerte Aktivität in der Revanchepolitik". Daher komme es „darauf an, die Deutsche Demokratische Republik zu festigen und zu stärken und den Abschluß eines Friedensvertrages vorzubereiten." Der „Abschluß des Friedensvertrages und die Regelung der Westberlin-Frage noch in diesem Jahr" seien zwingend notwendig, denn die Inselstadt sei „ein Loch [...], durch das jährlich 1 Milliarde Mark aus unserer Republik abfließt, von den Schwierigkeiten, die die Republikflucht mit sich bringt, ganz zu schweigen."

Bonn spekuliere darauf, daß die Industrie der DDR „bisher in hohem Maße von der Zulieferung aus Westdeutschland abhängig war", und habe durch die Kündigung des Handelsabkommens im vergangenen Herbst gezeigt, „daß sich die westdeutschen Imperialisten in ihrem Kampf gegen den Abschluß eines Friedensvertrages und die Lösung des Westberlin-Problems auf den wirtschaftlichen Boykott der Deutschen Demokratischen Republik orientieren." Die Wiederaufnahme des Handels sei daher nur ein „wahltaktisches Manöver der Adenauer-Regierung". Bonn suche weiter „mit allen Mitteln der Erpressung die ökonomische und politische Entwicklung der DDR ernsthaft zu stören." Daher habe sich die UdSSR bereits entschlossen, Hilfe zu leisten. Da damit aber „noch nicht alle Rohstoff- und Materialprobleme geklärt" seien, ergebe sich die Notwendigkeit, die DDR wirtschaftlich mit der UdSSR und den Nachbarländern Polen und Tschechoslowakei enger zu verbinden, um sie in kurzer Frist von Westdeutschland und den NATO-Staaten unabhängig zu machen. Daher solle in nächster Zeit eine verstärkte ökonomische Zusammenarbeit besprochen und vereinbart werden.[77] Wie es scheint, fand sich Gomułka erst zur Hilfe bereit, nachdem die östlichen Parteichefs am 5. August die Schließung der Grenze in Berlin und den Abschluß des Friedensvertrages am Ende des Jahres beschlossen hatten.[78]

Insgesamt blieb das Resultat weit hinter dem Unterstützungsbedarf zurück. Daher richtete Ulbricht am 31. Juli ein weiteres Schreiben an Chruschtschow. Er benötige noch mehr Überbrückungshilfe und könne verschiedene Lieferpflichten gegenüber der UdSSR nicht einhalten.[79] Der sowjetische Führer verlangte daraufhin genaue Auskunft über Art, Umfang und Ursache der wirtschaftlichen Schwierigkeiten. Der SED-Chef antwortete mit einer Darstellung der wirtschaftlichen Nöte in den schwärzesten Farben. Zur Begründung führte er erneut an, die DDR habe in der Vergangenheit besondere Nachteile erlitten. Dazu komme das Problem der offenen Grenze. Der Wettbewerb mit der Bundesrepublik sei angeheizt worden und habe dazu genötigt, „den Lebensstandard schneller zu erhöhen, als es unseren volkswirtschaftlichen Kräften entsprach." Für den Ausbau der Produktionsanlagen hätten zu wenig Mittel zur Verfügung gestanden.[80] Chruschtschow

[77] W. Ulbricht an W. Gomułka, 24. 6. 1961, SAPMO-BArch, DY 30/3653, Bl. 29–33.
[78] W. Ulbricht an W. Gomułka, 15. 9. 1961, SAPMO-BArch, DY 30/3653, Bl. 38–40.
[79] W. Ulbricht an N. S. Chruščëv, 31. 7. 1961, SAPMO-BArch, DY 30/3709, Bl. 51f.; W. Ulbricht an N. S. Chruščëv (mit 3 Anlagen), 31. 7. 1961, SAPMO-BArch, DY 30/3709, Bl. 73–89.
[80] W. Ulbricht an N. S. Chruščëv (mit Anlage), 4. 8. 1961, SAPMO-BArch, DY 30/3709, Bl. 108–126 (ebenso Wiedergabe bei André Steiner, Vorstellungen und Probleme im Vorfeld der Errichtung der Berliner Mauer, in: Hartmut Mehringer (Hrsg.), Von der SBZ zur DDR. Studien zum Herrschaftssystem in der SBZ und in der DDR, München 1995, S. 254–268).

ließ sich überzeugen und verzichtete auf vertraglich festgelegte Lieferungen, ohne jedoch neue Hilfen in Aussicht zu stellen.[81]

In Moskau suchte man nach einem Weg, wie man mit künftigen Sanktionen des Westens, vor allem der Bundesrepublik, fertigwerden könnte. Gromyko und Mikojan legten dem Präsidium der KPdSU ein Konzept vor. Darin kamen sie zu dem Schluß, daß die östliche Seite keinen wirtschaftlichen Hebel besitze, um Bonn am Abbruch des innerdeutschen Handels zu hindern. Man könne aber Repressalien gegen den Zivilverkehr nach West-Berlins durchführen, zumal das grundlegende Handelsabkommen vom 20. September 1951 mit der gleichzeitigen Vereinbarung über die Bezahlung der Verkehrsleistungen in engem Zusammenhang stehe. Der Gütertransport zwischen der Stadt und der Bundesrepublik lasse sich insgesamt unterbinden. Wähle man eine „flexiblere Gegenmaßnahme", könne man die Waren zwar nach West-Berlin durchlassen, aber in umgekehrter Richtung stoppen. Bei der zweiten Vorgehensweise werde der fatale Eindruck einer nochmaligen Blockade vermieden. Die Stadt erhielte auf diese Weise Rohstoffe und Konsumgüter, während den Interessen der westdeutschen Industrie ein schwerer Schlag versetzt werde. Die Bundesregierung würde sich dadurch zweifellos zur Wiederaufnahme des Warenaustauschs bewogen sehen.[82] Die für die DDR bereitgehaltene „Materialreserve" war dann nur eine kurzzeitig benötigte Überbrückungshilfe; ihr nach allen Berechnungen langfristig ungenügender Umfang mochte dann ausreichen.

[81] Aufzeichnung von N. Novikov/N. Patoličev (mit Anlage), 3. 8. 1961, in: Istoričeskij archiv, 1/1998, S. 53–59.
[82] Schreiben von A. Mikojan und A. Gromyko an das ZK der KPdSU (mit 2 Anlagen), 29. 7. 1961, RGANI, 3, 12, 947, Bl. 26–39.

8. Auftakt zum Vorgehen gegen West-Berlin

Chruschtschows Entschluß zu einer neuen Berlin-Initiative

1960 hatte sich die wirtschaftliche Lage der DDR außerordentlich verschlechtert. Aus dem mäßigen Aufschwung 1958 war eine heftige Krise geworden. Die in einer Sechs-Wochen-Kampagne erzwungene Vollkollektivierung der Landwirtschaft hatte katastrophale Folgen. Die Agrarerzeugung erreichte einen Tiefstand, weil große Viehbestände geschlachtet wurden und viele Felder brachlagen. Um die schlimmsten Nöte zu überwinden, sah sich die Regierung genötigt, ungeachtet knapper Mittel die Investitionen um 30% aufzustocken. Die Weizenimporte mußten stark ausgeweitet werden. Die Zahl der bäuerlichen Flüchtlinge nahm dramatisch zu. Die Hochkonjunktur in der Bundesrepublik trug dazu bei, daß auch andere Bevölkerungsgruppen in den Westen gingen. Der Exodus erreichte ein bedrohliches Ausmaß. Das – von Chruschtschow für entscheidend erachtete – Kräfteverhältnis im Systemwettstreit der zwei deutschen Staaten wurde dadurch noch ungünstiger.[1] Schon im Sommer 1960 zeigte sich Ulbricht sehr besorgt. Ihm war bewußt, daß die Lage Adenauer politisch stärkte und die Chance zerstörte, die Bevölkerung von der Überlegenheit des Sozialismus zu überzeugen.[2]

Als die Kündigung des Handelsabkommens durch Bonn die völlige Abhängigkeit der DDR von den westdeutschen Lieferungen deutlich machte, erkannte er den ganzen Umfang der Misere und kam zu dem Schluß, es müsse unbedingt etwas unternommen werden. Nur wenn sich der Kreml zum Abschluß des Friedensvertrages und zur Durchsetzung der Freistadtregelung bereit finde, seien die Probleme der DDR zu lösen. In Moskau sah man die Dinge gelassener, doch war man auch dort über die Entwicklung besorgt, zumal sich in der Bundesrepublik ebenfalls ein ungünstiger Trend abzeichnete. Die SPD konnte bei den bevorstehenden Bundestagswahlen kaum auf eine Mehrheit hoffen und hatte mit dem Godesberger Programm die „sozialistische Alternative" zu Adenauers Politik endgültig fallen lassen. Man tröstete sich jedoch damit, daß diese veränderte Haltung in der westdeutschen Arbeiterklasse „Unzufriedenheit auslösen" müsse.[3]

Am 30. November 1960 verlangte Ulbricht von Chruschtschow „Klarheit über die Perspektiven des Kampfes um den Friedensvertrag und die Lösung der Westberlin-Frage". Dieser antwortete, die seit dem Ultimatum vor zwei Jahren verflossene Zeit sei nicht verloren, denn seither seien die „Positionen der imperialisti-

[1] Otčet o rabote Posolstva v GDR za 1960 god (Bericht an Ju.V. Andropov), 15. 12. 1960, RGANI, 5, 49, 287 (rolik 8948), Bl. 63–68.
[2] Gespräch M. G. Pervuchin – W. Ulbricht, 15. 7. 1960, RGANI, 5, 49, 288, Bl. 232–237.
[3] Botschafter Pervuchin im Gespräch mit dem ungarischen Botschafter in Ost-Berlin: István Rostás an Károlyi Kiss/Imre Hollai (ungar.), 25. 4. 1961, MOL 288.f.32/1961/12.ö.e., Bl. 163.

schen Gegner erschüttert",[4] und erklärte es für nachteilig, wenn die DDR die Lage verschärfen würde, indem sie sich von den Beschränkungen ihrer Souveränität zu befreien suche. Um nicht im Westen als wortbrüchig zu gelten (gegenüber dem er 1959 und 1960 den Willen zum Einvernehmen bekundet hatte), wolle er die Situation bis zum Gipfeltreffen unverändert lassen. Erst wenn dann keine Einigung über Friedensvertrag oder Interimsabkommen erzielt werde, womit freilich zu rechnen sei, könne er an einen Separatvertrag denken. Damit stelle sich die Frage nach dem Zeitpunkt. Solle das 1961 geschehen? Ulbricht verneinte und rief damit die erstaunte Gegenfrage hervor: Warum? Die Antwort lautete, dazu fehle doch der Mut. Das wollte Chruschtschow nicht auf sich sitzen lassen und legte dar, man müsse jetzt unbedingt handeln, wenn man nicht großen Ansehensverlust erleiden und die Position der Gegenseite stärken wolle. Zudem sei die Lage günstig. Der Westen werde weder eine wirtschaftliche Blockade verhängen noch gar einen Krieg beginnen. Dennoch sollten auch dafür Vorkehrungen getroffen werden. Die DDR müsse vor den Folgen etwaiger Sanktionen geschützt und von der ökonomischen Westabhängigkeit befreit werden. Erneut mahnte Chruschtschow, vor Abschluß des Friedensvertrages keine einseitigen Schritte zu unternehmen.[5]

Das Politbüro der SED befaßte sich am 4. und 10. Januar 1961 ausführlich mit der Lage in der DDR. Sorge bereiteten vor allem die wirtschaftlichen Schwierigkeiten und die unvergleichlich besseren Lebensbedingungen in der Bundesrepublik. Die anschwellende „Republikflucht" schien bedrohlich. Bruno Leuschner und Heinrich Rau erklärten, wegen der Abhängigkeit vom Außenhandel und von den westdeutschen Lieferungen sei man in einem Teufelskreis gefangen, der sich auch mit der Hilfe der UdSSR und der anderen Verbündeten nicht durchbrechen lasse. Leuschner zog den Schluß, der Lebensstandard müsse den „materiellen Bedingungen" entsprechen. Das werde die Versorgung verschlechtern mit der Folge, daß die Neigung zum Verlassen der DDR weiter zunehmen würde. Als Ausweg aus dem Dilemma bezeichnete Rau den baldigen Abschluß des Friedensvertrages. Damit könne man nicht bis zu einer Gipfelkonferenz warten. Es wurden ein Brief Ulbrichts an Chruschtschow und die Einsetzung einer Arbeitsgruppe beschlossen, die „Vorschläge zur entschiedenen Eindämmung" der Massenflucht vorlegen sollte.[6]

Aufgrund der Quellenlage muß offen bleiben, ob man dabei bereits an eine mögliche Schließung der Sektorengrenze dachte. Nach der – freilich keinesfalls zuverlässigen[7] – Erinnerung des damaligen Kulturministers soll im Februar unter der Leitung des Parteichefs in engem Kreis über Details der Abriegelung West-

[4] Aktenvermerk über Unterredung Ulbrichts mit N. S. Chruščëv, 30. 11. 1960, SAPMO-BArch, DY 30/3566, Bl. 82.

[5] Sowjetisches Protokoll des Gesprächs Chruščëv – Ulbricht, 30. 11. 1960, in engl. Übersetzung wiedergegeben bei Hope M. Harrison, Ulbricht and the Concrete „Rose": New Archival Evidence on the Dynamics of Soviet-East German Relations and the Berlin Crisis, 1958–1961, Working Paper No. 5, Cold War International History Project, Woodrow Wilson International Center for Scholars, Washington/DC, Mai 1993, Anhang A.

[6] Wilfriede Otto, 13. August 1961 – eine Zäsur in der europäischen Nachkriegsgeschichte, in: Beiträge zur Geschichte der Arbeiterbewegung, 1/1997, S. 48; Anlage 1 zum Protokoll der Sitzung des Politbüros der SED Nr. 2 vom 10. 1. 1961, SAPMO-BArch, DY 30/J IV 2/2A 797, Bl. 28.

[7] Vgl. seine auf Erinnerungen gestützte Darstellung des Volksaufstands in der DDR 1953: Hans Bentzien, Was geschah am 17. Juni? Vorgeschichte, Verlauf, Hintergründe, Berlin 2003.

Berlins beraten worden sein.[8] Sicher ist, daß sich die SED-Führung und das sowjetische Oberkommando in der DDR zunehmend auf eine kritische Situation im Innern und gegenüber den Westmächten einstellten. Ulbricht fragte seinen Verteidigungsminister Hoffmann bereits im Januar, inwieweit die UdSSR bei inneren Unruhen militärisch eingreifen würde und ob sie ein ständig einsatzfähiges Sperrsystem an der Grenze zur Bundesrepublik für erforderlich halte.[9] Demnach galt seine Aufmerksamkeit einem eventuellen militärischen Konflikt mit Schwerpunkt im Westen. Nach Abschluß des separaten Friedensvertrages und die daraufhin geplante Übernahme der Kontrolle über den West-Berliner Zugangsverkehr durch die DDR würden die Westmächte mutmaßlich mit einer bewaffneten Aktion vom Boden der Bundesrepublik aus reagieren. Wie dann die Truppen der UdSSR am besten einzusetzen seien, besprachen Hoffmann, der sowjetische Oberbefehlshaber in Deutschland, Armeegeneral Jakubowskij, und der Oberkommandierende der Warschauer-Pakt-Streitkräfte, Marschall Gretschko, am 10. Februar miteinander.[10]

Die inneren Probleme der DDR setzten der Fähigkeit zur Konfrontation Grenzen, verstärkten aber auch den Handlungsdruck. Aussagen westlicher Akteure (deren Ansichten jedoch vielfach nicht den amtlichen Standpunkt zum Ausdruck brachten[11]) ließen Chruschtschow vermuten, daß sich unter den Westmächten und sogar in der Bundesrepublik ein Haltungswandel in seinem Sinne abzeichne. Das wertete er als „gewaltigen Erfolg", der zu großer Hoffnung berechtige.[12] Der Führungswechsel in Washington schien die Durchsetzung seiner Ziele zu begünstigen. Der Kremlchef sah sich nicht nur der Verlegenheit enthoben, mit Eisenhower einem Präsidenten gegenüberzustehen, den er im Mai 1960 rundweg als Gesprächspartner abgelehnt hatte. Zum Nachfolger war nicht dessen Vize Richard Nixon, der seit seinem Besuch in Moskau vom Juni 1959[13] dort als kompromißloser „Kalter Krieger" galt[14], sondern John F. Kennedy gewählt worden. Chruschtschow, der den Wahlkampf intensiv verfolgt hatte, war tief befriedigt und setzte seine Hoffnungen auf den neuen Mann im Weißen Haus.[15]

---

8   Hans Bentzien, Meine Sekretäre und ich, Berlin 1995, S. 172–174, zitiert nach Armin Wagner, Walter Ulbricht und die geheime Sicherheitspolitik der SED. Der Nationale Verteidigungsrat der DDR und seine Vorgeschichte (1953–1971), Berlin 2002, S. 441.

9   W. Ulbricht an Armeegeneral Hoffmann, 21. 1. 1961, BArch-MArch, AZN 32612, Bl. 72–75.

10 Niederschrift über eine Beratung im MfNV, 10. 2. 1961, BArch-MArch, DVW–1/18771, Bl. 25–29.

11 Das galt insbesondere für die Auffassungen des westdeutschen Botschafters in Moskau, Hans Kroll.

12 Sowjetisches Protokoll des Gesprächs zwischen N. S. Chruščev und W. Ulbricht, 30. 11. 1960, in: H. Harrison, Ulbricht, a.a.O., Anhang A.

13 Hierzu: Extract from Conversation between N. S. Khrushchev and Mr. R. Nixon on the 26t July 1959, Document 01574, Annex No. 1, The Berlin Crisis, 1958–1962. Documents from the National Security Archive, microfiches published by Chadwyck-Healey Inc.

14 Wladislaw Subok/Konstantin Pleschakow, Der Kreml im Kalten Krieg. Von 1945 bis zur Kubakrise, Hildesheim 1997, S. 333; V. M. Suchodrev, Jazyk moj – drug moj. Ot Chruščeva do Gorbačeva, Moskau 1999, S. 133. Vgl. auch zwei Anlagen zum Schreiben von G. Žukov an das ZK der KPdSU, 20. 8. 1959, RGANI, 5, 30, 305 (rolik 4619), Bl. 36: Spravka o pravitel'stvennom apparate SŠA po vedeniju „psichologičeskoj vojny protiv stran socializma, ebd., Bl. 49; Spravka o peredačach radiostancii „Golos Ameriki" i tak nazyvaemych „častnych" radiostancij, veščajuščich v Sovetskij Sojuz, ebd., Bl. 58.

15 V. Suchodrev, a.a.O., S. 133; W. Subok/K. Pleschakow, a.a.O., S. 333 f.

Einschätzung des Wechsels an der Spitze der USA

Ein politisches Porträt, das Chruschtschow im August 1960 zugegangen war, stellte Kennedy als Pragmatiker dar, der frühe Festlegungen scheute und Mitte der fünfziger Jahre Distanz zur antikommunistischen Kampagne McCarthys gewahrt hatte. Beides erschien positiv. Dagegen wurde dem neuen Präsidenten eine widersprüchliche Haltung attestiert. Er sehe das Ost-West-Verhältnis als ständigen Kampf und hege Mißtrauen gegenüber der UdSSR, trete aber grundsätzlich für Verhandlungen ein und kritisiere, daß die USA keine konkreten Abrüstungsvorschläge unterbreitet hätten. Er wende sich jedoch freilich gegen ein Gipfeltreffen mit der Sowjetunion, solange die Amerikaner ihre verlorene „Position der Stärke" nicht wiederhergestellt hätten. Hinsichtlich Berlins vertrete er die Ansicht, daß man lieber einen Nuklearkrieg beginnen als die Stadt aufgeben solle, denn damit würde man zugleich aus Deutschland und Europa hinausgedrückt werden. Kennedy sei zwar bereit, den Vereinten Nationen eine Rolle in der Stadt zuzugestehen, wolle das aber nicht als Ersatz für die westliche Präsenz akzeptieren. Ähnlich inkonsistent erschien seine Haltung im Blick auf die kommunistischen Länder Osteuropas: Er halte zwar die „Befreiungspolitik" der alten Administration für unrealistisch und gescheitert, erkenne aber die Unwiderruflichkeit der dortigen Systemveränderungen nicht an und suche die Rückkehr zur alten Ordnung mit Mitteln flexibler Einflußnahme, vor allem wirtschaftlicher Hilfe, zu fördern.[16]

Solcher Bedenken ungeachtet, hielt Chruschtschow die Wahl Kennedys im November 1960 für insgesamt erfreulich. Er sei weit weniger hart als Nixon. Das lasse bei künftigen Verhandlungen „normale und vorteilhafte Bedingungen" erwarten. Die „neue Karte müsse man auszuspielen suchen".[17] Noch wichtiger scheint gewesen zu sein, daß man es nicht mit dem Parteigänger Eisenhowers zu tun hatte, der zudem im Kreml unangenehm aufgefallen war. Der Umstand, daß im Weißen Haus künftig ein anderer zu bestimmen hatte, ließ darauf hoffen, daß sich ein Ausweg aus der verfahrenen Lage gegenüber den USA eröffnete.[18] Auch wenn es dafür keine konkreten Anhaltspunkte gab, schien der Wechsel in Washington Aussicht auf Verständigung in sowjetischem Sinne zu bieten.[19] Der Amtsantritt eines Präsidenten, der als Verkörperung einer neuen Zeit galt, schien zudem Chruschtschows optimistische Erwartung zu bestätigen, daß der „Fortschritt" das Alte besiege, was in seiner Sicht mit einer allmählichen Entwicklung zum Sozialismus gleichbedeutend war. Der sowjetische Parteichef meinte, das Votum der amerikanischen Wähler gegen Nixon beruhe vor allem auf wachsender Einsicht in die Notwendigkeit, sich auf ein die UdSSR immer stärker begünstigendes Kräfteverhältnis einzustellen und daher die eigene Außenpolitik grundlegend zu ändern.

Positiv wurde im Kreml aufgenommen, daß sich Kennedy noch vor der Amtsübernahme um einen direkten Informationskanal bemühte. Beim ersten Kontakt

---

[16] „A Typical Pragmatist": The Soviet Embassy Profiles. John F. Kennedy, 1960, in: Cold War International History Project Bulletin, Heft 4 (Herbst 1994), S. 64–67.

[17] Zusammenfassung des politischen Berichts der Botschaft der VRP in Moskau für die Zeit vom 1. 7.–31. 12. 1960 (poln.), o.D., AAN, KC PZPR XI A/78, Bl. 436.

[18] William Taubman, Khrushchev. The Man and his Era, New York–London 2003, S. 485 f.

[19] Oleg Trojanovskij, Čerez gody i rasstojanija. Istorija odnoj sem'i, Moskau 1997, S. 233.

mit dem als Vermittler vorgesehenen KGB-Offizier am 1. Dezember 1960 legte der Bruder des künftigen Präsidenten, Robert, dar, wie Politik gegenüber der UdSSR aussehen solle. Nach der Aufzeichnung des sowjetischen Gesprächspartners, die erwartungsgemäß dem Kremlchef sofort zugeleitet wurde, wollte der kommende Mann im Weißen Haus den Beziehungen zur UdSSR vorrangige Aufmerksamkeit widmen. Diese könnten und sollten sich in den nächsten Jahren verbessern. Besonderen Wert wolle man auf Fragen der Abrüstung legen. Auch beabsichtige man ein Gipfeltreffen mit Chruschtschow, zu dem man ein besseres Verhältnis herzustellen hoffe als bisher. Zu einer solchen Begegnung werde es freilich nur kommen, wenn es keine Zweifel an positiven Ergebnissen gebe. Der Präsident werde dazu noch nicht in den ersten vier Monaten bereit sein, denn er müsse zuvor sein innenpolitisches Programm dem Kongreß vorlegen. Über die Lage in Berlin sei er sehr besorgt und wolle sich um eine Regelung des Problems bemühen. Falls die UdSSR jedoch bald Druck ausübe, werde er mit Sicherheit die Position des Westens verteidigen. Die Frage des wechselseitigen Handelsaustauschs wolle er erst später behandeln. Nach erzielter Übereinkunft werde es leichter sein, diesen Knäuel zu entwirren. Zum Abschluß erfolgte der Hinweis, daß man die Beziehungen nicht zur UdSSR, sondern zu China als das grundlegende Problem der kommenden Jahre ansehe.[20]

Das Interesse der neuen Administration an baldigen Vereinbarungen und ihre Bereitschaft, die Regelung der offenen Fragen nicht weiter zu verzögern, schienen zu großen Hoffnungen zu berechtigen. Der Kreml hielt ein Zwischenabkommen auf der Basis seiner Genfer Vorschläge für möglich oder gar wahrscheinlich. Vielleicht brauchte man daher gar nicht erst zur Androhung des separaten Friedensvertrags mit der DDR zu greifen und konnte so der Konfrontation mit den USA entgehen. Auch andere Informationen wurden in diesem Sinne verstanden. Chruschtschow erhielt die Mitteilung, der neue Präsident sei nach dem internen Urteil eines engen Beraters zwar „hartnäckig und beharrlich", aber zugleich ein Mann, der politische Fragen „nicht vom Standpunkt allgemeiner Urteile, sondern von den konkreten Bedingungen der Realität aus" betrachte. Er schien demnach zu flexiblem – und damit potentiell nachgiebigem – Handeln disponiert. Dennoch war klar, daß seine Ansichten über einen möglichen Kompromiß stark von den sowjetischen Vorstellungen abwichen. Wie man dem Kremlchef aufgrund von Einblicken in inneramerikanische Überlegungen berichtete, dachte Kennedy an ein Abkommen über Deutschland, das wegen der strittigen Frage der Vereinigung keine endgültige Regelung sein könne. Zudem wolle er als Preis für die Hinnahme der Teilung und die Anerkennung der Oder-Neiße-Linie die Garantie eines freien Zugangs nach West-Berlin fordern.[21] Das stellte den Kreml nicht zufrieden, galt aber als gewaltiger Fortschritt gegenüber der Position von Dulles, der weitere Konzessionen erhoffen ließ.

---

[20] In engl. Übersetzung wiedergegeben bei Aleksandr Fursenko/Timothy Naftali, „One Hell of a Gamble". Khrushchev, Castro, and Kennedy, 1958–1964, New York–London 1997, S. 81 f.

[21] P. Abrasimov an N. S. Chruščëv, 8. 2. 1961, RGANI, 5, 30, 365 (rolik 4632), Bl. 25 f.

Einschätzung der internationalen Lage und vorbereitende Gespräche mit den Amerikanern

Chruschtschow glaubte zudem, daß die Konstellation im westlichen Bündnis die Durchsetzung seiner Ziele begünstige. Schon 1958 hatte Macmillan große Zugeständnisse in Deutschland und Berlin befürwortet. Ein Problem aus sowjetischer Sicht war dagegen de Gaulle, der überhaupt nicht unter Druck verhandeln wollte. Hoffnung wurde jedoch daraus geschöpft, daß sich der französische Staatspräsident klar gegen die deutsche Einheit wende und damit den „Bonner Revanchismus" ablehne. Intern äußerte sich Chruschtschow über ihn stets mit großer Wärme. Die sich schon 1960 abzeichnende Annäherung Frankreichs an die Bundesrepublik hielt er für einen momentanen Flirt de Gaulles mit Adenauer, der nicht von Dauer sein werde. Ende 1960 scheint er daran aber Zweifel bekommen zu haben: Er ließ sich von seinen Mitarbeitern nicht mehr auf das Verhältnis zwischen Bonn und Paris ansprechen.[22] Chruschtschow bekundete frühzeitig sein Interesse an einem Treffen mit Kennedy, um die „Überreste des Zweiten Weltkriegs" rasch zu liquidieren. Dabei erklärte er sich wie in den beiden Vorjahren zu Zwischenlösungen bereit, wenn sich das Ziel auf diese Weise leichter erreichen lasse.[23] Der amerikanische Präsident ließ ihm jedoch sagen, er müsse sich erst einmal einarbeiten.[24] Erst in einer Mitteilung, die er Chruschtschow am 9. März durch Botschafter Thompson aushändigen ließ, schlug er eine persönliche Begegnung vor, die an einem neutralen Ort stattfinden solle.[25]

Der sowjetische Parteichef stimmte sogleich zu und benutzte die Gelegenheit zu einem ersten Meinungsaustausch. Dabei gewann er den Eindruck, die USA wollten die Deutschland-Frage nicht in die Erörterung der strittigen Fragen einbeziehen. Das war nicht in seinem Sinne. Er erklärte daher, dieses Problem sei für Europa und die ganze Welt von großer Bedeutung, und hob hervor, er werde diesen Standpunkt nicht ändern. Es sei notwendig, den als Ergebnis des Zweiten Weltkriegs eingetretenen Veränderungen rechtliche Form zu geben. Deswegen solle ein Friedensvertrag mit den zwei deutschen Staaten geschlossen werden. Man wolle zwar die Wiedervereinigung auf beiden Seiten, doch böten deren gegensätzliche Vorstellungen keine Aussicht darauf. Wenn man versuchen wollte, die jeweiligen Ziele durchzusetzen, würde das den dritten Weltkrieg bedeuten. Thompsons Hinweis, die USA hätten „bestimmte Verpflichtungen gegenüber der Bevölkerung West-Berlins", beantwortete Chruschtschow mit dem gewohnten

---

[22] Zusammenfassung des politischen Berichts der Botschaft der VRP in Moskau für die Zeit vom 1. 7.–31. 12. 1960 (poln.), AAN, KC PZPR XI A/78, Bl. 436.

[23] N. S. Chruščev an J. F. Kennedy, o.D. [Chruščev am 17. 1. 1961 zur Unterschrift zugeleitet], AVPRF, 0129, 45, 329, 11, Bl. 7–23; G. M. Kornienko, Upuščennaja vozmožnost'. Vstreča N. S. Chruščeva i Dž. Kennedi v Vene v 1961g., in: Novaja i novejšaja istorija, 2/1992, S. 97.

[24] Spravka. O besede posla SSSR v SŠA t. Men'šikov s licami iz bližajšego okruženii Kennedi, 8. 2. 1961, AVPRF, 0129, 45, 329, 11, Bl. 37, 39; Information [für die Parteiführung der ČSR] über Sondierungsgespräche des sowjetischen Botschafters in Washington, o.D. [Jan./Feb. 1961], in: Michal Reiman/Petr Luňák (Hrsg.), Studená válka 1954–1964. Sovětské dokumenty v českých archivech, Brünn 2000, S. 166–169.

[25] J. F. Kennedy an N. S. Chruščev, 22. 2. 1961, in: Foreign Relations of the United States [hinfort: FRUS], 1961–1963, Bd. VI, S. 5–7.

Argument, der Freistadtstatus gewährleiste den Verzicht auf auswärtige Einmischung in die inneren Angelegenheiten.[26] Mit einem raschen Einlenken der Amerikaner konnte er demnach nicht rechnen.[27] Er appellierte daraufhin an diese, die Beziehungen zur UdSSR zu verbessern, mit ihr vorsichtigen Umgang zu pflegen und alle Handlungen zu unterlassen, aus denen sich „Komplikationen" ergeben könnten.[28]

Meinungsaustausch zwischen Chruschtschow und Ulbricht

Obwohl Chruschtschow am 30. November 1960 die Absicht bekundet hatte, den Abschluß des Friedensvertrags und die Freistadtregelung für West-Berlin voranzutreiben, war Ulbricht weiterhin skeptisch. Würde der sowjetische Führer wirklich bei seinem Wort bleiben? Nach aller bisherigen Erfahrung war das keineswegs sicher. Sowjetische Hinweise, man müsse abwarten, bis Kennedy Zeit zu den erforderlichen Vorbereitungen gehabt habe und zu Verhandlungen bereit sei, dürften den Zweifel verstärkt haben. Daher ließ der SED-Chef im Außenministerium der DDR ein Papier über die „Möglichkeiten des taktischen Vorgehens in der Frage des Friedensvertrags und Westberlins" ausarbeiten. Darin sollten keine endgültigen Positionen formuliert werden. Es ging vielmehr darum, die internationale Diskussion wieder in Gang zu bringen.[29]

Gestützt auf diese Vorlage und eine Diskussion des Politbüros darüber,[30] appellierte Ulbricht am 19. Januar 1961 an Chruschtschow, im begonnenen Jahr „wenigstens einen Teil der Reste des Krieges in Westberlin und in Deutschland abzubauen." Die Voraussetzungen dafür seien „günstig, da die Adenauer-Regierung in der Zeit der [bevorstehenden] Bundestagswahlkampagne nicht an einer Zuspitzung der Lage interessiert ist und Präsident Kennedy im ersten Jahr seiner Präsidentschaft ebenfalls keine Verschärfung der Lage wünscht." Diese Zeit solle genutzt werden, um vollendete Tatsachen zu schaffen. Das Schreiben enthielt die bisherigen Forderungen mit der Einschränkung, die westlichen Truppen in Berlin brauchten vorerst nur verringert zu werden und der Militärverkehr über die Zugangswege könne bis zum vollständigen Abzug in eineinhalb bis zwei Jahren respektiert werden. Zunächst könnten auch weitere „Reste des Krieges" fortbeste-

---

26 L. Thompson an Department of State, 10. 3. 1961, in: FRUS, 1961–1963, Bd. V (Internet-Ausgabe), Dokument 42; Zapis' besedy N.S. Chruščeva s poslom SŠA v SSSR L. Tompsonom 9 marta 1961 goda, g. Novosibirsk, SAPMO-BArch, DY 30/3663, Bl. 1–21/MOL, 288.f. 9/1961/3.ö.e., Bl. 132–152.

27 Das bestätigte sich erneut in einer Unterredung zwischen Kennedy und Gromyko am 27. 3. 1961 (Zapis' besedy A. A. Gromyko s prezidentom SŠA D. Kennedi 27 marta 1961 goda, MOL, 288.f. 9/1961/3.ö.e., Bl. 167–176).

28 Entwurf des sowjetischen Außenministeriums für eine Antwort Chruščevs an Kennedy, o.D. [Mitte März 1961], AVPRF, 0129, 45, 329, 11, Bl. 55–58; Zapis' besedy A. A. Gromyko s prezidentom SŠA D. Kennedi 27 marta 1961 goda, Vašington, AVPRF, 0129, 45, 329, 11, Bl. 63–72.

29 O. Winzer an W. Ulbricht (mit beigefügter Ausarbeitung), 10. 1. 1961, SAPMO-BArch, DY 30/ 3508, Bl. 1–20.

30 Aufzeichnung ohne Überschrift [Ulbricht über die Diskussion im SED-Politbüro nach seinem Bericht zu den Fragen des Friedensvertrags und West-Berlins], 16. 1. 1961, SAPMO-BArch, DY 30/3508, Bl. 37–46.

hen, die erst „bei den Verhandlungen über die Vorbereitung eines Friedensvertrages behandelt" werden würden. Gingen die Westmächte auf diesen „Kompromiß"
nicht ein, würde es „unvermeidlich" werden, daß die UdSSR und andere dazu bereite Staaten einen Friedensvertrag mit der DDR ohne ihre Beteiligung abschlös-
sen. Als Vorbereitung für diese Eventualität sollte nach Ulbrichts Ansicht das Politische Konsultativkomitee des Warschauer Pakts einberufen werden.[31]

Chruschtschow antwortete mit der Versicherung, daß er zur Vereinbarung vom
30. November des Vorjahres stehe. Er erklärte sich mit den Erwägungen über
Maßnahmen zur „Liquidierung der Überreste des Krieges" und zur „Normalisierung der Lage in West-Berlin" einverstanden, und akzeptierte, daß notfalls ein se-
parater Friedensschluß mit der DDR erforderlich werde. Hinter der – breit ausge-
führten – Zustimmung verbarg sich jedoch eine abwehrende Tendenz. Ulbricht
wurde nachdrücklich darauf hingewiesen, daß die UdSSR die vorgesehenen
Schritte bereits eingeleitet habe. Die Sondierungen brauchten jedoch Zeit. Erst
wenn die Haltung Kennedys klarer geworden sei, könne man beurteilen, ob ein
Einvernehmen möglich sei. Auch mußte sich der ungeduldige ostdeutsche Parteichef vorhalten lassen, die sozialistischen Länder hätten „bereits nicht wenig erreicht". Die „militaristische Position der Regierung der BRD und der sie unterstützenden Westmächte" sei „entlarvt" worden. Dadurch sei es „gelungen, ihre
Position in der deutschen Frage in gewissem Ausmaß zu erschüttern." Auch habe
sich die „internationale Autorität" der DDR erhöht. „Die geschickte Ausnutzung
dieser von uns gemeinsam errungenen Vorteile kann weitere Früchte in dieser
Hinsicht bringen." Damit verband sich die Warnung vor „offenen einseitigen Akten von unserer Seite". Diese könnten „von gewissen Kreisen in den USA" dazu
benutzt werden, Kennedy zu drängen, Standpunkte nach der Art Eisenhowers zu
beziehen, „was der BRD und den reaktionären Kreisen im Westen zustatten
käme."[32]

Chruschtschow stimmte ungenannten Maßnahmen zu, die Ulbricht brieflich
angeregt habe. Diese seien „unter gewissen Umständen […] vollkommen notwendig", falls es zu keiner Übereinkunft mit Kennedy komme. Sie müßten absprache-
gemäß bei Abschluß des Separatfriedensvertrags durchgeführt werden. Um was es
sich dabei handelte, ist wegen fehlender Quellen unklar. Karl-Heinz Schmidt vermutet, das könnte sich auf einen Vorschlag zum Bau der Berliner Mauer bezogen
haben.[33] Davon ist jedoch in keinem der – anscheinend vollständig überlieferten –
Schreiben des SED-Chefs die Rede. Zudem leuchtet nicht ein, daß dieser auf
Schließung der Grenze in Berlin gedrungen und daß Chruschtschow dem zugestimmt haben soll. Der sowjetische Führer hatte sich stets gegen dortige Abriegelungsmaßnahmen gewehrt. Der Annahme, Ulbricht habe ihn durch bloße briefliche Anregung davon abgebracht, steht auch entgegen, daß der ostdeutsche Parteichef die Sache Ende März im Warschauer Pakt zum Thema machen wollte. Hätte

---

[31] W. Ulbricht an N. S. Chruščëv, 18. [recte: 19.] 1. 1961, SAPMO-BArch, DY 30/3508, Bl. 59–66.
[32] N. S. Chruščëv an W. Ulbricht, 30. 1. 1961, AVPRF, 0742, 6, 46, 34, Bl. 3–5. In den Fassungen, die
im früheren Zentralen Parteiarchiv der SED aufbewahrt werden, fehlen die kritischen Passagen:
SAPMO-BArch, DY 30/3508, Bl. 122 f. (russ.), 114–116 (dte. Übers.).
[33] Karl-Heinz Schmidt, Dialog über Deutschland. Studien zur Deutschlandpolitik von KPdSU und
SED (1960–1979), Baden-Baden 1998, S. 49–52.

Chruschtschow ihn darin bereits unterstützt, wäre kein Bemühen darum mehr erforderlich gewesen. Vermutlich bezog sich der sowjetische Führer auf den Brief des SED-Chefs vom 19. Januar, in dem um Wirtschafts- und Finanzhilfe zur Stabilisierung der DDR, vor allem zur Abwendung der Zahlungsunfähigkeit, ersucht worden war. Das Anliegen war gemäß übereinstimmender Vorstellung damit begründet worden, es sei unerläßlich, die – bisher noch von westdeutschen Lieferungen abhängige – DDR ökonomisch standfest zu machen. Andernfalls sei zu befürchten, daß eine Konfrontation wegen Berlin zu einer innenpolitischen Katastrophe führe.[34]

Beratungen im Warschauer Pakt

Chruschtschow war nicht auf Ulbrichts Ersuchen eingegangen, eine Tagung des Politischen Konsultativkomitees über Friedensvertrag und Freistadtregelung einzuberufen. Statt dessen hatte er ein bilaterales Treffen vorgeschlagen.[35] Zwar sah er auch eine Beratung der östlichen Parteichefs vor, doch sollte sich diese nicht mit Deutschland- und Berlin-Fragen befassen. Als Thema wurde die militärische Stärkung des Warschauer Pakts vorgesehen.[36] Damit nahm Chruschtschow einen fundamentalen Kurswechsel vor. Noch Anfang 1960 hatte er nach früheren Truppenreduzierungen eine weitere Verringerung von 1,2 Millionen Mann dekretiert und erklärt, die „Verfechter des ‚kalten Krieges'" seien durch die Wirtschaftskraft der UdSSR in eine schwierige Lage gebracht und würden durch Friedens- und Abrüstungsinitiativen zusätzlich in die Enge getrieben.[37] Nunmehr war die Hoffnung verflogen, man könne die Westmächte allein durch nuklearstrategische Macht (deren Aufbau zudem weit hinter den großspurigen Erklärungen des Kreml zurückblieb) zum Nachgeben zwingen. Daher erschien es notwendig, daß die sozialistischen Staaten eine überlegene Fähigkeit zur Kriegführung auf dem europäischen Schauplatz glaubhaft machten.[38]

Auch Ulbricht hielt das für richtig, war aber darüber hinaus an einem Beschluß interessiert, der eine „Normalisierung" der Lage in West-Berlin versprach. Wenn Chruschtschow, wie er nach wie vor argwöhnte, es nicht auf einen akuten Konflikt mit dem Westen ankommen lassen wollte, dann sollte wenigstens zunächst einmal auf andere Weise Abhilfe für die DDR geschaffen werden. Am 16. März 1961 sprach Ulbricht in der SED-Führung das Problem der anschwellenden Massenflucht an und stellte die Frage, ob man nicht die Sektorengrenze schließen müsse.[39] Welcher innerstaatlichen Lage er sich gegenübersah, erläuterte er Perwuchin am 20. März. Die DDR leide unter akutem Mangel an Rohstoffen wie Ar-

---

[34] Ulbricht an Chruščёv, 19. 1. 1961, SAPMO-BArch, DY 30/3508, Bl. 59–73.

[35] N. S. Chruščёv an W. Ulbricht, 30. 1. 1961, AVPRF, 0742, 6, 46, 34, Bl. 5.

[36] N. S. Chruščёv an W. Ulbricht, 24. 1. 1961, SAPMO-BArch, DY 30/3386 Bl. 118f. (russ.), 116f. (dte. Übers.); N.S. Chruščёv an W. Ulbricht, 15. 3. 1961, SAPMO-BArch, DY 30/3386, Bl. 122f.

[37] N. S. Chruščёv an W. Ulbricht, 6. 1. 1960, SAPMO-BArch, DY 30/3507, Bl. 1–6.

[38] Sergej A. Kondrašёv, Über die Mauer, deren Grundlage und den [sic] Urteil der Völker, Vortragspapier, vorgelegt auf der Internationalen DDR-Forschertagung in der Europäischen Akademie Otzenhausen, 8.–11. 11. 2001, S. 5.

[39] So nach Peter Wyden, „Wir machen Berlin dicht", in: Der Spiegel, 41/1989, S. 161.

beitskräften, und die Außenhandelsbilanz weise ein großes Defizit auf. Er kündigte Maßnahmen gegen diejenigen Bürger seines Staates an, die in West-Berlin arbeiteten. Das werde großen Lärm im Westen hervorrufen, doch das mache ihm nichts aus. Wenn Leute weggingen, die ihre Kraft nicht für die DDR einsetzten, verliere man nichts. Wie der Botschafter dem Moskauer Außenministerium berichtete, hielt er die Darstellung der Schwierigkeiten für „etwas übertrieben".[40]

Auf der Tagung des Politischen Konsultativkomitees der Warschauer-Pakt-Staaten am 28./29. März 1961 hielt sich Ulbricht nicht an das militärische Thema und lenkte die Aufmerksamkeit der versammelten Parteichefs auf die Probleme der DDR. Um diese rasch in den Griff zu bekommen, müsse er zu einer vollständigen Abriegelung gegen den Westen, d. h. zur Sperrung der Grenze in Berlin, ermächtigt werden. Adenauer und sein Regime seien verstärkt bemüht, den Westteil der Stadt „als vorgeschobenen Posten für ihre Revanchepolitik auszunutzen." Darum sei weiterhin der Abschluß des Friedensvertrages unerläßlich. Die UdSSR und ihre Verbündeten hätten „den Westmächten zwei Jahre Zeit gelassen", sich damit vertraut zu machen; nun müsse man endlich handeln. Vor allem komme es auf die Umwandlung West-Berlins in eine „Freie Stadt" an, welche die dortigen „Spionage- und Diversionsorganisationen" beseitige und die Tätigkeit des Rundfunks RIAS beende. Damit würde der Frieden nicht nur für die DDR, sondern für alle sozialistischen Staaten gewährleistet werden. Das erfordere Opfer. Die DDR stehe vor dem Problem, sich „gegen die wirtschaftlichen Störmaßnahmen aus Westdeutschland zu sichern". Der Hinweis auf die deswegen „zwingende Notwendigkeit, alle Maßnahmen und Pläne in den Staaten des Warschauer Vertrages untereinander abzustimmen", sollte den östlichen Ländern Hilfe und Unterstützung zur moralischen Pflicht machen.[41] Ulbricht soll auch die – im Manuskript nicht enthaltene – Bemerkung gemacht haben, die DDR könne den Verbündeten wegen des Abflusses von Ressourcen über die offene Grenze nicht die vertraglich vereinbarten Güter liefern. Die Wirtschaft seines Landes lasse sich nur in Ordnung bringen, wenn die Sektorengrenze geschlossen werde.[42]

Mit diesem Verlangen setzte er sich nicht durch.[43] Chruschtschow hob in seiner Erwiderung die Notwendigkeit hervor, Kennedy die Chance einer Einigung zu

---

[40] Gespräch M. G. Pervuchin – W. Ulbricht, 22. 3. 1961, RGANI, 5, 49, 377 (rolik 8978), Bl. 18–23.

[41] Wortlaut der Rede W. Ulbrichts am 29. 3. 1961 auf der Tagung der Staaten des Warschauer Vertrages in Moskau am 29. 3. 1961, SAPMO-BArch, DY 30/3386, Bl. 161–180.

[42] István Németh, Historische Einführung, in: István Horváth, Die Sonne ging in Ungarn auf. Erinnerungen an eine besondere Freundschaft, München 2000, S. 95. In gleichem Sinne Honoré M. Catudal, Kennedy and the Berlin Wall Crisis, [West-]Berlin 1980, S. 49 f. (nach Aussagen des tschechischen Überläufers Jan Šejna). Wie die Einordnung der Akte durch das Bundesarchiv vermuten läßt, hatte Ulbricht in diesem Sinne bereits den Entwurf für eine gemeinsame Erklärung formuliert (Entwurf einer Erklärung der Regierungen der Warschauer-Pakt-Staaten, o.D., SAPMO-BArch DY 30 3386, Bl. 181–187). Da der Text jedoch genau der Deklaration des Politischen Konsultativkomitees im August 1961 entspricht, ist ein Einordnungsirrtum nicht ausgeschlossen.

[43] Die – auf ungenannten amerikanischen Quellen beruhende – Angabe von Michael R. Beschloss, Powergame. Kennedy und Chruschtschow. Die Krisenjahre 1960–1963, Düsseldorf 1991, S. 271, Chruščev habe der Abriegelung der Sektorengrenze bereits damals „im Prinzip zugestimmt", läßt sich weder aufgrund der Dokumente, die in der vorigen Fußnote genannt wurden, noch angesichts der folgenden Geschehnisse aufrechterhalten. Ulbrichts Äußerung auf der Pressekonferenz am 15. 6. 1961, „niemand" habe die Absicht, „eine Mauer zu bauen" (wiedergegeben in: Dokumente zur Deutschlandpolitik, hrsg. vom Bundesministerium für Innerdeutsche Beziehungen, Reihe IV, Bd. 6/2, Frankfurt/Main 1975, S. 933 f.), entsprach der Realität des damaligen Augenblicks.

geben. Nur wenn das Gipfeltreffen ergebnislos bleibe, solle man einseitig vorgehen und den separaten Friedensvertrag unterzeichnen mit allen daraus folgenden
Risiken.[44] Er sicherte Ulbricht erneut zu, er halte am Programm von 1958 fest.
West-Berlin müsse eine separate politische Einheit, eine selbständige Stadt werden, die in jeder Hinsicht von der Bundesrepublik getrennt sei. Die Zeit sei aber
dafür noch nicht reif. Die Westmächte ließen sich vorerst nicht darauf ein, weil das
mit einem großen Prestigeverlust und dem Ende ihrer Rüstungspläne verbunden
wäre. Der Abschluß des Separatfriedens mit der DDR sei zwar notwendig, lasse
sich aber im Augenblick nicht verwirklichen, werde aber unweigerlich auf die Tagesordnung kommen, auch der Zeitpunkt noch nicht abzusehen sei. Es sei zu bedenken, daß sich dann das Verhältnis zur Bundesrepublik zuspitzen werde. Auch
die westlichen Staaten würden voraussichtlich heftig reagieren, sich letztlich jedoch mit der Veränderung abfinden. Die Lage in West-Berlin werde sich normalisieren. Botschafter Perwuchin fügte der Aussage später den Kommentar hinzu,
dann erhalte die Oder-Neiße-Grenze endgültigen Charakter, die DDR werde ein
international anerkannter Staat, und der Besatzungsstatus West-Berlins entfalle.
Trotzdem würden die Westmächte voraussichtlich ihre Präsenz aufrechterhalten.
Dann aber müßten sie genauso wie die Bundesrepublik die Ordnung des Perso-
nen- und Gütertransits durch ein Abkommen mit der DDR regeln, sofern sie
nicht zu Gewalt griffen. Das aber sei unwahrscheinlich, weil die UdSSR und ihre
Verbündeten mit militärischer Gegenwehr reagieren würden.[45]
Auch Kádár und Ceauşescu sollen sich gegen eine Abriegelung West-Berlins
gewandt haben. Alle bekräftigten das Ziel des Friedensvertrages. Die DDR müsse
danach unbedingt volle Souveränität auf ihrem Territorium erhalten, während
West-Berlin in eine „Freie Stadt" umzuwandeln sei.[46] Am Rande der Tagung
wurde über das Vorgehen beim geplanten Abschluß des Separatvertrages mit der
DDR beraten. Alle meinten, das Problem müsse irgendwann, früher oder später,
gelöst werden. Es gehe nicht an, den bisherigen Zustand noch jahrelang zu dulden.
Die weitere Aufrüstung der Westdeutschen und ihre Ausstattung mit Kernwaffen
könnten nicht akzeptiert werden. Ebensowenig sei hinzunehmen, daß West-Berlin faktisch zum „Herd der Provokation" werde. Man müsse darauf hinarbeiten,
daß die Frage der Lösung nähergebracht und schließlich wirklich gelöst werde.
Dabei müsse berücksichtigt werden, daß die Bundesrepublik bei Zuspitzung des
Konflikts zum Wirtschaftsboykott greife. Dem würden sich die westlichen Länder voraussichtlich für kürzere oder längere Zeit anschließen. Deswegen brauche
man vorerst nichts Besonderes zu unternehmen, müsse aber die eigene Basis in je-

---

44 Hope M. Harrison, Driving the Soviet up the Wall. Soviet – East German Relations 1953–1961,
Princeton/NJ–Oxford 2003, S. 167 f. unter Hinweis auf einen übersetzten Text, der im Tschechischen Zentralarchiv, Archiv des ZK der KPČ, Signatur Bd. 303/387, vorliegt.
45 István Rostás an Károlyi Kiss/Imre Hollai über ein Gespräch mit Botschafter Pervuchin (ungar.),
25. 4. 1961, MOL 288.f.32/1961/12.ö.e., Bl. 160 f.
46 Hinweis im Schreiben von W. Ulbricht an N. S. Chruščëv, 5. 7. 1961, SAPMO-BArch, DY 30
3386, Bl. 212 f. (deutsches Original), 217 f. (russ. Übersetzung); Rešenie Političeskogo Konsul'ta-
tivnogo Komiteta gosudarstv-učastnikov Varšavskogo Dogovora, o.D. [29. 3. 1961], SAPMO-
BArch, DY 30/3386, Bl. 151 f.; Politische Abteilung [des MfAA der DDR]: Kurseinschätzung der
Deutschlandpolitik der Sowjetunion 1959–1964, 27. 4. 1964, PA-MfAA, A–276, Bl. 184.

der Hinsicht funktionsfähig halten und die Kooperation unter den sozialistischen Staaten weiterentwickeln.[47]

Von einer Grenzsperrung war offenbar keine Rede mehr. Daher ist die Angabe eines westlichen Journalisten, diese sei als künftige Eventualität erwogen worden und die DDR habe eine Ermächtigung zu organisatorischen Vorbereitungen erhalten, die daraufhin bereits angelaufen seien,[48] höchst zweifelhaft. Der folgende Meinungsaustausch zwischen Moskau und Ost-Berlin deutet in eine andere Richtung.[49] Es gibt auch keinen Beleg für die von Matthias Uhl und Armin Wagner vertretene These, Ulbricht sei es „mit seiner Rede und in möglichen Vier-Augen-Gesprächen offensichtlich" gelungen, Chruschtschow „erstmals von der Unvermeidbarkeit der Schließung der Grenze in Berlin zu überzeugen" und von ihm die Erlaubnis zur Fortsetzung der „Planungen für eine militärische Abriegelung West-Berlins" zu erlangen.[50] Beide Autoren nehmen zudem selbst auf ein Dokument Bezug, das ausdrücklich feststellt, Ulbrichts Begehren widerspreche der sowjetischen Politik.[51]

Nachdem schon im Januar die Ausrüstung der DDR-Truppen mit Flakraketen vorgesehen worden war,[52] beschlossen die Parteichefs weitere militärische Vorkehrungen für den Fall einer Konfrontation wegen Berlin. Große Bedeutung kam dabei dem Vorhaben zu, eine gemeinsame Kommandostabsübung von Streitkräf-

---

[47] Äußerungen von János Kádár auf der Sitzung des ZK der UVAP (ungar.), 10. 6. 1961, MOL 288. f. 4/41.ö.e., Bl. 26.

[48] So Peter Wyden, „Wir machen Berlin dicht", in: Der Spiegel, 41/1989, S. 161.

[49] Mit Wydens These ließe sich insbesondere nicht erklären, wieso Ulbricht im Frühsommer gegenüber Chruščëv zu dem verzweifelten Argument griff, bei weiterhin offener Grenze sei mit dem Zusammenbruch der DDR zu rechnen, für den er dann keine Verantwortung mehr übernehmen könne. Dieser Vorgang läßt darauf schließen, daß der Kremlchef damals die Idee von Sperrmaßnahmen noch prinzipiell ablehnte. Über die Bildung der Honecker-Kommission zum behaupteten Apriltermin ist nichts bekannt, vgl. A. Wagner, a.a.O., S. 436–438. Falls dieses vorbereitende Gremium schon im April bestanden haben sollte, müßte es sich um die vom SED-Politbüro schon am 10. 1. 1961 eingesetzte Arbeitsgruppe handeln, über deren Beratungen und Vorschläge keine Informationen vorliegen. In diesem Falle wären dies Eventualvorbereitungen, die Ulbricht von sich aus eingeleitet hätte und die daher nur mit Beschlüssen des Warschauer Pakts am 28./29. 3. 1961 in Zusammenhang zu bringen wären.

[50] Matthias Uhl, „Westberlin stellt also ein großes Loch inmitten unserer Republik dar". Die militärischen und politischen Planungen Moskaus und Ost-Berlins zum Mauerbau, in: Dierk Hoffmann/Michael Schwartz/Hermann Wentker, Vor dem Mauerbau. Politik und Gesellschaft in der DDR der fünfziger Jahre, München 2003, S. 315. Vgl. Matthias Uhl/Armin Wagner, Einleitung, in: Matthias Uhl/Armin Wagner (Hrsg.), Ulbricht, Chruschtschow und die Mauer. Eine Dokumentation, S. 24.

[51] Sie weisen darauf hin, daß es in einem Bericht Pervuchins an Gromyko vom 19. 5. 1961 heißt, die DDR denke „entgegen der sowjetischen Linie" an eine sofortige Schließung der Sektorengrenze (ebd.). Die zugleich ausgesprochene Vermutung, Ulbrichts vielbeachtete Äußerung auf seiner Pressekonferenz vom 15. 6. 1961, niemand habe die Absicht, eine Mauer zu errichten, könnte „ein Signal oder Druckmittel gegenüber dem Kreml" gewesen sein (ebd., S. 24 f.), läßt außer Betracht, daß der SED-Chef nur die zu dieser Zeit bestehende Tatsache aussprach: Chruschtschow war zur Abriegelung West-Berlins nicht bereit, und daher konnte auch die ostdeutsche Führung nicht daran denken. Das räumen faktisch auch Uhl und Wagner ein, wenn sie erklären, Ulbricht habe, ungeachtet der (nach ihrer Meinung) angelaufenen Vorbereitungen zum Mauerbau, „nicht einfach eine simple Lüge" ausgesprochen, weil er „ja tatsächlich die Befestigung der Staatsgrenze [in Berlin] ursprünglich nicht favorisierte, sondern eben die Kontrolle der Zufahrtswege [West-Berlins] vorgezogen hätte", diese aber „vor und auch nach der Pressekonferenz im Juni in Moskau nicht durchsetzen" konnte (ebd., S. 25).

[52] Verteidigungsminister H. Hoffmann an W. Ulbricht, 19. 1. 1961, BArch-MArch, AZN 32595, Bl. 2.

ten der UdSSR und DDR durchzuführen, um die Fragen zu klären, „die mit der Führung von Gefechtshandlungen in der Anfangsperiode eines Krieges in Zusammenhang stehen."[53] Bei der Durchführung im Mai zeigte sich nach amtlicher Feststellung, daß auch die ostdeutschen Verbände die „Fähigkeit zur Erfüllung aller ihrer Aufgaben unter allen Voraussetzungen" besaßen.[54] Im April veranlaßte Ulbricht Schritte „zur Erhöhung der Sicherheit der Deutschen Demokratischen Republik", über deren Art nichts Genaueres bekannt ist.[55] Am 5. Mai ordnete er Maßnahmen zur Sicherung der Sektorengrenze an, die vor allem Personenkontrollen auf den dorthin führenden Straßen und Wegen vorsahen.[56] Sofern der Kreml zustimmte, war das geeignet, eine weitergehende Abriegelung des SED-Staates gegen West-Berlin vorzubereiten.

Einschätzung der amerikanischen Haltung in der Berlin- und Deutschland-Frage

Das Scheitern der vom US-Geheimdienst unterstützten Landeoperation an der kubanischen Schweinebucht Mitte April 1961[57] veränderte die Koordinaten der sowjetisch-amerikanischen Beziehungen. Kennedy verlor in der internationalen Öffentlichkeit an Ansehen und galt fortan den Moskauer Akteuren als Politiker, der weder den Einfluß der „Reaktionäre" abwehren noch das von ihnen erwirkte Vorgehen durchführen konnte. Nachdem zudem kurz vorher Gagarin von der UdSSR aus als erster Mensch ins Weltall gestartet war, sah sich Chruschtschow in der Überzeugung bestätigt, daß sich die Verhältnisse in der Welt immer mehr in sozialistischem Sinne entwickelten, während die kapitalistischen Staaten ihren Einfluß immer weniger zur Geltung bringen könnten. Er wollte seinen Vorteil möglichst bald im Gespräch mit Kennedy ausnutzen. Dabei sollten vor allem die deutschen Probleme gelöst werden, die ihm auf den Nägeln brannten. Dagegen schien es aus amerikanischer Sicht vordringlich, das Vertrauen der NATO-Partner in den Präsidenten wiederherzustellen. Der Dialog mit der UdSSR war nicht so eilig. Der Kreml wartete vergebens auf einen Terminvorschlag für das Gipfeltreffen und fragte in Washington nach, wie es damit stehe. Kennedy war innerlich gespalten. Zum einen hatte er wenig Lust, unter den obwaltenden Umständen mit Chruschtschow zu sprechen, zum anderen aber wollte er ihn persönlich davon überzeugen, daß sein Verzicht auf Korrektur des Mißerfolgs an der Schweinebucht nicht als Zeichen der Schwäche anzusehen sei. Er schwankte und zögerte mit der Antwort.[58]

[53] Marschall A. Grečko an Generaloberst H. Hoffmann, 16. 6. 1961, BArch-MArch, AZN 32595, Bl. 18–21; Bericht des Ministeriums für Nationale Verteidigung an den Nationalen Verteidigungsrat über die gemeinsame zweistufige Kommandostabsübung vom 13.–30. Mai 1961, o.D., BArch-MArch, VA–01/6301, Bl. 1–26.
[54] Honeckers Referat vor dem ZK am 3./4. 7. 1961, in: Stenographische Niederschrift der 13. Tagung des ZK der SED, SAPMO-BArch, DY 30 2/1/257, Bl. 107f.
[55] A. Wagner, a.a.O., S. 438.
[56] Ebd., S. 444, 446.
[57] A. Fursenko/T. Naftali, a.a.O., S. 82–100.
[58] Ebd., S. 101–106; Oleg Grinevskij, Tysjača i odin den' Nikity Sergeeviča, Moskau 1998, S. 350f.

Der Präsident glaubte zunächst, er könne sich mit dem Kremlchef schon über Berlin verständigen und damit die Grundlage für ein besseres Verhältnis zur UdSSR schaffen. Das sei bislang nur durch Dulles' verfehlte Politik verhindert worden. Berater überzeugten ihn jedoch davon, daß in der Berlin-Frage nicht mit einem Einvernehmen zu rechnen sei. Anderswo, vor allem auf den Feldern der Rüstungskontrolle und Weltraumerkundung, lasse sich aber eine Zusammenarbeit herstellen. Kennedy faßte speziell ein Abkommen über den Kernwaffenteststopp ins Auge. Ende April stellte sein Bruder die Position gegenüber der sowjetischen Kontaktperson dar. Dabei warnte er davor, die Entschlossenheit Washingtons zu unterschätzen. Andernfalls werde man sich zu „korrigierender Aktion" genötigt sehen und von jeder Kompromißbereitschaft abrücken. Der Präsident habe aber noch nicht die Hoffnung auf Einvernehmen aufgegeben, obwohl ihn die „unglücklichen Geschehnisse in Kuba und Laos" abgekühlt hätten. Robert Kennedy stellte eine Übereinkunft über den Teststopp in Aussicht, falls die UdSSR dazu die Initiative ergreife. Danach könne eine weitere Vereinbarung folgen. Zugleich erklärte er, sein Bruder sei am Gipfeltreffen nicht interessiert, wenn es dabei nur zu einem Meinungsaustausch komme.[59]

Chruschtschow war froh, daß der Präsident an der geplanten Zusammenkunft festhielt. In seiner Antwort vom 12. Mai stellte er eine „gewisse" Erhitzung der internationalen Atmosphäre wegen der Kuba betreffenden Ereignisse fest und erklärte, das sei eine gute Zeit, Ansichten auszutauschen. Kennedy zeigte sich gegenüber dem sowjetischen Botschafter, der das Schreiben überbrachte, enttäuscht über das Fehlen einer Aussage zu den zu treffenden Vereinbarungen und betonte die Notwendigkeit einer Abmachung über den nuklearen Teststopp. Andernfalls würden Fortschritte bei der Abrüstung zweifelhaft werden. Er wollte aber den Dialog zur Vorbereitung des geplanten Treffens fortsetzen und betonte die weiterhin bestehende Absicht zu dessen Durchführung.[60] Darauf reagierte Chruschtschow wiederum anders, als man in Washington gedacht hatte. Statt das erwartete Entgegenkommen zu zeigen, ließ er mitteilen, die UdSSR verbinde mit Kennedys Amtsübernahme die Hoffnung, daß die Beziehungen wieder so werden könnten wie zur Zeit Roosevelts. Deshalb sei man auf das Angebot des Gipfeltreffens eingegangen. Die Vorstellung, es könnte „einseitige Zugeständnisse vonseiten der Sowjetunion" geben, lehnte er nachdrücklich ab und übte offen Kritik an der Berlin-Politik des Präsidenten. Man hoffe, daß „die regierenden Kreise der Westmächte politischen Mut zeigen und die sowjetische Position in der deutschen Frage akzeptieren." Vor allem müsse sich der Westen zur Unterzeichnung des Friedensvertrages und zur Entscheidung in der West-Berliner Angelegenheit entschließen. Andernfalls bleibe der UdSSR nichts anderes übrig, als den Separatvertrag mit der DDR mit allen sich daraus für West-Berlin ergebenden Konsequenzen abzuschließen.[61]

Kennedy nahm die Zurückweisung wenig ernst und hoffte weiter darauf, Chruschtschow von der Möglichkeit eines Kompromisses zu überzeugen. Im

[59] A. Fursenko/T. Naftali, a.a.O., S. 106–114.
[60] Ebd., S. 116f.
[61] Ebd., S. 117–123.

Blick darauf ließ er die Vorschläge für einen Stopp der Nukleartests überarbeiten. Dem Kreml teilte er mit, er sehe die Verbesserung der Beziehungen zur UdSSR als wichtigste Aufgabe an und verstehe die Sorgen wegen des „deutschen Revanchismus". Das erweckte den Eindruck, als wolle er einen sehr hohen Preis für eine Verständigung zahlen und sei daher zu großen Konzessionen in Berlin bereit.[62] Das führte zu einer groben Fehleinschätzung im Kreml. Chruschtschow glaubte um so bereitwilliger an ein Nachgeben der USA, als dies seinem Glauben an den gesetzmäßigen Sieg des Sozialismus entsprach. Im Gespräch mit Thompson am 23. Mai machte er deutlich, ihm gehe es nicht um den Teststopp, sondern um Berlin als Ort „ständigen Schmerzes". An der Abrüstung habe er wenig Interesse, solange die Berlin-Frage offen sei. Er äußerte sich enttäuscht darüber, daß es ihm nicht gelungen sei, den Westen vom Ende seiner Geduld mit der anomalen Situation im Herzen Europas zu überzeugen. Wenn man sich weigere, das Problem auf diplomatischem Wege zu lösen, werde er den Separatvertrag mit der DDR abschließen und sie zur Schließung des Zugangs nach West-Berlin ermächtigen. Den Hinweis des Botschafters, dann werde es zu einer gewaltsamen Auseinandersetzung kommen, konterte er mit dem Bemerken, das würde den sowjetischen Truppen – anders als ihren westlichen Gegnern – nichts ausmachen. Kennedy erkannte nun, daß die Gegenseite seinen Willen zur Verteidigung der Verpflichtungen der USA unterschätzte. Daher verwendete er in einer öffentlichen Ansprache am 25. Mai schärfere Formulierungen als ursprünglich vorgesehen.[63]

Das Scheitern der Landung in der Schweinebucht stärkte das sowjetische Selbstvertrauen sehr. Wie Botschafter Perwuchin seinem ungarischen Kollegen darlegte, herrschte in Washington große Sorge wegen der Möglichkeit, daß die UdSSR den Separatvertrag mit der DDR schließen werde. Man habe von dort durch mehrere Signale die Bereitschaft zu erkennen gegeben, auf einer Vier-Mächte-Konferenz allein über die Regelung der West-Berlin-Frage zu sprechen. Der sowjetische Diplomat erwartete, daß die amerikanische Seite, wenn sie sich mit der unmittelbaren Aussicht auf Abschluß des Separatvertrags konfrontiert sehe, den Versuch machen werde, diesen durch ein auf die Stadt beschränktes Arrangement zu verhindern. Als Hauptgegner von Berlin-Konzessionen betrachtete er den westdeutschen Bundeskanzler. Adenauer tue alles, um die USA von einem Entgegenkommen abzuhalten. Es sei aber zu erwarten, daß die Westmächte weitergespannte Interessen hätten, die sich nicht in allen Punkten mit seinen Vorstellungen deckten.[64]

---

[62] G. Bol'šakov, Gorjačaja linija. Kak dejstvoval sekretnyj kanal Džon Kennedi – Nikita Chruščëv, in Novoe vremja, 20. 1. 1989, S. 38–40.

[63] A. Fursenko/T. Naftali, a.a.O., S. 123 f. Zusammenfassung der Rede lt. UPI, 25. 5. 1961: Archiv der Gegenwart, XXXI. Jahrgang 1961, S. 9107 f.

[64] Botschafter Perwuchin im Gespräch mit dem ungarischen Botschafter in Ost-Berlin: István Rostás an Károlyi Kiss/Imre Hollai (ungar.), 25. 4. 1961, MOL 288.f.32/1961/12.ö.e., Bl. 161.

Überlegungen Chruschtschows und Beschluß des ZK-Präsidiums der KPdSU

Ulbricht hatte sich zwar auf der Warschauer-Pakt-Tagung Ende März mit seinem Vorschlag nicht durchsetzen können, die Sektorengrenze zu schließen, hielt aber daran weiter fest. Gegenüber Perwuchin drang er Mitte Mai erneut darauf, daß er dort die Kontrolle in die Hand bekommen müsse, um „das Tor zum Westen zu schließen", den Exodus der Bevölkerung einzuschränken und den Einfluß der von West-Berlin aus agierenden wirtschaftlichen Verschwörung zu verringern. Der Botschafter kritisierte in seinem Bericht über das Gespräch die Ungeduld, mit welcher der SED-Chef die Beseitigung der Überreste der Besatzungszeit fordere, und seine Einseitigkeit, die ihn die Interessen des sozialistischen Lagers als Ganzem und die momentane internationale Lage nicht bedenken lasse. Wenn man seinem Verlangen nachgebe, die freie Bewegung zwischen DDR und West-Berlin so bald wie möglich mit allen Mitteln zu stoppen, würde das den Kampf um den Friedensvertrag erschweren.[65]

Chruschtschow war der gleichen Meinung. Am 26. Mai unterbreitete er dem Parteipräsidium im Blick auf das bevorstehende Treffen mit Kennedy Lagebeurteilung und Vorschläge. Gleich zu Anfang bezeichnete er den Präsidenten als „Hundesohn", obwohl er dessen Grundthese zustimmte, daß sich seit 1955 (als der Westen und die UdSSR dem deutschen Staat auf ihrer jeweiligen Seite die Achtung der Vier-Mächte-Rechte zur Pflicht gemacht hatten) die Lage geändert habe. Dem müsse man Rechnung tragen. Er wandte sich kategorisch gegen das von Thompson unterbreitete Angebot eines Friedensvertrags mit Deutschland, der die westlichen Rechte in Berlin nicht berühre, und betonte, der Krieg würde nicht von der UdSSR, sondern von den Westmächten ausgehen, wenn diese die Folgen des – vielleicht erforderlichen – Separatvertrags mit der DDR nicht akzeptierten. Für ihre Haltung gebe es keinen vernünftigen Grund: Die Freiheit West-Berlins, welche die USA angeblich schützen wollten, würde durch Nichteinmischungsgarantien gewährleistet werden. Ein Krieg aber würde für Deutschland, Frankreich und andere europäische Länder die sofortige nukleare Vernichtung bedeuten. Man habe seit November 1958 genug Geduld gezeigt; jetzt müsse endlich eine Entscheidung fallen. Offenbar sei mit Washington und Bonn keine Verständigung möglich. Diesen Knoten werde man durchhauen – mit erheblichen Folgen für die NATO. Wenn die Bundesrepublik dieser für diesen Fall den Austritt androhe, solle sie doch gehen! Es sei nicht Sache der Sowjetunion, sich um den Zusammenhalt der NATO zu sorgen. Aber Westdeutschland drohe nur. Es könne und werde nicht austreten.

Chruschtschow ging davon aus, daß der Westen versuchen werde, der UdSSR Kriegsfurcht einzujagen, und wies auf die unterschiedlichen Standpunkte hin, die im NATO-Rat vertreten worden seien. Die aggresssive Haltung der [West-]Deut-

---

[65] M. Pervuchin an A. Gromyko, 19. 5. 1961, AVPRF, 0742, 6, 46, 34, Bl. 2f., in engl. Übersetzung wiedergegeben bei Hope M. Harrison, Ulbricht and the Concrete „Rose": New Archival Evidence on the Dynamics of Soviet – East German Relations and the Berlin Crisis, 1958–1961, Working Paper No. 5, Cold War International History Project, Mai 1993, Appendix C.

schen überrasche nicht, mache aber keine Angst, denn sie entscheide nicht über den Kriegsbeginn. Am gefährlichsten sei Amerika. Dort gebe es nach dem Tod von Dulles keinen starken Mann mehr. Mit dem Amtsantritt Kennedys habe sich das nicht geändert. Wie das Vorgehen gegen Kuba gezeigt habe, machten in Washington einzelne Gruppen ihren Einfluß geltend. Weil die Entscheidungen auf dieser Grundlage statt nach den Regeln der Logik getroffen würden, lasse sich das Verhalten der Amerikaner nicht sicher prognostizieren. Daher könnten sie einen Krieg anfangen. Dagegen sei klugen Politikern in Westeuropa, auch in der Bundesrepublik, klar, daß sie sich keinen Krieg leisten könnten, weil Atomwaffen auf ihrem Gebiet zum Einsatz kommen würden. Zudem lasse sich die Öffentlichkeit gegen den Krieg mobilisieren. Mit dem Abschluß des Friedensvertrages gehe die UdSSR trotzdem ein gewisses Risiko ein. Mit 95% Wahrscheinlichkeit werde es aber keinen Krieg geben.

Dann erläuterte Chruschtschow das geplante Vorgehen. Die UdSSR werde West-Berlin nicht angreifen, sondern den Luftverkehr unterbrechen und ihre Bereitschaft zu dessen Aufrechterhaltung erkennen lassen, falls die westlichen Flugzeuge auf Flugplätzen der DDR in der Nähe Berlins landeten. Sie werde auf diese Weise nicht den Abzug der westlichen Truppen fordern. Deren Präsenz sei zwar nach sowjetischer Ansicht unrechtmäßig, aber sie werde weder Gewalt zu ihrer Beseitigung anwenden noch die Nahrungszufuhr sowie andere Lebensadern abschneiden oder sich in die inneren Angelegenheiten der Stadt einmischen. Damit werde sich faktisch nichts außer der Rechtsform ändern, so daß, wie unausgesprochen blieb, kein Grund für einen Krieg entstand.

Mit Befriedigung notierte Chruschtschow, daß Thompson von der Notwendigkeit gesprochen habe, die deutsche Ostgrenze der Nachkriegszeit vertraglich zu fixieren. De Gaulle habe das schon früher gesagt, aber auf amerikanischer Seite sei das neu. Als Wladimir Kusnetzow mit einem Zwischenruf darauf hinwies, der Botschafter habe auch Verständnis für die Sorge wegen des Exodus aus der DDR bekundet und Schritte zu dessen Beendigung angeregt, erläuterte Chruschtschow, dieser habe den sowjetischen Willen zum Abschluß eines Friedensvertrags auf die Absicht zurückgeführt, durch die Übertragung der Kontrolle der Verkehrswege an die DDR den Flüchtlingsstrom zu stoppen, und hinzugefügt, das lasse sich auch auf andere Weise erreichen. Dazu lasse sich doch nach seiner Ansicht etwas ausarbeiten. Mithin, so folgerte der sowjetische Parteichef, seien die USA beunruhigt. Thompsons Äußerung habe er mit der Feststellung beantwortet, die DDR sei ein souveräner Staat, der das Recht zur Kontrolle habe. Das sei aber nicht die Hauptsache. Es gehe vielmehr vor allem anderen darum, den Kriegszustand und das Besatzungsregime zu liquidieren. Weiter führte Chruschtschow aus, der Flugverkehr mit West-Berlin beunruhige Ulbricht. Er dränge auf Änderung, denn es gehe nicht an, daß die DDR Ingenieure und Ärzte ausbilde und nichts gegen ihren Weggang unternehmen könne. Für diese Ansicht gebe es bei den Verbündeten gewisse Sympathie. Inkonsequenz und Zögern kosteten die sowjetische Politik Vertrauen. Das müsse ein Ende haben.

Chruschtschow hielt die sowjetische Position für „sehr stark". Man müsse aber davon auch Gebrauch machen. Wenn westliche Flugzeuge [nach Abschluß des Friedensvertrages weiterhin] kämen, müsse man diese abschießen. Tue die UdSSR das nicht, würde sie kapitulieren. Ein englisches Flugzeug sei bereits abgeschossen worden, als es den Luftkorridor verlassen habe. Macmillan habe das geschluckt. Hinterher habe man in London erklärt, das Flugzeug sei zufällig vom Weg abgekommen. Trotzdem sei es abgeschossen worden – eine deutliche Bestätigung, daß die Sowjetunion tue, was sie sage. Politik sei Politik. Wolle man seine Politik durchsetzen und ihre Anerkennung und Respektierung erreichen, dann müsse man hart sein. Der sowjetische Parteichef erklärte weiter, die Militärs seines Landes sollten sich das Kräfteverhältnis in Deutschland genau ansehen und melden, was noch benötigt werde. Sofern erforderlich, könne man – ohne Eile, im Laufe eines halben Jahres – Waffen und Soldaten heranführen, damit man eine starke Position habe, falls es zu einer „Provokation" der anderen Seite komme.[66] Indem Chruschtschow Flugzeuge, die das Recht auf freien Überflug in den Luftkorridoren weiter in Anspruch nehmen würden, zum Abschuß freigeben wollte, wich er von seinem eigenen Konzept ab, den Erstgebrauch von Waffengewalt und damit den Schritt zum Krieg dem Westen zu überlassen.

In der Diskussion meinte Mikojan, es könnte auch einen lediglich konventionellen Krieg geben. Das bedeutete ein geringeres Risiko; die Wahrscheinlichkeit der Kriegsvermeidung war daher niedriger – auf 90% – zu veranschlagen. Auf jeden Fall werde sich die Situation [bei Abschluß eines separaten Friedensvertrages] erheblich verschärfen. Er sprach sich daher für ein weniger hartes, diplomatischeres Vorgehen aus, war aber ebenfalls der Ansicht, daß die DDR im Endergebnis die Kontrolle über den Luftverkehr erhalten müsse. Wie das im einzelnen geschehen solle, werde erst nach Unterzeichnung des Friedensvertrags Anfang 1962 zu entscheiden sein. Chruschtschow unterstrich daraufhin nochmals, daß man die Flugverbindungen sofort in die Hand bekommen müsse. Es wäre ein Zeichen von Schwäche, wenn man noch „irgendeine Möglichkeit offener Türen" ließe. Gromyko meinte, ein Krieg wegen Berlin sei „fast ausgeschlossen". Weitere Präsidiumsmitglieder bekundeten ausdrücklich ihr Einverständnis mit den Ausführungen des Parteichefs. Da sich kein Einspruch erhob, war das Konzept gebilligt.[67] Die spätere Nachricht, Kennedy wolle den sowjetischen Interessen so weit wie möglich entsprechen, schien die Entscheidung als richtig zu bestätigen. Eine Äußerung Adlai Stevensons gegenüber dem Botschafter in Washington, Kennedy unterliege oft dem Einfluß „fragwürdiger und sogar gefährlicher Ratgeber", bestärkte Chruschtschow in der Erwartung, daß er bei dem vorgesehenen Treffen entscheidend auf den Präsidenten einwirken könne. Den skeptischen Hinweis, daß sich nur beim Teststopp – also nicht zu Berlin – ein Sachergebnis erzielen lasse, scheint er dagegen ignoriert zu haben.[68]

---

[66] Ausführungen von N. S. Chruščëv auf der Sitzung des Präsidiums des ZK der KPdSU, 26. 5. 1961, in: A. A. Fursenko (otv. red.), Archivy Kremlja. Prezidium CK KPSS 1954–1964. Černovye protokol'nye zapisi zasedanij. Stenogrammy, Moskau 2003, S. 500–507. Zu dem erwähnten Gespräch mit Thompson siehe auch Zapis' besedy N. S. Chruščëva s rukovodjaščimi dejateljami CK KPČ i pravitel'stva Čechoslovakii, 1. 6. 1961, in: Istočnik, 3/1998 (34), S. 88.

[67] Protokoll der Sitzung des Präsidiums des ZK der KPdSU (TOP I), 26. 5. 1961, ebd., S. 498 f. Die verkürzte Wiedergabe in dem Protokoll läßt die Einwände Mikojans nur unvollkommen deutlich werden. Daher ist die Darstellung bei A. Fursenko/T. Naftali, a.a.O., S. 124 f., ergänzend heranzuziehen.

[68] Ebd., S. 125–127.

Schwankungen und Überlegungen unmittelbar vor der Begegnung mit Kennedy

Kurz vor der Wiener Begegnung beschlichen Chruschtschow jedoch Zweifel, ob das Gespräch zum Erfolg führen werde. Er sah zwar die sowjetische Position weiter als stark an, war sich aber nicht mehr sicher, ob er Kennedy dazu bewegen könne, an Friedensvertrag und Freistadtregelung mitzuwirken und die Kontrolle der DDR über die Zugänge West-Berlins zu akzeptieren. Wie er den tschechoslowakischen Führern in Bratislava auf dem Weg nach Wien erklärte, konnte es sich der Präsident eigentlich gar nicht leisten, auf das Verlangen nach Abschluß des Friedensvertrags einzugehen, denn das wäre der Anfang vom Auseinanderbrechen der NATO. Die USA, in denen die Westmächte ihre Hauptstütze sähen, würden das Vertrauen der Verbündeten, vor allem der Deutschen, verlieren. Vermutlich würden viele Staaten die atlantische Allianz verlassen. Der Kremlführer rechnete daher kaum noch mit dem Einschwenken der Amerikaner, hielt es aber für unabdingbar, ausnahmslos alle Forderungen durchzusetzen. Falls die Westmächte doch noch zur Mitwirkung bereit wären, wollte er ihnen die seit Mitte 1959 angebotene Interimslösung – also eine zeitliche Streckung der politischen Kapitulation – zugestehen. Anderes kam für ihn nicht in Betracht, denn nur so könnten die seit 1958 ausgesprochenen Drohungen glaubwürdig bleiben und die Nöte des SED-Regimes behoben werden – beides in seiner Sicht ein wichtiges Moment der Stärke in der Auseinandersetzung mit dem Westen.[69]

Deswegen faßte Chruschtschow den Abschluß des Separatvertrags ernsthaft ins Auge. Wie er in Bratislava ausführte, war damit kein Risiko verbunden. Niemand könne die UdSSR daran hindern. Die USA würden sich auf keinen militärischen Konflikt einlassen. Macmillan, de Gaulle und Adenauer seien klug genug, um zu wissen, was ein Krieg für sie bedeute. Sogar Dulles habe auf Verhandlungen gesetzt. Allerdings wisse man bei Kennedy bislang nicht, was man von ihm zu halten habe. Wie sein Vorgehen gegen Kuba zeige, sei er „nicht sehr vernünftig". Aber auch er müsse einsehen, daß er mit der Sowjetunion nicht so umspringen könne wie mit Kuba. Ihm bleibe als Gegenmaßnahme nur der Abbruch der diplomatischen Beziehungen, der unwirksam und daher wenig wahrscheinlich sei. In einer Verschärfung der internationalen Lage liege gleichwohl ein gewisses Risiko. Dieses könne die UdSSR angesichts ihrer Macht getrost eingehen, zumal sie im Endergebnis nur Positives zu erwarten habe. Sobald der Termin für den Friedensschluß mit der DDR feststehe, werde das Großkapital West-Berlin verlassen. Der Westen werde ohnmächtig dastehen; mit seinen leeren Drohungen werde er nichts erreichen. Dazu würden weiterreichende Erfolge kommen. Wenn der Separatvertrag mit der DDR abgeschlossen sei und die USA deswegen keinen Krieg begännen, würde das die Haltung der anderen NATO-Staaten stark beeinflussen. Die Deutschen, aber auch Länder wie Dänemark und die Niederlande würden sehen, daß sich die Amerikaner nicht um ihrer Verbündeten willen zum Krieg entschlössen, und würden daher ihre Bindungen an die NATO überprüfen.[70]

---

[69] Ebd., S. 85–97.
[70] Ebd.

Chruschtschow stellte sich weiter die Frage, wann der Separatvertrag am besten abgeschlossen werden solle. Grundsätzlich hielt er es für möglich, sofort zu handeln, wie Ulbricht es wolle. Man könne aber auch bis nach den Bundestagswahlen im September warten und sehen, ob nicht statt Adenauer Brandt gewählt werde. Aber es sei schwer zu sagen, ob der besser wäre. Er ließ eine gewisse Präferenz für die Zeit nach dem XXII. KPdSU-Parteitag erkennen, damit die vorgesehene Verkündung eines Programms mit neuen Perspektiven für die kommunistische Bewegung nicht durch die Verschärfung der internationalen Situation belastet werde, mit der bei Abschluß des Separatvertrags zu rechnen sei. Für den späteren Termin sprach nach Ansicht des Kremlführers auch, daß dann die Bundestagswahlen stattgefunden hatten, die, wie er aufgrund einer Äußerung von Botschafter Kroll glaubte, voraussichtlich Adenauer das Amt kosten würden.[71] Auf alle Fälle sollte die Entscheidung noch 1961 getroffen werden.[72]

Wiener Begegnung mit Kennedy

Die gegensätzlichen Standpunkte machten eine Übereinkunft auf dem Wiener Treffen am 3. und 4. Juni 1961 von vornherein zweifelhaft. Während es Chruschtschow entscheidend auf den Friedensvertrag und die Freistadtregelung ankam, wollte Kennedy diese Streitfragen zunächst in den Hintergrund rücken. Aus seiner Sicht galt es, vorher die Koordinaten des Gesamtverhältnisses zwischen beiden Supermächten zurechtzurücken. Erst danach könne man schwierige Einzelprobleme mit Aussicht auf Erfolg angehen. Der Präsident hoffte, auf dem Feld der Abrüstung gemeinsame Interessen und damit die Basis einer Verständigung zu finden. Der Kremlchef dagegen wollte Regelungen in diesem Bereich erst nach Durchsetzung seiner Berlin-Forderungen erörtern. Er argwöhnte, daß sein Gegenüber nur ausweichen wolle, wenn er vorher andere Fragen regeln wolle. Hinter diesem Dissens stand ein tieferliegender Gegensatz. Chruschtschow wollte jedes Einvernehmen prinzipiell auf die zwischenstaatlichen Beziehungen beschränken. Demnach konnte man sich allein über das Verhältnis von Regierung zu Regierung verständigen. Die ideologischen Differenzen dagegen, die auf der gesellschaftlichen Ebene ausgetragen wurden, sollten grundsätzlich außerhalb jeder Übereinkunft bleiben.[73]

Das hieß im Klartext, daß der Kreml – gemäß seiner Vorstellung von „friedlicher Koexistenz" – sich durch „gute Beziehungen" zu den USA nicht vom „Kampf für seine revolutionären Ziele", d.h. für die weltweite Durchsetzung des Sozialismus abbringen lassen wollte. Mit Unterstützung auch von Kräften innerhalb des westlichen Lagers sollte der Kapitalismus beseitigt und auf den „Müll-

---

[71] Ebd.
[72] Im Memorandum, das Chruščëv zur Übergabe an Kennedy mit nach Wien nahm, wurde eine „Frist von nicht mehr als sechs Monaten" in Aussicht genommen (SAPMO-BArch, DY 30/J IV 2/2A/825, Bl. 15).
[73] Diese Auffassung hatte Chruščëv dem amerikanischen Präsidenten ausdrücklich übermitteln lassen, siehe A. Fursenko/T. Naftali, a.a.O., S. 117.

haufen der Geschichte" geworfen werden.[74] Die westlichen Vertragspartner hatten als objektiv feststehendes Faktum zu akzeptieren, daß „die Werktätigen der kapitalistischen Länder den Kampf gegen ihre Unterdrücker führen" und daß „niemand eine Garantie geben wird, wenn sich etwa in Spanien das Volk gegen die Diktatur erhebt und ein kommunistisches Regime errichten wird." Der sowjetische Verzicht auf die Anwendung von Gewalt galt demzufolge nur für die Beziehungen zu anderen Staaten, nicht aber, wie unausgesprochen signalisiert wurde, für das Verhalten bei Konflikten innerhalb westlicher Gesellschaften oder Kolonialreiche.[75] Kennedy war nicht bereit, das als Geschäftsgrundlage anzunehmen. Die programmatischen Erklärungen, die Chruschtschow Anfang Januar abgegeben hatte,[76] stimmten ihn besorgt. Er glaubte jedoch, ihn mit überzeugenden Argumenten zur Aufgabe seines Standpunkts veranlassen zu können. Daher sprach er, gegenteiligen Empfehlungen seiner Ratgeber zuwider, in Wien die prinzipielle Orientierung der sowjetischen Politik an, bevor die anstehenden Streitfragen zur Diskussion kamen.

Der Präsident eröffnete den Dialog mit dem Ausdruck der Beunruhigung über die „stürmischen" Folgeerscheinungen von Revolutionen. Unter Hinweis auf die nuklearen Vernichtungspotentiale forderte er „größeres Verständnis zwischen beiden Seiten hinsichtlich der in der Welt entstandenen Lage und der jeweiligen Absichten". Um der Notwendigkeit einer Verständigung über die beiderseitigen Absichten und Interessen Nachdruck zu verleihen, räumte er die Verfehltheit seines Vorgehens gegen Kuba ein, und deutete an, daß es auch im Kreml korrekturbedürftige „unrichtige Erwägungen" gebe. Chruschtschow entgegnete, USA und UdSSR hätten „unterschiedliche Auffassungen von der Lage in der Welt". Wie man in Washington glaube, sei die „Unzufriedenheit" eines Volkes mit der herrschenden Ordnung in seinem Lande und das daraus erwachsende Bemühen um deren Ersetzung „durch eine andere, den Interessen des Landes mehr entsprechende" Ordnung einfach eine „Ränke der Kommunisten". Wenn sich ein Volk gegen Unterdrückung und Tyrannei erhebe, sei jedoch keineswegs „die Hand der Kommunisten, die Hand Moskaus im Spiel". Daß die USA dies nicht verstünden, sondern die Geschehnisse falsch interpretierten, sei der Grund für die entstehenden Gefahren. Die Sowjetunion hege „für Diktatoren, Unterdrücker und Tyrannen kein Mitgefühl", während die Amerikaner die „Konterrevolutionäre" unterstützten, deren Herrschaft „Elend und Hungerdasein" bringe und dadurch die Völker, die sich befreien wollten, in die Arme der Kommunisten trieben. Der Kremlführer illustrierte die Ausführungen mit dem Beispiel Kubas und warf den USA vor, sich das Recht zum Überfall auf alle Länder herauszunehmen, die eine andere Politik verfolgten. Nur durch den Verzicht auf derartige Interventionen könne es wieder mehr Ruhe in der Welt geben.[77]

---

[74] N. S. Chruščëv, Za novye pobedy mirovogo kommunističeskogo dviženija. K itogam Soveščanija predstavitelej kommunističeskich i rabočich partij [Referat auf der Versammlung der Parteiorganisationen der Hohen Parteischule, der Akademie für Gesellschaftswissenschaften und des Instituts für Marxismus-Leninismus beim ZK der KPdSU vom 6. 1. 1961], in: Pravda, 25. 1. 1961.

[75] Zapis' besedy N. S. Chruščëva s poslom SŠA v SSSR L. Tompsonom 9 marta 1961 goda, g. Novosibirsk, SAPMO-BArch, DY 30/3663, Bl. 15f.

[76] N. S. Chruščëv, Za novye pobedy, a.a.O.

[77] Niederschrift der Unterredung N. S. Chruščëv – J. Kennedy (Übersetzung der DDR), 3. 6. 1961,

Durch die Anschuldigungen sah sich Kennedy zu der Feststellung veranlaßt, er mache Castro nicht dessen Ablehnung der bisherigen Verhältnisse in seinem Land, sondern das Streben nach dem Aufbau fremder Stützpunkte zum Vorwurf, welche die Verhältnisse in Lateinamerika bedrohten. Zudem seien in Kuba keine freien Wahlen vorgesehen. Die USA repektierten jede Regierung, die ihre Macht „auf Grund der freien Entscheidung des Volkes" erhalten habe. Darauf komme es an: Der Wandel müsse „auf friedlichem Wege" erfolgen. Die Hauptsache sei, „daß das Volk das Recht hat, seine Regierungsform frei zu wählen." Chruschtschow erklärte sich damit zwar einverstanden, doch ließen seine weiteren Äußerungen erkennen, daß er die Zustimmung des Volkes zu einem neuen Regime dadurch gewährleistet sah, daß sich die Machthaber zu behaupten vermochten. Dem Verlangen, niemand dürfe sich in die Angelegenheiten eines anderen Landes einmischen, legte er den Sinn bei, man dürfe nicht zur Bekämpfung revolutionärer Veränderungen eingreifen. Waffengewalt erschien ihm legitim, wenn sie – gemäß sowjetischer Interpretation – dem Interesse des Volkes diente. Wenn man sich darauf einigen könnte, meinte Chruschtschow, würden die Interessen der UdSSR und der USA „niemals in Konflikt geraten". Kennedy gelang es nicht, den Kremlchef auf das Prinzip zu verpflichten, daß das internationale Gleichgewicht nicht mittels Gewalt verändert werden dürfe. Die Kontroverse konzentrierte sich danach auf das Vorgehen in der Dritten Welt. Während sich der Präsident dagegen wandte, daß der Kreml „nationale Befreiungskriege", d. h. bewaffnete Kämpfe gegen westliche Staaten und deren Freunde, unterstütze, hielt sein sowjetischer Widerpart derartige „Volkskriege" für gerecht und notwendig. Daraus folgte, daß die UdSSR im Bedarfsfalle zu Hilfe aufgerufen war.[78] Der Gedankenaustausch machte klar, daß es keine Grundlage für ein gemeinsames Herangehen an außenpolitische Probleme gab.

In der Überzeugung, der politische Wandel zu Lasten des Westens sei ein ehernes Gesetz der geschichtlichen Entwicklung,[79] konfrontierte Chruschtschow seinen Gesprächspartner in aller Härte mit der Forderung, daß sich die Westmächte seinem Willen in der Deutschland- und Berlin-Frage uneingeschränkt fügen müßten. Nur Scheinkonzessionen, wie sie der Kreml seit Mitte 1959 immer wieder angeboten hatte, wollte er erörtern. Wenn Kennedy nicht darauf eingehe, sehe sich die UdSSR gezwungen, den separaten Friedensvertrag mit der DDR abzuschließen, die westlichen Rechte in Berlin einseitig aufzuheben, der ostdeutschen Seite

---

wiedergegeben in: Heiner Timmermann (Hrsg.), 1961 – Mauerbau und Außenpolitik, Münster 2002, S. 345–353.

[78] Ebd. In der Sicht Chruščëvs waren die „nationalen Befreiungskriege" in der Dritten Welt und das politische Zusammenspiel des Sozialismus und der „nationalen Befreiungsbewegungen" das aktuell wichtigste Moment des „sozialen Fortschritts" in der Welt, d. h. des Voranschreitens zum Sozialismus. Die Ablehnung, die der sowjetische Führer dem Weltkrieg und überhaupt dem Krieg zwischen Staaten entgegenbrachte, galt nicht dem Krieg schlechthin: Er sah „lokale Kriege", „Befreiungskriege" und „Volksaufstände" – also bewaffnete Auseinandersetzungen innerhalb von Staaten, die nicht von der nuklearen Abschreckung erfaßt wurden – als legitim und notwendig an (N. S. Chruščëv, Za novye pobedy, a.a.O.).

[79] Am 6. 1. 1961 hatte Chruščëv vor maßgeblichen Repräsentanten des Sowjetregimes detailliert seine Ansicht dargelegt, daß der Sozialismus in unaufhaltsamem Vordringen begriffen sei, daß er immer neue Völker erfasse und daß sich dadurch der Einflußbereich der UdSSR fortlaufend ausbreite (N. S. Chruščëv, Za novye pobedy, a.a.O.).

die Verfügungsgewalt über die Zugangswege zu übertragen und den damit geschaffenen Zustand notfalls mit militärischen Mitteln zu verteidigen. Er ging dabei so weit, den Westmächten ausdrücklich den Abschuß ihrer Flugzeuge anzudrohen, falls sie dann die Luftkorridore ohne Genehmigung der DDR weiter benutzen würden. Wie die sowjetischen Akteure befriedigt feststellten, erkannte Kennedy an, daß die Lage in Berlin und Deutschland „anomal" sei und daß man sie „ändern" müsse. Sie bemängelten, daß er sich unter Hinweis auf „Erwägungen des Prestiges" weigere, aus West-Berlin abzuziehen, und daß er keine Vorschläge unterbreite, wie die Probleme von Friedensvertrag und Normalisierung zu lösen seien. Die Entscheidung darüber dürfe keinesfalls weiter aufgeschoben werden. Auch bei Teststopp und Abrüstung wurden gegensätzliche Standpunkte vorgetragen. Kennedy hatte daher keinen Erfolg mit dem wiederholten Bemühen, wenigstens zu partiellem Einvernehmen zu gelangen.[80]

Totale Konfrontation der Standpunkte

Ein Memorandum Chruschtschows bekräftigte dessen unnachgiebige Position.[81] In einem letzten Gespräch, um das der Präsident nachgesucht hatte, bejahte der Kremlchef die Frage, ob der Zugang nach Berlin bei Abschluß des Separatvertrags mit der DDR verwehrt werden würde. Daraufhin betonte Kennedy die Entschlossenheit, auf Gewalt mit Gewalt zu antworten, und beendete den Dialog mit den Worten, es werde einen kalten Winter geben.[82] Das Rededuell hatte nach dem sowjetischen Protokoll noch schärfere Akzente. Demnach sagte Kennedy, die nach sechs Monaten vorgesehenen Aktionen – der Abschluß des separaten Friedensvetrages mit den daran geknüpften Konsequenzen – seien das, was er „am allermeisten verhütet wissen" wolle. Man werde sich „von Angesicht zu Angesicht gegenüberstehen, gebunden durch völlig gegensätzliche Verpflichtungen [hier gegenüber der NATO, dort gegenüber der DDR], was zu verhängnisvollen Folgen führen" müsse. Er bedaure, daß er „bei einer solchen Lage der Dinge aus Wien abreisen" müsse. Chruschtschow warf ein, sie beide wollten doch den Frieden. Damit war der Präsident einverstanden, fügte aber warnend hinzu, es sei „leicht, den Krieg zu entfesseln", aber „schwer, den Frieden zu sichern". Der sowjetische

---

[80] Doveritel'naja informacija o vstreče predsedatelja soveta ministrov SSSR N. S. Chruščeva s prezidentom SŠA D. Kennedi, o.D. [handschriftliche Eintragungen: 12. und 14. 6. 1961], AVPRF, 0129, 45, 329, 11, Bl. 113–116.

[81] Memorandum, o.D. [Übergabe an Kennedy am 4. 6. 1961, Anlage zu Rundschreiben an die Mitglieder und Kandidaten des SED-Politbüros vom 8. 6. 1961], SAPMO-BArch, DY 30/J IV 2/2A/ 825, Bl. 11–16/Neues Deutschland, 11. 6. 1961/Pravda, 11. 6. 1961.

[82] Memoranda of Conversations between Kennedy and Khrushchev, 4. 6. 1961, FRUS 1961–63, Vol. V: Soviet Union, http://www.state.gov/www/about_state/history/vol_v/86_89.html, S. 6–21; Talking Points Reviewing Conversations between President Kennedy and Chairman Khrushchev, prepared by the Department of State, 12. 6. 1961, ebd., http://www.state.gov/www/about_state/ history/vol_v/90_99.html, S. 12 f.; Doveritel'naja informacija o vstreče predsedatelja soveta ministrov SSSR N. S. Chruščeva s prezidentom SŠA D. Kennedi, o.D. [handschriftlich: 12. und 14. 6. 1961], AVPRF, 0129, 45, 329, 11, Bl. 113–116; G. M. Kornienko, Upuščënnaja vozmožnost'. Vstreča N. S. Chruščeva i Dž. Kennedi v Vene v 1961g., in: Novaja i novejšaja istorija, 2/1992, S. 100 f.

Führer entgegnete, er habe drei Kriege erlebt und wisse, was sie dem Volk brächten, doch sei nicht er, sondern Kennedy derjenige, der mit dem Krieg drohe. Er
nehme „lediglich die Herausforderung an". Er werde „antworten müssen", wenn
der amerikanische Widersacher den Krieg beginne. Der Präsident wandte ein, daß
doch Chruschtschow „die bestehende Lage ändern" wolle. Das rief dessen Ent-
gegnung hervor, er wolle [nur] Frieden und einen Friedensvertrag mit Deutschland, aber keine „Grenzen ändern oder andere Völker erobern". Wenn er solche
Absichten hätte, dann wäre Kennedy „tatsächlich verpflichtet, sich zu verteidigen". Er, Chruschtschow, wolle „jedoch nur den Frieden". Amerikanische Drohungen würden ihn „nicht aufhalten". Wenn der Präsident ihm „einen Krieg
aufzwingen" sollte, werde es „einen geben". Das sei sein „unumstößlicher Entschluß"; man werde „den Friedensvertrag im Dezember dieses Jahres unterzeichnen". Kennedy replizierte, es scheine „einen kalten Winter zu geben in diesem
Jahr". Chruschtschow betonte daraufhin, von seinem Entschluß werde er „nicht
abgehen", glaube aber, „daß trotzdem Frieden sein wird und daß sich nach der
Unterzeichnung des Friedensvertrages unsere Beziehungen auf dem Wege der
Freundschaft und der Zusammenarbeit entwickeln werden."[83]
Auch nach einem amerikanischen Ohrenzeugen, dessen Version im US-Proto-
koll nur schwach zum Ausdruck kommt,[84] war der Wortwechsel von dramati-
scher Heftigkeit. Demnach dankte Kennedy für die Offenheit, mit der Chruscht-
schow seine Position dargelegt habe, und erklärte dann mit betonter Langsamkeit,
Berlin sei nicht Laos (über das ebenfalls gesprochen worden war), sondern „von
größter Bedeutung für die USA". Nähmen sie den sowjetischen Vorschlag an,
würden ihre Verpflichtungen [gegenüber den Verbündeten] als ein bloßer Fetzen
Papier betrachtet werden. „Westeuropa ist für unsere Sicherheit von zentraler
Wichtigkeit, und wir sind dafür in zwei Kriegen eingetreten. Würden wir West-
Berlin verlassen, würde auch Westeuropa aufgegeben werden [...] Das können wir
nicht akzeptieren." Zunehmend ärgerlich entgegnete Chruschtschow, die Sowjetunion könne keine Welt akzeptieren, in der Hitlers Generäle, die für einen
„Lebensraum von Berlin bis zum Ural" gekämpft hätten, hohe Kommandeure der
NATO seien. „Die UdSSR wird den Friedensvertrag unterzeichnen, und die Souveränität der DDR wird respektiert werden. Jede Verletzung dieser Souveränität
wird von der UdSSR als Akt der offenen Aggression angesehen werden [...] mit
allen Konsequenzen, die sich daraus ergeben." Kennedy fragte, ob dieser Friedensvertrag den Zugang nach Berlin blockieren werde, was sein Gesprächspartner
bejahte.
Der Präsident wies darauf hin, daß dies die Vier-Mächte-Vereinbarung von
1945 aufheben würde. Das könnten die USA nicht akzeptieren. Der Kremlchef
entgegnete, er wolle kein Mißverständnis darüber aufkommen lassen, daß dies
Krieg bedeuten würde. „Wenn die USA einen Krieg wegen Deutschland beginnen
wollen, dann soll es so sein [...] Falls es da einen Verrückten gibt, der Krieg will,
dann sollte er in eine Zwangsjacke gesteckt werden. So, das ist die sowjetische Po-

[83] Niederschrift der Unterredung N. S. Chruščëv – J. F. Kennedy in der Sowjetischen Botschaft, 4. 6.
1961, wiedergegeben in: H. Timmermann, a.a.O., S. 406 f.
[84] Memorandum of Conversation, 4. 6. 1961, 3:15 p.m., in: FRUS 1961–1963, Bd. V: Soviet Union,
Dokument 89, www.state.gov/www/about_state/history/vol_v, 86–89.html, S. 35.

sition. Die UdSSR wird den Friedensvertrag Ende des Jahres unterzeichnen."
Kennedy erwiderte, Chruschtschow solle verstehen, an sich sei die Unterzeichnung des Friedensvertrages kein kriegerischer Akt. „Jedoch ein Friedensvertrag,
der uns unsere vertraglichen Rechte nimmt, ist ein kriegerischer Akt. Die Übertragung unserer Rechte an Ostdeutschland ist ein kriegerischer Akt. Nach weiterem Hin und Her gab Kennedy zu bedenken, man könne sich wechselseitig zerstören. Chruschtschow bestätigte das. Daraufhin appellierte der Präsident an seinen Gesprächspartner, ihn nicht in Situationen zu bringen, welche die nationalen
Interessen der USA so stark beträfen, und betonte, das entscheidende amerikanische Interesse in Berlin seien die Zugangsrechte. Die sowjetische Seite könne
einen Vertrag unterschreiben oder sonst tun, was sie wünsche, solange sie nicht die
alliierten Besatzungsrechte in West-Berlin bedrohe. „Gewalt wird mit Gewalt beantwortet werden", antwortete Chruschtschow. Die UdSSR stelle sich darauf ein,
und er solle das ebenfalls tun. „Wenn die USA Krieg wollen, ist das ihr Problem.
Es ist Sache der USA zu entscheiden, ob Krieg oder Frieden sein wird. Der Entschluß, den Friedensvertrag zu unterzeichnen, ist fest und unwiderruflich, und die
Sowjetunion wird ihn unterzeichnen, wenn die USA ein Zwischenabkommen
verweigern." Der amerikanische Präsident entgegnete: „Dann, Herr Vorsitzender,
wird es Krieg geben. Es wird ein kalter Winter werden."[85]

Chruschtschows Eindruck von Kennedy

Die Wiener Begegnung erbrachte zwar keine Ergebnisse, war aber nach sowjetischer Ansicht nützlich. Die bloße Tatsache, daß sich die beiden Führer getroffen
hatten, war nach internem Bekunden als „guter Anfang für weitere Verhandlungen mit dem Ziel der Minderung der internationalen Spannung" zu werten. Zugleich habe der Dialog über die Fragen begonnen, die der Lösung bedürften.[86] Vor
allem aber gewann Chruschtschow einen persönlichen Eindruck vom neuen Präsidenten der USA, den er bis dahin nicht recht einzuschätzen wußte. Das war ihm
im Blick auf die bevorstehende Konfrontation äußerst wichtig. Mit welchen Reaktionen hatte er zu rechnen, wenn er mit dem angedrohten Separatvertrag und
den damit verknüpften Konsequenzen für West-Berlin ernstmachte? Hatte er es
mit einem schwachen, zu Nachgiebigkeit neigenden Widersacher zu tun, dem
man ungestraft vieles zumuten konnte? Oder war die Ankündigung Kennedys
zum Nennwert zu nehmen, die Herausforderung durch den Kreml werde notfalls
auch mit militärischen Mitteln beantwortet werden? Für den sowjetischen Führer,
der keinesfalls ein Kriegsrisiko eingehen wollte, lag da der entscheidende Punkt:
Wie weit konnte er sich gegenüber den USA vorwagen, ohne Gefahr zu laufen, in
eine bewaffnete Konfrontation mit der anderen Supermacht zu geraten?[87]

---

[85] Richard Reeves, President Kennedy. Profile of Power, New York–London 1993, S. 169–171, nach
einem Brief vom 24. 4. 1989, in dem sich Dean Rusk – außer bezüglich des aus dem Gedächtnis zi-
tierten Schlußsatzes – auf ein Protokoll beruft. Die Auslassungen in eckiger Klammer wurden von
Reeves übernommen.

[86] Doveritel'naja informacija, a.a.O., Bl. 120.

[87] Die geradezu euphorische Überzeugung, daß sich der Sozialismus unaufhaltsam ausbreite, wäh-

In den zurückliegenden Monaten hatte der amerikanische Präsident ständig sein überragendes Interesse an einer Übereinkunft mit der UdSSR betont. Chruschtschow hatte das als politische Bedürftigkeit gedeutet: Kennedy schien auf ein Einvernehmen unbedingt angewiesen zu sein. Die damit verbundenen Erklärungen, daß er seine Positionen verteidigen werde, falls ihn der Kreml unter Druck setze, hielt der sowjetische Führer für Pflichtübungen, die kaum ernstzunehmen seien.[88] Die Äußerungen des Präsidenten in Wien schienen das zu bestätigen. Der starke Akzent, mit dem dieser den Wunsch nach Verständigung betonte, beeindruckte den Kremlchef weit mehr als das Argument, die amerikanische Position in Berlin sei der Angelpunkt der gesamten Europa- und Bündnispolitik und werde mit aller Entschlossenheit verteidigt werden.[89] Dieses Engagement wurde bloßem Prestigebedürfnis zugeschrieben, hinter dem kein wirklich wichtiges Interesse der USA stehe.[90] Kennedys Bezugnahme auf Eisenhowers Äußerung, daß die Lage in Berlin „anomal" sei, und sein zustimmender Kommentar, die dortige Situation sei tatsächlich „unbefriedigend", wurden als ausdrückliches Eingeständnis aufgefaßt, daß es in der Stadt zu fundamentalen Veränderungen kommen müsse – und die konnten nach sowjetischer Ansicht nur in einer Erfüllung der gestellten Forderungen bestehen.[91]

Chruschtschow glaubte darüber hinaus, seinen Widerpart in die Defensive gedrängt zu haben. Das – von ihm bei der allgemeinen Diskussion des Ost-West-Verhältnisses geäußerte und mit dem gesetzmäßigen Trend zum Sozialismus begründete – Verlangen nach einseitigen, offensiven Veränderungen hatte ein, wie es schien, nur schwaches Plädoyer für die Wahrung des Status quo hervorgerufen. Der bloße Wunsch nach einer Übereinkunft über die wechselseitige Respektierung des bestehenden Zustandes erschien vor dem Hintergrund von Dulles' und Eisenhowers „Politik der Stärke", die das „Zurückrollen des Kommunismus" auf ihre Fahnen geschrieben hatte, als Rückzug eines in die Enge getriebenen Gegners, der um Schonung seines Besitzes bat. Der Kremlchef sah darin – ebenso wie in dem Wunsch nach Aufschub der strittigen Regelungen – nur den hilflosen Versuch, die herannahende Niederlage abzuwenden. Aus Kennedys offen zum Ausdruck gebrachter Sorge, das sozialistische Lager könnte westlich orientierte Länder bedrängen und das internationale Kräfteverhältnis zu seinen Gunsten verändern, schöpfte er die Gewißheit, daß seine Annahme zutraf.[92] Zudem sah er in der

---

rend sich die „allgemeine Krise des Kapitalismus" fortlaufend verschärfe, machte Chruščëv nicht für die Gefahren blind, die der UdSSR im Kriegsfalle drohten. Der Zerfall des Kolonialsystems untergrabe zwar die Grundlagen des Kapitalismus, und die Zeit sei nicht mehr fern, da der Sozialismus „in der entscheidenden Sphäre der menschlichen Tätigkeit, in der materiellen Produktion", die Führung übernehme und den – als „Imperialismus" bezeichneten und als letztlich „vernachlässigenswerte Größe" eingeschätzten – Westen besiege, doch verfüge dieser mit seiner „mächtigen Militärmaschine" noch über „große Macht" (N. S. Chruščëv, Za novye pobedy, a.a.O.).

[88] A. Fursenko/T. Naftali, a.a.O., S. 116–128, insbes. S. 125.

[89] Memorandum of Conversation between Kennedy and Khrushchev, 4. 6. 1961 (1), FRUS 1961–63, Vol. V [S. 15–20 von 25].

[90] Doveritel'naja informacija, a.a.O., Bl. 114.

[91] Das ergibt sich aus dem Vergleich zwischen dem ausführlichen amerikanischen Protokoll (Memorandum of Conversation between Kennedy and Khrushchev, 4. 6. 1961, FRUS 1961–63, Bd. V: Soviet Union, http://www.state.gov/www/about_state/history/vol_v/86_89.html, S. 16 f.) mit der auswertenden sowjetischen Kurzwiedergabe (Doveritel'naja informacija, a.a.O., Bl. 114).

[92] Memorandum of Conversation between Kennedy and Khrushchev, 3. 6. 1961, FRUS 1961–63,

Übernahme der Rede von der „friedlichen Koexistenz" durch den Präsidenten die
Bereitschaft zu grundlegendem Umdenken, namentlich zur Anerkennung der
Zweistaatlichkeit in Deutschland.[93] Zugleich war er sich freilich bewußt, daß sein
Gegenüber mit dem Umdenken vielfach andere Ideen verband als er.[94] Dessen ungeachtet, verbuchte er es als entscheidenden Sieg, daß Kennedy mit der These vom
absteigenden Kapitalismus und aufsteigenden Kommunismus einverstanden zu
sein schien.[95] Demnach akzeptierte der erste Mann der USA die Situationsein-
schätzung des Kreml als Geschäftsgrundlage der wechselseitigen Beziehungen.

Kennedy hatte sich in den Augen Chruschtschows als „unerfahrener, vielleicht
gar unreifer Mensch" erwiesen, der freilich im Vergleich zu Eisenhower einen
weiten politischen Horizont hatte.[96] Der Eindruck von Unsicherheit und Nachgiebigkeit erklärt sich nicht zuletzt auch dadurch, daß der Präsident seinen Gesprächspartner unter anderen mit verbalen Freundlichkeiten und sogar mittels
Einräumung eigener Fehler dazu bewegen wollte, seinerseits politische Korrekturen nicht zu scheuen. Das galt etwas, als er sich voller Bewunderung über das ökonomische Wachstum der UdSSR äußerte, sich von Dulles' Ziel einer Beseitigung
des Kommunismus distanzierte und darauf verzichtete, die bisherige amerikanische Politik zu verteidigen. Das leistete der Wahrnehmung Vorschub, an der
Spitze der USA stehe ein Mann, der die „Interessen seiner Klasse" nicht konsequent zu vertreten wisse und dem Moskauer Konzept der „friedlichen Koexistenz" nichts entgegenzusetzen habe. Die Bemerkung des Präsidenten, mit der
Landung auf Kuba habe er einen schweren Fehler gemacht, wurde nicht in der
gemeinten Weise als Plädoyer für eine durchgängige wechselseitige Achtung des
Status quo, sondern als das Eingeständnis eigener Unfähigkeit aufgefaßt. Der
späteren Erinnerung zufolge, amüsierte sich Chruschtschow innerlich über die
anachronistischen Auffassungen, die Kennedy vertrat, und die Widersprüche, in
die er sich in den Fragen der „friedlichen Koexistenz" verwickelte.[97] Nach dem
Zeugnis seines Dolmetschers urteilte er geringschätzig über sein amerikanisches
Gegenüber.[98]

Der Kremlchef gestand dem Präsidenten zu, als „in der Politik [noch] unbe-
kannter Mensch" bis an die Grenze dessen gegangen zu sein, was er sich innenpolitisch leisten konnte. Er habe aber nicht den Mut gehabt, diese Grenze zu überschreiten (d. h. den sowjetischen Forderungen zu entsprechen). Denn damit hätte
er sich dem Vorwurf der Feigheit (gegenüber der UdSSR) ausgesetzt. Dazu habe

Bd. V: Soviet Union, http://www.state.gov/www/about_state/history/vol_v/80_85.html, S. 8–10,
14 f., 17 f., 21.
[93] Memuary Nikity Sergeeviča Chruščëva, in: Voprosy istorii, 10/1993, S. 63.
[94] Ebd., S. 64.
[95] G. M. Kornienko, Upuščënnaja vozmožnost'. Vstreča N. S. Chruščëva i Dž. Kennedi v Vene v
1961g., in: Novaja i novejšaja istorija, 2/1992, S. 98.
[96] O. Trojanovskij, a.a.O., S. 234. Zu dieser Angabe, die durch weitere Hinweise bestätigt erscheint,
steht die Aussage des Sohnes von Chruščëv in Widerspruch, daß sein Vater Kennedy als einen
zwar jungen, aber durchaus alerten Gegner eingeschätzt habe (Sergej Chruščëv, Roždenie sverchderžavy. Kniga ob otce, Moskau 2000, S. 391). Es ist zu vermuten, daß in Sergej Chruščëvs Erinnerung das Bild haften geblieben ist, das sein Vater in der folgenden Zeit vom amerikanischen Präsidenten gewonnen hat.
[97] Memuary, a.a.O., S. 65.
[98] V. Suchodrev, a.a.O., S. 139.

er sich außerstande gesehen, weil sein Gewicht „allzu leicht sowohl bei den Republikanern als auch bei den Demokraten" sei. Das wäre bei Dulles anders gewesen, dem man wegen seiner politischen Statur diesen Vorwurf nicht hätte machen können.[99] Kennedy selbst schien ihm diese Einschätzung zu bestätigen, als er dem Schwiegersohn Chruschtschows in einem Interview erklärte, man würde ihn ins Gefängnis werfen, wenn er die Forderungen der UdSSR annähme. Der Kremlchef entnahm dieser Mitteilung, der Präsident halte das Moskauer Verlangen an sich für vernünftig und akzeptabel und werde nur durch die Umstände an der Zustimmung gehindert.[100] Das alles hieß freilich nicht, daß Chruschtschow ein einfaches Spiel mit den USA vor sich sah. Ein schwacher Präsident, dessen Verhalten von anderen, schwer zu fassenden Kräften abhing, war ein unberechenbares Gegenüber. Damit erschienen völlig unkalkulierbare Entwicklungen möglich. Großen Einfluß auf Kennedys Politik schrieb der sowjetische Führer vor allem dem – als chaotisches Gremium eingeschätzten – Senat zu. Man müsse dort mit allen Reaktionen rechnen. Auch die Möglichkeit des Krieges lasse sich nicht ausschließen.[101] Zu diesen Überlegungen paßt wenig die gleichzeitig geäußerte Ansicht, der zufolge es gleichgültig war, wer an der Spitze der anderen Supermacht stand. Ob es sich nun um Eisenhower, Kennedy oder irgendeinen anderen handele – entscheidend sei allein, daß sie alle ohne Unterschied „Diener des Monopolkapitals" seien. Nur im Charakter und Auftreten gebe es Verschiedenheiten.[102]

In den Unterredungen mit Kennedy folgte Chruschtschow der vorher festgelegten Maxime, den Druck so stark wie möglich zu erhöhen. Er konnte zwar die amerikanische Position nicht erschüttern, sah sich aber in der Überzeugung bestärkt, auf dem richtigen Weg zu sein, und schickte sich daher an, den Berlin-Konflikt weiter zu eskalieren. Das war genau das Gegenteil dessen, was sich der amerikanische Präsident erhofft hatte. Dazu hatte er freilich selbst beigetragen. Er wußte von den Ausführungen des Kremlchefs über das objektiv-unerbittliche Feindverhältnis zwischen Ost und West, die in Washington Aufsehen erregt hatten,[103] glaubte aber, seinen Gesprächspartner durch verbales Entgegenkommen zu seinen Vorstellungen eines vernünftigen Umgangs miteinander bekehren zu können. Er verkannte, wie man in Moskau Aussagen des „Klassenfeindes" interpretierte, und gab dadurch Anlaß zu einer falschen Wahrnehmung seiner Absichten. Umgekehrt sah Chruschtschow nicht, daß er mit Pressionen vorhandene Bereitschaft zu Konzessionen erstickte und den Willen zur Abwehr weckte. Er sah der Konfrontation mit den USA entgegen, war sich aber nicht über die Härte des zu erwartenden Widerstandes im klaren.

---

[99] Chruščëvs Ausführungen vor dem Politischen Konsultativkomitee des Warschauer Pakts in Moskau am 4. 8. 1961, wiedergegeben in: Novaja i novejšaja istorija, 2/1999, S. 69.

[100] Ebd., S. 75.

[101] Chruščëvs Ausführungen am 4. 8. 1961, a.a.O., S. 68 f.

[102] Ebd., S. 68; Memuary, a.a.O., S. 62 f.

[103] Current Intelligence Weekly Review, 26. 1. 1961: Part III. Notes and Comments (Khrushchev Speech on Moscow Meeting of World Communist Leaders), in: FRUS 1961–1963, Bd. V: Soviet Union, http://www.state.gov/www/about_state/history/vol_v/10_19.html, S. 6–8. Der Bericht bezog sich auf N. S. Chruščëv, Za novye pobedy, a.a.O.

9. Entschluß zur Sperrung der Grenze in Berlin

Ausgangslage nach der Wiener Begegnung

Chruschtschow verließ den Ort der Gipfelbegegnung als Triumphator. Sein vorheriger Eindruck schien bestätigt, daß er es an der Spitze der USA mit einem schwachen Mann zu tun hatte. Sich selbst sah er als den starken Führer der mächtigen Sowjetunion, der es sich leisten konnte, die USA zur Kapitulation in Berlin aufzufordern und das Ultimatum öffentlich bekanntzumachen.[1] In seiner Rundfunk- und Fernsehansprache vom 15. Juni 1961 über das Wiener Treffen und folgenden Stellungnahmen wiederholte er seine Berlin-Forderungen in scharfer Form. Der Friedensvertrag werde unter allen Umständen Ende des Jahres abgeschlossen werden.[2] Am 28. Juni betonte er, die Sowjetunion werde sich durch nichts von einem separaten Vorgehen abhalten lassen, falls die Westmächte ihre Mitwirkung verweigerten.[3]

Trotz aller zur Schau getragenen Gewißheit zweifelte Chruschtschow anscheinend daran, daß die USA nachgeben würden. Nach Äußerungen gegenüber dem polnischen Parteichef Gomułka wollte er zwar die Lage nicht verschärfen, mußte aber endlich ernstmachen mit dem angekündigten Zwang gegen den „Klassenfeind", um den Feigheitsvorwurf der Albanern zu entkräften. Es klang geradezu beschwörend, als er hinzufügte: „Wir fürchten uns nicht, aber wir wollen keinen Krieg", und sich überzeugt gab, mit Kennedy einig zu werden. Wozu brauche dieser denn Berlin, wo er doch große sonstige Möglichkeiten habe. Er wiederholte, er wolle es nicht zu einer Verschärfung der Lage kommen lassen. Die drei Westmächte würden sich vielleicht zu einer Wirtschaftsblockade gegen die UdSSR und das sozialistische Lager entschließen, doch stehe die Sowjetunion ökonomisch „hervorragend" da. „Wir sind der Ansicht, daß wir unsere Linie fortsetzen, Druck ausüben und die Schwächen des Gegners ausnützen müssen." Wenn die Amerikaner in Wien mit Krieg gedroht hätten, so könne sein Land mit Gleichem antworten. Chruschtschow erläuterte, er wolle sich mit Ulbricht abstimmen, und fügte hinzu, er wolle die westlichen Berlin-Rechte nur mittels Salamitaktik bekämpfen und auch sonst vorsichtig lavieren. Es gelte, viel Lärm zu machen, alle Möglich-

---

[1] Der Text des Ultimatums, das er in Wien übergeben hatte, wurde am 15. 6. 1961 in der „Pravda" publiziert.

[2] Rundfunk- und Fernsehansprache Chruščëvs, 15. 6. 1961, in: Dokumente zur Deutschlandpolitik, hrsg. vom Bundesministerium für Innerdeutsche Beziehungen, IV. Reihe, Bd. 6, 2. Hbbd., Frankfurt/Main 1975, S. 948–963; Rede zum 20. Jahrestag des deutschen Angriffs auf die UdSSR, 22. 6. 1961, ebd., S. 996–1008; N. S. Chruščëv/L. I. Brežnev an W. Ulbricht, 27. 6. 1961, ebd., S. 1077–1079.

[3] Text: ebd., S. 1094–1099.

keiten zu nutzen und Druck auszuüben. Das klang nicht nach Entschlossenheit, das Ziel rücksichtslos gegen alle Widerstände durchzusetzen.[4]

Kennedy war nach den Wiener Gesprächen deprimiert. Auf die Frage, wie es gewesen sei, antwortete er: „Die schlimmste Sache meines Lebens. Er ist brutal mit mir umgesprungen." Statt wie gewohnt glanzvoll aufzutreten, hatte er sich wie ein Schuljunge behandelt gefühlt. Sein Ziel – den Willen zu friedlichem Ausgleich der Interessen bei gleichzeitiger Entschlossenheit zum Eintreten für die eigenen Rechte zu verdeutlichen – war nicht erreicht worden. Der Präsident hielt es daher für geboten, zunächst Härte hervorzukehren. Chruschtschow sollte begreifen, daß die USA ihre Position entschieden verteidigen und West-Berlin keinesfalls aufgeben würden. Kennedy wollte zeigen, daß er sich nicht mehr nur mit Worten engagierte, sondern auch die Sprache des Handelns gebrauchte. Bewußt suchte er den Rat des – als Hardliner geltenden und in Bonn wie Paris besonders geschätzten – früheren Außenministers Acheson. Dieser bestärkte ihn in der Ansicht, es müßten vor allem in militärischer Hinsicht nicht zu übersehende Fakten geschaffen werden. Der Präsident machte sich die Empfehlung zu eigen und forcierte sogar die von ihm bis dahin abgelehnte Zivilverteidigung, um erforderlichenfalls seine Bereitschaft zum Nuklearkrieg zu bekunden. In demonstrativer Weise verstärkte er die Rüstung und mobilisierte Militärverbände; die bis dahin vernachlässigte Raumfahrt bekam erheblichen Stellenwert. Der Vorsprung der UdSSR im Weltraum, in dem er einen wesentlichen Grund für Chruschtschows Überlegenheitsgefühl sah, sollte nicht länger hingenommen werden.[5]

Verletzter Stolz stärkte Kennedys Widerstandswillen. Mit dieser Reaktion, die den sowjetischen Erfolg in Frage stellte, hatte Chruschtschow nicht gerechnet. Mit den maximalistischen Forderungen in Wien hatte er zudem die Chance des Einvernehmens erheblich verringert. Er hoffte zwar weiter, daß er mit dem Westen – und das hieß praktisch: mit den USA – auf einer Vier-Mächte-Konferenz vor Auslaufen des Ultimatums handelseinig werde. Aber der amerikanische Präsident fühlte sich in die Enge getrieben und war entschlossen, Härte mit Härte zu beantworten und sogar das Risiko des Krieges einzugehen. Der Wiener Triumph war daher für Chruschtschow ein Pyrrhussieg. Wie ein sowjetischer Beobachter zu recht festgestellt hat, war seine Begegnung mit dem Präsidenten eine „versäumte Gelegenheit". Dessen Bereitschaft, alte Standpunkte aufzugeben und sich mit der UdSSR auf der Basis einer rechtlichen Bestätigung des faktischen Status quo zu verständigen, wenn er auf eine angemessene Reaktion gestoßen wäre, blieb ungenutzt.[6]

---

[4] Aufzeichnung über ein Gespräch zwischen Chruščëv, Gromyko und Gomułka, o.D. [nach dem 5. 6. 1961], AAN, KC PZPR XI A/79, Bl. 336–339.

[5] Richard Reeves, President Kennedy. Profile of Power, New York–London 1993, S. 172–199; Christof Münger, Kennedy, die Berliner Mauer und die Kubakrise, Paderborn 2003, S. 85–93.

[6] G. M. Kornienko, Upuščënnaja vozmožnost'. Vstreča N. S. Chruščëva i Dž. Kennedi v Vene v 1961 g., in: Novaja i novejšaja istorija, 2/1992, S. 98–102.

Chruschtschows Bemühungen um den Friedensvertrag

Allem Anschein nach war sich Chruschtschow noch lange Zeit nicht klar über das Ausmaß des Widerstandes, den er geweckt hatte. Er merkte aber bald, daß seine Siegeszuversicht überzogen war. Wie er Kennedy in der Wiener Schlußrunde angedeutet hatte, hoffte er, die USA über die Westeuropäer, vor allem die Briten, zum Nachgeben zu bewegen.[7] Neuerliche Hinweise auf die enormen nuklearen Zerstörungen, welche die UdSSR bei ihnen anrichten könne, sollten sie zu Druck auf die Amerikaner veranlassen. So stellte er dem britischen Botschafter für den Kriegsfall die völlige Vernichtung seines Landes und anderer westlicher Staaten in Aussicht und fügte hinzu, es wäre doch lächerlich, wenn 200 Mio. Menschen für 2 Mio. Berliner sterben müßten. Die militärischen Vorkehrungen des Westens machten ihm keinen Eindruck; er sei entschlossen, die geplante Neuregelung der Beziehungen zur DDR unter allen Umständen durchzuführen.[8] Vor Absolventen der Moskauer Militärakademie erklärte Chruschtschow, der Westen wolle sich mit dem „Gerede" von „Festigkeit" den Erfordernissen der Zeit starrsinnig entziehen. Steigende Militärausgaben der NATO-Staaten zwängen die UdSSR dazu, die für das laufende Jahr vorgesehene Truppenreduzierung rückgängig zu machen und das Verteidigungsbudget zu erhöhen.[9] Das reichte freilich bei weitem nicht aus, um das Land auf einen allgemeinen Krieg vorzubereiten. Vor allem fehlten einsatzfähige Interkontinentalraketen, mit denen Nordamerika zu erreichen war. Dagegen hatten die USA viele Kernwaffen auf sowjetisches Territorium gerichtet.[10]

Angesichts der militärischen Defizite der Sowjetunion war sich Chruschtschow nicht sicher, ob sich die Führung in Washington von seiner Drohgebärde und Rüstungsverstärkung beeindrucken lassen würde. Daher entschloß er sich, das Moratorium für Kernwaffenversuche zu beenden, und wies die Leiter und Spitzenforscher des sowjetischen Nuklearprogramms am 10. Juli an, die Zündung eines 100-Megatonnen-Wasserstoffsprengkörpers für Ende Oktober vorzubereiten. Emphatisch rief er aus: „Laßt diese schreckliche Waffe zum Damoklesschwert werden, das über den Imperialisten schwebt!"[11] Wie sich ein Teilnehmer erinnert, machte der Kremlchef unzweideutig klar, daß es nicht um einen Waffentest, son-

---

[7] Niederschrift der Unterredung N. S. Chruščëv – J. Kennedy in der Sowjetischen Botschaft (DDR-Übersetzung), 4. 6. 1961, wiedergegeben in: Heiner Timmermann (Hrsg.), 1961 – Mauerbau und Außenpolitik, Münster 2002, S. 407.

[8] Crisis Over Berlin. American Policy Concerning the Soviet Threats to Berlin, November 1958–December 1962, Part IV: June 1960–January 1961, Research Project No. 614-D, February 1970, Historical Studies Division, Department of State, Document No. 02939, The Berlin Crisis, 1958–1962, microfiche published by Chadwyck.Healey Inc., 1992, Bl. 3f.

[9] Text: ebd., S. 1207–1219.

[10] William Taubman, Khrushchev. The Man and his Era, New York–London 2003, S. 504.

[11] V. Zubok/Z. Vodop'janova, in: M. M. Narinskij (glavn. red.), Cholodnaja vojna. Novye podchody, novye dokumenty, Moskau 1995, S. 269 (unter Hinweis auf Andrej Sacharov, Facets of a Life, Hong Kong 1991, S. 602 f.); Sergej Chruščëv, Roždenie sverchderžavy. Kniga ob otce, Moskau 2000, S. 395 f.). Die auf der Aussage von Jurij Smirnov beruhende Darstellung bei Wladislaw Subok/Konstantin Pleschakow, Der Kreml im Kalten Krieg. Von 1945 bis zur Kubakrise, Hildesheim 1997, S. 354, steht, was die Haltung Sacharovs auf der Konferenz betrifft, in Widerspruch zu den vorgenannten Quellen.

dern um die Demonstration von Stärke ging.[12] Die Explosion der Superbombe sollte stattfinden, wenn sich das Ultimatum von Wien dem Ende näherte und der Westen der Entscheidung über den Abschluß des Friedensvertrages nicht mehr ausweichen konnte. Sie sollte eine Drohkulisse schaffen, welche die andere Seite zum Einlenken bewegen würde.

Chruschtschow bekundete auch gegenüber der SED-Führung den Willen, auf der Erfüllung dss Ultimatums zu bestehen. Im Blick darauf sei es „nützlich", das Politische Konsultativkomitee des Warschauer Pakts möglichst bald zu einer Beratung einzuberufen. Die ostdeutsche Seite solle sich deswegen an die Ersten Sekretäre der osteuropäischen Parteien wenden. Ulbricht nahm den Auftrag an und schlug vor, die „Verständigung über die politischen, diplomatischen, ökonomischen und organisatorischen Vorbereitungsarbeiten und Maßnahmen zur Koordination der Rundfunk- und Presseagitation" zum Thema zu machen und als Termin den 20./21. Juli zu bestimmen.[13] Das Präsidium der KPdSU war damit grundsätzlich einverstanden, sah jedoch den 3. August als Tagungsbeginn vor.[14] Daraufhin verschickte das Politbüro der SED die Einladungen mit der Bitte, die Antwort an den Kreml zu richten.[15] Zugleich legte es in Moskau einen „Maßnahmeplan" vor, der dem Konsultativkomitee zur Annahme unterbreitet werden sollte. Darin wurde eine Konferenz zum Abschluß des Friedensvertrags mit der DDR im Dezember 1961 vorgesehen, sofern keine Verständigung mit den Westmächten erzielt worden sei. Als Vorbereitung wurde ins Auge gefaßt, daß die östlichen Führer die Vertragsentwürfe bei den Feiern zum Jahrestag der Oktoberrevolution Anfang November abstimmten und danach die Außenminister die Details klärten. UdSSR, Polen und Tschechoslowakei sollten öffentlich als Initiatoren der Friedenskonferenz auftreten. Nach Unterzeichnung des Vertrages sollte die Sowjetunion die Westmächte darauf hinweisen, daß ihre Besatzungsrechte hinfällig seien. Reisen, Transporte und Flüge über das Territorium der DDR könnten fortan nur noch mit Genehmigung der Regierung in Ost-Berlin erfolgen.[16]

Chruschtschow suchte mittlerweile der Forderung nach Friedensvertrag und Freistadtregelung größtmöglichen Nachdruck zu verleihen. Die sowjetischen Diplomaten im Westen erhielten Anweisung, bei Gesprächen keinen Zweifel an der Entschlossenheit ihres Landes zu lassen.[17] Trotzdem fürchtete Ulbricht, der Kremlchef werde auch diesmal die Forderung nach der „Freien Stadt" West-Berlin fallenlassen und dem Verstreichen des Ultimatums tatenlos zusehen, sobald eine offene Konfrontation drohe. Nach mehrfach vergeblichem Zuwarten wollte

---

[12] Ausführungen des Teilnehmers Jurij Smirnov auf der internationalen Konferenz „Cholodnaja vojna i razrjadka 1945–1990" in Moskau am 27. 6. 2002.

[13] W. Ulbricht an N. S. Chruščëv, o.D. [24. 6. 1961], SAPMO-BArch, DY 30/3508, Bl. 194–196.

[14] Protokol No. 336 zasedanija Prezidiuma CK KPSS, 3.7. 1961: 7. O pis'me t. V. Ul'brichta ot 24 ijunja 1961 goda, RGANI, 3, 12, 933, Bl. 61–64.

[15] Entwurf des Rundschreibens, o.D., SAPMO-BArch, DY 30/3386, Bl. 212f. Siehe auch den gleichlautenden Text der am 5. 7. 1961 Kádár übermittelten Einladung: MOL, 288.f. 9/1961/4.ö.e., Bl. 5f.

[16] Maßnahmeplan zu organisatorischen Fragen im Zusammenhang mit der Vorbereitung des Abschlusses eines Friedensvertrages mit der DDR und einer Friedenskonferenz, o.D. [Anfang Juli 1961], SAPMO-BArch, DY 30/3508, Bl. 21–25.

[17] Protokol No. 337 zasedanija Prezidiuma Central'nogo Komiteta KPSS ot 13 ijulja 1961 goda. Ot 11.VII.61g., RGANI, 3, 14, 490, Bl. 83–87.

er endlich einen Erfolg. Angesichts der anschwellenden Massenflucht (die er möglicherweise zusätzlich provozierte) wies er darauf hin, daß die Lage in der DDR bedrohlich sei und daher schnellerer Abhilfe bedürfe. Wenn eine umfassende Regelung nicht sogleich herbeizuführen war, sollte zunächst eine Teillösung das dringendste Problem, die massenhafte Abwanderung, beheben. Chruschtschow war freilich weiterhin nicht bereit, sich auf die von Ulbricht gewünschte Abriegelung West-Berlins einzulassen.

Der SED-Chef suchte daraufhin die unerträglichen Herausforderungen zu verdeutlichen, die von der Stadt angeblich ausgingen. Als Exempel dienten ihm die „Grenzgänger", das heißt jene über 65 000 Ostdeutschen, die jeden Werktag in die Westsektoren fuhren, um dort für höheren, zudem in Westmark gezahlten Lohn zu arbeiten. Sie konnten dafür die begehrten Westwaren kaufen oder durch – für illegal erklärten, aber überall praktizierten – Umtausch ein Mehrfaches in DDR-Währung erhalten. Auf diese Weise flossen hohe Ostmarkbeträge nach West-Berlin, die dessen Bevölkerung billige Einkäufe im Ostteil der Stadt erlaubten. Ulbricht stellte Chruschtschow die daraus folgenden sozialen Verwerfungen in seinem Land, dessen wirtschaftliche Verluste und die durch verknapptes Warenangebot entstehenden Versorgungsschwierigkeiten in grellen Farben vor Augen. Um keine Ablehnung zu provozieren, versicherte er, er wolle weder den freien Verkehr in Berlin noch die freie Wahl des Arbeitsplatzes beseitigen. Es sei aber notwendig, das Problem der „Grenzgänger" rasch zu lösen. Bis zum Friedensvertrag und zur Freistadtregelung könne man nicht mehr warten.[18] Das Begehren wurde zwar vom Botschafter in Ost-Berlin unterstützt,[19] aber nicht im Kreml akzeptiert. Die Sache solle vielmehr auf der Tagung des Politischen Konsultativkomitees erörtert werden.[20]

Ulbricht wurde daraufhin noch deutlicher. Nach der Erinnerung eines sowjetischen Diplomaten lud er Perwuchin auf seine Datscha ein, um ihm die fatale Situation in der DDR zu schildern. Demnach verschlechterten sich die Verhältnisse zusehends. Der Flüchtlingsstrom desorganisiere immer mehr das ganze Leben der Republik. Bald müsse es zur Explosion kommen. Es gebe erste Anzeichen für eine Revolte. Bisher könne Mielkes Staatssicherheitsdienst diese noch durch Festnahme der Rädelsführer verhindern. Die Kampfgruppen seien in erhöhte Alarmbereitschaft versetzt worden. Allen Gegenmaßnahmen zum Trotz sei die Lage äußerst ernst. Anders als am 17. Juni 1953 stehe im Westen die Bundeswehr bereit; ihr Eingreifen – und damit der Beginn eines Krieges – sei zu befürchten. Perwuchin solle Chruschtschow ausrichten, wenn die offene Grenze fortbestehe, sei der Zusammenbruch nicht zu vermeiden. Als Kommunist warne er, Ulbricht, vor einer solchen Entwicklung und lehne alle Verantwortung dafür ab. Er könne nicht mehr garantieren, die Lage unter Kontrolle zu halten. Das solle man in Moskau wissen.[21] Im übrigen war er der Ansicht, der Westen bluffe nur. Man solle sich da-

[18] W. Ulbricht an N. S. Chruščëv, o.D. [Juni 1961], SAPMO-BArch, DY 30/ 3508, Bl. 196. Hope M. Harrison, Driving the Soviets up the Wall. Soviet – East German Relations 1953–1961, Princeton/ NJ–Oxford 2003, S. 188, datiert das Schreiben auf den 24. 6. 1961, was zeitlich stimmig ist.
[19] M. Pervuchin an A. Gromyko, 29. 6. 1961, AVPRF, 0742, 6, 45, 25, zit. ebd., S. 188 f.
[20] Beschluß des Präsidiums des ZK der KPdSU, 30. 6. 1961, wiedergegeben in: Istoričeskij archiv, 1/1998, S. 38.
[21] Julij Kvicinskij, Vremja i slučaj, Zametki professionala, Moskau 1999, S. 216. In den bislang frei-

her durch „militärische Drohungen" nicht vom Handeln abhalten lassen.[22]Lange
Zeit erfolgte keine Reaktion aus Moskau. Mitte Juli erhielt Ulbricht von dort die
Nachricht, daß sogar die bisherigen Beschlüsse zum Friedensvertrag, vor allem
zur West-Berlin-Frage, in Zweifel gezogen seien. Nach einer Äußerung des für
Deutschland zuständigen ZK-Funktionärs Karpin erschien es notwendig, alles
nochmals nach allen Richtungen zu durchdenken.[23] War die UdSSR überhaupt
zum Handeln bereit, wenn es ernst wurde? Ulbricht verstärkte daraufhin die öffentliche Kampagne gegen die „Grenzgänger", um dem Kreml die unerträgliche
Lage auf diese Weise zu verdeutlichen. Außenminister Gromyko sah sich veranlaßt, der Parteiführung die Bewilligung von Ulbrichts Ersuchen um entsprechende Maßnahmen zu empfehlen.[24] Das Präsidium der KPdSU, dem in Abwesenheit Chruschtschows sein Stellvertreter Frol Koslow vorsaß, billigte den
Schritt am 20. Juli 1961.[25] Der weitergehende Schritt einer Schließung der Sektorengrenze war demnach nicht aktuell. Auch stand die Errichtung von Sperranlagen in Berlin bis dahin nicht auf der Tagesordnung, wie der am 18. Juli verabschie-
dete Plan des SED-Politbüros einer Großkundgebung am 14. August zur Feier
des 90. Geburtstags von Karl Liebknecht auf dem Potsdamer Platz, also am Ort
der dann einen Tag vorher erfolgten Grenzschließung,[26] zeigt. In gleichem Sinne
hatte Mielke am 7. Juli die Vorbereitung von Maßnahmen angeordnet, die zu einem späteren Zeitpunkt die Sicherheit vor allem an der Grenze zur Bundesrepublik erhöhen sollten. Ausdrücklich war „von einer Grenzschließung [...] keine
Rede" gewesen.[27]
Die Ausrichtung der militärischen Vorbereitungen in der DDR läßt die Erwartung erkennen, daß man sich auf einen Konflikt an der Grenze zur Bundesrepublik einstellte. Dort lag nach allgemeiner Einschätzung der Schwerpunkt der
potentiell bewaffneten Auseinandersetzung bei Abschluß des separaten Friedensvertrags, denn dort, nicht in West-Berlin standen die bewaffneten Kräfte des We-

---

gegebenen Akten findet sich keine Aufzeichnung über dieses Gespräch, das wegen seines sensiblen
Inhalts zweifellos besonderer Geheimhaltung unterlag.

[22] Äußerung auf einer geheimen Tagung des ZK der SED laut Vladislav Zubok, Berlin Crisis, 1958–
1962: New Evidence From Soviet Archives, Vorbereitungspapier für die Internationale Konferenz
über den Kalten Krieg im Lichte sowjetischer Archivdokumente, 12.–15. 1. 1993, S. 24 (unter Berufung auf einen Bericht Pervuchins an das ZK der KPdSU, 12. 7. 1961).

[23] Besondere Informationen an Genossen Walter Ulbricht, 15. 7. 1961, SAPMO-BArch, DY 30/
3508, Bl. 223.

[24] A. Gromyko an das ZK der KPdSU, 19. 7. 1961, in: Istoričeskij archiv, 1/1998, S. 43–45 (unter Angabe der AVPRF, 0742, 6, 45, 25).

[25] Protokol No. 338 zasedanija Prezidiuma Central'nogo Komiteta KPSS 20 ijulja 1961 goda:
XXVII. Ob ukazanijach poslu SSSR v GDR v svjazi s pis'mom t. Ul'brichta po voprosu o „pered-
vižencach" (t.t. Gromyko, Mikojan, Kozlov), RGANI, 3, 12, 492, Bl. 12.

[26] Protokoll Nr. 35/61 der Sitzung des Politbüros der SED am 18. 7. 1961, SAPMO-BArch, DY 30/2/
2/777, Bl. 57 f. Der Beschluß wurde am 7. 8. 1961 aufgehoben (Protokoll Nr. XX/61 der Sitzung
des Politbüros der SED am 7. 8. 1961, SAPMO-BArch, DY 30/2/2/781, Bl. 3). Karl-Heinz
Schmidt. Dialog über Deutschland. Studien zur Deutschlandpolitik von KPdSU und SED (1960–
1979), Baden-Baden 1998, S. 73 f., vermutet, daß verschiedene Ost-Berliner Vorgänge im Frühsommer 1961, die darauf hindeuteten, daß die Grenzsperrung noch nicht vorgesehen war, auf die
Absicht zur Täuschung des Westen zurückzuführen seien. Im vorliegenden Fall hätte dies voraus-
gesetzt, daß der Beschluß entweder der Öffentlichkeit mitgeteilt oder aber mittels Indiskretion
dem Westen zur Kenntnis gebracht worden wäre. Beides war jedoch nicht der Fall.

[27] Matthias Uhl/Armin Wagner (Hrsg.), Ulbricht, Chruschtschow und die Mauer. Eine Dokumentation, München 2003, S. 43 (Vorwort), 69–75 (Dokument 4).

stens, den Versuch machen konnten, die geschlossenen Zugangswege freizukämpfen. Als eine der Gegenmaßnahmen hatten im Sommer 1960 Sicherheitskräfte der DDR und sowjetisches Militär einen „pioniermäßigen Ausbau" des 5-km-Kontrollstreifens zur Bundesrepublik begonnen, der von dort nach West-Berlin auf den Weg gebrachte Stoßtrupps aufhalten sollte. Dazu wurden westwärts ausgerichtete tiefgestaffelte Sperren angelegt.[28] Diese Hindernisse konnten zwar auch Fluchtversuche vereiteln, doch erschien dies unwichtig, solange die Grenze in Berlin offen blieb. Anders als die innerstädtische Demarkationslinie war die Außengrenze der Westsektoren zwar mit – schmalen – Stacheldrahtverhauen umgeben, aber auch da fehlten „pioniermäßige Verstärkungen", wie sie gegenüber Westdeutschland aufgebaut wurden. Da im Berliner Raum nichts dergleichen geplant war, lagerten sämtliche zur Errichtung von Grenzsperren bereitgestellten Stacheldrahtrollen, Zementpfosten und sonstige Materialien an der Westgrenze.[29]

Das entsprach der Politik, die Chruschtschow 1958 festgelegt hatte: Nicht die Schließung der Grenze zu West-Berlin, sondern die Kontrolle seiner Zugangswege wurde angestrebt. Als die SED-Führung ab Juni 1961 ihre Sicherheitskräfte auf einen Konflikt vorbereitete, verlegte sie dementsprechend Einheiten der paramilitärischen Grenzpolizei nach Westen. Falls es dort zu kleineren Geplänkeln kam, sollten sie den Einsatz der dahinter stehenden, aus dem Berliner Gebiet abgezogenen sowjetischen Truppen verzögern, um eine rasche Eskalation der bewaffneten Auseinandersetzung zu verhindern und Zeit für eine kriegsvermeidende Übereinkunft zu gewinnen.[30]

Durchsetzungsprobleme

Der DDR fehlte vor allem wegen ihrer wirtschaftlichen Lage weiterhin die Standfestigkeit, die sie bei einer Konfrontation mit den Westmächten benötigte. Die Kollektivierung der Landwirtschaft im Jahre 1959 hatte die Versorgung mit Le-

---

[28] Verteidigungsminister H. Hoffmann an W. Ulbricht, Gkdos.-Tgb.-Nr. V/a/57/60, [20. 8.] 1960, BArch-MArch, AZN 32601, Bl. 132–139.

[29] NVA/Institut für Deutsche Militärgeschichte, Die Nationale Volksarmee in der Aktion vom 13. August 1961, Hauptbearbeiter: Kapitän zur See Glaser, 20. 2. 1964, BArch-MArch. VA–01/14835, Bl. 20–22. Der Umstand, daß Stacheldraht, Pfosten usw. an der Grenze zur Bundesrepublik bereitgehalten wurden, erklärt, wieso diese Materialien ab 30. 7. 1961 in einer überstürzten Aktion in den Raum Berlin verbracht wurden (NVA/Institut für Deutsche Militärgeschichte, Die Nationale Volksarmee in der Aktion vom 13. August 1961, Hauptbearbeiter: Kapitän zur See Glaser, 20. 2. 1964, BArch-MArch, VA–01/14835, Bl. 5).

[30] Ministerium für Nationale Verteidigung, Operative Verwaltung, Tagebuch-Nr. Va/150/61, o.D. [22. 6. 1961], BArch-MArch, VA 01/18790, Bl. 1 f.; Ministerium für Nationale Verteidigung, Operative Verwaltung, Tagebuch-Nr. Va/150/61, o.D. [nach 22. 6. 1961], BArch-MArch, VA 01/18790, Bl. 3 f.; Ministerium für Nationale Verteidigung, Operative Verwaltung, Tagebuch-Nr. Va/150/61, 28. 6. 1961, BArch-MArch, VA 01/18790, Bl. 6; Ministerium für Nationale Verteidigung, Operative Verwaltung, Tagebuch-Nr. Va/154/61, o.D. [1. 7. 1961], BArch-MArch, VA 01/18790, Bl. 10 f. Bezeichnenderweise wurden die sowjetischen Verbände nach dem Entschluß zur Schließung der Sektorengrenze in den Berliner Raum (der nun zum Schwerpunkt des östlichen Vorgehens geworden war) zurückverlegt, wo sie hinter den Kräften der DDR (die der Außenwelt als Urheber der Aktion gelten sollte) bereit standen, um im Fall einer bewaffneten Auseinandersetzung mit dem Westen sofort die Konfliktkontrolle an sich ziehen zu können.

bensmitteln kritisch werden lassen.[31] Ulbricht stellte „ernste Schwierigkeiten im Zusammenhang mit der Verschlechterung der Versorgung der Bevölkerung mit einer Reihe von Waren des allgemeinen Bedarfs" fest. Der betreffende Plan sei aus dem Gleichgewicht geraten, und damit sei der Volkswirtschaftsplan insgesamt durcheinandergekommen. Die Ziele für 1962 müßten nach unten korrigiert werden. Der SED-Chef wies auf die „relativ lange Dauer der Vorbereitung für den Abschluß des Friedensvertrages" hin, die der DDR „eine Reihe zusätzlicher politischer und damit verknüpfter ökonomischer Schwierigkeiten" bereite. Man könne jedoch nicht rasch handeln, denn im Konfliktfall müsse man „eine Reihe [weiterer] wirtschaftlicher und politischer Schwierigkeiten" erwarten, auf welche „die Bevölkerung nicht vorbereitet" sei. Dann entstünden auch für die anderen sozialistischen Länder Probleme, die ihnen Angst machen würden, wenn sie sich über die Lage klar wären. Während sie meinten, die DDR müsse ihnen materiell helfen, sei diese schon jetzt wegen ökonomischer Nöte gezwungen, Lieferungen zu verringern.[32]

Ost-Berlin bemühte sich, die osteuropäischen Verbündeten über die bestehenden Probleme ins Bild zu setzen. Ein Spitzenfunktionär des Außenhandelsministeriums legte dem ungarischen Botschafter dar, bei dem zu erwartenden Abschluß des Separatfriedens werde die Bundesregierung zweifellos die Vereinbarungen über den innerdeutschen Handel kündigen und damit „angesichts der ökonomischen Abhängigkeit von Westdeutschland ernsthafte Schwierigkeiten in der Volkswirtschaft der DDR hervorrufen". Diese Abhängigkeit sei viel größer, als man vor der Unterbrechung des Warenaustauschs im vergangenen Herbst angenommen habe. Die Bundesrepublik werde die Handelsbeziehungen nicht nur selbst einstellen, sondern habe auch die Möglichkeit, die anderen kapitalistischen Staaten zum gleichen Vorgehen zu bewegen und darüber hinaus alle Transporte über den Hamburger Hafen zu stoppen. Das werde auch die anderen sozialistischen Länder schwer treffen, denn die Importe aus dem Westen würden überwiegend für Produkte verwendet, welche die DDR an sie liefere. Zwar suche man in Ost-Berlin die Industrie, vor allem den Maschinenbau, auf Rohstoffe aus sozialistischen Ländern umzustellen, doch sei das „eine außerordentlich schwierige und komplexe Aufgabe, die eine ganze Reihe von Problemen aufwerfe." Vor diesem Hintergrund sei es „kein Zufall, daß es bisher noch zu keiner Lösung der Westberlin-Frage gekommen" sei.[33] Es stellte sich die Frage, ob die wirtschaftliche Abhängigkeit von der Bundesrepublik den Abschluß des geplanten Friedensvertrages überhaupt erlaubte.

Die SED-Führung forderte diesen gleichwohl mit wachsendem Nachdruck. Mit der Begründung, die Abwanderung könne nicht so weitergehen, erklärte sie die Übernahme der Kontrolle über den West-Berlin-Verkehr für dringlich. Nach ihren Darlegungen war es „unbefriedigend", daß ihr dazu die Handlungsmöglichkeiten vorenthalten waren. Ohne Friedensvertrag sei die DDR-Souveränität stän-

[31] Vgl. die Angaben des – im Zusammenwirken mit dem MfS erarbeiteten – einschlägigen KGB-Berichts: A. Šelepin an das ZK der KPdSU, 10. 4. 1961, RGANI, 5, 49, 383 (rolik 8980), Bl. 80–87.
[32] Gespräch W. Ulbricht – T. P. Bobyrev, 21. 6. 1961, RGANI, 5, 49, 376 (rolik 8978), Bl. 74–78.
[33] Bericht von Botschafter István Rostás über ein Gespräch mit Hauptabteilungsleiter Hoffmann an Jenö Ince/István Friss/Imre Hollai, 14. 6. 1961, MOL, 288.f.32/1961/12,ö.e., Bl. 164f.

diger Verletzung durch die NATO-Staaten ausgesetzt. Schon im Mai 1961 hatte Ulbricht erneut darauf gedrungen, die Grenze in Berlin müsse ostdeutscher Verfügungsgewalt unterliegen, damit die Tür zum Westen geschlossen und der Exodus der Bevölkerung beendet werde. Im Kreml fürchtete man jedoch, daß die Aufhebung der Bewegungsfreiheit in der geteilten Stadt den Kampf um den Friedensvertrag erschwere. Erst wenn dieser zum Erfolg geführt habe, könne man an die Beseitigung der „Überreste der Besatzungsperiode" gehen. Ob dann auch der ungehinderte Verkehr über die Sektorengrenze ein Ende finden sollte, blieb offen.[34]

Ulbricht war mit dem Aufschub einverstanden, sofern der Friedensvertrag rasch zustande komme und die DDR danach die Möglichkeit erhalte, mit den Regierungen der Westmächte und der Bundesrepublik sowie mit dem West-Berliner Senat über die Regelungen zu verhandeln. Er war freilich selbst dann nicht endgültig zufriedengestellt, denn er hatte andere Vorstellungen über das anschließende Vorgehen als die Kremlführung. Das zeigte sich, als er „zurückhaltend" auf deren Empfehlung reagierte, West-Berlin durch direkte, die westlichen Besatzungsmächte ignorierende Kontakte mit den deutschen Behörden der Stadt in den östlichen Machtbereich hinüberzuziehen. Zudem zweifelte er nach wie vor am baldigen Abschluß des separate Friedensvertrages. Weder die DDR noch UdSSR die seien auf die Wirtschaftsblockade vorbereitet. Da die wirtschaftlichen Voraussetzungen für die Konfrontation fehlten, stellte sich aus der Sicht der SED-Führung die – nicht offen ausgesprochene – Frage, ob nicht doch an die Schließung der Sektorengrenze als vorausgehende Notmaßnahme gedacht werden mußte.[35]

Der sowjetische Botschafter in Ost-Berlin legte dem Kreml einen anderen Ausweg nahe: den Abschluß eines vorläufigen Zwischenabkommens mit den Westmächten über West-Berlin. Der Vorschlag war freilich den Westmächten seit Juni 1959 immer wieder unterbreitet worden und auf ihre Ablehnung gestoßen. Nach Perwuchins Ansicht hatte das zwei Gründe. Der Westen war nicht bereit, sich gemäß sowjetischem Verlangen von vornherein damit einverstanden zu erklären, daß die Besatzungsrechte bei Auslaufen der Interimsregelung hinfällig wurden, und weigerte sich, der geforderten Bildung eines Komitees aus Vertretern von DDR und Bundesrepublik zuzustimmen, das die Zweistaatlichkeit Deutschlands in aller Form besiegeln würde. Wenn die UdSSR darauf verzichtete, war nach dem Urteil des Botschafters eine Übereinkunft möglich. Demnach sollte es nur noch darum gehen, daß sich die Westmächte dazu verpflichteten, während der Geltungsdauer des Zwischenabkommens und gegebenenfalls auch danach – über den Friedensvertrag zu verhandeln. Nur wenn dieses Entgegenkommen die westlichen Regierungen zu keiner Vereinbarung bewegen sollte, werde man genötigt sein, den Separatvertrag mit der DDR zu schließen.[36] Der Vorschlag blieb in Moskau unbeachtet – vermutlich weil Perwuchin keinen politischen Kredit im Kreml besaß.[37]

34 M. Pervuchin an A. A. Gromyko, 19. 5. 1961, AVPRF, 0742, 6, 46, 34, Bl. 6–8.
35 Ebd., Bl. 8–11.
36 Ebd., S. 11–17.
37 Vgl. Näheres bei Alexander Bogomolow, Ohne Protokoll. Amüsantes und Bitteres aus der Arbeit eines sowjetischen Diplomaten in Deutschland, Berlin 1999, S. 90–92.

Probleme bei Übernahme der Kontrolle über den West-Berliner Zugangsverkehr

Chruschtschow hielt an der Friedensvertragsforderung ohne Abstriche fest. Damit stellte sich die Frage, was nach dem vorgesehenen Separatabschluß mit der DDR zu tun war. Wie wollte man reagieren, wenn sich die Westmächte weigerten, die Aberkennung ihrer Besatzungsrechte hinzunehmen, bei der ostdeutschen Regierung um Transitgenehmigung nachzusuchen und die Umwandlung West-Berlins in eine entmilitarisierte „Freie Stadt" zu akzeptieren? Die UdSSR war dann vor die Notwendigkeit gestellt, der westlichen Seite die Benutzung der Zugangswege zu verwehren. Hinsichtlich des Straßen-, Schienen- und Schiffahrtsverkehrs konnte man der westlichen Seite das Kriegsrisiko unschwer zuschieben. Wenn sie das uneingeschränkte Kontrollrecht der DDR nicht akzeptierten, mußten sie einen bewaffneten Durchbruch nach West-Berlin versuchen. Anders war es, wenn man die freie Benutzung der Luftkorridore aufheben wollte. Da die westlichen Flugzeuge den Boden der DDR nicht berührten, mußte man die Kontrolle ihrer Passagiere und ihrer Ladungen erzwingen. Das ließ sich, wie Chruschtschow am 26. Mai dem Parteipräsidium dargelegt hatte, nicht ohne Androhung und gegebenenfalls Durchführung von Abschüssen durchsetzen. Das lief auf den Gebrauch von Gewalt hinaus. Damit würde die UdSSR die Entscheidung zum Krieg zu treffen haben. Das widersprach Chruschtschows Plan, die USA vor die Wahl zwischen politischer Kapitulation und bewaffneter, potentiell nuklearer Konfrontation zu stellen. Wollte er dagegen an seiner Absicht festhalten, mußte er auf Abschüsse verzichten.

Anscheinend hatte die Ost-Berliner Botschaft schon im Januar 1961 bei der DDR Vorschläge angeregt, wie man am besten vorgehen könne, um die Kontrolle über den westlichen Flugverkehr zu gewinnen.[38] Es ist unklar, ob die von Perwuchin Anfang Juli nach Moskau übermittelten ostdeutschen Überlegungen darauf zurückgehen. Demnach sollte die UdSSR die Aktion damit beginnen, daß sie ihren Vertreter aus der Alliierten Flugsicherungszentrale zurückzog und damit deren Tätigkeit beendete. Damit würde die Koordination der Flugbewegungen in den westlichen Luftkorridoren mit dem östlichen Luftverkehr entfallen. In seiner hinzugefügten Beurteilung rechnete der Botschafter damit, daß sich die Westmächte durch die entstehende Kollisionsgefahr nicht von ihren Flügen abhalten lassen würden. Daraus ergab sich die „Frage der Flugplätze". Die westlichen Maschinen sollten entweder auf DDR-Gebiet landen oder sich Personen- und Frachtkontrollen auf den West-Berliner Flughäfen unterwerfen. Das war nur durchzusetzen, wenn man zur Anwendung von Gewalt bereit war. Sofern man die Landung auf ostdeutschem Territorium erzwingen wollte, entstand das weitere Problem, daß die Anlagen in Schönefeld dem dann zu erwartenden Verkehr nicht gewachsen waren. Die Anwendung von Waffengewalt gegen die westlichen Zivilflugzeuge wollte Perwuchin der DDR zugewiesen sehen. Sie sollte die dafür er-

---

[38] So nach der Aussage eines am 1.5.1961 geflüchteten Abteilungsleiters im DDR-Ministerium für Auswärtige Angelegenheiten, wiedergegeben in: Kurt Plück, Der schwarz-rot-goldene Faden. Vier Jahrzehnte erlebter Deutschlandpolitik, Bonn 1996, S. 100 f.

forderlichen technischen Mittel von der UdSSR erhalten.[39] Die ostdeutsche Planung sah vor, die Flugplätze in West-Berlin für geschlossen zu erklären mit der Begründung, sie entsprächen nicht den Sicherheitsbestimmungen. Als Ersatz war Schönefeld, bei dort unzureichender Kapazität auch Leipzig und Dresden vorgesehen. Die noch fehlenden Anlagen und Zufahrten sollten kurzfristig geschaffen werden.[40]

Die Militärs erörterten, wie die Umleitung des Flugverkehrs nach West-Berlin auf Landeplätze in der DDR durchzusetzen sei. Auch sie gingen davon aus, daß die Westmächte nach Aufkündigung der sowjetischen Mitarbeit in der Alliierten Flugsicherheitszentrale ihre Flüge fortsetzen würden. Um den westlichen Luftverkehr ohne Kampfhandlungen in die Hand zu bekommen, faßten sie die „Schaffung eines Systems zur Blockierung der Westberliner Fluplätze" ins Auge. Abschüsse sollten durch die Verwendung von „Sperrballons" und durch „funktechnische Gegenwirkungen" überflüssig gemacht werden. Daneben wurden „Sperrflüge" geplant. Der Einsatz von Jagdflugzeugen galt nur als allerletztes Mittel.[41] Chruschtschow ordnete den Aufbau zweier Sperrballondivisionen und die Produktion der von ihnen benötigten Sperrmittel an. Das war im Rüstungsplan nicht vorgesehen und ließ sich daher nur mit großem Durcheinander mühsam und verspätet in Gang setzen. Da zugleich die militärischen Spezialisten für die geplante Operation fehlten, wurden die beiden Divisionen nie einsatzfähig.[42] An eine baldige Verwendung war nicht zu denken.

Mitte Juli 1961 gingen die Militärs von der Vorstellung ab, die westlichen Flüge unbedingt auf das Gebiet der DDR umzuleiten. Sie erwogen drei Optionen. Der ersten zufolge sollten die West-Berliner Flughäfen stillgelegt und der gesamte Verkehr nach Schönefeld umgeleitet werden. In diesem Fall sah man erhebliche Infrastrukturschwierigkeiten voraus, die nur mit großer sowjetischer Hilfe und enormen ostdeutschen Anstrengungen zu bewältigen sein würden. Als zweite Möglichkeit wurde überlegt, in Schönefeld nur die Zivilflüge abzuwickeln, während die Militärmaschinen weiter nach West-Berlin flogen. Das wäre noch schwerer zu bewältigen: Organe der DDR müßten die beförderten Güter und Personen auf West-Berliner Gebiet kontrollieren, und für den Verkehr von West und Ost im Luftraum der DDR wäre kein einheitliches Leitsystem vorhanden. Diesen Problemen würde man sich auch bei der dritten Variante gegenübersehen, wenn alle westlichen Starts und Landungen weiter in West-Berlin erfolgten.

In allen drei Fällen ging man davon aus, daß sich der Widerstand gegen eine Überprüfung der Fluggäste und Güter leicht brechen lasse, weil die östliche Seite über die Fähigkeit verfüge, den Luftverkehr ohne direkte Anwendung von Ge-

39 M. Pervuchin an A. A. Gromyko, 4. 7. 1961, AVPRF, 0742, 6, 46, 34, Bl. 23–27.
40 Maßnahmen zur Sicherstellung der Kontrolle des Luftverkehrs bei Abschluß des Friedensvertrages, o.D. [vermutlich Frühsommer 1961], SAPMO-BArch, DY 30/3508, Bl. 303–314.
41 Ministerium für Nationale Verteidigung, Operative Verwaltung, Tagebuch-Nr. Va/150/61, o.D. [22. 6. 1961], BArch-MArch, VA 01/18790, Bl. 1 f.; Ministerium für Nationale Verteidigung, Operative Verwaltung, Tagebuch-Nr. Va/150/61, o.D. [nach 22. 6. 1961], BArch-MArch, VA 01/18790, Bl. 4 f.; Ministerium für Nationale Verteidigung, Operative Verwaltung, Tagebuch-Nr. Va/150/61, 28. 6. 1961, BArch-MArch, VA 01/18790, Bl. 7 f.; Ministerium für Nationale Verteidigung, Operative Verwaltung, Tagebuch-Nr. Va/154/61, o.D. [1. 7. 1961], BArch-MArch, VA 01/18790, Bl. 10.
42 A. I. Bernštejn, Kak načinalas' berlinskaja stena, in: Voenno-istoričestkij archiv, 12/2003 (48), S. 39–43.

walt entscheidend zu beeinträchtigen. Schon bei guter Witterung könne man Start und Landung so erschweren, daß sich die Kapazität der West-Berliner Flughäfen auf einen Bruchteil reduziere. Bei schlechtem Wetter ließen sich Flüge völlig unmöglich machen. Die Methode sei einfach zu handhaben und lasse keine Gegenmaßnahmen zu, erfordere aber erheblichen technischen Aufwand und errege unliebsames Aufsehen. Als Alternative kämen gezielte Funkstörungen in Betracht, die den Luftverkehr „nur noch sehr begrenzt" erlauben würden. Dieses Vorgehen lasse sich gut vor der Öffentlichkeit verbergen, gäbe jedoch dem Gegner die Möglichkeit, im Gegenzug andere Flüge über DDR-Gebiet zu stören. Für beide Vorgehensweisen fehlten der ostdeutschen Seite freilich die technischen Mittel. Diese müßten von der UdSSR zur Verfügung gestellt werden.[43]

Als Perwuchin überlegte, wie man die Kontrolle über den West-Berliner Flugverkehr nach Friedensvertragsabschluß praktisch durchsetzen könne, erwog er auch, den Flüchtlingsstrom durch Schließung der Sektorengrenze zu stoppen. Dabei sah er aber große Komplikationen voraus. Das würde nicht nur in West-Berlin, sondern auch in der Bevölkerung der DDR größte Unzufriedenheit hervorrufen. Die feindliche Propaganda würde die Gelegenheit nutzen, um den danach weiterhin vorgesehenen Separatfriedensvertrag in ein schlechtes Licht zu rücken und die Stimmung gegen die Regierung anzuheizen. Auch entstünden dann erhebliche technische Probleme. Daher plädierte Perwuchin dafür, an der Sektorengrenze keine Änderung vorzunehmen und die Massenflucht durch eine wirksame Kontrolle über die Verbindungswege zwischen West-Berlin und der Bundesrepublik zu beenden.[44] Das entsprach grundsätzlich der Ansicht Chruschtschows.[45] Dagegen setzte die SED-Führung bei ihren organisatorischen Vorbereitungen für den Abschluß des Friedensvertrages von Anfang an voraus, daß ihre Souveränität auch an der Grenze in Berlin durch ein Regime völliger Kontrolle zur Geltung gebracht werden müsse. Dort sollte die gleiche Abriegelung stattfinden wie im Westen gegenüber der Bundesrepublik. So wurde etwa die Trennung des S-Bahn-Verkehrs in beiden Teilen der Stadt vorgesehen.[46]

Chruschtschows Entschluß

Bei allem Optimismus erkannte Chruschtschow das Risiko, dem er sich mit der Festlegung auf Friedensvertrag und Freistadtregelung aussetzte. Wiederholt erhielt er Geheimdienstinformationen, denen zufolge die Gegenseite willens war,

[43] Ministerium für Nationale Verteidigung, Operative Verwaltung, Tagebuch-Nr. Va/167/61, o.D. [19. 7. 1961], BArch-MArch, VA 01/18790, Bl. 23–29; Ministerium für Nationale Verteidigung, Operative Verwaltung, Tagebuch-Nr. Va/168/61, o.D., BArch-MArch, VA 01/18790, Bl. 37–45; Ministerium für Nationale Verteidigung, Operative Verwaltung, Tagebuch-Nr. Va/221/61, o.D., BArch-MArch, VA 01/18790, Bl. 66–70.
[44] M. Pervuchin an A. A. Gromyko, 4. 7. 1961, AVPRF, 0742, 6, 46, 34, Bl. 28 f.
[45] Chruščev brachte auf der Tagung des Politischen Konsultativkomitees in Moskau am 4. 8. 1961 seine nach wie vor bestehende Präferenz für eine „offene Stadt" Berlin zum Ausdruck (Novaja i novejšaja istorija, 2/1999, S. 72), obwohl er die Sperrung der Sektorengrenze mittlerweile für notwendig hielt.
[46] Maßnahmen zur Kontrolle des Verkehrs der Reichsbahn und S-Bahn, o.D. [vermutlich Frühsommer 1961], SAPMO-BArch, DY 30/3508, Bl. 310–314.

ihre Position in Berlin zu verteidigen. Am 20. Juli erfuhr er, daß der NATO-Rat den Beschluß gefaßt hatte, die Sperrung des freien Zugangs nach West-Berlin mit Maßnahmen zu beantworten, „in deren Ergebnis eine ‚reale Gefahr' für die Sicherheit der Sowjetunion entstehen" könnte. Der Westen verleihe dieser Drohung durch Truppenverstärkungen Nachdruck. In den westlichen Hauptstädten sei man zwar bereit, notfalls einen Friedensvertrag mit der DDR hinzunehmen, wolle aber Maßnahmen gegen den Berlin-Zugang keinesfalls dulden. Für diesen Fall sei eine Eskalation der Gewalt bis hin zu militärischen Operationen vorgesehen. Mit Rücksicht auf Bonn würden Verhandlungen abgelehnt, wenn die UdSSR zuvor den Separatfrieden mit der DDR abgeschlossen habe. Es seien Gegenmaßnahmen geplant wie Aufhebung der östlichen Überflugrechte über NATO-Ländern, Störung der Kommunikations- und Navigationssysteme von UdSSR und DDR und Abbruch des innerdeutschen Handels.[47]

Chruschtschow setzte sich ernsten Risiken bis hin zur Kriegsgefahr aus, wenn er, wie vorgesehen, die Massenflucht aus der DDR durch Schließung der Zugangswege beenden wollte. Als Ausweg bot sich die Verwirklchung von Ulbrichts Vorschlag an, West-Berlin zunächst vom Ostteil der Stadt abzuriegeln. Chruschtschow kam, wie er in seinen Memoiren berichtet, während des Urlaubs auf der Krim – nach „langen Schwankungen", wie sich sein Sohn erinnert – zu der Ansicht, wegen der „weit offenstehenden Tür" zum Westen sei der SED-Chef in einer aussichtslosen Lage. Fordere er Disziplin oder treffe administrative Verfügungen, liefen ihm die Leute weg. Das könne nicht länger hingenommen werden.[48] Die Darstellung wird gestützt durch Ausführungen Chruschtschows vor den Parteichefs der Warschauer-Pakt-Staaten am 4. August 1961. Wenn man die „Bedürfnisse der DDR nicht in Betracht" ziehe und dafür auch „keine [wirtschaftlichen] Opfer" bringe, könnten die „deutschen Genossen" nicht länger aushalten. „Und was bedeutet es, wenn die DDR liquidiert wird? Es bedeutet, daß die Bundeswehr bis zur polnischen Grenze vorrückt, es bedeutet, daß die Bundeswehr näher an unsere sowjetische Grenze und zur Grenze mit anderen Ländern heranrückt."[49] Nachdem Chruschtschow die Abriegelungsmaßnahme ins Auge gefaßt hatte, wollte er wissen, wie sie sich inmitten einer eng verflochtenen Millionenstadt praktisch durchführen ließ. Er rief daher Perwuchin an wegen eines Stadtplans mit eingetragener Demarkationslinie. Als ihm diese Information nicht genügte, bestellte er beim Führungsstab der Stationierungstruppen in der DDR eine genaue Karte. Die darin angegebenen Sperrmöglichkeiten überzeugten ihn

---

[47] A. Šelepin an N. S. Chruščëv, 20. 7. 1961, in: Očerki istorii rossijskoj vnešnej razvedki, Bd. 5: 1945–1965, Moskau 2003, S. 701–705.

[48] N. S. Chruščëv, Vremja, ljudi, vlast', Bd. 4, Moskau 1999, S. 492; Sergej Chruschtschow, Die Geburt einer Supermacht. Das Buch über meinen Vater, Klitzschen 2003, S. 386. Chruščëvs Urlaub auf der Krim wird indirekt belegt durch den Umstand, daß er ungewöhnlich lange – vom 11. bis 31. 7. 1961 – keinen Besucher im Kreml empfing (Posetiteli kremlevskogo kabineta N. S. Chruščëva, in: Istočnik, 4/2003 (64), S. 79).

[49] B. Bonveč/A.M. Filitov, Kak prinimalos' rešenie o vozvedenii berlinskoj steny, in: Novaja i novejšaja istorija, 2/1999, S. 72 (russ. Originaltext); Bernd Bonwetsch/Alexei Filitow, Chruschtschow und der Mauerbau. Die Gipfelkonferenz der Warschauer-Pakt-Staaten vom 3.–5. August 1961, in: Vierteljahrshefte für Zeitgeschichte, 48 (2000), S. 187 (deutsche Übersetzung).

davon, daß sich die Sache machen ließ. Daraufhin ließ er Ulbricht nach seiner Meinung fragen. Dieser stimmte natürlich gerne zu.[50]

Mit der Entscheidung für die Sperrmaßnahmen vermied Chruschtschow bis auf weiteres das Kriegsrisiko, das angesichts der militärischen Vorkehrungen der USA und des betonten amerikanischen Willens zur Verteidigung der Position in Berlin drohte. Die gleichzeitige Beschränkung des westlichen Interesses auf den Westteil der Stadt, die auf der Osloer Tagung des NATO-Rats im Mai 1961 öffentlich zum Ausdruck gebracht worden war, ließ erwarten, daß nicht mit heftigen Reaktionen zu rechnen war, solange die Präsenz der Westmächte in West-Berlin, ihr Zugang dorthin und die Lebensfähigkeit der Teilstadt respektiert wurden. Es drohte daher keine Kriegsgefahr, wenn die Fluchtmöglichkeit durch Abriegelungsmaßnahmen ausgeschaltet wurde.[51] Zugleich ergab sich für die östliche Seite der Vorteil, daß West-Berlin seine Funktion als Ort der gesamtdeutschen Kontakte verlor und in eine isolierte Lage geriet. Zudem konnte Chruschtschow sehen, wie sich die Dinge anschließend entwickelten, und daraus Schlüsse ziehen, wie groß die Risiken bei der Verfolgung der weitergespannten Ziele Friedensvertrag und Freistadt waren.

Chruschtschow faßte den Entschluß am 24. Juli 1961 oder kurz vorher. Am 20. Juli war noch keine Rede von Sperrmaßnahmen in Berlin gewesen,[52] während am 24. Juli die Vorbereitungen für die Schließung der innerstädtischen Grenze einsetzten und Ulbricht eine Sondersitzung des Politbüros der SED über dringliche Berlin-Angelegenheiten einberief, obwohl am nächsten Vormittag eine turnusmäßige Zusammenkunft bevorstand. Er unterbreitete dem Gremium die Rede, die er für die Tagung des Politischen Konsultativkomitees Anfang August vorgesehen hatte. Die Forderung nach baldiger Abriegelung West-Berlins noch vor Ab-

---

[50] N. Chruščëv, a.a.O., S. 490–492; Memuary Nikity Sergeevica Chruščëva, in: Meždunarodnaja žizn', 10/1993, S. 68 f. Einige hier unwichtige Angaben – etwa, daß Marschall Konev Anfang August 1961 als Gegengewicht zu General Clay (den Kennedy erst zu einem späteren Zeitpunkt schickte) nach Berlin gegangen sei – treffen nicht zu. Die hier interessierenden Tatbestände werden durch die Erinnerungen eines sehr zuverlässigen sowjetischen Diplomaten in Ost-Berlin (Ju. Kvicinskij, a.a.O., S. 216 f.) und den Bericht eines engen Mitarbeiters (Oleg Grinevskij, Tysjaca i odin den' Nikity Sergeevica, Moskau 1998, S. 353) bestätigt.

[51] Vgl. N. S. Chruščëv, Vremja, a.a.O., S. 490 f.

[52] Bis dahin waren alle Vorbereitungen auf das Jahresende ausgerichtet, an dem der Friedensvertragsabschluß erfolgen sollte. M. Uhl, „Westberlin", a.a.O., S. 319, nimmt demgegenüber an, Chruščëv und Ulbricht seien sich schon Anfang Juli (oder früher) einig gewesen, „daß der Flüchtlingsstrom wie auch immer möglichst rasch eingedämmt werden mußte." Beide seien sich damals nur über „den genauen Moment für die Durchführung" der vorgesehenen Maßnahmen noch nicht schlüssig gewesen. Im Band von Matthias Uhl/Armin Wagner (Hrsg.), Ulbricht, Chruschtschow und die Mauer. Eine Dokumentation, München 2003, S. 26, wird unter Berufung auf Kvicinskij der 6. 7. 1961 als Datum genannt, zu dem der SED-Chef das endgültige Ja aus Moskau erhalten habe. Für beide Angaben finden sich weder bei Kvicinskij (im russischen Original oder in der deutschen Ausgabe der Memoiren) noch an anderer Stelle Belege. Die frühe Datierung ist darauf zurückzuführen, daß alle Vorkehrungen für den Fall der Konfrontation unterschiedslos auf die spätere Schließung der Sektorengrenze bezogen werden. Tatsächlich jedoch galten diese Vorbereitungen – ebenso wie die am 10. 7. 1961 befohlene Demonstration einer nuklearen Superexplosion im Herbst – dem Konflikt, der am Jahresende bei Abschluß des Separatvertrages mit der DDR drohte. Das ergibt sich vor allem aus den zeitlichen und örtlichen Leitlinien der Planung (Bereitstellung der Kräfte Ende des Jahres, Schwerpunkt an der Grenze zur Bundesrepublik statt im Raum Berlin).

schluß des Friedensvertrages am Jahresende war der Kernpunkt.[53] Die Führungsmitglieder waren damit einverstanden. Danach ging der Text zur abschließenden
Billigung nach Moskau. Wenn es um eine so gravierende Angelegenheit ging,
setzte das nach den damaligen Usancen ein gundsätzliches vorheriges Einvernehmen voraus. Ulbricht muß sich daher bereits der Übereinstimmung mit
Chruschtschow sicher gewesen sein. Dieser war dann auch voll einverstanden.[54]
Der Auftrag des sowjetischen Parteichefs an die Militärs in Ost-Berlin, „Materialien bezüglich möglicher Maßnahmen" an der innerstädtischen Grenze zu erstel-
len, dürfte am 24. oder 25. Juli erfolgt sein, denn die verlangte Ausarbeitung
wurde am 27. Juli geliefert.[55] Vermutlich war der Rahmen in dem Gespräche zwischen dem Stabschef der sowjetischen Truppen in der DDR und seinem ostdeutschen Gegenüber am 25. Juli abgesteckt worden, das Vorbereitungen zur Sicherung der Grenzen in und um Berlin, daneben auch zur Abwehr etwaiger Vorstöße
aus der Bundesrepublik zum Thema hatte. Es wurde beschlossen, „in den nächsten 10–14 Tagen" – also vor dem anscheinend schon feststehenden Datum des
13. August – dazu Einzelheiten zu formulieren.[56]
    In der Literatur werden verschiedentlich andere Termine gemutmaßt. Karl-
Heinz Schmidt[57] und Hope Harrison[58] gehen in Widerspruch zu den genannten
Fakten davon aus, daß die Entscheidung Ende Juni oder Anfang Juli gefallen sein
müsse. Armin Wagner und Matthias Uhl[59] meinen, daß sich Chruschtschow noch
früher zur Sperrung der Sektorengrenze entschlossen habe. Die beiden letztgenannten Autoren begründen ihre Annahme damit, daß der Nationale Verteidigungsrat der DDR Anfang Mai und Anfang Juni den Einsatz von Einheiten der
Bereitschaftspolizei vorgesehen habe, die dann am 13. August verwendet wurden.
Das Argument ist insofern nicht stichhaltig, als es, wie Wagner und Uhl selbst
feststellen, um Planungen für den „Abschluß eines Friedensvertrages mit der

---

[53] Protokoll Nr. 36/61 der außerordentlichen Sitzung des Politbüros des ZK der SED, 24. 7. 1961,
SAPMO-BArch, DY 30/J IV 2/2/778, Bl. 1. Hierzu auch H. M. Harrison, Driving the Soviets up
the Wall. Soviet – East German Relations, a.a.O., S. 189.

[54] W. Ulbricht an N. S. Chruščëv, o.D. [von H. Harrison auf 25.–27. 7. 1961 datiert], SAPMO-
BArch, Bl. 4–7 (dt. und russ. Übers.).

[55] A. A. Fursenko, Kak byla postroena berlinskaja stena, in: Istoričeskie zapiski, 4/2001 (122)., S. 76.
Eine ebenfalls auf den 27. 7. 1961 datierte fast wandgroße Karte mit genauem Eintrag der vorge-
sehenen Sperrungen (Plan zur Durchführung der verstärkten Kontrolle und Sicherung an den Gren-
zen Groß-Berlins, ausgearbeitet und abgestimmt mit der Gruppe der Sowjetischen Streitkräfte
Deutschlands, Berlin, am 27. 7. 1961, BArch-MArch, VA–01, 6824 Bd. 5, Bl. 832) dürfte zu der
Chruščëv vorgelegten Ausarbeitung gehören.

[56] Niederschrift [über Besprechung zwischen dem Stabschef der GSSD, Generalleutnant Ariko, und
dem Leiter des NVA-Hauptstabes, Generalmajor Riedel, am 25. 7. 1961], Gkos.-Tgb.Nr. Va/179/
61, 31. 7. 1961, BArch-MArch, VA–01/18771, Bl. 19–22; Notiz über die Absprache zwischen Generalleutnant Ariko und Generalmajor Riedel [vom 25. 7. 1961], BArch-MArch, VA–01/18771,
Bl. 13 f. Abdruck als Dokumente 9 und 10 in: M. Uhl/A. Wagner, a.a.O., S. 89–93.

[57] K.-H. Schmidt, a.a.O., S. 73 f.

[58] H. M. Harrison, Driving the Soviets up the Wall. Soviet – East German Relations, a.a.O., S. 192.

[59] Armin Wagner, Walter Ulbricht und die geheime Sicherheitspolitik der SED. Der Nationale Verteidigungsrat der DDR und seine Vorgeschichte, Berlin 2002, S. 442; Einleitung, in: Matthias Uhl/
Armin Wagner (Hrsg.), Ulbricht, Chruschtschow und die Mauer. Eine Dokumentation, München
2003, S. 25 f., unter Berufung auf Dokumente 2 und 7, S. 64–68, 77 f.; Matthias Uhl, „Westberlin
stellt also ein großes Loch inmitten unserer Republik dar". Die militärischen und politischen Planungen Moskaus und Ost-Berlins zum Mauerbau, in: Dierk Hoffmann/Michael Schwartz/Herr-
mann Wentker (Hrsg.), Vor dem Mauerbau. Politik und Gesellschaft in der DDR der fünfziger
Jahre, München 2003, S. 319.

DDR" am Jahresende ging, bei denen die Sicherung der Grenze zur Bundesrepublik primäre Bedeutung hatte und die Vorbereitungen auf den Spätherbst abgestellt waren.[60] Schmidts These, die Hinweise darauf, daß die östliche Seite noch lange Zeit nicht an eine Schließung der Sektorengrenze gedacht habe, hätten vermutlich bewußter Irreführung gedient, läßt den geheimen Charakter der meisten einschlägigen Vorgänge außer Betracht. Der damit verbundenen weiteren Vermutung, Ulbricht habe zu gleicher Zeit Chruschtschows Bereitschaft zu den Sperrmaßnahmen mit einem Verzicht auf den Friedensvertrag honoriert, steht entgegen, daß die Abriegelung West-Berlins nach der Absicht beider Parteichefs ein Schritt zur Vorbereitung des Friedensvertrages sein sollte, wie Schmidt an einer Stelle selbst schreibt.[61] Es ging also nicht darum, Ersatz zu schaffen oder Ulbricht eine Entschädigung zu bieten. Vielmehr bestand wechselseitig Übereinstimmung darüber, daß nach dem ersten Schritt am 13. August das alte Maximalziel weiterverfolgt werden sollte.

Die Angaben des Sohnes über die Schritte, die Chruschtschow dem Entschluß zur Grenzsperrung folgen ließ, weichen im Detail voneinander ab. Nach einer Version rief er Außenminister Gromyko und dessen für deutsche Angelegenheiten zuständigen Stellvertreter Semjonow zu sich auf die Krim. Beide seien nach ihrer Unterrichtung in die sowjetische Hauptstadt zurückgekehrt und hätten das ZK-Präsidium zur Zustimmung veranlaßt.[62] Nach der anderen Darstellung faßte der Kreml den Beschluß bald nach der Rückkehr des Parteichefs nach Moskau.[63] Beides erscheint zweifelhaft. Das Präsidium des ZK trat nach dem 20. Juli erstmals wieder am 27. Juli zusammen, als Koslow nochmals in Chruschtschows Abwesenheit den Vorsitz führte. Laut Protokoll stand Berlin nicht auf der Tagesordnung.[64] Die nächste Zusammenkunft fand am 12. August statt. Auf dieser Sitzung billigte das Gremium laut Beschlußprotokoll die Sektorengrenzschließung zusammen mit den anderen Ergebnissen der vorangegangenen Warschauer-Pakt-Tagung.[65] Zudem wäre es höchst ungewöhnlich, wenn zwei nicht zur obersten Führung gehörende Funktionäre mit einer entscheidend wichtigen Mitteilung an die anderen Präsidiumsmitglieder betraut worden wären, aufgrund deren diese einen Beschluß hätten fassen sollen. Zur Übermittlung wichtiger Informationen bediente man sich meist der „Wertuschka", des für die Verbindung zwischen den höchsten Entscheidungsträgern reservierten Telefons, und es hätte dem herausgehobenen Rang der Adressaten nicht entsprochen, wenn ihnen durch Kader der zweiten Reihe Beschlüsse übermittelt worden wären.

---

[60] M. Uhl/A. Wagner, a.a.O., S. 27 f., dazu Dokumente 5 und 7 auf S. 75 f., 77–82)

[61] Das ergibt sich auch aus der Feststellung von K.-H. Schmidt, a.a.O., S. 73, daß die Schließung der Sektorengrenze im Herbst 1961 als Schritt zur Vorbereitung des Friedensvertrages – also nicht als dessen Ersatz oder als dafür geleistete Entschädigung – bezeichnet wurde.

[62] S. Chruščёv, a.a.O., S. 401.

[63] S. Chruschtschow, Die Geburt, a.a.O., S. 386–388.

[64] Protokol No. 339 zasedanija Prezidiuma Central'nogo komiteta KPSS ot 27 ijulja 1961 goda, RGANI, 3,14, 496, Bl. 6–11.

[65] Protokol No. 340 zasedanija Prezidiuma Central'nogo komiteta KPSS ot 12 avgusta 1961 goda, RGANI, 3,14, 496, Bl. 12–18.

Chruschtschows Reaktion auf Kennedys Rede vom 25. Juli 1961

Der amerikanische Präsident betonte am 25. Juli in seiner Rundfunk- und Fernsehrede mit größter Schärfe das Engagement für West-Berlin. Es gehe dabei nicht nur um die Stadt. Ihre Freiheit sei vielmehr der Angelpunkt des westlichen Bündnisses und müsse daher auf jeden Fall gewahrt bleiben, sonst verlören die westeuropäischen Partner das Vertrauen zur Allianz mit den USA. Die Amerikaner seien aus diesem Grund willens, jedes Risiko einzugehen, um West-Berlin zu halten. Als die drei wesentlichen Punkte (*essentials*), für die sie sich unbedingt einsetzen würden, nannte Kennedy in Übereinstimmung mit vorangegangenen Erklärungen die Präsenz der Westmächte, die Gewährleistung des Zugangs und die Lebensfähigkeit der Teilstadt. Von Ost-Berlin war ebenso wenig die Rede wie von der Wahrung der Rechte in ganz Berlin und der freien Bewegung über die Sektorengrenze hinweg. Der Präsident gab Rüstungs- und Mobilisierungsmaßnahmen bekannt, um alle Zweifel am Eintreten für West-Berlin auszuräumen.[66]

Chruschtschow gab nach Eingang übersetzter Auszüge der Rede gegenüber McCloy, einem zufällig bei ihm zu Besuch weilenden Berater Kennedys, seiner Empörung Ausdruck. Er war äußerst erregt und warf den USA vor, sie wollten Krieg. Dann werde er nicht zögern, die Herausforderung anzunehmen. Er lasse sich nicht einschüchtern; am Friedensvertrag halte er unbedingt fest. Zwar wolle er keinen Krieg, habe aber die Mittel, ganz Europa zu zerstören. Zugleich bezweifelte er, daß die Vereinigten Staaten und ihre Verbündeten wirklich Krieg wollten, und äußerte die Zuversicht, Kennedy werde im Blick auf Berlin vernünftig sein. Der Generalstab und der Verteidigungsminister der UdSSR seien jedoch angewiesen worden, Schritte zur Stärkung der Verteidigung auszuarbeiten. Falls nötig, wolle er seinem Volk das „Ultimatum" der Amerikaner bekannt machen, das den Krieg androhe. Chruschtschow suchte seinen Gesprächspartner mit der – unzutreffenden – Behauptung zu beeindrucken, die UdSSR sei bei den Raketen überlegen, und fügte drohend hinzu, sein Land werde auf eine Mobilisierung der Streitkräfte- und Industriekapazitäten in den USA mit gleichen Maßnahmen antworten. Zwischendurch versicherte er immer wieder, daß er keinen Krieg wolle. Man müsse sich auf der Basis der sowjetischen Vorschläge einigen. Er sei bereit, die Freiheit und Unabhängigkeit West-Berlins zu garantieren, und wolle den „faulen Zahn" [West-Berlin] auf der Grundlage des Friedensvertrags, nicht eines [amerikanischen] Ultimatums ziehen.[67]

---

[66] Rundfunk- und Fernsehansprache Präsident Kennedys, 25. 7. 1961, in: Dokumente zur Deutschlandpolitik, IV, 6 2. Hbbd., S. 1349–1356 (dte. Übers.)/Documents on Germany 1944–1985, Department of State Publication 9446, Washington 1985, S. 762–765 (auszugsweiser Originaltext). Zu den zugrunde liegenden Vorstellungen vgl. R. Reeves, a.a.O., S. 185–208.

[67] J. McCloy an D. Rusk (weitergeleitet an J. Kennedy), 29. 7. 1961, Berlin Crisis, 1958–1962, Document Nr. 02234, microfiche published by Chadwyck-Healey Inc., Bl. 1–4; Bericht der US-Botschaft in Moskau, o.D. [Eingang des weitergeleiteten Exemplars bei der US-Botschaft in Paris: 1. 8. 1961], Berlin Crisis, 1958–1962, Document Nr. 02245, microfiche published by Chadwyck-Healey Inc., Bl. 1 f. In gleichem Sinne Bezugnahme im Entwurf des sowjetischen Außenministeriums für einen Brief Chruščëvs an J. McCloy, 25. 9. 1961, AVPRF, 0129, 45, 329, 12, Bl. 42.

Wie sehr die Rede dem Kremlchef zusetzte, zeigte sich auch einige Tage später im Gespräch mit dem italienischen Ministerpräsidenten Fanfani.[68] Chruschtschow versicherte diesem – ebenso wie später den östlichen Parteichefs auf der Warschauer-Pakt-Tagung[69] – zwar wiederholt, es gebe keine Kriegsgefahr, denn die UdSSR schrecke mit ihrer enormen Militärmacht alle „Aggressoren" ab, doch ließ ihn das Problem des militärischen Risikos nicht los. Die – weiter aufrechterhaltene – Einschätzung, Kennedy sei nur ein politisches Leichtgewicht, machte ihm dabei zusätzliche Sorge. Es sei zu befürchten, daß der Präsident gerade wegen seiner Schwäche kriegstreibenden Einflüssen unterliege. Bei einem so feindseligen, aber zugleich rationalen und starken Politiker wie einstmals Dulles hätte zu dieser Befürchtung kein Grund bestanden. Zudem stand Chruschtschow unter dem Einfluß der ideologisch bedingten Angst, man müsse bei den „imperialistischen" (d. h. westlichen) Ländern immer damit rechnen, daß sie der UdSSR einen Krieg aufzwingen wollten.[70]

Aleksandr Fursenko, der in Moskau privilegierten Archivzugang hatte, aber seine Quellen nicht aufdecken durfte, vermutet (ohne in diesem Fall einen konkreten Anhaltspunkt zu haben), daß sich Chruschtschow für die Schließung der Sektorengrenze erst auf Kennedys Rede hin entschied.[71] Christof Münger hält das sogar für sicher, ohne freilich einen Beleg dafür zu haben.[72] Die Annahme beruht auf dem Eindruck, daß sich die Lagebeurteilung des Kremlchefs aufgrund der Aussagen des Präsidenten grundlegend verändert habe. Chruschtschow habe widerwillig erkennen müssen, wie riskant der bis dahin verfolgte Kurs auf Friedensvertrag und Freistadtregelung war, und zugleich erleichtert festgestellt, daß sich ihm mit der Beschränkung des amerikanischen Interesses auf die Behauptung West-Berlins ein Ausweg bot. Beides konnte er freilich bereits früheren westlichen Stellungnahmen entnehmen. Über die militärischen Maßnahmen, auf die Kennedy hinwies, hatte die sowjetische Auslandsaufklärung dem Kreml längst berichtet. Neu war lediglich die glasklare Deutlichkeit und unüberhörbare Schärfe, mit welcher der Präsident seinen Standpunkt formulierte. Die Annahme, aufgrund der Rede Kennedys sei Chruschtschow klar geworden, daß die Schließung der Grenze in Berlin ihm das Konfrontationsrisiko erspare, läßt sich nicht nur schwer mit der Erregung vereinbaren, die er anschließend zeigte, sondern setzt auch voraus, daß er die Maßnahme als Ersatz für den Friedensvertrag und die

---

[68] Niederschrift der Unterredung N. S. Chruščёv – A. Fanfani, 2. 8. 1961, SAPMO-BArch, DY 30/3638, Bl. 1–60; Niederschrift der Unterredung N. S. Chruščёv – A. Fanfani, 3. 8. 1961, SAPMO-BArch, DY 30/3638, Bl. 61–92; Niederschrift der Unterredung N. S. Chruščёv – A. Fanfani, 5. 8. 1961, SAPMO-BArch, DY 30/3638, Bl. 93–98. Nach Ausweis des Verzeichnisses der Besucher in Chruščёvs Dienstzimmer fand das Gespräch am 2. 8. 1961 von 16 bis 19 Uhr statt (Posetiteli, a.a.O., S. 80).

[69] Rede Chruščёvs auf der Tagung des Politischen Konsultativkomitees, 4. 8. 1961, in: Novaja i novejšaja istorija, 2/1999, S. 63–75 (russ.)/Vierteljahrshefte für Zeitgeschichte, 48 (2000), S. 180–195 (dte. Übers.). Die Äußerungen sind darum ganz besonders bezeichnend, als sich Chruščёv auch auf der Tagung des Politischen Konsultativkomitees nicht auf ein Konzept stützte (in Gegensatz etwa zu Ulbricht), sondern extemporierte.

[70] Novaja i novejšaja istorija, 2/1999, S. 69/ Vierteljahrshefte für Zeitgeschichte, 48 (2000), S. 187.

[71] A. A. Fursenko, Kak byla, a.a.O., S. 76 f.

[72] C. Münger, a.a.O., S. 99–101.

Umwandlung West-Berlins in eine „Freie Stadt" angesehen habe, was aber nicht der Fall war.

Vorbereitung der Tagung des Politischen Konsultativkomitees

Als Ulbricht in Chruschtschows Auftrag die Einladungen zur Moskauer Tagung des Politischen Konsultativkomitees verschickte, war der Entschluß zur Sperrung der Sektorengrenze noch nicht gefaßt. Es war daher nur vom Friedensvertrag die Rede, ohne daß Beschlußvorlagen die damit verbundene Agenda erläutert hätten. Auch als die Tagesordnung Ende Juli feststand, wurde sie den osteuropäischen Teilnehmern nicht mitgeteilt.[73] Um die Überraschung des Westens zu gewährleisten, sollte vor dem Treffen niemand außer einem engen Kreis in Moskau und Ost-Berlin Kenntnis vom Plan der Sektorengrenzschließung haben. Wenn alle Parteichefs frühzeitig unterrichtet würden, könnte es in den Volksdemokratien undichte Stellen geben.[74] Die Geheimhaltung ging so weit, daß man auch unter den eingeweihten Kadern einen schriftlichen Austausch möglichst vermied und, wenn dieser unvermeidlich war, unverfänglich scheinende Tarnwörter benutzte.[75] Gomułka protestierte dagegen, daß er über die Art des Treffens völlig im unklaren gelassen werde. Er erklärte dem sowjetischen Botschafter in Warschau am 26. Juli, er sei beunruhigt darüber, daß er nicht wisse, wie er seine Delegation zusammensetzen solle. Zugleich bekundete er Entsetzen über die Lage in der DDR. Der Leiter der zuständigen ZK-Abteilung in Moskau, Jurij Andropow, antwortete, es sei vorgesehen, die Agenda auf der Tagung von den Teilnehmern selbst festlegen zu lassen. Zweifellos würden die deutsche Frage, der Abschluß des Friedensvertrages „und auch andere damit zusammenhängende Fragen unter Berücksichtigung der kürzlichen Ausführungen Kennedys in Rundfunk und Fernsehen" zur Diskussion stehen.[76]

Im Begleitschreiben an Chruschtschow zu seinem – anscheinend schon seit langem bereitliegenden – Redeentwurf hob Ulbricht hervor, daß die Schließung der Sektorengrenze notwendig sei. Man habe alle Maßnahmen zur „Kontrolle des Straßenverkehrs von Bürgern der DDR nach Berlin" und „von der Hauptstadt der DDR nach Westberlin" ausgearbeitet. Er legte „Material über die Kontrolle des Verkehrs, des Flugwesens" bei und äußerte die Bitte um ein Gespräch noch vor Tagungsbeginn, um die „taktischen Hauptfragen" zu erörtern. Er bot auch an, seine Ausführungen gegebenenfalls noch zu verändern, um zu gewährleisten, daß

---

[73] Der Abschluß des Friedensvertrages wurde unverändert weiter angestrebt; die Sperrung der Sektorengrenze sollte lediglich zeitlich vorgeschaltet werden, vgl. A.A. A.A. Fursenko, Kak byla, a.a.O., S. 80.

[74] Ebd., S. 78, 80. Vgl. S. N. Chruščëv, a.a.O., S. 401.

[75] In einem Vorbereitungspapier der SED-Führung für die Tagung des Politischen Konsultativkomitees wurde der Plan zum Beispiel mit dem Ausdruck „Taktik in der Frage Westberlin [sic] und zur Vorbereitung eines Friedensvertrages" umschrieben (Vorschläge zur Durchführung der Beratungen, 31. 7. 1961, SAPMO-BArch, DY 30/3508, Bl. 1 f.).

[76] A.A. A.A. Fursenko, Kak byla, a.a.O., S. 77.

er in allen Details die Unterstützung Chruschtschows erhielt.[77] In Moskau hatte man seinem Text intensive Aufmerksamkeit gewidmet.[78] Ulbricht legte dringenden Wert auf ein Gespräch mit dem Kremlchef unter vier Augen und auf weitere Unterredungen mit sowjetischen Militär- und Sicherheitsexperten.[79] Nachdem am 31. Juli bereits seine mit der bevorstehenden Aktion befaßten Spezialisten nach Moskau abgereist waren, um Einzelheiten mit den dortigen Kollegen zu besprechen,[80] folgte er am 1. August.[81] In seinem Gepäck befanden sich ein „Maßnahmeplan", der mit der sowjetischen Seite voll abgestimmt war,[82] und der Entwurf für eine Erklärung der östlichen Regierungen, die auf der bevorstehenden Tagung beschlossen und der Öffentlichkeit zum Zeitpunkt der Grenzsperrung bekanntgegeben werden sollte.[83] Wie bei Einberufung der Tagung überließ Chruschtschow Ulbricht auch beim Setzen des inhaltlichen Schwerpunkts den Vortritt, um sich nach außen hin möglichst wenig mit der Sache zu identifizieren.[84]

Vor dem Abflug in die sowjetische Hauptstadt veranlaßte der ostdeutsche Parteichef den Abdruck eines für den stellvertretenden Chefredakteur des „Evening Standard" vorbereiteten Interviewtextes im Zentralorgan der SED. Wie es scheint, wollte er die Öffentlichkeit damit auf die bevorstehende Aktion einstimmen. Nach seiner Darstellung war die „Abwanderung von Bürgern der DDR nach Westdeutschland" seit langem „keine bloße Abwanderung aus diesen oder jenen Gründen, sondern ein fester Bestandteil des kalten Krieges, des Menschenhandels, der psychologischen Kriegführung und der Sabotage" gegen die DDR. In den letzten Monaten sei dieses Vorgehen forciert worden. Dem könne man „nicht tatenlos zusehen". Zu der Frage, ob denn wirklich eine Terminsetzung für den

[77] W. Ulbricht an N. S. Chruščëv, o.D. [von H. Harrison auf 25.–27.7. 1961 datiert], SAPMO-BArch, DY 30/3478, Bl. 4f. (dt.), 6f. (russ. Übers.).
[78] Der ZK-Apparat erstellte eine Zusammenfassung des Inhalts, die allem Anschein nach einer Reihe von Adressaten zur Beurteilung zuging: Perečen' voprosov zatronutych v proekte reči tov. Ul'brichta na predstojaščem soveščanii 3–4 avgusta v Moskve, o.D. [Ende Juli 1961], AVPRF, 0742, 6, 34, 46, Bl. 68; Kratkoe soderžanie reči t. V. Ul'brichta na soveščanii 3–4 avgusta s.g. v Moskve, o.D. [Ende Juli 1961], AVPRF, 0742, 6, 34, 46, Bl. 69–83.
[79] Vorschläge zur Durchführung der Beratungen, 31.7. 1961, SAPMO-BArch, DY 30/3509, Bl. 1f.
[80] A. Wagner, a.a.O., S. 443 (unter Berufung auf die Aussage eines mit nach Moskau gereisten Militärexperten: StA II, 26 Js. 1002/93 Bd. II, Zeugenvernehmung Horst Skerra, Bl. 77). Von einer derartigen Beratung beim Oberkommandierenden der Warschauer-Pakt-Streitkräfte, Marschall A. A. Grečko, an der auf sowjetischer Seite u. a. Armeegeneral I. I. Jakubovskij (in den ersten Augusttagen noch Oberbefehlshaber der Sowjetischen Streitkräfte in Deutschland), Generalleutnant G. I. Ariko und Marschall V. I. Čujkov teilnahmen, berichtet auch Armeegeneral A. Gribkov (Anatoli Gribkow, Der Warschauer Pakt. Geschichte und Hintergrund des östlichen Militärbündnisses, Berlin 1995, S. 137f.).
[81] So nach der Aussage von Werner Eberlein gegenüber Wilfriede Otto am 5. 9. 1996, wiedergegeben in: Beiträge zur Geschichte der Arbeiterbewegung, 2/1997, S. 85. Siehe Liste der Delegationsmitglieder in: Allgemeine Abteilung des ZK der SED an A. I. Gorčakov (Sowjetbotschaft in Ost-Berlin), 31.7. 1961, SAPMO-BArch, DY 30/3509, Bl. 3f.
[82] Maßnahmeplan zu organisatorischen Fragen im Zusammenhang mit der Vorbereitung des Abschlusses eines Friedensvertrages mit der DDR und einer Friedenskonferenz, o.D. [Juli 1961], SAPMO-BArch, DY 30/3508, Bl. 21–25; A. Gromyko/Ju. Andropov an das ZK der KPdSU (mit 3 Anlagen), 28. 7. 1961, AVPRF, 0742, 6, 46, 34, Bl. 123–140.
[83] Erklärung der Regierungen der Warschauer-Vertrags-Staaten (Entwurf mit handschriftlichen Korrekturen Ulbrichts), o.D., SAPMO-BArch, DY 30/3386, Bl. 181–184.
[84] So auch Sergej Kondrašёv, der von 1951 bis 1955 stellv. Leiter der Deutschland-Abteilung der sowjetischen Auslandaufklärung war und von 1955 bis 1964 an deren Spitze stand, im Gespräch mit dem Verfasser am 11. 11. 2001.

Abschluß des Friedensvertrags notwendig sei, erklärte Ulbricht, man sei dem Problem bisher „wirklich sehr langsam nähergetreten", doch sei nach langen Verzögerungen „jetzt der Zeitpunkt gekommen, wo nicht länger gewartet werden" könne, weil das „nur für die westdeutschen Militaristen von Nutzen" wäre.

Der SED-Chef verneinte zwar die Frage, ob es „irgendeine Drohung" gebe, „die Grenze zu schließen", fügte aber hinzu, das hänge nicht von der DDR, sondern von den Westmächten ab. Wenn diese zu einem „friedlichen Vertragssystem" übergingen und zu normalen vertraglichen Beziehungen zwischen den Staaten bereit seien, um die „Transitlinien" auf ostdeutschem Gebiet zu benutzen, gebe es keinen Grund, die Grenze dichtzumachen. Dem britischen Journalist wurde in den Mund gelegt: „Es gibt also überhaupt keine Frage, daß etwa die Grenzen geschlossen werden sollen? Ist es richtig zu sagen: Sie hätten heute nicht die Absicht, die Grenzen zu schließen?" Das bestätigte Ulbricht, machte dabei zur Voraussetzung, „daß die andere Seite friedliche Absichten bezeugt, indem sie zu normalen Beziehungen übergeht." Sein Mitarbeiter Gerhard Kegel fügte hinzu, es gehe nicht an, daß die DDR „auf die Dauer die amerikanische Besatzung in Westberlin finanziert", und rechnete vor, für welche Dienstleistungen die Westmächte angemessene Vergütungen schuldig blieben.[85]

Abstimmung zwischen Chruschtschow und Ulbricht

In Moskau wurde noch vor der Rückkehr Chruschtschows aus dem Urlaub eilig eine Tagesordnung für die bevorstehende Warschauer-Pakt-Tagung ausgearbeitet.[86] Zugleich legte der Geheimdienst am 29. Juli einen Plan vor. Demnach galt es, den Widerstand der Westmächte gegen den vorgesehenen Abschluß des Friedensvertrages durch die Schaffung kritischer Situationen in verschiedenen Gebieten zu schwächen. Die Streitkräfte der USA und ihrer Verbündeten sollten beschäftigt werden, damit sie sich nicht auf den Konflikt um Berlin und Deutschland konzentrieren konnten. Der Kremlchef billigte den Entwurf mit geringfügigen Änderungen und veranlaßte das Präsidium des ZK zur Zustimmung.[87]

Bereits am 1. August sprach Chruschtschow über zwei Stunden lang mit Ulbricht.[88] Wie dessen eilig hingeworfenen, schwer lesbaren Notizen zu entnehmen ist, erklärte der sowjetische Parteichef: „Republikflucht groß – Administrative Maßnahmen – Grenze schließen". Er wolle im einzelnen „1. [den] Äußeren Grenzring schließen" und die „Einreise [von] Bürger[n der] DDR nur auf[grund] spezielle[r] Passierscheine" erlaubt sehen, die künftig „im Wesentl[ichen] nur für Dienstreisen" auszustellen seien. Weiterhin sah er vor, „2. [den] Einwohner[n der] DDR [zu] verbieten[,] ohne Genehmigung Westberlin aufzusuchen", „3. [beim] Durchgangsverkehr von Potsdam [nach Ost-Berlin] Züge der Umgehungsbahn

---

[85] Interview W. Ulbrichts mit Mark Wilson, 31. 7. 1961, abgedruckt in: Neues Deutschland, 2. 8. 1961.
[86] Tagesordnungsvorschlag des sowjetischen Außenministeriums, o.D. (mit Billigungsvermerken vom 27. und 28. 7. 1961), AVPRF, 0742, 6, 46, 34, Bl. 46 f.
[87] W. Subok/K. Pleschakow, a.a.O., S 355–357.
[88] Posetiteli, a.a.O., S. 80. Das Gespräch dauerte von 15.40 bis 18.00 Uhr.

[zu] verstärken", im übrigen aber „4. [für] Westberliner Besucher von Hauptstadt der DDR und [für] Westd[eutsche] bis [zum] Abschluß [des] Friedensvertrag[s die bisherige Regelung] bestehen [zu] laßen" und „5. [die] Ordnung an [den] Berliner Grenzen für Diplomaten und Militär [während] 4 Monate bestehen [zu] laßen." Die Angaben über Grenzlängen, Kontrollpunktzahlen und Verdrahtungsstrecken, das Datum des 13. August und die rechtfertigende Bemerkung, die „Roheit" der Maßnahme treffe nur die „Menschenhändler", weisen zusätzlich darauf hin, daß es um die Abriegelung der Grenzen rings um West-Berlin ging.[89]

Chruschtschow hob hervor, daß der Ring um Berlin von den sowjetischen Truppen gebildet werden müsse, die bis zum Abschluß des Friedensvertrages die Kontrolle zu übernehmen hätten. Das werde den Westmächten klar machen, daß die UdSSR es ernst meine und daß es Krieg bedeute, wenn sie zu den Waffen griffen. Im übrigen werde das der DDR helfen, mit dem Fluchtproblem fertigzuwerden. Der sowjetische Generalstab habe ihm die Sache bereits vorgetragen. Der Kremlchef versicherte Ulbricht, die UdSSR werde alles Notwendige tun.[90] Beide Parteichefs bekräftigten ihren Willen, den Abschluß des Friedensvertrags und die Umwandlung West-Berlins in eine „Freie Stadt" durchzusetzen. Im Blick darauf wollte sich der sowjetische Führer nochmals um eine Vereinbarung mit den Westmächten bemühen.[91] Unklar ist, ob eine „vor Errichtung der Mauer, vor der Moskauer Konferenz im August 1961" durchgeführte Erörterung wirtschaftlicher Fragen bei dieser oder einer anderen Gelegenheit stattfand. Ulbricht klagte, in der DDR fehle es an Grundnahrungsmitteln, vor allem an Kartoffeln. Die Notlage falle ausgerechnet mit der „Verschärfung des [innen]politischen Kampfes" zusammen, der im Widerstand gegen die Kollektivwirtschaften auf dem Land zum Ausdruck komme. Chruschtschow war nicht bereit, die Versorgungslücke zu stopfen.[92]

Nachdem die Einzelheiten zwischen den beiden Hauptakteuren abgesprochen waren, wurden die anderen Parteichefs über Thema und Zweck der Tagung informiert. Ihnen wurden eine Erklärung und ein Kommuniqué zur Abstimmung unterbreitet, die als Begründungen bei der vorgesehenen Grenzsperrung in Berlin veröffentlicht werden sollten.[93] Daneben kam ein Maßnahmeplan zur Vorlage, der die Reihenfolge der Aktionen bei Vorbereitung und Abschluß des Friedensvertrages festlegte.[94] Ulbrichts mit dem Kreml abgestimmter Vorschlag fand in Anbe-

---

[89] Notizen von der Hand Ulbrichts, „3. August" [1961], SAPMO-BArch, DY 30 3682, Bl. 148–151.
[90] A. A. Fursenko, Kak byla, a.a.O., S. 78.
[91] Erwähnt im Schreiben von W. Ulbricht an N. S. Chruščëv, 30. 10. 1961, SAPMO-BArch, NY 4182/1206, Bl. 34.
[92] A. A. Fursenko, Kak byla, a.a.O., S. 82.
[93] Protokol No. 340 zasedanija Prezidiuma Central'nogo Komiteta KPSS ot 12 avgusta 1961 goda. Ot 3.VIII.61g.: 58. O proekte Zajavalenija pravitel'stv gosudarstv-učastnikov Varšavskogo Dogovora (mit Billigungsvermerk), RGANI, 3, 14, 496, Bl. 6–8; Protokol No. 340 zasedanija Prezidiuma Central'nogo Komiteta KPSS ot 12 avgusta 1961 goda. Ot 3.VIII.61g.: 59. Proekt Soobščenija pervych sekretarej CK kommunističeskich i rabočich partij (mit Billigungsvermerk), RGANI, 3, 14, 496, Bl. 9–11. Vgl. S. Chruščëv, a.a.O., S. 401f. Die Datierung der Beschlüsse auf den 3. 8. 1961 bestätigt, daß die Entscheidung schon an diesem Tag, also vor den Stellungnahmen im Plenum am 4. 8. 1961, fiel.
[94] Dieser Beschluß liegt in der anschließend erstellten tschechischen Übersetzung vor, die am 8. 8. 1961 dem KPČ-Chef A. Novotný aus Moskau übermittelt wurde, wiedergegeben in: Michal Reiman/Petr Luňák (Hrsg.) Studená válka. Sovětské dokumenty v českých archivech, Brünn 2000,

tracht der Unterstützung durch Chruschtschows einhellige Billigung. Die Schließung der Sektorengrenze wurde zum 13. August vorgesehen. Ihr sollte, wie schon
zuvor geplant, Ende des Jahres der Friedensvertrag folgen. Chruschtschow hoffte,
die damit bekundete Entschlossenheit könnte vielleicht doch noch die USA und
ihre Verbündeten zur Mitwirkung veranlassen. Es wurde daher ein nochmaliger
Test der westlichen Bereitschaft im September ins Auge gefaßt. Wegen der Zweifel
an einem positiven Ergebnis plante man vorsorglich ab Oktober eine Serie von
Schritten bis hin zum Separatvertrag.[95] Bei dessen Abschluß erwartete man eine
heftige Konfrontation. Die westlichen Staaten würden vor allem wirtschaftlichen
Druck einsetzen, um die DDR zum Verzicht auf die Kontrolle des Verkehrs zwischen West-Berlin und Westdeutschland zu nötigen. Um sie zum Widerstand gegen die Pressionen zu befähigen, sah man die Bereitstellung einer Materialreserve
in der UdSSR und Hilfsmaßnahmen der anderen Verbündeten vor.[96]

Die Beratungen im Plenum des Politischen Konsultativkomitees

Mit dem Vier-Augen-Gespräch Chruschtschows und Ulbrichts waren die Vorbereitungen für die Tagung des Politischen Konsultativkomitees im wesentlichen
abgeschlossen.[97] Die Ausführungen während Sitzungen des Plenums am 4. und
5. August 1961 – die erste Zusammenkunft am Vortag galt anderen Fragen – bieten wenig Aufschluß über Zustandekommen und Inhalt der Berlin-Beschlüsse.[98]
Das zentrale Thema, die Abriegelung der innerstädtischen Grenze, wurde nur von
den Parteichefs der DDR und Polens angesprochen. Ulbricht begründete die Forderung nach deren „Kontrolle" – wie er verharmlosend formulierte – mit dem Ar-

S. 308–310. Vgl. Kádárs eindringliche, den Konsens auf der Tagung des Politischen Konsultativkomitees wiedergebende Darlegung, daß der Abschluß des Friedensvertrages zwingend erforderlich sei: Protokoll der Sitzung des ZK der UVAP (ungar.), 12. 9. 1961, MOL, 288.f.4/43.ö.e.Bl. 8,
13.

95 Vgl. auch A. A. Fursenko, Kak byla, a.a.O., S. 80.
96 Zur geplanten Eventualunterstützung beispielsweise Ungarns siehe im einzelnen J. Kádár an W.
Ulbricht, 9. 8. 1961, MOL, 288.f.9/1961/4.ö.e., Bl. 51 f.; Protokoll der Sitzung des ZK der UVAP
(ungar.), 12. 9. 1961, MOL, 288.f.4/43.ö.e.Bl. 8 f.; W. Ulbricht an J. Kádár, 18. 9. 1961, MOL, 288.f.
9/1961/17.ö.e., Bl. 2 f.
97 In Chruščëvs Besucherliste sind danach nur noch Gromyko/Andropov/Pervuchin sowie Fanfani
(am 2. 8. 1961 vor- bzw. nachmittags) aufgeführt (Posetiteli, a.a.O., S. 80).
98 Bernd Bonwetsch/Aleksei Filitov, Chruschtschow und der Mauerbau. Die Gipfelkonferenz der
Warschauer-Pakt-Staaten vom 3.–5. August 1961, in: Vierteljahrshefte für Zeitgeschichte, 48
(2000), S. 166–171, meinen dagegen, die Entscheidung sei aufgrund der vorherigen Meinungsäuße-
rungen im Plenum zustande gekommen. Diese Annahme lassen die seither zugänglich gewordenen
Quellen nicht mehr zu. Die – auf die Aussage des tschechischen Überläufers Jan Sejna gestützte –
These von Peter Wyden, Die Mauer war unser Schicksal, Berlin 1995, S. 39–42, und Michael R. Be-
schloss, Powergame. Kennedy und Chruschtschow. Die Krisenjahre 1960–1963, Düsseldorf 1991,
S. 269, Ulbricht sei in Moskau gefragt worden, ob er im Falle des Mauerbaus für die Sicherheit der
DDR garantieren könne, sei daraufhin zwecks Rückfrage nach Ost-Berlin geflogen und am 5. 8.
1961 mit einer bejahenden Antwort zurückgekommen, beruht auf der fragwürdigen Prämisse, der
SED-Chef habe die Implikationen der von ihm geforderten Sektorengrenzschließung bis dahin
überhaupt noch nicht bedacht gehabt, und widerspricht überdies dem inzwischen durch das Protokoll belegten Tatbestand, daß er seine Rede am 4. 8. 1961 in Moskau hielt.

gument, die „offene Grenze zwischen der Deutschen Demokratischen Republik und Westberlin" werde zur Unterminierung von Staat und Wirtschaft „vor allem mit den Mitteln der Abwerbung und des Menschenhandels" ausgenutzt. Die DDR habe dadurch ernsten Schaden erlitten. Deren Bürger dürften daher die Grenze „nur mit besonderer Ausreisegenehmigung" passieren. Er wies zwar darauf hin, daß auch die Kontrolle der Zugangswege auf die DDR übergehen müsse, doch werde der Augenblick dazu erst später, nach Abschluß des Friedensvertrages, gekommen sein. Die „bisherigen Bestimmungen über den Verkehr von Westberlin nach Westdeutschland" würden daher von den derzeitigen Maßnahmen „nicht berührt".[99]

Alle Redner plädierten pflichtschuldig für den Abschluß des Friedensvertrags und setzten sich mit dem Vorschlag auseinander, man solle sich wirtschaftlich eng zusammenschließen und die DDR materiell unterstützen. Chruschtschow trat für beides lebhaft ein. Die Führer der Volksdemokratien zeigten im allgemeinen wenig Begeisterung.[100] Mit Ausnahme des polnischen Parteichefs vermieden sie Äußerungen zur Schließung der Sektorengrenze. Gomułka begründete seine Zustimmung mit der Sorge um die Sicherheit seines Landes, die bedroht sei, wenn man nichts gegen die sich zuspitzende Krise der DDR unternehme. Auch der Abschluß des Friedensvertrages sei notwendig; notfalls müsse man ohne die Westmächte handeln. In diesem Falle seien Gegenkampagnen und Diversionsakte Bonns zu erwarten, denen die offene Grenze in Berlin Vorschub leiste. Deswegen hielt er „vor allem die Errichtung einer formellen Grenze mit Westberlin" für richtig, „bei deren Überschreiten bestimmte Dokumente erforderlich" seien. Im Anschluß daran stellte er „die Frage, ob man mit der Durchführung von Maßnahmen, deren Zweck es ist, den Zugang vom Territorium der Deutschen Demokratischen Republik zu Westberlin zu sperren, all die schwierigen Monate warten soll, die bis zum Abschluß des Friedensvertrags bleiben." Nach seiner Ansicht gehörte „die Regelung dieser Frage bereits jetzt zu den Kompetenzen der Deutschen Demokratischen Republik." Man müsse darüber nachdenken, „ob man nicht schon heute entscheidende Maßnahmen auf diesem Gebiet ergreifen soll."[101]

Chruschtschow hob hervor, die Beratung sei auf Initiative des ZK der SED einberufen worden „zum Meinungsaustausch über Fragen, die mit dem Abschluß des deutschen Friedensvertrages verbunden sind." Damit vermied er es, im Plenum zu der von ihm autorisierten Maßnahme Stellung zu nehmen.[102] Er wollte offenbar mit ihr möglichst wenig in Verbindung gebracht werden, denn er war sich dessen bewußt, daß Sperranlagen und Fluchtbekämpfung inmitten einer Stadt, die

---

[99] Ausführungen Ulbrichts auf der Tagung des Politischen Konsultativkomitees, 3.[recte: 4.] 8. 1961, SAPMO-BArch, DY 30/3478, Bl. 43–94, ebenfalls wiedergegeben in: Beiträge zur Geschichte der Arbeiterbewegung, 2/1997, S. 55–85 (insbes. S. 69–71).

[100] Die Ausführungen Chruščevs und der anderen osteuropäischen Parteichefs wurden, soweit sie hier relevant sind, publiziert bei B. Bonwetsch/A. Filitov, a.a.O., S. 171–198 (dte. Übers.), und – etwas weniger vollständig – bei B. Bonveč/A. M. Filitov, a.a.O. (russ. Originaltext), S. 63–75.

[101] Rede von W. Gomułka auf der Tagung des Politischen Konsultativkomitees, 4. 8. 1961, in: Vierteljahrshefte zur Zeitgeschichte, 48 (2000), S. 174–177, insbes. S. 174.

[102] Ausführungen von N. S. Chruščev auf der Tagung des Politischen Konsultativkomitees, 3. (recte: 4.) 8. 1961, SAPMO-BArch, DY 30/3478, Bl. 40–42.

im Zentrum des Weltinteresses stand, einen fatalen Eindruck machten.[103] Zugleich stand die Glaubwürdigkeit seines Bekenntnisses zum freien Wettbewerb der Systeme auf dem Spiel. Um diese nicht zu gefährden, sprach er sich ausdrücklich für eine „offene Stadt" Berlin aus.[104] Er wollte die Grenzsperren Ende des Jahres wieder beseitigen, wenn mit Abschluß des Friedensvertrages die Zugangswege der Westsektoren unter DDR-Kontrolle gestellt und die ostdeutsche Massenflucht auf andere Weise gestoppt seien.[105] Auch durch die Art der Anlagen, die er zur Abriegelung West-Berlins genehmigte, machte er deutlich, daß er nur eine zeitweilige Schließung der innerstädtischen Grenze beabsichtigte: Zu Anfang wurde keine feste, dauerhafte Mauer, sondern ein leicht wieder zu beseitigendes Stacheldrahthindernis mit Teilabschnitten aus Leichtmauerwerk errichtet.[106]

Das könnte freilich auch darauf zurückzuführen sein, daß Chruschtschow die Reaktion der USA abwarten wollte, ehe den Sperren endgültiger Charakter verliehen wurde. Hätten die Amerikaner eingegriffen, wären dann die Grenzanlagen weiter rückwärts errichtet worden, wo man sie von den Westsektoren aus nicht mehr erreichen konnte. Es ging ihm aber um mehr als nur um Vorsorge für den Fall einer scharfen Reaktion der Gegenseite. Das zeigte sich daran, daß er der SED-Führung auch dann noch eine feste Mauer verweigerte, als längst klar war, daß die USA nichts zur Beseitigung der Sperranlagen unternahmen. Chruschtschow dachte nach der Erinnerung seines Sohnes gar nicht an die „Errichtung

---

[103] Daß sich ein kommunistisches Regime auf diese Weise vor dem Exodus der Bevölkerung schützte, war zwar auch in Deutschland nichts Neues. Aber die Abriegelung der Grenze zur Bundesrepublik 1952 war insofern etwas anderes, als sie in einem Gebiet stattfand, dem wenig öffentliche Aufmerksamkeit galt. Sie stand daher nicht im dauernden Scheinwerferlicht der Medien, wie es in Berlin zu erwarten war.

[104] Chruščev auf der Tagung des Politischen Konsultativkomitees, 4. 8. 1961, ebd., S. 72. Die hier vorgetragene Interpretation steht in Gegensatz der Meinung von B. Bonwetsch/A. Filitow, a.a.O., der zufolge das Plädoyer für eine „offene Stadt" Berlin die Bereitschaft ausgedrückt haben soll, sich gegebenenfalls mit dem Status quo, also mit dem Fortbestand des westlichen Besatzungsregimes in West-Berlin und den Zugangsrechten, abzufinden und daher auf Friedensvertrag und Freistadtregelung zu verzichten. Chruščevs Votum für die „offene Stadt Berlin" steht in direktem Zusammenhang mit seinem Votum für eine Hinwendung zu einer engen Wirtschaftskooperation zwischen den sozialistischen Staaten, die zur Autarkie gegenüber dem Westen führen sollte. Zentral war das Bestreben, die DDR aus der Abhängigkeit vom Westen zu lösen und damit auf die Ost-West-Konfrontation bei Abschluß des Separatvertrags vorzubereiten, also die ökonomische Voraussetzung für den Kampf um Entfernung der Westmächte aus Berlin zu schaffen. Zur Auseinandersetzung mit Bonwetschs und Filitovs These, Chruschtschow habe auf der Tagung drei Optionen zur Auswahl gestellt, siehe Gerhard Wettig, Beweggründe für den Mauerbau, in: Hans Hermann Hertle/Konrad H. Jarausch/Christoph Kleßmann (Hrsg.), Mauerbau und Mauerfall. Ursachen – Verlauf – Auswirkungen, Berlin 2002, S. 115 f.

[105] Am 16. 8. 1961 stellte Botschafter Smirnov Bundeskanzler Adenauer in Aussicht, die Maßnahmen würden „möglicherweise überprüft und geändert werden und von vorübergehender Dauer sein" (Hans-Peter Schwarz, Adenauer. Bd. 2: Der Staatsmann 1952–1967, Stuttgart 1991, S. 664). Auch einer späteren Aussage Chruščevs ist zu entnehmen, daß er nicht an ein Provisorium, auf das er nach Durchsetzung des Friedensvertrages und der Freistadtregelung verzichten könne (Aussprache Chruščevs mit Vertretern der Bevölkerung Westberlins am 18. 1. 1963, 25. 1. 1963, SAPMO-BArch, DY 30/3512, Bl. 25).

[106] A. A. Fursenko, Kak byla, a.a.O., S. 79; S. Chruščev, a.a.O., S. 401. Demgemäß ging die Arbeitsgruppe Honecker bei den organisatorischen Vorbereitungen für die Schließung der Sektorengrenze davon aus, man benötige nur Drahtsperren, die teilweise durch Leichtmauern zu ergänzen seien. Erst die vielen unerwarteten Grenzdurchbrüche ließen später den Bau einer festen Mauer notwendig erscheinen (Mitteilungen von Hagen Koch, der im Sommer und Herbst 1961 für Honecker Sperrpläne zeichnete und an dessen und Mielkes Seite Grenzlinien markierte, am 15. 7. 2001 und 12. 8. 2002).

einer undurchdringlichen Betonmauer". Das sei eine „rein [ost-]deutsche Erfindung" gewesen.[107]

Als sich der Kremlchef im Dezember 1961 Gedanken für das Gespräch mit Botschafter Kroll zurechtlegte, den er für aufgeschlossen gegenüber seinem Standpunkt hielt, nahm er unter anderem darauf Bezug, daß die Trennlinie zwischen West-Berlin und der DDR (zu der er den Ostteil der Stadt rechnete) nunmehr eine Grenze sei. Eine Vereinbarung über deren Beseitigung sei unter den gegebenen Umständen unmöglich; mithin seien „normale Bedingungen für die Bewohner West-Berlins" ausgeschlossen. Diese könnten nur dann hergestellt werden, wenn „die Lage normalisiert und das Besatzungsregime beseitigt und eine freie Stadt geschaffen" werde und „die [westlichen] Truppen abgezogen" würden."[108] Mit anderen Worten: Wenn die sowjetische Forderung erfüllt würde, könne West-Berlin wieder gesamtstädtische Freizügigkeit genießen. In der Hoffnung, daß vor allem eine zunehmend unhaltbare ökonomische Lage in den Westsektoren die westlichen Regierungen zum Einlenken bewegen werde, zögerte Chruschtschow lange Zeit, Ulbricht den von ihm verlangten tiefgestaffelten Ausbau der Grenzanlagen zu erlauben, die dieser für dringend geboten erklärte, um Grenzdurchbrüche zuverlässig zu verhindern.[109]

Anders als der SED-Chef sah der sowjetische Führer in der Abriegelung der Westsektoren nur ein Provisorium, das wieder aufzuheben war, wenn durch den Abschluß des Friedensvertrages mit nachfolgender Freistadtregelung die Notwendigkeit entfiel, den Flüchtlingsstrom auf diese Weise zu stoppen. Gomułka vertrat anscheinend eine dritte Ansicht. Wie er auf der Warschauer-Pakt-Tagung ausführte, galt es, die offene Flanke zu schließen, welche die ausblutende DDR dem Westen bot, und dadurch die Bedrohung abzuwenden, der sich die sozialistischen Staaten und vor allem das Regime in Polen gegenübersahen. Er wollte zudem das Konfliktrisiko bei Abschluß des separaten Friedensvertrages weitestmöglich verringern. Wie die anderen Parteichefs hielt er ihn zwar für notwendig, doch legt seine Argumentation im Plenum des Politischen Konsultativkomitees die Vermutung nahe, daß er sich von der Schließung der Sektorengrenze eine Entspannung der Lage und damit eine Verminderung des Drucks auf Durchsetzung der Freistadtforderung erhoffte, die er als Quelle eines bedrohlichen Konfrontationsrisikos ansah.[110]

Kennedy und andere westliche Politiker glaubten am 13. August 1961, von Friedensvertrag und Freistadtregelung werde nun keine Rede mehr sein und damit sei die Berlin-Krise zu Ende, mußten aber bald erkennen, daß beides nach wie

---

[107] S. Chruschtschow, Die Geburt, a.a.O., S. 387.

[108] „Nemcy v etom sorevnovanii mogut byt' ne poslednymi, i oni pokazali davno miru svoi sposobnosti". Zamečanija N. S. Chruščeva 11 dekabrja 1961 g., in: Istočnik, 6/2003, S. 126.

[109] Zur Entwicklung der Lage von Juli 1961 bis Januar 1962 und zu den nächsten Aufgaben (Anlage zum Schreiben Ulbrichts an Chruščev, 8. 2. 1962), SAPMO-BArch, DY 30/3510, Bl. 200; Gespräch A. M. Gorčakov – W. Ulbricht, 30. 6. 1962, RGANI, 5, 49, 480 (rolik 9017), Bl. 101–103. Ulbricht äußerte bei Botschaftsrat Gorčakov Unzufriedenheit darüber, daß das ZK der KPdSU seinem Antrag auf Genehmigung tiefgestaffelter Sperren vom 21. 8. 1961 noch immer nicht entsprochen habe.

[110] Vgl. seine entsetzte Reaktion bei Auslösung der Berlin-Krise durch Chruščev im November 1958 (Douglas Selvage, Khrushchev's November 1958 Berlin Ultimatum: New Evidence from the Polish Archives, in: Cold War International History Bulletin, 11 (1998), S. 200–203).

vor vorgesehen war. Ja, die schärfsten Konflikte standen noch bevor. Trotzdem wird gelegentlich in der Literatur weiter die Auffassung geäußert, der Kreml habe damals seine weitergehenden Zielen aufgegeben. Die Ansicht, mit der Schließung der Sektorengrenze habe die ernstliche Auseinandersetzung um Berlin aufgehört, wird wesentlich von Autoren vertreten, die das bereits als Prämisse zugrunde legen und daher von vornherein keinen Grund sehen, die Zeit ab Herbst 1961 zu behandeln. Das wiederum erlaubt es ihnen, die Vorgänge der folgenden Zeit zu ignorieren, die das Gegenteil besagen.

10. Die Sperrmaßnahmen am 13. August 1961 und die anschließenden Konflikte

Durchführung der Sperrmaßnahmen in und um Berlin

Nach der Rückkehr Ulbrichts von der Moskauer Tagung des Politischen Konsultativkomitees bereitete die DDR die Sperrung der Sektorengrenze vor. Zwei ostdeutsche Divisionen, die vorher zu angeblichen Manövern in den Großraum Berlin gebracht worden waren, wurden in die Nähe der abzuriegelnden Grenze verlegt. Auch andere Maßnahmen ließen die Gefahr entstehen, daß die westliche Seite einen bevorstehenden Angriff auf West-Berlin vermutete und darauf militärisch reagierte. Dieses Mißverständnis suchte man auf alle mögliche Weise zu verhindern. Als die westlichen Stadtkommandanten von Berlin während eines Empfangs am 10. August 1961 Besorgnis über Truppenbewegungen im Umland äußerten, erklärte der Oberbefehlshaber der sowjetischen Streitkräfte in Deutschland, Marschall Konew: „Meine Herren, Sie können beruhigt sein. Was immer in absehbarer Zukunft geschehen wird – Ihre Rechte werden unangetastet bleiben, und nichts wird sich gegen West-Berlin richten."[1] Direkt an der Grenze kamen nur Polizeikräfte zum Einsatz, deren Auftrag auf unbewaffnete Aktionen – Unterbrechung des Personen- und Fahrzeugverkehrs und Errichtung von Drahtverhauen – beschränkt war. In der zweiten Reihe nahmen Militäreinheiten der DDR Aufstellung; erst hinter ihnen standen sowjetische Formationen. Mit zunehmendem Kampfcharakter einer Truppe vergrößerte sich mithin ihr Abstand von der möglichen Front. Auch der Umstand, daß Panzer unter offensichtlichem Verzicht auf Tarnung auffuhren, zeigte ein „demonstratives, nicht kampfmäßiges Vorgehen" an. Jeder „Anknüpfungspunkt für Provokationen" war zu vermeiden, um die Westmächte über die östlichen Absichten zu beruhigen. Sollte es trotzdem zu einer „imperialistischen Aggression" kommen, planten die sowjetischen und ostdeutschen Militärs koordinierte Operationen.[2]

Auch zuvor schon waren Vorbereitungen für einen möglichen Konflikt getroffen worden. Die damalige Ausrichtung bedurfte jetzt der Änderung. Hatte der Nationale Verteidigungsrat der DDR Anfang 1961 für 15. Juli bis 31. Oktober

[1] Richard Reeves, President Kennedy. Profile of Power, New York 1993, S. 207.
[2] Notiz über die Absprache zwischen dem Chef des Stabes der Gruppe der sowjetischen Streitkräfte in Deutschland, Genossen Generalleutnant Arikow [sic], und dem Stellvertreter des Ministers für Nationale Verteidigung und Chefs des Hauptstabes, Genossen Generalmajor Riedel, 25. 7. 1961, BArch-MArch, VA–01/18771, Bl. 13 f.; NVA/Institut für Militärgeschichte, Die Nationale Volksarmee in der Aktion vom 13. August 1961, Hauptbearbeiter: Kapitän zur See Glaser, 20. 2. 1964, BArch-MArch, VA–01/14835, Bl. 47 f., 59 f. (hier die Zitate). Die gestaffelte Aufstellung wird auch von Chruščevs Sohn erwähnt (Sergej Chruščëv, Roždenie sverchderžavy. Kniga ob otce, Moskau 2000, S. 401).

zwecks „größerer Dichte der Grenzsicherung" gegenüber Westdeutschland eine
Umgruppierung und Neubewaffnung der paramilitärischen Polizeikräfte angeordnet, während in Berlin „nur eine gewisse Überwachung des grenzüberschreitenden Verkehrs" vorgesehen war, erhielt die Polizei nach der Moskauer Tagung
den Auftrag, „in kurzer Zeit und in hoher Qualität die grundlegenden Dokumente für den Einsatz der Verbände in und um Berlin zu erarbeiten." In nur drei
Tagen entstand eine stabsmäßige Durchführungsplanung, deren Autoren freilich
bis zum 12. August abends – als die Formationen in ihre Einsatzorte eingewiesen
wurden – nicht wußten, wann die Operation stattfinden sollte.[3]
    Polizei und Militär rückten wie geplant in die vorgesehenen Abschnitte ein,
ohne daß die westliche Seite vor dem Beginn der Aktion darauf aufmerksam
wurde. Insofern konnten die Sicherheitskräfte der DDR zu recht in ihrer internen
Bilanz eine hervorragende organisatorische Leistung feststellen, die bei nur kurzer
Vorbereitung erzielt worden war. An der Grenze herrschten dagegen zu Anfang
weithin Chaos und Desorganisation. Für die Befehlshaber vor Ort waren die
Sperrmittel oft nicht bereitgestellt worden. Soweit diese nicht zufällig vorhanden
waren, mußten sie erst herangeschafft werden. Zuweilen riß man die Straße auf,
um Pflastersteine zur Errichtung provisorischer Sperren zu haben, oder man entnahm nahegelegenen Baustellen Hohlblocksteine, die für die Schaffung von
Wohnraum vorgesehen gewesen waren. Im Umgang mit Situationen, die durch
fliehende oder protestierende Menschen entstanden, waren die Sicherheitskräfte
oft unsicher und nervös, weil sie kaum Einweisung erhalten hatten. Zuerst beschränkte sich die Grenzsicherung auf scharfe Kontrollen, Zurückweisung von
DDR-Bewohnern auf dem Weg nach Westen und Aufbau einzelner Stacheldraht-
verhaue. Erst nach einigen Tagen begann die systematische Errichtung durchge-
hender Sperranlagen. Auch danach erfolgten zahlreiche Grenzdurchbrüche, die
oft auch durch Gebrauch von Schußwaffen – mit einem ersten Todesopfer am
23. August – nicht verhindert werden konnten.
    Nachdem in Berlin die freie Bewegung über die Sektorengrenze unterbunden
worden war, nahmen an der Grenze zur Bundesrepublik die illegalen Übertritte
stark zu. Die UdSSR ermächtigte daher das SED-Regime zum Ausbau der dortigen Sperranlagen. Marschall Konew wies den Verteidigungsminister der DDR in
einem Schreiben vom 14. September 1961 an, dort neben sonstigen Hindernissen
„Drahtsperren, Minenfelder, Signalvorrichtungen, Beobachtungstürme und einen
Kontroll- und Patrouillenstreifen anzulegen." Soweit das möglich und bisher
noch nicht erfolgt sei, sollte die Bevölkerung aus der 1952 geschaffenen „5 km-
Schutzzone" ausgesiedelt werden. Für den Zugang zu Ortschaften, die weiterhin
bestehen blieben, wurden rigorose Beschränkungen und Kontrollen vorgesehen.
Zur Bewachung der Grenze waren „ausreichende Kräfte" einzusetzen. Dienstver-
letzungen, vor allem auch „Untätigkeit bei vorliegender Notwendigkeit der Anwendung der Waffe", sollten scharf geahndet werden.[4] Im Blick auf West-Berlin
wurde grundsätzlich das gleiche Kontrollregime vorgesehen, doch erzwang die

[3] NVA/Institut, a.a.O., S. 21–27.
[4] I. Konev an H. Hoffmann, 14. 9. 1961, in: Beiträge zur Geschichte der Arbeiterbewegung, 2/1997,
S. 90–92.

sehr dichte Besiedlung, vor allem im Stadtgebiet, an vielen Stellen Abstriche. So war oft keine 5 km tiefe Staffelung möglich. Konew wollte zudem die in Grenznähe lebende West-Berliner Bevölkerung nicht gefährden und ordnete daher an, die „Ordnung für die Anwendung von Waffengewalt" gegenüber der Praxis an der Grenze zur Bundesrepublik zu differenzieren.[5] Auch ließen sich im Stadtbereich Minensperren und Hindernisstreifen kaum anlegen. Am 18. Oktober wurde in noch begrenztem Rahmen ein „verstärkte[r] Ausbau der Grenzsicherungsanlagen entlang der Staatsgrenze zu Westberlin" befohlen.[6]

Östliche Einschätzungen des erzielten Erfolgs

Am frühen Morgen des 13. August 1961 war die westliche Überraschung perfekt. Zwar war in Washington auch an die Möglichkeit gedacht worden, daß die östliche Seite an der Sektorengrenze „drastische Schritte" zur Kontrolle des Flüchtlingsstroms einleiten könnte. Damit hatte jedoch kaum jemand ernstlich gerechnet, weil man die DDR als Dampfkessel ansah, der zur Verhinderung einer Explosion ein Sicherheitsventil benötigte. Zudem war die Aufmerksamkeit auf die Drohung mit dem separaten Friedensvertrag fixiert. Allen anderen Anzeichen war daher wenig Beachtung geschenkt worden.[7] Nicht zuletzt wegen der gelungenen Überraschung wertete Ulbricht die Grenzsperrung als vollen Erfolg. Er berichtete Chruschtschow voller Stolz, der Beschluß sei „planmäßig" verwirklicht worden. Die „Taktik, schrittweise die Maßnahmen durchzuführen", habe es „dem Gegner erschwert, sich über das Ausmaß unserer Maßnahmen zu orientieren, und uns erleichtert, die schwachen Stellen an der Grenze zu finden." Der Westen habe „weniger Gegenmaßnahmen unternommen [...], als zu erwarten war."[8] Honecker, dem Ulbricht die Durchführung der Sperrmaßnahmen übertragen hatte, sprach ebenfalls von sehr guten Ergebnissen. Es seien „keinerlei ernstliche Komplikationen" aufgetreten. Positiv sei auch, daß das „Bündnis der Arbeiter und Bauern in der DDR" am 13. August die Prüfung bestanden habe, die Mehrheit der Intelligenz im Lande unverhoffte Zustimmung erkennen lasse und die Situation der Jugend sich stabilisiere. Die Versorgungslage habe sich gebessert, und die „feindlichen Elemente" unternähmen keine ernstlichen Aktivitäten.[9]

Die Reaktion der USA entsprach den Wünschen der östlichen Seite. Als Kennedy am Vormittag des 13. August beim sonntäglichen Segeln die Nachricht erhielt, sah er keinen Grund zum Handeln. Eine Grenzschließung, so sein interner

[5] Ebd., S. 92.

[6] NVA/Institut, a.a.O., Bl. 7.

[7] John C. Ausland, Kennedy, Khrushchev, and the Berlin-Cuba Crisis 1961–1964, Oslo – Stockholm – Copenhagen – Boston 1996, S. 15f., 21f., 116–120. Zur Frage, ob entweder die westlichen Geheimdienste versagt oder amerikanische Regierungsstellen im vorhinein Einverständnis bekundet hätten, siehe Honoré M. Catudal, Kennedy and the Berlin Wall Crisis. A Case Study in U.S. Decision Making, [West-]Berlin 1980, S. 25–35, 216–219, 229–250.

[8] W. Ulbricht an N.S. Chruščëv, 16. 9. 1961, SAPMO-BArch, DY 30/3509, Bl. 95–104.

[9] G. Žiljakov, Zapis' informacii t. Chonnekera dlja glav dipomatičeskich predstavitel'stv socialističeskich stran v GDR [8. 9. 1961], o.D., RGANI, 5, 49, 385 (rolik 8981), Bl. 191–200.

Kommentar, sei allemal besser als ein Krieg.[10] Der Protest, der bei sowjetischen Eigenmächtigkeiten im Vier-Mächte-Gebiet Berlin üblich war, erfolgte mit Verzögerung und nur auf der unteren Ebene der Stadtkommandanten.[11] Das rief den Eindruck bloßer Routine hervor und erleichterte der UdSSR die Zurückweisung.[12] In der Tat war der Präsident ohne weiteres bereit, den veränderten Status quo zu akzeptieren. In seiner Sicht war die Stabilität im geteilten Deutschland, die durch eine kollabierende DDR gefährdet worden wäre, ein grundlegendes Erfordernis von Frieden und Verständigung. Die Sperrung der Sektorengrenze war für ihn eine durch die Lage im SED-Staat bedingte Notmaßnahme,[13] mit der er die Erwartung verband, daß die östliche Seite die bisherigen weitergehenden Forderungen fallen lasse.[14] Dadurch glaubte er seinem Ziel eines wechselseitig zufriedenstellenden Kompromisses in Berlin[15] nähergekommen zu sein. Das war freilich ein Irrtum. Chruschtschow war keineswegs willens, vom Verlangen nach Schaffung einer „Freien Stadt" und nach Übergabe der Zugangswege an die DDR abzugehen.[16]

Ulbricht triumphierte. Nicht nur hätten die von West-Berlin ausgehenden Störwirkungen ein Ende gefunden. Es sei auch eine generelle „Aenderung [sic] der politischen Lage" eingetreten. In Bonn habe man begriffen, daß die „Revanchepolitik" und der „Plan, durch die Organisierung des Bürgerkrieges und des kleinen Krieges die DDR aufzurollen, ein für allemal gescheitert" seien. Davon seien für später „große Auswirkungen auf die Taktik der Westmächte gegenüber Polen und der Tschechoslowakei" zu erwarten. Die Autorität der ostdeutschen Staatsmacht sei gestärkt; im Denken der Bevölkerung zeichne sich ein Umschwung ab. Weil keine Westbesucher mehr kämen, habe sich die Versorgung in Ost-Berlin konsolidiert. Nunmehr gerate der Westteil der Stadt in zunehmende Schwierigkeiten. Bonn sei genötigt, die Subventionen stark zu erhöhen; „viele Angehörige der Bourgeoisie" zögen in die Bundesrepublik um. Es zeige sich, daß West-Berlin selbst bei gesicherten Außenverbindungen nur noch mit „normalen Beziehungen" zur DDR eine Zukunft habe.[17]

---

[10] H. M. Catudal, a.a.O., S. 35–39; Jean Edward Smith, Lucius D. Clay, New York 1990, S. 637; R. Reeves, a.a.O., S. 209–212.

[11] Note der drei westlichen Stadtkommandanten von Berlin an ihr sowjetisches Gegenüber, 15. 8. 1961, in: Documents on Germany 1944–1985, Department of State Publication 9446, Washington/DC 1985, S. 776 f.

[12] Entwurf des sowjetischen Außenministeriums für die Antwort des sowjetischen Ortskommandanten in Berlin auf den Protest der westlichen Stadtkommandanten vom 15. 8. 1961, o.D., AVPRF, 0129, 45, 329, 13, Bl. 12 f.

[13] Udo Wetzlaugk, Berlin und die deutsche Frage, Köln 1985, S. 166 f.

[14] H. M. Catudal, a.a.O., S. 35–39; J. E. Smith, Lucius D. Clay, a.a.O., S. 637; R. Reeves, a.a.O., S. 209–212.

[15] Vgl. seine Äußerung gegenüber Adenauer im Juni 1961, wiedergegeben bei Hans-Peter Schwarz, Adenauer. Der Staatsmann 1952–1967, Stuttgart 1991, S. 707.

[16] Die Forderung nach Friedensvertrag und Freistadtregelung war demgemäß ein wesentliches Thema der Propaganda, die am 13. 8. 1961 aufgrund der am Monatsanfang gefaßten Beschlüsse anlief (vgl. Beschluß des ZK der KPdSU, Anlage 2: Maßnahmen zu Propaganda-Fragen, 1. 8. 1961, AVPRF, 0742, 6, 34, 46, Bl. 135–137; Protokol No. 340 zasedanija Prezidiuma Central'nogo Komiteta KPSS. Ot 4.VIII.61g.: O napravlenija poslanija tov. N. S. Chruščëva [Billigung des Beschlusses des Politischen Konsultativkomitees], 12. 4. 1961, RGANI, 3, 14, 496, Bl. 12–24, insbes. 17–19).

[17] W. Ulbricht an N. S. Chruščëv, 16. 9. 1961, SAPMO-BArch, DY 30/3509, Bl. 95–104.

Honecker versicherte den Ost-Berliner Botschaftern der anderen sozialistischen Staaten, daß nun ein „neues Kräfteverhältnis in der Welt" bestehe, und stellte den „Bankrott der Politik von Adenauer und Strauß gegenüber der DDR" fest, was „sehr großen Eindruck auf die Bevölkerung Deutschlands" gemacht habe. Es werde immer klarer, daß die Welt mit der DDR rechnen müsse. Zudem hätten die Ostdeutschen nun eine Entwicklungsperspektive erhalten. Auch wenn die Errichtung der Staatsgrenze innerhalb Berlins vom Standpunkt des nationalen Bewußtseins eine harte Sache gewesen sei, habe die Bevölkerung der DDR die Notwendigkeit eingesehen. Ähnlich wie Ulbricht hob auch Honecker die Schwierigkeiten hervor, denen sich West-Berlin nunmehr gegenübersehe.[18] Chruschtschow hielt die Aktion ebenfalls für einen Erfolg. Anders als die SED-Führung war er sich aber nicht sicher, ob die Bereinigung der „Situation in Mitteleuropa" damit schon gewährleistet war.[19]

In innenpolitischer Hinsicht schuf die Sperrung der Sektorengrenze für Moskau und Ost-Berlin die Voraussetzung, daß die Ziele des Sozialismus in der DDR ohne die bisher hemmenden Rücksichten verfolgt werden konnten. Auch der militärische Aufbau wurde erleichtert. Solange zu befürchten gewesen war, daß die jungen Männer, die meist nicht für das „sozialistische Vaterland" zur Waffe greifen wollten, sich einer Rekrutierung für die Nationale Volksarmee durch die Flucht entziehen würden, war an einen obligatorischen Militärdienst nicht zu denken. Mit der Grenzschließung in Berlin änderte sich das. Im September beschloß die DDR zunächst ein allgemeines Verteidigungsgesetz. Am 24. Januar 1962 wurde auf Initiative des Kreml[20] die Wehrpflicht eingeführt.[21]

Bemühungen Chruschtschows

Ungeachtet aller gewonnenen Vorteile, war Chruschtschow besorgt, denn ihm war klar, daß die Abriegelung West-Berlins in der Öffentlichkeit einen schlechten Eindruck hervorrief. Er leitete daher nicht nur von allem Anfang an eine intensive Rechtfertigungskampagne ein,[22] sondern suchte auch mit einem publikumswirksamen Angebot moralisch in die Offensive zu gehen. Deshalb hatte er Ulbricht dazu bewogen, sein Plädoyer im Plenum des Politischen Konsultativkomitees für die Schließung der Sektorengrenze mit der Zusicherung zu verbinden, West-Berliner dürften die Hauptstadt der DDR „mit besonderer Bescheinigung" besu-

---

18 G. Žiljakov, Zapis' informacii t. Chonnekera dlja glav dipomatičeskich predstavitel'stv socialisti-českich stran v GDR [8. 9. 1961], o.D., RGANI, 5, 49, 385 (rolik 8981), Bl. 191–194.

19 N. S. Chruščev an W. Ulbricht (dte. Übers.), 28. 9. 1961, SAPMO-BArch, DY 30/3509, Bl. 105f.

20 Botschafter Dölling an O. Winzer, 28. 12. 1961, PA-MfAA, G-A 478, Bl. 25; Aktenvermerk Gespräch Krolikowski – Žiljakov in Moskau, 19. 1. 1962, PA-MfAA, G-A 478, Bl. 26–30.

21 Rüdiger Wenzke, Die Nationale Volksarmee (1956–1990), in: Torsten Diedrich/Hans Ehlert/Rüdiger Wenzke (Hrsg.), Im Dienste der Partei. Handbuch der bewaffneten Organe der DDR, Berlin 1998, S. 442f.

22 Beschluß des ZK der KPdSU, Anlage 2: Maßnahmen zu Propaganda-Fragen, 1. 8. 1961, AVPRF, 0742, 6, 34, 46, Bl. 135–137; Protokol No. 340 zasedanija Prezidiuma Central'nogo Komiteta KPSS. Ot 4.VIII.61g.: O napravlenija poslanija tov. N. S. Chruščeva [Billigung des Beschlusses des Politischen Konsultativkomitees], 12. 4. 1961, RGANI, 3, 14, 496, Bl. 12–24.

chen.[23] Das Innenministerium der DDR kündigte am 22. August die Erteilung von Aufenthaltsgenehmigungen an. Die Anträge seien in zwei Büros zu stellen, die nach seinen Weisungen in den Westsektoren tätig werden sollten. Senat und Besatzungsmächte sahen darin den Versuch, administrative Stützpunkte auf West-Berliner Gebiet zu etablieren und so eine Machtposition aufzubauen, welche die oberste Gewalt der Westmächte beeinträchtige und dem östlichen Freistadtplan Vorschub leiste. Sie sahen den Argwohn durch die Tatsache bestätigt, daß die DDR auch sonst in West-Berlin institutionelle Positionen zu schaffen suchte. Daher wurde die Tätigkeit der Passierscheinbüros verboten.[24] Die östliche Propaganda wies daraufhin der westlichen Seite die Schuld am unterbundenen Kontakt zwischen den Menschen der geteilten Stadt zu.[25]

Der Kreml bereitete sich darauf vor, den Abschluß des Friedensvertrages und die nachfolgende Freistadtregelung bis zum Jahresende entweder im Zusammenwirken mit den Westmächten oder in einseitig östlichem Rahmen durchzusetzen. Außenminister Gromyko erhielt den Auftrag, darüber mit den USA im September zu sprechen. Bis Oktober sollte eine Vorlage für die Erörterung des Separatvertrags mit der DDR formuliert sein.[26] Ulbricht sah daher die Zeit gekommen, nicht nur die Westmächte aus West-Berlin zu vertreiben, sondern anschließend auch die „Lösung der nationalen Frage des deutschen Volkes" durch „die Überwindung des deutschen Imperialismus, die Befreiung Westdeutschlands von den Fesseln der Pariser Verträge und der NATO und den Abzug der ausländischen Truppen aus Westdeutschland" ins Auge zu fassen. Der „Sieg des Sozialismus in der DDR" sollte ausdrücklich die Grundbedingung für die Einheit Deutschlands sein.[27] Chruschtschow spannte seine Erwartungen zwar weniger weit, hielt aber ebenfalls die „Position in der Frage des Abschlusses eines deutschen Friedensvertrages und der Normalisierung der Lage in Westberlin auf dieser Grundlage" für gestärkt. Er hoffte, diese Regelung lasse sich möglicherweise zusammen mit den Westmächten – also ohne Konfrontation – verwirklichen, weil nun viele westliche Politiker die Lage „nüchterner" einschätzten.[28]

---

[23] Rede von W. Ulbricht im Plenum des Politischen Konsultativkomitees, 4. 8. 1961, wiedergegeben in: Beiträge zur Geschichte der Arbeiterbewegung, 2/1997, S. 70f.

[24] Document 02941, Crisis Over Berlin. American Policy Concerning the Soviet Threats to Berlin, November 1958–December 1962. Part VI: June–September 1961, Research Project No. 614-F, April 1970, Department of State (Documents from the National Security Archive, microfiches published by Chadwyck-Healey Inc.), S. 96; TASS-Bericht aus Berlin [nicht zur Veröffentlichung, sondern zur internen Information bestimmt], 16. 12. 1961, AVPRF, 568, 20, 972, 226, o.Bl.; Gerhard Kunze, Grenzerfahrungen. Kontakte und Verhandlungen zwischen dem Land Berlin und der DDR 1949–1989, Berlin 1999, S. 41 f.

[25] Vgl. hierzu beispielsweise die einschlägige Hauptüberschrift auf Seite 1 des SED-Zentralorgans „Neues Deutschland" am 27. 8. 1961: „Befehl der Besatzer gestern in Westberlin: Brandt-Polizei verbietet Besuch im demokratischen Berlin [d. h. in Ost-Berlin]. Westberliner brutal terrorisiert". Unter der weiteren Überschrift „Erschütternde Szenen auf S-Bahnhöfen" war von den „berüchtigten Schlägergarden des Frontstadtsenats" die Rede, die sich auf Hunderte wartender Antragsteller gestürzt hätten, die „dankbar das Entgegenkommen der DDR-Regierung" nutzen wollten.

[26] Vladislav M. Zubok, Khrushchev's Motives and Soviet Diplomacy in the Berlin Crisis, 1958–1962, Arbeitspapier für die internationale wissenschaftliche Konferenz „The Soviet Union, Germany, and the Cold War, 1945–1962, Essen, 28.–30. 6. 1994, S. 32.

[27] W. Ulbricht an N. S. Chruščëv, 16. 9. 1961, SAPMO-BArch, DY 30/3509, Bl. 101f.

[28] N. S. Chruščëv an W. Ulbricht (dte. Übers.), 28. 9. 1961, SAPMO-BArch, DY 30/3509, Bl. 105.

Reaktionen im Westen

Kennedy sah keinen Grund zur Aufregung über das östliche Vorgehen in Berlin, ja, er war geradezu erleichtert darüber, daß „nur" die Grenze gesperrt wurde. Ein kriegsträchtiger Konflikt schien dadurch endgültig vermieden.[29] Sein Gleichmut ließ den psychologischen Eindruck der Maßnahme bei den Deutschen außer acht. Besonders die West-Berliner Bevölkerung erlitt einen Schock. Sie sah sich von der Umgebung abgeschnitten und fühlte sich ohne Unterstützung der USA feindlicher Willkür preisgegeben. Soeben war ihre Stadt noch der Ort gewesen, der den Deutschen aus West und Ost unkontrollierten Kontakt ermöglichte, den „aus der Unfreiheit Fliehenden" ein Schlupfloch bot und für die DDR-Bürger ein bewundertes „Schaufenster des Westens" war – und nun war das auf einen Schlag zu Ende, ohne daß dies die amerikanische Schutzmacht, auf deren Rückhalt man gebaut hatte, irgendwie zu berühren schien. Der Regierende Bürgermeister, Willy Brandt, wandte sich mit einem verzweifelten Brief an Kennedy,[30] den dieser kühldistanziert beantwortete. Auch in Bonn herrschten Verstörung und Ratlosigkeit über die Gleichgültigkeit, die der Präsident gegenüber den Gefühlen und Interessen des deutschen Verbündeten an den Tag legte.[31]

Es bedurfte energischer Hinweise von Beratern und Mitarbeitern, bis Kennedy begriff, daß seine Haltung die westliche Position in Berlin untergrub. Wie man ihm weiter klarmachte, drohte das von ihm beabsichtigte baldige Verhandlungsangebot an die UdSSR die psychologische Lage vollends zu destabilisieren.[32] Nachdem der Präsident das Problem erkannt hatte, handelte er schnell und entschlossen. Dem Protest der westlichen Stadtkommandanten ließ er zwei Tage später eine regierungsamtliche Note folgen.[33] Vor allem jedoch sandte er Vizepräsident Johnson als Botschafter des amerikanischen Engagements in die bedrängte Stadt, setzte einen Militärkonvoi dorthin in Bewegung (der von sowjetischer Seite nicht behindert wurde) und ernannte den „Helden der Blockade" von 1948/49,

---

29 Demgegenüber erklärt Harald Biermann, John F. Kennedy und der Kalte Krieg. Die Außenpolitik der USA und die Grenzen der Glaubwürdigkeit, Paderborn 1997, S. 136, Kennedy habe den Mauerbau schon damals nicht als Ende der politischen Offensive betrachtet, sondern eine weitere Eskalation der Krise vorausgesehen. Dem wird von allen anderen Autoren widersprochen, siehe u.a. Frank A. Mayer, Adenauer and Kennedy: A Study in German-American Relations, 1961–1963, New York 1996, S. 43 f.; Michael Beschloss, The Crisis Years. Kennedy and Khrushchev 1960–1963, New York 1991, S. 278; James N. Giglio, The Presidency of John F. Kennedy, Lawrence/KS 1991, S. 83 f.
30 W. Brandt an J. F. Kennedy, 16. 8. 1961, in: Wolfgang Heidelmeyer/Günter Hindrichs (Bearb.), Dokumente zur Berlin-Frage 1944–1962. Mit einem Vorwort von Willy Brandt, München 1962, S. 479 f.
31 Siehe u.a. Christof Münger, Kennedy, die Berliner Mauer und die Kubakrise. Die westliche Allianz in der Zerreißprobe, Paderborn 2003, S. 102–105; Horst Osterheld, „Ich gehe nicht leichten Herzens …". Adenauers letzte Kanzlerjahre – ein dokumentarischer Bericht, Mainz 1987 (2. Aufl.), S. 59–63.
32 Document 02941, Crisis Over Berlin. American Policy Concerning the Soviet Threats to Berlin, November 1958-December 1962. Part VI: June–September 1961, Research Project No. 614-F, April 1970, Department of State (Documents from the National Security Archive, microfiches published by Chadwyck-Healey Inc.), S. 89–91.
33 Note der USA an die UdSSR, 17. 8. 1961, in: Documents on Germany, a.a.O., S. 777 f.

General Clay, zu seinem persönlichen Repräsentanten in Berlin. Das rief Jubel in der Bevölkerung hervor; die akute Vertrauenskrise wurde überwunden.[34]

Auseinandersetzungen im Gefolge der Sperrmaßnahmen

Die DDR-Polizei machte von der Schußwaffe Gebrauch, wenn es galt, Grenz-durchbrüche zu verhindern. Sie holte sogar mehrfach Flüchtlinge zurück, die westliches Gebiet erreicht hatten. Dadurch wurden trotz sowjetischen Dringens auf Zurückhaltung immer wieder West-Berliner in Gefahr gebracht. Die ost-deutschen Organe setzten auch Tränengas, Wasserwerfer und Warnschüsse gegen Demonstranten ein, die an der Sektorengrenze protestierten. Die amerikanischen Besatzungsbehörden vermuteten, damit solle ein 100 Meter breiter Streifen Nie-mandsland auf westlicher Seite erzwungen werden, und erhoben bei der sowjeti-schen Seite Einspruch mit dem Argument, dieses Vorgehen sei geeignet, die bereits „gefährlich gespannte Situation" weiter zu verschärfen. Der Westen werde, wenn es nicht beendet werde, darauf entsprechend reagieren.[35] Aus Prinzip verweigerte der sowjetische Stadtkommandant die Entgegennahme des Protests: Die Sache falle nicht in seine Zuständigkeit.[36] Intern jedoch gab der Kreml der SED-Füh-rung zu verstehen, daß er das Verhalten mißbilligte. Dieses könnte „unerwünschte ernste Folgen" nach sich ziehen.[37] General Clay, der keine Anzeichen für ein Ab-gehen der DDR von der bisherigen Praxis sah, schickte Militärpatrouillen an die Grenze.[38] Daraufhin warfen die sowjetischen Behörden den Amerikanern vor, eine „anomale Lage" zu schaffen, die „Hooligan-Elemente" zu „provokatori-schen Ausschreitungen" ermuntere.[39] Die Übergriffe der ostdeutschen Sicher-heitskräfte nahmen jedoch ein Ende.

---

[34] Document 02941, Crisis Over Berlin. American Policy Concerning the Soviet Threats to Berlin, November 1958–December 1962. Part VI: June–September 1961, Research Project No. 614-F, April 1970, Department of State (Documents from the National Security Archive, microfiches pu-blished by Chadwyck-Healey Inc.), S. 91f., 94–96, 98; R. Reeves, a.a.O., S. 212–225; J. E. Smith, Lucius Clay, a.a.O., S. 639–655; W. R. Smyser, From Yalta to Berlin. The Cold War Struggle Over Germany, Houndmills–London 1999, S. 162–167; C. Münger, a.a.O., S. 105f.

[35] Document 02941, Crisis Over Berlin. American Policy Concerning the Soviet Threats to Berlin, November 1958–December 1962. Part VI: June–September 1961, Research Project No. 614-F, April 1970, Department of State (Documents from the National Security Archive, microfiches published by Chadwyck-Healey Inc.), S. 97f.; Generalmajor A. Watson an Oberst A. V. Solov'ev, 15. 8. 1961, SAPMO-BArch, DY 30/3691, Bl. 63f. (russ. Übers.).

[36] Niederschrift der Unterredung zwischen Oberst A.V. Solov'ev und Divisionsgeneral J. Lacombe, 6. 9. 1961, SAPMO-BArch, DY 30/3691, Bl. 77–87 (russ.), 65–76 (dte. Übers.); M. Pervuchin an I. I. Il'ičëv, 6. 10. 1961, AVPRF, 0742, 6, 17, 4, Bl. 118f.

[37] Bruce W. Menning, The Berlin Crisis of 1961 from the Perspective of the Soviet General Staff, in: William W. Epley (Hrsg.), International Cold War Military Records and History. Proceedings of the International Conference on Cold War Military Records and History Held in Washington, D.C., 21–26 March 1994, Washington 1996, S. 56.

[38] J. E. Smith, Lucius Clay, a.a.O., S. 655f.

[39] So der sowjetische Stadtkommandant, Oberst Solov'ev, zum amerikanischen Stadtkommandan-ten, General Watson, am 26. 9. 1961, lt. M. Pervuchin an A. A. Gromyko, 26. 8. 1961, AVPRF, 0742, 6, 17, 4, Bl. 97. In gleichem Sinne äußerte er sich Anfang September gegenüber dem franz-ösischen Stadtkommandanten: M. Pervuchin an V. S. Smirnov, 5. 9. 1961, AVPRF, 0742, 6, 17, 4, Bl. 100–103.

Für die Westmächte hatte die Unantastbarkeit der Wege nach West-Berlin über DDR-Territorium zentrale Bedeutung.[40] Die Regierung der UdSSR suchte diese nach wie vor in Frage zu stellen. Am 23. August sandte sie ihnen eine Note mit der Aufforderung, den „illegalen und provokativen Aktivitäten" der Bundesrepublik in West-Berlin ein Ende zu setzen. Der Angriff richtete sich jedoch weniger gegen die westdeutschen Bindungen der Stadt als gegen den unkontrollierten Flugverkehr. Die Luftkorridore würden in flagranter Verletzung des geschlossenen Abkommens zur Beförderung von „Revanchisten, Extremisten, Saboteuren und Spionen" mißbraucht. Die Überflugrechte waren demnach den westlichen Staaten von der UdSSR nur zeitweilig zugestanden worden, „um die Erfordernisse ihrer Garnisonen [in West-Berlin] zu befriedigen, nicht für die subversiven und revanchistischen Zwecke des westdeutschen Militarismus." Das Verlangen, Bonner Amtspersonen dürfen die westlichen Flugzeuge nicht benutzen, weil ihr Aufenthalt und ihre „Einmischung" in West-Berlin unakzeptabel seien, lief darauf hinaus, daß die Westmächte von den Luftwegen nur so weit Gebrauch machen könnten, wie die UdSSR das erlaubte.[41]

Demnach gab es generell kein eigenständiges westliches Recht auf Flugverkehr nach und von West-Berlin. Es war folglich legitim, wenn die Sowjetunion ihnen bei Abschluß des Friedensvertrags dieses Recht entzog. Diese Behauptung konnten die drei Regierungen nicht ohne Einspruch lassen. Sie wiesen die Note mit Nachdruck zurück und bekräftigten, daß sie die Luftkorridore aufgrund originären Rechts benutzten. Auf dieser Grundlage seien der militärische und zivile Flugverkehr völlig rechtmäßig. Die USA sprachen in einer scharfen Erklärung von einer „kaum verhüllten Aggressionsdrohung" gegen die westlichen Flugrouten und warnten die UdSSR und die DDR, jedes Vorgehen gegen den freien Zugang nach West-Berlin werde als „aggressiver Akt" angesehen werden.[42] Moskau erwiderte, daß Flüge mit „Revanchisten, Militaristen, Spionen und Saboteuren", die gegen die DDR tätig seien, nicht geduldet werden könnten. Es gebe keinen Vier-Mächte-Beschluß über einen unkontrollierten kommerziellen Flugtransport von Personen, die nicht im Dienst der westlichen Besatzungsbehörden stünden.[43] Demnach war der zivile Luftverkehr, der den West-Berlinern und Westdeutschen den einzig unkontrollierten Zugang bot, bereits vor Abschluß des Friedensvertrags rechtswidrig und hinfällig.

Wenig später inszenierte die DDR auf der Autobahn zwischen Berlin und Helmstedt Aktionen gegen den militärischen Transit, der die rechtliche Basis für den zivilen West-Berlin-Verkehr bildete. Die Volkspolizei hielt am 21. September zwei US-Soldaten sechs Stunden lang fest. Am folgenden Tag wurde ein Sergeant

---

[40] Vgl. dazu die internen Überlegungen in Washington, erwähnt bei D. Mußgnug, a.a.O., S. 169.

[41] Note der UdSSR an die USA, 23. 8. 1961, in: Documents on Germany, a.a.O., S. 783 f.; Document 02941, Crisis Over Berlin. American Policy Concerning the Soviet Threats to Berlin, November 1958-December 1962. Part VI: June–September 1961, Research Project No. 614-F, April 1970, Department of State (Documents from the National Security Archive, microfiches published by Chadwyck-Healey Inc.), S. 101.

[42] Ebd., S. 101 f.; Note der USA an die UdSSR, 26. 8. 1961, in: Documents on Germany, a.a.O., S. 785 f.; Stellungnahme des State Department, 1. 9. 1961, ebd., S. 787 f.

[43] Note der UdSSR an die USA, 2. 9. 1961, ebd., S. 788 f. Die Notenkontroverse wurde danach weiter fortgesetzt, siehe Note der USA an die UdSSR, 8. 9. 1961, ebd., S. 789–793; Note der UdSSR an die USA, 17. 9. 1961, ebd., S. 793–795.

mit seiner Familie ebenfalls angehalten und anschließend zurückgeschickt. Als
sich der amerikanische Stadtkommandant darüber bei der sowjetischen Seite beschwerte, rechtfertigte diese das Vorgehen mit dem Hinweis, das militärische Personal der USA mißachte ostdeutsche Verkehrszeichen.[44] Clay ließ daraufhin Mili-
tärpolizeistreifen in voller Uniform die Autobahn auf- und abfahren. Sie waren
mit Funkgeräten ausgerüstet und sollten in Not geratenen Truppen bei Bedarf
„technische Hilfe" leisten. Die sowjetische Seite protestierte gegen die Patrouillen, ergriff aber keine Gegenmaßnahmen. Als keine weiteren Behinderungen
stattfanden, stellte Clay die Fahrten am 30. Oktober ein.[45] Anscheinend wollte der
Kreml testen, wie die Amerikaner reagierten, wenn die DDR-Behörden ihnen zugedachte Kontrollrechte auf den West-Berliner Zugangswegen schon vor Abschluß des Friedensvertrages in Anspruch nahmen.

Noch vor der abschließenden Auseinandersetzung um Friedensvertrag und
Freistadtregelung suchte Ulbricht die Kontrolle der DDR über den Flugverkehr
zwischen West-Berlin und der Bundesrepublik durchzusetzen. Wenn die Vier-
Mächte-Rechte in dieser entscheidenden Frage beseitigt wurden, waren die Voraussetzungen für den östlichen Sieg in Berlin geschaffen. Der SED-Chef machte
Mitte September bei Chruschtschow geltend, daß die „Frage der Flugverbindungen über das Hoheitsgebiet der DDR" zentrale Bedeutung habe.[46] Nachdem der
Termin für den Abschluß des Friedensvertrages aufgehoben worden war, verlangte er Ende Oktober vom sowjetischen Parteichef, der Kampf um die Anerkennung der ostdeutschen Souveränität müsse allmählich gesteigert werden, bis
zuletzt der Vertreter der UdSSR seinen Auszug aus der Alliierten Luftsicherheitszentrale erkläre und damit deren Tätigkeit beende. Die Westmächte würden dann
genötigt sein, sich an die Flugsicherheitsbehörde der DDR zu wenden, d.h. deren
Kontrolle über den Luftverkehr zwischen West-Berlin und der Bundesrepublik
grundsätzlich zu akzeptieren.[47] Das lief praktisch auf die Forderung hinaus, die
Konfrontation mit den Westmächten bereits vor Abschluß des Friedensvertrages
einzuleiten. Daran hatte der Kreml kein Interesse.

Konflikte um den Status von Ost-Berlin

Ulbricht bemühte sich bald nach der Abriegelung West-Berlins um die Beseitigung des Vier-Mächte-Status von Ost-Berlin. Er wollte das Zutrittsrecht der
Westmächte aufgehoben sehen, um die uneingeschränkte Souveränität über die
„Hauptstadt der DDR" zu demonstrieren. Deshalb suchte er die Kontrolle über
die Abfertigungsmodalitäten an der Sektorengrenze auch in Bezug auf westliche
Beamte und Militärpersonen in ostdeutsche Hand zu bringen. Chruschtschow
war davon überzeugt, daß Washington nur West-Berlin im Auge habe und allein
durch Prestigebedürfnis daran gehindert werde, auf das Zutrittsrecht zum Ostteil

---

44 M. Pervuchin an I.I. Il'ičëv, 26. 9. 1961, AVPRF, 0742, 6, 17, 4, Bl. 111–114.
45 B. W. Menning, a.a.O., S. 57.
46 W. Ulbricht an N. S. Chruščëv, 16. 9. 1961, SAPMO-BArch, DY 30/3509, Bl. 102.
47 W. Ulbricht an N. S. Chruščëv, 30. 10. 1961, SAPMO-BArch, NY 4182/1206, Bl. 38f.

der Stadt offen zu verzichten.[48] Daher hatte die sowjetische Militärführung kein grundsätzliches Bedenken, den DDR-Behörden die Zuständigkeit für die Kontrolle aller Personen, also auch der amtlichen Vertreter der Westmächte, beim Betreten Ost-Berlins zuzubilligen. Die westliche Seite sollte aber vor Zustandekommen der Freistadtregelung nicht unnötig herausgefordert werden, zumal der Kreml die Infragestellung seines – bis dahin bestehenden – Rechts auf Zutritt zu West-Berlin vermeiden wollte. Deswegen erkannte die UdSSR die Souveränität der DDR in der Zutrittsfrage zunächst nur grundsätzlich an. Solange die Westmächte noch in Berlin präsent waren, hatten daher deren Amtspersonen dem Prinzip der ostdeutschen Zuständigkeit nur durch Vorzeigen ihrer Ausweispapiere formale Achtung zu erweisen.[49]

Die amerikanische Seite, vor allem General Clay, war der Ansicht, diese Abfertigungsmodalität könne als Ausdruck ostdeutschen Rechts auf Kontrolle nicht hingenommen werden, weil der Vier-Mächte-Status Gesamt-Berlins auf dem Spiel stehe. Nur die UdSSR komme als Gegenüber in Ost-Berlin-Fragen in Betracht. Wenn die DDR auf dem neuen Verfahren bestehe, gefährde sie damit den sowjetischen Zutritt zu den Westsektoren. Darauf wollte der Kreml nicht verzichten. Trotzdem wies er den Protest mit dem Hinweis zurück, es handele sich um eine innere Angelegenheit der DDR, in die sich die UdSSR nicht einmische.[50] Faktisch jedoch achtete man in Moskau nach wie vor darauf, daß Ulbricht sich in den Grenzen dessen hielt, was mit dem sowjetischen Interesse am Zutritt zu West-Berlin noch vereinbar war. Solange der SED-Chef nicht mehr als das bloße Vorzeigen von Ausweisen forderte, galt es als unwahrscheinlich, daß die Amerikaner ihren Sektor für sowjetische Amtspersonen sperren würden, denn dann hatten sie ihrerseits mit dem Ausschluß aus Ost-Berlin zu rechnen.

In den folgenden Wochen hielt der sowjetische Stadtkommandant weisungsgemäß daran fest, daß die UdSSR mit den Fragen des Regimes an der Sektorengrenze nichts zu tun habe. Die DDR habe darüber entschieden, und die sowjetische Seite könne nicht darüber befinden. Mit der Begründung wies er auch das Ersuchen um Vermittlungsdienste ab. Man solle sich direkt mit den zuständigen ostdeutschen Stellen in Verbindung setzen.[51] Der Konflikt spitzte sich zu, als die DDR am 23. August mit dem Hinweis auf ihre souveränen Rechte den Zutritt westlicher Militärs und Amtspersonen auf einen einzigen Übergang, den seither so genannten „Checkpoint Charlie", beschränkte.[52] Intern erhob die sowjetische Seite durch ihren Botschafter in Ost-Berlin unter Hinweis auf die Vier-Mächte-Beschlüsse Einspruch, doch blieb dies ohne Wirkung.[53] Als sich der US-Stadt-

[48] Die Westmächte sahen sich mit der Erwartung konfrontiert, daß sie es akzeptieren würden, wenn die UdSSR jede Vier-Mächte-Verantwortung hinsichtlich Ost-Berlins in Abrede stellte und sie in allen diesbezüglichen Angelegenheiten auf die Zuständigkeit der DDR-Regierung verwies (J. C. Ausland, a.a.O., S. 64).

[49] Anatoli Gribkow, Der Warschauer Pakt. Geschichte und Hintergründe des östlichen Militärbündnisses, Berlin 1995, S. 138f.; Dorothee Mußgnug, Alliierte Militärmissionen in Deutschlands 1946–1990, Berlin 2001, S. 168.

[50] Bezugnahme darauf bei M. Pervuchin an A. A. Gromyko, 26. 8. 1961, AVPRF, 0742, 6, 17, 4, Bl. 95.

[51] B. W. Menning, a.a.O., S. 55 f.

[52] G. Kunze, a.a.O., S. 41.

[53] Erwähnt im Schreiben von W. Ulbricht an N. S. Chruščёv, 30. 10. 1961, SAPMO-BArch, NY 4182/1206, Bl. 32 f.

kommandant der USA gegen die Verletzung des Vier-Mächte-Status durch die „weiteren unrechtmäßigen Beschlüsse" der DDR wandte und die UdSSR dafür verantwortlich machte, wurde das zurückgewiesen. Das Vorgehen der DDR sei „völlig rechtmäßig". Das amerikanische Personal müsse sich ebenso wie die sowjetische Seite den ostdeutschen Anordnungen fügen. In gleicher Weise wurde die Beschwerde nicht akzeptiert, die Volkspolizei habe rechtswidrig einen Bus der Militärpolizei angehalten, die Identifikation der Insassen verlangt und erst nach langem Hin und Her den Grenzübertritt erlaubt. Nach Ansicht der USA waren derartige Beschränkungen des Rechts auf ungehinderten Zutritt zum sowjetischen Sektor nicht hinzunehmen.[54] Im Oktober suchte General Clay den Zutritt außerhalb des Checkpoints Charlie zu erzwingen, scheiterte aber, weil die Volkspolizei von der Schußwaffe Gebrauch machte.[55] Das trug dem SED-Regime intern scharfen sowjetischen Tadel ein.[56] Der Kreml hielt die Anwendung von Gewalt gegen Vertreter westlicher Staaten für riskant.

Nach außen hin wahrte die UdSSR den Anschein vollen Einvernehmens mit der DDR. Clays generell entschlossenes Eintreten für die westlichen Interessen[57] zeigte gleichwohl Wirkung. Die ostdeutsche Polizei ließ das amerikanische Zivilpersonal nach Ost-Berlin passieren, ohne die Vorlage der Ausweise zu fordern.[58] Ulbricht wollte sich freilich damit nicht abfinden. In einem Brief an Chruschtschow beklagte er, daß die westlichen Stadtkommandanten „durch verschiedene Proteste in der Öffentlichkeit den Eindruck zu erwecken" suchten, „daß ein Viermächte-Status in Berlin noch existiert", und verlangte, daß „solche Beschwerden [von sowjetischer Seite] überhaupt nicht mehr angenommen" werden dürften.[59] Am 20. September teilte er Perwuchin seine Absicht mit, Visa für ausländische Besucher Ost-Berlins einzuführen, ohne daß er eine Ausnahme für die westlichen Diplomaten vorsah, und äußerte die Erwartung, es werde aufgrund der Unterstützung der UdSSR für das Verlangen der DDR nach voller Souveränität keine Bedenken dagegen geben. Der Botschafter stimmte zwar grundsätzlich zu, erklärte aber, der jetzige Moment sei „ungeeignet für die Einleitung weiterer Kontrollmaßnahmen an der Grenze zu West-Berlin". Der geplante Schritt könne „eine unnötige Komplikation der Lage hervorrufen" und die sowjetische „Position in Zusammenhang mit den in Gang kommenden Verhandlungen zwischen UdSSR und USA erschweren".[60]

Chruschtschow hakte nach mit der Aufforderung, ihm keine Schwierigkeiten zu bereiten. Nach der Sicherung der Grenzen zu West-Berlin und angesichts bevorstehender Verhandlungen mit den USA sollten alle „Schritte vermieden werden, die die Situation verschärfen könnten, besonders in Berlin." Vor allem sei „angebracht, sich neuer Maßnahmen zu enthalten, die die von der Regierung der

---

[54] M. Pervuchin an A. A. Gromyko, 26. 8. 1961, AVPRF, 0742, 6, 17, 4, Bl. 95–97. Ähnlich im Gespräch mit dem französischen Stadtkommandanten: M. Pervuchin an V. S. Smirnov, 5. 9. 1961, AVPRF, 0742, 6, 17, 4, Bl. 100–103.

[55] B. W. Menning, a.a.O., S. 54 f.

[56] Ebd., S. 56.

[57] Hierzu näher J. E. Smith, Lucius Clay, a.a.O., S. 654–658; W. R. Smyser, a.a.O., S. 168–170.

[58] N. S. Chruščëv an W. Ulbricht, 28. 9. 1961, SAPMO-BArch, DY 30/3509, Bl. 106.

[59] W. Ulbricht an N. S. Chruščëv, 16. 9. 1961, SAPMO-BArch, DY 30/3509, Bl. 103.

[60] B. W. Menning, a.a.O., S. 58.

DDR errichtete Kontrollordnung an der Grenze mit Westberlin verändern würden."[61] Ulbricht dachte weiter daran, den westlichen Diplomaten den freien Zutritt zu Ost-Berlin zu verwehren. Der Kreml ließ dies nicht zu mit dem Argument, dann würden die Westmächte den sowjetischen Besuchen in West-Berlin
Hindernisse in den Weg legen.[62] Gleichwohl bestand der SED-Chef in einem Gespräch mit Mikojan am 7. Oktober unbeirrt darauf, er müsse über den westlichen
Zutritt zur „Hauptstadt der DDR" uneingeschränkt entscheiden. Die Bewegungsfreiheit der Amerikaner in Ost-Berlin wirke auf die Bevölkerung demorali-
sierend und lasse sie an der Durchsetzungsfähigkeit sozialistischer Macht zwei-
feln. Die DDR werde die Verletzung ihrer Souveränität durch die USA nicht mehr
lange hinnehmen, wolle aber während der laufenden Verhandlungen zwischen ihnen und der UdSSR zunächst auf Maßnahmen verzichten. In Moskau war man
beunruhigt. Am 19. Oktober empfahlen der Außen- und der Verteidigungsminister dem Kremlchef in einer gemeinsamen Stellungnahme, Ulbricht zu empfehlen,
keine neuen Schritte ohne vorherige Erörterung mit der sowjetischen Seite zu unternehmen. Er solle ihn davon in Kenntnis setzen, daß die Amerikaner nach vorliegenden Informationen es darauf abgesehen hätten, möglichst viele Zwischenfälle mit der Volkspolizei zu provozieren. Daher müsse diese zu Zurückhaltung
angehalten werden. Zudem erhielt Chruschtschow den Rat, zwecks Konfliktver-
hütung an der Grenze zu West-Berlin mit Funkgeräten ausgerüstete sowjetische
Offiziere patrouillieren zu lassen. Bei Vorkommnissen, bei denen Militärpersonal
der Westmächte beteiligt sei, sollten sie das Oberkommando sofort unterrichten,
das dann rasch eine Untersuchung des Vorfalls vor Ort zu veranlassen habe.[63]

Zuspitzung des Konflikts

Clay zog aus der auffallenden Zurückhaltung der DDR an der Sektorengrenze
den Schluß, der Kreml wolle es nicht auf einen militärischen Konflikt ankommen
lassen. Durch entschlossenes Vorgehen könne man ihn dazu bringen, für die
uneingeschränkte Respektierung der westlichen Rechte zu sorgen. Er wollte
Chruschtschow die Möglichkeit nehmen, sich weiter hinter der – vorgeblich in
voller Unabhängigkeit entscheidenden – DDR zu verstecken und seine Verantwortung für deren Handeln in Abrede zu stellen. Anders als Kennedys Ratgeber
war er davon überzeugt, das Risiko einer militärischen Eskalation werde den sowjetischen Führer verunsichern und im gewünschten Sinne beeinflussen. Unter
dem Eindruck drohender Kriegsgefahr werde dieser nicht tatenlos zusehen, wie
Ulbricht den Westen herausfordere, und ihn zügeln, um einem bewaffneten Konflikt zu entgehen. Clay besaß das Vertrauen des Präsidenten und erhielt dessen
Billigung.[64] Kennedy war überzeugt, der Ruf uneingeschränkter Entschlossenheit

[61] N. S. Chruščev an W. Ulbricht, 28. 9. 1961, SAPMO-BArch, DY 30/3509, Bl. 106.
[62] Gespräch M. G. Pervuchin – Honecker, 3. 10. 1961, RGANI, 5, 49, 376 (rolik 8978), Bl. 120f.
[63] B. W. Menning, a.a.O., S. 59.
[64] Telegram From the Department of State to the Mission in Berlin, 18. 10. 1961, in: Foreign Relations of the United States (FRUS) 1961–1963, Bd. XIV: Berlin Crisis 1961–1962, Washington 1993,
S. 508 f.; Letter From the President's Special Representative in Berlin to President Kennedy, 18. 10.

zur Verteidigung der eigenen Rechte sei für die künftigen Verhandlungen mit der UdSSR äußerst wichtig.[65]

Am 22. Oktober wollte ein hoher Beamter der USA den Checkpoint Charlie passieren. Als ihn die DDR-Polizei anhielt, verweigerte er das Vorzeigen des Ausweises und wurde daraufhin nicht durchgelassen. Der ostdeutsche Posten war auch nicht bereit, gemäß früherer Praxis einen Vertreter der UdSSR herbeizurufen. Clay reagierte mit der Entsendung eines Trupps Soldaten. Als die Durchfahrt auch dann noch nicht freigegeben wurde, begleiteten die Soldaten das Fahrzeug über die Sektorengrenze, ohne auf Widerstand zu stoßen. Ein Offizier der östlichen Besatzungsmacht erklärte danach den Amerikanern, die vorangegangene Zurückweisung sei ein Fehler gewesen. Am Abend konnte der Übergang ohne Schwierigkeiten benutzt werden.[66] Die militärische Eskorte, mit der die USA ihren Zivilbediensteten den Zutritt ermöglichten, ließ den Kreml eine Verschärfung der Situation befürchten, die den Westmächten gegen die angestrebten Verhandlungen über den Friedensvertrag gerichtete „Provokationen" erleichtere. Moskauer Mißmut über das eigenmächtige ostdeutsche Vorgehen verhinderte nicht, daß das DDR-Innenministerium am 24. Oktober eine Verordnung erließ, die den Konflikt um den Zutritt nach Ost-Berlin anheizte. Es war von zunehmenden, in „provokatorischer" Form erfolgenden „Verletzungen der staatlichen Ordnung am Grenzkontrollpunkt Friedrichstraße durch Angehörige der USA-Besatzungsmacht" und von zahlreichen amerikanischen Übergriffen und Willkürakten die Rede. Der „angebliche" Chef der Militärpolizei habe als angetrunkener Rowdy einen Polizisten angefahren und krankenhausreif gemacht. Zur Verhinderung solcher Vorkommnisse seien die Sicherheitsorgane angewiesen worden, ausländische Staatsbürger nur „nach Vorweisen ihres Passes passieren zu lassen."[67]

Clay nahm weder Maßnahme noch Beschuldigung hin. Aus seiner Sicht kam es darauf an, die UdSSR zur Anerkenntnis ihrer Verantwortung für das ostdeutsche Vorgehen zu nötigen. Er schickte zwei Soldaten in Zivil an den Checkpoint Charlie, wo ihnen aufgrund der DDR-Verordnung die Durchfahrt verweigert wurde. Der herbeigerufene hochrangige Vertreter der Sowjetunion erklärte das für rechtens. Obwohl Chruschtschow von den Ministern des Auwärtigen und der Verteidigung geraten worden war, Ulbricht zum Verzicht auf Maßnahmen zu bewegen, die den „Erfordernissen des Augenblicks" nicht entsprächen,[68] hielt er es für richtig, sich gegenüber den Amerikanern hinter den SED-Chef zu stellen.[69] Gromyko mußte sogar beim Botschafter der USA in Moskau Beschwerde darüber führen, daß „unbekannte Personen in Zivil" versucht hätten, mit einem amerikanischen Fahrzeug in Ost-Berlin einzudringen, ohne gemäß bestehender Ordnung einen

1961, ebd., S. 509–513; Telegram From the Department of State to the Mission in Berlin, 3. 11. 1961, ebd., S. 553 f. Vgl. W. R. Smyser, a.a.O., S. 170 f.

[65] J. E. Smith, Lucius Clay, a.a.O., S. 642 f., 651–654.
[66] E. Lightner an Department of State, 23. 10. 1961, in: FRUS 1961–1963, XIV, S. 524 f.
[67] Mitteilung des Ministeriums des Innern zur wachsenden Zahl von Grenzverletzungen, in: Neues Deutschland, 24. 10. 1961.
[68] B. W. Menning, a.a.O., S. 59 f.
[69] V. M. Zubok, Khrushchev's Motives, a.a.O., S. 27 f.

Ausweis zu zeigen.[70] Clay hielt es zwar grundsätzlich für kein Unglück, wenn sich zivile Repräsentanten der Westmächte ausweisen mußten, meinte aber, man dürfe nicht unter Druck eine neue Praxis akzeptieren, die für die DDR nur der erste Schritt zur Aufhebung der westlichen Rechte in Ost-Berlin insgesamt sei.[71]

Konfrontation am Checkpoint Charlie

Der amerikanische General ging davon aus, die sowjetische Führung werde die Dinge nicht laufen lassen, wenn sie das Entstehen eines militärischen Konflikts befürchte. Daher suchte er im Kreml den Eindruck zu erwecken, als wollten es die USA auf eine bewaffnete Auseinandersetzung ankommen lassen. Er ließ am Checkpoint Charlie zehn Panzer auffahren, die teilweise mit Räumgerät ausgestattet waren und mithin den Auftrag zu haben schienen, die Hindernisse auf dem Weg in den Sowjetsektor gewaltsam zu beseitigen. Dann schickte er eine Eskorte, die ein aufgehaltenes Fahrzeug über die Grenze hin- und wieder zurückgeleitete. Am folgenden Nachmittag wiederholte er die Aktion. Nachdem der amerikanische Wagen seine Fahrt in den Ostsektor beendet hatte, rückten die Panzer näher an den Übergang heran. Wie vorausgesehen, fürchtete Chruschtschow, die Grenzsperren sollten entfernt werden. Das wollte er keinesfalls zulassen und darauf notfalls mit Gewalt antworten.[72] Auf seinen Befehl hin brachte Marschall Konew einige Häuserblocks entfernt seinerseits Panzer in Stellung. Durch Abdecken der Sowjetsterne suchte er den Eindruck zu erwecken, es handele sich um DDR-Kräfte, doch ließen sich die Amerikaner nicht täuschen. Nun führte Clay seine Panzer ganz dicht an den Checkpoint heran. Konew sah sich nun ebenfalls genötigt, seine Panzer ganz nahe heranzuholen.[73] Damit hatte der amerikanische General sein Ziel erreicht: Vor aller Welt war klargestellt, daß die UdSSR, nicht die DDR das östliche Vorgehen in der geteilten Stadt bestimmte. Der Kreml konnte sich nicht länger durch den Hinweis auf das vorgeblich eigenständige Handeln des ostdeutschen Verbündeten aus der Verantwortung stehlen.[74]

---

[70] Erklärung Gromykos gegenüber Thompson, 27. 10. 1961, SAPMO-BArch, DY 30/3509, Bl. 217–219. Vgl. Telegram From the Embassy in the Soviet Union to the Department of State, 27. 10. 1961, in: FRUS 1961–1963, XIV, S. 541–543.

[71] Telegram From the Mission in Berlin to the Department of State, 24. 10. 1961, ebd., S. 532–534. Clays Vermutung, daß es der SED-Führung entscheidend darauf ankomme, vor Verhandlungsbeginn die westlichen Rechte in Ost-Berlin zu kassieren, wird bestätigt durch das Schreiben Ulbrichts an Chruščëv vom 30. 10. 1961 (SAPMO-BArch, NY 4182/1206, Bl. 32–34, 36–38.

[72] V. M. Zubok, Khrushchev's Motives, a.a.O., S. 27 f. In gleichem Sinne die auf Akten der sowjetischen Führung beruhende Angabe von A. A. Fursenko, Kak byla postroena berlinskaja stena, in: Istoričeskie zapiski, 4/2001 (122), S. 81 f., das Auffahren der amerikanischen Panzer am Checkpoint Charlie sei als Einleitung einer militärischen Operation aufgefaßt worden.

[73] E. Lightner an Department of State, 24. 10. 1961, in: FRUS 1961–1963, XIV, S. 532–534; Memorandum von F. Kohler für D. Rusk, 24. 10. 1961, in: FRUS 1961–1963, XIV, S. 535; E. Lightner an Department of State, 25. 10. 1961, in: FRUS 1961–1963, XIV, S. 537–539; W. R. Smyser, a.a.O., S. 172–175; J. E. Smith, Lucius Clay, a.a.O., S. 659–661.

[74] Editorial Note [über Erklärung von General Clay auf einer Pressekonferenz am 27. 10. 1961], in: FRUS 1961–1963, XIV, S. 544. Vgl. Letter From the President's Special Representative in Berlin to President Kennedy, 18. 10. 1961, ebd., S. 509–513.

Clays Vorgehen ließ Konew befürchten, die Panzerkonfrontation könnte zum Schußwechsel und Krieg führen. Er ersuchte daher Chruschtschow um die Weisung zur Deeskalation des Konflikts. Der Kremlchef war ebenfalls nervös[75] und gab ohne weiteres den erbetenen Befehl. Der sowjetische Marschall zog daraufhin seine Panzer ein kleines Stück zurück.[76] Clay folgte dem Beispiel. Beide Seiten rückten schrittweise auseinander, bis der Schauplatz völlig geräumt war.[77] Obwohl die akute Spannung damit vorüber war, blieb der Kremlchef weiterhin besorgt. Als erstes verstärkte er die Kontrolle über das Vorgehen der DDR.[78] Ulbricht, der gerade in Moskau weilte, erhielt überdies den Hinweis, es sei nicht „zweckmäßig", der Auseinandersetzung über den Zutritt der westlichen Amtspersonen Aufmerksamkeit in der Presse zu widmen. Von „übertriebener" Polemik sei Abstand zu nehmen; nur vom prinzipiellen Recht der DDR zu Kontrollen an der Grenze zu West-Berlin dürfe die Rede sein. Der SED-Chef versicherte seinen Leuten, die UdSSR trete trotzdem voll für eine Überwachung der Grenze durch die Volkspolizei ein. Es werde die „Lösung noch anderer Probleme" vorbereitet, doch sei im Augenblick Zurückhaltung geboten, „damit uns andere Maßnahmen nicht unnötig erschwert werden."[79]

Chruschtschow wandte sich über einen Mittelsmann an Kennedy, um ihn vom Erfordernis einer Entspannung des wechselseitigen Verhältnisses zu überzeugen.[80] Der Präsident antwortete, auch er wolle die Beziehungen verbessern. Das ließ den sowjetischen Führer fortan vermuten, der amerikanische General habe eigenmächtig gehandelt.[81] Das traf zwar nicht zu, befestigte aber das Vorurteil des Kremlchefs, es gebe mächtige „aggressive und militaristische Kräfte" in den USA, die den Präsidenten (den er nach wie vor für schwach hielt) unter Druck setzten. Personen in Kennedys Umgebung, die Clays Vorgehen verurteilten, und Macmillan, der dem Geschehen am Checkpoint Charlie mit blankem Entsetzen zugesehen hatte, bestärkten Chruschtschow in der Meinung, der General habe unautorisiert gehandelt.[82] Es war daher kein Zufall, daß die DDR-Polizei ab Mitte November wiederholt erneut Ausweiseinsicht verlangte und der sowjetische Stadtkommandant den Protest abwies mit der Begründung, die amerikanische Seite müsse sich damit an die zuständigen DDR-Behörden wenden.[83]

---

[75] N. S. Chruščëv, Vremja, ljudi, vlast', Bd. 4, Moskau 1999, S. 493 f.; Sergej Chruščëv, Nikita Chruščëv. Krizisy i rakety. Vzgljad iznutri, Bd. 2, Moskau 1994, S. 140; Sergej Chruschtschow, Die Geburt einer Supermacht. Ein Buch über meinen Vater, Klitzschen 2003, S. 394–396.

[76] Dazu näher Aleksej Adžubej, Te desjat' let, Moskau 1989, S. 238.

[77] W. R. Smyser, a.a.O., S. 175 f.

[78] V. Zubok, Berlin Crisis, 1958–1962: New Evidence from Soviet Archives, Entwurf für die Konferenz des Cold War International History Project in Moskau, Januar 1993, S. 37.

[79] W. Ulbricht (Moskau) an H. Matern, 27. 10. 1961, SAPMO-BArch, DY 30/3291, Bl. 70.

[80] Hierzu näher Michael R. Beschloss, The Crisis Years. Kennedy and Khrushchev 1960–1963, New York 1991, S. 334 f.

[81] S. Chruščëv, Krizisy i rakety, a.a.O., S. 140; Aktenvermerk über Gespräch Krolikowski – Žiljakov in Moskau, 19. 1. 1962, PA-MfAA, G-478, Bl. 27.

[82] W. S. Smyser, a.a.O., S. 177. Der Glaube, Clay habe sich mit seinem Verhalten in Widerspruch zu den Absichten des Präsidenten gesetzt, der sich ja stets um einen Interessenausgleich mit der UdSSR bemühte, war weit in den – fast durchweg mit dem Vorgehen des Generals nicht einverstandenen – Washingtoner Regierungskreisen verbreitet, vgl. die Darstellung bei J. C. Ausland, a.a.O., S. 29–41.

[83] R. Malinovskij/M. Zacharov an das ZK der KPdSU, 22. 11. 1961, RGANI, 5, 30, 368 (rolik 4633), Bl. 63 f.

Wachsende sowjetische Enttäuschung über die Wirtschaftsleistung der DDR

Durch das Entgegenkommen, zu dem die USA bereit schienen, sah sich Chruschtschow in der Gewißheit bestätigt, daß Verhandlungen die beste Möglichkeit zur Erreichung seiner Ziele böten.[84] Zudem ließen ihm die ökonomischen Probleme der DDR eine „Pause" im Kampf um den Friedensvertrag ratsam erscheinen. Wenn man die Konfrontationspolitik wiederaufnehmen wolle, müsse sich die ostdeutsche Wirtschaft zuvor aus der Abhängigkeit von den Lieferungen der Bundesrepublik befreit haben. Für Ulbrichts Einwand, mit Rücksicht auf die Erwartungen der Bevölkerung müsse man das gesteckte Ziel unnachgiebig weiterverfolgen, hatte der sowjetische Führer kein Verständnis. Ob es denn dem SED-Chef die Sache erleichten würde, wenn er sich einer Handelsblockade des Westens gegenübersähe? Als der SED-Chef erklärte, er könne den Wirtschaftsplan nicht erfüllen, erhielt er die unwirsche Antwort, dafür könne er nicht Adenauer verantwortlich machen.[85]

Chruschtschows Mißmut über die unzureichende ökonomische Leistung der DDR und der daraus erwachsende Mangel an Standfestigkeit war seitdem ein Dauerthema des Dialogs mit Ulbricht. Der sowjetische Führer wurde ungeduldig, als sich die Erwartung vom Sommer nicht erfüllte, die Sperrung der Sektorengrenze werde eine rasche Lösung der Wirtschaftsprobleme nach sich ziehen. Ende Oktober bat der SED-Chef um Freigabe der Sonderreserve, die der Kreml für den Fall eines westlichen Embargos bei Abschluß des Separatvertrags bereitgestellt hatte.[86] Chruschtschow reagierte mit Empörung. Er tadelte das kommunistische Regime in Ost-Berlin, weil es die Ökonomie nicht in Ordnung zu bringen vermöge und die UdSSR dauernd mit außergewöhnlichen Hilfeersuchen behellige. Vor diesem Hintergrund war er weniger denn je bereit, Ulbrichts Verlangen nach Abschluß des Separatvertrags zu entsprechen. Die Goldreserve der UdSSR sei nicht dazu da, um für die Folgen einer wirtschaftlichen Blockade des Westens aufzukommen.[87] Mitte November berichtete die Ost-Berliner Sowjetbotschaft nach Moskau, die DDR habe sich noch immer nicht stabilisiert.[88] Der Kremlchef bemängelte, weder habe die Umorientierung auf die UdSSR Fortschritte gemacht, noch sei die Abhängigkeit von westdeutschen Lieferungen überwunden.[89] Anfang 1962 räumte Ulbricht ein, ungeachtet aller politischen Bedenken könne er vorerst

---

84 Schon in seinen Ausführungen vor dem Plenum des Politischen Konsultativkomitees am 4. 8. 1961 hatte er gegenüber dem drängenden Ulbricht geltend gemacht, daß man zunächst noch einmal versuchen solle, mit dem Westen zu einem Einvernehmen über den Friedensvertrag zu kommen, man sich zur Konfrontation entschließe. Verhandlungen – damals noch als Vier-Mächte-Konferenz gedacht – seien als „vorbereitende Maßnahme" akzeptabel, welche die bestehende Lage nicht [zum Schlechteren] ändere (Novaja i novejšaja istorija, 2/1999, S. 73). Nach dem damals beschlossenen Maßnahmeplan war dafür allerdings nur ein Monat, der September 1961, vorgesehen.

85 A. A. Fursenko, a.a.O., S. 85. Vgl. W. Ulbricht an N. S. Chruščev, 16. 9. 1961, SAPMO-BArch, DY 30/3509, Bl. 103.

86 W. Ulbricht an N. S. Chruščev, 30. 10. 1961, SAPMO-BArch, NY 4182/1206, Bl. 41–44.

87 A. A. Fursenko, a.a.O., S. 85 f.

88 V. M. Zubok, Khrushchev's Motives, a.a.O., S. 34.

89 Botschafter Dölling an O. Winzer, 17. 11. 1961, PA-MfAA, G-A 478, Bl. 21 f.

noch nicht auf den innerdeutschen Handel verzichten. Er hoffe aber, diese Schwäche künftig durch enge ökonomische Verflechtung mit der UdSSR zu überwinden.[90]

Beginnende Berlin-Gespräche mit den USA

In der Annahme, die Grenzschließung zeige Bereitschaft zur Hinnahme der westlichen Berlin-Präsenz an, glaubte Kennedy schon im August an das Bestehen guter Voraussetzungen für eine Übereinkunft. Chruschtschow halte nicht länger an
seinen Maximalzielen fest; die Chance zu einem guten Kompromiß, der bei den
Gesprächen in Wien nicht möglich gewesen war, sei nunmehr gegeben. Sobald
sich der Schock in West-Berlin gelegt hatte und die Lage damit stabilisiert schien,
ergriff der Präsident Anfang September im Einvernehmen mit Macmillan die Initiative zu Verhandlungen mit der UdSSR. Er war entschlossen, sich über die Bedenken in Paris und Bonn hinwegzusetzen. Das war freilich nicht unproblema-
tisch. Wenn Kennedy nicht von vornherein die Einheit der Allianz gefährden und
die zwei Hauptmächte auf dem europäischen Kontinent zum Ausscheren, vielleicht sogar zu einem separaten Arrangement mit der Sowjetunion veranlassen
wollte, dann mußten er den Eindruck vermeiden, daß er die Berlin-Frage bilateral
mit dem Kreml über die Köpfe der Verbündeten hinweg entscheiden wollte. Den
Verhandlungen durfte daher nur der Charakter von Sondierungsgepräche beigelegt werden, deren Ergebnis der Billigung durch die Bundesgenossen bedurfte.
Der amerikanische Präsident war zu dieser Einschränkung bereit in der Gewißheit, daß eine zwischen den USA und der UdSSR geschlossene Vereinbarung hinterher nicht mehr zu kippen sein werde.[91]

Chruschtschow ging darauf gerne ein in der Überzeugung, daß es sich der Sache nach nicht bloß um einleitende Vorgespräche handeln werde. Ungeachtet aller
formellen Vorbehalte, würden die Entscheidungen im Dialog mit den USA bereits
faktisch getroffen werden. In anschließenden Vier-Mächte-Verhandlungen würden diese dann lediglich formell bestätigt werden. Aufgrund der Verhältnisse im
sozialistischen Lager hielt er es für undenkbar, daß die Verbündeten wesentliche
Änderungen an der von der Führungsmacht bereits gebilligten Übereinkunft vor-
nehmen könnten. Er wies Gromyko an, einen bevorstehenden USA-Aufenthalt
anläßlich eines Auftritts in der UNO-Vollversammlung zu nutzen, um Näheres
über die amerikanische Haltung zu erfahren. Er sollte gegenüber Außenminister
Rusk das Interesse der UdSSR an einer Übereinkunft betonen, auf die Wahl einer
möglichst hohen Verhandlungsebene dringen sowie auf rasche Ergebnisse und die
Hinzuziehung von Vertretern beider deutscher Staaten dringen. Zugleich war
klarzustellen, daß ein Vier-Mächte-Abkommen über Deutschland und Berlin insgesamt von vornherein nicht in Betracht kam. Die westlichen Bedenken gegen die
geforderte Freistadtregelung sollten durch nachdrückliche Hinweise auf die so-

---

[90] Zapis' besedy tt. M. G. Pervuchina i I. I. Il'ičëva s Pervym Sekretarëm CK SEPG V. Ul'brichtom
[9. 1. 1962], RGANI, 5, 49, 480 (rolik 9017), Bl. 12f.
[91] Memorandum of Conversation [zwischen den drei westlichen Außenministern], 14. 9. 1961,
FRUS 1961–1963, Bd. XIV, S. 405–408; C. Münger, a.a.O., S. 108–114.

wjetische Bereitschaft ausgeräumt werden, Garantien für den Erhalt der inneren Verhältnisse und die Wahrung der äußeren Unabhängigkeit West-Berlins zu geben.[92]

Der Kreml wollte die Erörterungen auf Friedensvertrag und „Normalisierung" der Lage in West-Berlin begrenzen. Falls die andere Seite dazu nicht bereit sei, konnte bei Festlegung der Agenda für die abschließenden Verhandlungen auf diesen Punkt verzichtet werden, doch sollte die Diskussion trotzdem nur auf diese beiden Fragen gelenkt werden. Die vorgesehene Hinzuziehung von Vertretern beider deutscher Staaten wurde entsprechend dem Verfahren auf der Genfer Außenministerkonferenz von 1959 vorgesehen. Mit dem drohenden Hinweis, daß die UdSSR andernfalls mit der DDR separat Frieden schließen werde, wollte man die USA zu schneller Entscheidung drängen. Wesentliche sowjetische Zugeständnisse wurden nicht ins Auge gefaßt. Die innere Autonomie West-Berlins und der ungehinderte Zugang sollten wie zuvor nur auf zu vereinbarenden Garantien und Zusagen der Regierungen in Moskau und Ost-Berlin beruhen.

Neu war der Vorschlag, die Westmächte müßten sich nicht unbedingt am Friedensschluß mit beiden deutschen Staaten beteiligen. Eine einvernehmliche Regelung könne auch so aussehen, daß die UdSSR zusammen mit anderen dazu bereiten Ländern den Friedensvertrag mit der DDR unterzeichneten. Es würde genügen, wenn die westlichen Staaten den Vertrag mit Bonn gemeinsam mit der Sowjetunion schlössen, deren Vereinbarungen mit der DDR in aller Form akzeptierten und die deutschen Grenzen als unverrückbar anerkannten. Die USA sollten zudem damit einverstanden sein, daß die zwei deutschen Staaten vertraglich auf Nuklear- und Raketenwaffen zu verzichten hatten und daß ihnen ein Gewaltverbot bei wechselseitigen Konflikten auferlegt wurde. Das zielte darauf ab, die Bundesrepublik zum Verzicht auf das Verlangen nach nationaler Einheit und zur förmlichen Anerkennung des SED-Staates zu zwingen. Damit sollte auch die Blockade aufgehoben werden, welche die Bundesregierung gegen die Aufnahme diplomatischer Beziehungen zu Ost-Berlin durch dritte Staaten verhängt hatte. Kernstück des Forderungskatalogs war die völlige Beseitigung des westlichen Besatzungsregimes und des damit verbundenen Rechts auf Berlin-Präsenz und Berlin-Zugang. Der ostdeutschen Souveränität sollte im Blick auf West-Berlin und seine bisherigen Schutzmächte keine Grenze gesetzt sein. Wenn die Westmächte den Friedensvertrag mit der DDR nicht unterschreiben wollten, sollte das für die Gültigkeit der darin getroffenen Regelungen unerheblich sein.[93]

Chruschtschow übermittelte Kennedy seinen Standpunkt und hob als großes Entgegenkommen hervor, daß die UdSSR nicht auf der Beteiligung der USA am Friedensvertrag mit der DDR bestehe. Er suchte den Präsidenten davon zu überzeugen, daß die Umwandlung West-Berlins in eine „Freie Stadt" zusammen mit der sowjetischen Garantie für die Aufrechterhaltung dieses Status die Freiheit, Unabhängigkeit und Entfaltung der dortigen Bevölkerung optimal gewährleisten

---

[92] Direktive für Gespräche der sowjetischen Delegation zur XVI. Sitzung der UNO-Vollversammlung mit D. Rusk, o.D. [2. Septemberhälfte 1961], AVPRF, 0129, 45, 329, 13, Bl. 49–53.

[93] Ukazanija k peregovoram SSSR s SŠA, Angliej i Franciej (Entwurf von V. Semënov/S. Lapin/I. Il'ičëv/G. Tunkin für A. Gromyko), 4. 9. 1961, AVPRF, 0742, 6, 46, 36, Bl. 81–91). Die Weisung wurde am 17. 10. 1961 und 4. 11. 1961 ohne wesentliche Änderungen erneuert.

würde. Damit verband er den alten Vorschlag, daß für eine gewisse Zeit an die Stelle der westlichen Garnison entweder Truppen der Westmächte und der UdSSR oder Kontingente aus neutralen Ländern oder Soldaten westlicher, östlicher und dritter Staaten unter UNO-Flagge treten könnten. Es kam ihm mithin allein darauf an, daß die Besatzungsrechte – das heißt der westliche Anspruch auf Anwesenheit in West-Berlin und auf den damit verbundenen Zugang – durch die Friedensverträge mit beiden deutschen Staaten ihre Geltung verloren. Die DDR sollte auf ihrem Gebiet uneingeschränkte Souveränität ausüben, also den Land- und Luftverkehr zwischen West-Berlin und der Bundesrepublik nach Gutdünken bestimmen.[94]

Rusk gab in den beiden ersten Unterredungen mit Gromyko zu verstehen, daß es den USA vor allem anderen auf die Behauptung der Position in Berlin ankam. Der sowjetische Außenminister hielt demgegenüber an den bisherigen Forderungen fest und ließ nur die angebotenen Formvarianten als akzeptabel gelten. Er betonte, die geforderte Respektierung der ostdeutschen Souveränität werde die Amerikaner weder zur Aufnahme diplomatischer Beziehungen zur DDR noch zum Abschluß eines Friedensvertrags mit ihr verpflichten. Mit dem Bemerken, man wolle „strikteste Garantien für den Zugang" nach West-Berlin geben, schien er Konzessionen anzudeuten. Dabei vermied er, auf Rusks kategorisches Verlangen nach Anerkennung originärer westlicher Berlin-Rechte irgendwie einzugehen, sondern forderte kategorisch, allen Vereinbarungen müsse das Prinzip der uneingeschränkten DDR-Souveränität zugrunde liegen. Besatzungsbefugnisse waren demnach von vornherein ausgeschlossen. Der amerikanische Außenminister nahm den Anspruch auf volle DDR-Souveränität unwidersprochen hin. Auch unterließ er es, gegen die Charakterisierung West-Berlins als einer „selbständigen unabhängigen Einheit" Stellung zu nehmen. Er räumte ein, die Lage in der Teilstadt sei „nicht völlig zufriedenstellend".[95]

Moskauer Hoffnungen auf ein Einlenken Washingtons

Das ließ in Moskau den Eindruck entstehen, daß auch die amerikanische Regierung den Status quo für änderungsbedürftig hielt. Sie werde, so hoffte die sowjetische Führung, über die östlichen Berlin-Forderungen mit sich reden lassen. Das zusätzlich unterbreitete Angebot der USA, Vereinbarungen über Abrüstung und nukleare Nichtverbreitung zu schließen, schien verlockend. Davon erhoffte sich der Kreml vor allem, daß die USA den Westdeutschen jeden Zugang zu Kernwaffen verwehren würden. Hoffnung schöpfte Chruschtschow auch aus McCloys Bemerkung, der Berlin-Verkehr müsse „nicht notwendigerweise auf der Grund-

---

[94] N. S. Chruščëv an J. F. Kennedy, 28. 9. 1961, AVPRF, 0129, 45, 329, 12, Bl. 72–89.
[95] Zapis' besedy tov. Gromyko A. A. s Gosudarstvennym sekretarëm SŠA Raskom v N'ju Iorke, 27. 9. 1961, AAN, KC PZPR XI A/79, Bl. 357–370; Zapis' besedy tov. Gromyko A. A. s Gosudarstvennym sekretarëm SŠA Raskom v N'ju Iorke, 30. 9. 1961, AAN, KC PZPR XI A/79, Bl. 371–379; Telegram From the Department of State to the Embassy in France, 28. 9. 1961, ebd., S. 439–441; Telegram From the Department of State to the Embassy in France, 2. 10. 1961, ebd., S. 456–460.

lage des Besatzungsregimes" gesichert werden.[96] Kennedy verstärkte die sowjetischen Erwartungen, als er am 6. Oktober nicht nur Gromyko zum Gespräch empfing, sondern auch die drei *essentials* seiner Rede vom 25. Juli – westliche Präsenz in West-Berlin, Zugang dorthin und Lebensfähigkeit der Stadt – zu relativieren schien. Die UdSSR, so führte der Präsident aus, spreche von der Freiheit West-Berlins, von garantiertem Zugang, von Respektierung der DDR-Souveränität und der Angelegenheit der Grenzen. Es gehe nun darum, dies zu präzisieren. Dann werde man sehen, welche Gewähr es auf dieser Grundlage für die Fortdauer der westlichen Rechte gebe, und eine genauere Vorstellung davon erhalten, was die sowjetische Seite unter „Freiheit" und „garantiertem Zugang" verstehe.[97] Aus Moskauer Sicht deutete sich damit die Bereitschaft der Amerikaner an, nicht mehr auf der Fortdauer des Besatzungsregimes zu bestehen, sondern gegebenfalls auch vertragliche Zusagen für West-Berlin zu akzeptieren.

Die sowjetische Führung kam zu dem Schluß, die entschiedene Vertretung ihres Standpunkts habe im Westen „nicht den mindesten Schatten eines Zweifels" daran gelassen, daß sie den Friedensvertrag durchsetzen werde. Die westlichen Regierungen seien zur Unterzeichnung zwar nicht bereit, hätten aber begriffen, daß sie den Abschluß mit der DDR nicht verhindern könnten und daß dieser nicht ohne Folgen für West-Berlin und ihre dortige Position bleiben werde. Daher suchten sie nach einem Ausweg auf der Basis eines Kompromisses, wie sie bei jeder Gelegenheit betonten. Ihre Vorschläge zielten darauf ab, eine Verständigung über die Situation herbeizuführen, die nach Abschluß des Friedensvertrages entstehe. Präsenz und Zugang seien mithin für den Westen die entscheidenden Fragen. Auffälligerweise spreche man nicht mehr vom Besatzungsregime; die USA und Großbritannien seien augenscheinlich bereit, eine andere Rechtsbasis zu akzeptieren. Damit war nach Moskauer Ansicht eine annehmbare Verständigungsgrundlage gegeben. Dahinter stand die Erwartung, daß die vom Kreml angebotenen Garantien und Zusagen zu einer Übereinkunft führen würden, ohne daß man Zugeständnisse in der Sache machen müsse.[98]

Abrücken vom Friedensvertragstermin

Chruschtschow sah sich durch Zweifel an der ökonomischen Standfestigkeit der DDR im Falle einer Ost-West-Konfrontation und durch die Hoffnung auf amerikanisches Einlenken in der Absicht bestärkt, einen direkten Konflikt mit den USA zu vermeiden. Deshalb war er bereit, ihrem Standpunkt zu entsprechen, daß Verhandlungen unter dem Druck eines Ultimatums nicht in Betracht kämen. Am 19. September gab er gegenüber NATO-Generalsekretär Spaak zu erkennen, er habe „keine besondere Eile" mit dem Friedensvertrag, wenn man dadurch Zeit für diplomatische Gespräche über die Berlin-Frage gewinne. Die angestrebte Frie-

---

[96] Entwurf des sowjetischen Außenministeriums für ein Schreiben Chruščëvs an J. McCloy, 25. 9. 1961, AVPRF, 0129, 45, 329, 12, Bl. 43.
[97] Memorandum of Conversation [Kennedy – Gromyko], 6. 10. 1961, FRUS 1961–1963, XIV, S. 468–480, hier S. 468 f.
[98] Beschluß des ZK der KPdSU, 21. 10. 1961, AVPRF, 0742, 6, 46, Bl. 93–103.

densregelung sei „an kein bestimmtes Datum gebunden". Die Lösung der Probleme dürfe jedoch nicht „auf unbestimmte Zeit verschoben" werden.[99] Gromyko bestätigte dem Präsidenten Anfang Oktober, daß die Frist von Ende Dezember kein Hindernis für Verhandlungen sei. Unter ausdrücklicher Berufung auf Chruschtschow erklärte er, es gebe „kein schicksalhaftes Datum". Es sei nur wichtig, daß die Verhandlungen „in einer möglichst guten Atmosphäre" stattfänden und zur „besten Lösung" führten. Natürlich dürften sie nicht künstlich hinausgezögert werden.[100]

Auch in der Öffentlichkeit deutete sich an, daß der Kreml nicht länger auf einem festen Termin bestand. Den Bekenntnissen zu Friedensvertrag und Freistadtregelung beim DDR-Gründungstag am 7. Oktober fehlte der bis dahin übliche Hinweis auf den Jahresendtermin.[101] Zehn Tage später machte Chruschtschow in seinem Rechenschaftsbericht an den XXII. KPdSU-Parteitag endgültig klar, daß er vom Ultimatum abgerückt war. Er betonte zwar, die sowjetische Regierung beharre weiterhin auf der „raschesten Lösung der deutschen Frage" und sei nicht willens, sie „ewig hinauszuschieben", fügte aber hinzu: „Wenn die Westmächte Bereitschaft zur Regelung des deutschen Problems zeigen, so wird die Frage der Termine der Unterzeichnung eines deutschen Friedensvertrages nicht solche Bedeutung haben. Wir werden dann nicht darauf bestehen, den Friedensvertrag unbedingt bis zum 31. Dezember 1961 zu unterzeichnen." Die Hauptsache sei, daß das Problem der Beseitigung der „Überreste des Zweiten Weltkriegs" überhaupt gelöst werde.[102]

Wie in früheren Jahren scheute Chruschtschow auch diesmal die Konfrontation, als es ernst wurde. Zwar war er im Sommer augenscheinlich willens gewesen, am Jahresende den Friedensvertrag gegebenenfalls separat mit der DDR abzuschließen, doch hatte er sich inzwischen anders besonnen. Um den Eindruck des Zurückweichens zu vermeiden, betonte er seine Entschlossenheit, keinerlei Zugeständnisse zu machen. Wie er in der Schlußansprache auf dem Parteitag am 27. Oktober erklärte, wollte er nicht zulassen, daß „Verhandlungen nur um der Verhandlungen willen geführt" würden. Es müsse um „echte Verhandlungen" gehen. Daher kam etwas anderes als die geforderte Regelung auf der Basis uneingeschränkter Kontrolle der DDR über die West-Berliner Verkehrswege von vornherein nicht in Betracht. Der in Washington erwogene Plan, für den Zugang nach

---

[99] Erinnerungsbericht von P.-H. Spaak über sein Gespräch mit N. S. Chruščëv am 19. 9. 1961, in: Dokumentation zur Deutschlandpolitik, IV, 7, 1. Hbbd., S. 481 f.

[100] Memorandum of Conversation [Kennedy – Gromyko], 6. 10. 1961, FRUS 1961–1963, XIV, S. 471 f.

[101] Rede von K. N. Rudnёv auf einer Veranstaltung der „Moskauer Öffentlichkeit", 5. 10. 1961, in: Pravda, 6. 10. 1961; Glückwunschbotschaft von N. S. Chruščëv und L. I. Brežnev an die DDR-Führung, 6. 10. 1961, in: Pravda, 7. 10. 1961/Neues Deutschland, 7. 10. 1961; Toast von M. A. Suslov auf dem Empfang der sowjetischen Botschaft in Ost-Berlin, 6. 10. 1961, in: Pravda, 7. 10. 1961; Rede von A. I. Mikojan in Ost-Berlin, 6. 10. 1961, in: Izvestija, 8. 10. 1961/Neues Deutschland, 7. 10. 1961 (auszugsweise auch in: Dokumente zur Deutschlandpolitik, hrsg. vom Bundesministerium für Innerdeutsche Beziehungen, IV. Reihe, Bd. 7, 2. Hbbd., Frankfurt/Main 1976, S. 673–676).

[102] Text: Pravda, 18. 10. 1961.

West-Berlin einen Korridor zu schaffen, war nach seinen Worten nichts als der Versuch, die Friedensregelung zu verschleppen.[103]

Als der Kreml auf das Berlin-Ultimatum verzichtete, mehrten sich die öffentlichen Anzeichen für ein wachsendes militärisches Stärkebewußtsein der USA. Hatte Kennedy im Wahlkampf vom Herbst 1960 noch der Eisenhower-Administration die vermeintliche „Raketenlücke" und damit Versagen im Rüstungswettlauf mit der UdSSR vorgehalten, so schätzte er die Lage mittlerweile ganz anders ein. Auf seine Anregung hin stellte Starjournalist Joseph Alsop am 25. September 1961 in der „Washington Post" fest, bei einer Neubewertung der strategischen Situation durch die Regierung habe sich bei der Sowjetunion ein erheblicher Rückstand der nuklearen Fäuhigkeit gezeigt.[104] Der stellvertretende amerikanische Verteidigungsminister Gilpatric erklärte am 21. Oktober, die USA hätten bei den strategischen Kernwaffen einen so großen Vorsprung, daß sie sogar nach einem sowjetischen Erstschlag die Überlegenheit behalten würden.[105] Der Anspruch des Kreml auf militärische Überlegenheit war unhaltbar. Die Hoffnung auf Einschüchterung des amerikanischen Widersachers war Illusion. Vielmehr sahen sich die Vereinigten Staaten in der besseren Position.

Damit war das sowjetische Kalkül in Frage gestellt, Washington mittels Druck zum Eingehen auf die Berlin-Forderungen zu veranlassen. Der Kreml suchte Gilpatrics Aussage vergeblich durch eine Erklärung von Verteidigungsminister Malinowskij zu entkräften, die amerikanischen Berechnungen seien fehlerhaft und Washingtoner Drohungen hätten keinen Einfluß auf die Politik der UdSSR.[106] Vor diesem Hintergrund verfehlte die seit Juli vorbereitete, am 30. Oktober durchgeführte Zündung einer 50-Megatonnen-Superbombe[107] die beabsichtigte Drohwirkung. Chruschtschow wußte, daß, wie der amerikanischen Führung durch ihren Informanten Oberst Penkowskij ebenfalls bekannt war, die sowjetischen Streitkräfte aufgrund des Standes ihrer Vorbereitungen keinen großen Krieg gegen den Westen führen konnten.[108] Mit dem angedrohten Abschluß des separaten Friedensvertrags mit der DDR verband sich daher vollends ein unkalkulierbares Risiko.

Meinungsaustausch mit der SED-Führung

Ulbricht sah durch den Rückzieher Chruschtschows den lang gehegten Argwohn bestätigt, daß der Kremlchef untätig blieb, wenn es mit dem Abschluß des zuge-

---

[103] Text: Pravda, 28. 10. 1961.

[104] Biermann, John F. Kennedy, a.a.O., S. 146.

[105] J. C. Ausland, a.a.O., S. 14; Harald Biermann, Die Kuba-Krise: Höhepunkt oder Pause im Kalten Krieg? in: Historische Zeitschrift, Bd. 273 (2001), S. 638.

[106] Rede von Marschall Malinovskij auf dem XXII. KPdSU-Parteitag, 24. 10. 1961, in: Pravda, 25. 10. 1961.

[107] H. Biermann, a.a.O., S. 639, hält die Explosion für eine Reaktion auf die Erklärung Gilpatrics. Auch wenn nichts über die vorangegangene Beratung Chruščevs mit den sowjetischen Nuklearexperten am 10. 7. 1961 bekannt wäre, könnte das nicht zutreffen, weil die technischen und organisatorischen Vorbereitungen ungleich mehr Zeit beanspruchten.

[108] Jerrold Schecter/Peter Deriabin, The Spy Who Saved the World. How a Soviet Colonel Changed the Course of the Cold War, New York 1992, S. 205–213.

sagten Separatvertrags ernst wurde. Da er daran nichts ändern konnte, suchte er den Schaden wenigstens zu begrenzen. In einem Schreiben vom 30. Oktober suchte er den sowjetischen Führer auf einen nur kurzen Aufschub der geplanten Vorbereitungsschritte für den Friedensvertrag festzulegen. Nach seiner Ansicht sollten die Außenminister der Warschauer-Pakt-Staaten statt, wie im August vorgesehen, Ende November nunmehr Anfang Dezember miteinander konferieren und dann den Text des Friedensvertrages und der Folgevereinbarungen zwar nicht abschließend formulieren, wie damals beschlossen worden war, wohl aber einer Kommission zur endgültigen Ausarbeitung überweisen. Die DDR hatte sich mit 24 detaillierten Entwurfstexten und Themenpapieren[109] auf alle Probleme intensiv vorbereitet und hoffte, damit den Verlauf der Beratungen entscheidend beeinflussen zu können. Durch die gemeinsamen Erörterungen, so hoffte der SED-Chef insgeheim, würden alle Beteiligten so weit auf das Resultat verpflichtet sein, daß sie sich dessen Durchsetzung nicht mehr entziehen konnten. Zudem sollte der Kreml auf der Konferenz über die Verhandlungen mit den USA berichten und damit eine Diskussion über die dabei verfolgte Linie ermöglichen.[110]

Gegenüber Gromyko räumte DDR-Außenminister Bolz ein, der Verzicht auf das Berlin-Ultimatum habe eine Konfrontation mit dem Westen vermieden und die Möglichkeit geschaffen, einige Fragen in Übereinstimmung mit den USA zu lösen, was den weiteren Kampf erleichtere. Er könne aber die Schwierigkeiten nicht verschweigen, die in der DDR entstanden seien. Viele Versammlungen seien erforderlich gewesen, um die Bevölkerung von der Notwendigkeit einer Verschiebung zu überzeugen. Mit der Begründung, daß man einer Orientierung für die weitere politische Arbeit bedürfe, bemühte sich Bolz um eine Terminzusage für den Abschluß des Friedensvertrages und fragte, wann das bislang für November/Dezember geplante Vorbereitungstreffen der Außenminister nunmehr stattfinden solle. Gromyko begegnete der Kritik mit dem Argument, daß eine im Konsens mit den Westmächten erreichte Friedensregelung vorteilhaft wäre, und betonte, daß sich die andere Seite zu Zugeständnissen bereit gezeigt habe. Er gab die Zusicherung, die UdSSR werde an ihrem prinzipiellen Standpunkt unbeugsam festhalten und auf voller Respektierung der DDR-Souveränität bestehen, selbst wenn die westlichen Staaten den Friedensvertrag vielleicht nicht unterschreiben würden. Diese hätten inzwischen eingesehen, daß sie eine völlig ablehnende Haltung nicht aufrechterhalten könnten. Das schaffe eine gute Ausgangsbasis für weitere Verhandlungen mit den USA. Eine Terminfestlegung für die Vorbereitungskonferenz erklärte der sowjetische Außenminister für noch nicht möglich, hielt aber Januar oder Februar für wahrscheinlich.[111]

---

[109] Protokoll über die Besprechung beim Genossen Walter Ulbricht am 16. 9. 1961, SAPMO-BArch, DY 30/3509, Bl. 122–127. Das Bemühen um restriktive Formulierung zeigte sich auch bei den Korrekturwünschen zum sowjetischen Separatvertragsentwurf: Probleme und Aufgaben im Zusammenhang mit der Vorbereitung und dem Abschluß eines Friedensvertrags mit der DDR, o.D., PA-MfAA, C 845/75, Bl. 243–252.

[110] W. Ulbricht an N. S. Chruščev, 30. 10. 1961, SAPMO-BArch, NY 4182/1206, Bl. 39.

[111] Gespräch A. A. Gromyko – L. Bolz, 9. 11. 1961, AVPRF, 0742, 6, 43, 3, Bl. 15–20. Weniger genau wird das Gespräch wiedergegeben von DDR-Botschafter G. Dölling: Vermerk über Besprechung bei Gromyko, 9. 11. 1961, PA-MfAA, A 14870, Bl. 97.

Im Gespräch mit einer DDR-Delegation betonte Chruschtschow, man müsse die Chance des diplomatischen Dialogs wahrnehmen. In der deutschen Frage stehe man gut da. Staatspräsident de Gaulle nehme die Existenz der zwei Staaten zur Kenntnis und würde es sogar vorziehen, wenn es drei Staaten gäbe. Mit der Bemerkung, die USA und Großbritannien fürchteten eine separate Übereinkunft zwischen der UdSSR und der Bundesrepublik und suchten diese unbedingt zu verhindern, deutete der Kremlchef eine zusätzliche Möglichkeit an, Dissens im Westen zur Durchsetzung östlicher Ziele zu nutzen. Im übrigen hatte die ostdeutsche Seite nach seiner Ansicht bereits das Wesentliche erhalten. Ihre Bedürfnisse seien doch durch die Abriegelung West-Berlins befriedigt worden. An dessen Grenze herrschten nunmehr „klare Verhältnisse". Die Stadt sei „von der DDR praktisch eingeschlossen". Zur Sorge über dortige „Bemühungen" Westdeutschlands gebe es keinen Grund, denn die Sowjetunion könne jederzeit die notwendigen Maßnahmen dagegen ergreifen. Das hätten auch die Kapitalisten begriffen, wie die Abwanderung von Betrieben und Einwohnern zeige.[112]

Ergebnisloser Meinungsaustausch mit den USA

Von Bonn und Paris mißtrauisch beobachtet, begannen die formellen amerikanisch-sowjetischen Gespräche. Am 29. September 1961 richtete Chruschtschow einen Appell an Kennedy, der eingetretenen Verschärfung der wechselseitigen Beziehungen Einhalt zu gebieten und die Spirale von Maßnahmen und Gegenmaßnahmen im Rüstungsbereich zu beenden. Man müsse Bedrohungen des Friedens abwenden. Das sei ohne Friedensvertrag unmöglich. Als „vernünftige Stellungnahme" stellte er eine Äußerung General Clays heraus, daß sich die Bundesrepublik mit der Zweistaatlichkeit abzufinden habe. Sollte der Abschluß eines Friedensvertrags für beide Staaten auf Schwierigkeiten stoßen, könne man doch zwei Verträge ähnlichen Inhalts – den einen mit der DDR und den anderen mit der Bundesrepublik – schließen. Damit müßten die Anerkennung der bestehenden Grenze und die Lösung der West-Berlin-Frage einhergehen. Für das zweitgenannte Problem gab es, wie der sowjetische Führer erklärte, keine bessere Regelung als die „Freie Stadt". Dadurch trete an die Stelle des bisherigen überholten Zustands – mithin des westlichen Besatzungsregimes – ein stabilerer Status. Garantien würden die Freiheit West-Berlins und seiner Außenverbindungen gewährleisten. Auf dieser Grundlage werde es zur Beendigung des Kalten Krieges kommen.[113] Damit erklärte der Kremlchef zwar den Willen zu Einvernehmen und Entspannung, ging aber von keiner der bisherigen Forderungen ab.

Die Hoffnung Chruschtschows, Kennedy werde sich aufgrund seines offenkundigen Interesses an einer Verständigung zur Annahme der sowjetischen For-

[112] Botschafter Dölling an Staatssekretär Winzer, 17. 11. 1961, PA-MfAA, G-A 478, Bl. 21–24.
[113] N. S. Chruščёv an J. F. Kennedy, 29. 9. 1961, AVPRF, 0129, 45, 329, 12, Bl. 72–89/FRUS 1961–1963, XIV, S. 444–455/FRUS 1961–1963, Bd. VI: Kennedy–Khrushchev Exchanges, Washington 1996, S. 25–38. Vgl. den Entwurf des sowjetischen Außenministeriums vom 28. 9. 1961, AVPRF, 0129, 45, 329, 12, Bl. 51–66.

derungen bewogen sehen, wurde enttäuscht. Am 16. Oktober trat der Präsident in seinem Antwortschreiben dem Mißverständnis entgegen, daß er den Vorstellungen des Kreml zustimme, wenn er wie dieser die Lage in Berlin und Deutschland als anomal betrachte. Die fehlende Normalität liege nicht an fortbestehenden „Überresten des Krieges", sondern daran, daß die deutsche Nation durch zwei Besatzungsarmeen geteilt werde. Nicht das Erbe des Zweiten Weltkrieges bedrohe den Frieden, sondern die Gefahr eines dritten. In der Region herrsche Frieden, der durch den geforderten Vertragsschluß nur gefährdet werden könne. Würde die Wahrung wesentlicher Interessen der USA vom ostdeutschen Regime abhängig gemacht werden, wäre der bisherige Frieden bedroht. Es gab demnach keinen Grund, die Lage West-Berlins zu verändern.[114]

Chruschtschow lehnte in seiner Antwort vom 9. November eine weitere Hinnahme der bisherigen Verhältnisse kategorisch ab. Es gelte, das „schwere Erbe" West-Berlin zu überwinden. Davon habe im übrigen auch Kennedy gesprochen. Das Besatzungsregime dürfe keinesfalls weiter aufrechterhalten werden. Gemäß früherem Vorschlag bot der Kremlchef an, daß in der Teilstadt symbolische Kontingente von Truppen entweder aller Vier Mächte (also auch der UdSSR) oder – aufgrund eines UNO-Auftrags – Einheiten neutraler Staaten stationiert werden könnten. Außerdem sei denkbar, daß man nicht einen einzigen Friedensvertrag abschließe, sondern – separat mit jeweils einem deutschen Staat – deren zwei. Chruschtschow erteilte der westlichen Idee eine Absage, daß die Sowjetunion ihren Vertrag mit der DDR schließen könne, ohne daß dadurch die westlichen Besatzungsrechte beseitigt würden. Die DDR müsse unbedingt die Kontrolle über die Zugangswege erhalten. Er unterstellte, ihr unterstehe bereits der – künftig allein noch aktuelle – zivile West-Berlin-Verkehr. Bei dessen Abwicklung habe es keine Probleme gegeben. Daher sei nicht zu verstehen, was der Westen gegen die Regelung habe.[115]

Obwohl Botschafter Thompson in Moskau zu denjenigen Amerikanern gehörte, die dem Kreml eine bloß defensive Ausrichtung seiner Politik zuschrieben und zudem für eine Übereinkunft ohne Rücksicht auf die Verbündeten eintraten, überzeugten ihn die sowjetischen Stellungnahmen davon, daß die UdSSR zu keinerlei Nachgeben bereit sei.[116] Kennedy, für den das Urteil des Diplomaten großes Gewicht hatte, zog anscheinend den gleichen Schluß.[117] Trotzdem bemühte er sich weiter um eine Verständigung. Er appellierte an den Kremlchef, die gegensätzlichen Positionen beiseite zu lassen und sich der Verantwortung für die gegenwärtige Situation zu stellen. Nach seiner Ansicht mußte eine künftige Abmachung unbedingt von drei Tatbeständen ausgehen. Erstens stünden die westlichen Trup-

---

[114] J. F. Kennedy an N. S. Chruščev, 16. 10. 1961, in: FRUS 1961–1963, XIV, S. 502–508/FRUS 1961–1963, VI, S. 38–44. In gleichem Sinne argumentierte Kennedy in dem Interview, das er Chruščevs Schwiegersohn Adžubej am 25. 11. 1961 gab (Dokumente zur Deutschlandpolitik, a.a.O., S. 993).

[115] N. S. Chruščev an J. F. Kennedy, 9. 11. 1961, in: FRUS 1961–1963, XIV, S. 567–580/FRUS 1961–1963, VI, S. 45–57.

[116] Letter From the Ambassador to the Soviet Union to Secretary of State Rusk, 27. 11. 1961, in: FRUS 1961–1963, XIV, S. 634–636.

[117] Vgl. seine Darstellung des Konflikts um Berlin im Interview mit A. Adžubej am 25. 11. 1961, in: Dokumente zur Deutschlandpolitik, a.a.O., S. 993, 994 f.

pen in West-Berlin. Solange es die Bevölkerung wolle, würden sie dort bleiben. Zweitens wolle die Bevölkerung die sowjetischen Streitkräfte dort nicht haben; ihre Anwesenheit in der Teilstadt werde zur Gewährleistung des westlichen Zugangs weiterhin nicht benötigt. Drittens hätten die Zugangsrechte der Westmächte schon vor Gründung der DDR durch durch die UdSSR bestanden und könnten daher nicht durch einen Vertrag zwischen diesen beiden Staaten aufgehoben werden. Diese Verhandlungsbasis schließe amerikanisch-sowjetische Gespräche zur „Klärung und möglichen Verbesserung der Zugangsrechte" nicht aus, doch mußten diese nach Auffassung des Präsidenten unbedingt gewahrt werden, wenn es zu einer Verständigung kommen sollte.[118] Kennedy erläuterte Chruschtschows Schwiegersohn Adshubej, was er konkret im Auge hatte: Eine „internationale Verwaltung der Autobahn" zwischen West-Berlin und der Bundesrepublik sollte gewährleisten, „daß Güter und Personen frei hinein- und herausgebracht werden können."[119]

Der Kremlchef war nicht bereit, diese Vorstellungen zu akzeptieren. Sein Widerspruch galt vor allem der militärischen Anwesenheit der Westmächte in West-Berlin und dem damit verknüpften Zugangsrecht. Die westlichen Soldaten seien nicht von der Bevölkerung in die Stadt gerufen worden, sondern seien als Besatzer dorthin gekommen. Eine Okkupation lasse sich nicht ewig ausdehnen. Jetzt müsse damit Schluß sein. Die UdSSR sei nicht willens, weiter als Verkehrspolizei für den Verkehr der feindlichen NATO-Truppen zu dienen, und werde niemals einer Verlängerung der Besatzungsverhältnisse zustimmen, sondern für ihr Recht und für die Normalisierung der Lage in der Mitte Europas kämpfen. Chruschtschow erklärte, er bestehe keineswegs darauf, sowjetische Einheiten in West-Berlin zu stationieren. Die Anregung dazu sei von den USA ausgegangen, die der UdSSR die Verantwortung einer Garantiemacht zugedacht hätten. Auf diese Rolle würde er gerne verzichten. Er verlangte die Aufnahme beider deutscher Staaten in die UNO und bot an, schon vor Abschluß des Friedensvertrags mit der DDR könne man den Freistadtstatus West-Berlins aushandeln.[120] Auf der Grundlage dieses Vorschlags war zwar zu erwarten, daß die östliche Seite auf eine Friedensregelung vor einer Übereinkunft über die Zukunft der Stadt verzichtete, aber damit war kein Abrücken des Kreml von der Forderung nach uneingeschränkter Annahme seiner Regelungsvorschläge durch die Westmächte verbunden.

---

[118] J. F. Kennedy an N. S. Chruščëv, 2. 12. 1961, in: FRUS 1961–1963, XIV, S. 643–646/FRUS 1961–1963, VI, S. 65–68.

[119] Text: Dokumente zur Deutschlandpolitik, a.a.O., S. 985–998 (Zitat auf S. 995). Das am 25. 11. 1961 gegebene Interview wurde – als erste amerikanische Stellungnahme seit Jahren – drei Tage später in den „Izvestija" im vollen Wortlaut wiedergegeben. Das läßt sich als Hinweis werten, daß der Kreml, der völlig gegensätzlichen Positionen ungeachtet, weiterhin sehr an Verhandlungen mit den USA interessiert war.

[120] N. S. Chruščëv an J. F. Kennedy, 13. 12. 1961, in: FRUS 1961–1963, XIV, S. 681–691/FRUS 1961–1963, VI, S. 69–78.

Fallstricke der amerikanischen Konzessionsbereitschaft

Am Jahresende waren die beiderseitigen Positionen geklärt worden, ohne daß es zur Annäherung gekommen wäre. Kennedy war aber weiter an Verhandlungen interessiert. Da Chruschtschow die gleiche Haltung einnahm, wollten beide den brieflichen Kontakt und die Gespräche fortsetzen. Weil man in Washington eine Vier-Mächte-Konferenz für verfrüht hielt, kamen nur Sondierungen in Betracht, mit denen zunächst Außenminister Gromyko und Botschafter Thompson beauftragt wurden. Ihre Ergebnisse sollten späteren vierseitigen Verhandlungen nicht vorgreifen. Es sollten nach offiziellem Bekunden keine vollendeten Tatsachen geschaffen werden, die Briten und Franzosen dann zu übernehmen hätten. Es hieß, daß nur der Weg zur Einigung zwischen allen beteiligen Staaten geebnet werden solle. Es war jedoch klar, daß eine fertige Übereinkunft zwischen USA und UdSSR den anderen Staaten kaum noch ein Nein erlauben würde. Um den Argwohn der Verbündeten abzubauen, daß sie nur noch hinterher Ja und Amen sagen sollten, stellten die Amerikaner ihnen die Linie ihres Vorgehens zur Diskussion.

Dabei stießen die amerikanischen Vorstellungen über einen Berlin-Kompromiß mit der UdSSR auf starken Widerstand in Paris und Bonn. Das wurde Kennedy bei Adenauers Besuch in Washington vom 20. bis 22. November[121] und durch das Außenministertreffen der vier wichtigsten NATO-Staaten in Paris vom 10. bis 12. Dezember[122] deutlich vor Augen geführt. Der französische Staatspräsident de Gaulle lehnte Verhandlungen prinzipiell ab, wenn man unter Druck stehe und mit einem Gegner zu tun habe, der in allen wichtigen Punkten von vornherein nichts als den eigenen Standpunkt gelten ließ. Der Bundeskanzler wandte sich vor allem gegen Kennedys Angebot, das Besatzungsrecht durch ein anderes Arrangement zu ersetzen, weil nach seiner Einschätzung damit entscheidend wichtige Positionen preisgegeben wurden. Man könne das Schicksal West-Berlins nicht von der politischen Standfestigkeit der UNO bzw. kleiner neutraler Staaten abhängig machen.[123] Der Bundeskanzler begegnete zudem den Bemühungen um eine Verständigung über die Zukunft der Stadt generell mit Sorge. Wie er befürchtete, würden sich die Verhandlungen nicht auf Berlin begrenzen lassen. Dem Kreml biete sich damit die Aussicht, die Forderung nach Herstellung eines Zusammenhangs mit der Deutschland-Politik und den Abrüstungsfragen durchzusetzen und auf dieser Basis Siege auf breiter politischer Front zu erringen.[124]

In Washington entstand trotzdem kein klares Bild der Bonner Haltung. Das hatte mehrere Gründe. Adenauer sah, daß Kennedys Verhandlungseifer nicht zu

---

[121] Vgl. die Dokumente in: FRUS 1961–1963, XIV, S. 588–634.

[122] Vgl. die Dokumente ebd., S. 650–681.

[123] Zur Haltung Adenauers siehe Rolf Steininger, Der Mauerbau. Die Westmächte und Adenauer in der Berlinkrise 1958–1963, München 2001, S. 318–324. Zur Haltung des französischen Staatspräsidenten siehe Document 02941, Crisis Over Berlin. American Policy Concerning the Soviet Threats to Berlin, November 1958–December 1962. Part VI: June–September 1961, Research Project No. 614-F, April 1970, Department of State (Documents from the National Security Archive, microfiches published by Chadwyck-Healey Inc.), S. 93, 125 f., 128 f.

[124] Vgl. im einzelnen Horst Osterheld, „Ich gehe nicht leichten Herzens …“ Adenauers letzte Kanzlerjahre – ein dokumentarischer Bericht, Mainz 1987 (2. Aufl.), S. 82–92; Wilhelm G. Grewe, Rückblenden. Aufzeichnungen eines Augenzeugen deutscher Außenpolitik von Adenauer bis Schmidt, Frankfurt/Main 1979, 498–535.

stoppen war, und suchte sich daher bei aller Skepsis auf dessen Kurs einzustellen.
Zudem wurden die Konturen seiner Berlin-Politik nach außen hin von Außenminister Schröder verwischt. Dieser fürchtete, die USA könnten ohne rechtzeitige
Übereinkunft mit der UdSSR in eine militärisch unhaltbare Lage geraten und
dann zur politischen Kapitulation genötigt sein. Er neigte daher den Kompromiß-
vorstellungen des amerikanischen Präsidenten zu und konterkarierte mit seinen
Äußerungen den bremsenden Einfluß, den die Bundesregierung in Washington
geltend zu machen suchte.[125] Ungeachtet dieser Opposition im Auswärtigen Amt,
war Adenauer der bestimmende Akteur in Bonn. Der Rückhalt am gaullistischen
Frankreich erlaubte ihm, seine Position zu vertreten, ohne eine Isolierung im
Kreise der westlichen Staaten befürchten zu müssen.[126] Vor diesem Hintergrund
zeichnete sich im Herbst 1961 eine Konstellation ab, die Kennedys Bemühen um
Einigung mit der UdSSR mit erheblichen Risiken belastete. Die mehr oder weniger offen geäußerte Ablehnung Frankreichs und der Bundesrepublik gegenüber
der Politik des Präsidenten, dem Verlangen Chruschtschows weit entgegenzukommen, stellte potentiell die Einheit des westlichen Bündnisses in Frage, auf das
sich die USA gegenüber der Sowjetunion angewiesen sahen.

Im Kreml wurde nicht erkannt, daß damit die Durchsetzung der Berlin-Ziele
selbst dann fraglich war, wenn es gelang, die Zustimmung der Amerikaner zu erlangen. Statt dessen blickte man auf die Differenzen unter den westlichen Staaten, vor allem zwischen den Vereinigten Staaten und der Bundesrepublik, und
stellte befriedigt fest, daß Adenauer mit seiner Berlin- und Deutschland-Politik in
eine schwierige Lage geraten war und daß er die Gespräche zwischen Washington
und Moskau, von denen eine Verschärfung seiner Bedrängnisse zu erwarten war,
nicht verhindern konnte.[127] Der Gedanke, daß eine in die Enge getriebene Bundesregierung sich möglicherweise mit Erfolg gegen amerikanische Konzessionen
an die UdSSR wenden könnte, weil die USA im Interesse des Zusammenhalts in
der NATO Rücksichten auf den westdeutschen Verbündeten und auf Frankreich
zu nehmen hatten, war der sowjetischen Führung völlig fremd. Ihre dominierende
Stellung im Warschauer Pakt verschloß ihr den Blick dafür, daß in der westlichen
Allianz andere Regeln des Zusammenwirkens galten.

---

[125] Thomas Opelland, Gerhard Schröder (1910–1989), Düsseldorf 2002, S. 448.
[126] Vgl. Wilhelm G. Grewe, Rückblenden 1976–1951, Frankfurt/Main 1979, S. 489.
[127] A. Smirnov an I. I. Il'ičëv (mit Anlage: Ob otnošenii pravitel'stva FRG k peregovoram po berlins-
komu voprosu), 14. 12. 1961, AVPRF, 0757, 6, 51, 47, Bl. 115–124.

11. Berlin-Gespräche mit den USA von Januar bis Oktober 1962

Instruktionen des Außenministeriums

Mitte November 1961 entwarf das sowjetische Außenministerium neue Instruktionen für die Vier-Mächte-Verhandlungen, mit deren baldigem Beginn man rechnete. Wie 1959 in Genf wurde die Teilnahme beider deutscher Staaten gefordert. Ohne die Deutschen, so lautete die Begründung, lasse sich keine abschließende Übereinkunft treffen. Falls hierüber durchaus keine Übereinkunft zu erzielen sei, wollte man das Verlangen zunächst fallenlassen, jedoch sich das Recht vorbehalten, darauf wieder zurückzukommen. Eine rasche Übereinkunft galt als sehr wichtig. Ein Aufschub sei nicht akzeptabel. Die Verhandlungen sollten schon im Dezember beginnen. Der westlichen Seite war dann sofort der „grundsätzliche" Standpunkt der UdSSR vorzulegen. Dabei war vor allem zu betonen, daß nur eine West-Berlin-Regelung in Betracht komme, die auf dem Friedensvertrag beruhe und die uneingeschränkt souveräne Verfügungsgewalt der DDR über die Zugangswege festlege. Sofern die Westmächte Skepsis hinsichtlich der ostdeutschen Bereitschaft äußerten, unbehinderten Transit zu gewähren, sollte der Zweifel durch Aussagen eines anzuhörenden DDR-Vertreters ausgeräumt werden.

Falls die westlichen Delegationen zum Friedensschluß mit der DDR nicht bereit seien, sollten die sowjetischen Unterhändler deutlich machen, das Besatzungsrecht werde dann eben ohne Vertrag aufgehoben. Etwaigen Versuchen, nicht nur West-, sondern auch Ost-Berlin zum Gegenstand der Vereinbarung zu machen, war entgegenzuhalten, die Hauptstadt der DDR könne keinesfalls einbezogen werden. Ebensowenig sollte eine Erörterung der Abriegelungsmaßnahmen vom August 1961 zulässig sein. Es gehe um ein Recht der souveränen DDR, über das die Vier Mächte nicht befinden könnten. Ein analoges Recht für West-Berlin, über sein Schicksal ohne fremde Einmischung zu entscheiden, war freilich nicht vorgesehen. Wenn die USA vorschlügen, die dortige Bevölkerung über das ihr zugedachte Freistadt-Statut abstimmen zu lassen, war einzuwenden, die Liquidierung des Besatzungsregimes und der Truppenpräsenz sei eine Vier-Mächte-Angelegenheit. Auch ein Plebiszit der Deutschen darüber, ob man den Friedensvertrag wolle, durfte nicht zugelassen werden. Auch hatten die sowjetischen Unterhändler jeden Versuch zu verhindern, die Einigung über Deutschland und Berlin hinauszuschieben. Demnach sollte eine Diskussion selbst über das – in Moskauer Sicht sehr wichtige – Thema der „europäischen Sicherheit" nur dann erlaubt sein, wenn davon keine Verzögerung für Friedensvertrag und Freistadtregelung zu befürchten war. Zugleich hatten die Vertreter der UdSSR darauf zu

bestehen, daß eine West-Berlin-Vereinbarung keinesfalls nur vorläufiger Art sein dürfe.[1]
Der Weisungsentwurf des Außenministeriums war von vornherein unrealistisch. Das betraf den Termin, die Gesprächsebene und die Konzessionsbereitschaft der anderen Seite. Es dauerte längere Zeit, bis die amerikanische Regierung überhaupt zu einem weiteren Austausch der Standpunkte bereit war. Vor Aufnahme der Gespräche zwischen Thompson und Gromyko setzte sie mit Rücksicht auf die Verbündeten durch, daß der ins Auge gefaßten Vier-Mächte-Konferenz nach wie vor ein bilateraler Dialog zur Klärung der Erfolgsaussichten vorauszugehen hatte.[2] In der ersten Unterredung zwischen Gromyko und Thompson am 2. Januar 1962 stellte der amerikanische Diplomat als zentrales Erfordernis die Regelung des Zugangs nach West-Berlin heraus und nannte dafür zwei Optionen. Ein dem Westen eingeräumter Korridor oder ein paritätisch aus Vertretern von Ost und West gebildetes Organ sollten einen behinderungsfreien Transitverkehr gewährleisten. Wenn sich die UdSSR für das Organ entscheide, wolle man ihren Wünschen entgegenkommen und neben Beauftragten der Bundesrepublik und West-Berlins auch Repräsentanten der DDR und Ost-Berlins akzeptieren. Die Aufgabe solle sein, die Autobahnstrecke verwalten und die Sicherheit des Luftverkehrs zu gewährleisten. Thompson betonte, wenn die sowjetische Seite dazu bereit sei, könnten auch ihre sonstigen Wünsche geprüft werden. Gromyko bezeichnete den Vorschlag als völlig unannehmbar. Der Zugang sei nur ein Teilproblem, dessen Lösung von der Friedensregelung und der damit verbundenen Liquidierung der Überreste des Zweiten Weltkrieges abhänge. Notwendig seien vor allem die Beseitigung der besatzungsrechtlichen Grundlagen, die uneingeschränkte Respektierung der ostdeutschen Souveränität und die Anerkennung der DDR. Erst wenn man sich darauf geeinigt habe, könne man an eine Übereinkunft über andere Fragen denken.[3]

Chruschtschows Aktionsprogramm

Gromyko stellte gegenüber dem Parteipräsidium mit Befriedigung fest, die Amerikaner seien bereit, „mit der Souveränität der DDR praktisch zu rechnen", und regte an, die Behandlung des Zugangs ausdrücklich von einer vorherigen Einigung über Friedensvertrag und Freistadt-Status abhängig zu machen. Die Position der UdSSR in diesen beiden Punkten lasse sich klarstellen durch Entwürfe für ein West-Berlin-Statut und ein Garantieprotokoll, das vor allem den Zugang behandele. Die zu erwartende Frage der Amerikaner, ob die Regelung einen völlig freien Verkehr gewährleiste, solle mit dem Hinweis auf die notwendige Respektierung

---

[1] Ukazanija k peregovoram SSSR s SŠA, Angliej i Franciej o zaključenii germanskogo dogovora i normalizacii položenija v Zapadnom Berline, 17. 11. 1961, AVPRF, 0742, 6, 46, 36, Bl. 82–91.
[2] Department of State an die US-Botschaft in Moskau, 28. 12. 1961, in: Foreign Relations of the United States 1961–1963 [FRUS], Bd. XIV: Berlin Crisis 1961–1962, Washington 1993, S. 709–713.
[3] A. Gromyko an das ZK der KPdSU, 5. 1. 1962, AVPRF, 0129, 46, 346, Bl. 1–3. Vgl. Telegram From the Embassy in the Soviet Union to the Department of State, 2.1. 1962, FRUS 1961–1963, XIV, S. 720–724; Aktenvermerk über Frühstück bei Gromyko am 5. 1. 1962, PA-MfAA, C 858, Bl. 28–32.

der DDR-Souveränität beantwortet werden.[4] Auch wenn der Außenminister das westliche Verlangen nach ungehindertem Zugang nur taktisch und mehr zum Schein als ernstlich berücksichtigen wollte, war Chruschtschow nicht einverstanden. Nach seiner Ansicht lief jedes Eingehen auf das Verlangen nach West-Berlin-Präsenz und nach einem Zugangskorridor, von dessen Erfüllung die USA die angebotenen Konzessionen abhängig gemacht hatten, auf eine Verschlechterung des Status quo hinaus. Um nicht das geringste Risiko in dieser Richtung einzugehen, erklärte er am 8. Januar den Führungsmitgliedern, ergebnisorientierte Verhandlungen kämen nicht in Betracht. Nur zwecks Ausübung ständigen Drucks sollten die Gespräche fortgeführt werden.[5]

Chruschtschow begründete seinen Standpunkt damit, der Westen sei noch nicht auf eine Regelung vorbereitet. Die „reaktionären" Tendenzen seien noch sehr stark, und aufgrund des militärischen Gleichstands habe die UdSSR keinen Verhandlungsvorteil. Weil die Umstände keine erfolgversprechenden Pressionen zuließen, seien Friedensvertrag und Neutralisierung West-Berlins vorerst unerreichbar. Ein zusätzliches Problem sah der Parteichef in Kennedys vermeintlicher Persönlichkeitsschwäche. Diese möge in Verhandlungen nützlich sein, stelle aber auch ein Risiko dar, denn der Präsident genieße bei den Großkapitalisten und in der Öffentlichkeit seines Landes keine Autorität. Er werde nicht als Führer akzeptiert. In den USA drohe daher eine Diktatur sowjetfeindlicher Kräfte, die jede Einigung in unerreichbare Ferne rücken würde. Diese Gefahr, so blieb unausgesprochen, wäre im Konfrontationsfall besonders groß. Chruschtschow hielt zudem die ökonomischen Verhältnisse für nachteilig. Die Sowjetunion sei zwar hinreichend autark, um sich eine Konfrontation leisten zu können, doch seien die Tschechoslowakei und vor allem die DDR auf die Lieferungen aus der Bundesrepublik angewiesen. Polen mache sich von den materiellen Vorteilen abhängig, die ihm die Amerikaner gewährten. Die Wirtschaftsplanung der sozialistischen Staaten müsse sich auf den RGW-Bereich umorientieren. Das werde von Ost-Berlin zwar immer wieder zugesagt, faktisch aber nicht durchgeführt. Die Schwäche der Verbündeten schlage auf die UdSSR durch. Wann immer vereinbarte Lieferungen ausblieben und Bedarf an Hilfe bestehe, müsse sie die Lasten tragen. Unter diesen Voraussetzungen könne man einen Zusammenstoß mit dem Westen nicht wagen.[6]

Chruschtschow war überzeugt, daß die UdSSR ein rasches ökonomisches Wachstum aufweise und das sozialistische Lager seine Schwäche durch koordinierte Planung überwinden könne. Er gab der Erwartung Ausdruck, daß der Sozialismus insgesamt auf dem Vormarsch sei und daß sich das Kräfteverhältnis un-

---

[4] A. Gromyko an das ZK der KPdSU, 5. 1. 1962, AVPRF, 0129, 46, 346, Bl. 3–5.
[5] Protokoll der Sitzung des Präsidiums des ZK der KPdSU, 8. 1. 1962, in: A. A. Fursenko (otv. red.), Archivy Kremlja. Prezidium CK KPSS 1954–1964. Černovye protokol'nye zapisi zasedanij. Stenogrammy, Moskau 2003, S. 535; Stenographische Niederschrift der Sitzung des Präsidiums des ZK der KPdSU, 8. 1. 1962, ebd., S. 537.
[6] Protokoll der Sitzung des Präsidiums des ZK der KPdSU, 8. 1. 1962, ebd., S. 535; Stenographische Niederschrift der Sitzung des Präsidiums des ZK der KPdSU, 8. 1. 1962, ebd., S. 537f., 539–541. Das Urteil über Kennedy und die Gefährdung seiner Führungsrolle gingen auf ein Papier zurück, das Chruščev kurz zuvor unterbreitet worden war: A. A. Arzumanjan an N. S. Chruščёv, 3. 1. 1962, RGANI, 5, 30, 398 (rolik 95), Bl. 68–85.

aufhaltsam zu seinen Gunsten verändere. Er hielt daher Kompromisse für unklug. Später lasse sich alles ohne Mühe erreichen. Deswegen dürfe man keine Vereinbarung schließen, welche die erhobenen Forderungen einschränke. Eine Regelung, die als Preis für Konzessionen die Präsenz und den Zugang der Westmächte bestätigte, war demnach nicht als Teilerfolg, sondern als Verschlechterung der bestehenden Lage anzusehen, die den künftigen Totalerfolg verhinderte. Daraus leitete Chruschtschow die Schlußfolgerung ab, man solle keine Ergebnisse von den Verhandlungen erwarten, sondern sie als Instrument des Drucks einsetzen. Die Schließung der offenen DDR-Grenze habe dafür die Voraussetzungen geschaffen. Sei der Knochen bisher im eigenen Hals gewesen, so stecke er nun umgekehrt im Hals des Westens. Dieser habe mit wachsenden Schwierigkeiten zu kämpfen, während man selbst alles Wichtige wie die Anerkennung der deutschen Zweistaatlichkeit und klare Grenzen bereits erreicht habe und lediglich auf das weitere Anwachsen des eigenen Potentials zu warten brauche. Darum, so meinte Chruschtschow in Übereinstimmung mit den Führungskollegen, solle man die Berlin-Frage nicht forcieren. Vor allem dürfe man kein Kriegsrisiko eingehen, denn die Folgen eines bewaffneten Konflikts entzögen sich rationaler Berechenbarkeit.[7]

Die Pressionen, die von den Berlin-Gesprächen ausgingen, und die Schwierigkeiten, die sich aufgrund der im August 1961 geschaffenen Lage entwickelten, sollten die Westmächte allmählich von der Notwendigkeit eines Eingehens auf die sowjetischen Vorstellungen überzeugen. West-Berlin, so kalkulierte Chruschtschow, habe für die Gegenseite die frühere Bedeutung verloren und sei zu einem „Geschwür" geworden, dessen Existenz ständig enorme Mittel verschlinge. Solange es kein Abkommen mit UdSSR und DDR gebe, sei die dortige politische Lage labil und lasse keine wirtschaftliche Entwicklung zu. Die Bevölkerung verliere dadurch immer mehr das Vertrauen in die Zukunft.[8] Die Stadt lasse sich höchstens zehn Jahre lang halten.[9] Danach werde sie „verdorrt" sein. Nur durch Abschluß des Friedensvertrages, Umwandlung in eine „Freie Stadt" und Herstellung stabiler Verhältnisse könne sie „eine Perspektive für ihre weitere Entwicklung" gewinnen.[10] Solange die Spannung anhalte, habe West-Berlin „keine Aussicht auf Entfaltung". Chruschtschow verließ sich darauf, daß unter den bestehenden Bedingungen der notwendige Kapitalzufluß ausbleibe und die Bevölkerung in Mutlosigkeit versinke. Diesen Effekt wollte er durch ein Vorgehen verstärken, das der sowjetischen „Unzufriedenheit Ausdruck" gebe.[11]

[7] Protokoll der Sitzung des Präsidiums des ZK der KPdSU, 8. 1. 1962, ebd., S. 535 f.; Stenographische Niederschrift der Sitzung des Präsidiums des ZK der KPdSU, 8. 1. 1962, ebd., S. 537–549. Vgl. die Darstellung bei A. A. Fursenko, Kak byla postroena berlinskaja stena, in: Istoričeskie zapiski, 4/2001 (122), S. 86 f.
[8] Gespräch V. S. Semënov – O. Winzer, 6. 4. 1962, AVPRF, 0742, 7, 51, 4, Bl. 30. Vgl. I. Kabin an das ZK der KPdSU, 27. 2. 1962, RGANI, 5, 49, 489 (rolik 9019), Bl. 51–55.
[9] Vermerk über die Besprechung Chruščëv – Ulbricht am 26. 2. 1962, 7. 3. 1962, PA-MfAA, G-A 478, Bl. 49.
[10] Gespräch Chruščëvs mit amerikanischen Journalisten, 13. 7. 1962, in: Dokumente zur Deutschlandpolitik, IV, 8/2, S. 846.
[11] Aufzeichnung ohne Überschrift und Datum (handschriftlich hinzugefügt: 10. 8. 1962), LArchB, B Rep. 002, Nr. 7993b, Bl. 627.

Beginn der Gespräche mit den Amerikanern

Gromyko erhielt von der sowjetischen Führung den Auftrag, auf Erfüllung der Forderungen nach Beseitigung der westlichen Präsenz in West-Berlin, Aufhebung des Beatzungsregimes und Freistadt-Regelung zu bestehen, bevor andere Fragen erörtert werden könnten. Er legte Botschafter Thompson am 12. Januar entsprechende Entwürfe vor und bestand darauf, daß dem Verlangen ohne Abstriche entsprochen werden müsse. Vor allem dürften die West-Berliner Verhältnisse allein auf Vereinbarungen hierüber beruhen; von westlichen Rechtsansprüchen könne dabei keine Rede sein. Der sowjetische Außenminister lehnte jede Bezugnahme auf Gesamt-Berlin strikt ab und bestand auf einer „echten", das heißt uneingeschränkten Respektierung der ostdeutschen Souveränität. Er äußerte Bedauern darüber, daß es die USA ablehnten, sich in Ost-Berlin um die Gewährung von Transitrechten zu bemühen, wie es die UdSSR in Bonn getan habe. Das Argument setzte voraus, daß die Amerikaner keinen Anspruch auf Durchfahrt hatten. Diese These diente offenkundig dem Zweck, Ablehnung zu provozieren, die dann auch prompt erfolgte.[12] Das Gespräch bewegte sich nicht von der Stelle.[13]

Chruschtschow suchte den Forderungen durch einen Appell an Kennedy Nachdruck zu verleihen. Er ließ ihn wissen, daß er zusammen mit ihm über den entmutigenden Auftakt der Unterredungen besorgt sei. Der Präsident müsse seine Haltung völlig ändern. Die Position, die Thompson vorgetragen habe, sei nichts als eine Wiederholung dessen, was schon sein Vorgänger Eisenhower, Bundeskanzler Adenauer und andere westliche Führer gesagt hätten. Demnach solle die UdSSR durch ihre Unterschrift die momentane Lage verewigen, das heißt zur Aufrechterhaltung des Besatzungsregimes in West-Berlin beitragen. Das erklärte der Kremlchef für undenkbar, denn das wäre ein Schritt nicht nach vorne, sondern zurück. Dem könne die Sowjetunion natürlich nicht zustimmen. Chruschtschow forderte Kennedy auf, sich zur Erörterung der von Gromyko unterbreiteten Entwürfe eines Freistadtstatuts und eines Garantieprotokolls bereitzufinden. Die Vorschläge seien für niemanden nachteilig. Die USA aber wollten ein „Diktat", eine „Politik ‚von der Position der Stärke aus'". Das habe schon bei Dulles keinen Erfolg gehabt, werde aber nach wie vor versucht den „enormen Veränderungen" zum Trotz, die in der Welt eingetreten seien. Die UdSSR müsse sich um des Friedens willen dagegen zur Wehr setzen. Es wäre am besten, wenn die Amerikaner Commonsense und Nüchternheit bewiesen und eine Normalisierung der Beziehungen anstrebten, statt an den Spannungsherden festzuhalten.[14]

Kennedy ließ sich durch den vorwurfsvollen Appell des Kremlchefs nicht zum Nachgeben bewegen. Am 31. Januar erklärte er dessen Schwiegersohn Adshubej,

---

[12] Telegram From the Embassy in the Soviet Union to the Department of State, 12. 1. 1962, in: FRUS 1961–1963, XIV, S. 751–755; Gespräch Gromyko – Thompson am 12. 1. 1962 und die Entwürfe der UdSSR für ein Freistadtstatut und eine Garantieerklärung (sowjetische Niederschrift in tschechischer Übersetzung), in: Michal Reiman/Petr Luňák (Hrsg.) Studená válka. Sovětské dokumenty v českých archivech, Brünn 2000, S. 330–340.

[13] Aktenvermerk Krolikowski über Gespräch mit Botschaftsrat Žiljakov am 19. 1. 1962, PA-MfAA, G-A 478, Bl. 26.

[14] Message to Attorney General Kennedy [aus Moskau zur Übermittlung an den Präsidenten], 18. 1. 1962, in: FRUS 1961–1963, XIV, S. 763–766.

die beiderseitigen Positionen seien unvereinbar. Es wäre aber fatal, wenn es zu keiner Einigung käme. Gromyko und Thompson sollten sich um Fortschritte in Einzelfragen bemühen. Es wäre sinnlos, sich über freien Zugang zu unterhalten, wenn nicht klar sei, wie die UdSSR die angeregten „akzeptierten internationalen Standards" auslege.[15] Am gleichen Tag sprach der Präsident auf einer Pressekonferenz die Hoffnung aus, daß die vielfältigen Gespräche und Sondierungen mit der sowjetischen Seite „zu einem glücklichen Resultat führen" würden, räumte aber ein, daß in der Berlin- und Deutschland-Frage „wesentliche Fortschritte" nicht erreicht worden seien.[16]

Die USA zeigten damit weiterhin deutliches Interesse an einer Übereinkunft. Aus Moskauer Sicht sollten sie aber keine eigenen Vorstellungen formulieren, sondern nur die sowjetischen Forderungen als Gesprächsgrundlage akzeptieren. Gromyko warf Thompson am 1. Februar vor, dessen Regierung meine es nicht ernst, wenn sie Vorschläge vorlege, deren Ablehnung durch die UdSSR ihr bekannt sei, und die Zugangsfrage in den Mittelpunkt stelle, die doch nur ein Teilproblem sei. Als der amerikanische Botschafter erklärte, im Falle eines einseitigen Friedensvertragsabschlusses würden die Westmächte nicht der Gewalt weichen, entgegnete er scharf, wenn sie Krieg wollten, könnten sie ihn haben.[17] Auch am 9. Februar kam man nicht weiter.[18] Chruschtschow meinte gar, der Meinungsaustausch mit Thompson sei „ein Schritt zurück gegenüber früheren Gesprächen".[19]

Attacken gegen die West-Berliner Luftkorridore

Wie Chruschtschow vorausgeplant hatte, endete die Politik der kategorischen Forderungen in einer Sackgasse. Er suchte daraufhin den Druck zu verstärken, ohne freilich das Konfrontationsrisiko einzugehen, das bei Abschluß eines Separatvertrags drohte. Aktionen gegen die Luftzugänge West-Berlins, die selbst während der Blockade von 1948/49 unterblieben waren, sollten den Westen zermürben. Der sowjetische Vertreter in der Sicherheitszentrale der Vier Mächte erklärte am 8., 9. und 12. Februar 1962, wegen militärischer „Übungsflüge" lasse sich jeweils für einige Stunden die Sicherheit der westlichen Flugzeuge in den Luftkor-

---

[15] Memorandum of Conversation, 31. 1. 1962, ebd., S. 780–783.
[16] Aus der Pressekonferenz des Präsidenten Kennedy, 31. 1. 1962 in: Dokumente zur Deutschlandpolitik, a.a.O., IV, 8/2, S. 112f.
[17] Kratkaja informacija o vstreče Ministra inostrannych del A. A. Gromyko s poslom SŠA v Moskve Tompsonom [1. 2. 1962], AAN, KC PZPR XI A/81, Bl. 26–29; Notizen über das Treffen Gromyko/Thompson am 1. Februar 1962, PA-MfAA, G-A 188, Bl. 1–4; Projekt kratkoj informacii o vstreče Ministra inostrannych del A. A. Gromyko s poslom SŠA v Moskve Tompsonom [1. 2. 1962], AVPRF, 0129, 46, 346, 56, Bl. 63; Kurze Information über Zusammenkunft Gromyko – Thompson am 1. 2. 1962, PA-MfAA, C 858, Bl. 57f.; Telegram From the Embassy in the Soviet Union to the Department of State, 1. 2. 1962, in: FRUS 1961–1963, Bd. IV, S. 784–788.
[18] Zajavlenie ministra inostrannych del poslu SŠA v Moskve Tompsonu, 7. 2. 1962 [Formulierungsdatum], AVPRF, 0129, 46, 346, 12, Bl. 7–14/AAN, KC PZPR XI A/81, Bl. 15–25; Telegram From the Embassy in the Soviet Union to the Department of State, 9. 2. 1962, in: FRUS 1961–1963, XIV, S. 797–800. Wiedergabe der Erklärung Gromykos gegenüber Thompson vom 9. 2. 1962 (tschech. Übers.) in: M. Reiman/P. Luňák, a.a.O., S. 351–359.
[19] Vermerk über Besprechung Chruščёv – Ulbricht in Moskau am 26. 2. 1962, 7. 3. 1962, PA-MfAA, G-A 478, Bl. 50.

ridoren nicht gewährleisten. Sein amerikanischer Kollege gab daraufhin zu Protokoll, er gehe mit den beiden anderen Repräsentanten des Westens davon aus, daß bei den angekündigten Flügen die festgelegten Regeln auch weiterhin eingehalten würden und die westlichen Flugzeuge daher die Korridore vertragsgemäß benutzen könnten. Er verband damit die Forderung, daß die sowjetischen Flugpläne vorgelegt werden müßten. Das wurde mit der Begründung abgelehnt, daß sich der Flugsicherheitsdienst der UdSSR „nicht mit den Problemen der Koordination der Flüge über dem Territorium der DDR zwecks deren Sicherheitsgewährleistung" befasse.[20] Damit wurde die Sicherheit der einzig völlig unkontrollierten Außenverbindung West-Berlins in Frage gestellt. Der Oberbefehlshaber der Streitkräfte der UdSSR in Deutschland ließ große Militärtransportmaschinen zu Flügen durch die Luftkorridore starten und bedrohte auf diese Weise den sie benutzenden westlichen Linienverkehr. Das richtete sich am 9. Februar unter anderem gegen ein amerikanisches Flugzeug, von dem bekannt war, daß zu den Passagieren General Clay und Bürgermeister Brandt gehörten.[21]

Obwohl die Vertreter der USA vor Ort sofort den wirksamen Gebrauch des Zugangs durch die Luft insgesamt gefährdet sahen,[22] spielte Washington die Sache zunächst herunter. Der fällige Protest erfolgte auf der unteren Ebene der drei westlichen Botschafter in der Bundesrepublik.[23] Ihr sowjetischer Kollege in Ost-Berlin entgegnete, der westliche Einspruch müsse als Versuch angesehen werden, die Rechte seines Landes zu beschneiden. Die sowjetischen Flugzeuge hätten unstrittig das Recht, frei und zu jeder Zeit in den „noch bestehenden" Luftkorridoren zu fliegen. Sie gehörten zu den Streitkräften, die aufgrund eines Vertrages zeitweilig in der DDR stationiert seien und daher dort überall den Luftraum nutzen könnten. Die Feststellung, die Sicherheit der westlichen Militärtransportflugzeuge werde nicht gefährdet, ließ den prinzipiellen Standpunkt erkennen, daß man über die Zivilflüge gar nicht zu sprechen brauche, weil es dafür keine Rechtsgrundlage gebe. Zudem wurde daraus, daß der sowjetische Vertreter in der Luftsicherheitszentrale militärische Flugbewegungen angekündigt und vor einer Benutzung der Luftkorridore zu den genannten Zeiten gewarnt hatte, die Schlußfolgerung abgeleitet, daß sich die dann trotzdem gestarteten westlichen Flugzeuge etwaigen Schaden selbst zuzuschreiben hätten. Der Hinweis, nach völkerrechtlicher Norm seien die Behörden des Staates zu informieren, dessen Gebiet überflogen werde, deutete den Standpunkt an, daß man sich wegen der Flüge eigentlich mit der DDR in Verbindung setzen musse.[24] Diesen Anspruch auf Kontrolle erhob Ulbrichts außenpolitischer Mitarbeiter Otto Winzer am 29. Januar ausdrücklich in der Öffentlichkeit.[25]

---

[20] M. Pervuchin an A. A. Gromyko, 10. 2. 1962, AVPRF, 0742, 7, 21, 5, Bl. 35–37; R. Malinovskij/M. Zacharov an das ZK der KPdSU, 17. 2. 1962, RGANI, 5, 30, 399 (rolik 95), Bl. 57; John C. Ausland, Kennedy, Khrushchev, and the Berlin-Cuba Crisis 1961–1964, Oslo 1996, S. 49.
[21] Ebd.
[22] Telegram From the Embassy in Germany to the Department of State, 8. 2. 1962, in: FRUS 1961–1963, XIV, S. 796f.
[23] Schreiben vom 13. 2. 1962 (Anlage zum Schreiben von M. Pervuchin an A. A. Gromyko, 15. 2. 1962, AVPRF, 0742, 7, 21, 5, Bl. 64f.).
[24] M. Pervuchin an A. A. Gromyko, 15. 2. 1962, AVPRF, 0742, 7, 21, 5, Bl. 62f.
[25] Interview des Stellvertretenden DDR-Außenministers Winzer für die Nachrichtenagentur ADN,

Unbeirrt vom Protest der westlichen Stadtkommandanten, wiederholte die sowjetische Seite die Aktion gegen den Verkehr in den Luftkorridoren. Sie kündigte für den 14. Februar weitere „Übungsflüge" an, über deren Ablauf sie jede Information verweigerte, und gefährdete durch nahe heranfliegende Miltärmaschinen und Störung des Radarleitsystems mehrere Flugzeuge, darunter eines, in dem der britische Botschafter in Bonn saß.[26] Auch nach diesem Vorfall schaltete sich Präsident Kennedy nicht ein. In seinem Schreiben an Chruschtschow vom 15. Februar blieben die Attacken unerwähnt.[27] Die Westmächte sahen sich aber jetzt zum Protest auf Regierungsebene veranlaßt.[28] Aus Moskau erwiderte man, es sei „unverständlich", was sie dazu veranlaßt habe. Die westlichen Behörden könnten in keiner Weise sowjetische Flüge über DDR-Territorium regeln, die in Übereinstimmung mit den Abkommen zwischen UdSSR und DDR erfolgten. Der Kreml stellte den „‚uneingeschränkten' Zugang" nach West-Berlin auf dem Luftwege in Abrede und warnte, die Westmächte trügen die „volle Verantwortung für eventuelle unliebsame Folgen", wenn sie die sowjetischen Mitteilungen nicht beachteten.[29]

Überlegungen und Gespräche über die Attacken gegen den westlichen Flugverkehr

Der Oberbefehlshaber der sowjetischen Truppen in Deutschland setzte die Aktion fort und gefährdete so weiter den Flugverkehr.[30] Die Piloten und Passagiere der westlichen Maschinen ließen sich jedoch nicht von der Benutzung der Luftkorridore abschrecken. Chruschtschow äußerte sich gegenüber Ulbricht befriedigt darüber, daß er den Flugverkehr der USA stören und so die „imperialistischen Kräfte" zwingen konnte, sich zu verteidigen.[31] Am 6. März betonte Gromyko gegenüber Botschafter Thompson, die Spannungen an den Verkehrstrassen „im Luftraum der DDR" würden nicht von der UdSSR, sondern von den Westmächten verursacht. Er drohte erneut den Abschluß des Separatvertrags mit der DDR an, wenn sich die westliche Seite nicht zu einer Übereinkunft verstehe, und

---

25 1. 1962, in: Dokumente zur Deutschlandpolitik, hrsg. vom Bundesministerium für Innerdeutsche Beziehungen, IV. Reihe, Bd. 8, 1. Hbbd., Frankfurt/Main 1977, S. 105–108.
26 J.C. Ausland, a.a.O., S. 49 f. Vgl. R. Malinovskij/M. Zacharov an das ZK der KPdSU, 17. 2. 1962, RGANI, 5, 30, 399 (rolik 95), Bl. 58.
27 J. F. Kennedy an N. S. Chruščëv, 15. 2. 1962, in: FRUS 1961–1963, XIV, S. 619–622.
28 Aide-mémoire der drei westlichen Regierungen an die Regierung der UdSSR, 15. 2. 1962, in: Dokumente zur Deutschlandpolitik, a.a.O., IV, 8/2, S. 153 f.
29 Aus dem Aide-mémoire der Regierung der UdSSR an die drei westlichen Regierungen, 17. 2. 1962, ebd., S. 158 f.
30 R. Malinovskij/M. Zacharov an das ZK der KPdSU, 24. 2. 1962, RGANI, 5, 30, 399 (rolik 95), Bl. 61 f.; R. Malinovskij an das ZK der KPdSU, 3. 3. 1962, RGANI, 5, 30, 399 (rolik 95), Bl. 64 f.; R. Malinovskij/M. Zacharov an das ZK der KPdSU, 10. 3. 1962, RGANI, 5, 30, 399 (rolik 95), Bl. 68 f.; A. Grečko/M. Zacharov an das ZK der KPdSU. 17. 3. 1962, RGANI, 5, 30, 399 (rolik 95), Bl. 76 f. Die Angabe von Rolf Steininger, Der Mauerbau. Die Westmächte und Adenauer in der Berlinkrise 1958–1963, München 2001, S. 339, die Störungen seien schon am 22. 2. 1962 eingestellt worden, beruht auf der Mißdeutung einer kurzzeitigen Unterbrechung als dauerhaften Abbruch.
31 Vermerk über Besprechung Chruščëv – Ulbricht in Moskau am 26. 2. 1962, 7. 3. 1962, PA-MfAA, G-A 478, Bl. 47 f.

forderte Achtung vor der Souveränität der DDR, die keine „Phrase", sondern eine „wichtige Bedingung" sei. Jede Vereinbarung über den Zugang nach West-Berlin zu Land, zu Wasser und in der Luft müsse damit in Einklang stehen. Das war nach Darstellung des sowjetischen Chefdiplomaten für den Westen annehmbar, denn man konnte damit angeblich ohne Schwierigkeit „uneingeschränkten Zugang" verbinden.[32]

Ulbricht sah im Vorgehen gegen die Luftkorridore die Chance, daß die UdSSR wenigstens einen Teil der gegebenen Zusagen wahrmachte. Wie Chruschtschow ging er davon aus, das Ergebnis der sowjetisch-amerikanischen Gespräche biete keinen Ansatz zur Lösung der Probleme. Die USA hätten ihre Forderungen sogar erhöht. Kennedy mache, was Adenauer vorgeschlagen habe, nur auf geschicktere Weise. Damit verband der SED-Chef Kritik an der sowjetischen Verhandlungsführung. „Wir haben bisher zu einer Reihe von Fragen geschwiegen, weil wir nicht in den Verdacht kommen wollen, daß wir die Gespräche, die auf höchster Ebene geführt werden, stören wollen." Er sprach sich zwar für die Fortführung des Dialogs aus, regte jedoch an zu überlegen, ob nicht für Ende des Sommers der Abschluß eines Friedensvertrags unter Beteiligung der Westmächte ins Auge zu fassen sei. Das wäre zwar ein „schlechter Friedensvertrag", der allein die Fragen der Grenze und der Hauptstadt regele, die „Überreste des Krieges" nur teilweise beseitige, die Frage des Luftverkehrs offen lasse und den sonstigen Transit nicht verändere, doch würde er zur „Festigung der DDR" führen.

Ulbricht suchte Chruschtschow von den Vorzügen zu überzeugen, die bei allen Nachteilen mit dem Abschluß des Friedensvertrages auf dieser Grundlage verbunden seien. Dann hätten die USA „keinen Anlaß zur Verschärfung der Lage". Man selbst könne die Taktik fortsetzen, „Westberlin als Druckmittel zu benutzen". In einem beigefügten Protokoll lasse sich festhalten, worüber Einvernehmen bestehe und was „noch offen" sei. Der SED-Chef machte geltend, die vorgeschlagene Regelung wäre auch im Blick auf die Wahlen zur Volkskammer „zweckmäßig". Wenn der Friedensvertrag immer nur propagiert werde, akzeptiere das die Bevölkerung nicht. Chruschtschow war anderer Ansicht. „Man muß doch sehen, wie es ist. Wir stören den USA-Flugverkehr. Sie müssen sich verteidigen." Mit dem bisher Erreichten könne man vorerst zufrieden sein. „Man muß sehen, daß Westberlin nicht in den Händen Adenauers ist. Am 13. August haben wir maximal erhalten, was möglich ist." Ein Friedensvertrag mit der DDR führe zwar nicht zum Krieg, lasse aber – vor allem von Adenauers Seite – einen wirtschaftlichen Boykott erwarten. Dann müsse die Sowjetunion den Vertrag mit ökonomischen Leistungen bezahlen, die der DDR gewährt werden müßten. Der Kremlchef machte geltend, daß dies nicht im Interesse der UdSSR und des sozialistischen Lagers liege. Im übrigen hielt er es nicht einmal für völlig sicher, daß sich der Krieg vermeiden lasse.[33]

---

[32] Telegram From the Embassy in the Soviet Union to the Department of State, 6. 3. 1962, in: FRUS 1961–1963, XIV, S. 859–862.

[33] Vermerk Dölling über Gespräch Chruščëv – Ulbricht am 26. 2. 1962, 7. 3. 1962, PA-MfAA, G-A 478, Bl. 47–49.

Die Westmächte drangen weiter auf Einstellung der Aktion. Gestützt auf ein amerikanisches Papier mit Auflistung aller Vorfälle,[34] stellten die Außenminister der USA und Großbritanniens am 11. März Gromyko nachdrücklich die Gefahren für die Sicherheit der Flüge vor Augen, die das sowjetische Vorgehen heraufbeschwöre. Rusk erklärte, das könne nicht geduldet werden. Die USA würden alle erforderlichen Maßnahmen treffen, um die Sicherheit der Flüge zu gewährleisten, und sich durch die Gefahr nicht davon abschrecken lassen, den Luftverkehr nach West-Berlin fortzusetzen. Lord Home ergänzte, das Verhalten stehe in Widerspruch zu dem sowjetischen Anspruch, die Spannung zu mindern. Gromyko bestand darauf, daß die UdSSR das Recht zur Benutzung der Luftkorridore habe und mit der Aktion legitime Interessen der DDR verteidige. Den Vorwurf, sowjetische Militärmaschinen gefährdeten Menschenleben, stellte er in Abrede, indem er die Attacken „nicht identifizierten Bombern" zuschrieb, deren Verhalten man seinem Land nicht anlasten dürfe. Im übrigen beteuerte er den Willen zur Entspannung.[35]

Am 10. März betonte Chruschtschow gegenüber Kennedy erneut den Verhandlungswillen der UdSSR und legte ihm ein Angebot vor. Darin wurden allen Forderungen aufrechterhalten, aber eine Zugangsbehörde aus Vertretern der Westmächte, der Sowjetunion und anderer Länder für annehmbar erklärt. Diese dürfe aber keine administrative Autorität oder regelsetzende Gewalt bezüglich der Verkehrswege erhalten, denn diese sei eine Prärogative der DDR. Der Kremlchef erneuerte auch den Vorschlag, statt der westlichen Garnisonen könne es einige Jahre lang Truppen der Vier Mächte, der UNO oder neutraler Länder in West-Berlin geben.[36] In einem „Pravda"-Artikel vom 9. März[37] und in folgenden Gesprächen Gromykos[38] kam Interesse an der Fortführung des Dialogs mit Washington zum Ausdruck. In folgenden Gesprächen zeigten jedoch weder der sowjetische Außenminister noch sein Stellvertreter Semjonow Entgegenkommen, wie Rusk mit Enttäuschung feststellte.[39]

Die fortgesetzt ablehnende Haltung der USA gegenüber dem Angebot der Zugangsbehörde rief im Kreml Besorgnis hervor. Würden sie sich auf den Standpunkt stellen, weitere Gespräche seien nutzlos? Das sollte vermieden werden, ohne daß man deswegen Abstriche von den Forderungen ins Auge faßte.[40] Der Gegensatz verringerte sich nicht. Die sowjetische Seite bestand eisern auf dem Ende des Besatzungsregimes und dem Abzug der westlichen Truppen. Die Zu-

---

[34] Berlin Air Corridors (Anlage zu einer Aufzeichnung über das Gespräch zwischen Rusk und Lord Home am 11. 3. 1962), in: FRUS 1961–1963, XV, S. 20–22.
[35] Memorandum of Conversation, 11. 3. 1962, in: FRUS 1961–1963, XV, S. 22–25.
[36] N. S. Chruščëv an J. F. Kennedy, 10. 3. 1962, in: FRUS 1961–1963, XV, S. 7–15.
[37] Wiedergabe in deutscher Übersetzung in: Dokumente zur Deutschlandpolitik, IV, 8/2, S. 227f.
[38] Memorandum of Conversation [Rusk – Gromyko], 12. 3. 1962, in: FRUS 1961–1963, XV, S. 26–33; Memorandum of Conversation [Rusk – Gromyko], 13. 3. 1962, ebd., S. 35–39.
[39] Memorandum of Conversation [Kohler/Thompson/Bohlen – Semënov/Kovalëv/Suslov], 18. 3. 1962, ebd., S. 46–48; Telegram From Secretary of State Rusk to the Department of State [Urteil über sowjetisches Vorschlagspapier], 19. 3. 1962, ebd., S. 48–50; Memorandum of Conversation [Rusk – Gromyko], 20. 3. 1962, ebd., S. 51–60; Memorandum of Conversation [Rusk – Gromyko], 22. 3. 1962, ebd., S. 61–69.
[40] Telegram From Secretary of State Rusk to the Department of State [Unterredung mit Gromyko], 23. 3. 1962, ebd., S. 72 f.

gangsbehörde sollte einstimmig entscheiden, also dem Veto ihrer östlichen Mitglieder unterliegen, nur eine bestimmte Zeit lang bestehen und keine administrativen oder territorialen Kompetenzen erhalten. Diese stünden allein der DDR zu. Sonst ergäbe sich eine unzulässige Einmischung in deren innere Angelegenheiten. Die ostdeutsche Souveränität sei absolut zu achten. Semjonow stellte sich gar auf den – bis dahin nicht vertretenen – Standpunkt, daß die angebotene internationale Überwachung des Zugangs nur dann in Betracht komme, wenn sich die Westmächte am Friedensvertrag nicht nur mit Westdeutschland, sondern mit beiden Staaten beteiligten.[41] Rusk zog Ende März den Schluß, daß sich die Vorschläge der UdSSR seit dem Wiener Treffen vom Juni 1961 nicht wesentlich verändert hätten.[42]

Wie es scheint, wollte der Kreml einen Abbruch der Gespräche durch die USA vermeiden. Das ließ sich vermutlich am besten dadurch erreichen, daß die UdSSR die erfolglosen Attacken gegen westlichen Flugverkehr abbrach und damit in Washington die Hoffnung auf positive Ergebnisse neu belebte. Ein derartiges Signal schien geeignet, Aufmerksamkeit in den westlichen Hauptstädten zu erregen, war doch der Luftweg nach West-Berlin von zentraler Bedeutung. Nur er gewährte völlig unkontrollierten und unbehinderten Zugang, während es auf dem Landweg wiederholt immer wieder und mit steigender Tendenz zu Schikanen, Repressalien und Willkürakten kam.[43] Zudem dürfte das überaus negative Echo der internationalen Öffentlichkeit auf die Attacken gegen die westlichen Luftkorridore dem sowjetischen Führer ein Einlenken nahegelegt haben. Es war nicht gelungen, den westlichen Flugverkehr ernstlich zu stören oder gar einzuschränken. Zugleich machten die zahlreichen Berichte in den westlichen Medien die östliche These unglaubwürdig, die UdSSR setze sich für die internationale Entspannung ein. Auf den psychologischen Schaden hatte Ulbricht in Moskau schon am 27. Februar vorsichtig hingewiesen.[44] Die sowjetischen Streitkräfte stellten ihre „Flugübungen" am 30. März 1962 unvermittelt ein.[45] Außenminister Rusk würdigte das Mitte April bei Wiederaufnahme der Gespräche als Zeichen guten Willens.[46]

---

[41] Gespräch V. S. Semënov – F. Kohler/Ch. Bohlen, 23. 3. 1962, AVPRF, 0129, 46, 346, 12, Bl. 57–67; Gespräch V. S. Semënov – F. Kohler/Ch. Bohlen, 25. 3. 1962, AVPRF, 0129, 46, 346, 12, Bl. 68–76; Gespräch V. S. Semënov – F. Kohler/Ch. Bohlen/L. Thompson, 26. 3. 1962, AVPRF, 0129, 46, 346, 12, Bl. 78–82; Sowjetische Aufzeichnung über die Genfer Gespräche Gromykos mit Rusk im März 1962 (russ.), ohne Überschrift und Datum, AAN, KC PZPR XI A/81, Bl. 394–397; Memorandum of Conversation [Rusk – Gromyko], 26. 3. 1962, in: FRUS 1961–1963, XV, S. 76–89; [Klaus] Schütz, Schlußbericht über die anläßlich der Genfer Außenministerkonferenz vom 12. bis 27. März geführten Berlin-Gespräche, o.D. [April 1962], LArchB, B Rep. 002 Nr. 7993b, Bl. 527–546.

[42] Telegram From Secretary of State Rusk to the Department of State, 26. 3. 1962, in: FRUS 1961–1963, XV, S. 91 f.

[43] Von 1952 bis 1961 waren nach Feststellungen des Bundesministeriums für Gesamtdeutsche Fragen etwa ca. 500 Personen für kürzere oder längere Zeit in Haft genommen worden, davon ca. 170 im Jahre 1961, in den ersten vier Monaten 1962 mehr als 100 Personen (Vopo-Willkür auf Interzonenstraßen, in: Telegraf, 20. 5. 1962).

[44] Botschafter Dölling, Vermerk über die Besprechung am 27. 2. 1962 beim Genossen Ulbricht [mit Semënov, Il'ičëv und Kabin als sowjetischen Teilnehmern], PA-MfAA, G-A 478, Bl. 55 f.

[45] J. C. Ausland, a.a.O., S. 50 f. R. Malinovskij/M. Zacharov an ZK der KPdSU, 24. 3. 1962, RGANI, 5, 30, 399 (rolik 95), Bl. 76 f.; R. Malinovskij/M. Zacharov an ZK der KPdSU. 31. 3. 1962, RGANI, 5, 30, 399 (rolik 95), Bl. 81, erwecken den Eindruck, als hätten die Behinderungen schon am 23. 3. 1962 aufgehört. Christof Münger, Kennedy, die Berliner Mauer und die Kubakrise, Paderborn 2003, S. 145–152, glaubt, Chruščëv habe die Aktion nach Bekundung neuen Verhandlungs- und

Differenzen mit Ulbricht

Ulbricht begrüßte zwar die kompromißlose Haltung, war aber nicht damit einverstanden, daß dies zugleich den Verzicht auf baldigen Abschluß des Friedensvertrages bedeutete. Die DDR durfte nach seiner Ansicht nicht auf unbestimmte
Dauer besatzungsrechtlichen Auflagen unterliegen. Er machte bei Perwuchin geltend, die Verzögerung wirke sich negativ auf Stimmung und Haltung der DDR-
Bevölkerung aus. Alle hätten nach dem 13. August den Friedensvertrag erwartet
und gedacht, die Schließung der Sektorengrenze werde dessen Abschluß be-
schleunigen und Bonn zur faktischen Anerkennung der DDR zwingen. Der seither eingetretene Aufschub habe die Lage kompliziert. Es sei schwerer geworden,
glaubhaft zu machen, daß die deutsche Frage künftig durch Beseitigung des westlichen Systems gelöst werde.

Den Einwand des Botschafters, die DDR sei in Berlin nach Schließung der Sektorengrenze in einer günstigeren Position als die Bundesrepublik und könne daher zufrieden sein, akzeptierte Ulbricht nicht. Es sei ein Unterschied, ob man vor
oder nach Abschluß des Friedensvertrags zur deutschen Frage Stellung nehme. Sei
der Vertrag erst einmal unterschrieben, könne man den Menschen in Deutschland
mit größerer Überzeugungskraft darlegen, daß Bonn am Ausbleiben der Einheit
schuld sei. Lasse dagegen der Friedensvertrag weiter auf sich warten, lasse sich die
Position der DDR weit schwieriger begründen. Es seien noch viele Deutsche der
Ansicht, daß es bei einer Vereinigung zu einer Synthese von Kapitalismus und Sozialismus kommen werde. Die SED bestehe aber darauf, daß die Einheit nur
durch „Liquidierung des Imperialismus in der BRD" möglich sei und daß bis dahin noch viel Zeit vergehen werde. Ulbricht wies auch die Ansicht zurück, der gemeinsame Kampf seit 1958 habe der DDR doch schon viel Positives gebracht. Das
sei zwar nicht zu leugnen, genüge jedoch nicht, um die Westdeutschen von den
Vorteilen des Sozialismus und von dessen künftigem Sieg zu überzeugen.[47]

Als Ulbricht damit nicht durchdrang, wandte er sich Teilfragen zu. Am 16. Februar beschwerte er sich bei Chruschtschow, einige Vorgänge gäben der „ver-
leumderische[n] Kampagne" des Westens Nahrung, daß „die DDR angeblich
keine Souveränität besitze". Das sowjetische Oberkommando habe die Schließung der westlichen Luftkorridore für einige Stunden verfügt, ohne die ostdeutschen Behörden zu informieren. Dadurch hätten diese keine Möglichkeit zu Erläuterungen in der Presse gehabt. Als weitere Mißachtung der DDR-Rechte hob
er hervor, daß die UdSSR bei einem Agentenaustausch mit den USA an der
Grenze zu West-Berlin keinen Offizier der Grenzpolizei hinzugezogen und zudem versäumt habe, die DDR-Regierung über die Berlin-Verhandlungen mit den
Amerikanern zu unterrichten. Dagegen sei Bonn von Washington informiert worden, so daß sich die westdeutschen Zeitungen dazu hätten äußern können. Wenn
sich die UdSSR zu einseitigem Vorgehen ohne Abstimmung mit der DDR ent-

---

Konzessionswillens durch Kennedy eingestellt. Der Gang der Geschehnisse gibt darauf keinen
Hinweis.

[46] Memorandum of Conversation [Rusk – Dobrynin], 16. 4. 1962, ebd., S. 118.

[47] Gespräch Perwuchin/Il'ičëv – Ulbricht am 9. 1. 1962, 11. 1. 1962, RGANI, 5, 49, 480 (rolik 9017),
Bl. 9–12.

schließe, stelle sich die Frage, warum diese dann nicht ihrerseits etwa die Nachrichtenkabel der USA über DDR-Gebiet durchtrennen oder den amerikanischen Bediensteten völlig den Zutritt zur Hauptstadt der DDR verwehren dürfe.[48]

Die sowjetische Weigerung, den separaten Friedensvertrag mit der DDR abzuschließen, war auch dadurch bedingt, daß diese wegen ihrer schlechten Wirtschaftslage nicht konfrontationsfähig war. Die ständigen Ersuchen um materielle Hilfe, die Ulbricht deswegen an Moskau richtete, stießen dort zunehmend auf Ablehnung. Seinem Argument, nur bei vermehrter Unterstützung könne er die Abhängigkeit von westdeutschen Lieferungen überwinden, wurde entgegengehalten, er solle die Umstellung auf den RGW-Wirtschaftsraum stärker vorantreiben.[49] Anfang Februar suchte der SED-Chef mit genauen Angaben und der hinzugefügten Begründung, die Ökonomie sei die „Hauptform des Kampfes" mit der Bundesrepublik, seine Wünsche nochmals durchzusetzen.[50] Die sowjetische Führung wollte sich aber keine neuen Lasten aufbürden.

Anfang Juni 1962 machte Chruschtschow gegenüber dem Prager Parteichef Novotný seinem Ärger Luft. Ulbricht halte ihm das Ausbleiben des Friedensvertrages vor. Schließe man diesen ab, wäre mit einer Wirtschaftsblockade des Westens zu rechnen. Dann werde er wieder kommen und von der UdSSR Unterstützung fordern. Das kenne man schon seit langem. Immer komme er und verlange Hilfe. Das gehe zu weit. Die Deutschen hätten Krieg gegen die UdSSR geführt und hätten einen höheren Lebensstandard, aber man solle ihnen immer nur geben und geben. Sie müßten endlich selbst Hand anlegen, um etwas zu erreichen. Die DDR habe große Reserven, doch sei ihre Produktivität gering. Zudem tue Ulbricht bei seinen Hilfersuchen so, als ob er der Sowjetunion mit dem Sozialismus eine Gnade erweise. Seine Auffassungen gäben zu Sorge Anlaß. Daher habe er sich in Gesprächen mit ihm wiederholt zu Kritik genötigt gesehen.[51] Trotzdem sah sich der Kreml durch die „relativ schwierige ökonomische Lage" der DDR zu „großzügige[r] Wirtschaftshilfe" mittels Warenkrediten und Getreidelieferungen veranlaßt. Die Probleme wurden zwar teilweise auf „objektive Ursachen" – auf die staatliche Teilung Deutschlands und die schlechte Ernte von 1961 – zurückgeführt, doch schienen die ökonomischen Defizite auch an Planungs- und Leitungsmängeln zu liegen. Auf eine „wesentliche Verbesserung" der Situation hoffte die sowjetische Seite erst nach zwei bis drei Jahren.[52]

---

[48] Zitiert bei A. M. Filitov, SSSR i „novaja vostočnaja politika" FRG, in: Cholodnaja vojna i politika razrjadki: diskussionnye problemy, hrsg. vom Institut vseobščej istorii RAN, Bd. 1, Moskau 2003, S. 169–171.

[49] Zapis' besedy M. G. Pervuchina i I. I. Il'ičëva s Ul'brichtom, 11. 1. 1962, RGANI, 5, 49, 480 (rolik 9017), Bl. 12–14.

[50] W. Ulbricht an N. S. Chruščëv (mit Anlage), 8. 2. 1962, SAPMO-BArch, DY 30/3510, Bl. 194f., 198–219.

[51] Auszug aus einer tschechoslowakischen Aufzeichnung über ein Gespräch zwischen N. S. Chruščëv und A. Novotný am 8. 6. 1962, in: M. Reiman/P. Luňák, a.a.O., S. 360f.

[52] Botschafter Pervuchin im Gespräch mit seinem ungarischen Amtskollegen: József Kárpáti an Antal Apro/Dezsö Nemes/Imre Hollai/János Szita (ungar.), 29. 9. 1962, MOL 288.f. 32/1962/11ö.e., Bl. 216.

Die Zutrittsfrage im Beziehungsdreieck mit den USA und der DDR

Im November 1961 hatte Ulbricht in Moskau darauf gedrungen, wenigstens das „Vorfeld" des Friedensvertrages durch geeignete Maßnahmen zu „bereinigen". Es sei „notwendig, als nächsten Schritt eine Ordnung an der Grenze der Hauptstadt der DDR nach Westberlin zu schaffen, um jedwede Verletzung der Souveränität der DDR zu unterbinden." Die sowjetische Forderung an die Westmächte, diese zu respektieren, mache die Einführung der Ausweispflicht für alle Militär- und Zivilpersonen der drei westlichen Staaten beim Betreten Ost-Berlins erforderlich. Sollte sich die andere Seite weigern, die Regelung anzunehmen, müsse ihr die Sektorengrenze verschlossen werden, bis in Regierungsverhandlungen eine Einigung erzielt sei. Die Bürger West-Berlins könnten den für sie vorgesehenen Übergang benutzen, sofern sie eine Genehmigung des Volkspolizeipräsidiums hätten (wofür jedoch die Ausgabestellen noch fehlten). Der SED-Chef sah voraus, daß die Westmächte im Gegenzug die sowjetischen Rechte im Westteil der Stadt in Frage stellen würden, meinte aber, die UdSSR könne unschwer auf die Bewachung des Ehrenmals im Tiergarten und die Beteiligung am Kriegsverbrechergefängnis in Spandau verzichten. Weiter verlangte er die Gleichstellung der Volkskammermitglieder aus Ost-Berlin mit den anderen Abgeordneten, um den Status der Stadt als integralen Bestandteil der DDR zu bekräftigen.[53]

In der Meinung, Präsident Kennedy habe Clays Vorgehen am Checkpoint Charlie mißbilligt und den General nur mit Rücksicht auf Bürgermeister Brandt auf seinem Posten belassen,[54] räumte der Kreml Ulbricht größeren Handlungsspielraum in der Frage des westlichen Zutritts zu Ost-Berlin ein. Er erhob keinen Einspruch, als der SED-Chef die Absicht äußerte, sich auf das „souveräne Recht der DDR zur Kontrolle des Verkehrs an der Staatsgrenze zu Westberlin" zu berufen.[55] Daher forderte die ostdeutsche Polizei ab Spätherbst 1961 von den westlichen Zivilbeamten erneut das Vorzeigen der Ausweise. Das widersprach der Ansicht der USA, ihre Bediensteten seien wegen des Vier-Mächte-Status von (Gesamt-)Berlin berechtigt, sich im Ostsektor ohne Prüfung zu bewegen. Der amerikanische Stadtkommandant, Generalmajor Watson, lehnte es auf einer Fahrt zu seinem sowjetischen Kollegen am 23. Dezember ab, daß seine zivilen Begleiter ihre Identität nachweisen sollten. Daraufhin wurde ihm von der DDR-Grenzpolizei die Durchfahrt verweigert. Er richtete eine Beschwerde an den sowjetischen

---

[53] W. Ulbricht an N. S. Chruščëv, 30. 10. 1961, SAPMO-BArch, NY 4182/1206, Bl. 33, 36–38. Ulbricht stützte sich auf eine Ausarbeitung, welche die Sonderstellung Ost-Berlins näher analysierte und die Wichtigkeit ihrer Aufhebung herausstellte: Vorschläge zur Diskussion über die weitere Taktik der DDR im Kampf um den Friedensvertrag und die Lösung der Westberlin-Frage, o.D. [Oktober 1961], SAPMO-BArch, DY 30/3509, Bl. 151–153.

[54] Aktenvermerk Gespräch Krolikowski – Žiljakov in Moskau, 20. 1. 1962, PA-MfAA, G-A 478, Bl. 27.

[55] Dossier über das Verhältnis des Kommandanten der sowjetischen Garnison in Berlin zum USA-Kommandanten vom Dezember 1961 bis zur Auflösung der sowjetischen Kommandantur, 26. 9. 1963, PA-MfAA, A 264, Bl. 98.

Stadtkommandanten, Oberst Solowjow;[56] der Bonner Botschafter Dowling protestierte bei Perwuchin. Zugleich wurde Kritik an der Praxis der DDR-Polizei geübt, den durch Ost-Berlin fahrenden amerikanischen Patrouillen zu folgen.[57] Die Démarchen blieben ohne Erfolg. Die sowjetische Seite stellte sich auf den Standpunkt, mit der Sache nichts zu tun zu haben. Die Prüfung der Ausweise erfolge gemäß den Gesetzen der DDR. Die Verantwortung liege nicht bei der UdSSR, sondern beim Ministerium des Innern bzw. beim Magistrat in Ost-Berlin. Wenn die USA ihre Haltung nicht änderten, müßten sie die Verantwortung für die Folgen tragen. Die UdSSR werde notfalls auch ihrerseits Maßnahmen zur Sicherung des bestehenden Zustands treffen.[58] Solowjow wandte sich überdies dagegen, daß sich Watson als Kommandant von Berlin bezeichne. Das sei ein „Versuch, seine Rechte auf ganz Berlin zu bestätigen."[59] Mit der Zurückweisung des Protests machte die sowjetische Seite ihre prinzipielle Unterstützung für die Position der DDR klar, daß sich der Vier-Mächte-Status nicht mehr auf den Ostteil der Stadt erstrecke. Vor der vollen Konsequenz, das Recht der Westmächte auf Zutritt zu Ost-Berlin insgesamt aufzuheben, schreckte der Kreml zurück.

Die Bereitschaft der UdSSR, zum einen den Anspruch der DDR auf Beseitigung des Vier-Mächte-Status ihrer Hauptstadt durch Billigung der Vorzeigepflicht zu unterstützen und zum anderen den genehmigungsfreien Zutritt der westlichen Seite hinzunehmen, entsprach der Absicht, zwar die politische Offensive voranzutreiben, aber keine Risiken einzugehen. Der Kreml erlaubte Ulbricht daher nicht, das westliche Recht auf Zutritt insgesamt aufzuheben. Durch die auf das Vorzeigen der Ausweise beschränkte Forderung wurden die Amerikaner unter den Westmächten isoliert, denn die Briten und Franzosen sahen ihre Rechte nicht bedroht und verweigerten daher den USA in dieser Frage die Solidarität. Ihre Bediensteten zeigten ihre Personaldokumente. Als Watson die Zurückweisung der Proteste durch die UdSSR mit einem Zutrittsverbot für Solowjow zum amerikanischen Sektor beantwortete, schlossen sich die Stadtkommandanten Großbritanniens und Frankreichs nicht an und erklärten, daß sie den Ausgesperrten bei sich einreisen lassen würden. Der Streit war für sie alleinige Sache von USA und Sowjetunion, die sie wenig anging. Sie suchten zu vermitteln und schlugen als Kompromiß vor, Amtspersonen sollten ihre Identität nur nachweisen, wenn sie ohne militärische Begleitung seien. Davon wollte die sowjetische Seite nichts wissen.[60] Es kam ja nicht auf den Nachweis des offiziellen Status an, der durch die be-

---

[56] Generalmajor Watson an Oberst Solov'ëv (russ. Übers.), 30. 12. 1961, RGANI, 5, 30, 399 (rolik 95), Bl. 14 f.
[57] Dossier über das Verhältnis des Kommandanten der sowjetischen Garnison in Berlin zum USA-Kommandanten vom Dezember 1961 bis zur Auflösung der sowjetischen Kommandantur, 26. 9. 1963, PA-MfAA, A 264, Bl. 98; M. Pervuchin an A. A. Gromyko, 27. 12. 1961, AVPRF, 0742, 6, 17, 4, Bl. 143 f.; M. Pervuchin an A. A. Gromyko, 5. 1. 1962, AVPRF, 0742, 7, 21, 5, Bl. 1–3; Editorial Note, in: FRUS 1961–1963, XIV, S. 703.
[58] Aktenvermerk Gespräch Krolikowski – Žiljakov in Moskau, 20. 1. 1962, PA-MfAA, G-A 478, Bl. 27.
[59] M. Pervuchin an A. A. Gromyko, 5. 1. 1962, AVPRF, 0742, 7, 21, 5, Bl. 2.
[60] Telegram From the Mission in Berlin to the Department of State, 11. 1. 1962, in: FRUS 1961–1963, XIV, S. 741; Dossier über das Verhältnis des Kommandanten der sowjetischen Garnison in Berlin zum USA-Kommandanten vom Dezember 1961 bis zur Auflösung der sowjetischen Kommandantur, 26. 9. 1963, PA-MfAA, A 264, Bl. 98–100.

nutzten Dienstfahrzeuge ohnehin gegeben war, sondern auf die Demonstration des Kontrollanspruchs der DDR.

Die Position der USA wurde weiter dadurch geschwächt, daß auch in Washington die Ansicht verbreitet war, es gehe um eine bloße Abfertigungsformalität, die den Streit nicht lohne. Wichtig sei nur der genehmigungsfreie Zutritt. Die oberste Führung griff daher nicht ein.[61] Solowjow konnte das gegen ihn verhängte Zutrittsverbot ungestraft mit der Aussperrung Watsons aus Ost-Berlin beantworten.[62] Die Tatsache, daß der sowjetische Stadtkommandant das Verbot aussprach, machte freilich klar, daß in dieser Frage nach wie vor die UdSSR das Sagen beanspruchte und die DDR nur das tun konnte, was ihr der Kreml zubilligte. Das zeigte sich erneut, als Ulbricht eine „Prüfung" des Zutritts der amerikanischen Militärbediensteten insgesamt anregte. Das lehnte der Kreml ab: Bis auf weiteres dürfe an der bestehenden Praxis nichts geändert werden.[63] Nach anhaltender wechselseitiger Zutrittsverweigerung schlug Watson vor, den Konflikt zu beenden und die Verbote aufzuheben. Die westlichen Zivilbediensteten sollten die Sektorengrenze ohne Nachweis ihrer persönlichen Identität passieren. Oberst Solowjow erklärte sich zur Wiederzulassung seines Gesprächspartners grundsätzlich bereit. Wenn zunächst das gegen ihn verhängte Verbot widerrufen werde, wolle er sich bei den zuständigen Organen der DDR dafür einsetzen, daß diese den Zutritt wieder gestatteten. Die zivilen Amtspersonen der USA jedoch müßten die von ostdeutscher Seite festgelegte Ordnung beachten und seien daher zur Präsentation ihrer Ausweise verpflichtet. Das gelte für alle, auch für die zivilen Begleiter von Militärpersonen.[64]

Der Oberkommandierende der sowjetischen Truppen setzte Ulbricht im Beisein des Botschafters davon in Kenntnis und betonte, man werde auf der Beachtung der DDR-amtlichen Ordnung durch den amerikanischen Stadtkommandanten und sein Personal bestehen. Das Gespräch solle nicht am sowjetischen Amtssitz in Ost-Berlin, sondern in Potsdam stattfinden, um die fortbestehende Gültigkeit des gegen Watson verhängten Verbots des Zutritts (zum Ostsektor) zu unterstreichen. Ulbricht wandte ein, die Tatsache des Treffens der Stadtkommandanten könnte der Vorstellung des Vier-Mächte-Status Berlins Vorschub leisten, die von der DDR abgelehnt werde. Daraufhin versicherte Perwuchin, die UdSSR erkenne keinen derartigen Status an. Der Oberkommandierende fügte hinzu, man werde diesen Standpunkt auch durch Zurückweisung des zu erwartenden westlichen Protests gegen die Ost-Berliner NVA-Militärparade am 1. Mai deutlich machen.[65] Wie vorgesehen, fand das Gespräch mit Generalmajor Watson am 17. Mai in Potsdam statt. Oberst Solowjow lehnte weisungsgemäß dessen Forderung nach

---

[61] Dorothee Mußgnug, Alliierte Militärmissionen in Deutschland 1946–1990, Berlin 2001, S. 169.

[62] Ebd., Bl. 100.

[63] Gespräch V. S. Semënov – W. Ulbricht, 27. 2. 1962, AVPRF, 0742, 7,51, 4, Bl. 13; Aufzeichnung über von V. Semënov festgestellte Positionen der UdSSR (Anlage zum Schreiben von O. Winzer an W. Ulbricht, 1. 3. 1962), SAPMO-BArch, DY 30/3511, Bl. 11.

[64] Dossier über das Verhältnis des Kommandanten der sowjetischen Garnison in Berlin zum USA-Kommandanten vom Dezember 1961 bis zur Auflösung der sowjetischen Kommandantur, 26. 9. 1963, PA-MfAA, A 264, Bl. 100.

[65] Gespräch M. G. Pervuchin/I. Jakubovskij – W. Ulbricht, 8. 5. 1962, RGANI, 5, 49, 480, Bl. 85 f.

Abschaffung der Vorzeigepflicht ab. Er könne nicht in die Befugnisse der DDR eingreifen. Es kam zu keiner Einigung.[66]

Der Streit zog Repressalien der amerikanischen Besatzungsbehörden nach sich. Wiederholt wurden Militärfahrzeuge der UdSSR an der Fahrt zum sowjetischen Ehrenmal im Tiergarten gehindert, weil darin Oberst Solowjow oder – mutmaßlich – einer seiner Adjutanten (die in das gegen ihn verhängte Zutrittsverbot einbezogen worden waren) darin saß. Das Ziel befand sich zwar im britischen Sektor, doch führte der Übergang, den die DDR für den Verkehr der Vier Mächte vorgesehen hatte, in amerikanisches Gebiet, von dem aus das Ehrenmal anschließend zu erreichen war. Das Angebot der Briten, die Busse könnten über einen anderen Übergang direkt in ihren Sektor gelangen, lehnte Solowjow mit der Begründung ab, daß dies nach den Bestimmungen der DDR nicht statthaft sei, die er zu respektieren habe. Watson weigerte sich im Sommer, den stellvertretenden Stadtkommandanten der UdSSR zur Übergabe von Protestschreiben zu empfangen. Daraufhin ließ Solowjow eine westliche Einladung zum Gespräch zurückgehen. Mit der Auflösung der sowjetischen Stadtkommandantur am 22. August 1962 unterstrich der Kreml die Absicht, keine sichtbare Vier-Mächte-Ebene zuzulassen. Der Umstand, daß der Oberbefehlshaber der sowjetischen Streitkräfte in Deutschland fortan Ansprechpartner der Westmächte in Berlin-Angelegenheiten war, zeigte freilich, daß diese faktisch weiterhin bestand. Der amerikanische Widerstand gegen die Durchfahrt der sowjetischen Busse zum Ehrenmal im Tiergarten wurde dadurch wirkungslos gemacht, daß sich die DDR mit der Benutzung eines in den britischen Sektor führenden Grenzübergangs einverstanden erklärte.[67]

Watson verlor damit den Hebel, mit dem er Druck auszuüben suchte, und sah sich zugleich in der Verlegenheit, daß er vom Besuch Ost-Berlins ausgeschlossen war. Der Botschafter der USA in Bonn ersuchte daher im Dezember 1963 seinen sowjetischen Amtskollegen in Ost-Berlin um Aufhebung des Verbots. Dieser wurde daraufhin aus Moskau zu der Mitteilung ermächtigt, er werde den DDR-Behörden eine entsprechende „Bitte" unterbreiten, falls die amerikanische Seite die Aussagen vom Dezember 1961 für ungültig erkläre und mit dem Vorzeigen der Ausweise einverstanden sei.[68] In Washington nahm man daraufhin den Standpunkt ein, es sei vertretbar, wenn sich zivile Amtspersonen gegenüber der Grenzpolizei der DDR auswiesen, solange diese damit nicht das Recht erhielt, den Zutritt zu gewähren oder zu versagen. Dem Kreml und der SED-Führung aber diente das Vorzeigen der Identifikationspapiere fortan als Beweis dafür, daß in der „Hauptstadt der DDR" allein deren Behörden zu bestimmen hätten, mithin von einem fortgeltenden Vier-Mächte-Status keine Rede sein könne.

---

[66] S. P. Ivanov, Soderžanie besedy generala Solov'ëva s amerikanskim generalom Uotsonom 17. 5. 1962 goda, 19. 5. 1962, RGANI, 5, 30, 399, Bl. 107 f.; Dossier über das Verhältnis des Kommandanten der sowjetischen Garnison in Berlin zum USA-Kommandanten vom Dezember 1961 bis zur Auflösung der sowjetischen Kommandantur, 26. 9. 1963, PA-MfAA, A 264, Bl. 100.

[67] A. Grečko an das ZK der KPdSU (mit Anlage), 9. 1. 1962, RGANI, 5, 30, 399 (rolik 95), Bl. 18–21; R. Malinovskij/M. Zacharov an das ZK der KPdSU (mit Anlage), 10. 2. 1962, RGANI, 5, 30, 399 (rolik 95), Bl. 51–55; Dossier über das Verhältnis des Kommandanten der sowjetischen Garnison in Berlin zum USA-Kommandanten vom Dezember 1961 bis zur Auflösung der sowjetischen Kommandantur, 26. 9. 1963, PA-MfAA, A 264, Bl. 100–103.

[68] V. Kuznecov/R. Malinovskij/S. Birjuzov an das ZK der KPdSU, 19. 12. 1963, AVPRF, 0742, 8, 61, 24, Bl. 86 f.

Entgegen östlichen Interpretationen[69] war damit jedoch keine generelle Regelungskompetenz der DDR in Ost-Berlin-Angelegenheiten verbunden. Der ostdeutschen Seite war es nach wie vor verwehrt, über den Zutritt westlicher Amtspersonen zu entscheiden. Auch wurden die westlichen Stadtkommandanten nicht zur Aufnahme von Beziehungen und zum Abschluß von Vereinbarungen mit den DDR-Behörden bewogen, wie es nach den amtlichen Erklärungen der Fall hätte sein müssen. Ulbricht war sich darüber im klaren. Er kritisierte intern das Festhalten des Kreml an den Vier-Mächte-Rechten und führte aus, nach Auffassung der DDR bestehe die einzige rechtmäßige Funktion des sowjetischen Botschafters darin, der diplomatische Vertreter seines Landes zu sein. Die ihm übertragenen Kompetenzen als bevollmächtigter Hochkommissar in Deutschland und als Gegenüber der Westmächte in allen Vier-Mächte-Angelegenheiten seien dagegen illegitim.[70] Damit verband sich unausgesprochen der Vorwurf, die UdSSR befinde sich mit ihrem Vorgehen in Widerspruch zu ihren eigenen Erklärungen gegenüber dem Westen, denen zufolge sie die Existenz eines Vier-Mächte-Status ablehnte.

Fortführung und Stillstand der Gespräche mit den USA

Die USA eröffneten die neue Gesprächsrunde Anfang April mit einem Papier, in dem sie Prinzipien für eine Berlin-Übereinkunft, Verfahren zu deren Aushandlung und Zwischenschritte auf dem Weg dorthin formulierten. Demnach sollten sich die Seiten von den Grundsätzen leiten lassen, daß West-Berlin seinen eigenen „way of life" wählen könne, daß seine gesellschaftliche Ordnung von allen Seiten zu respektieren sei, daß seine Lebensfähigkeit aufrechterhalten werden müsse und daß die uneingeschränkte Verbindung (communication) mit Westdeutschland bei Achtung der „Funktionen, Aktivitäten und Prärogativen der zuständigen Behörden" gewährleistet werde. Ein Rat der stellvertretenden Außenminister der USA, der UdSSR, Großbritanniens und Frankreichs sollte alle Vorschläge prüfen mit dem Ziel, zu Vereinbarungen zu gelangen, die diese Grundsätze in Übereinstimmung mit den Interessen der beteiligten Länder zur Geltung brächten. Damit sollte die Verpflichtung einhergehen, die Verfahren des Zugangs bis zu der zu treffenden Neuregelung auf dem Stand vom 1. Januar 1962 zu belassen. Zugleich wurden Vereinbarungen mit der Sowjetunion über nukleare Nichtverbreitung und wechselseitigen Angriffsverzicht in Aussicht genommen.[71]

Die amerikanische Hoffnung, der Dialog werde damit auf eine neue Basis gestellt, erfüllte sich nicht. Gromyko hielt in seiner Erwiderung an den Forderungen nach Umwandlung West-Berlins in eine „Freie Stadt", Beseitigung des westlichen Besatzungsregimes, Regelung des Transits auf der Grundlage uneingeschränkter DDR-Souveränität und Schaffung eines nicht über Vollmachten verfügenden Schlichtungsorgans fest und lehnte alle davon abweichenden Überlegungen kate-

---

[69] Gespräch M. G. Pervuchin – W. Ulbricht, 9. 5. 1962, RGANI, 5, 49, 480 (rolik 9017), Bl. 85–89.
[70] Gespräch V. S. Semënov – W. Ulbricht, 27. 2. 1962, AVPRF, 0742, 7,51, 4, Bl. 15.
[71] Draft Principles, Procedures, and Interim Steps, 3. 4. 1962, in: FRUS 1961–1963, XV, S. 95–98.

gorisch ab.[72] Im Gespräch zwischen Botschafter Dobrynin und Außenminister Rusk am 16. April änderte sich daran nichts.[73] Acht Tage später formulierte Gromyko auf der Tagung des Obersten Sowjets den gewohnten unnachgiebigen Standpunkt und erklärte, einer Annäherung der Positionen stünden noch viele Hindernisse im Wege.[74] Trotzdem sah man in Moskau weiteren Gesprächen optimistisch entgegen. Wie ein zuständiger Mitarbeiter des Außenministeriums einem DDR-Vertreter darlegte, waren die USA ernstlich an einer Lösung der West-Berlin-Frage interessiert. Sie hätten begriffen, daß eine Regelung notwendig sei. Wenn es noch nicht so weit sei, so liege das daran, daß sie zuvor noch so viel wie möglich herauszuholen suchten.[75]

Für die sowjetische Hoffnung bot die prinzipielle Einstellung Kennedys eine plausible Grundlage. Der Präsident ging von der Leitidee einer wechselseitigen Achtung des Status quo aus. Zwar bezog sich dieses Prinzip nach Washingtoner Verständnis nicht nur auf territoriale Besitzstände, sondern auch auf rechtliche Ansprüche, was der Kreml nicht gelten ließ. Aber Chruschtschow glaubte angesichts der großen Konzessionsbereitschaft seines Gegenspielers auch diese Hürde überwinden zu können und sah sich in dieser Erwartung dadurch bestärkt, daß Kennedy willens war, die UdSSR für die Ablehnung gestellter Forderungen – vor allem des Verlangens nach Abzug der westlichen Garnisonen und uneingeschränkter Verfügung der DDR über die Zugangswege – durch Zugeständnisse in „breiteren Fragen" zu entschädigen. Erkannte der Präsident damit nicht bereits die Berechtigung des sowjetischen Verlangens an? Diese Vermutung leuchtete um so mehr ein, als er damit einverstanden war, den Standpunkt aufzugeben, daß die westliche Anwesenheit weiter auf Vier-Mächte-Recht beruhen müsse, und willens war, irgendeine andere Rationale zu akzeptieren. Von dieser war anzunehmen, daß sie kaum eine feste Basis für den Anspruch auf Präsenz bot. Aus sowjetischer Sicht war zudem positiv, daß Kennedy einer Anerkennung der DDR wenig abgeneigt war und damit in Aussicht stellte, den Bonner Anspruch auf Wiedervereinigung in Freiheit nicht mehr zu unterstützen. Eine zentrale Verpflichtung gegenüber der Bundesrepublik in den Verträgen über deren Integration in den Westen erschien dem Präsidenten damit vernachlässigenswert.

Unausweichlich führte das zum Konflikt mit der Bundesregierung. Schon seit langem, vor allem seit Jahreswechsel, hatte sich diese gegen die Absicht gewandt, dem Kreml weit entgegenzukommen. Auch de Gaulle war, wiewohl aus anderen Erwägungen, nicht mit der fortgesetzten Nachgiebigkeit Kennedys einverstanden. Adenauer war überzeugt, West-Berlin sei auf diese Weise längerfristig nicht zu halten, und meinte zudem, die UdSSR werde die Konzessionen ohne Gegenleistung einstreichen und daraufhin noch mehr verlangen. Die Auseinandersetzung mit Kennedy brach offen aus, als dieser die Idee einer internationalen Zugangsbehörde lancierte, die über alle Fragen des Verkehrs zwischen West-Berlin und

[72] E. Honecker an W. Ulbricht (Wiedergabe einer sowjetischen Information über Gespräche Gromyko – Rusk), 6. 4. 1962, SAPMO-BArch, DY 30/3291, Bl. 152–156.
[73] Memorandum of Conversation, 16. 4. 1962, ebd., S. 114–119.
[74] Bericht Gromykos über die Genfer Verhandlungen, 24. 4. 1962, in: Die sowjetische Außenpolitik. Akte und Dokumente des Obersten Sowjets der UdSSR 1956–1962, Moskau 1962, S. 215–248.
[75] Nestler, Aktenvermerk über ein Gespräch mit Basmanov (3. Eur. Abt.) am 15. 5. 1962, PA-MfAA, A-617, Bl. 4.

Westdeutschland zu entscheiden haben würde. Sie sollte aus jeweils einem Vertreter von drei westlichen und östlichen Ländern, beider deutscher Staaten und West- wie Ost-Berlins, dazu dreier Neutraler bestehen. Weiterhin wollte der Präsident die Bildung von drei deutsch-deutschen Ausschüssen akzeptieren.

Adenauer war entsetzt. Der Plan lief nach seiner Einschätzung darauf hinaus, daß der Westen nicht nur einen entscheidenden Schritt zur Anerkennung der DDR tat, sondern auch zur Infragestellung des Rechts auf Zugang nach West-Berlin bereit war. Der Vorschlag mache den Transit von den Voten dreier schwacher Kleinstaaten abhängig, die dem Druck der UdSSR ausgesetzt sein würden. Im Konfliktfall werde diese daher ihren Willen durchsetzen. Der Bundeskanzler sah in dem Projekt nichts als blanke Beschwichtigungspolitik auf Kosten der Deutschen. Die Information über den Plan kam in die Presse. Durch die damit hergestellte Öffentlichkeit wurde das Vorhaben diskreditiert. Ob bzw. inwieweit Adenauer dabei seine Hand im Spiel hatte, wie man in Washington vermutete, ist ungeklärt, doch war das Ergebnis ganz in seinem Sinne. Kennedy war aufgebracht und sprach intern von einem Vertrauensbruch. Bei aller Empörung konnte er sich, da er sich zugleich französischer Ablehnung gegenübersah, aber nicht der Einsicht verschließen, daß der Zusammenhalt des westlichen Bündnisses akut gefährdet war, wenn er an dem Vorschlag festhielt. Die UdSSR lehnte ihn ohnehin ab, so daß es leicht war, ihn fallenzulassen. Das Einvernehmen unter den NATO-Staaten wurde, zumindest nach außen hin, wiederhergestellt.[76]

Krise der amerikanisch-sowjetischen Gespräche

Die Widerstände in Bonn und Paris bewogen die amerikanische Regierung dazu, eine Pause in ihrer Politik der Angebote einzulegen, um zunächst die Situation im Bündnis zu klären. Rusk gab daher am 27. April gegenüber Dobrynin keinen klaren Standpunkt zu erkennen.[77] Die sowjetische Führung erörterte am folgenden Tag den Gesprächsstand und legte „Direktiven für weitere Verhandlungen über die Frage des Abschlusses eines deutschen Friedensvertrages und die Normalisierung der Lage in West-Berlin auf dieser Grundlage" fest. Danach durfte die Bundesrepublik auf keinen Fall in einer Zugangskommission vertreten sein. Dagegen erschienen westliche Truppen in West-Berlin unter der Flagge der UNO annehmbar. Darüber lasse sich eine Vereinbarung treffen, wenn die Westmächte mit einer zeitlichen Begrenzung ihres Aufenthalts einverstanden seien. Nach sowjetischer Einschätzung mußten sie eigentlich Interesse an einer solchen Regelung haben,

[76] Thomas Opelland, Gerhard Schröder (1910–1989), Düsseldorf 2002, S. 449–458; R. Steininger, a.a.O., S. 334–349; Frank A. Mayer, Adenauer und Kennedy: A Study in German-American Relations, 1961–1963, New York 1996, S. 68–73; Hans-Peter Schwarz, Adenauer, Band 2: Der Staatsmann 1949–1967, Stuttgart 1986, S. 743–749; C. Münger, a.a.O., S. 154–161. Dazu aus der Innensicht des Bonner Bundeskanzleramts: Horst Osterheld, „Ich gehe nicht leichten Herzens...". Adenauers letzte Kanzlerjahre – ein dokumentarischer Bericht, Mainz 1987 (2. Aufl.), S. 85–114, und aus der Perspektive der Botschaft in Washington: Wilhelm G. Grewe, Rückblenden 1976–1951, Frankfurt/Main 1979, S. 526–535, 545–559.
[77] Telegram From the Department of State to the Embassy in Germany, 28. 4. 1962, in: FRUS 1961–1963, XV, S. 121 f.

weil ihnen eine Entspannung der Lage in Berlin nütze. Die UdSSR ging gleichwohl davon aus, den Druck weiter aufrechterhalten zu können. Man könne auch an eine Vereinbarung über eine verringerte Streitkräftepräsenz denken, an der Dänemark, Norwegen, die Niederlande oder Belgien, Polen und die Tschechoslowakei beteiligt wären. Am besten käme dazu noch ein Abkommen über die Erweiterung des Ost-West-Handels.[78]

Der Beschluß lag auf der am 8. Januar fixierten Linie. Besatzungsregime und Zugangsrecht sollten als die beiden westlichen Kernpositionen beseitigt werden. Die dafür angebotenen Konzessionen waren ohne Substanz und auf kurze Dauer berechnet. Im Endergebnis sollten die Forderungen ohne Einschränkung durchgesetzt werden. Wenn die USA diesen Preis für die Beruhigung des Verhältnisses zur UdSSR nicht zahlen wollten, dann mußte der Druck noch so lange weiter ausgeübt werden, bis sie dazu bereit waren. Als die sowjetische Führng diesen Beschluß faßte, wußte sie noch nicht, daß sich die Bundesrepublik und Frankreich anschickten, Kennedys Verständigungseifer wirksam zu bremsen.

In der ersten Maiwoche erkannte man im Kreml, daß die amerikanische Regierung weniger konziliant wurde. Anfänglich hoffte man, sie durch einen Appell in der „Pravda" wieder auf den gewünschten Kurs zu bringen.[79] Man verstand nicht, warum die USA auf einmal Zurückhaltung zeigten, und glaubte, sie durch demonstrative Kompromißlosigkeit und öffentliche Abkanzelung Adenauers zu mehr Entgegenkommen veranlassen zu können.[80] Das verstärkte die Verhärtung der amerikanischen Haltung zusätzlich. Die sowjetischen Akteure konnten sich nicht vorstellen, daß die Politik der westlichen Führungsmacht von Rücksichten auf Verbündete mitbestimmt wurde, und suchten den Grund in inneren Verhältnissen der USA. Dabei spielte die bisherige Einschätzung, daß Kennedy ein schwacher Mann ohne politische Autorität sei, eine große Rolle. Hatte er die Kontrolle über die Regierung an die „Falken" verloren? Standen die Zeichen in Washington auf Konfrontation? Chruschtschow war besorgt und suchte nach einer Antwort.

Als Kennedys Pressesekretär, Pierre Salinger, am 11. Mai zufällig nach Moskau kam, erhoffte sich der Kremlchef von ihm Aufschluß und lud ihn deswegen in seine Datscha ein. Wie groß sein Interesse war, zeigte sich daran, daß er sich volle 14 Stunden mit dem noch sehr jungen Mann unterhielt. Er kam dabei augenscheinlich zu dem Schluß, daß er nach wie vor mit Kennedy als entscheidendem Politiker zu rechnen habe. Um sich ihm als Partner zu empfehlen, mit dem zu verhandeln sich lohne, präsentierte sich Chruschtschow als maßvoll-vernünftiger Staatsmann, der nur verärgert darüber sei, wie die Amerikaner mit ihm umsprängen. Der zentrale Streitpunkt sei Berlin. Wenn man dieses Problem löse, lasse sich alles regeln, was UdSSR und USA voneinander trenne. Er ließ erkennen, daß er Verhandlungsfortschritte in anderen Fragen für unwichtig erachtete. Damit war Kennedys Bemühen ohne Chance, sowjetisches Nachgeben in der Berlin-Frage

---

[78] Protokoll der Sitzung des Präsidiums des ZK der KPdSU (TOP I), 28. 4. 1962, in: A. A. Fursenko, Archivy Kremlja, a.a.O., S. 553 f.

[79] Obozrevatel' [zur Kennzeichnung quasi-amtlicher Stellungnahmen verwendetes Pseudonym], Peregovory, no ne igra v peregovory, in: Pravda, 3. 5. 1962.

[80] Protokoll der Sitzung des Präsidiums des ZK der KPdSU (TOP XXXIII), 9. 5. 1962, in: A. A. Fursenko, Archivy Kremlja, a.a.O., S. 554.

durch Zugeständnisse an anderer Stelle zu erkaufen. Chruschtschow erklärte weiter, er sei wie das amerikanische Volk zutiefst enttäuscht, daß man noch so weit von einer Entspannung entfernt sei. Einer Interviewaussage Kennedys, in der nebenher von der Option des nuklearen Ersteinsatzes die Rede gewesen war, legte er den Sinn bei, der Präsident habe einem Angriff mit Kernwaffen das Wort geredet. Tadelnd meinte er, Eisenhower und Dulles (die ihm als besondere Feinde der UdSSR galten) wären dazu nie bereit gewesen.[81]

Der Kremlchef wollte nicht wahrhaben, daß sich der amerikanische Verhandlungsspielraum entscheidend verengt hatte. Nach wie vor legten er und seine Mitarbeiter dem Widerstand wichtiger NATO-Partner gegen Kennedys Politik nicht die Bedeutung bei, die ihm zukam. Bagatellisierend hieß es, von den westlichen Staaten sei „Westdeutschland in stärkerem, Frankreich in geringerem Maße an einer Übereinkunft desinteressiert"; beide suchten sie daher „um jeden Preis zu verhindern." Die USA seien weiter gegangen, als die Berichte in der Presse erkennen ließen, und Großbritannien finde sich zu noch größerem Entgegenkommen bereit. Das entsprach zwar weithin den Realitäten, doch zeigt die daran geknüpfte Erwartung, daß die Amerikaner aus starkem Interesse an weiteren Verhandlungen noch bessere Angebote auf den Tisch legen würden, ein grundlegendes Unverständnis der Lage. Tatsächlich war nicht zu erwarten, daß die Gespräche trotz Bonner und Pariser Widerstrebens in der bisherigen Weise weiterliefen. Vor allem ging die Annahme fehl, daß Ulbrichts Vorschlag einer Zugangsbehörde, die zur Wahrung unumschränkter DDR-Souveränität keinerlei Autorität, sondern bloß die Befugnis zur Regelung technischer Fragen haben sollte, von Washington akzeptiert werden könnte.[82]

Als am 30. Mai auf amerikanische Initiative hin ein neues Gespräch zustande kam, leitete Rusk seine Ausführungen mit der Feststellung ein, Chruschtschow (dem das Entgegenkommen des Präsidenten nicht ausgereicht hatte) habe die Zugangsbehörde, die zur Kontroverse im Westen geführt habe, bereits abgelehnt. Damit sei dieser Vorschlag nicht mehr aktuell. In dem Jahr, das seit der Wiener Gipfelbegegnung vergangen sei, habe man zwar wechselseitig die Standpunkte geklärt, aber keinen Fortschritt erzielt. Mit dem Angebot einer Ausweitung der zur Diskussion stehenden Fragen seien die USA der UdSSR entgegengekommen, doch habe diese sich umgekehrt nicht bemüht, vitale amerikanische Interessen zu berücksichtigen. Botschafter Dobrynin erwiderte, diese Darstellung sei nicht neu. Statt ihrer habe er differenzierte Stellungnahmen zu Einzelfragen erwartet. Im weiteren Gespräch bemühten sich beide Unterhändler vergeblich, Gemeinsamkeiten zu finden.[83]

In der nächsten Unterredung am 18. Juni erklärte der sowjetische Unterhändler, neue Instruktionen erhalten zu haben. Seine Regierung habe einem weiteren Gedankenaustausch zugestimmt, der auf eine Vereinbarung abzielen müsse. Damit verband sich jedoch keine flexiblere Haltung. Dobrynin hielt an dem bisheri-

[81] Aleksandr Fursenko/Timothy Naftali, „One Hell of a Gamble". Khrushchev, Castro and Kennedy 1958–1964, New York–London 1997, S. 176 f.
[82] Äußerungen von Botschafter Pervuchin im Gespräch mit seinen ungarischen Amtskollegen: István Rostás an Imre Hollai (ungar.), 22. 5. 1962, MOL 288.f. 32/1962/11 ö.e., Bl. 167.
[83] Memorandum of Conversation, 30. 5. 1962, in: FRUS 1961–1963, XV, S. 161–172.

gen Standpunkt uneingeschränkt fest. Demnach sollte es ausschließlich um eine „Normalisierung" der Situation in West-Berlin durch Abschluß eines Friedensvertrags und Beseitigung der Besatzungsrechte gehen. Der Aufenthalt der westlichen Truppen in der Stadt könne nicht weiter geduldet werden. Gegen die USA richtete sich der Vorwurf, jeden Kompromiß abzulehnen. Sie seien nicht bereit gewesen, eines der Angebote für einen Stationierungsersatz anzunehmen, und hätten auch die Offerte einer Zugangsbehörde abgelehnt. Dieser Vorschlag entsprach nach sowjetischer Darstellung den Interessen beider Seiten, weil sowohl der westliche Wunsch nach internationaler Aufsicht als auch das Erfordernis eines uneingeschränkt-souveränen Verfügungsrechts der DDR über die Verkehrswege auf ihrem Territorium berücksichtigt werde. Eine Übereinkunft wäre jedoch ausgeschlossen, wenn sich die Westmächte den Anspruch Adenauers auf West-Berlin als Land der Bundesrepublik oder dessen Idee eines Zugangsvertrags zu eigen machten. Der sowjetische Botschafter appellierte an den amerikanischen Außenminister, sich bald zur Einigung bereit zu finden. Jede Verzögerung ermutige die westdeutsche Seite zu neuen Provokationen und feindlichen Akten gegen die sozialistischen Länder.

Die Anregung der USA, die teilungsbedingten Probleme in Berlin durch „technische" Kommissionen zu regeln, veranlaßte Dobrynin zu dem Hinweis, die DDR habe dem West-Berliner Senat ein Abkommen unterbreitet, um nach den vorangegangenen „Verteidigungsmaßnahmen" – gemeint war die Schließung der Sektorengrenze – „den Verkehr zwischen West-Berlin und der Hauptstadt der DDR zu erleichtern". Das sei eine „innere Angelegenheit der Deutschen". Die Formulierungen machten deutlich, daß der Kreml das Thema aus den Vier-Mächte-Erörterungen heraushalten wollte und die vorgeschlagene Vereinbarung als Hebel für ein politisches Arrangement ansah, das der DDR staatliche Anerkennung verschaffen sollte. Rusk erklärte das alles für völlig unannehmbar und sprach von einem „beunruhigenden Mangel" an Kompromißbereitschaft auf sowjetischer Seite. Alle Angebote, mit denen man der UdSSR entgegengekommen sei und sich bemüht habe, ihr den Gesichtsverlust offenen Abrückens von den gestellten Forderungen zu ersparen, seien abgelehnt worden. Das lasse auf die Absicht schließen, die USA und die anderen Westmächte aus Berlin hinauszuwerfen. Dagegen, so gab er zu verstehen, werde man sich mit allen Mitteln zur Wehr setzen.[84]

Die sowjetische Führung beriet am 1. Juli über das weitere Vorgehen. Sie suchte nach wie vor mit dem dreifachen Vorschlag einer Reduzierung der West-Berliner Garnison, ihrer – diesmal zeitlich gestaffelten – Übernahme durch die Vereinten Nationen und einer Befristung jeder Truppenpräsenz politisches Terrain zu gewinnen. Die unausgesprochene Vorbedingung jeder Regelung war der Verzicht der Westmächte auf das Besatzungsregime. Bei den Gesprächen über die Zugangsfrage sollte die Errichtung eines internationalen Kontrollorgans von vornherein außer Betracht bleiben, weil dieses unannehmbar sei. Als Alternative wurde erwogen, auf die westliche Seite dadurch Druck auszuüben, daß die UdSSR – entweder selbst oder durch neutrale Staaten – die deutsche Frage in der UNO zur Diskus-

84 Memorandum of Conversation, 18. 6. 1962, ebd., S. 177–187.

sion stellte. Davon versprach sich der Kreml positive Resonanz, die freilich mit einer Verschärfung der Beziehungen zum Westen erkauft werden müsse.[85]

Dobrynin unterbreitete Rusk am 12. Juli einen förmlichen Vorschlag, der die bis dahin gültige Position etwas modifizierte. Für die Truppen der Vereinten Nationen, die nach Aufhebung des Besatzungsregimes während einer Anfangszeit die Unabhängigkeit und Sicherheit West-Berlins garantieren sollten, wurden ein vereinbarter Sonderstatus, die Ausstattung mit Personal aus Staaten außerhalb der beiden Militärgruppierungen und polizeiliche statt militärische Fähigkeiten ins Auge gefaßt. Dazu wurden polizeiliche Militärformationen der UN („UN police military formations" in der amerikanischen Übersetzung) vorgesehen, die sich jeweils zur Hälfte aus Einheiten der drei Westmächte und von je ein bis zwei kleineren Staaten der NATO und des Warschauer Pakts zusammensetzen sollte. Als Umfang war – gemäß einem kurz zuvor unterbreiteten Vorschlag Chruschtschows an Kennedy[86] – höchstens an die Stärke der westlichen Garnisonen von zusammen 11 000 Mann gedacht mit Verringerungen von jeweils 25% in den nächsten vier Jahren. Danach sollte es keine Soldaten mehr geben in West-Berlin, dessen staatliche Unabhängigkeit als „Freie Stadt" durch Garantien der UN geschützt werden würde.

Der „freie Zugang" war nach sowjetischer Ansicht durch ein Abkommen zu sichern, das „mit der gebotenen Achtung gegenüber der DDR-Souveränität auf der Grundlage der allgemein etablierten internationalen Praxis" abgeschlossen werden sollte. Im sowjetischen Sprachgebrauch umschrieb dies den Standpunkt, daß die Verfügung der DDR über den Transitverkehr durch nichts beschränkt werden dürfe. Etwa auftretende Streitfragen sollten dem von der UdSSR früher vorgeschlagenen schiedsrichtlichen Gremium überwiesen werden, das, wie deutlich gemacht worden war, nur einstimmig, also im Konsens mit der ostdeutschen Seite, tätig werden konnte. Das sowjetische Angebot war nach Rusks Urteil insgesamt eine bloße Variation der altbekannten Forderungen und damit gänzlich unannehmbar.[87]

Gescheiterte Bemühungen um eine Einigung

Gromyko zog im Gespräch mit DDR-Vertretern das Fazit, zwar beteuerten die Amerikaner ihren Willen zum Einvernehmen, doch sei „nicht der geringste Fortschritt erreicht worden".[88] In Moskau hatte man bereits am 12. Juli öffentlich Enttäuschung darüber bekundet, „daß die Regierungen der Westmächte kein Verständnis für die Notwendigkeit zeigen, Auswirkungen des zweiten Weltkriegs durch Unterzeichnung eines deutschen Friedensvertrags zu beseitigen", und propagandistisch die Schuld daran ihrer „Nachsicht [...] gegenüber jenen westdeut-

[85] Protokoll der Sitzung des Präsidiums des ZK der KPdSU (TOP II), 1. 7. 1962, in: A. A. Fursenko, Archivy Kremlja, a.a.O., S. 569.
[86] N. S. Chruščëv an J. F. Kennedy, 5. 7. 1962, ebd., S. 207–212.
[87] Memorandum of Conversation, 12. 7. 1962, ebd., S. 215–222.
[88] Ständiger Vertreter der DDR in Genf, Vermerk über ein Gespräch mit Genossen Gromyko am 24. 7. 1962, 27. 7. 1962, PA-MfAA, G-A 478, Bl. 72 f.

schen Kreisen" zugewiesen, „welche die Forderung nach Revanche und nach Revision der Ergebnisse des zweiten Weltkrieges zum Panier ihrer Politik erhoben haben." Sonst würden sie gegen den sowjetischen Vorschlag „auf [sic] Umwandlung Westberlins zu einer freien entmilitarisierten Stadt keine Einwände erheben." Als Ziel des Friedensvertrages wurde herausgestellt, „die Möglichkeiten der Entfesselung einer Aggression durch den deutschen Imperialismus abzuschnüren."[89] Hoffte Moskau, Druck auf die Westmächte auszuüben, wenn man ihnen vorwarf, sie machten sich zu Komplizen Bonner Friedensfeinde?

Am nächsten Tag setzte Chruschtschow im Gespräch mit Journalisten aus den USA einen anderen Akzent. Er erklärte, die „Schwierigkeiten" bei der Lösung des Deutschland-Problems ergäben sich aus der „amerikanischen Konzeption des Antikommunismus". Davon abgesehen, gebe es doch „viel Gemeinsames" in den Standpunkten beider Seiten, die zur Verständigung führen müßten. Als Kernfrage bezeichnete der sowjetische Führer den Abzug der westlichen Truppen aus West-Berlin und die Beseitigung des von ihnen aufrechterhaltenen Besatzungsregimes in der Stadt. Darüber könne man sich doch einigen, denn weder die Vereinigten Staaten noch Großbritannien und Frankreich brauchten West-Berlin. Trotzdem klammerten sie sich an diesen „Spannungsherd", der ihnen, so war zu entnehmen, nur Verdruß einbringe.[90]

Der diplomatische Dialog war erneut in der Sackgasse. Während die amerikanischen Militärs Vorbereitungen für eine mögliche Luftbrücke wie 1948/49 trafen,[91] suchte Präsident Kennedy den Stillstand zu überwinden. Zunächst machte er der sowjetischen Seite mit aller Deutlichkeit klar, wo die Grenzen der Kompromißbereitschaft lagen. Während einer Unterredung erklärte er Dobrynin, die Anwesenheit westlicher Truppen in West-Berlin sei ein vitales Interesse der USA. Daher sei keine Alternativregelung akzeptabel. Diese wäre ein unverhüllter Hinauswurf, den man nicht einmal durch ein Feigenblatt vor der Öffentlichkeit verbergen könnte. Das würde im Westen das Vertrauen auf die Führung der USA zerstören und würde mithin auf einen großen Sieg für die Sowjetunion und eine ebenso große Niederlage für den Westen hinauslaufen. Wie unausgesprochen zum Ausdruck kam, konnte sich sein Land das nicht leisten. Der Botschafter wandte ein, West-Berlin sei eine große Quelle von Konflikten, und die Entfernung der westlichen Truppen von dort würde die Gefahren erheblich verringern. Der Präsident äußerte zwar Verständnis für diese Bedenken, fügte aber hinzu, er könne nur wiederholen, daß für die USA der Abzug der Truppen eine Katastrophe wäre. Dagegen würde deren Verbleiben für die UdSSR keine solche Katastrophe bedeuten.[92]

In einem Schreiben an Chruschtschow suchte Kennedy nach einem Ausgangspunkt für einen erfolgversprechenden Dialog. Er stellte drei denkbare Grundlagen für die Behandlung der strittigen Probleme heraus. Man könne den Zweiten Weltkrieg durch eine Regelung beenden, die auf dem frei geäußerten Willen des

[89] TASS-Erklärung (ausdrücklich auf amtlicher Ermächtigung beruhend), 12. 7. 1962, in. Dokumente zur Deutschlandpolitik, IV, 8/2, S. 834–837).
[90] Gespräch Chruščëvs mit amerikanischen Journalisten, 13. 7. 1962, ebd., S. 843–848.
[91] W. Ulbricht an Armeegeneral I. I. Jakubovskij [Übermittlung einer nachrichtendienstlichen Information], 31. 7. 1962, SAPMO-BArch, DY 30/3691, Bl. 136 (dt.), 137 (russ. Übers.).
[92] Memorandum of Conversation, 17. 7. 1962, in: FRUS 1961–1963, XV, S. 223 f.

deutschen Volkes beruhe. Alternativ dazu sei eine Vereinbarung möglich, die allein auf eine Verbesserung der Lage in Berlin abziele. Schließlich lasse sich die Lage in Deutschland als ein derzeit nicht zu änderndes Faktum behandeln, das Übereinkünfte nur in anderen Bereichen erlaube.[93] Die Anregung blieb in Moskau ohne Resonanz. Der Kreml hielt an seinem Standpunkt unverändert fest. Im anschließenden Meinungsaustausch prallten die gegensätzlichen Auffassungen hart aufeinander.[94]

Am 25. Juli stellte der amerikanische Außenminister seinem sowjetischen Amtskollegen zunächst die eher rhetorische Frage, wieso die UdSSR nicht dem Beispiel der Westmächte gegenüber der Bundesrepublik folge und sich ihrerseits gegenüber der DDR die Zuständigkeit für die Probleme Gesamtdeutschlands und Berlins vorbehalte. Dann aber kam er zu seinem Hauptanliegen. Er suchte Gromykos Interesse für einen Modus vivendi zu wecken und regte an, sich auf ein Vorgehen zu einigen, wie man Meinungsverschiedenheiten konfliktfrei handhaben könne. Anscheinend dachte er an ein Abkommen, das trotz fehlender Übereinstimmung in Grundsatzfragen über Regeln des praktischen Umgangs miteinander geschlossen werden würde, als er fortfuhr, ohne eine dauerhafte Regelung der deutschen Frage werde langfristig keine Ruhe in Europa eintreten. Er widersprach der zentralen Begründung für die gestellten sowjetischen Forderungen, als er hinzufügte, die militärische Präsenz der Westmächte – wie übrigens auch der Sowjetunion – sei ein wichtiges Hemmnis, das die verfeindeten Deutschen von friedensgefährdenden Abenteuern abhalte. Dadurch werde die Situation stabilisiert. Rusk erklärte weiter, es hänge sehr viel davon ab, ob Kennedy und Chruschtschow eine Basis wechselseitigen Verstehens fänden, und betonte, die Amerikaner verwendeten alle Phantasie darauf, geeignete Voraussetzungen dafür zu schaffen. Es sehe aber nicht so aus, als ob das gelinge. Gromyko ignorierte den Appell und äußerte sich enttäuscht darüber, daß die USA die Räumung West-Berlins und die Aufhebung des Besatzungsregimes verweigerten.[95]

Aufbau einer Drohkulisse

Auch Chruschtschow überhörte die Aufforderung, die prinzipiellen Differenzen beiseite zu lassen und eine Verständigung in den praktischen Fragen zu suchen. Ihn ärgerte, daß die USA auf seine Forderung nicht eingingen. Mit drohendem Unterton konfrontierte er Botschafter Thompson mit der Aussicht, daß der Dialog dem Ende zugehe. Es bleibe keine andere Wahl, als den Friedensvertrag mit

---

[93] J. F. Kennedy an N.S. Chruščëv, 17. 7. 1962, ebd., S. 224–229.
[94] Soderžanie besedy A. A. Gromyko s Raskom, 21. 7. 1962, AAN, KC PZPR XI A/81, Bl. 73–85; Soderžanie besedy A. A. Gromyko s Raskom, 22. 7. 1962, AAN, KC PZPR XI A/81, Bl. 90–102; Soderžanie besedy A. A. Gromyko s Raskom, 24. 7. 1962, AAN, KC PZPR XI A/81, Bl. 107–118; Telegram From the Secretary of State Rusk to the Department of State, 24. 7. 1962, ebd., S. 240–242. Vgl. Soderžanie besedy A. A. Gromyko s Kuv de Mjurvilem, 21. 7. 1962, AAN, KC PZPR XI A/81, Bl. 86–89; Soderžanie besedy A. A. Gromyko s Chjumom, 23. 7. 1962, AAN, KC PZPR XI A/81, Bl. 103–106.
[95] Telegram From the Secretary of State Rusk to the Department of State, 25. 7. 1962, ebd., S. 243–252.

der DDR zu schließen. Die Amerikaner meinten anscheinend, man könnte die Gespräche endlos fortführen. Das sei jedoch nicht annehmbar.[96] Am 13. Juli erklärte Chruschtschow gegenüber Journalisten aus den USA, die von Washington verfügte Einberufung von Reservisten schrecke ihn nicht. Allen Gewaltandrohungen zum Trotz werde die UdSSR den Friedensvertrag unterzeichnen. Man werde sich zwar damit „nicht beeilen", aber die Sache „auch nicht auf die lange Bank schieben". Einen Zeitpunkt nenne er nicht. Auch gebe er „immer noch nicht die Hoffnung auf Vernunft und Einsicht bei der Regierung der USA und ihren Verbündeten" auf.[97] Auch in einer Rede am 18. August betonte der Kremlchef die Entschlossenheit zum Abschluß des Friedensvertrages. „Keinerlei Drohungen der Imperialisten" könnten die UdSSR davon abhalten.[98]

Wie aufgrund der vorangegangenen ablehnenden Reaktion auf Ulbrichts Drängen zu vermuten ist, dachte Chruschtschow auch diesmal nicht daran ernstzumachen. Nach wie vor war die Veränderung des Kräfteverhältnisses nicht eingetreten, die er im Januar dem Parteipräsidium als notwendig vor Augen gestellt hatte. Auch der Hinweis auf die „Geduld", die er erklärtermaßen mit dem Westen vorerst noch üben wolle, deutet darauf hin, daß er die Voraussetzungen für den Abschluß des Friedensvertrages als noch nicht gegeben sah. Anscheinend hoffte er lediglich, Druck auszuüben. In gleichem Sinne suchte Dobrynin die amerikanische Seite mit der Aussicht zu beeindrucken, daß der Gesprächsfaden künftig abreißen werde.[99] Zugleich wiederholte er in den Unterredungen mit Rusk seine früheren Aussagen nur noch routinemäßig und verzichtete auf neue Argumente und Nuancen – offenbar um Desinteresse an der behandelten Sache zu demonstrieren. Das Bemühen des amerikanischen Außenministers, ihm die Position der USA plausibel zu machen, geriet so zum Monolog. Die sinnlos gewordenen Gespräche wurden beendet.[100] Zuvor hatte Dobrynin noch vage angedeutet, es werde irgendetwas geschehen.[101] Wie es scheint, sollte die Führung in Washington den Eindruck gewinnen, sie müsse sich auf Schlimmes gefaßt machen, wenn sie nicht erhebliche Zugeständnisse anbiete.

In Berlin gab sich die sowjetische Seite den Anschein, daß sie die Weichen zur Aufhebung aller Überreste der Okkupationszeit stelle. Wie das Moskauer Verteidigungsministerium am 23. August erklärte, wollte es mit der Auflösung der Stadtkommandantur dem Eindruck entgegentreten, „als ob immer noch eine Vier-Mächte-Kommandantur in Berlin existiere." Der Westen suche damit den Fortbestand des Besatzungsregimes in West-Berlin zu rechtfertigen, obwohl diese „im Ergebnis der separaten Handlungen der Westmächte" längst nicht mehr bestehe.

---

[96] Telegram From the Embassy in the Soviet Union to the Department of State, 26. 7. 1962, ebd., S. 253 f.

[97] Gespräch Chruščevs mit amerikanischen Journalisten, 13. 7. 1962, in: Dokumente zur Deutschlandpolitik, IV, 8/2, S. 847 f.

[98] Rede Chruščevs auf der Großveranstaltung zu Ehren der zurückgekehrten sowjetischen Kosmonauten, 18. 8. 1962, in: Pravda, 19. 8. 1962.

[99] Memorandum of Conversation [Erörterung des Gesprächs Rusk – Dobrynin vom 8. 8. 1962], 9. 8. 1962, ebd., S. 264.

[100] Memorandum of Conversation, 9. 8. 1962, ebd., S. 262–266; Memorandum of Conversation, 13. 8. 1962, ebd., S. 270 f.; Memorandum of Conversation, 21. 8. 1962, ebd., S. 278 f.

[101] Memorandum of Conversation [Erörterung des Gesprächs Rusk – Dobrynin vom 8. 8. 1962], 9. 8. 1962, ebd., S. 264.

Die nunmehr verfügte Maßnahme entspreche „voll und ganz der konsequent von der Sowjetunion verfolgten Politik zur Beseitigung der Überreste des zweiten Weltkrieges in Europa". Der ausdrückliche Hinweis, daß zugleich der Abschluß des Friedensvertrages und eine darauf fußende Normalisierung der Lage in West-Berlin vorgesehen seien, verstärkte den Eindruck, daß der Kreml mit der Auflösung der Stadtkommandantur den Vier-Mächte-Status generell zu beseitigen sich anschickte.[102]

Genauere Angaben über seine Absichten machte Chruschtschow gegenüber dem österreichischen Außenminister Kreisky in einer Unterhaltung, bei der er sicher war, daß ihr Inhalt den Amerikanern über Willy Brandt bekannt werden würde. Er sei „noch eine gewisse Zeit bereit", über die Fragen West-Berlins zu sprechen. „Doch die Plattform dafür wird immer enger. Man kann sagen, daß sie bereits sehr eng geworden ist." Nach Ablauf der verbliebenen Zeit werde die Sowjetunion „den Friedensvertrag unterzeichnen und die militärische Verbindung [der Westmächte] mit West-Berlin unterbrechen." Man werde „keine Blockade erklären". An der „Verbindung für den Transport von Lebensmitteln und die übrige Versorgung" solle sich nichts ändern. Auch werde „die Nichteinmischung gewahrt bleiben". Der Westen drohe zwar mit Krieg, doch sei dies „unbedacht", denn ihm fehle die nötige Macht. Der Kremlchef erklärte wissenswidrig, die UdSSR sei stärker. Wenn die andere Seite wegen zwei Millionen West-Berlinern die ganze Welt in einen Nuklearkrieg stürzen wolle, sei klar, wer im Recht und wer im Unrecht sei. Für Verrückte könne man freilich „keine Garantie übernehmen". Der Westen habe vielleicht schon den Verstand verloren und beginne einen Krieg. Dann jedoch werde „er selbst die Früchte ernten".[103]

Demnach war Chruschtschow zwar zu allem entschlossen, wollte aber doch noch zuwarten. Dem entsprach es, daß die UdSSR bei Auflösung der Berliner Kommandantur klar machte, sie verzichte vorerst nicht auf die Vier-Mächte-Zuständigkeiten (wie vor allem die Kontrolle des militärischen Zugangsverkehrs der drei westlichen Staaten), sondern nehme sie künftig durch den Oberbefehlshaber der sowjetischen Truppen in Deutschland wahr.[104] Der Versuch, die amerikanische Führung mit der Perspektive eines Abbruchs der Gespräche und des folgenden Friedensvertragsabschlusses zu beeindrucken, zeitigte wenig Wirkung. In Washington war man auf die Eventualität des Separatvertrags gefaßt und sah für diesen Fall Maßnahmen vor, welche die Folgen für West-Berlin abwenden oder zumindest minimieren würden.[105] Währenddessen bemühte sich Chruschtschow

---

[102] Kommuniqué des Ministeriums für Verteidigung der UdSSR, 23. 8. 1962, in: Freundschaft DDR-UdSSR. Dokumente und Materialien, [Ost-]Berlin 1965, S. 281 f.

[103] Aufzeichnung ohne Überschrift und mit handschriftlich vermerktem Datum „10. 8. 1962" über Gespräch Chrušcěv – Kreisky, LArchB, B Rep 002, Nr. 7993b, Bl. 627 f.

[104] Kommuniqué des Ministeriums für Verteidigung der UdSSR, 23. 8. 1962, in: Freundschaft DDR-UdSSR, a.a.O., S. 282. Der Vorbehalt wurde auch gegenüber der DDR ausdrücklich formuliert: Besuch von Botschafter Pervuchin in Verbindung mit Abschaffung der sowjetischen Garnison in Berlin, 17. 8. 1962, PA-MfAA, G-A 478, Bl. 74 f.; Aktenvermerk Krolikowski über Gespräch zwischen Staatssekretär Winzer und Botschafter Pervuchin am 20. 8. 1962, PA-MfAA, G-A 478, Bl. 78–84/A 546, Bl. 307–313; Aufzeichnung ohne Überschrift und ohne Datum [22. 8. 1962 oder kurz danach], PA-MfAA, G-A 478, Bl. 76 f.

[105] Memorandum From Secretary of State to President Kennedy, 2. 8. 1962, in: FRUS 1961–1963, XV, S. 257–262.

um Unterstützung der UNO. Generalsekretär U Thant ließ sich zwar dazu überreden, die sowjetische Berlin-Politik als friedensdienlich zu bezeichnen, aber als
internationaler Beamter sah er sich dem Prinzip der Neutralität zwischen den
streitenden Seiten verpflichtet und war daher zu keiner Initiative nach sowjetischen Vorstellungen bereit.[106]

Der Hebel in der Hinterhand

Nachdem Chruschtschow bei der Aktion gegen die Luftkorridore im März hatte
erkennen müssen, daß er selbst damit nicht weiterkam, ist es fraglich, ob er sich
weiter von verbalen Warnungen ernstlichen Erfolg versprach. Mit den Hinweisen
auf ein drohendes endgültiges Scheitern der Gespräche könnte er aber bezweckt
haben, Washington allmählich auf eine grundlegend veränderte Lage einzustim-
men, die er in einigen Monaten herbeizuführen hoffte. Ende Mai 1962 hatte er den
Entschluß gefaßt, Nuklearraketen in Kuba zu dislozieren. Anschließend wurde
der Transport unter strengster Geheimhaltung vorbereitet und durchgeführt.
Ende Juli kamen die ersten Schiffe auf der Karibik-Insel an.[107] Es war vorauszusehen, daß sich die UdSSR nach Abschluß der Aktion im Spätherbst in einer weit
besseren militärischen Position gegenüber den USA befinden würde als bisher.
Die – von amerikanischer Seite im Oktober 1961 öffentlich festgestellte – Unterlegenheit bei den Kernwaffen, mit denen beide Mächte das Gebiet der jeweils anderen erreichen konnten, würde dann durch die Mittelstreckensysteme auf Kuba
ausgeglichen sein, welche die nahen USA massiv bedrohten.[108]

Chruschtschow hatte zwar bei seiner Entscheidung viele Gesichtspunkte im
Auge,[109] und durch die bisher verfügbaren Akten ist nicht belegt, daß der ungelö-
ste Berlin-Konflikt ein zentrales Motiv darstellte. Auch wenn das nicht der Fall
gewesen sein sollte, konnte aber nicht ausbleiben, daß er nach gefaßtem Beschluß
erkannte, daß sich die angestrebte Veränderung des militärischen Kräfteverhältnisses unausweichlich auf den weiteren Verlauf der Auseinandersetzung aus-
wirkte. Zudem gibt es konkrete Anzeichen dafür, daß der Kremlchef damit rechnete, nach Abschluß der Raketenstationierung auf Kuba den Forderungen nach
Friedensvertrag und Freistadtregelung überzeugend Nachdruck verleihen zu
können. Dazu gehoren die erwähnten dunklen Andeutungen Gromykos über das
Ungemach, das die USA bei weiterem Festhalten an ihrem Standpunkt treffen
werde, und die ebenfalls bereits erwähnten Bemerkungen, die sowjetische Geduld
werde in absehbarer Zeit ein Ende haben. Nach langen Ausführungen über die
Kuba-Frage deutete eine TASS-Erklärung vom 12. September an, welcher Zeitpunkt ins Auge gefaßt war. Den Vereinigten Staaten falle es wegen der Kongreß-
wahlen im November angeblich schwer, über einen Friedensvertrag zu verhan-

---

[106] Protokoll des Gesprächs Chruščév – U Thant, 28. 8. 1962, in: Istočnik, 6/2003, S. 151–159.
[107] A. Fursenko/T. Naftali, a.a.O., S. 172–176.
[108] Harald Biermann, Die Kuba-Krise: Höhepunkt oder Pause im Kalten Krieg? in: Historische Zeitschrift, Bd. 273 (2001). S. 638–648, hält – aufgrund jedoch nur westlicher Quellen – diese Über-
legung für ausschlaggebend.
[109] Näheres zur Vorgeschichte des Entschlusses bei A. Fursenko/T. Naftali, a.a.O., S. 149–172.

deln. Das wolle die sowjetische Regierung berücksichtigen.[110] Danach, so war zu
entnehmen, werde die Zeit gekommen sein, von den Amerikanern eine Entscheidung zu verlangen. Später ließen zudem Chruschtschow und Gromyko Washington ausdrücklich wissen, daß sie dann einen „aktiven Dialog" beginnen wollten.[111]
Das war genau der Zeitpunkt, zu dem der Abschluß der Raketenaufstellung auf
Kuba vorgesehen war.

Natürlich konnte der Kreml zunächst nicht deutlicher aussprechen, was er im
Sinne hatte, hing doch das Gelingen des Stationierungsplans – und damit auch der
Erfolg der danach geplanten Gespräche – entscheidend davon ab, daß die Amerikaner die Raketen auf Kuba erst entdeckten, wenn deren Aufbau beendet war.
War die Dislozierung erst einmal zur vollendeten Tatsache geworden, ließ sie sich
nur noch mit Gewalt rückgängig machen. Die Führung in Washington würde sich
dann dessen bewußt sein müssen, daß ein militärischer Einsatz gegen die Raketenstellungen auf der Karibikinsel automatisch Krieg mit der UdSSR bedeutete, also
mit Gewißheit auch das eigene Land unabsehbarer Vernichtung aussetzte. Unter
diesen Umständen, so kalkulierte Chruschtschow, werde sich die amerikanische
Regierung lieber mit der veränderten Relation der Kräfte abfinden. Dann blieb ihr
kaum etwas anderes übrig, als die exponierte Position in Berlin zu räumen. Die
Offensivraketen auf Kuba erschienen daher geeignet wahrzumachen, was dem
sowjetischen Führer Anfang Januar auf der Sitzung des Parteipräsidiums als langfristige Lösung des Konflikts vor Augen gestanden hatte.

Diese Erwartung könnte erklären, wieso Gromyko nach einem Gespräch, in
dem Rusk das originäre Recht auf Präsenz und Zugang vehement und zuletzt mit
ungewohnter Schärfe verteidigt hatte,[112] gleichwohl intern die Ansicht äußerte,
man bewege sich auf eine Vereinbarung zu, die West-Berlin einen anderen Status
zuweisen und eine den Erfordernissen der DDR-Souveränität voll entsprechende
Zugangsbehörde etablieren werde.[113] Die Zuversicht, die Chruschtschow und die
eingeweihten sowjetischen Spitzenfunktionäre ausstrahlten, übertrug sich auf die
nachgeordneten Chargen in Moskau. Ein Angehöriger des Außenministeriums,
der an der Vorbereitung der Deutschland-Politik maßgeblich mitwirkte, urteilte
in einer Ausarbeitung für den zuständigen stellvertretenden Minister, die westlichen Regierungen sähen sich trotz gegenteiliger Ermahnungen aus Bonn immer
mehr dazu genötigt, „mit der realen Situation in Berlin zu rechnen." Der Vier-
Mächte-Status bestehe faktisch schon nicht mehr.[114]

---

[110] Pokončit' s politikoj provokacii. Zajavlenie TASS, in: Pravda, 12. 9. 1962.
[111] N. S. Chruščëv an J. F. Kennedy (Auszug der Ausführungen zu Friedensvertrag und West-Berlin),
o.D. [28. 9. 1962], in: FRUS 1961–1963, XV, S. 338; Telegram From the Embassy in the Soviet
Union to the Department of State [Gespräch Chruščëv – Botschafter Kohler], 16. 10. 1962, ebd.,
S. 359–361; Memorandum of Conversation [Kennedy – Gromyko], 18. 10. 1962, ebd., S. 371.
[112] Memorandum of Conversation, 18. 10. 1962, ebd., S. 376–387.
[113] Gespräch A. A. Gromyko – W. Ulbricht, 23. 10. 1962, AVPRF, 0742, 7, 51, 4, Bl. 48–62.
[114] I. Kuz'myčev, O pozicii pravitel'stva i političeskich partij FRG po mirnomu uregulirovaniju i
voprosu o Zapdanom Berline (Anlage zum Schreiben von A. Smirnov an I. I. Il'ičëv, 29. 9. 1962),
AVPRF, 0757, 7, 57, 21, Bl. 58.

Meinungsaustausch im September und Oktober

Nach langer Pause kam der sowjetisch-amerikanische Meinungsaustausch Ende September wieder in Gang. In einem Schreiben an Kennedy zu den Rüstungskontrollverhandlungen appellierte Chruschtschow an diesen, sich mit den unterbreiteten Vorschlägen einverstanden zu erklären. Der Präsident müsse doch ebenfalls erkennen, daß West-Berlin die wechselseitigen Beziehungen „fiebrig" mache, solange dort keine „vernünftige Lösung" erreicht sei. Der Kremlchef fügte hinzu, derzeit gebe es keine andere Möglichkeit, als das Problem durch Unterzeichnung des Friedensvertrages zu lösen. Auf dieser Grundlage könnte für eine gewisse – voraussichtlich nur kurze – Zeit ein symbolisches Truppenkontingent unter UNO-Flagge in West-Berlin stationiert werden, um, wie Kennedy meine, die Freiheit der Bevölkerung zu garantieren. Keine Seite hätte einen Prestigeverlust; der Spannungsherd wäre beseitigt.

Der Kremlchef verband seine Ausführungen mit Polemik gegen alle Akteure im Westen, die sich gegen seine Vorstellungen wandten. „Einige" seien am Fortbestand des Spannungsherdes und daran interessiert, es nicht zu einer Normalisierung des sowjetisch-amerikanischen Verhältnisses kommen zu lasssen. Vor allem Adenauer wolle den Konflikt. Chruschtschow ging so weit, ihm zu unterstellen, er setze Hitlers „Lebensraum"-Politik fort, gegen die man im Zweiten Weltkrieg gemeinsam gekämpft habe. Um dem einen Riegel vorzuschieben, müsse man zu einer Einigung über West-Berlin gelangen, wo doch nur noch die Anwesenheit der westlichen Truppen strittig sei.[115] Der amerikanische Außenminister wandte sich im folgenden Gespräch mit seinem sowjetischen Amtskollegen nachdrücklich gegen die Unterstellung, der Präsident und andere westliche Führer machten sich zum Sprachrohr Adenauers, wenn sie dem Urteil über dessen Politik widersprächen. Gromyko forderte von den USA, von Bonn abzurücken und die Beziehung zum Kreml durch Eingehen auf dessen Forderungen zu entspannen. Die Amerikaner sollten sich um den Frieden bemühen, statt an West-Berlin als „Militärbasis der NATO" festzuhalten.[116]

Chruschtschow warf Kennedy am 16. Oktober im Gespräch mit dem neu nach Moskau entsandten US-Botschafter Kohler vor, er habe die Atmosphäre durch Einberufung von 150 000 Resevisten angeheizt. Er wolle aber seinerseits dem Beispiel nicht folgen. Weiter sprach er von einer „törichten" Bekundung amerikanischer Kriegsbereitschaft für den Fall, daß die UdSSR den Friedensvertrag mit der DDR schließe. Das würde unausweichlich ein nuklearer Krieg werden. Wer den anfange, sei entweder irre oder feige. Adenauer rede so, aber der sei alt und verliere allmählich den Verstand. Nach dieser Polemik äußerte sich der Kremlchef zur Sache. Nur die Frage der Truppenstationierung in West-Berlin sei noch offen. Einen neuen Akzent setzte sein erstmaliger Hinweis, der Zugang sei nach sowjetischer Ansicht auf jeden Fall gewährleistet, ob es nun darüber einen Vertrag gebe

[115] N. S. Chruščëv an J. F. Kennedy (Auszug der Ausführungen zu Friedensvertrag und West-Berlin), o.D. [28. 9. 1962], in: FRUS 1961–1963, XV, S. 337f. Vgl. den vollständigen Text des Schreibens in: FRUS 1961–1963, Bd. VI: Kennedy-Khrushchev Exchanges, Washington 1996, S. 152–161.
[116] Sowjetische Berichtswiedergabe über das Gespräch Gromyko – Rusk vom 6. 10. 1962 ohne Überschrift und Datum (russ.), AAN, KC PZPR XI A/81, Bl. 136–151.

oder nicht. Das sollte vermutlich die USA beruhigen, falls es Ende des Jahres trotz der Raketen auf Kuba zu keiner Einigung kam und der Kreml daraufhin den Friedensvertrag mit der DDR unterzeichnete. Im übrigen erklärte Chruschtschow den Streit über die Zusammensetzung der Truppen in West-Berlin für leicht lösbar. Es komme nur darauf an, daß sie unter der Flagge der UNO stünden und nicht nur von westlichen Staaten gestellt würden. Zudem seien Stützpunkte und Soldaten ohnehin nicht mehr zeitgemäß. Man solle am besten auf beides verzichten und sich auf Raketen stützen. Die aber könnten die USA doch vom eigenen Territorium aus starten.[117]

Hinter Chruschtschows Appell an Kennedy verbarg sich ein unverändert kompromißloser Standpunkt, wie Gromyko zwei Tage später in Gesprächen mit dem Präsidenten und dem Außenminister der USA deutlich machte. Der scharfe Gegensatz betraf nicht nur die Präsenz in West-Berlin. Dort ließ die UdSSR nach wie vor kein originäres Recht der Westmächte gelten und wollte nur einen kurzzeitigen Ersatz für ihre Truppen in Form eines symbolischen Kontingents von UNO-Soldaten ohne politische Vollmachten zulassen. Auch in der angeblich bereits gelösten Zugangsfrage gab es einen unüberbrückbaren Dissens. Der Kreml gestand der Zugangsbehörde nur die Rolle eines machtlosen Vermittlers bei Transitstreitigkeiten zu und bestand darauf, daß diese dem Zwang zur Einstimmigkeit unterliegen müsse, was ihr von vornherein die Fähigkeit zu Entscheidungen gegen das Vorgehen der DDR nehmen mußte. In Übereinstimmung damit wurde die ostdeutsche Souveränität zum obersten Leitprinzip erklärt. Den amerikanischen Vorschlag, man könne das Souveränitätsbedürfnis der DDR befriedigen, indem man ihr Recht zu vertraglicher Transitgewährung anerkannte, und zugleich die Freiheit des Zugangs gewährleisten, indem man den Verzicht der ostdeutschen Seite auf Eingriffe in den Verkehr auf den Transitstrecken in das Abkommen hineinschrieb, lehnte Gromyko scharf ab. Eine Regelung, welche die Souveränität der DDR zwar der Form nach respektiere, sie aber in der Sache verletze, komme nicht in Betracht. Der Dialog der beiden Außenminister endete mit heftigen wechselseitigen Vorwürfen.[118]

Trotzdem glaubte Gromyko positive Teilresultate feststellen zu können, als er Ulbricht über den Meinungsaustausch mit den Amerikanern berichtete. Kennedy sei zwar, was die von beiden Seiten für zentral erachtete Frage der militärischen Präsenz in West-Berlin betreffe, nicht zum Abzug der Garnison bereit, wolle aber die Rolle, die Aufgaben und den Rechtsstatus der westlichen Truppen überprüfen, wie er nach vorangegangenen amerikanischen und britischen Andeutungen seinerseits klargestellt habe. Der Präsident denke an eine Übereinkunft, welche die Truppen auf veränderter Grundlage und mit verändertem Status in der Stadt belasse. Es gehe also um eine Neuregelung, die das bisherige Besatzungsregime ersetze. Gromyko wies auf frühere amerikanische Anregungen hin, daß man die Truppen der drei Westmächte vielleicht UNO-Truppen nennen könnte. Das lasse sich diskutieren.

---

[117] Telegram From the Embassy in the Soviet Union to the Department of State, 16. 10. 1962, ebd., S. 359–362.
[118] Memorandum of Conversation [Rusk – Gromyko], 18. 10. 1962, ebd., S. 376–387; Memorandum of Conversation [Kennedy – Gromyko], 18. 10. 1962, ebd., S. 370–376.

In der Zugangsfrage bezog er sich auf ein Gespräch mit dem britischen Außenminister Lord Home. Dieser habe erwogen, zwischen militärischem und zivilem Zugang zu unterscheiden. Die darin liegende Möglichkeit, für die DDR beim Ziviltransit mehr Eingriffsrechte zu fixieren, hielt Gromyko für interessant. Da es sich nach sowjetischer Absicht dabei – anders als bei der Vereinbarung über die Militärtransporte, die nach dem vorgesehenen Ende der westlichen Präsenz hinfällig werden würde – um eine Dauerregelung handeln sollte, konnte man versuchen, die westliche Seite mit Konzessionen beim Militärverkehr zur Anerkennung der vollen ostdeutschen Verfügungsgewalt über den Ziviltransit zu bewegen. Die Wahrscheinlichkeit dafür schien dadurch erhöht, daß die sowjetische Forderung nach uneingeschränkter DDR-Souveränität von Rusk nicht ausdrücklich zurückgewiesen worden war. Ebenso sah Gromyko Grund zur Hoffnung darin, daß die USA Kontakte zwischen beiden deutschen Staaten akzeptieren wollten. Überdies glaubte er, der Westen habe noch nicht alle Zugeständnisse auf den Tisch gelegt. Demzufolge war die UdSSR auf dem besten Weg, sich in den Verhandlungen noch mehr durchzusetzen, als es bis dahin der Fall war.[119]

Der Kreml war bemüht, die Vertreter der DDR von seiner vollen Entschlossenheit zu überzeugen. Es gelte, endlich „einen Schlußstrich unter den Kriegszustand zu ziehen" und „die Existenz von gewissen Überresten des Zweiten Weltkriegs", vor allem des westlichen Besatzungsregimes, zu beseitigen, um die Welt vor Völkerverhetzung und Krieg zu bewahren. West-Berlin dürfe kein „NATO-Stützpunkt" bleiben. Nur mit dem Aufenthalt „symbolischer UNO-Truppen" sei die UdSSR einverstanden. Auch von einer „Anerkennung der zwei deutschen Staaten" und ihrer Aufnahme in die UNO war die Rede. Zwischentöne ließen freilich vermuten, daß der sowjetische Wille nicht ganz so fest war, wie suggeriert wurde. Die Sorge um Abrüstung und die kubanische Revolution trat in Konkurrenz zu den Deutschland- und Berlin-Zielen, auf die sich früher die alleinige Aufmerksamkeit gerichtet hatte, und die Drohung gegenüber den Westmächten wurde dahingehend abgeschwächt, daß man für den Fall von deren Verweigerung den Abschluß des Friedensvertrags mit der DDR nicht fest zusagte, sondern nur als möglich bezeichnete.[120]

Konflikte um Berlin und Krise um Kuba

Im Spätsommer und Frühherbst verschärften sich die Spannungen in Berlin. Der Tod des Flüchtlings Peter Fechter, der, von ostdeutschen Schüssen getroffen, am 17. August an der Mauer qualvoll verblutete, rief überall im Westen heftige Empörung hervor. Der Zorn der West-Berliner Bevölkerung richtete sich unter anderem gegen sowjetische Militärs, die sich in der Stadt zeigten. Wiederholt wurden umherfahrende Soldatenbusse mit Steinen beworfen. Als der Aufruhr drei Tage lang angehalten hatte, schickte der Oberbefehlshaber der Truppen in Deutschland, Ge-

---

[119] Gespräch A. A. Gromyko – W. Ulbricht, 23. 10. 1962, AVPRF, 0742, 7, 51, 4, Bl. 48–62.
[120] Die sowjetische Haltung zu einigen brennenden Problemen der Weltpolitik, 4. 10. 1962 (handschriftliche Einfügung), PA-MfAA, A-100, Bl. 105–114.

neral Jakubowskij, mit Billigung des Kreml gepanzerte Mannschaftstransporter nach West-Berlin. Erst nach einigen Wochen, als sich die Lage beruhigt hatte, setzte er auf westliches Verlangen für die Fahrten in die Westsektoren wieder Busse ohne militärische Schutzvorrichtungen ein.[121]

Am 21. September stoppte die DDR-Volkspolizei den Zivilverkehr auf der Autobahn zwischen Helmstedt und West-Berlin mehrere Stunden lang. Drei Tage danach verlangte das sowjetische Personal an einer Übergangsstelle nach der Stadt entgegen den bestehenden Regeln, die amerikanischen Soldaten müßten zur Prüfung ihrer Identität aus den Fahrzeugen aussteigen. Als der Konvoi nicht Folge leistete, wurde die Abfertigung verweigert. Nachdem es eine Zeitlang nicht zur Einigung gekommen war, wollte der stellvertretende Oberkommandierende der USA in Europa, General Wheeler, die Truppe schon zur Weiterfahrt ohne Abfertigung veranlassen, doch in diesem Augenblick gab die sowjetische Seite endlich nach. Am nächsten Tag brachten MIG-Jäger in den Luftkorridoren durch nahes Heranfliegen eine amerikanische Militärmaschine und ein französisches Linienflugzeug in akute Gefahr. Verteidigungsminister McNamara sah sich zu der Erklärung veranlaßt, daß die USA notfalls sogar den Einsatz von Kernwaffen nicht scheuen würden, um Berlin zu verteidigen.[122] Im Kreml hieß es, in den Geprächen mit den Amerikanern sei eine „Pause" eingetreten. Uneingeschränkt wurde aufrechterhalten, die westlichen Truppen könnten dort „nicht aufgrund der gegenwärtigen Rechtslage verbleiben". Man erwartete, daß die USA die Initiative zur Fortsetzung des Dialogs ergreifen würden.[123]

Chruschtschow scheint diese Hoffnung darauf gegründet zu haben, daß die seit Monaten in Gang befindliche Dislozierung von Nuklearraketen und anderen Kernwaffen auf Kuba zu Ende gebracht werden könne, ohne daß die Amerikaner die Sache vorher entdeckten. Damit werde ein total verändertes Kräfteverhältnis entstehen, das die USA zu einer baldigen Beendigung des Streits um Berlin und damit zum Nachgeben nötige. Es gelang der UdSSR jedoch nicht, die Stationierung vor ihrer Entdeckung durch die Amerikaner abzuschließen und sie damit diesen als schon vollendete, nicht mehr rückgängig zu machende Tatsache zu präsentieren. Am 16. Oktober wurden Kennedy Fotografien vorgelegt, die den Bau von Raketenstellungen auf der Karibikinsel zeigten. Nachdem man sich in Washington vergewissert hatte, daß es sich nicht um Luftabwehr-, sondern Offensivsysteme handelte, wandte sich der Präsident am 22. Oktober zunächst an den Kremlchef und dann an die Öffentlichkeit. Er könne die Bedrohung nicht hinnehmen und verhänge zu deren Abwehr eine Blockade gegen Kuba.[124] Chruschtschow geriet in allergrößte Sorge. Auf einer eilig einberufenen Nachtsitzung des Parteipräsidiums setzte er die „Berlin- und Kuba-Frage" auf die Tagesordnung[125] und machte damit deutlich, daß er beides eng miteinander verknüpft sah.

[121] J. C. Ausland, a.a.O., S. 63–66.
[122] Ebd., S. 67.
[123] Botschafter Pervuchin im Gespräch mit seinem ungarischen Amtskollegen: József Kárpáti an Antal Apro/Dezsö Nemes/Imre Hollai/János Szita (ungar.), 29. 9. 1962, MOL 288.f. 32/1962/11ö.e., Bl. 217.
[124] H. Biermann, a.a.O., S. 649–655.
[125] Protokoll der Sitzung des Präsidiums des ZK der KPdSU, 22. 10. 1962, in: A. A. Fursenko (otv. red.), Archivy Kremlja, a.a.O., S. 617f.

In Washington fürchtete man, der sowjetische Führer werde die Krise in der Karibik zum Schlag gegen West-Berlin nutzen.[126] Eine offensive Aktion zur Beseitigung der westlichen Präsenz im Schatten einer anhaltenden Konfrontation um Kuba, welche Aufmerksamkeit und Streitkräfte der USA gebunden hätte, scheint in Moskau niemand erwogen zu haben. Chruschtschow erhielt nur die Anregung, sich gegen den Druck in Kuba durch Gegendruck in Berlin zu wehren, aber auch das lehnte er als „Abenteuer" ab.[127] Er wollte die Hochspannung nicht ausweiten, sondern beenden. Ungeachtet des kurz zuvor verschärften Konflikts um die Stadt, blieb es dort vollkommen ruhig.[128] Kennedy beantwortete zwar den Abzug der sowjetischen Raketen von der Karibikinsel mit Gegenkonzessionen, doch wurde das Resultat allgemein als großer Sieg der USA angesehen. Diese hatten den sowjetischen Versuch abgewehrt, das militärische Kräfteverhältnis entscheidend zu verändern. Chruschtschow blieb die erstrebte global-strategische Parität mit der Führungsmacht des Westens versagt. Das war in der Tat das ausschlaggebende Ergebnis. Damit entfiel auch die Aussicht, die Amerikaner in Berlin zur Aufgabe ihres Widerstandes gegen Friedensvertrag und Freistadtregelung zu nötigen.

---

[126] C. Münger, a.a.O., S. 202–204, 239.

[127] Nach Oleg Trojanovskij, Karibskij krizis – vzgljad iz Kremlja, in: Meždunarodnaja žizn', 3–4/1992, S. 172, kam eine solche Anregung vom stellv. Außenminister V. Kuznecov. Herbert Häber, Die Deutschlandpolitik der SED, in: Reinhard Hübsch (Hrsg.), „Hört die Signale!" Die Deutschlandpolitik von KPD/SED und SPD 1945–1970, Berlin 2002, S. 89, erinnert sich, daß sich auch Botschafter Dobrynin in diesem Sinne äußerte.

[128] Rusk, Assessment of Current Soviet Intentions [mit einleitendem Rückblick auf das sowjetische Verhalten während der Kuba-Krise], 7. 11. 1962, in: FRUS 1961–1963, S. 420 f.; J. C. Ausland, a.a.O., S. 71.

12. Stufenweise Deeskalation der Berlin-Krise

Bemühungen nach der Kuba-Krise

Unmittelbar nach der Kuba-Krise, am 30. Oktober 1962, appellierte Chruscht-schow brieflich an Kennedy, der Übereinkunft in der Karibik eine ebensolche Übereinkunft folgen zu lassen, die der Lage in Deutschland Rechnung trage. Dort seien zwei oder vielmehr – bei Einrechnung West-Berlins – drei Staaten entstan-den, zwischen denen sich spezifische Beziehungen gebildet hätten. Es sei nicht mehr angebracht, den Verkehr der Stadt mit der Außenwelt über das Territorium der DDR noch von „irgendwelchen Substituten von Verträgen" zu regeln, auch wenn die formal noch gar nicht existierenden Verträge faktisch schon in Kraft ge-treten seien. Mithin, so folgerte er, sei man sich schon über alles außer über die Frage der Truppen in West-Berlin einig. Auch dabei sei nur noch zu klären, von welchen Staaten sie gestellt und unter welcher Flagge sie tätig werden sollten. Na-türlich komme die Regelung nur während einer noch festzulegenden Zeitspanne in Betracht. Könne man sich denn darüber nicht verständigen? Ein Interesse daran, daß die Lage ungelöst bleibe, hätten weder die USA noch die UdSSR, son-dern nur die „revanchistischen Kräfte", nämlich Adenauer und andere, welche die als Folge der Niederlage im Zweiten Weltkrieg entstandene Lage nicht anerken-nen wollten.[1]

Am 2. November begab sich Ulbricht nach Moskau.[2] Die Reise war schon vor der Kuba-Krise geplant worden und sollte, nach der Zusammensetzung der Dele-gation zu urteilen, wesentlich der Erörterung wirtschaftlicher Themen dienen.[3] Welche politischen Wünsche der SED-Chef hatte, war deutlich geworden in einer Unterredung mit Gromyko am 23. Oktober, unmittelbar nach Kennedys Er-klärung zur Stationierung der sowjetischen Raketen in der Karibik. Ulbricht hatte den Vorwurf wiederholt, die USA suchten die West-Berlin-Regelung auf die lange Bank zu schieben, und sich darauf berufen, die UdSSR habe den baldigen Ab-schluß des Friedensvertrags zugesichert. Nach der Aufzeichnung, die er dem Außenminister übergeben hatte, sollte dem Westen ein „äußerster Kompromiß" angeboten werden.[4]

---

[1] N. S. Chruščëv an J. F. Kennedy, 30. 10. 1962, Foreign Relations of the United States (FRUS) 1961–1963, Bd. VI: Kennedy-Khrushchev Exchanges, Washington 1996, S. 190–198.
[2] A. A. Fursenko, Kak byla postroena berlinskaja stena, in: Istoričeskie zapiski, 4 (122), S. 89.
[3] Einladungsschreiben an die Mitglieder und Kandidaten des Politbüros der SED zur Sitzung am 23. 10. 1962, 20. 10. 1962, SAPMO-BArch, DY 30/J IV 2/2 A-930, Bl. 1; Protokoll Nr. 47/62 der Sitzung des Politbüros der SED, 24. 10. 1962, SAPMO-BArch, DY 30/J IV 2/2, Bl. 4–10.
[4] Gespräch A. A. Gromyko – W. Ulbricht, 23. 10. 1962, AVPRF, 0742, 7, 51 4, Bl. 54–62.

In Abwandlung eines Vorschlags, den Dobrynin am 12. Juli in Washington unterbreitet hatte,[5] regte Ulbricht im Kreml an, den drei Weststaaten in West-Berlin für eine bestimmte Frist eigene, nicht durch Kontingente anderer Länder erweiterte Polizeikräfte unter UNO-Flagge zuzugestehen, sofern unzweideutig klar sei, daß es keine originären Siegerrechte mehr gebe und die Vier-Mächte-Abkommen ihre Gültigkeit verloren hätten. Unabdingbar seien nur „die Beseitigung des Besatzungsregimes und die Ausschaltung jeglichen Einflusses der NATO auf Westberlin". Die drei westlichen Staaten durften demnach weder staatliche Gewalt ausüben noch Anspruch auf Zugang erheben. Der UNO seien ebenfalls keine Vollmachten einzuräumen; die ihr unterstellten Kräfte hätten nur die Einhaltung des Freistadt-Statuts zu gewährleisten und „Einmischungsversuche" Bonns abzuwehren.[6] Was Ulbricht zu der Anregung bewog, ist unklar. Er glaubte wohl kaum, daß die USA zu einer Einigung auf dieser Basis bereit sein würden. Vielleicht hoffte er, Chruschtschow werde sich nach einem amerikanischen Nein zu einem solchen letzten Angebot der Einsicht nicht mehr verschließen können, daß nur noch der Abschluß des Separatfriedensvertrages in Betracht komme.

Die Kennedy-Administration ging nach der Kuba-Krise mit gestärktem Selbstvertrauen in die Gespräche über Berlin und Deutschland und widersprach der sowjetischen These, bezüglich des Friedensvertrags seien schon so gut wie alle Probleme gelöst, so daß eine Übereinkunft rasch erzielt werden könne. In der Streitfrage, ob die Westmächte mit vollen Rechten in West-Berlin bleiben sollten, sah man in Washington keine Bagatelle, sondern den Kern eines unverminderten Gegensatzes zwischen unvereinbaren Positionen. Mit der auf Besatzungsrecht – nicht vertraglicher Erlaubnis – beruhenden Anwesenheit in der Stadt stand und fiel nach amerikanischer Auffasung das Engagement für die Sicherheit der europäischen Verbündeten. Wie das State Department am 13. November einem sowjetischen Diplomaten zu verstehen gab, bestand das Einvernehmen noch nicht, das seine Regierung als unerläßliche Voraussetzung für Vier-Mächte-Verhandlungen betrachtete.[7] In folgenden Besprechungen zwischen Präsident Kennedy und Bundeskanzler Adenauer wurde zudem klar, daß sich der Bonner Widerstand gegen jede Aufweichung der westlichen Position in Berlin versteift hatte.[8]

Am 28. November formulierte Außenminister Rusk Instruktionen für die Fortsetzung des Gesprächs mit der sowjetischen Seite. Als „Ziel mit hoher Priorität" faßte er ins Auge eine „solide Regelung in Berlin zu Bedingungen, welche die Stadt frei und funktionsfähig erhält". Jede Gelegenheit zu einem solchen Einvernehmen sollte genutzt werden. In der augenscheinlichen Absicht, den USA neue Konzessionsangebote zu ersparen, wollte er der sowjetischen Seite die Initiative zu neuen Vorschlägen überlassen. Abmachungen allein auf westliche Kosten schloß er ausdrücklich aus. Zugleich zeigte er deutliches Interesse an der von Chruschtschow geäußerten Idee, daß die Westmächte vielleicht unter UNO-

---

[5] Memorandum of Conversation (Rusk – Dobrynin), 12. 7. 1962, FRUS 1961–1963, XV, S. 215.
[6] Westberlin betreffende Fragen, 22. 10. 1962, PA-MfAA, G-A 491, Bl. 1–14.
[7] Memorandum of Conversation [Hillenbrand – Kornienko], 13. 11. 1962, in: FRUS 1961–1963, XVI, S. 425 f.
[8] Memorandum of Conversation, 14. 11. 1962, ebd., S. 427–433; Memorandum of Conversation, 14. 11. 1962, ebd., S. 433–443.

Flagge weiter in Berlin bleiben könnten.[9] In Washington war aber nicht bekannt, welche näheren Vorstellungen dem Gedanken zugrunde lagen und daß die Anregung diesmal von Ulbricht ausgegangen war.[10]

Anzeichen für einen Kurswechsel des Kreml?

Nach Beilegung der Kuba-Krise wandte sich die östliche Seite mehrfach an die Öffentlichkeit mit Aussagen, die ein Abrücken von den alten Forderungen anzuzeigen schienen. Am 7. November versicherte Chruschtschow ausländischen Journalisten in Moskau, der UdSSR gehe es nicht darum, sich West-Berlins durch den geforderten Friedensvertrag zu bemächtigen. Vielmehr wolle sie den Frieden gewährleisten, der durch die Stadt bedroht werde. In Washington wurde positiv vermerkt, daß der Kremlchef nicht auf einem Termin für den Vertragsabschluß bestand, sondern erklärte, daß die Zeit dafür heranreife. Anders als bei früheren Gelegenheiten legte er zudem den Akzent nicht nur auf die Berlin-Frage, sondern betonte nachdrücklich sein Interesse an Schritten zur Beendigung der Kernwaffentests und zur Beschränkung der Rüstungen.[11] Etwa zur gleichen Zeit gab er die Absicht zu erkennen, den Westmächten die Fortdauer ihrer ausschließlichen Präsenz in West-Berlin zeitweilig zuzugestehen, wenn sie dafür den siegerrechtlichen Rechtsanspruch fallenließen.[12] Als aber die kanadische Seite Genaueres wissen wollte, verweigerte er jede Erläuterung mit dem Bemerken, die Offerte sei „hinreichend klar". Daraus zog man im Westen den Schluß, vorerst sei keine sowjetische Initiative zu erwarten. Chruschtschow wolle nur eine Verschärfung des Berlin-Konflikts vermeiden, ohne den Eindruck zu erwecken, daß dessen Regelung auf die lange Bank geschoben werden könne.[13] In diesem Sinne wurde auch die nicht weiter erläuterte briefliche Mitteilung an Macmillan verstanden, Friedensvertrag und Normalisierung in West-Berlin seien vordringlich.[14]

Der sowjetische Botschafter in London legte freilich Außenminister Douglas-Home Ideen zu einem „Kompromiß" dar. Nachdem die UdSSR bereits früher Zugeständnisse gemacht habe, sei sie nun bereit, die Frage der westlichen Streitkräfte in West-Berlin zu regeln. Wenn die Besatzungsflagge, die in Wirklichkeit

[9] Telegram From the Department of State to the Embassy in the Soviet Union, 28. 11. 1962, ebd., S. 446–449.

[10] Vgl. Roger Hilsman, Soviet Intentions Toward Berlin Negotiations, 7. 12. 1962, National Security Archive, The Berlin Crisis, 1958–1962, published by Chadwick-Healey, Alexandria, VA, microfiche 02894, Bl. 1–8.

[11] N. S. Chruschtschow auf Empfang im Moskauer Kreml: Wir waren Kernwaffenkrieg sehr nahe, aber die Vernunft hat gesiegt! in: Neues Deutschland, 8. 11. 1962.

[12] Hinweise auf die bei der Verabschiedung des britischen Botschafters gemachte Aussage (am 13. 11. 1962 oder möglicherweise etwas früher) in: FRUS 1961–1963, XV, S. 438 (Fußnote 3); Fernschreiben von Botschafter Gröpper aus Moskau (über Unterrichtung durch den britischen Botschafter über sein Gespräch mit Chrušcěv), 14. 11. 1962, PA, B 130, 3928 (als Einzeldokument freigegeben unter 117–251.07/S. 1–8; Ref. 704, 704.8301/94.29/1995/62), Bl. 5f.

[13] Fernschreiben von Botschafter Gröpper aus Moskau (über Unterrichtung durch den kanadischen Botschafter über sein Gespräch mit Chrušcěv), 13. 12. 1962 (als Einzeldokument freigegeben unter 117–251.07/S. 1–3; Ref. 704, 704.8301/94.29/1995/62), PA, B 130, 3928, Bl. 5f.

[14] N. S. Chrušcěv an H. Macmillan (dte. Übers.), 27. 11. 1962 (als Einzeldokument freigegeben unter 117–251.07/ S. 1–7; Ref. 704, 704.8301/94.29/1995/62), PA, B 130, 3941a, Bl. 6f.

ein „Deckmantel für die NATO" sei, durch die Fahne der UNO ersetzt werde, könnten die Truppen der Westmächte für eine gewisse Zeit zusammen mit Kräften anderer Länder als Polizisten unter UNO-Kommando in der Stadt bleiben. In diesem Fall würden die Vereinten Nationen „selbst gewisse internationale Verpflichtungen gegenüber Westberlin" übernehmen; ihr Sitz könnte dorthin verlegt werden.[15] Mikojan meinte im Gespräch mit Rusk, nach Beseitigung der Kriegsgefahr in Kuba müsse man diese auch in Deutschland ausräumen. Die Sowjetunion könne nicht über Chruschtschows Vorschläge hinausgehen. Er fragte polemisch, ob denn die USA, die nichts Neues vorlegten und keine konstruktiven Anstrengungen machten, glaubten, ewig ihre Besatzungstruppen in der Stadt lassen zu können. Der amerikanische Außenminister entgegnete, auf dieser Grundlage werde es keine Vereinbarung geben. Es bedürfe eines Entgegenkommens auch der UdSSR.[16] In Washington hatte man den Eindruck, Mikojan habe ohne neue Instruktionen nur den alten Standpunkt wiederholt.[17]

Eine Unterredung zwischen Botschafter Kohler und dem sowjetischen Spitzendiplomaten Semjonow in Moskau am 3. Dezember führte ebenfalls nicht weiter. Während der Amerikaner betonte, ein Rückzug der Westmächte aus Berlin komme nicht in Betracht, gab sein Gesprächspartner der Erwartung Ausdruck, man könne aufgrund der bestehenden Verhältnisse (die nach Moskauer Ansicht durch das Faktum dreier Staaten in Deutschland bestimmt wurden) zu einer Regelung gelangen. Beide Seiten könnten dazu einen nützlichen Beitrag leisten, wenn sie die vorgetragenen Positionen in Übereinstimmung miteinander bringen würden. Wieder gab es keinen Vorschlag, wie sich der Gegensatz in der Berlin- und Deutschland-Frage überwinden lasse.[18] Eine Stellungnahme Ulbrichts in Cottbus am 2. Dezember wurde aber im Westen als Indiz einer weniger harten östlichen Haltung gewertet. Danach galt es, „mit Hilfe der friedlichen Koexistenz Kriege zu verhindern." Das erfordere „die Bereitschaft, gefährliche Streitfragen auf dem Wege von Verhandlungen zu klären und bestimmte Vereinbarungen zu treffen", und sei „mit Kompromissen beider Seiten" verbunden.[19] Diese Stellungnahme wurde zwar im Blick auf die Kuba-Krise abgegeben, konnte aber ebenso auf Berlin bezogen werden.

Am 11. Dezember wies Chruschtschow am Ende eines langen Schreibens an Kennedy ein weiteres Mal darauf hin, daß die Frage der Truppen in West-Berlin gelöst werden müsse, und gab Adenauer alle Schuld daran, daß es darüber noch zu keiner Einigung gekommen sei. Er stellte die rhetorische Frage, ob denn beide

---

[15] Protokoll des Gesprächs Lord Home – Botschafter Soldatov (dte. Übers.), 28. 11. 1962 (als Einzeldokument freigegeben unter 117–251.07/ S. 1–4; Ref. 704, 704.8301/94.29/1995/62), PA, B 130, 3941a, Bl. 1–3.

[16] Memorandum of Conversation, 30. 11. 1962, in: FRUS 1961–1963, XV, S. 449–452.

[17] Department of State, Outgoing Telegram, 3. 12. 1962, National Security Archive, The Berlin Crisis, 1958–1962, published by Chadwick-Healey, Alexandria, VA, microfiche 02892, Bl. 1 f.

[18] Telegram From the Embassy in the Soviet Union to the Department of State, 3. 12. 1962, ebd., S. 453–457; Aufzeichnung von V. S. Semënov über Frühstück mit F. Kohler, 3. 12. 1962 (von Gromyko am 9. 12. 1962 den Mitgliedern und Kandidaten des ZK-Präsidiums übersandt), AVPRF, 0129, 46, 346, 12, Bl. 100–112.

[19] Auszug aus der Rede Ulbrichts auf der Tagung der Bezirksdelegiertenkonferenz Cottbus der SED, 2. 12. 1962, in: Dokumente zur Deutschlandpolitik, hrsg. vom Bundesministerium für Innerdeutsche Beziehungen, IV. Reihe, Bd. 8/2, Frankfurt/Main 1977, S. 1453.

Großmächte ihre Interessen weiterhin einem alten Mann unterordnen wollten, der moralisch wie physisch schon mit einem Bein im Grabe stehe. Solle man denn wirklich zu „Spielzeug" in seinen Händen werden? Den „äußerst aggressiven militaristischen Kräften in Westdeutschland" dürfe nicht länger gestattet werden, die gesamte Welt in Gefahr zu bringen. Mit dem Abschluß des Friedensvertrages, so erklärte der Kremlchef zum wiederholten Mal, verliere man nichts, gewinne aber die Möglichkeit, beiderseitig die freundlichen Beziehungen zu stärken und die gefährlichen Konflikte in Europa zu entwirren.[20] Chruschtschow dürfte kaum geglaubt haben, mit dieser groben Polemik dem amerikanischen Präsidenten die Forderungen der UdSSR nahezubringen. Ging es ihm überhaupt noch um eine Berlin-Regelung?

Am 12. Dezember erklärte der Kremlchef vor dem Obersten Sowjet, die westlichen Staatslenker müßten berücksichtigen, daß die Katastrophe eines Nuklearkrieges drohe, wenn man Streitfragen „von der Politik der Stärke aus" lösen wolle. Die chinesische Kritik am Nachgeben der UdSSR in Kuba wies er mit dem Argument zurück, ein „dogmatisches Herangehen ohne nüchterne Einschätzung der realen Umstände" sei schädlich. Es gehe nicht an, Konflikte durch Krieg statt durch Verhandlungen zu lösen. Natürlich müsse man den „Imperialismus" – wie man in Moskau den Westen und vor allem die USA nannte – „entlarven", aber dieser werde durch bloßes Beschimpfen nicht geschwächt. Auch wenn er (wie man in Peking erklärte) nur ein „papierener" Tiger wäre, so habe er doch nukleare Zähne. Daher müsse man im Verhältnis zu den imperialistischen Ländern einerseits Kompromisse schließen und andererseits alle Mittel haben, um die Aggressoren zu zerschlagen, wenn sie einen Krieg entfesselten. Chruschtschow nahm nur kurz auf den Friedensvertrag und die Normalisierung der Lage in West-Berlin Bezug. Nachdem der Konfliktherd in Kuba ausgeräumt sei, müsse auch dieser Streit ein Ende finden. Er wiederholte, es gehe im wesentlichen nur noch darum, „in welcher Eigenschaft, unter welcher Flagge" die Truppen in der Stadt stünden und wie lange sie dort blieben. Sie sollten nicht „die Länder der NATO vertreten", sondern ihre Fahne durch die der UNO ersetzen, die daraufhin „dort bestimmte internationale Verpflichtungen und Funktionen übernehmen" würde. Wer im Westen darauf hoffe, daß es die UdSSR an Entschiedenheit fehlen lassen werde, täusche sich.[21] Gromyko wiederholte am nächsten Tag, was der Parteichef als sowjetischen Standpunkt zur Sache formuliert hatte.[22]

Am 14. Dezember gab Ulbricht in Ausführungen über Wirtschaftsfragen die Parole aus, man müsse sich vom „Dogmatismus" befreien. Jeder müsse „verstehen, daß in der Zeit, wo der Kampf zwischen der sozialistischen DDR und dem staatsmonopolistisch-kapitalistischen Westdeutschland bei offener Grenze geführt wurde, eben der politische Kampf im Vordergrund stand und stehen mußte." Anders als im Meinungsaustausch mit Chruschtschow vor der Kuba-Krise räumte er ein, daß sich die Lage seit „Sicherung der Staatsgrenze" im August 1961 geändert habe. Bis dahin hätten eine „Reihe ökonomischer Gesetze des So-

[20] N. S. Chruščëv an J. F. Kennedy, 11. 12. 1962, FRUS 1961–1963, VI, S. 229 f.
[21] Rechenschaftsbericht Chruščëvs, 12. 12. 1962, in: Pravda, 13. 12. 1962.
[22] Rede des Deputierten Gromyko, 13. 12. 1962, in: Pravda, 14. 12. 1962.

zialismus nicht konsequent angewandt werden" können und seien „sogar weitgehend verletzt" worden. Nachdem aber mit der Grenzschließung das zugrunde liegende politische Problem gelöst worden sei, hätten „jetzt die ökonomischen Aufgaben den Vorrang". Die wirtschaftliche Stärkung der DDR und die Lösung der Aufgaben beim umfassenden Aufbau des Sozialismus seien nunmehr entscheidend, wenn die deutsche Frage in der angestrebten Weise gelöst werden solle.[23] Das lief unausgesprochen auf die Schlußfolgerung hinaus, daß Friedensvertrag und Freistadtregelung im Grunde unwichtig seien.

Politikern im Westen fiel zunehmend auf, daß der Kreml, der bis zur Kuba-Krise stark auf eine Vereinbarung über West-Berlin und Deutschland gedrängt hatte, keine neue Initiative startete und sich anderen Problemen zuwandte. Die Frage, ob man das Interesse verloren habe, wurde jedoch von der sowjetischen Seite mit einem klaren Nein beantwortet.[24] Auch gegenüber der DDR hieß es, die Haltung sei unverändert. Gromykos erwähnte Rede vor dem Obersten Sowjet beweise, daß die UdSSR es auf die Dauer nicht hinnehme, wenn die Westmächte nicht ernsthaft verhandelten.[25] Der Kreml bekundete Zuversicht, daß die USA früher oder später bereit sein würden, eine Regelung zu akzeptieren. Intern war davon die Rede, der Westen werde unter zunehmenden internationalen Druck geraten, falls er den sowjetischen Vorstellungen nicht folge. Seit der Kuba-Konflikt beigelegt sei, forderten immer mehr neutrale Regierungen, nun müsse auch der Gefahrenherd West-Berlin durch Kompromisse entschärft werden.[26]

Abrücken von der bisherigen Berlin-Politik

Chruschtschow stellte zwar nach außen hin den Ausgang der Kuba-Krise als Triumph seiner Politik hin, die den Frieden gerettet und den Verzicht der USA auf die Aggression gegen die Karibikinsel erzwungen habe, war sich aber in Wirklichkeit seiner Niederlage bewußt und erkannte, daß der militärische Bluff, auf dessen Wirkung er sich seit 1958 verlassen hatte, keinen Erfolg versprach.[27] Das erklärte er für vertretbar, denn die Lage in Berlin entwickele sich auch ohne Friedensvertrag positiv. Die Sperrung der Sektorengrenze habe „tiefgreifenden Einfluß auf das innere Leben West-Berlins ausgeübt". Die westlichen Möglichkeiten, die Stadt als „Zentrum der subversiven Tätigkeit" gegen die DDR zu nutzen, seien stark eingeschränkt worden; der Versuch, „die reale Lage [in Deutschland] zu revidieren", sei gescheitert. Die Isolierung West-Berlins vom Umland, seine geographische Distanz zur Bundesrepublik, der fehlende Zustrom ostdeutscher Arbeitskräfte und die Ungewißheit über die Zukunftsperspektiven zögen in der Bevölkerung Niedergeschlagenheit und Konzessionsbereitschaft nach sich, was in Bonn

---

[23] Antwort auf die Fragen der Delegierten. Aus der Diskussionsrede des Genossen Walter Ulbricht auf der Bezirksdelegiertenkonferenz in Leipzig, in: Neues Deutschland, 15. 12. 1962.

[24] Vgl. z. B. Gespräch G. I. Slavin – E. Bahr, 22. 12. 1962, RGANI, 5, 49, 489 (rolik 9019), Bl. 1–3.

[25] Aktenvermerk über Gespräch der Genossen der 1. Europ. Abteilung des MfAA auf Freundschaftsabend in sowjetischer Botschaft am 7. 12. 1962, 11. 12. 1962, PA-MfAA, A 546, Bl. 302–304.

[26] Krolikowski: Information über Gespräch mit Botschaftsrat Žiljakov am 12. 1. 1963, 12. 1. 1963, PA-MfAA, A 546, Bl. 298–300.

[27] William Taubman, Khrushchev. The Man and his Era, New York–London 2003, S. 578–581.

große Unruhe hervorrufe. Auch wenn die westdeutsche Seite enorme materielle Anstrengungen mache, lahme die West-Berliner Wirtschaft. Intelligenz, Unternehmer und Mittelschichten wanderten ab. Die Autorität von Bundesregierung und CDU sei stark unterminiert; die These, daß die Westmächte für die Stadt einträten, stoße weithin auf Mißmut und Skepsis.

Gleichzeitig wurde freilich auch ein deutliches Anwachsen feindseliger Stimmungen gegenüber der DDR und der SED festgestellt, die sich vor allem in der Jugend, auch bei jungen Arbeitern, in den Gewerkschaften und in den Massenorganisationen verbreiteten. Jedes Anzeichen eines verschärften Regimes an den Zugangswegen rufe Unruhe in der Stadt hervor und lasse Gerüchte über eine erneut drohende Blockade entstehen. Zugleich wiesen die sowjetischen Beobachter auf eine zunehmende Tendenz hin, eine Normalisierung der Lage und den Abschluß eines Interimsabkommens zu befürworten.[28] Chruschtschow erklärte, die West-Berlin-Frage sei schon so gut wie gelöst und bedürfe keiner weiteren Regelung.[29] Damit verband sich die von Ulbricht abgelehnte Absicht, die UdSSR solle sich in West-Berlin durch die Anbahnung intensiver wirtschaftlicher, kultureller, wissenschaftlicher und sonstiger Kontakte zu dortigen Institutionen und Organisationen immer mehr als faktische vierte Statusmacht etablieren.[30]

Die gleichzeitige Erwartung, die westliche Position werde sich fortlaufend verschlechtern, ließ den Verzicht auf weiteres Drängen vertretbar erscheinen. Das Neujahrsschreiben Chruschtschows an Ulbricht hob zwar die „Notwendigkeit und Unaufschiebbarkeit der herangereiften internationalen Fragen" hervor, deren „ungeregelter Zustand eine ernste Gefahr für den Weltfrieden" in sich berge, wiederholte aber im übrigen nur formelhaft das Verlangen nach „Beseitigung der Überreste des zweiten Weltkrieges", nach „Abschluß des deutschen Friedensvertrages" und nach „Normalisierung der Lage in Westberlin auf dessen Grundlage".[31] In einem Interview für die britische Zeitung „Daily Express" zeichnete der Kremlchef das Bild einer friedensgefährdenden Situation in der Stadt, die durch Erfüllung der sowjetischen Forderungen entschärft werden müsse. Dazu bedürfe es noch „letzter Anstrengungen". Die damit gestellte Aufgabe müsse „auf vernünftiger Basis" gelöst werden. Als „Kompromiß" schlug er nochmals vor, die westliche Garnison durch Truppen weiterer Länder zu ergänzen und die Flagge der NATO durch die der UNO zu ersetzen.[32] Darauf lag freilich kein Nachdruck, wie daran abzulesen ist, daß das sowjetische Parteiorgan in den folgenden zwei Wochen nur noch einen Artikel brachte, in dem von Berlin die Rede war.[33]

[28] G. Žiljakov/Ju. Kvicinskij, Ob ekonomičeskom i vnutripolitičeskom položenii Zapadnogo Berlina v 1962 godu (Spravka), 20. 3. 1963, AVPRF, 0742, 8, 61, 22, Bl. 52–90.
[29] W. Taubman, a.a.O., S. 582 f. Der sowjetische ZK-Apparat hatte bereits im Februar 1962 die Einschätzung formuliert, der Westen sehe sich in der Inselstadt zunehmenden Schwierigkeiten gegenüber: I. Kabin an das ZK der KPdSU, 27. 2. 1962, RGANI, 5, 49, 489 (rolik 9019), Bl. 51–55.
[30] Aufzeichnung des ungarischen Botschafters József Kárpáti über ein Gespräch mit Sowjetbotschafter Abrasimov am 6. 3. 1963, MOL, 288.f. 32/1963/9.ö.e., Bl. 210–212.
[31] Glückwünsche der Sowjetunion, in: Neues Deutschland, 1. 1. 1963.
[32] Otvety predsedatelja Soveta Ministrov SSSR N. S. Chruščëva na voprosy gazety „Dejli ekspress", in: Pravda, 1. 1. 1963.
[33] Nazrevšij vopros, in: Pravda, 6. 1. 1963.

Der in Abstimmung mit der sowjetischen Führung vorbereitete[34] VI. SED-Parteitag zeigte aller Welt, daß die Berlin- und Deutschland-Forderungen dem Kreml nicht mehr dringlich schienen. Die Parolen des Kampfes um Friedensvertrag und Freistadtregelung verschwanden aus dem Repertoire. Im einleitenden Rechenschaftsbericht am 15. Januar 1963 wiederholte Ulbricht zwar den alten Standpunkt, betonte aber die Aussicht auf Verständigung mit dem Westen und rückte die Erfordernisse von Frieden und Abrüstung in den Mittelpunkt. Statt wie früher das Ausbleiben des Separatfriedensschlusses mit der DDR zu monieren, sprach er nur von einer „verständliche[n] Ungeduld" im Lande darüber, daß die Vorbereitung des Vertrages „so lange Zeit in Anspruch" nehme. Die Verhandlungen mit den USA hätten jedoch schon „bestimmte Resultate gebracht." Demnach stand Weiteres zu erwarten; unausgesprochen bedurfte das bisherige Bemühen geduldiger Fortsetzung, um zum Einvernehmen zu führen.[35]

Am folgenden Tag stellte Chruschtschow den Delegierten die – schon vom SED-Chef angedeuteten – politischen Erfolge der DDR vor Augen. Sie habe die Möglichkeit gewonnen, ihre Souveränität „wirksam zu behaupten". Die Grenze zu West-Berlin sei kein offenes Tor mehr, das subversive Kräfte ungehindert und ungestraft mißbrauchen könnten, um unter anderem „die Grundlagen des Sozialismus zu erschüttern". Sie unterliege nunmehr der Kontrolle der DDR; das sei der „wichtigste Schritt zu Festigung der Souveränität der Deutschen Demokratischen Republik". Am 13. August 1961 habe man auch ohne Friedensvertrag alles Notwendige erreicht. Die Grenze sei geschlossen; dem Westen werde der Zutritt verwehrt. Die DDR habe zugleich die Fähigkeit gewonnen, auf die Verkehrsverbindungen West-Berlins zur Außenwelt Druck auszuüben und diesen je nach Bedarf zu verstärken oder abzuschwächen.[36] Den Äußerungen lag ein verändertes Konzept zugrunde, das Chruschtschow eineinhalb Wochen zuvor Ulbricht in einem langen Gepräch erläutert hatte.[37] Schon im Dezember war Pjotr Abrassimow, der Botschafter Perwuchin ablöste, mit neuen Instruktionen nach Ost-Berlin geschickt worden.[38]

Neue Überlegungen

Aufgrund der Erfahrung während der Kuba-Krise wollte Chruschtschow der Konfrontation mit den USA künftig aus dem Weg gehen und daher die Westmächte nicht mehr herausfordern. Zugleich war er daran interessiert, drängende

---

[34] W. Ulbricht an N. S. Chruščёv, 15. 9. 1962, SAPMO-BArch, DY 30/3288, Bl. 21 (dtr. Originaltext)/22 (russ. Übers.); N. S. Chruščёv an W. Ulbricht, 21. 9. 1962, SAPMO-BArch, DY 30/3288, Bl. 23 (dtr. Originaltext)/24 (russ. Übers.).

[35] Referat von W. Ulbricht auf dem VI. Parteitag der SED (Auszug), 15. 1. 1963, in: Dokumente zur Deutschlandpolitik, a.a.O., IV, 9/1, S. 22–37 (Zitate auf S. 24 f.).

[36] Rede von Genossen N. S. Chruščёv auf dem VI. Parteitag der SED (Auszug), 16. 1. 1963, ebd., S. 38–46 (Zitate auf S. 42).

[37] Das Gespräch hatte am 4. 1. 1962 von 14.50 bis 18.00 Uhr in Chruščёvs Dienstzimmer stattgefunden (Posetiteli kremlevskogo kabineta N. S. Chruščёva, in: Istočnik, 4/2003 (64), S. 93).

[38] Gespräch Chruščёvs mit P. A. Abrasimov, 14. 12. 1962 (ebd., S. 92); A. M. Filitov, Sovetskij Sojuz i „novaja vostočnaja politika" FRG, in: Cholodnaja vojna i politika razrjadki: diskussionnye problemy, hrsg. von Institut vseobščej istorii RAN, Moskau 2003, S. 172–174.

Probleme, vor allem im Bereich der internationalen Sicherheit, durch Verhandlungen mit Washington einer Lösung zuzuführen. Daher ließ er die Forderung fallen, daß man sich vorher über West-Berlin einigen müsse. Auch wenn Friedensvertrag und Freistadt-Regelung nicht mehr vordringlich waren und das Verlangen danach nach außen hin kaum noch artikuliert wurde, ging er von seinem Standpunkt nicht ab. Die sozialistischen Länder brauchten West-Berlin, die Westmächte dagegen nicht. Die Stadt könnte „eine Brücke des Friedens, ein Vorbild der Koexistenz von Staaten mit unterschiedlicher sozialer Ordnung werden."[39] Er faßte dabei keine Abstriche von den bisherigen Zielen ins Auge[40] und hielt daran fest, diese müßten kompromißlos weiterverfolgt werden.[41] Es schien nur nicht mehr angebracht, sie hastig anzustreben. Ihre Durchsetzung sollte, wie Ulbricht erklärte, „nicht in einem Zug erfolgen", sondern „in mehreren Etappen" erreicht werden. Es ging mithin um eine „schrittweise Regelung bei der Umwandlung Westberlins in eine friedfertige, neutrale Freie Stadt".[42]

Bei der Verfolgung der alten Berlin-Ziele wurden „einige methodische Änderungen" vorgesehen. Das Verhältnis zu den USA sollte entspannt werden. Wenn sich dessen Atmosphäre wandele, könnten Verhandlungen mit den Amerikanern über andere Fragen zum Erfolge führen. Der Kampf um West-Berlin dürfe sich daher nicht mehr direkt gegen die Westmächte richten.[43] Chruschtschow betonte, es müsse Vertrauen entstehen. Nur auf diese Weise würden Kompromisse möglich, welche die Situation in Deutschland entschärfen könnten, wie das in Kuba bereits geschehen sei. Die „gegenwärtige unsichere und explosive Lage", in der sich West-Berlin wegen dessen „Mißbrauchs" als „NATO-Stützpunkt" befinde, müsse „durch eine weitgehende Entspannung abgelöst werden". Nach seiner Darstellung bot die „Ablösung der NATO-Truppen durch Verbände der UNO" als „zusätzliche Garantie dafür, daß die Westberliner selbst frei ihr Leben einrichten" könnten. Die UdSSR werde sich nicht einmischen.[44]

Der Nachdruck, mit dem sich der Kreml gegen die „westdeutsche Einmischung" in die „inneren Angelegenheiten West-Berlins" wandte, lag in der Sorge begründet, daß die Bundesrepublik, die auf Drängen der USA die materielle Hilfe an die Stadt verstärkte, auf diese Weise die aus der Abriegelung erwachsenden Nachteile ausgleichen könnte. Wenn es der Gegenseite gelang, dadurch mit den Schwierigkeiten nach dem 13. August 1961 fertigzuwerden und die innenpolitischen Grundlagen der westlichen Präsenz zu festigen, wurde die sowjetische Hoffnung zunichte, daß West-Berlin aufgrund ungelöster wirtschaftlicher und gesellschaftlicher Probleme zur Beute werde. Nach Moskauer Einschätzung waren die Amerikaner in der Stadt zunehmend auf die Unterstützung der Bundesregie-

---

[39] Dokumente zur Deutschlandpolitik, a.a.O., S. 43 f.
[40] Ebd., S. 44 f. Vgl. Referat von W. Ulbricht auf dem VI. Parteitag der SED, 15. 1. 1963, in: Dokumente zur Deutschlandpolitik, a.a.O., IV, 9/1, S. 22–26.
[41] Aussprache Chruščёvs mit Vertretern der Bevölkerung Westberlins am 18. 1. 1963, 25. 1. 1963, SAPMO-BArch, DY 30/3512, Bl. 6–30.
[42] Referat von W. Ulbricht auf dem VI. Parteitag der SED, 15. 1. 1963, in: Dokumente zur Deutschlandpolitik, a.a.O., IV, 9/2, S. 24 f.
[43] Politische Abteilung: Kurseinschätzung der Deutschlandpolitik der Sowjetunion 1959–1964 [hier für die „Periode ab Ende 1962"], Moskau 27. 4. 1964, PA-MfAA, A-276, Bl. 188 f.
[44] Aussprache Chruščёvs mit Vertretern der Bevölkerung Westberlins am 18. 1. 1963 in der Wiedergabe für die Öffentlichkeit in: Neues Deutschland, 23. 1. 1963.

rung angewiesen, die daher ihre dortigen Positionen „immer schamloser" aus-
bauen konnte. Es galt daher, weitere Erfolge Bonns bei der Durchsetzung seiner
„illegitimen" Ansprüche auf West-Berlin unbedingt zu verhindern. Die Entwicklung sei schon so weit fortgeschritten, daß die Stadt faktisch ein „konstituierender
Bestandteil" (sostavnaja čast') der Bundesrepublik geworden sei. Die dadurch
heraufbeschworene Gefahr sei um so größer, als der negative Eindruck, den die
Mauer hervorgerufen habe, die Geheimdienst- und Propagandatätigkeit der Westmächte in West-Berlin außerordentlich begünstige. Als besonderes Übel galten
die von dort ausgestrahlten Rundfunk- und Fernsehsendungen.[45]
    Die Tatsache, daß die Westmächte die Zugehörigkeit der Stadt zur Bundesrepu-
blik durch ihr Veto verhinderten, war demnach ohne Bedeutung. Das sei ein bloß
formaler Einspruch; faktisch werde die umfassende Einbeziehung in das Wirt-
schafts-, Finanz-, Rechts-, Vertrags- und Politiksystem der Bundesrepublik gefördert. Diese seit seit 1961 sehr verstärkt worden. Zugrunde liege eine von der
NATO beschlossene Aufgabenteilung: Die Bundesrepublik sei zu wirtschaftlicher und finanzieller Hilfe verpflichtet worden, während die Westmächte die Verantwortung für den militärischen Schutz, vor allem für den Erhalt der politischen
Ordnung und die Sicherung der Verbindungswege, übernommen hätten.[46] Im
Kreml ging man davon aus, daß die von der Bundesrepublik aufgrund der bestehenden Bindungen geleistete Unterstützung für das Überleben West-Berlins unerläßlich war. Wurde sie beendet, brach die innerstädtische Basis für die Präsenz
der Westmächte weg, die sich dann nicht weiter aufrechterhalten lasse.[47]

Ein verändertes Konzept des Kampfes um West-Berlin

Die Erkenntnis, daß der Kampf gegen die Bindungen West-Berlins an die Bundesrepublik geeignet war, die westliche Position insgesamt zu untergraben, ließ ein
indirektes Vorgehen gegen diese ratsam erscheinen. Demnach hatten sich UdSSR
und DDR bloß gegen für rechtswidrig erklärte westdeutsche Kompetenzanmaßungen zu wenden, die sich vorgeblich nicht nur gegen ihre Interessen, sondern
auch gegen die westlichen Besatzungsrechte richteten. Tatsächlich jedoch ging es
wesentlich darum, die Westmächte zu treffen. Deren Präsenz blieb nur scheinbar
unbehelligt, als der „Mißbrauch Westberlins durch die westdeutschen Militaristen
und Revanchisten" zum Ziel der sowjetischen Angriffe wurde.[48] Den Worten
Chruschtschows gegenüber Adenauer zufolge hatte die Bundesrepublik „nicht
das geringste Recht auf Westberlin".[49] Das Ziel, diesem die westdeutsche Unter-

[45] P. Abrasimov an A. A. Gromyko, 28. 6. 1963, AVPRF, 0742, 2, 61, 23, Bl. 96–105. Zur Frage der
     Rundfunk- und Fernsehtätigkeit siehe auch Ju. Žarov/S. Semaško, O propaganda GDR po radio,
     televideniju i pečati na Zapadnyj Berlin, 27. 4. 1963, AVPRF, 0742, 8, 61, 22, Bl. 131.
[46] V. Bykov, Vključenie Zapadnogo Berlina v meždunarodnye dogovory i soglašenija FRG (spravka),
     17. 4. 1963, AVPRF, 0742, 8, 26, 15, Bl. 18–90.
[47] Vgl. I. Kabin an das ZK der KPdSU, 27. 2. 1962, RGANI, 5, 49, 489 (rolik 9019), Bl. 54 f.
[48] Politische Abteilung: Kurseinschätzung der Deutschlandpolitik der Sowjetunion 1959–1964 [hier
     für die „Periode ab Ende 1962"], Moskau 27. 4. 1964, PA-MfAA, A–276, Bl. 188 f.
[49] N. S. Chruščёv an K. Adenauer, 24. 12. 1962, in: Dokumente zur Deutschlandpolitik, a.a.O., IV,

stützung zu entziehen, sollte durch Propaganda, Zermürbung und Druck erreicht werden. Erst wenn das gelungen war, wollte der Kreml wieder in Verhandlungen über Berlin eintreten. Vorher erschienen diese nutzlos, weil das das angestrebte Ergebnis, die Durchsetzung des behaupteten Status einer „Freien Stadt" oder einer „selbständigen politischen Einheit", wie es meist hieß, nicht zu erwarten war. Das sowjetische Desinteresse an Verhandlungen wurde mit dem Hinweis kaschiert, das Interesse an deren Fortführung liege allein bei den Amerikanern. Es sei an ihnen, neue Vorschläge zu unterbreiten.[50]

Dem neuen Botschafter der UdSSR in der DDR, Abrassimow, wurde vom Kreml die – bis dahin abgelehnte – Funktion eines Hochkommissars zugewiesen. Damit erkannte die Moskauer Führung die Vier-Mächte-Rechte prinzipiell an, deren Bestehen sie seit November 1958 in Abrede gestellt hatte. Sie sollten sich jedoch nicht mehr auf Gesamt-Berlin, sondern nur noch auf die Westsektoren erstrecken. Demnach nahm der sowjetische Hochkommissar Aufgaben nur gegenüber dem Westteil der Stadt wahr, während deren östlicher Teil voll und ganz zur DDR gehörte. Zwar widersprach der damit erhobene Anspruch der UdSSR auf die Rolle einer vierten Besatzungsmacht in West-Berlin dem westlichen Standpunkt, doch hatten sich die Auffassungen insoweit angenähert, als Präsenz und Zugang der Westmächte wieder als rechtlich begründet galten und die Forderung der DDR nach unbeschränkter Souveränität auf den Transitstrecken keine Unterstützung mehr fand. Auch dem Bemühen Ulbrichts, in die Kontrolle der UdSSR über das Vorgehen gegenüber dem Westen eigenmächtig einzugreifen, wurde die Rechtfertigung entzogen. Die Westmächte sahen sich nicht mehr offen herausgefordert durch das Verlangen, ihre Berlin-Kompetenzen müßten auf die DDR übergehen. Das sowjetische Verlangen nach Teilhabe an den westlichen Befugnissen in West-Berlin blieb dagegen unausgesprochen. Die These, die „Einmischungen" der Bundesrepublik in die inneren Angelegenheiten der Stadt verletze nicht nur deren Status und die östlichen Interessen, sondern auch die westlichen Besatzungsrechte, war darauf abgestellt, eine gemeinsame Abwehr der vier Siegermächte gegen angebliche Kompetenzanmaßungen Bonns notwendig erscheinen zu lassen.[51]

Die neue Position entsprach ungefähr den Vorschlägen, die das Moskauer Außenministerium im November 1958 ausgearbeitet, aber damals bei Chruschtschow nicht zur Geltung bringen konnte. Einen Vorgeschmack hatte die sowjeti-

---

8/2, S. 1505–1509. Vgl. Antworten von N. S. Chruščëv auf Fragen der Zeitung „Daily Express" (Auszug), 31. 12. 1962, ebd., S. 1521 f.

[50] Vermerk Dr. Herder über Gespräch Abrasimow – Winzer, 18. 2. 1963, PA-MfAA, G-A 478, Bl. 88–96/G-A 510, Bl. 3–11; O. Winzer an W. Ulbricht (mit Anlage), 27. 2. 1963, SAPMO-BArch, DY 30/3512, Bl. 31–40.

[51] A. M. Filitov, a.a.O., S. 172–174 (unter Hinweis auf sowjetische Akten). Die detaillierteste Darstellung des neuen sowjetischen Rechtsstandpunkts findet sich bei V. N. Vysockij, Zapadnyj Berlin i ego mesto v sisteme sovremennych meždunarodnych otnošenij, Moskau 1971. Unter dem Pseudonym V. N. Vysockij verbirgt sich V. N. Beleckij, der im sechziger Jahren in der Ost-Berliner Botschaft der UdSSR tätig war. Das Buch ist nach Ausweis des Autoreferats vom 1. 7. 1968 als Habilitationsschrift beim Institut für internationale Beziehungen an der Akademie für Staats- und Rechtswissenschaften „Walter Ulbricht" beim ZK der SED entstanden und wurde u.a. von Botschafter Abrasimow und maßgebenden Funktionären des sowjetischen Außenministeriums gegengelesen.

sche Anregung in den Gesprächen mit den USA von 1962 geboten, man könne vielleicht eine vierseitige Besetzung West-Berlins ins Auge fassen. Dabei war freilich nur an eine zeitlich befristete Regelung gedacht worden, die nicht mit der Ausübung von Besatzungsrechten verbunden sein sollte. Auffallend war, daß der Kreml den Positionswechsel stillschweigend vollzog, also anders als bei früheren Gelegenheiten darauf verzichtete, gegenüber den Regierungen und der Öffentlichkeit im Westen das gezeigte Entgegenkommen herauszustellen. Fürchtete Chruschtschow, Gesicht zu verlieren, wenn er nicht länger auf Forderungen bestand, deren Unwiderruflichkeit er laut verkündet hatte? Die Westmächte waren darauf angewiesen, aus sich mehrenden Hinweisen und Vorgängen ihre Schlüsse zu ziehen. Bis sich die Mosaiksteinchen zu einem Bild zusammenfügten, verging viel Zeit. Noch lange bestand daher im Westen keine Klarheit darüber, mit welcher Politik man auf der anderen Seite zu rechnen hatte. Einschlägige offiziöse Publikationen der UdSSR erschienen erst ab Mitte der sechziger Jahre. Die einzige zeitnahe Veröffentlichung war ein in Moskau verfaßter Aufsatz in der Maiausgabe einer ostdeutschen Zeitschrift, mit dem die DDR die Übernahme der sowjetischen Position bekunden mußte. Dieser Zusammenhang blieb freilich nach außen hin verborgen.[52]

Politische Leitlinien aufgrund des veränderten Konzepts

Der Kreml veränderte die Ost-West-Auseinandersetzung in dreifacher Hinsicht. Erstens legte er fest, daß die DDR im Blick auf West-Berlin dem Besatzungsrecht und damit sowjetischer Kontrolle unterlag. Zweitens besaßen die Westmächte demnach keine Rechte in Ost-Berlin und konnten daher weder gegenüber der ostdeutschen Seite Anspruch auf Zutritt erheben noch bei der UdSSR einen solchen einfordern. Drittens beanspruchte Moskau ein Veto bezüglich der westlichen Entscheidungen über West-Berlin. Die sich daraus ergebende Folgerung, den Westmächten fehle die erforderliche Autorisationskompetenz, bildete die unausgesprochene Grundlage für die These, daß die Bindungen an die Bundesrepublik trotz ausdrücklicher westlicher Genehmigung rechtswidrig seien, denn sie hätten sowjetischer Zustimmung bedurft. Die UdSSR bestand auf dem Status einer von der Bundesrepublik völlig getrennten „selbständigen politischen Einheit".[53] Diese sollte ein „in Entwicklung begriffener Staat" sein, der zwar noch unter Besatzungsrecht stand, aber sich bei Erreichen der vollen Staatlichkeit davon emanzipieren werde. Damit sollte dann die Basis für Präsenz und Zugang der West-

[52] Die Deutschen und ihr Selbstbestimmungsrecht, in: Deutsche Außenpolitik, 5/1963, S. 355–365. Der mit drei Sternchen als offiziös gekennzeichnete Artikel wurde nach der auf sowjetischen Akten beruhenden Feststellung von A. M. Filitov. a.a.O., S. 172, durch Botschafter Abrasimov plaziert.

[53] Erklärung der Regierung der UdSSR, 4. 9. 1963, in: Dokumente zur Deutschlandpolitik, IV 9, S. 667f.; Ju. Višnjakov an I. I. Il'ičëv, 6. 9. 1963, AVPRF, 0742, 8, 61, 24, Bl. 15; Beseda tov. Chruščëva s učastnikami Tret'ej Vsemirnoj vstreči žurnalistov, in: Pravda, 27. 10. 1963. Chruščëv hatte schon in einer Rede vom 2. 7. 1963 davon gesprochen, daß West-Berlin „kein Teil Westdeutschlands" sei (Dokumente zur Deutschlandpolitik, IV 9, S. 499).

mächte entfallen. Für den Zivilverkehr auf den Transitstrecken wurde eine bereits aktuell bestehende Zuständigkeit der DDR behauptet.[54]

Mit der These, daß die Bindungen West-Berlins an die Bundesrepublik ohne Rechtsgrundlage und damit illegal seien, stellte die sowjetische Führung unausgesprochen die Legitimität des westlichen Besatzungsregimes in Abrede. Den von westdeutscher Seite ausgeübten Befugnissen in der Stadt lagen Ermächtigungen durch die Westmächte zugrunde. Die Rechtmäßigkeit dieser Befugnisse zu bestreiten, war daher gleichbedeutend mit der Bestreitung der Rechtmäßigkeit der Ermächtigungen, auf denen sie beruhten. Wenn demnach die Westmächte nicht berechtigt waren, die Bundesrepublik zur Wahrnahme von Funktionen in West-Berlin zu ermächtigen, bedeutete dies, daß sie nicht im Besitz der dazu nötigen besatzungsrechtlichen Kompetenz waren. Den Argumenten des Kreml war zu entnehmen, daß diese nur durch das Einverständnis der UdSSR als der vierten Besatzungsmacht hätte hergestellt werden können. Diese Konsequenz der sowjetischen Rechtsposition schlug sich in den Aussagen der Moskauer Führung nicht aktuell nieder. Allem Anschein nach sollte davon erst dann die Rede sein, wenn dem Westen in künftigen Verhandlungen die politische Rechnung präsentiert wurde.

Vorerst richtete sich die sowjetische Politik vorgeblich nur gegen die Ambitionen Bonns. Der Kreml war sichtlich bemüht, jeden Hinweis auf eine Infragestellung der westlichen Position zu vermeiden. Chruschtschow verzichtete darauf, die Aufhebung des Besatzungsrechts für irgendwann zu fordern. Die UdSSR werde ihren Standpunkt erst bei Abschluß des Friedensvertrags geltend machen. Er sicherte den Westmächten sogar zu, daß er ihre Truppenpräsenz „unangetastet lassen" wolle, wenn sie dann an der Friedensregelung nicht mitwirken würden und damit die Chance versäumten, auf deren Gestaltung Einfluß zu nehmen. Das hieß freilich nicht, daß er bereit war, ihnen dann die weitere Ausübung der Besatzungsrechte zuzugestehen. Die Okkupation sollte durch den Friedensvertrag beendet werden. Dabei werde der DDR sollte „lediglich" die Zuständigkeit für den – propagandistisch als „freien Transit" bezeichneten – Zivilverkehr übertragen werden. Die westlichen Militärkonvois könnten ihre Fahrten ungestört fortsetzen.[55] Das war ein nur scheinbares Entgegenkommen. Wenn es kein westliches Besatzungsregime mehr gab und die Verbindungen West-Berlins zur Außenwelt in aller Form dem SED-Regime überantwortet waren, verloren die Westmächte ihre Befugnis zum Schutz der Stadt vor östlicher Einwirkung.

Nach sowjetischer Darstellung war die Umwandlung West-Berlins in eine „selbständige politische Einheit" notwendig, um der angeblichen Fremdbestimmung durch die Bundesrepublik ein Ende zu machen.[56] Als daraufhin von westli-

---

54 Juri Rschewski [Jurij Rževskij], Westberlin – ein Gebilde sui generis. Moskau o.D. [1966/67].
55 Aussprache Chruščëvs mit Vertretern der Bevölkerung Westberlins am 18. 1. 1963, 25. 1. 1963, SAPMO-BArch, DY 30/3512, Bl. 18 f.; Osnovnoe položenie o svobodnom tranzite graždanskich lic i gruzov v Vol'nyj gorod Zapadnyj Berlin i iz nego po territorii GDR [Entwurf], 7. 1. 1963, AVPRF, 0742, 8, 59, 4, Bl. 17–20.
56 Vgl. N. S. Chruščëv an J. F. Kennedy, o.D. [Ende April/Anfang Mai 1963], in: FRUS 1961–1963, VI, S. 271–279; N. S. Chruščëv an J. F. Kennedy, 8. 5. 1963, ebd., S. 279–286; Message From the Soviet Ministry of Foreign Affairs to the Soviet Ambassador to the United States (Dobrynin), 1. 4. 1963, ebd., S. 250–262; Telegram From the Embassy in the Soviet Union to the Department of State [über Gespräch Chruščëv – Harriman], 27. 7. 1963, in: FRUS 1961–1963, XV, S. 539–544;

cher Seite angeregt wurde, die geforderte Selbstbestimmung dadurch zu verwirklichen, daß man die Bevölkerung darüber abstimmen lasse, ob sie die Umwandlung ihrer Stadt in eine „selbständige politische Einheit" wolle, lehnte man in
Moskau ab. Der Status sei „kein selbständiges, isoliertes Problem, sondern ein un-
trennbarer Teil der Frage der deutschen Friedensregelung", für welche die Staaten
der Anti-Hitler-Koalition, vor allem die Unterzeichner der Vier-Mächte-Abkommen, die Verantwortung trügen. Ihre „Rechte in den Fragen, die Deutschland als
Ganzes betreffen", hätten „die Verpflichtung" zum Inhalt, „die Vorbereitung und
den Abschluß eines Friedensvertrages zu beenden und auf dieser Grundlage die
Frage Westberlins zu lösen", das „zu einer eigenartigen politischen Anomalie inmitten der DDR geworden" sei und „auf deren Territorium" liege. Erst wenn man
das Besatzungsregime in der Stadt beseitigt und den völkerrechtlichen Status auf
der Grundlage des Friedensvertrages festgelegt habe, seien die Bewohner in die
Lage versetzt, „alle inneren und auch alle – im Rahmen des für Westberlin festgelegten Status – äußeren Angelegenheiten selbst, ohne irgendwelche äußeren Einmischungen zu entscheiden."[57]

Der Kreml war zwar von der Linie offener Konfrontation abgerückt, doch bildete die Forderung nach „Beseitigung der Überreste des Krieges" und nach „Normalisierung der Lage in West-Berlin" weiterhin den Kern seiner Rechtsposition.
Das war für die Westmächte unannehmbar. Gleichwohl bestand ein wesentlicher
Unterschied zu der Haltung, die er vor der Kuba-Krise eingenommen hatte. Er
stellte sich zusammen mit den drei westlichen Regierungen auf den Standpunkt,
daß die Vier-Mächte-Rechte bis auf weiteres gültig seien und daher nicht in Frage
gestellt werden sollten. Auch wenn deren Inhalt strittig war, entstand damit eine
grundlegende Gemeinsamkeit: Der DDR wurde von beiden Seiten das Recht zur
Übernahme westlicher Berlin-Kompetenzen abgesprochen. Das galt, auch wenn
nach sowjetischer Vorstellung davon bei Abschluß des Friedensvertrages abgegangen werden sollte. Da hierfür kein Termin ins Auge gefaßt wurde, war dieser
Vorbehalt für die aktuelle Situation ohne Bedeutung. Die erneute Anerkennung
der Vier-Mächte-Rechte setzte den Rahmen für die Verhandlungen zwischen der
UdSSR und den Westmächten Anfang der siebziger Jahre. Der Dissens, ob sich
die aus der Besatzungszeit überkommenen Rechte auf (Gesamt-)Berlin oder auf
West-Berlin bezögen, wurde zur Grundlage eines Modus vivendi. Im Vier-
Mächte-Abkommen vom 3. September 1971 gestanden sich die Verhandlungs-
partner wechselseitig unterschiedliche Grundsatzpositionen zu und verständigten
sich zugleich auf Verfahren, wie die daraus erwachsenden Konfliktsituationen ein-
vernehmlich geregelt werden sollten. Das wäre nicht möglich gewesen, wenn der
Kreml unter Leugnung der Vier-Mächte-Rechte weiter an den Forderungen vom
November 1958 festgehalten hätte.

Aufzeichnung aus Moskau [ohne Überschrift], 12. 6. 1963, SAPMO-BArch, DY 30/3663, Bl. 199–
205.
[57] Die Deutschen und ihr Selbstbestimmungsrecht, a.a.O., S. 361 f.

Differenzen mit der SED-Führung

Das erneute sowjetische Bekenntnis zu Vier-Mächte-Rechten frustrierte die SED-Führung. Der Abschluß des Friedensvertrages mit folgender Kontrolle über die Zugangswege West-Berlins war auf unbestimmte Zeit vertagt, und die DDR sah sich von der UdSSR langfristig unter Vier-Mächte-Recht gestellt, auch wenn ihr Ost-Berlin voll zugesprochen wurde. Das zog gravierende Konsequenzen für das Verhältnis zur Hegemonialmacht nach sich. Die Sowjetunion konnte nicht mehr nur zeitweise bis zur baldigen Entscheidung des Konflikts mit den Westmächten, sondern auf lange Dauer und mit voller Legitimität fordern, daß die DDR Einschränkungen ihrer Souveränität akzeptierte. Das erschien als unerträgliche Zumutung, doch konnte man keinen Angriff auf die sowjetische Grundsatzposition wagen. Ulbricht suchte daher mit kleinen Schritten voranzukommen.

Den Anfang machte er mit dem Verlangen nach Aufhebung von Formalien, die mit Vier-Mächte-Rechten zusammenhingen. Als geeigneter Ort dafür erschien ihm Ost-Berlin, wo es ja auch nach sowjetischer Ansicht keine vierseitigem Zuständigkeiten mehr gab. Dessen ungeachtet, nahm die Bevölkerung dort nach wie vor nicht an den DDR-Wahlen teil. Analog zur Praxis in West-Berlin entsandte die Stadtversammlung „Vertreter" in die Volkskammer, die dort kein Stimmrecht hatten. Das war zwar ohne praktische Bedeutung, weil politische Unterschiede nicht zugelassen waren, doch wurmte den SED-Chef die darin zum Ausdruck kommende Statusdifferenz zwischen der DDR und ihrer Hauptstadt. Der Kreml lehnte jedoch ab. Die „deutschen Freunde" hätten nicht alle eventuellen Folgen bedacht. Zwar sei verständlich, daß sie die Autorität der DDR-Regierung durch eine Beteiligung der Ost-Berliner an den Volkskammerwahlen stärken wollten. Dagegen sei an sich nichts einzuwenden, denn eine Aufhebung des Sonderstatus berühre weder die Verbindungen zwischen West-Berlin und der Bundesrepublik noch den Status West-Berlins (also die beiden Probleme, die sich die UdSSR vorbehalten hatte). Es seien aber die Resonanz und die möglichen Reaktionen des Auslands zu berücksichtigen. Wenn die Rechtslage Ost-Berlins verändert werde, könne dies den Westmächten als Vorwand für eine weitere Verstärkung der Bindungen West-Berlins an die Bundesrepublik und für die Schaffung zusätzlicher Hindernisse gegen dessen Umwandlung in eine Freie entmilitarisierte Stadt dienen. Es sei nicht auszuschließen, daß dann sogar die förmliche Eingliederung der Stadt in den westdeutschen Staat auf die Tagesordnung gesetzt werde. Den DDR-Führern wurde empfohlen, nicht einseitig vorzugehen und die Sache in Konsultationen mit der UdSSR zu klären.[58]

Am 18. Juli traf Gromyko mit einer DDR-Delegation zu einer Berlin-Besprechung zusammen. Die ostdeutschen Vertreter äußerten eingangs den Wunsch, die Beseitigung der „Überreste des Zweiten Weltkriegs" und des Besatzungsregimes, die „Durchbrechung der Hallstein-Doktrin" und eine darauf ausgerichtete Kampagne zu erörtern. Der Außenminister war aber nur zur Diskussion von Forderungen bereit, deren Erfüllung den Westen nicht herausforderte: eine bessere Bezahlung von Dienstleistungen der DDR für die Garnisonen in West-Berlin und

---

[58] Botschafter Abrasimov an I. I. Il'ičëv, 15. 6. 1963, AVPRF, 0742, 2, 61, 23, Bl. 53f.

eine Veränderung der Modalitäten des westlichen Zutritts zum Ostteil der Stadt. Auch bei diesen vergleichsweise risikoarmen Themen bekundete Gromyko Vorsicht und Zurückhaltung. Er erklärte sich zwar mit dem Verlangen nach Tariferhöhungen grundsätzlich einverstanden, machte aber zugleich geltend, man habe zu berücksichtigen, zu welchen Gegenmaßnahmen die Westmächte gegebenenfalls greifen könnten. Er äußerte Verständnis für die Forderung, daß die nach Ost-Berlin einreisenden westlichen Militärangehörigen ihre Ausweise vorzeigen und der DDR-Gerichtsbarkeit unterstehen sollten, und sprach sich dafür aus, ihre Bewegungsfreiheit „in bestimmtem Maße" einzuschränken, hielt aber vor einem abschließenden Votum „nähere Erläuterungen" der ostdeutschen Antragsteller für erforderlich.

Der Außenminister ließ keinen Zweifel daran, daß eine Einschränkung der Vier-Mächte-Kompetenzen nicht in Betracht komme, wenn davon negative Rückwirkungen für die UdSSR zu befürchten waren. Mit der Begründung, die Warschauer-Pakt-Staaten würden bei wechselseitiger Aufhebung insgesamt „mehr verlieren als gewinnen", wies er das Verlangen zurück, die Tätigkeit der westlichen Militärmissionen in Potsdam zu beenden. Er bestand auch darauf, daß die Abfertigung der Truppenkonvois der Westmächte auf den Transitstrecken ausschließlich Sache der Sowjetunion sei. Er gestand der DDR lediglich zu, daß sie in ihrer Hauptstadt ihre Gerichtshoheit auch gegenüber westlichen Amtspersonen ausüben könne. Zur „Vermeidung von Komplikationen" sah er aber vor, die ostdeutschen Behörden müßten sich dann mit der UdSSR abstimmen. Auf den Wunsch nach Beschränkung der westlichen Patrouillenfahrten durch Ost-Berlin ging Gromyko mit dem Hinweis ein, man könne eine „massenhafte Einreise" westlicher Garnisonsmitglieder vielleicht durch ein Verbot von Militärbussen verhindern. Als weiteres Zugeständnis, das keinen Konflikt mit den Westmächten hervorrufen würde, akzeptierte er die Anwesenheit von Vertretern ostdeutscher Sicherheitstruppen an den von den Militärkonvois benutzten Übergangsstellen Marienborn und Nowawes, soweit diese dabei nicht mit den westlichen Soldaten in Kontakt kamen. Der diensthabende sowjetische Offizier, der die Begleitpapiere weiter entgegennahm, registrierte, prüfte und zurückgab, sollte diese zwischendurch den DDR-Vertretern im Hintergrund zur Einsicht und eventuellen Registrierung aushändigen.[59]

Wie klein der Entscheidungsspielraum war, den der Kreml der SED-Führung ließ, zeigte sich bei Ulbrichts Vorschlag, die „Reichsbahn" umzubenennen. Während die Bundesrepublik längst die Bezeichnung „Deutsche Bundesbahn" eingeführt hatte, galt in der DDR nach wie vor das Etikett der Vorkriegszeit. Die sowjetische Seite teilte zwar die Ansicht, daß dieses nicht mehr angebracht war,

---

[59] Aktenvermerk über die 1. Konsultation am 18. 7. 1963 im [Moskauer] Ministerium für Auswärtige Angelegenheiten, SAPMO-BArch, DY 30/3512, Bl. 267–274; Erwägungen, die während der Konsultation zum Ausdruck gebracht wurden, o.D. [18. 7. 1963], SAPMO-BArch, DY 30/3512, Bl. 281–291; Aktenvermerk über die gemeinsame Beratung der [ost]deutschen und der sowjetischen Delegation zu den Moskauer Konsultationen am 18. 7. 1963, SAPMO-BArch, DY 30/3512, Bl. 292–326; Anlage zum Aktenvermerk über die Beratung der Arbeitsgruppe am 18. 7. 1963, SAPMO-BArch, DY 30/3512, Bl. 327 f.; Aktenvermerk über die zweite Vollsitzung der Delegationen der UdSSR und der DDR am 19. 7. 1963 im Außenministerium der UdSSR, SAPMO-BArch, DY 30/3512, Bl. 329–331.

fürchtete aber, daß eine Bezugnahme auf den Namen des neuen Staates negative Folgen nach sich ziehen würde, weil die Völkergemeinschaft diesem nach wie vor die Anerkennung verweigere. Die Teilnahme der ostdeutschen Bahn an den internationalen Verkehrsvereinbarungen könnte dadurch gefährdet werden. Auch bestehe das Risiko, daß ihr dann unter Hinweis auf den Standpunkt Bonns, die Bundesrepublik habe die Rechtsnachfolge des Reiches angetreten, das von dessen Bahn überkommene Erbe in West-Berlin streitig gemacht werde. Dem SED-Regime wurde empfohlen, lieber an eine „neutrale Bezeichnung für die Eisenbahnen der DDR" zu denken.[60] Das Ergebnis war, daß der alte Name blieb.

Sowjetisch-amerikanische Gespräche ohne Bewegung

Am 18. Januar 1962 fragte Botschafter Kohler vor der Abreise nach Washington bei Gromyko an, ob er ihm eine Mitteilung mitzugeben habe. Der Außenminister erwiderte, er wolle den Standpunkt seiner Regierung nicht nochmals wiederholen, aber zum Ausdruck bringen, daß diese ihre Vorschläge als eine gute, allen Seiten gerecht werdende Grundlage für eine Übereinkunft ansehe. Der Friedensvertrag sei nach wie vor aktuell und vorrangig. Man habe dafür keinen Termin gesetzt. Die USA und ihre Verbündeten würden aber einen großen Fehler machen, wenn sie daraufhin meinten, die Sache sei nicht mehr dringlich. Eine Fortsetzung der Gespräche sei wünschenswert.[61] Das war eine ungewöhnlich schwache Betonung des sowjetischen Interesses, zumal jede Andeutung einer Nuance unterblieb, die den Amerikanern vielleicht einen Anreiz zum Dialog gegeben hätte. Intern hieß es Mitte Februar sogar, es seien zwar neue amerikanische Vorschläge zu erwarten, doch beabsichtige man derzeit keine weiteren Gespräche mit den Vereinigten Staaten.[62]

Nachdem Thompson wieder nach Moskau zurückgekehrt war, ließ ihn Gromyko – neben einem Protest gegen das Ölleitungsröhrenembargo der NATO – das Interesse der UdSSR an weiteren Gesprächen über Friedensvertrag und Berlin-Regelung wissen.[63] Obwohl erneut jeder Hinweis auf eine Minderung der sowjetischen Forderungen fehlte, sah Kohler darin die ernsthafteste sowjetische Bekundung des Willens zur Lösung des Problems seit dem Ultimatum von 1958.[64] Kennedy scheint gleicher Ansicht gewesen zu sein. Er äußerte nachdrückliches Bedauern darüber, daß sich Bonn und Paris, ungeachtet des Angebots aus Moskau, gegen weitere Sondierungen stellten, und erwog, die Gespräche ohne Konsens mit den Verbündeten fortzuführen und dies der Gegenseite auch offen zu sagen. Nach Einwänden seiner Mitarbeiter schob er die Explorationen bis zur

---

60 Gespräch V. S. Semënov – W. Ulbricht, 26. 7. 1963 (mit Anlage), AVPRF, 29. 7. 1963, AVPRF, 0742, 8, 59, 4, Bl. 8–11.
61 Telegram From the Embassy in the Soviet Union to the Department of State, 18. 1. 1963, FRUS 1961–1963, XV, S. 478f.
62 Vermerk über Aussprache zwischen Botschafter Abrasimov und StS Winzer, 18. 2. 1963, SAPMO-BSArch, DY 30/30/3512, Bl. 32.
63 Telegram From the Embassy in the Soviet Union to the Department of State, 26. 1. 1963, ebd., S. 480f.
64 Ebd., S. 482, Fußnote 1.

erhofften Einigung mit den Westdeutschen auf, denen er freilich das amerikanische Interesse nachdrücklich vor Augen stellen wollte.[65]

Am 25. Februar erklärte sich Kohler in Moskau zu weiteren Unterredungen bereit. Gromyko zeigte sich erfreut und meinte, wenn es der anderen Seite damit
ernst sei, lasse sich eine Verständigung aufgrund der sowjetischen Vorschläge erzielen.[66] Der erste Gedankenaustausch kam nach einiger Verzögerung am
26. März zustande. Gegenüber Rusk wiederholte Dobrynin die – von den Amerikanern nie akzeptierte – Erklärung, man sei sich, abgesehen von der Truppenpräsenz in West-Berlin, über alles einig geworden. Aufgrund einer beiläufigen Äußerung Chruschtschows vom Ende des Vorjahres schlug er vor, die Westmächte
könnten während einer noch festzulegenden Übergangszeit Kräfte in der Stadt
behalten, wenn die UNO statt der NATO den Rahmen bilde. Die USA hätten
sich dazu noch nicht geäußert, obwohl der Vorschlag eine gute Grundlage für die
Lösung dieser höchst schwierigen Frage sei und den Weg zur Umwandlung West-
Berlins in eine freie, entmilitarisierte Stadt freimache. Rusk bestand demgegenüber auf dem Anwesenheitsrecht der Westmächte und wies auf andere kontroverse Punkte hin, vor allem auf die strittigen Zugangsmodalitäten. Von einer
Übereinkunft blieb man so weit entfernt wie nur jemals. Man wollte aber den begonnenen Dialog fortführen.[67]

Der sowjetische Vorschlag, für eine gewisse Frist die westliche Anwesenheit in
West-Berlin unter UNO-Flagge zu vereinbaren, wurde an Bedingungen geknüpft. Erstens sollte jeder Hinweis auf das Bestehen einer besatzungsrechtlichen
Gewalt beseitigt werden. Der Stadt war ein völlig neuer Status als „selbständige
politische Einheit" zuzuerkennen, ohne daß die Vereinten Nationen ein Mandat
für deren Angelegenheiten erhielten. Zweitens wurde verlangt, daß die vier Sieger-
staaten diesen Status durch einen Garantievertrag bekräftigten, dem beizutreten
die UNO aufgefordert werden sollte. Drittens hatten die Vier Mächte und die
Weltorganisation zu vereinbaren, daß die westliche Präsenz in West-Berlin kein
Recht zur Ausübung von Macht einschloß. Die Truppen dürften sich nicht in die
inneren Angelegenheiten der Stadt einmischen; bei Statusverletzungen sollte der
Sicherheitsrat tätig werden. Dieser sollte auch die Einheiten für West-Berlin beschließen und kontrollieren.[68] Da die UdSSR in dem Gremium ein Veto hatte, lief
die Regelung darauf hinaus, daß selbst die minimalen Rechte, die der UNO zugedacht waren, nur mit sowjetischem Einverständnis auszuüben sein würden.

An der Unvereinbarkeit der beiderseitigen Standpunkte änderte sich auch in
den folgenden Gesprächen nichts.[69] Besonders aufschlußreich sind Äußerungen
Chruschtschows gegenüber Averell Harriman vom 26. April. Der Kremlchef

---

[65] Memorandum of Conversation [Kennedy mit Rusk u.a. außenpolitischen Beratern], 15. 2. 1963,
ebd., S. 486–488.

[66] Telegram From the Embassy in the Soviet Union to the Department of State, 25. 2. 1963, ebd.,
S. 491 f.

[67] Memorandum of Conversation, 26. 3. 1963, ebd., S. 497–504.

[68] 3. Europäische Abteilung [des sowj. Außenministeriums], K voprosu o zamene flaga NATO v Zapadnom Berline flagom OON, 31. 3. 1963, AVPRF, 0742, 8, 61, 22, Bl. 119–121.

[69] Memorandum of Conversation [Rusk – Dobrynin], 12. 4. 1963, ebd., S. 506–509; Telegram From
the Embassy in the Soviet Union to the Department of State [über Gespräch Kohler – Zorin],
27. 5. 1963, ebd., S. 518 f.; Telegram From the Embassy in the Soviet Union to the Department of
State [über Gespräch Kohler – Zorin], 27. 5. 1963, ebd., S. 521–523.

sprach weithin andere Fragen an, etwa das geplante Abkommen über einen Stopp der Kernwaffenversuche, und meinte hinsichtlich Berlins, die Stadt sei „nicht länger eine Quelle irgendwelcher Sorge", denn die sozialistischen Länder hätten durch die Mauer mehr erreicht als durch einen Friedensvertrag ohne Mauerbau. Die UdSSR bemühe sich um eine Regelung nur noch mit dem Ziel, einen Beitrag zur Milderung der Spannungen zu leisten. An der bestehenden Situation würde sich nichts ändern, außer daß die beiden deutschen Staaten eine Legitimation erhielten.[70] Das verminderte Interesse an der Durchsetzung der Berlin-Forderungen bedeutete kein Abrücken vom kompromißlosen Standpunkt. Vielmehr zog der sowjetische Führer die Konsequenz, daß ihm die Entlastung vom Druck, ein Ergebnis erreichen zu müssen, erst recht eine unnachgiebige Position erlaube. Zugleich erklärte er den Berlin-Konflikt für unwichtig, der ihm vorerst ohnehin keine Chance für eine Einigung zu bieten schien.[71]

Test an den Übergangsstellen des militärischen West-Berlin-Verkehrs

Während Kennedy vergeblich eine Verständigung über Berlin suchte, hatte Chruschtschow Erfolg mit dem Bemühen, sich mit den USA über andere Probleme zu verständigen. Am 25. Juli 1963 schloß er den Kernwaffenteststoppvertrag. Am 30. August wurde zwischen Moskau und Washington ein „heißer Draht" eingerichtet, der bei Bedarf eine rasche Kommunikation zur Lösung akuter Konflikte ermöglichen sollte. Die amerikanische Regierung lehnte aber einen Nicht-Angriffs-Pakt zwischen NATO und Warschauer Pakt ab. Eine solche Vereinbarung würde dem Anspruch nicht gerecht werden, eine Aggression zuverlässig zu verhüten. Währenddessen gab Chruschtschow die Hoffnung auf eine Berlin-Regelung in seinem Sinne nicht auf, zumal ihn die SED-Führung bedrängte, die DDR müsse endlich die Kontrolle an den Grenzübergängen der West-Berliner Zugangswege und darüber hinaus auf der gesamten Transitautobahn erhalten. Die UdSSR müsse Druck machen und notfalls Manöver an den Luftkorridoren durchführen.[72] Als Chruschtschow nach Unterzeichnung des Teststoppvertrags Harriman bei sich zu Gast hatte, fragte er während eines Federballspiels unvermittelt nach der Einstellung der USA zu Berlin. Der Diplomat wollte eine deutliche Antwort vermeiden. Unter unausgesprochener Bezugnahme auf das sowjetische Argument, ein Krieg wegen Berlins sei doch ganz unvernünftig, meinte er, sein Gastgeber müsse mit amerikanischer Unvernunft rechnen.[73]

Im Frühjahr und Sommer 1963 erinnerte der Kreml mehrfach daran, daß er in Berlin über Pressionsmöglichkeiten verfügte. Ab Mitte Februar wurden den USA bei der Abfertigung ihrer Militärkonvois und bei der Benutzung des Luftraums

70 Memorandum of Conversation [Chruščёv – Harriman], 26.4. 1963, ebd., S. 510f.
71 P. Abrasimov an A. A. Gromyko, 28. 6. 1963, AVPRF, 0742, 2, 61, 23, Bl. 96.
72 Erste Gedanken zu den Arbeitsnotizen [aufgrund der Moskauer Konsultationen], 20. 7. 1963, PA-MfAA, C 848/75, Bl. 212–216; Gedankenstütze [hierzu], o.D. , PA-MfAA, C 848/75, Bl. 217.
73 Harald Biermann, John F. Kennedy und der Kalte Krieg. Die Außenpolitik der USA und die Grenzen der Glaubwürdigkeit, Paderborn 1997, S. 208f.

über Ost-Berlin (beim Anflug der Flughäfen im Westteil der Stadt) Schwierigkeiten gemacht.[74] Da es sich diesmal um relativ geringe Behinderungen handelte, hielt man in Washington keinen Protest auf Regierungsebene für nötig und ging zur Tagesordnung über. Während des Frühjahrs verschärften sich die sowjetischen Proteste gegen Aspekte der Bindungen West-Berlins an die Bundesrepublik. Im Mai verbuchte es die UdSSR als Erfolg, daß die Westmächte durch Einwände „gegen die Benutzung West-Berlins zu provokatorischen Zwecken und gegen die Durchführung von Maßnahmen der ‚Zugehörigkeit West-Berlins zur BRD'" dazu bewogen worden seien, die westdeutsche Seite an der Abhaltung einer Bundestagssitzung in der Stadt zu hindern.[75] Im August ging der Kreml dazu über, West-Berlin nicht mehr nur als Gebilde mit Sonderstatus, sondern ausdrücklich als „besondere politische Einheit" zu bezeichnen, der angemessene Selbständigkeit zuzubilligen sei.

Im Herbst wurde der Druck verstärkt. Die UdSSR begann, bei der Abfertigung des westlichen Truppenverkehrs zwischen Bundesrepublik und West-Berlin Schwierigkeiten zu machen. Am 10. Oktober 1963 verlangte das sowjetische Militär von einer 25 Mann zählenden amerikanischen Kolonne bei der Einreise am Übergang Marienborn den Ausstieg aus den Fahrzeugen. Die USA hatten zwar diese Prozedur 1961 für Konvois mit mehr als 30 Soldaten akzeptiert, um die Feststellung der Personenzahl zu erleichtern. Bei kleineren Transporten war das Verfahren jedoch nie vorgesehen worden. Daher weigerte sich die Kolonne. Daraufhin wurde sie nicht durchgelassen. Kurz danach trafen zwei Mann in einem Konvoi aus West-Berlin ein, die ebenfalls zum Ausstieg aufgefordert wurden, obwohl das zuvor bei ihrer Einreise in Nowawes nicht zugemutet worden war. Auch sie waren dazu nicht bereit. Anschließend kam noch ein Militärtransport der USA mit über 30 Soldaten an, der mithin der Ausstiegspflicht zweifelsfrei unterlag. Dessen Befehlshaber verzichtete jedoch aus Solidarität mit den beiden festgehaltenen Kolonnen auf die Abfertigung und vergrößerte damit das Problem für die sowjetische Seite.

Bei dem Streit ging es nicht um die Transitprozedur, sondern um die grundsätzliche Frage, ob die UdSSR von sich aus einseitig Verfahren festlegen konnte und damit ein Recht auf Kontrolle nach eigenem Ermessen besaß. Daher wurde die Sache in Washington zum Beratungsgegenstand auf höchster Ebene. Rusk sprach den Vorfall gegenüber Dobrynin, Kennedy gegenüber Gromyko an. Dieser erklärte am 12. Oktober, seine Regierung sehe kein Problem darin, wenn man auf dem Gebiet der Rüstungskontrolle zusammenwirke und sich gleichzeitig über Berlin auseinandersetze. Am Konflikt auf den Zugangswegen gab er den amerikanischen Militärs die Schuld, fügte aber beschwichtigend hinzu, die UdSSR wolle keine Zwischenfälle bezüglich Berlins, die zu Spannungen führen könnten. Die Vorgänge sollten nicht so verstanden werden, als suche man kein gutes Verhältnis zu den USA.[76]

---

[74] Telegram From the Mission in Berlin to the Department of State, 21. 2. 1963, ebd. , S. 491.
[75] L. Usyčenko, O vozraženijach zapadnych deržav protiv provedenija zasedanija Bundestaga v Zapadnom Berline, 22. 5. 1963, AVPRF, 0742, 8, 26, 15, Bl. 94–97.
[76] Memorandum of Telephone Conversation Between Secretary of State Rusk and Foreign Minister Gromyko, 12. 10. 1963, in: FRUS 1961–1963, XV, S. 608 f.

Währenddessen ging das Drama auf der Transitstrecke weiter. Der Chef der amerikanischen Einheit in Helmstedt erhob Einspruch beim diensthabenden Offizier der UdSSR in Marienborn und erhielt die kompromißlose Antwort, Konvois mit vier und mehr Mann sollten aussteigen. Daraufhin würden sie durchgelassen werden. Der Stadtkommandant der USA in Berlin ließ nun nach Rücksprache mit dem Oberbefehlshaber in Europa sein Gegenüber wissen, die Konvois würden ohne Abfertigung weiterfahren, falls diese nicht bis Mitternacht durchgeführt worden sei. Daraufhin errichteten sowjetische Truppen Hindernisse, die das unmöglich machten. Im Gegenzug blockierten die festgehaltenen Soldaten gemäß erteilter Weisung den Verkehr auf der Autobahn. Um diesen freizubekommen, war der Diensthabende an der Übergangsstelle fünf Minuten vor Ablauf der gesetzten Frist bereit, die Durchfahrt ohne Aussteigen zu gestatten. Als der Konvoi aber den Grenzpunkt zu West-Berlin erreichte, stand er erneut der Forderung nach Ausstieg gegenüber. Erst am Mittag des 12. Oktober – nach insgesamt annähernd 53 Stunden – sahen sich die sowjetischen Grenzbehörden durch die beharrliche Weigerung der Amerikaner zur Freigabe der Durchfahrt veranlaßt.[77] Obwohl sich die Kolonne der Forderung nicht gebeugt hatte, erklärte Armeegeneral Jakubowskij in den für die SED-Führung bestimmten Berichten, diese sei durchgesetzt worden.[78]

Damit war der Konflikt nicht zu Ende. Die UdSSR wies amerikanische Proteste gegen das Vorgehen zurück und stellte sich auf den Standpunkt, die Soldaten der USA seien zu recht festgehalten worden, weil sie gegen die bestehende Praxis verstoßen hätten.[79] Vermutlich sah sich die sowjetische Seite zu dieser unnachgiebigen Antwort dadurch ermutigt, daß unter den Westmächten keine Einmütigkeit über die Reaktion auf das Verlangen nach Ausstieg bestand. Am 16. Oktober wurde ein britischer Konvoi sechs Stunden lang aufgehalten. Diese Erfahrung ließ in London die Einsicht wachsen, daß man den Zumutungen der anderen Seite gemeinsam begegnen müsse. Es gelang den westlichen Staaten, sich auf ein einheitliches Vorgehen zu einigen. Man arbeitete zusammen Verfahrensregeln aus, die der bisherigen Praxis entsprachen, der zufolge die Untergrenze für den Ausstieg bei 30 Mann lag. Am 29. Oktober wurde das Papier dem sowjetischen Oberkommandierenden in Deutschland übergeben.[80] Dieser hatte inzwischen eine neue In-

---

[77] John C. Ausland, Kennedy, Khrushchev, and the Berlin-Cuba Crisis 1961–1964, Oslo 1996, S. 80–84; Telegram From the Department of State to the Embassy in the Soviet Union, 11. 10. 1963, in: FRUS 1961–1963, XV, S. 594; Memorandum of Conference With President Kennedy (mit Anlage), 11. 10. 1963, ebd., S. 595–600; Telegram From the Embassy in the Soviet Union to the Department of State, 11. 10. 1963, ebd., S. 601; Memorandum of Conference With President Kennedy, 11. 10. 1963, ebd., S. 602–604.

[78] Armeegeneral I. Jakubowskij an W. Ulbricht, 14. 10. 1963, SAPMO-BArch, DY 30/3691, Bl. 164f. (dte. Übers.), 166f. (russ.); Armeegeneral I. Jakubowskij an W. Ulbricht, 24. 10. 1963, SAPMO-BArch, DY 30/3691, Bl. 170–172 (dte. Übers.), 173–175 (russ.).

[79] Memorandum of Conversation [Thompson – Dobrynin], 11. 10. 1963, ebd., S. 605f.; Telegram From the Embassy in the Soviet Union to the Department of State, 12. 10. 1963, ebd., S. 606–608; Memorandum From the Department of State to the Mission to the North Atlantic Treaty Organization and European Regional Organizations, 15. 10. 1963, ebd., S. 610f.

[80] J. C. Ausland, a.a.O., S. 84f., 184–190; Telegram From the Department of State to the Embassy in Germany, 18. 10. 1963, in: FRUS 1961–1963, XV, S. 611–613; Memorandum From the President's Special Assistant for National Security Affairs to President Kennedy, 21. 10. 1963, ebd., S. 613f.; Memorandum for the Record, 21. 10. 1963, ebd., S. 615; Memorandum for the Record, 25. 10.

struktion veranlaßt, welche die militärischen Grenzbehörden auf Intransigenz festlegte.[81]

Am 4. November setzten die USA einen Konvoi mit 20 Soldaten nach West-Berlin in Marsch, um die Reaktion auf die innerwestlich vereinbarte Regelung zu testen. Der sowjetische Offizier in Marienborn verweigerte die Durchfahrt. Nach anfänglichem Zögern ermächtigte Kennedy die festgehaltene Einheit dazu, nach Ablauf einer bestimmten Frist weiterzufahren, falls die Abfertigung bis dahin nicht erfolgt sei. Zudem bestellte Rusk auf seine Weisung hin den Botschafter der UdSSR ein. Weil Dobrynin abwesend war, erschien sein Vertreter. Ihm erklärte der Außenminister, diesmal könne von einem Mißverständnis keine Rede sein, nachdem man die sowjetische Seite über die Verfahrensregeln unterrichtet habe. Das blieb jedoch ohne Wirkung. Daraufhin teilte der amerikanische Stadtkommandant von Berlin der anderen Seite mit ausdrücklicher Ermächtigung des Präsidenten mit, der Konvoi werde unabgefertigt weiterfahren, wenn diese Abfertigung nicht innerhalb von zwei Stunden vorgenommen worden sei. General Jakubowskij wies seine Leute an, unbedingt weiter auf dem Ausstieg zu bestehen.

Um Mitternacht setzte sich der amerikanische Militärtransport wie angekündigt in Bewegung, sah aber den Weg von bewaffneten Mannschaftswagen verstellt. Daher machte er am Grenzübergang halt. Gegen Morgen begannen die Streitkräfte der USA eine Versorgungsstruktur aufzubauen, die ihm eine unbegrenzt lange Aufenthaltsdauer in Marienborn ermöglichte. Der anderen Seite wurde damit signalisiert, daß man nicht nachgeben werde. Zudem bewog Washington die britischen und französischen Besatzungspartner dazu, ebenfalls Konvois loszuschicken, um den Kreml vor die Wahl zu stellen, entweder die Transporte aller Westmächte aufzuhalten oder den Eindruck einer willkürlich nur gegen die Amerikaner gerichteten Aktion hervorzurufen. Der Konflikt weitete sich so in einer Weise aus, die in Moskau nicht vorausgesehen worden war. Mit der Aussicht konfrontiert, die festgehaltenen Soldaten nicht wieder loszuwerden, suchte die sowjetische Militärführung schließlich die Affäre irgendwie zu beenden. Nach einundvierzig Stunden wurde die Blockade aufgehoben.[82]

Mit einer Note, die den amerikanischen Protest gegen das Vorgehen beantwortete, suchte der Kreml den Eindruck hervorzurufen, daß er auf der unnachgiebigen Haltung beharre. Er stellte sich auf den grundsätzlichen Standpunkt, die Instruktionen der USA an die Kommandeure der Konvois seien „für die sowjetischen Militärbehörden keineswegs bindend". Die „Ansprüche der amerika-

1963, ebd., S. 615–618; Memorandum From Acting Secretary of State to President Kennedy, 26. 10. 1963, ebd., S. 619f.

[81] Generalleutnant Ariko (mit ausdrücklicher Billigung von Armeegeneral Jakubovskij), Instrukcija po rabote pograničnych kontrol'no-propusknych punktov Marienborn i Novaves [= Babelsberg], 17. 10. 1963, AVPRF, 0742, 8, 61, 24, Bl. 34–41.

[82] J. C. Ausland, a.a.O., S. 86–89; Telegram From the Department of State to the Embassy in Germany, 4. 11. 1963, in: FRUS 1961–1963, XV, S. 620f.; Telegram From the Embassy in Germany to the Department of State, 4. 11. 1963, ebd., S. 622f.; Telegram From the Department of State to the Embassy in Germany, 5. 11. 1963, ebd., S. 624–626; Telegram From the Embassy in Germany to the Department of State, 7. 11. 1963, ebd., S. 626f.; Armeegeneral I. Jakubovskij an E. Honecker, 6. 11. 1963, SAPMO-BArch, DY 30/3691, Bl. 176f. (dte. Übers.), 178f. (russ.); A. Gromyko/R. Malinovskij/S. Brjusov an das ZK der KPdSU, 20. 11. 1963, AVPRF, 0742, 81, 61, 24, Bl. 70f.; Dokumente zur Deutschlandpolitik, a.a.O., IV, 9/2, S. 882f. (Fußnote 5).

nischen Militärbehörden" seien „völlig haltlos, nach eigenem Ermessen die Hand-
lungsweise der sowjetischen Vertreter am Kontrollpunkt beim Kontrollieren
amerikanischer Militärangehöriger zu bestimmen." Die amerikanische Seite habe
„faktisch mit Vorbedacht und grundlos" Zwischenfälle hervorgerufen, „um dann
selbst Protest zu erheben."[83] Faktisch jedoch lenkte die UdSSR ein. Sie verzichtete
darauf, weitere Kolonnen der USA auf den Transitstrecken zu behindern. Die
Einsicht brach sich Bahn, man könne nicht zugleich gegen vitale amerikanische
Berlin-Interessen Front machen und von Washington die Bereitschaft zum Abschluß anderer Übereinkünfte erwarten, von denen man sich Vorteile versprach.
Vor die Wahl zwischen Konflikt und Kooperation gestellt, entschied sich
Chruschtschow für die Zusammenarbeit.

Ende der Berlin-Gepräche

Gegenüber den Vertretern der angelsächsischen Mächte betonte die sowjetische
Seite noch Anfang Oktober 1963 die Dringlichkeit einer Vereinbarung über den
Abzug der Garnison aus West-Berlin.[84] Im Laufe des Monats kam es nochmals zu
Gesprächen, ohne daß eine Annäherung erzielt wurde.[85] In Moskau hatte man
freilich mit einer Vereinbarung kaum noch gerechnet. Als endgültig klar geworden war, daß man nicht mit amerikanischem Einschwenken auf die sowjetische
Linie rechnen konnte, stufte Chruschtschow den Stellenwert der Berlin-Frage ein
weiteres Mal herab. Wie es intern hieß, verzichtete die UdSSR darauf, einen Termin für eine Regelung zu nennen, und gab nur der Überzeugung Ausdruck, daß
die Westmächte „einen Fehler zulassen würden, wenn sie die Lösung wie bisher
endlos hinauszögerten." Diese höben zwar hervor, daß sie die „erstrangige Bedeutung" der Frage anerkannten, doch meine man auf amerikanischer Seite, es gebe
„gegenwärtig keine reale Möglichkeit zur Lösung des deutschen Problems", auch
wenn die Zeit darauf hinarbeite. Rusk habe zudem „Bezug darauf genommen, daß
in den vergangenen zwei Jahren gewisse Veränderungen eingetreten seien, die das
deutsche Problem seiner früheren Schärfe und Spannung entkleidet hätten." Unausgesprochen wurde deutlich, daß man sich damit abfand. Rusks Äußerung, die
neue Regierung in Bonn unter Bundeskanzler Erhard sei gegenüber den sozialistischen Ländern aufgeschlossener und werde der Bildung technischer Kommissionen mit der DDR zustimmen, wurde zwar mit Skepsis aufgenommen, weckte
aber doch Hoffnung. Mit den USA war man sich darin einig, Konfliktverschär-

[83] Note der Regierung der UdSSR an die Regierung der Vereinigten Staaten, 21. 11. 1963, ebd.,
S. 921–923/Documents on Germany 1944–1985, Department of State Publication 9446, Washington 1985, S. 858–860. Die vorausgegangene Note der USA an die UdSSR, 6. 11. 1963, ebd., S. 856–
858.
[84] Ausführungen Gromykos über Gespräche mit Rusk und Douglas-Home vor Delegierten der sozialistischen Staaten in New York (tschech.), 5. 10. 1963, in: Michal Reiman/Petr Luňák (Hrsg.),
Studená válka 1954–1964. Sovětské dokumenty v českých archivech, Prag–Brünn 2000, S. 373–
376.
[85] Siehe insbes. Memorandum of Conversation (Rusk – Gromyko), 10. 10. 1983, FRUS 1961–1963,
Vol. V: Soviet Union, http://www.state.gov/www/about_state/history/vol_v/360_369.html, S. 4–8;
Memorandum of Conversation (Kennedy – Gromyko), ebd., S. 9–11.

fungen in Berlin zu vermeiden, damit andere Probleme angepackt werden könn-
ten. Das erzielte Einvernehmen über die Schaffung einer „günstigeren allgemeinen
internationalen Lage" schien dafür die nötigen Voraussetzungen zu bieten.[86]
Chruschtschow glaubte, nach der von ihm erwarteten Wiederwahl Kennedys
im Herbst 1964 noch fünf Jahre Zeit für die Aushandlung von Verträgen und
Übereinkünften mit Washington zu haben. Das mochte auch zu Fortschritten in
Berlin führen. Diese Hoffnung wurde durch die Ermordung des amerikanischen
Präsidenten jäh zerstört. Das war für den sowjetischen Führer ein schwerer
Schlag, der ihn tief erschütterte. Von Kennedys Nachfolger Johnson versprach er
sich wenig Verständigungsbereitschaft.[87] Er begann sich um die Bundesrepublik
zu bemühen, die er seit 1957/58 als Hauptfeind bekämpft hatte. Dort war gerade
der langjährige Widersacher Adenauer durch Erhard abgelöst worden. Anders als
die Parteichefs in Ostmitteleuropa glaubte Chruschtschow an eine sich ent-
wickelnde Bereitschaft der Bundesrepublik zu einem neuen „Rapallo". Die neue
Bundesregierung werde zu enger wirtschaftlich-technischer Kooperation ohne
Rücksicht auf die Westmächte bereit sein, denn die führenden westdeutschen
Kreise seien primär an ökonomischen Erfolgen interessiert, suchten diese durch
Kontakte mit der UdSSR zu erreichen und wollten sich die Chance dazu nicht
länger wegen des Gegensatzes zur DDR entgehen lassen. Sie wüßten, daß sie für
enge Handelsbeziehungen keinen politischen Preis fordern könnten und daß die
deutsche Vereinigung nicht gegen UdSSR und DDR zu erreichen war. Der
Kremlchef schöpfte daraus die Überzeugung, Erhard wolle die bisherige West-
orientierung korrigieren. Die – mit seinem Wissen und Willen erfolgte – Einladung von Chruschtschows Schwiegersohn Adshubej in die Bundesrepublik sei als
ein klares Signal zu betrachten.[88]

Passierscheine für West-Berlin

Angesichts des neuen sowjetischen Interesses an Zusammenarbeit und Verständigung mit der Bundesrepublik war der schlechte Eindruck besonders mißlich, den
die Abriegelung West-Berlins in der Öffentlichkeit hinterließ. Der Kreml war
aber keinesfalls bereit, auf die Mauer zu verzichten. Die Isolierung der Stadt von
ihrem geographischen Umfeld und die Beeinträchtigung ihrer Lebens- und Ent-
wicklungsmöglichkeiten sollten nicht beseitigt werden, hoffte man doch, die Stadt
dadurch früher oder später zur politischen Kapitulation zu nötigen. Unerwünscht
war jedoch, daß UdSSR und DDR vor aller Welt als Verursacher einer inhumanen
Trennung von Verwandten und Freunden dastanden. Dieses Bild hatte Chruschtschow nie bieten wollen. Zwar hatte er sich 1961 nach langem Zögern davon überzeugen lassen, daß der Stopp der Massenflucht Vorrang vor allen anderen Überle-

---

[86] Sowjetische Aufzeichnung, Teil 1: Voprosy germanskogo mirnogo uregulirovanija i normalizacii
    položenija v Zapadnom Berline, o.D. [handschriftlicher polnischer Eingangsvermerk: 31.X.63],
    AAN, KC PZPR XI A/81, Bl. 345–347.
[87] W. Taubman, a.a.O., S. 604f.
[88] Aufzeichnung über ein Gespräch zwischen Chruščёv, Novotný, Gomułka und Ulbricht in Prag
    (tschech.), 21. 8. 1964, in: M. Reiman/P. Luňák, a.a.O., S. 379–387.

gungen erhalten müsse, doch war ihm dabei ein ungutes Gefühl geblieben. Schon bald nach Sperrung der Sektorengrenze hatte er daher veranlaßt, daß den West-Berlinern die Genehmigung von Besuchen im Ostteil der Stadt angeboten wurde. Die Regelung war jedoch an damit verknüpften politischen Bedingungen gescheitert. Es war bei bloßer Propaganda geblieben, die längst unglaubwürdig geworden war. Dem Kremlchef war es – anders als der SED-Führung – darum nicht recht, daß West-Berlin völlig vom Kontakt mit der ostdeutschen Außenwelt abgeschnitten war.[89]

Zudem hoffte Chruschtschow nach wie vor, die West-Berliner durch Entgegenkommen nach und nach für sich gewinnen zu können, sobald sie erst einmal eingesehen hätten, daß es an der Seite des Westens für sie keine Zukunft mehr gebe. Ein probeweiser Genuß der Vorteile, die nach Schaffung der „selbständigen politischen Einheit" zu erwarten standen, mochte den Haltungswandel fördern. Als der Rücktritt Adenauers abzusehen war, schien die Zeit zur Vorbereitung einer entsprechenden Initiative gekommen. Am 18. Februar 1963 stellte Abrassimow dem stellvertretenden DDR-Außenminister und Ulbricht-Vertrauten Otto Winzer die Frage, wie denn zu erklären sei, daß zwar die Westdeutschen, nicht aber die West-Berliner die Hauptstadt der DDR besuchen könnten. Der Angesprochene legte daraufhin dar, wie es wegen des Fluchtproblems dazu gekommen sei, und fügte hinzu, auf ostdeutscher Seite gebe es „bereits bestimmte Ideen", wie sich die Frage regeln lasse. Dazu sei ein Abkommen mit dem West-Berliner Senat erforderlich. Zunächst müsse man aber warten, bis (nach den bevorstehenden Wahlen) ein neuer Senat gebildet worden sei. Der sowjetische Diplomat erwiderte, es müsse unbedingt etwas geschehen, denn das Fehlen einer einschlägigen Regelung wirke sich negativ aus. Vor allem verstünden die einfachen Leute in West-Berlin nicht, wieso ihnen Besuche bei ihren Verwandten verwehrt würden, während die Westdeutschen in die Hauptstadt der DDR reisen könnten.[90]

Das Gespräch verfehlte jedoch die gewünschte Wirkung. Daher ersuchte Abrassimow seinen Außenminister, dem Petitum durch eine Intervention in Ost-Berlin Nachdruck zu verleihen. Mitte Mai regte er an, „den deutschen Freunden zu empfehlen, die Frage der Zulassung der West-Berliner Einwohner in das Demokratische Berlin [wie der Sowjetsektor damals im Osten offiziell hieß] zu lösen." Zur Begründung führte er an, die Bevölkerung in beiden Teilen der Stadt vermerke das Fehlen einer solchen Regelung sehr übel. Die Schuld wurde freilich primär dem West-Berliner Senat angelastet. Der Botschafter ging noch nicht so weit, eine ausdrückliche Empfehlung anzuraten.[91] Es ging anscheinend vorerst nur darum, die DDR-Regierung zu internen Vorbereitungen zu ermuntern, denen erst nach Klärung der politischen Lage im Westen nach Adenauers Rücktritt die Tat folgen sollte. Noch am 4. November ließ Abrassimow die Senatskanzlei in

---

[89] Vgl. V. N. Beleckij, Pozicija GDR, Zapadnoberlinskogo senata, okkupacionnych vlastej trěch deržav i FRG po voprosu o dopuske zapadnoberlincev v Demokratičeskij Berlin, 16. 5. 1963, AVPRF, 0742, 8, 61, 23, Bl. 7–21.
[90] Zitiert bei A. M. Filitov, Sovetskij Sojuz, a.a.O., S. 175 f.
[91] I. I. Il'ičěv an A. A. Gromyko, 16. 5. 1963, AVPRF, 0742, 2, 61, 23, Bl. 22 f.

West-Berlin wissen, ihr Bemühen um eine Besuchsregelung werde auf dem vorgesehenen Weg nicht zum Erfolg führen.[92]

Um so mehr überraschte es den Senat, daß der Regierende Bürgermeister am 5. Dezember ein Schreiben des stellvertretenden DDR-Ministerratsvorsitzenden Abusch erhielt, in dem Verhandlungen hierüber vorgeschlagen wurden. Wie sich danach herausstellte, ließ die SED-Führung die bis dahin gestellten politischen Bedingungen fallen, die als unannehmbar galten. Der Eindruck, daß die ostdeutsche Seite die Übereinkunft nunmehr ernstlich wollte, bestätigte sich bei der Erörterung der Einzelheiten vom 12. bis 17. Dezember. Das Ergebnis war eine Vereinbarung, der zufolge die West-Berliner für die Zeit vom 18. Dezember 1963 bis 5. Januar 1964 jeweils Tagespassierscheine für Besuche bei Verwandten ersten und zweiten Grades im Ostteil der Stadt beantragen konnten. Die Klausel, daß keine Einigung über gemeinsame Orts-, Behörden- und Amtsbezeichnungen erzielt wurde, und ein Verfahren, das den Vollzug von Hoheitsakten der DDR in West-Berlin vermied, machten die Übereinkunft für den Westen unter prinzipiellen Gesichtspunkten akzeptabel. Daß die ostdeutsche Regierung dies konzedierte, ist nur dadurch zu erklären, daß sie in enger Abstimmung mit dem Kreml bis hin zu Chruschtschow selbst agierte, wie aufgrund aller bekannt gewordenen Details anzunehmen ist.[93]

Aus der Sicht des Kreml sollte das Abkommen nicht nur die Öffentlichkeit beschwichtigen. Die Erwartung richtete sich auch darauf, daß daraufhin weitere Verhandlungen zwischen der DDR einerseits und West-Berlin und der Bundesrepublik andererseits in Gang kommen würden.[94] Dabei wurde, zumindest auf längere Sicht, auch an Anerkennungsgewinne für den SED-Staat gedacht. Die sowjetischen Hoffnungen verstärkten sich, als der Regierende Bürgermeister, Willy Brandt, Bereitschaft zu einem Besuch in Ost-Berlin bekundete (wovon er dann freilich wegen eines intern erhobenen Einspruchs absah). Wie es scheint, erwog die Führung der UdSSR daraufhin noch weitergehende Schritte. Am 27. Dezember 1963 erklärten Mitarbeiter des Außenministeriums und des ZK-Apparats einem ostdeutschen Diplomaten während eines geselligen Beisammenseins, man müsse sich eine Argumentation überlegen für den Fall, daß die westliche Seite die Zulassung von DDR-Bürgern nach West-Berlin anspreche. Dabei ließen die sowjetischen Gesprächspartner den Einwand nicht gelten, die Frage stelle sich erst nach „Normalisierung" der dortigen Verhältnisse, also nach Durchsetzung der Freistadt-Regelung. Sie meinten vielmehr, man könne den Dialog über eine derartige Regelung nicht von vornherein verweigern, wenn Brandt komme. Nach nochmaligem Widerspruch machten sie deutlich, daß es dem Kreml darum ging,

---

[92] Gerhard Kunze, Grenzerfahrungen. Kontakte und Verhandlungen zwischen dem Land Berlin und der DDR 1949–1989, Berlin 1999, S. 80.

[93] Steffen Alisch, Berlin – Berlin. Die Verhandlungen zwischen Beauftragten des Berliner Senats und Vertretern der DDR-Regierung zu Reise- und humanitären Fragen 1961–1972, Arbeitspapier des Forschungsverbundes SED-Staat, Nr. 31/2000, S. 50–58. Zu den Überlegungen und Auseinandersetzungen auf westlicher Seite siehe die Äußerungen des beteiligten amerikanischen Diplomaten James S. Sutterlin in: David C. Geyer/Bernd Schaefer (Hrsg.), American Détente and German Ostpolitik, 1969–1972. Supplement to the Bulletin of the German Historical Institute No. 1, Washington/DC 2004, S. 153f.

[94] Dossier über die Haltung der Sowjetunion zur Deutschland- und Westberlin-Frage 1.12.1963–5.1.1964, 8.1.1964, PA-MfAA, C 974/71, Bl. 148.

den Regierenden Bürgermeister und SPD-Vorsitzenden zum Fortschreiten auf der „Tutzinger Linie" – also auf dem Weg, den Bahrs Rede über „Wandel durch Annäherung"[95] vorgezeichnet hatte – zu ermutigen.[96]

Freundschafts- und Beistandsvertrag mit der DDR

Die sowjetische Führung mutete Ulbricht mit ihrem Ansinnen ein weiteres Mal den Verzicht auf Wünsche und Forderungen zu, die sie bis dahin unterstützt hatte. Der SED-Chef sollte der West-Berliner Bevölkerung entgegenkommen, die er lieber noch mehr unter Druck gesetzt hätte. Um ihm die bittere Pille ein wenig zu versüßen, zeigte sich der Kreml zu einem kleinen Zugeständnis hinsichtlich der westlichen Militärmissionen bereit. Zwar lehnte er es nach wie vor ab, diese auf Vier-Mächte-Recht beruhende Institution aufzuheben und der DDR die Souveränität darüber zu übertragen, sicherte jedoch der SED-Führung zu, „Maßnahmen für [eine] strengere Kontrolle" zu ergreifen. Es sei vorgesehen, die „gegenwärtigen Instrumente zur Beschränkung und Erschwerung der [westlichen] Spionagetätigkeit zu verändern", falls dies erforderlich sei. Die ostdeutsche Seite wurde aufgefordert, dazu Anregungen zu geben und gegebenenfalls „Tatsachen einer Verletzung der festgelegten Ordnung auf der Autobahn und Eisenbahn" mitzuteilen.[97]

Auf der Ebene der großen Politik suchte der Kreml die SED-Führung durch den Abschluß des Freundschafts- und Beistandspakts vom 12. Juni 1964[98] für erlittene Unbill zu entschädigen. Es handelte sich um eine Ersatzvereinbarung für den weiterhin verweigerten Friedensvertrag. Diese verpflichtete die UdSSR unter anderem in allgemeiner Form dazu, den ostdeutschen Verbündeten bei der Verfolgung seiner Ziele in Deutschland und Berlin zu unterstützen. Sie war gehalten, „unbeirrt für die Beseitigung der Überreste des zweiten Weltkriegs, für den Abschluß eines deutschen Friedensvertrages und die Normalisierung der Lage in Westberlin auf seiner Grundlage ein[zu]treten." Die vertragschließenden Seiten kamen auch überein, „Westberlin als selbständige politische Einheit [zu] betrachten." Es fehlten jedoch wesentliche Elemente der früher zugesagten Friedensregelung: Das westliche Besatzungsregime wurde nicht für ungültig erklärt, eine Anerkennung der DDR durch Drittstaaten nicht gefordert. Zudem sah sich das SED-Regime dazu aufgefordert, in der begleitenden Erklärung „die allgemeinen Probleme des Vertrages in den Vordergrund zu stellen und sich nicht zu stark auf die deutsche Frage zu orientieren."[99] Das bedeutete den endgültigen Abschied von der Forcierung des Berlin-Konflikts.

Der Vertrag verlieh den politischen Verhältnissen Ausdruck, die sich in der vorangegangenen Zeit herausgebildet hatten. Der Kreml ließ es nicht mehr auf einen

[95] Referat von Egon Bahr vor der Evangelischen Akademie Tutzing, 15. 7. 1963, in: Boris Meissner (Hrsg.), Die deutsche Ostpolitik 1961–1970. Kontinuität und Wandel, Köln 1970, S. 45–48.
[96] A. M. Filitov, Sovetskij Sojuz, a.a.O., S. 177f.
[97] Armeegeneral I. Jakubovskij an E. Honecker, 14. 10. 1963, SAPMO-BArch, DY 30/3691, Bl. 169 (russ.), 168 (dte. Übers.).
[98] Dokumente zur Deutschlandpolitik, a.a.O., IV, 9/2, S. 717–723 (dt. und russ.).
[99] Vermerk Dr. Herder über Gespräch zwischen den stellv. Außenministern Bolz und Zorin, 9. 8. 1963, PA-MfAA, G-A 478, Bl. 99.

offenen Streit um Berlin und Deutschland ankommen, vermied aber eine Beilegung des Konflikts. Gemäß der Linie, die Chruschtschow Anfang 1962 abgesteckt hatte, hielt der Kreml die Forderung nach Friedensvertrag und Freistadt-Regelung uneingeschränkt aufrecht und war weder zur Änderung des Standpunkts noch zu einem Modus vivendi bereit, der die Austragung des Gegensatzes entschärft hätte. Der sowjetische Führer meinte weiter, eine schwelende Auseinandersetzung sei für ihn von Vorteil. Er war noch immer davon überzeugt, daß die UdSSR durch die Entwicklungen in der Welt zunehmend begünstigt werde und darauf warten könne, bis ihr der Erfolg wie eine reife Frucht in den Schoß falle.[100] Er hielt es daher für richtig, alle Ansprüche voll aufrechtzuerhalten, auch wenn sie vorerst nicht realisierbar waren.[101]

Angesichts des vermeintlich großen Bonner Interesses an enger Zusammenarbeit mit Moskau glaubte Chruschtschow an die Möglichkeit wechselseitiger Annäherung, ohne auf seinen Standpunkt in der Deutschland- und Berlin-Politik zu verzichten. Grundsätzlich wollte er seine Ziele weiterhin durchsetzen und betrachtete die Ausübung latenten Drucks auf West-Berlin als dazu geeignetes Mittel. Deshalb vereinbarte er mit Ulbricht, die Stadt sei als „separate" bzw. „selbständige politische Einheit" zu behandeln, die mit der Bundesrepublik nichts zu tun habe. Dieser Realität müsse durch Abwehr der Bonner „Einmischungen" in die inneren Angelegenheiten der Stadt Geltung verschafft werden. Scheinbar richtete sich der Einspruch nur gegen die Bindungen an den westdeutschen Staat und sparte die Westmächte aus. Tatsächlich jedoch bildete er den Schwerpunkt eines Kampfes, der dem Ziel diente, langfristig die westliche Position insgesamt zu erschüttern.

---

[100] Vgl. Beseda tov. Chruščёva s učastnikami Tret'ej Vsemirnoj vstreči žurnalistov, in: Pravda, 27. 10. 1963.
[101] Vgl. G. Žiljakov/V. Beleckij, O perežitkach i ostatkach okkupacionnogo perioda na territorii GDR, 22.7. 1963, AVPRF, 0742, 2,61, 23, Bl. 110–141.

13. Fazit: Chruschtschows Vorstellungen und das daraus erwachsende Vorgehen

Konzept des Vorgehens in der Krise

Chruschtschow traf, ohne vorher Rat einzuholen und Bedenken im eigenen Lager zu beachten, persönlich die Entscheidung, die Westmächte im November 1958 mit dem Berlin-Ultimatum zu konfrontieren, und löste damit eine der gefährlichsten Krisen im Kalten Krieg aus. Zwar spitzte sich die Auseinandersetzung nicht so dramatisch zu wie während der Kuba-Krise, aber dafür wurden die Widersacher ungewöhnlich lange in Atem gehalten. Die Folgen bestimmten die Situation in Deutschland bis zum Ende des Ost-West-Konflikts. Chruschtschow blieb während der gesamten Dauer der Krise die treibende Kraft und war stets der entscheidende Initiator des Geschehens, während die Leiter der westlichen Politik weithin nur reagierten. Das bleibende Resultat war die Berliner Mauer. Der sowjetische Führer hatte freilich noch mehr im Blick gehabt: die Erzwingung eines Friedensvertrages, der die Teilung Deutschlands vollenden sollte, und die Aufhebung der westlichen Besatzungsrechte, die West-Berlin in ein abhängiges Gebiet verwandeln sollte. Daran hielt er nach dem Mauerbau weiter fest. Das wird in manchen Darstellungen übersehen, welche die Sperrung der Sektorengrenze als Abschluß wählen und diese als Endpunkt betrachten. Tatsächlich erreichte die Krise im folgenden Herbst den Höhepunkt und flaute erst danach allmählich unter wiederholtem Aufflackern ab.

Die Hartnäckigkeit, mit der Chruschtschow bis zum Schluß auf der uneingeschränkten Erfüllung der Forderungen bestand, ließ ihn trotz weitreichender Konzessionsbereitschaft auf westlicher Seite, vor allem bei Kennedy, nichts erreichen außer der einseitig durchgeführten, von den Westmächten ohne wesentlichen Widerstand hingenommenen Abriegelung West-Berlins, die er lange von sich gewiesen hatte und zunächst nur als zeitweilige Notmaßnahme betrachtete. Der Ablehnung aller Kompromisse lag die ideologisch bedingte Einschätzung zugrunde, das Kräfteverhältnis werde sich unaufhaltsam zugunsten des sozialistischen Lagers verändern. Wenn er nur die eigene Position ungemindert aufrechterhalte, werde der UdSSR früher oder später von selbst zufallen, was sie verlange, statt sich mit teilweiser Erfüllung ihrer Forderungen begnügen zu müssen. Wie er meinte, blieb der Erfolg im Ringen um Berlin nicht aus, sondern verzögerte sich nur.

Auch sonst ließ sich Chruschtschow vielfach von Vorstellungen leiten, die sich in der Realität nicht bewährten. Als er 1958 die direkte Attacke gegen West-Berlin eröffnete, glaubte er die westlichen Regierungen mit dem Argument beeindrucken zu können, die dortige Position biete ihnen keinen Vorteil, sondern nütze nur den gefährlichen Revanchepolitikern in Bonn. Wieso sollten sie deswegen Risiken eingehen? Er wußte freilich sehr wohl, daß es nicht um die westliche Exklave als Machtfaktor ging. Die Stadt war vielmehr das symbolische Unterpfand des amerikanischen Engagements für Westeuropa und damit ein entscheidendes Element des NATO-Zusammenhalts. Die Absicht, diese Grundlage der westlichen Sicherheit zu erschüttern, war ein wichtiges Motiv seines Vorgehens. Es ist unerfindlich, wieso er hoffte, führende westliche Politiker über diesen Zusammenhang täuschen zu können, der selbst ihm als Außenstehendem klar war.

Chruschtschow Sicht der Lage in Deutschland ließ ebenfalls Realitätssinn vermissen. Völlig abwegig war die Erwartung, daß er die Deutschen, vor allem die West-Berliner, durch den Vorschlag einer „Freien Stadt" zumindest längerfristig davon überzeugen könnte, daß der Verzicht auf die Bindung an den Westen und die Annahme seiner „Angebote" vorteilhaft sei. Die Aussicht, der Sowjetmacht ohne die Sicherheitsgewähr von USA und NATO gegenüberzustehen und sich statt dessen auf Versprechungen der UdSSR und der DDR verlassen zu müssen, erschien vor allem angesichts des Systemantagonismus bedrohlich. Für die West-Berliner war die Aussicht, auf die Verbindung zur westlichen Wohlstandszone und die Subventionen aus Bonn zu verzichten, um sich in Abhängigkeit vom Warenaustausch mit den – angeblich im Gegensatz zum Westen krisenfreien – sozialistischen Staaten zu begeben, alles andere als attraktiv.

Chruschtschow wähnte, der Sozialismus sei dem Kapitalismus überlegen und könne den Wettstreit der Systeme in Deutschland gewinnen. Das Gegenteil war der Fall. Die DDR erwies sich ständig als ungleich weniger leistungsfähig als die Bundesrepublik. Ulbricht führte das auf eine angeblich nachteilige Ausgangssituation und die offene Westgrenze zurück. Zunächst versagte Chruschtschow der Grenzschließung seine Genehmigung; die Voraussetzungen für den Erfolg im intersystemaren Wettbewerb sollten mit sowjetischer Hilfe geschaffen werden. Als das nicht zum Erfolg führte, rang er sich dazu durch, das Problem durch Ausschaltung der vermeintlich daran hindernden Einflüsse aus dem Westen zu lösen. Aber auch das ließ die DDR nicht ökonomisch gedeihen. Ihre Wirtschaft blieb nach wie vor erheblich zurück und vermochte trotz weiterer Unterstützung der UdSSR ihre Abhängigkeit von westdeutschen Lieferungen nicht zu überwinden. Das damit fortdauernde Defizit an ökonomischer Standfestigkeit trug sehr wesentlich dazu bei, daß Chruschtschow darauf verzichtete, den Westen durch Abschluß eines separaten Friedensvertrages mit der DDR und die damit verknüpfte ostdeutsche Kontrolle über die Zugangswege herauszufordern. Aller Rückschläge ungeachtet, hielt er aber an der grundsätzlichen Gewißheit fest, daß der Sozialismus das effizientere System sei. Er meinte daher, der Sieg des Sozialismus im Wettbewerb mit dem Kapitalismus auf deutschem Boden werde sich lediglich verzögern.

Haltung gegenüber den Westmächten

Chruschtschow war zuversichtlich, den Westmächten durch die angedrohte Übergabe der West-Berliner Zugangswege an die DDR das Kriegsrisiko zuschieben zu können. Das würden sie ebenso wenig wie die UdSSR eingehen wollen und sich daher zur Erfüllung seiner Forderungen bereit finden. Das war eine sehr kühne Erwartung. Hätte die Eisenhower-Administration nicht Rücksicht auf die westeuropäischen Verbündeten genommen, die im Kriegsfall anders als die USA eine weitgehende nukleare Vernichtung befürchten mußten, wäre das Spiel mit den Ängsten im Westen möglicherweise bereits vor dem formellen Ultimatum vom 27. November 1958 zu Ende gewesen. Aber auch nachdem sich die westlichen Regierungen zu Verhandlungen über die sowjetischen Forderungen veranlaßt gesehen hatten, um die angedrohte Maßnahme abzuwenden, ging die Rechnung nicht auf. Die Amerikaner wollten sich nicht zu Schritten der Beschwichtigung drängen lassen. Westliche Politiker wie vor allem der britische Premierminister Macmillan, die der UdSSR sehr weit entgegenzukommen bereit waren, sahen sich durch den Zwang zum innerwestlichen Konsens gebremst. Differenzen im Bündnis verhinderten in einigen Fällen sogar, daß überhaupt verbindliche Stellungnahmen abgegeben werden konnten, so daß Chruschtschow auch dadurch die angestrebte Übereinkunft verfehlte.

Anders als Macmillan vertrat der französische Staatspräsident de Gaulle den Standpunkt, man solle nicht mit einer Macht verhandeln, die Druck ausübe und nur ein im voraus festgelegtes Ergebnis akzeptieren wolle. Auch wenn er im Gegensatz zu den Amerikanern keine Abwehrmaßnahmen traf, hielt er es für richtig, auf die sowjetischen Forderungen nach Änderung des Berlin-Status nicht einzugehen. Obwohl Chruschtschow diese Haltung bei Adenauer schärfstens verurteilte, war er gegenüber de Gaulle nachsichtig. Frankreich war psychologisch-politisch in einer ungleich besseren Lage als die durch die Vergangenheit belastete Bundesrepublik. Moralische Diffamierung und propagandistischer Druck versprachen daher in seinem Falle keinen Erfolg. Zudem glaubte der Kremlchef, einen gemeinsamen Nenner mit dem französischen Staatspräsidenten gefunden zu haben: Er hielt ihn für einen Gegner der deutschen Einheit und sah erste Anzeichen für einen Haltungswandel gegenüber der NATO. Auch die Einsicht, daß man die Positionen des Sozialismus akzeptieren müsse, unterscheide ihn von den „reaktionären" Politikern in Bonn und Washington.

Die sowjetische Seite erklärte immer wieder, daß ihre Forderungen lediglich darauf hinausliefen, den Status quo vor Angriffen aggressiver Kräfte zu schützen. Der Wille westlicher Führer wie Macmillan und später auch Kennedy zu Vereinbarungen auf der Grundlage des Bestehenden sollte sie demnach dazu veranlassen, den sowjetischen Forderungen zustimmen. Dabei wurde übersehen, daß diese Politiker zwar für den politischen Status quo eintraten, aber keineswegs bereit waren, diesen zur Basis rechtlicher Veränderungen zu machen, die politische Veränderungen nach sich zogen. Aufgrund der fehlenden Differenzierung äußerte Chruschtschow intern, Kennedy halte den Konflikt um West-Berlin nur darum aufrecht, um Spannung zu erzeugen, welche die Westdeutschen an die NATO bänden. Daß er den amerikanischen Willen zur Behauptung der Stadt nicht ernstnahm, zeigt auch seine Ansicht, dem Streit lägen wesentlich Prestigebedürfnisse der anderen Seite zugrunde. Berücksichtige man diese, etwa indem man eine gesichtswahrende Interimsregelung vorschlage, war demnach eine Einigung zu erzielen, ohne daß sich die UdSSR auf einen echten Kompromiß einzulassen brauchte. Weil man meinte, alles bekommen zu können, wies man selbst weitreichende Angebote zurück, obwohl diese als Ansatzpunkte für weitere Zugeständnisse hätten dienen können. Hätte man sofort zugegriffen und ein grundsätzliches Einvernehmen hergestellt, wäre es für Widersacher im Westen schwer gewesen, das Ergebnis wieder in Frage zu stellen. Durch seine Unnachgiebigkeit förderte der Kreml die totale Ablehnung seiner Forderungen.

Chruschtschow hielt jedes ernstliche Eingehen auf westliche Vorstellungen und Interessen auch darum für unangebracht, weil er aufgrund der marxistisch-leninistischen Ideologie davon überzeugt war, daß sich das internationale Kräfteverhältnis fortlaufend zugunsten des Sozialismus verschiebe. Er glaubte, abwarten zu können, bis sich die andere Seite zur Annahme der gestellten Forderungen gezwungen sehe. Die sowjetischen Unterhändler verlangten daher vom Westen, er müsse zuerst ihre Vorschläge zu Friedensvertrag und Freistadt vollständig und verbindlich akzeptieren, ehe Gespräche über eine Regelung des ihn vor allem anderen interessierenden Zugangsproblems geführt werden könnten. Zugleich gaben sie zu erkennen, daß jede Vereinbarung darüber, auf einer uneingeschränkten, nicht nur formalen Anerkennung der DDR-Souveränität zu beruhen habe. Zu einer solchen Kapitulation mochte sich kein westlicher Führer verstehen.

Entwicklungen im Verhältnis zu den Westmächten

Nach Scheitern des Versuchs zur Durchsetzung der sowjetischen Forderungen während der Präsidentschaft Eisenhowers, mit dem überdies zuletzt das persönliche Verhältnis durch die U–2-Affäre zerrüttet war, setzte Chruschtschow seine Hoffnung auf dessen Nachfolger Kennedy. In seiner Sicht, die er durch den Verlauf der Wiener Begegnung bestätigt sah, war das ein schwacher Mann, mit dem fertigzuwerden geringere Mühe bereitete. Daher machte er einen zweiten Anlauf mit einem neuen Ultimatum, das den gleichen Inhalt hatte wie das erste. Als Kennedy erkannte, daß Chruschtschow seinen Behauptungswillen bezweifelte, machte er große Anstrengungen, um ihn sowohl durch eine glasklare Darlegung seiner politischen Absichten als auch durch Rüstungs- und Mobilisierungsmaßnahmen von seiner Entschlossenheit zur Verteidigung West-Berlins zu überzeugen. Das erschütterte die Gewißheit des Kremlchefs, seine Forderungen ohne Kriegsrisiko durchsetzen zu können. Das änderte freilich nicht die Einschätzung von Kennedys Persönlichkeit, sondern weckte die Sorge, die „reaktionären", „militaristischen" Kräfte in den USA könnten Macht über den Präsidenten gewonnen haben. Das wäre für die UdSSR eine außerordentlich gefährliche Situation. Chruschtschow entschloß sich, zunächst die Sektorengrenze zu schließen. Das werde die Amerikaner, die sich auf die Verteidigung allein West-Berlins festgelegt hatten, nicht herausfordern.

Zwar erfüllte sich diese Erwartung, doch ging das Kalkül nicht auf, man werde damit eine gute Ausgangsposition für die Durchsetzung des Friedensvertrags und der Freistadtregelung gewinnen. Der Versuch mißlang, die USA mit vorgeblich überlegener Militärmacht zu beeindrucken und daraus die Gewißheit zu schöpfen, daß Kennedy es unter keinen Umständen auf einen bewaffneten Konflikt ankommen lassen werde. Chruschtschow mußte mit dem Risiko eines Nuklearkrieges rechnen. Da er dieses keinesfalls eingehen wollte, rückte er vom Termin für den Abschluß des Friedensvertrags am Jahresende ab, hoffte aber zunächst noch, das gesteckte Ziel durch ein weniger hartes, auf Allmählichkeit abgestelltes Vorgehen zu erreichen. Kennedy glaubte freilich, der Kreml sei zur Aushandlung eines Kompromisses bereit, und faßte im Verlauf der daraufhin eingeleiteten Gespräche Zugeständnisse ins Auge, die in ihrer faktischen Auswirkung West-Berlin gefährdet hätten. Er verstand sich freilich entgegen sowjetischem Wunsch nur zu Vorgesprächen, um sich nicht dem Vorwurf der Verbündeten auszusetzen, er wolle ihnen ein Verhandlungsergebnis aufzwingen. Dadurch wurden endgültige Festlegungen gegenüber dem Kreml von vornherein vermieden. Das erlaubte es den anderen betroffenen westlichen Staaten, auf Korrekturen der amerikanischen Haltung zu dringen. Adenauer griff im Frühjahr 1962 in die laufenden Gespräche ein, um eine zur Erörterung stehende Regelung zu Fall zu bringen. Er hatte den französischen Staatspräsidenten de Gaulle auf seiner Seite, so daß er Kennedy nicht isoliert gegenüberstand. Dieser konnte den Einspruch nicht ignorieren, ohne den Zusammenhalt der NATO auf's Spiel zu setzen.

Der Einfluß, den die westeuropäischen Staaten auf die amerikanische Führungsmacht ausübten, war freilich dem an Alleinentscheidung im sozialistischen Lager gewöhnten Kremlchef unverständlich. Chruschtschow suchte zwar die Nachgiebigkeit eines Macmillan gegen die Amerikaner zu instrumentalisieren, wenn diese die Erfüllung seiner Forderungen verweigerten, nahm es aber kaum ernst, wenn Bonn und Paris in Washington auf einen härteren Kurs drangen. Wer wie Adenauer die Vorschläge des Kreml kritisierte und ablehnte, war zu ignorieren. Nur wer Sympathie für sie zu hegen schien wie der westdeutsche Botschafter Kroll, war der Aufmerksamkeit wert. Der Grund für die Fehleinschätzung der politischen Gewichte im westlichen Bündnis war nicht unzureichende Information. Durch die Auslandsaufklärung war Chruschtschow über die Akteure im Westen und ihre unterschiedlichen Standpunkte ausgezeichnet unterrichtet. Was fehlte, war die Fähigkeit, die Fakten angemessen zu interpretieren. Wie wenig er die Zusammenhänge verstand, zeigte sich erneut, als er angesichts der Wirkung, die Adenauer im Frühjahr 1962 mit seinem Einspruch gegen Kennedys Nachgiebigkeit in der Frage des West-Berlin-Zugangs erzielte, die Bedeutung der westdeutschen Haltung nicht länger übersehen konnte: Er reagierte mit dem Versuch, die USA durch überbordende Polemik gegen die „revanchistische Adenauer-Regierung" umzustimmen, ohne zu sehen, daß er in Washington die Solidarität mit einem wichtigen Bundesgenossen herausforderte, der dort zudem hohe persönliche Wertschätzung genoß.

Durch die amerikanische Entschlossenheit während der Kuba-Krise wurde Chruschtschow davon überzeugt, daß er keine Konfrontation riskieren konnte. Er kam auch je länger, desto mehr zu der Auffassung, daß die alleinige Konzentration der Westpolitik auf Berlin, die ungeachtet des in Verhandlungen und vor Ort ausgeübten Drucks erfolglos geblieben war, an der Verfolgung anderer wichtiger Interessen hinderte. Vor allem schienen Ergebnisse im Abrüstungsdialog mit Washington notwendig. Es galt daher, die Attacken gegen die Westmächte zu beenden, ohne jedoch die Ziele in Berlin aufzugeben. Um beiden Erfordernissen zu entsprechen, wurde ein Konzept entwickelt, das die Forderungen aktuell gegen die Bundesrepublik richtete und die langfristig auf Beseitigung der westlichen Präsenz abzielenden Implikationen verschleierte. Die Vier-Mächte-Rechte wurden als Grundlage des Besatzungsregimes in West-Berlin anerkannt, aber zugleich so formuliert, daß sich daraus Folgerungen ergaben, welche die Position der Westmächte allmählich unterminieren sollten. Anders als von Chruschtschow beabsichtigt, ermöglichte die Bereitschaft, die Vier-Mächte-Rechte überhaupt zu akzeptieren, später die Aushandlung der Modus-vivendi-Regelung von 1971. Diese beruhte auf der Respektierung der westlichen Präsenz, des essentiellen Kerns der Bindungen und der sowjetischen Gewähr dafür, daß bei der Abfertigung des zivilen Zugangsverkehrs durch die DDR die Erfordernisse der Lebensfähigkeit West-Berlins gewahrt blieben. Diese Funktion hätte der Kreml nicht übernehmen können, wenn er nicht vom Standpunkt der unbeschränkten DDR-Souveränität abgerückt wäre.

Spannungen im Verhältnis zur DDR

Die DDR war für Chruschtschow der im Zusammenhang mit der Berlin-Frage weitaus wichtigste Verbündete. Sie war der Schauplatz des Handelns. Einschlägige Funktionen wurden von ihr schon ausgeübt (wie vor allem die Abfertigung des zivilen Transitverkehrs); die damit verbundenen sowie weitere berlinpolitische Entscheidungsbefugnisse sollten ihr durch den Friedensvertrag übertragen werden (wie namentlich die unbeschränkte Souveränität in allen Zugangsfragen und die Befähigung zu Eingriffen in innere Angelegenheiten der „Freien Stadt West-Berlin"). Die ostdeutsche Seite wurde daher in die sowjetischen Aktionspläne einbezogen. Dementsprechend mußte die SED-Führung darüber eingehend unterrichtet werden. Es kam vielfach zu ausführlichen Unterredungen und Briefwechseln, bei denen Ulbricht seine Auffassungen äußern und vertreten konnte. Dabei ging es mindestens ebenso sehr um seine Sache wie um die Chruschtschows. Unerwartet für beide Seiten, die von der Übereinstimmung ihrer Interessen ausgingen, entwickelten sich parallel zum Hauptkonflikt mit den Westmächten Nebenkonflikte zwischen UdSSR und DDR.

Als Chruschtschow im November 1958 Forderungen aufstellte, deren Erfüllung die ostdeutsche Seite von allen Souveränitätsbeschränkungen befreien würde, war er sich offensichtlich zunächst nicht bewußt, daß sich der damit zugestandene Anspruch auf unabhängige Entscheidung auf das Verhältnis zur Sowjetunion auswirken könnte. Allem Anschein nach meinte er, daß die politische Gemeinsamkeit gegenüber dem Westen, die identischen ideologischen Prinzipien und die Solidaritätsverpflichtungen aufgrund des „sozialistischen Internationalismus" die Einmütigkeit gewährleisteten. Zudem erwartete er, daß der Abschluß des Friedensvertrags rasch zustande kommen werde. Daher würden auch die Folgeregelungen bald wirksam werden. Als das nicht der Fall war, entstand das unvorhergesehene Problem, daß die SED-Führung mit den ihr zugesicherten Souveränitätskompetenzen ernstmachen wollte, der Kreml ihr aber das nicht zugestand, wenn das die Negierung westlicher Rechte bedeutete. In Moskau hielt man es für erforderlich, damit zu warten, bis als notwendige Grundlage der Friedensvertrag geschlossen sei. Je länger sich dessen Durchsetzung verzögerte, desto ungeduldiger wurde Ulbricht.

Dazu kamen grundsätzliche Differenzen. Ulbricht setzte gegenüber dem Westen generell nicht auf werbende Lockung, sondern auf die Anwendung von Zwang. Zudem war er im Unterschied zu Chruschtschow, der stets eine breite Palette sowjetischer Interessen im Auge behalten mußte, auf seine Berlin- und Deutschland-Ambitionen fixiert. Erschwerend kam hinzu, daß diese in aller Regel nicht durch eigene Anstrengungen, sondern nur durch die Macht der UdSSR durchzusetzen waren. Daher war Ulbricht auf den Kreml angewiesen, der den Einsatz zu leisten hatte und daher im Unterschied zu ihm die Vor- und Nachteile, Chancen und Risiken des Handelns abwägen mußte. Aus diesen Gründen drängte der ostdeutsche Parteichef, den Worten müßten endlich Taten folgen, während man in Moskau Vorsicht im Umgang mit den Westmächten für notwendig hielt. Man wollte keine Reaktionen hervorrufen, die entweder eigene Interessen tangierten oder unerwünschte Konflikte herbeiführten. So verweigerte man ein Vorgehen gegen die westlichen Militärmissionen in der DDR, weil die Tätigkeit der sowjetischen Militärmissionen in der Bundesrepublik nicht gefährdet werden sollte. Maßnahmen, in deren Folge Auseinandersetzungen mit den Westmächten erwartet wurden, wurden ebenfalls abgelehnt. Nur was keine ernstlichen Risiken in sich barg, war annehmbar.

Ulbricht erhob daraufhin den Vorwurf, der zugesicherte Anspruch auf uneingeschränkte DDR-Souveränität werde mißachtet. Auf die sowjetische Weigerung hin, die Forderung nach Schritten zum Abschluß des vorgesehenen separaten Friedensvertrags zu erfüllen, suchte er den Kreml immer wieder zu Einzelakten zu bewegen, die als Beweis für die Verwirklichung des Souveränitätsanspruchs herhalten konnten. Wenn der Kreml dazu nicht bereit war, bemühte er sich statt dessen um die Genehmigung von DDR-Maßnahmen. Dabei ging es fast ausnahmslos um kleine Dinge, sollte doch die sowjetische Seite ungeachtet ihres Widerstandes gegen die Durchsetzung einer generellen Regelung wenigstens zur Autorisierung von Teilschritten veranlaßt werden. Ulbrichts Behutsamkeit war noch größer, wenn er sich dazu entschloß, ohne vorheriges Moskauer Einverständnis zu handeln. In jedem Fall war er bestrebt, die ihm gesetzten Grenzen nicht – oder wenigstens nicht allzu sehr – zu überschreiten. Wenn er den Kreml mit nicht vorbesprochenen Maßnahmen konfrontierte, ging er bis an die äußerste Grenze des vertretbar Erscheinenden. Er suchte nach außen hin die Solidarität mit dem Verbündeten selbst dann noch zu wahren, wenn er intern an seinem Verhalten Kritik übte. Es durften freilich nie Zweifel daran entstehen, daß die Entscheidungen über das Vorgehen gegenüber dem Westen in Moskau getroffen wurden. Die sowjetische Konfliktkontrolle war unbedingt aufrechtzuerhalten.

Die Frage des politischen Einflusses der DDR

Zu den Fragen, die Chruschtschow zu seiner Sache machte, gehörte die offene Westgrenze der DDR. Die Tatsache, daß er sich zweimal – 1958 und 1961 – nach vorherigem Widerstreben auf den Standpunkt stellte, den Ulbricht schon seit langem eingenommen hatte, könnte die Annahme nahelegen, daß er dessen Druck nachgegeben habe. Die Quellen zeigen jedoch ein anderes Bild. Chruschtschow zeigte sich jeweils sehr lange von den Vorstellungen des SED-Chefs unbeeindruckt. Bis weit in das Jahr 1958 hinein war keine Rede davon, daß die offene Grenze ein Problem sei, das gelöst werden müsse, obwohl Ulbricht schon 1952 gefordert hatte, daß die Sperrmaßnahmen gegenüber der Bundesrepublik auf West-Berlin ausgedehnt werden müßten. Erst als der Kremlchef von sich aus zu dem Schluß gekommen war, daß die wirtschaftlichen Schwierigkeiten der DDR auf die Abriegelungslücke zurückzuführen seien, wurde diese zum Thema von Beratungen. Mit den Forderungen vom November 1958 zog Chruschtschow die Konsequenz aus seiner neuen Sicht. Bis Ende Juli 1961 gab er Ulbrichts zunehmendem Drängen kein Gehör, den Flüchtlingsstrom durch Schließung der Sektorengrenze rasch zu stoppen. Erst als er selbst zu der Auffassung kam, daß das Problem einer baldigen Lösung bedürfe und daß es keine Alternative zu Sperrmaßnahmen in Berlin gebe, wurden Vorbereitungen dazu eingeleitet. Wie Chruschtschow mit Ulbricht umsprang. wenn es ihm notwendig schien, zeigte sich in der Schlußphase der Berlin-Krise: Durch die erneute Anerkennung der Vier-Mächte-Rechte nahm er das Versprechen von 1958 zurück, den Anspruch der DDR auf unbeschränkte Souveränität gegen die Westmächte durchzusetzen. Ulbricht mußte sich fügen, fand sich aber nicht damit ab.[1]

Insgesamt konnte Ulbricht zwar versuchen, den Schwanz [die DDR] „kühn" mit dem Hund [der UdSSR] wedeln zu lassen,[2] aber der von Hope Harrison behauptete durchschlagende Erfolg[3] blieb ihm dabei versagt. Chruschtschow ließ sich nie zu einem Vorgehen drängen, das er nicht selbst für richtig oder wenigstens vertretbar hielt. Die Tatsache, daß die DDR 1961 vom Zusammenbruch bedroht war, veranlaßte ihn zwar dazu, die Hilferufe des SED-Chefs ernstzunehmen. Er war aber deswegen nicht bereit, dessen Vorstellungen zu folgen, wenn er anderes für besser hielt. Die Schließung der Grenze in Berlin, zu der er sich nach langem Zögern aufgrund eigenen Urteils entschloß, stand unter dem Vorbehalt, daß sie nur so lange aufrechterhalten werden sollte, wie die Massenflucht aus der DDR nicht durch Kontrolle über die West-Berliner Zugangswege unterbunden wurde. Anders als Ulbricht, der seinen Staat unbedingt vor systemfremden Einflüssen schützen wollte und ihn daher auch dann gegen West-Berlin abzuschirmen suchte, wenn dieses keine unkontrollierte Verbindung zum Westen mehr besaß, betrachtete er die Abriegelungsmaßnahme als ein bedauerliches Provisorium, das zu beenden war, sobald es eine andere Möglichkeit gab, die DDR-Bevölkerung im Lande zu halten.[4] Daß die Sperranlagen bestehen blieben und zu einer festen Mauer wurden, lag nur daran, daß sein Bemühen um Kontrolle der Zugangswege

---

[1] Vgl. die Äußerungen Ulbrichts auf seiner Internationalen Pressekonferenz, 19. 1. 1970, nach dem gesprochenen Wort wiedergegeben in: DDR-Spiegel (hrsg. vom Presse- und Informationsamt der Bundesregierung), 20. 1. 1970 (Sonderdienst), S. 26–28.
[2] Hope M. Harrison, Driving the Soviets up the Wall. Soviet-East German Relations 1953–1961, Princeton/NJ–Oxford 2003, S. 139. Zur Sicht des Bemühens Ulbrichts um die Kontrolle der Sektorengrenze im Herbst 1960 siehe ebd., S. 144–148.
[3] Vgl. ebd., S. 139–205, 218–221.
[4] Aufzeichnung Chruščëvs, 11. 12. 1961, in: Istočnik, 6/2003, S. 125 f.

aufgrund des Widerstands der Westmächte, vor allem der USA, nicht zum Erfolg führte.

Auch wenn sich Chruschtschow nicht von Ulbricht drängen ließ, hatte dieser wesentlichen Einfluß auf seine Politik. Nach Stalins Tod war er zum anerkannten Juniorpartner der Führungsmacht herangewachsen, der sich erhebliches Selbstbewußtsein leisten und seinen Standpunkt auch gegenüber dem Kreml vertreten konnte. Vor allem aber war er näher an den Problemen dran, um die es ging, so daß seinem Urteil in Moskau großes Gewicht zukam. Als Chruschtschow vor dem für ihn rätselhaften Phänomen stand, daß die DDR wirtschaftlich weit weniger florierte als die Bundesrepublik, obwohl sie doch das vermeintlich überlegene sozialistische System hatte, konnte ihm Ulbricht den Gedanken nahebringen, daß die offene Westgrenze zu wirtschaftlichen Störungen führe und dadurch die DDR in eine nachteilige Position versetze. Die Ansicht, daß Schließung der Grenze den innerdeutschen Systemwettbewerb von Beeinträchtigungen befreie, mag zwar dem Leser nicht einleuchten, doch kam für Chruschtschow kaum eine andere Erklärung in Betracht. Das Axiom, daß der Sozialismus weit höhere ökonomische Effizienz gewährleiste als der Kapitalismus, stand für ihn unumstößlich fest. Daher vermochte der sowjetische Führer nicht zu erkennen, daß die Misere der DDR hausgemacht war, die den Flüchtlingsstrom verursachte. Weder der restriktive Charakter des SED-Regimes noch Einzelmaßnahmen wie insbesondere die hastig durchgezogene Kollektivierung der Landwirtschaft kamen als Gründe für Not und Unzufriedenheit in Betracht, sondern allein die massiven Subversions- und Sabotageakte, die von West-Berlin aus ins Werk gesetzt würden. Wann immer Ulbricht seine Vorstellungen mit ideologischen Überzeugungen des Kremlchefs begründen konnte, befand er sich in einer starken Position.

Verhältnis zur Bundesrepublik

Die Bonner Entscheidung vom Frühjahr 1958, die Bundeswehr mit Kernwaffenträgern auszurüsten, um im Kriegsfalle nicht wehrlos dazustehen, signalisierte der sowjetischen Führung, daß sich ihre Hoffnung auf fortschreitende Distanzierung der Westdeutschen von der Politik der USA und der NATO nicht erfüllte. Von da an war die Bundesrepublik der Feind, den man durch heftige Polemik in den Augen der Welt diskreditieren mußte. Dem lag die Einschätzung zugrunde, daß sie für das westliche Bündnis unentbehrlich war: Von ihr hingen die amerikanische Europa-Präsenz, eine ausreichende territoriale Basis und die Verfügbarkeit wichtiger militärischer Ressourcen ab. Wenn es durch Ausübung von Druck doch noch gelang, diesen Beitrag zur atlantischen Allianz zu schmälern oder gar den Austritt aus der NATO zu erreichen, war ein Hauptziel erreicht. Die Erwartung, man könne zumindest Teilerfolge erzielen, wurde dadurch genährt, daß die Bundesrepublik aufgrund der deutschen Vergangenheit pschologisch-politisch besonders verletzlich war. Daher nahm der Kreml den propagandistischen Kampf gegen den „westdeutschen Revanchismus" und „Militarismus" auf. Die Feindseligkeit galt vor allem Adenauer und seiner Regierung, die den Kurs des Landes bestimmten.

Als härtester Opponent der sowjetischen Berlin-Politik sah sich der Bundes-kanzler sowjetintern dem Vorwurf ausgesetzt, daß er mit den westlichen Besat-zungsrechten einen Anachronismus verteidige, der sich gegen die wachsende Macht des sozialistischen Lagers nicht länger aufrechterhalten lasse. Während in den westlichen Ländern die Einsicht wachse, daß man dem siegreichen Vordrin-gen des Sozialismus im eigenen Interesse Rechnung tragen müsse, widersetze sich Adenauer mehr als alle anderen. Für Chruschtschow war der Bundeskanzler da-her ein starrsinniger „alter Knacker" (staryj chren), der hinter der Zeit zurückge-blieben war. Ihm müsse man daher beibringen, was die Stunde geschlagen habe.[5]

Nach sowjetischer Vorstellung hätte es der westdeutschen Staatsraison entspro-chen, wenn man – vor allem aus ökonomischen Gründen – von den USA abge-rückt wäre und sich der UdSSR angenähert hätte. Das hätte einen überaus attrak-tiven Absatzmarkt gewährleistet und die wirtschaftlichen Belastungen vermieden, die sich aus dem Wettrüsten der NATO ergäben. Während sich die Bundesrepu-blik im Westen einem scharfen Konkurrenzkampf gegenübersehe, werde ihr Ver-hältnis zur UdSSR von komplementären materiellen Bedürfnissen bestimmt. Da-mit bestünden die Voraussetzungen für einen beiderseits vorteilhaften Handel, der den Westdeutschen die Chance biete, ihre Verstrickungen im Westen zu lösen. Das gelte zwar nur auf staatlicher Ebene und lasse den Widerstreit der Systeme außer Betracht (den Chruschtschow nachdrücklich betonte), doch sei dies eine Streitfrage, die von der Geschichte entschieden werde und die daher für die aktu-elle Politik keine Bedeutung habe.[6] Die Bundesrepublik müsse daher „mit der ag-gressiven Politik der Revanchisten militaristischen Charakters im Verhältnis zum Osten brechen". Sie solle dabei weder eine neutrale Position beziehen noch die NATO verlassen und in den Warschauer Pakt eintreten, um bei anderen Führern in Westeuropa keine Ängste entstehen zu lassen, die deren Bindung an die USA zu festigen geeignet seien. Statt dessen hoffte Chruschtschow, die NATO durch Schaffung eines europäischen Sicherheitssystems zu eliminieren.[7] Nach Ablösung Adenauers im Herbst 1963 glaubte Chruschtschow, die neue Regierung unter dem Wirtschaftsfachmann Erhard werde sich in diesem Sinne umorientieren. Der Besuch seines Schwiegersohnes Adshubej in Bonn Mitte 1964 sollte diese Ent-wicklung fördern.

Die deutsche Frage

Bei Chruschtschows Entschluß zur politischen Offensive gegen West-Berlin spielte die deutsche Frage eine wichtige Rolle. Das sehr populäre westliche Ver-langen nach „Wiedervereinigung in Freiheit" sollte durch ein attraktives Gegen-programm gekontert werden. Deshalb wurde der alte, seit 1948 immer wieder in verschiedenen Formulierungen vertretene Standpunkt erneuert, die „Deutschen

---

[5] Oleg Grinevskij, Tysjača odin den' Nikity Sergeeviča, Moskau 1998, S. 23–29.
[6] Ebd., S. 122–128; Protokoll des Gesprächs Chruščëv – U Thant, 28. 8. 1962, in: Istočnik, 6/2003, S. 151 f.
[7] Aufzeichnung Chruščëvs, 11. 12. 1961, in: Istočnik, 6/2003, S. 124 f.

selbst" müßten ohne „fremde Einmischung" über ihre staatliche Einheit entscheiden. Die Forderungen nach „Überwindung der Überreste des Zweiten Weltkriegs" und „Liquidierung des Besatzungsregimes" sollten den Eindruck verstärken, die UdSSR setze sich für die Deutschen ein. Faktisch ging es jedoch darum, die Teilung zu vollenden. Wenn das Problem der nationalen Einheit der Entscheidung beider Staaten überantwortet wurde, war eine Einigung wegen der völlig gegensätzlichen Positionen von vornherein ausgeschlossen. Die geforderte Umwandlung West-Berlins in eine „Freie Stadt" von östlichen Gnaden zielte darauf ab, den letzten Restbestand der früheren deutschen Einheit zu beseitigen, der nicht zur Logik der staatlichen Trennung paßte.

Der Kreml betonte zu recht, die Lage in der geteilten Stadt Berlin sei „anomal" und erfordere eine „Normalisierung". Zwar war nach dem Bau der Mauer West-Berlin nicht mehr der frühere „Pfahl im Fleische" der DDR und des sowjetischen Imperiums, blieb aber der „Pfahl im Fleische" der deutschen Teilung. Das Scheitern des Versuchs, diesen zu beseitigen, bestimmte auf entscheidende Weise den weiteren Verlauf des Ost-West-Konflikts und die weitere Entwicklung der deutschen Frage. Der westliche Schutz für West-Berlin blieb erhalten. Die Anomalie seiner Existenz inmitten einer feindlichen DDR bestand fort. Sie wurde nicht gemäß den Wünschen Chruschtschows und Ulbrichts durch Schaffung eines festen politischen und rechtlichen Fundaments für die Zweistaatlichkeit beseitigt. Statt dessen blieb die Option offen, sie durch Wiederherstellung der deutschen Einheit zu überwinden. Die Tatsache, daß die Teilung nicht als durchgängige Normalität durchgesetzt, sondern durch eine weiterbestehende Anomalie gestört wurde, machte es möglich, daß es 1989/90 zur Wiedervereinigung kam, die nicht zufällig ihren Ausgang von Berlin aus nahm. Eingeleitet wurde sie durch den Fall der Mauer, die Chruschtschow wegen der nicht durchgesetzen Kontrolle über West-Berlin autorisiert hatte und die seitdem die Anomalie der staatlichen Trennung mehr als alles andere augenfällig gemacht hatte.

Die Bedeutung des militärischen Kräfteverhältnisses

Chruschtschow verband seine Vorstellung eines freien Wettbewerbs zwischen den Systemen in den ausgehenden fünfziger Jahren mit der Idee eines weithin entmilitarisierten Ost-West-Verhältnisses. Zwar war er sich grundsätzlich der Bedeutung bewußt, die den Streitkräften und Rüstungen in den internationalen Beziehungen zukam, doch glaubte er, auf die Dislozierung sowjetischer Soldaten im Vorfeld der UdSSR verzichten zu können. Anders als Stalin, der eine langdauernde Besetzung Deutschlands für notwendig erachtet und nur aus Propagandagründen das Gegenteil erklärt hatte, wollte er tatsächlich seine Streitkräfte vom Territorium anderer Staaten abziehen, wenn sich die Westmächte ebenfalls dazu bewegen ließen. Damit, so hoffte er, werde der Weg frei zur Entfernung der USA aus Europa und zum Zerfall der NATO. Die Sicherheit auf dem Kontinent sollte nicht mehr durch gegeneinander gerichtete Bündnisse, sondern durch ein kollektives Sicherheitssystem gewährleistet werden, an dem sich die europäischen Staaten von Ost und West beteiligten. Der UdSSR wäre notwendig die Rolle der Führungsmacht zugefallen; das Kräfteverhältnis hätte sich entscheidend zu ihren Gunsten verändert.

Die Bereitschaft zum Verzicht auf die militärische Präsenz in Ostmittel- und Südosteuropa war zum einen dadurch motiviert, daß die UdSSR durch ihre weitreichenden Kernwaffen vor feindlichen Angriffen geschützt war und daher zu ihrer Verteidigung keine Truppen außerhalb ihrer Grenzen benötigte. Zum anderen war Chruschtschow davon überzeugt, daß die kommunistischen Parteien in den ostmittel- und südosteuropäischen Nachbarstaaten den Bestand und den Zusammenhalt des sozialistischen Lagers ausreichend gewährleisteten. Die Krise der DDR von 1953 schien durch Vorkehrungen zur Bekämpfung der „Konterrevolution" überwunden, und auch die Lage in Polen und Ungarn hielt er nach den Eruptionen des Jahres 1956 für stabilisiert. Im übrigen führte er die Unzufriedenheit der „Bruderländer" auf den offensichtlichen Mangel an Gleichberechtigung zurück, der in der Stalin-Zeit und in den folgenden Jahren das Verhältnis der UdSSR zu ihren Verbündeten belastet hatte. Er suchte dem Übel durch weitreichende Zugeständnisse an den Souveränitätsbedarf der Partner abzuhelfen. Seine Ankündigung vom November 1958, die DDR in ihre vollen Rechte einzusetzen, ist auch in diesem Kontext zu sehen. Wenn die UdSSR die Selbständigkeit der anderen Staaten respektiere, werde sich der sozialistische „Bruderbund" auf der Grundlage der Freiwilligkeit festigen und daher keine militärische Klammer benötigen.

Nicht Zweifel an der politischen Festigkeit der kommunistischen Regimes in Ostmittel- und Südosteuropa, sondern das westliche Verhalten bewog Chruschtschow Anfang der sechziger Jahre zur Kursänderung. Die Westmächte waren keinesfalls zum Verzicht auf die Stationierung ihrer Truppen in der Bundesrepublik bereit und ließen sich von den Kernwaffen der UdSSR weniger beeindrucken als erhofft. Chruschtschow stellte zwar den Regierungschefs in Westeuropa, etwa Macmillan oder Adenauer, immer wieder vor Augen, er könne ihre Länder mit einem einzigen Nuklearschlag vernichten, aber die entscheidende Macht im Westen, die USA, war durch solche Drohungen nicht zu beeindrucken. Das sowjetische Arsenal bestand fast ausschließlich aus Mittelstreckenraketen, die sich nicht gegen Nordamerika einsetzen ließen. Umgekehrt jedoch befand sich die Sowjetunion in der Reichweite vieler amerikanischer Interkontinentalsysteme.[8] Ab 1960/61 kam Chruschtschow zu der Ansicht, die Ablehnung seiner Berlin-Forderungen sei darauf zurückzuführen, daß man in Washington die militärischen Fähigkeiten seines Landes, nicht zuletzt auch im konventionellen Bereich (um dessen Reduzierung er bis dahin bemüht gewesen war), für schwach hielt. Er suchte daraufhin diesen Mangel durch Verstärkung vor allem der Truppen auf dem potentiellen Gefechtsfeld und durch Aktivierung des bis dahin vernachlässigten Warschauer Pakts zu beheben. Fortan galt, daß das militärische Potential gegenüber dem Westen nicht nur auf nuklearstrategischer Ebene, sondern auf allen Ebenen der Vergrößerung bedürfe.

---

[8] Vgl. Andreas Wenger, Living with Peril. Eisenhower, Kennedy, and Nuclear Weapons, Lanham–Boulder–New York–Oxford 1997, S. 145–237.

Der Aufbau einer mächtigen Drohkapazität schien insbesondere im Blick auf die Konfrontation wichtig, die beim vorgesehenen Abschluß des separaten Friedensvertrags zu erwarten war. Weder die einsetzenden Bemühungen um Truppenverstärkung noch die Explosion der Superbombe im Herbst 1961 veranlaßten jedoch die USA zum erhofften Nachgeben. Im Oktober 1962 scheiterte der Versuch Chruschtschows, durch die Aufstellung von Raketen auf Kuba das strategische Kräfteverhältnis zu ändern. Der Kremlchef mußte erkennen, daß die Politik der Androhungen, die er nicht wahrmachen wollte und konnte, ein höchst gefährliches Spiel mit dem Feuer war. Zudem stand sie in Widerspruch zu wichtigen politischen Zielen. Selbst in Zeiten akutester Krise war er stets an guten Beziehungen zu den USA interessiert. Er wollte keine Konfrontation mit der anderen Supermacht, hoffte auf Vorteile einer wirtschaftlich-technischen Kooperation und bemühte sich um Abrüstungsvereinbarungen, um im Interesse der Wohlfahrt seines Landes die Militärausgaben zu beschränken, ohne Nachteile im Kräfteverhältnis zu den Amerikanern zu haben. Erst nachdem die sowjetische Drohposition in der Kuba-Krise zusammengebrochen war, entschloß er sich, rückte er dieses Ziel, das er bis dahin in den Beziehungen zu den Vereinigten Staaten mehr theoretisch als praktisch im Auge gehabt hatte, in den Vordergrund seiner Westpolitik. Im Blick auf Berlin hieß dies, daß die offensiven Ziele bis auf weiteres in den Hintergrund zu treten hatten, weil das auf anderen Feldern angestrebte Zusammenwirken mit den USA nicht gestört werden durfte.

△
Abb. 1: Eisenhower und Chruschtschow in Camp David, September 1959; Bundesarchiv Koblenz, Nr. 183-67530-0002

◁
Abb. 2: Chruschtschow auf Pariser Gipfelkonferenz, 16. Mai 1960; dpa-Bildarchiv

Abb. 3: Chruschtschow und Kennedy in Wien, 3. Juni 1961; Bundesarchiv Koblenz, Nr. 183-83494-0013

Abb. 4: Ulbricht auf der Pressekonferenz am 15. Juni 1961: „Niemand hat die Absicht, eine Mauer zu errichten"; Bundesarchiv Koblenz, Nr. 183-6730-0002

Abb. 5: Vizepräsident Johnson und General Clay vor dem Rathaus Berlin-Schöneberg, 19. August 1961; Landesarchiv Berlin/Johann Willa, Nr. 76193

Abb. 6: Ankunft des amerikanischen Militärkonvois zum Jubel der West-Berliner, 20. August 1961; Landesarchiv Berlin/Karl Heinz Schubert, Nr. 76170

Abb. 7: Panzerkonfrontation ▷
am Checkpoint Charlie, 28. Ok-
tober 1961; Landesarchiv Berlin/
Horst Siegmann, Nr.78347

Abb. 8: Panzerkonfrontation
am Checkpoint Charlie,
28. Oktober 1961, von der
Ostseite her gesehen; KAS/
ACDP
▽

Abb. 9: Beginnender Ausbau der Sperranlagen am Brandenburger Tor, 20. November 1961; KAS/ACDP

Abb. 10: Ausgebaute Sperranlage mit Kontrollturm am Brandenburger Tor; KAS/ACDP

Abb. 11: Berliner Mauer am Leuschnerdamm mit Tiefenstaffelung auf der Ostseite; Landes-
archiv Berlin/Klaus Lehnartz, Nr. 89246

Abb. 12: Chruschtschow und Ulbricht auf dem V. SED-Parteitag Mitte Januar 1963; Bundesarchiv Koblenz, Nr. 183-BU118-0010-069

Quellen- und Literaturverzeichnis

Die russischen Namen und Werktitel werden – anders als im Darstellungstext, in dem die phonetische Umschrift Anwendung findet – in diesem Verzeichnis und in den Fußnoten nach den für das Deutsche geltenden wissenschaftlichen Regeln transkribiert.

Ungedruckte Quellen

Wegen umfangreicher Sekretierungen konnten die genannten Bestandsgruppen der russischen Archive nur unvollständig eingesehen werden.

Archiv des russischen Außenministeriums
(Archiv vnešnej politiki Rossijskoj Federacii, AVPRF)

fond 06 (Sekretariat des Ministers), opis' 12
fond 07 (Seketariat des zuständigen stv. Ministers), opis' 25
fond 082 (Referentur Deutschland). opisi 38, 40, 41
fond 0129 (Referentur USA), opisi 44, 45, 46
fond 0742 (Referentur DDR), opisi 2, 3, 4, 5, 6, 7, 8
fond 0757 (Referentur Bundesrepublik Deutschland), opisi 3, 4, 5, 6

Russisches Staatsarchiv für die neueste Geschichte
(Rossijskij gosudarstvenny archiv novejšej istorii, RGANI)

fond 2, opis' 1
fond 5 opisi 30, 48, 49, 69
fond 3 opisi 12, 14

Russisches Staatsarchiv für Wirtschaft
(Rossijskij gosudarstvenny archiv ėkonomiki, RGAĖ)

fond 4372 opis' 79

Stiftung Archiv Parteien und Massenorganisationen der DDR im Bundesarchiv
(SAPMO-BArch)

DY 30/3281, 3288, 3291, 3295, 3380, 3302, 3380, 3386, 3387, 3392, 3405, 3475, 3478, 3494, 3496, 3503, 3504, 3505, 3506, 3507, 3508, 3509, 3510, 3511, 3512, 3535, 3566, 3578, 3638, 3653, 3662, 3663, 3682, 3691, 3705, 3707, 3708, 3709, 3716
DY 30/J IV 2, 2/1, 2/2, 2/2A, 2/2J, 2/20, I 2/1, 2/202
DY 30/IV 1/V, 1/VI, 2/2.035
NY 4090, 4182
FBS 347

Bundesarchiv Berlin (BArchB)

DA 1
DC/20 I/3, I/4

Bundesarchiv – Militärarchiv, Bestände der ehemaligen DDR (BArch – MArch)

AZN
DVW – 1
VA – 01
ZK 01

Politisches Archiv des Auswärtigen Amtes, Bestände des Ministeriums für
Auswärtige Angelegenheiten der früheren DDR (PA – MfAA)

A – 132, 133, 149, 264, 271, 476, 478, 546, 582, 617, 734, 735, 789, 5877, 1147, 2919, 9505,
9713, 9715, 14870, 15213, 15774, 15776, 16425, 17211, 17339a, 17094, 17723, 17847, 17912,
17913, 17936, 17339a, 17950, 18850
C – 75, 589, 692, 844, 845, 848, 858, 974, 975, 2085
G – A 185, 188, 468, 476, 477, 478, 483, 491, 495, 496, 510
LS – A 327, 329, 356, 421, 422, 423,

Landesarchiv Berlin (LArchB)

12941
B Rep 002

Archiv für neue Akten, Warschau (Archivum akt nowych, AAN)

KC PZPR IX A, XI A

Ungarisches Staatsarchiv, Budapest (Magyar Országos Levéltár, MOL)

288 f. 9/1958, 4/1961, 9/1961, 32/1961, 32/1962, 32/163

Gedruckte Einzelquellen

[Abrasimov, Pëtr] Die Deutschen und ihr Selbstbestimmungsrecht, in: Deutsche Außenpoli-
tik, 5/1963, S. 355–365
Antwort auf die Fragen der Delegierten. Aus der Diskussionsrede des Genossen Walter
Ulbricht auf der Bezirksdelegiertenkonferenz in Leipzig, in: Neues Deutschland, 15. 12.
1962
„A Typical Pragmatist": The Soviet Embassy Profiles. John F. Kennedy, 1960, in: Cold War
International History Project Bulletin, Heft 4 (Herbst 1994), S. 64–67
Beseda N. S. Chruščëva s sovetskimi i inostrannymi žurnalistami [Das Gespräch von N. S.
Chruščëv mit sowjetischen und ausländischen Journalisten (am 11. 5. 1960)], in: Pravda,
13. 5. 1960
Besedy N. S. Chruščëva s Mao Czě-dunom, avgust 1958g. [Die Gespräche von N. S. Chru-
ščëv mit Mao Tse-tung im August 1958], in: Novaja i novejšaja istorija, 1/2001, S. 111–128

Bonveč [Bonwetsch], Bernd/Filitov, Aleksej (Hrsg.), Kak prinimalos' rešenie o vozvedenii berlinskoj steny [Wie die Entscheidung über die Errichtung der Berliner Mauer getroffen wurde], in: Novaja i novejšaja istorija, 2/1999, S. 53–75

Bonwetsch, Bernd/Filitow, Aleksei (Hrsg.), Chruschtschow und der Mauerbau. Die Gipfelkonferenz der Warschauer-Pakt-Staaten vom 3.–5. August 1961, in: Vierteljahrshefte für Zeitgeschichte, 48 (2000), S. 166–171

Chruščёv, N. S.: Za novye pobedy mirovogo kommunističeskogo dviženija. K itogam Soveščanija predstavitelej kommunističeskich i rabočich partij [Für neue Siege der kommunistischen Weltbewegung. Zu den Ergebnissen der Beratung der Vertreter der kommunistischen und Arbeiterparteien (Referat auf der Versammlung der Parteiorganisationen der Hohen Parteischule, der Akademie für Gesellschaftswissenschaften und des Instituts für Marxismus-Leninismus beim ZK der KPdSU vom 6. 1. 1961)], in: Pravda, 25. 1. 1961

Chruščёv, N. S., K pobede v mirnom sorevnovanii s kapitalizmom [Dem Sieg entgegen im friedlichen Wettbewerb mit dem Kapitalismus], Moskau 1959

Chruščёv, N. S., Mir bez oružija – mir bez vojn [Eine Welt ohne Rüstung ist eine Welt ohne Kriege], Bd. 1, Moskau 1960

Internationale Pressekonferenz Ulbrichts, 19. 1. 1970, in: DDR-Spiegel (hrsg. vom Presse- und Informationsamt der Bundesregierung), 20. 1. 1970 (Sonderdienst), S. 2–30 [genaue Wiedergabe nach dem gesprochenen Wort]/Außenpolitische Korrespondenz, 4/1970, S. 21–27, 5/1970, S. 29–33 [Text des Frage- und Antwortspiels stark verändert]

Keine Liebeserklärungen – aber normale Beziehungen! Interview W. Ulbrichts mit Mark Wilson, Chefredakteur der Londoner Zeitung „Evening Standard", 31. 7. 1961, abgedruckt in: Neues Deutschland, 2. 8. 1961

Kommjunike o prebyvanii v Sovetskom Sojuze s vizitom družby partijno-pravitel'stvennoj delegacii Germanskoj Demokratičeskoj Respubliki [Kommuniqué über den Aufenthalt der Partei- und Regierungsdelegation der Deutschen Demokratischen Republik mit einem Freundschaftsbesuch in der Sowjetunion], in: Pravda, 21. 6. 1959

Nazrevšij vopros [Eine herangereifte Frage], in: Pravda, 6. 1. 1963

„Nemcy v ètom sorevnovanii mogut byt' ne poslednymi, oni pokazali davno vsemu miru svoi posobnosti". Zamečanija N. S. Chruščёva 11 dekabrja 1961 g. [„Die Deutschen können in diesem Wettbewerb nicht die Letzten sein, und sie haben schon seit langem der ganzen Welt ihre Fähigkeiten bezeigt." Bemerkungen von N. S. Chruščёv am 11. Dezember 1961], in: Istočnik, 6/2003, S. 122–128

Obozrevatel' [„Beobachter" = Pseudonym für Autoren einer offiziösen Stellungnahme], Ne v nogu so vremenem. Po povodu vystuplenija K. Gertera [Nicht der Zeit gemäß. Aus Anlaß der Stellungnahme von Ch. Herter], in: Pravda, 14. 4. 1960

Obozrevatel', Ne vstavljajte, gospoda, palki v kolesa! [Stecken Sie keine Stöcke in die Speichen, meine Herren!], in: Pravda, 27. 4. 1960

Obozrevatel', Peregovory, no ne igra v peregovory [Verhandlungen, aber kein Spiel mit Verhandlungen], in: Pravda, 3. 5. 1962

Otto, Wilfriede (Hrsg.), 13. August 1961 – eine Zäsur in der europäischen Nachkriegsgeschichte, in: Beiträge zur Geschichte der Arbeiterbewegung, 2/1997, S. 55–92

Otto, Wilfriede (Hrsg.), Niederschrift über das Wiener-Gipfel-Treffen zwischen Kennedy und Chruschtschow 1961 [DDR-Übersetzung des russischen Textes], in: Timmermann, Heiner (Hrsg.), 1961 – Mauerbau und Außenpolitik. Dokumente und Schriften der Europäischen Akademie Otzenhausen, Münster 2002, S. 341–407

Otvety predsedatelja Soveta Ministrov SSSR N. S. Chruščёva na voprosy gazety „Dejli èkspress" [Antworten des Vorsitzenden des Ministerrates der UdSSR, N. S. Chruščёv, auf die Fragen der Zeitung „Daily Express"], in: Pravda, 1. 1. 1963

Pokončit' s politikoj provokacii. Zajavlenie TASS [Mit der Politik der Provokation Schluß machen. TASS-Erklärung], in: Pravda, 12. 9. 1962

Posetiteli kremlёvskogo kabineta N. S. Chruščёva [Die Besucher von Chruščёvs Amtszimmer im Kreml], in: Istočnik, 4/2003 (64), S. 51–112

Selvage, Douglas, Khrushchev's November 1958 Berlin Ultimatum: New Evidence from the Polish Archives, in: Cold War International History Bulletin, 11 (1998), S. 200–203

Zapis' besedy N. S. Chruščëva s rukovodjaščimi dejateljami CK KPČ i pravitel'stva Čechoslovakii [Niederschrift des Gespräch von N. S. Chruščëv mit den führenden Politikern des ZK der KPČ und der Regierung der Tschechoslowakei], 1. 6. 1961, in: Istočnik, 3/1998 (34), S. 85–97

Dokumentensammlungen

Abramova, Ju. A. (Hrsg.), Zapiski N. S. Chruščëva o voennoj reforme 1959 g. [Aufzeichnungen N. S. Chruščëvs zur Militärreform 1959], in: Istoričeskij archiv, 3/1998, S. 60–69

[Chruščëv-Dokumente aus den Jahren 1954–1964, Abdruck ohne Überschrift], in: Istočnik, 6/2003 (66), S. 9–205

Die sowjetische Außenpolitik. Akten und Dokumente des Obersten Sowjets der UdSSR 1956–1962, Moskau 1962

Documents on Germany 1944–1985, Department of State Publication 9446, Washington 1985

Dokumente zur Deutschlandpolitik, III. Reihe, Band 4/Drittelbände 1–3 (1. 1.–9. 11. 1958), hrsg. vom Bundesministerium für Gesamtdeutsche Fragen, Frankfurt/Main–[West-]Berlin 1969, IV. Reihe, Bände 1–9 (10. 11. 1958–31. 12. 1963), hrsg. vom Bundesministerium für Innerdeutsche Beziehungen, Frankfurt/Main–[West-]Berlin 1971–1978

Foreign Relations of the United States (FRUS), Series 1958–1960: Bände VIII (Berlin Crisis 1958–1959), IX (Berlin Crisis 1959–1960; Germany; Austria), X (Eastern Europe; Soviet Union; Cyprus); Series 1961–1963: Bände V (Soviet Union), VI (Kennedy-Khrushchev Exchanges), XIV (Berlin Crisis 1961–1962), XV (Berlin Crisis 1962–1963)

Freundschaft DDR–UdSSR. Dokumente und Materialien, [Ost-]Berlin 1965

Fursenko, A. A. (Hrsg.), Archivy Kremlja. Prezidium CK KPSS 1954–1964. Černovye protokol'nye zapisi zasedanij. Stenogrammy [Die Archive des Kreml. Das Präsidium des ZK der KPdSU 1954–1964. Manuskripte von Sitzungsprotokollniederschriften. Stenogramme], Moskau 2003

Heidelmeyer, Wolfgang/Hindrichs, Günter (Bearb.), Dokumente zur Berlin-Frage 1944–1962. Mit einem Vorwort von Willy Brandt, München 1962

Mastny, Vojtech/Byrne, Malcolm, A Cardboard Castle? An Inside History of the Warsaw Pact, 1955–1991, Budapest–New York 2005

Meissner, Boris (Hrsg.), Die deutsche Ostpolitik 1961–1970. Kontinuität und Wandel, Köln 1970

Ministerstvo inostrannych del SSSR/Ministerstvo inostrannych del GDR [Ministerien für Auswärtige Angelegenheiten der UdSSR und der DDR] (Hrsg.), SSSR–GDR. 30 let otnošenij 1949–1979. Dokumenty i materialy [UdSSR–DDR. 30 Jahre Beziehungen 1949–1979. Dokumente und Materialien], Moskau 1981

Očerki istorii rossijskoj vnešnej razvedki [Umrisse der Geschichte der russischen Auslandsaufklärung], Bd. 5: 1945–1965, Moskau 2003

„Okazat' nezamedlitel'nuju pomošč'". Postanovki Prezidiuma CK KPSS ob ekonomičeskich svjazjach s GDR. 1961g. [„Unverzügliche Hilfe leisten". Die Beschlüsse des Präsidiums des ZK der KPdSU über wirtschaftliche Verbindungen zur DDR. 1961], in: Istoričeskij archiv, 1/1998, S. 36–62

Reiman, Michal/Luňák, Petr (Hrsg.), Studená válka 1954–1964. Sovětské dokumenty v českých archivech [Der Kalte Krieg 1954–1964. Sowjetische Dokumente in tschechischen Archiven], Brünn 2000

The Berlin Crisis 1958–1962. National Security Archive documents published by Chadwick-Healey on microfiche

Uhl, Matthias/Wagner, Armin (Hrsg.), Ulbricht, Chruschtschow und die Mauer. Eine Dokumentation. Schriftenreihe der Vierteljahrshefte für Zeitgeschichte, München 2003

Erinnerungsliteratur

Adžubej, Aleksej, Te desjat' let [Diese zehn Jahre], Moskau 1989

Aleksandrov-Agentov, A. M., Ot Kollontaj do Gorbačëva. Vospominanija diplomata, sovet-nika A. A. Gromyko, pomoščnika L. I. Brežneva, Ju. V. Andropova, K. U. Černenko i M. S. Gorbačëva [Von (Madame) Kollontaj bis zu Gorbatschow. Die Erinnerungen des Diplomaten und Beraters von L. I. Breshnew, Ju. V. Andropow, K. U. Tschernenko und M. S. Gorbatschow], Moskau 1994

Ausland, John C., Kennedy, Khrushchev, and the Berlin Crisis 1961–1964, Oslo 1996

Bernštejn, A. I., S čego načinalas' berlinskaja stena [Womit die Berliner Mauer begann], in: Voenno-istoričeskij archiv, 12/2003 (48), S. 39–43

Bogomolow, Alexander, Ohne Protokoll. Amüsantes und Bitteres aus der Arbeit eines so-wjetischen Diplomaten in Deutschland, Berlin 1999

Bol'šakov, G., Gorjačaja linija. Kak dejstvoval sekretnyj kanal Džon Kennedi – Nikita Chruščëv [Der heiße Draht. Wie der geheime Kanal John Kennedy–Nikita Chruščëv funktionierte], in Novoe vremja, 20. 1. 1989, S. 38–40

Burlatsky, Fedor, Khrushchev and the First Russian Spring. The Era of Khrushchev Through the Eyes of His Advisor, New York 1988

Chruščëv, Nikita Sergeevič, Memuary [Memoiren], in: Meždunarodnaja žizn', 10/1993, S. 47–90

Chruščëv, N. S., Vremja, ljudi, vlast' [Zeit, Menschen, Macht], Bd. 4, Moskau 1999

Chruščëv, Sergej, Nikita Chruščëv: Krizisy i rakety. Vzgljad iznutri [Nikita Chruščëv: Krisen und Raketen. Der Blick von innen], Bd. 1, Moskau 1994 (deutsche Übersetzung: Chruschtschow, Sergej, Die Geburt einer Supermacht. Ein Buch über meinen Vater, Klitzschen 2003)

Chruščëv, Sergej, Roždenie sverchderžavy. Kniga ob otce [Die Geburt einer Supermacht. Ein Buch über den Vater], Moskau 2000

Chruščëv, S., Kubinskij raketnyj krizis. Sobytija počti vyšli iz-pod kontrolja Kremlja i Belogo doma [Die Kuba-Raketenkrise. Die Geschehnisse entglitten fast der Kontrolle des Kreml und des Weißen Hauses], in: Meždunarodnaja žizn', 5/2002, S. 57–79

Dubinin, Ju. V., O Šarle de Golle [Über Charles de Gaulle], in: Novaja i novejšaja istorija, 1/2001, S. 70–78

Falin, V. M., Bez skidok na obstojatel'stva: Političeskie vospominanija [Ohne Rücksicht auf [jetzige] Umstände: Politische Erinnerungen], Moskau 1999

Grewe, Wilhelm G., Rückblenden. Aufzeichnungen eines Augenzeugen deutscher Außen-politik von Adenauer bis Schmidt, Frankfurt/Main–[West-]Berlin–Wien 1979

Gribkov, Anatolij, Sud'ba Varšavskogo Dogovora: Vospominanija, dokumenty, fakty, Moskau 1998 (deutsche Ausgabe: Gribkow, Anatoli, Der Warschauer Pakt. Geschichte und Hintergrund des östlichen Militärbündnisses, Berlin 1995)

Grinevskij, O., Na Smolenskoj Ploščadi v 1950-ch godach [Am Smolensker Platz (im Außenministerium der UdSSR) in den 1950er Jahren], in: Meždunarodnaja žizn', 11/1994, S. 120–126

Grinevskij, Oleg, Berlinskij krizis 1958–1959gg. [Die Berlin-Krise 1958–1959], in: Zvezda, 2/1996, S. 126–156

Grinevskij, Oleg, Tysjača odin den' Nikity Sergeeviča [Die 1001 Tage des Nikita Sergeevič], Moskau 1998

Guk, Sergej, Pri otkrytych granicach my ne smožem tjagat'sja s kapitalizmom [Bei offenen Grenzen werden wir mit dem Kapitalismus nicht mithalten können (Aussage von Viktor N. Beleckij, der das berichtete Gespräch Chruščëvs mit Ulbricht dolmetschte, während eines Interviews)], in: Izvestija, 29. 9. 1992

Häber, Herbert, Die Deutschlandpolitik der SED (mit folgender Diskussion), in: Hübsch, Reinhard (Hrsg.), „Hört die Signale!" Die Deutschlandpolitik von KPD/SED und SPD 1945–1970, Berlin 2002, S. 79–105

Kornienko, G. M., Novoe o karibskom krizise [Neues über die Krise in der Karibik], in: Novaja i novejšaja istorija, 3/1991, S. 77–92

Kornienko, G. M.; Upuščennaja vozmožnost'. Vstreča N. S. Chruščëva i Dž. Kennedi v Vene v 1961g. [Eine versäumte Gelegenheit. Das Treffen von N. S. Chruščëv und J. Kennedy in Wien 1961], in: Novaja i novejšaja istorija, 2/1992, S. 97–106

Kornienko, G. M., Cholodnaja vojna. Svidetel'stvo ego učastnika [Der Kalte Krieg. Zeugnis eines daran Beteiligten], Moskau 1995

Julij Kvicinskij, Vremja i slučaj. Zametki professionala [Zeit und Begebenheit. Die Bemerkungen eines Profi], Moskau 1999 (deutsche Übersetzung: Kwizinskij, Julij A., Vor dem Sturm. Erinnerungen eines Diplomaten, Berlin 1993)

Men'šikov, M. A., S vintovkoj i vo frake [Mit dem Gewehr und im Frack], Moskau 1996

Mikojan, Anastas, Tak bylo [So war es], Moskau 1990

Osterheld, Horst, „Ich gehe nicht leichten Herzens …". Adenauers letzte Kanzlerjahre – ein dokumentarischer Bericht, Mainz 1987 (2. Aufl.)

Plück, Kurt, Der schwarz-rot-goldene Faden. Vier Jahrzehnte erlebter Deutschlandpolitik, Bonn 1996

Suchodrev, V., Jazyk moj – drug moj. Ot Chruščëva do Gorbačëva [Meine Sprache – mein Freund. Von Chruschtschow bis Gorbatschow], Moskau 1999

Trojanovskij, Oleg, Čerez gody i rasstojanija. Istorija odnoj sem'i [Über Jahre und Entfernungen hinweg. Die Geschichte einer Familie], Moskau 1997

Trojanovskij, Oleg, Karibskij krizis – vzgljad iz Kremlja [Die Krise in der Karibik – Blick aus dem Kreml], in: Meždunarodnaja žizn', 3–4/1992, S. 169–180

Sekundärliteratur

Adomeit, Hannes, Imperial Overstretch. Germany in Soviet Policy from Stalin to Gorbachev, Baden-Baden 1998

Alisch, Steffen, Berlin–Berlin. Die Verhandlungen zwischen Beauftragten des Berliner Senats und Vertretern der DDR-Regierung zu Reise- und humanitären Fragen 1961–1972, Arbeitspapier des Forschungsverbundes SED-Staat, Nr. 31/2000

Alisch, Steffen, „Die Insel sollte sich das Meer nicht zum Feind machen!" Die Berlin-Politik der SED zwischen Bau und Fall der Mauer, Stamsried 2004

Arenth, Joachim, Der Westen tut nichts! Transatlantische Kooperation während der zweiten Berlin-Krise (1958–1962) im Spiegel neuer amerikanischer Quellen, Frankfurt/Main–Berlin–Bern 1993

Ashton, Nigel J., Kennedy, Macmillan, and the Cold War. The Irony of Interdependence, New York 2002

Berghe, Yvan Vanden, Der Kalte Krieg 1917–1991, Leipzig 2002

Beschloss, Michael R., Mayday, Eisenhower, and the U-2 Affair, New York 1986

Beschloss, Michael R., The Crisis Years. Kennedy and Khrushchev, 1960–1963, New York 1991 (deutsche Übersetzung: Powergame. Kennedy und Chruschtschow. Die Krisenjahre 1960–1963, Düsseldorf 1991)

Biermann, Harald, John F. Kennedy und der Kalte Krieg. Die Außenpolitik der USA und die Grenzen der Glaubwürdigkeit, Paderborn 1997

Biermann, Harald, Die Kuba-Krise: Höhepunkt oder Pause im Kalten Krieg? in: Historische Zeitschrift, Bd. 273 (2001), S. 638–648

Birke, Adolf M., Nation ohne Haus. Deutschland 1945–1961, Berlin 1989

Bispinck, Henrik, „Republikflucht". Flucht und Ausreise als Problem für die DDR-Führung, in: Hoffmann, Dierk/Schwartz, Michael/Wentker, Hermann (Hrsg.), Vor dem Mauerbau. Politik und Gesellschaft der DDR in den fünfziger Jahren, München 2003, S. 285–309

Bremen, Christian, Die Eisenhower-Administration und die zweite Berlin-Krise 1958–1961, Berlin 1996

Burr, William, Avoiding the Slippery Slope. The Eisenhower Administration and the Berlin Crisis, November 1958–January 1961, in: Diplomatic History, 1994, S. 177–205

Catudal, Honoré M., Kennedy and the Berlin Wall Crisis. A Case Study in U.S. Decision Making, [West-]Berlin 1981

Diedrich, Torsten/Ehlert, Hans/Wenzke, Rüdiger (Hrsg.), Im Dienste der Partei. Handbuch der bewaffneten Organe der DDR, Berlin 1998

Dockrill, Michael L., The Cold War, 1945–1963, Basingstoke 1988

Engelmann, Roger, Aufbau und Anleitung der ostdeutschen Staatssicherheit durch sowjetische Organe 1949–1959, in: Andreas Hilger/Mike Schmeitzner/Ute Schmidt (Hrsg.), Diktaturdurchsetzung. Instrumente und Methoden der kommunistischen Machtsicherung in der SBZ/DDR 1945–1955, Berichte und Studien [des Hannah-Arendt-Instituts für Totalitarismusforschung] Nr. 35, Dresden 2001, S. 55–64

Evangelista, Matthew, „Why Keep Such an Army?“: Khrushchev's Troop Reductions, Cold War International History Project, Working Paper Nr. 19, Washington 1997

Filitov, Alexei, The Soviet Policy and Early Years of Two German States 1949–1961, unveröffentlichtes Manuskript

Filitov, A. M., Sovetskij Sojuz i „novaja vostočnaja politika“ FRG [Die Sowjetunion und die „neue Ostpolitik“ der BRD], in: Cholodnaja vojna i politika razrjadki: diskussionnye problemy [Der Kalte Krieg und die Politik der Entspannung: Diskussionsprobleme], Bd. 1, hrsg. vom Institut für allgemeine Geschichte der Russischen Akademie der Wissenschaften, Moskau 2003, S. 163–186

Fursenko, A. A., Kak byla postroena berlinskaja stena [Wie die Berliner Mauer gebaut wurde], in: Istoričeskie zapiski, 4/2001 (122), S. 73–90

Fursenko, Aleksandr/Naftali, Timothy, „One Hell of a Gamble“. Khrushchev, Castro and Kennedy 1958–1964, New York–London 1997

Gearson, John P. S., Harold Macmillan and the Berlin Wall Crisis, 1958–62. The Limits of Interests and Force, Houndmills–London 1998

Gelb, Norman, The Berlin Wall: Kennedy, Khrushchev, and a Showdown in the Heart of Europe, New York 1986

Geyer, David C./Schaefer, Bernd (Hrsg.), American Détente and German Ostpolitik, 1969–1972. Supplement to the Bulletin of the German Historical Institute No. 1, Washington/DC 2004

Giglio, James, The Presidency of John F. Kennedy, Lawrence/KS 1991

Gotto, Klaus, Adenauers Deutschland- und Ostpolitik 1954–1963, in: Rudolf Morsey/Konrad Repgen (Hrsg.), Adenauer-Studien III. Untersuchungen und Dokumente zur Ostpolitik und Biographie, Mainz 1974, S. 35–40

Harrison, Hope M., The bargaining power of weaker allies in bipolarity and crisis: The dynamics of Soviet-East German relations, 1953–1961, Diss. Columbia University 1993, UMI Ann Arbor (Order Number 9412767)

Harrison, Hope M., Ulbricht and the Concrete „Rose“. New archival evidence on the dynamics of Soviet-East German relations and the Berlin Crisis, 1958–1961. Cold War International History Project, Working Paper Nr. 5, Washington/D.C. 1993 [mit Dokumentenanhang]

Harrison, Hope M., Ulbricht, Khrushchev, and the Berlin Wall, 1958–1961, in: Gustav Schmidt (Hrsg.), Ost-West-Beziehungen. Konfrontation und Détente 1945–1989, Band 2, Bochum 1993, S. 333–348

Charrison [Harrison], Ch. [H.], Politika Sovetskogo Sojuza i Vostočnoj Germanii v period berlinskogo krizisa 1958–1961gg.: novye archivnye dokumenty iz Moskvy i Vostočnogo Berlina [Die Politik der Sowjetunion und Ostdeutschlands in der Periode der Berlin-Krise 1958–1961: Neue Archivdokumente aus Moskau und Ost-Berlin], in: Narinskij, M. M. (Hrsg.), Cholodnaja vojna. Novye podchody, novye dokumenty [Der Kalte Krieg. Neue (Forschungs-)Ansätze, neue Dokumente], Moskau 1995, S. 275–293

Harrison, Hope M., Die Berlin-Krise und die Beziehungen zwischen der UdSSR und der DDR, in: Wettig, Gerhard (Hrsg.), Die sowjetische Deutschland-Politik in der Ära Adenauer, Rhöndorfer Gespräche Band 16, Bonn 1997, S. 105–122

Harrison, Hope M., The Berlin Crisis and the Khrushchev-Ulbricht Summits in Moscow, 9 and 18 June 1959, in: Cold War International History Project Bulletin 11 (Winter 1998), S. 204–217

Harrison, Hope M., Driving the Soviets Up the Wall. A Super-Ally, a Superpower, and the Building of the Berlin Wall, 1958–1961, in: Cold War History 1 (2000), S. 53–74

Harrison, Hope M., Driving the Soviets Up the Wall. Soviet-East German Relations 1953–1961, Princeton/NJ–Oxford 2003

Hertle, Hans-Hermann/Jarausch, Konrad H./Kleßmann, Christoph (Hrsg.), Mauerbau und Mauerfall. Ursachen – Verlauf – Auswirkungen, Berlin 2002

Hinrichsen, Hans-Peter, Das Krisenmanagement der USA und UdSSR auf dem Höhepunkt der 2. Berlin-Krise, in: Historische Mitteilungen 2 (1989), S. 117–177

Ihme-Tuchel, Beate, Das „nördliche Dreieck". Die Beziehungen zwischen der DDR, der Tschechoslowakei und Polen in den Jahren 1954 bis 1962, Köln 1994

Jochum, Michael, Eisenhower und Chruschtschow. Gipfeldiplomatie im Kalten Krieg 1955–1960, Paderborn 1996

Kondraschow, Sergej A., Über die Mauer, deren Grundlage und das Urteil der Völker, in: Timmermann, Heiner (Hrsg.), Die DDR zwischen Mauerbau und Mauerfall. Dokumente und Schriften der Europäischen Akademie Otzenhausen, Münster 2003, S. 575–581

Kramer, Mark, The USSR Foreign Ministry's Appraisal of Sino-Soviet Relations on the Eve of the Split, September 1959, in: Cold War International History Project Bulletin, Heft 6–7 (Winter 1995/1996), S. 170–185

Kunze, Gerhard, Grenzerfahrungen. Kontakte und Verhandlungen zwischen dem Land Berlin und der DDR 1949–1989, Berlin 1999

Küsters, Hanns Jürgen, Adenauer und Brandt in der Berlin-Krise 1958–1963, in: Vierteljahrshefte für Zeitgeschichte 40 (1992), S. 483–542

Laboor, Ernst, Der Rapacki-Plan. Realistische Friedensidee oder Kampfplan gegen Bonn? Die Sicht Warschaus, Moskaus und [Ost-]Berlins, Hefte zur DDR-Geschichte 11, Berlin 1993

Larres, Klaus, Eisenhower, Dulles und Adenauer: Bündnis des Vertrauens oder Allianz des Mißtrauens? (1953–1961), in: Larres, Klaus/Opelland, Torsten (Hrsg.), Deutschland und die USA im 20. Jahrhundert. Geschichte der politischen Beziehungen, Darmstadt, S. 119–150

Lemke, Michael, Kampagnen gegen Bonn. Die Systemkrise der DDR und die West-Propaganda der SED 1960–1963, in: Vierteljahrshefte für Zeitgeschichte, 2/1993 (41), S. 153–174

Lemke, Michael, Die Berlinkrise 1958 bis 1963. Interessen und Handlungsspielräume der SED im Ost-West-Konflikt, Berlin 1995

Lemke, Michael, Die SED und die Berlin-Krise 1958 bis 1963, in: Wettig, Gerhard (Hrsg.), Die sowjetische Deutschland-Politik in der Ära Adenauer, Rhöndorfer Gespräche Band 16, Bonn 1997, S. 123–137

Lemke, Michael, Sowjetische Interessen und ostdeutscher Wille. Divergenzen zwischen den Berlinkonzepten von SED und UdSSR in der Expositionsphase der zweiten Berlinkrise, in: Burghard Ciesla/Michael Lemke/Thomas Lindenberger (Hrsg.), Sterben für Berlin? Die Berliner Krisen 1948 : 1958, Berlin 2000, S. 203–210

Lemke, Michael, Einheit oder Sozialismus? Die Deutschlandpolitik der SED 1949–1961, Köln 2001

Lemke, Michael, Ein Ausweg aus der Krise? Der Plan einer ostdeutsch-sowjetischen Wirtschaftsgemeinschaft als Systemkonkurrenz zum innerdeutschen Handel 1960–1964, in: Heiner Timmermann (Hrsg.), Die DDR zwischen Mauerbau und Mauerfall. Dokumente und Schriften der Europäischen Akademie Otzenhausen, Münster 2003, S. 248–265

Major, Patrick, Torschlußpanik und Mauerbau. „Republikflucht" als Symptom der zweiten Berlinkrise, in: Burghard Ciesla/Michael Lemke/Thomas Lindenberger (Hrsg.), Sterben für Berlin? Die Berliner Krisen 1948 : 1958, Berlin 2000, S. 221–243

Mastny, Vojtech, The History of Cold War Alliances, in: Journal of Cold War Studies, 4. Jg., H. 2 (Frühjahr 2002), S. 55–58

Mauer, Victor, Macmillan und die Berlin-Krise, in: Vierteljahrshefte für Zeitgeschichte 44 (1996), S. 229–256

Mayer, Frank A., Adenauer und Kennedy: A Study in German-American Relations, 1961–1963, Houndmills–London 1996

McAdams, A. James, Germany Divided. From the Wall to Reunification, Princeton/NJ 1993

Mehls, Hartmut (Hrsg.), Im Schatten der Mauer. Dokumente 12. August bis 29. September 1961, Berlin 1990

Menning, Bruce W., The Berlin Crisis of 1961 from the Perspective of the Soviet General Staff, in: William W. Epley (Hrsg.), International Cold War Military Records and History. Proceedings of the International Conference on Cold War Military Records and History Held in Washington, D.C., 21–26 March 1994, Washington, D.C., 1996, S. 49–62

Münger, Christof, Ich bin ein Berliner. Der Wandel der amerikanischen Berlinpolitik während der Präsidentschaft John F. Kennedys. Zürcher Beiträge zur Sicherheitspolitik und Konfliktforschung Band 49, Zürich 1999

Münger, Christof, Kennedy, die Berliner Mauer und die Kubakrise. Die westliche Allianz in der Zerreißprobe 1961–1963, Paderborn 2003

Mußgnug, Dorothee, Alliierte Militärmissionen in Deutschland 1946–1990, Berlin 2001

Nakath, Detlef, Zur politischen Bedeutung des Innerdeutschen Handels in der Nachkriegszeit (1948/49–1960), in: Christoph Buchheim (Hrsg.), Wirtschaftliche Folgelasten des Krieges in der SBZ/DDR, Baden-Baden 1995, S. 221–244

Nakath, Detlef, Von der Konfrontation zum Dialog. Zum Wandel des Verhältnisses zwischen beiden deutschen Staaten, in: Aus Politik und Zeitgeschichte. Beilage zur Wochenzeitung „Das Parlament", B 45/2003, 3. 11. 2003, S. 40–46

Novik, F. I.: SSSR i načalo berlinskogo krizisa [Die UdSSR und der Beginn der Berlin-Krise], in: Tupolev, B. M. (Red..), Rossija in Germanija. Rußland und Deutschland, hrsg. von der Russischen Akademie der Wissenschaften, Institut für allgemeine Geschichte, Band 3, Moskau 2004, S. 331–345

Opelland, Thomas, Gerhard Schröder (1910–1989), Düsseldorf 2002

Orlov, A., Tajnaja bitva sverchderžav [Die geheime Schlacht der Supermächte], Moskau 2000

Otto, Wilfriede, 13. August 1961 – eine Zäsur der europäischen Nachkriegsgeschichte, in: Beiträge zur Geschichte der Arbeiterbewegung, 1/1997, S. 40–74

Pöttering, Hans-Gert, Adenauers Sicherheitspolitik 1955–1963. Ein Beitrag zum deutschamerikanischen Verhältnis, Düsseldorf 1975

Reeves, Richard, President Kennedy. Profile of Power, New York–London 1993

Rschewski, Juri, Westberlin – ein Gebilde sui generis, Moskau o.D. [1966/67]

Rupieper, Hermann-J., Auswirkungen der Berlin- und Kubakrise auf die Strategie der UdSSR und der USA in der weiteren Blockkonfrontation, in: Filippovych, Dimitrij N./ Uhl, Matthias (Hrsg.), Vor dem Abgrund. Die Streitkräfte der USA und der UdSSR sowie ihrer deutschen Bündnispartner in der Kubakrise, München 2005, S. 121–131

Ruchniewicz, Krzysztof, Entspannung in Deutschland und Europa? Die DDR und der Rapacki-Plan, in: Deutschland Archiv, 4/2002, S. 595–605

Schecter, Jerrold/Deriabin, Peter, The Spy Who Saved the World. How a Soviet Colonel Changed the Course of the Cold War, New York 1992 (deutsche Übersetzung: Die Penkovskij-Akte. Der Spion, der den Frieden rettete, Berlin 1993)

Schmidt, Karl-Heinz, Dialog über Deutschland. Studien zur Deutschlandpolitik von KPdSU und SED (1960–1979), Baden-Baden 1998

Schwarz, Hans-Peter, Adenauer, Bd. 2: Der Staatsmann, Stuttgart 1991

Smith, Jean Edward, The Defense of Berlin, Baltimore/MD 1963 (deutsche Übersetzung: Der Weg ins Dilemma. Preisgabe und Verteidigung der Stadt Berlin, [West-]Berlin 1965)

Smith, Jean Edward, Lucius D. Clay, New York 1990

Smyser, W. R., From Yalta to Berlin. The Cold War Struggle Over Germany, Houndmills–London 1999

Sowart, Ralph, Planwirtschaft und die „Torheit der Regierenden". Die „ökonomische Hauptaufgabe" der DDR vom Juli 1958, in: Jahrbuch für Historische Kommunismusforschung, 1999, S. 157–190

Steiner, André, Politische Vorstellungen und ökonomische Probleme im Vorfeld der Errichtung der Berliner Mauer. Briefe Walter Ulbrichts an Nikita Chruschtschow, in: Hartmut Mehringer (Hrsg.), Von der SBZ zur DDR. Studien zum Herrschaftssystem in der Sowjetischen Besatzungszone und in der Deutschen Demokratischen Republik. Sondernummer Schriftenreihe der Vierteljahrshefte für Zeitgeschichte, München 1995, S. 233–268 [mit Dokumenten]

Steiner, André, Vom Überholen eingeholt. Zur Wirtschaftskrise 1960/61 in der DDR, in: Burghard Ciesla/Michael Lemke/Thomas Lindenberger (Hrsg.), Sterben für Berlin? Die Berliner Krisen 1948 : 1958, Berlin 2000, S. 245–265

Steininger, Rolf, Der Mauerbau. Die Westmächte und Adenauer in der Berlinkrise 1958–1963, München 2001

Steininger, Rolf, Der Kalte Krieg, Frankfurt/Main 2003

Steininger, Rolf, Die Berlin-Krise und der 13. August 1961, in: Eppelmann, Rainer/Faulenbach, Bernd/Mählert, Ulrich (Hrsg.), Bilanz und Perspektiven der DDR-Forschung, Paderborn 2003, S. 60–68

Taubman, William, Khrushchev. The Man and his Era, New York–London 2003

Timmermann, Heiner (Hrsg.), 1961 – Mauerbau und Außenpolitik. Dokumente und Schriften der Europäischen Akademie Otzenhausen, Münster 2002

Trachtenberg, Marc, A Constructed Peace. The Making of the European Settlement 1945–1963, Princeton/NJ 1999

Uhl, Matthias, „Westberlin stellt also ein großes Loch inmitten unserer Republik dar". Die militärischen und politischen Planungen Moskaus und Ost-Berlins zum Mauerbau, in: Hoffmann, Dierk/Schwartz, Michael/Wentker, Hermann (Hrsg.), Vor dem Mauerbau. Politik und Gesellschaft in der der DDR der fünfziger Jahre. Sondernummer Schriftenreihe der Vierteljahrshefte für Zeitgeschichte, München 2003, S. 311–330

Vysockij [Pseudonym für Beleckij], V. N., Zapadnyj Berlin i ego mesto v sisteme sovremennych meždunarodnych otnošenij [West-Berlin und sein Platz im System der gegenwärtigen internationalen Beziehungen], Moskau 1971

Wagner, Armin, Walter Ulbricht und die geheime Sicherheitspolitik der SED. Der Nationale Verteidigungsrat der DDR und seine Vorgeschichte, Berlin 2002

Wenger, Andreas, Living with Peril. Eisenhower, Kennedy, and Nuclear Weapons, Lanham–Boulder–New York–Oxford 1997

Wenger, Andreas, Der lange Weg zur Stabilität. Kennedy, Chruschtschow und das gemeinsame Interesse der Supermächte am Status quo in Europa, in: Vierteljahrshefte für Zeitgeschichte, 1/1998 (46), S. 69–99

Wentker, Hermann, Die gesamtdeutsche Systemkonkurrenz und die durchlässige innerdeutsche Grenze. Herausforderung und Aktionsrahmen für die DDR in den fünfziger Jahren, in: Hoffmann, Dierk/Schwartz, Michael/Wentker, Hermann (Hrsg.), Vor dem Mauerbau. Politik und Gesellschaft in der DDR der fünfziger Jahre. Sondernummer Schriftenreihe der Vierteljahrshefte für Zeitgeschichte, München 2003, S. 59–74

Wettig, Gerhard, Die Sowjetunion, die DDR und die Deutschland-Frage 1965–1976. Einvernehmen und Konflikt im sozialistischen Lager, Stuttgart 1976

Wettig, Gerhard, Das Vier-Mächte-Abkommen in der Bewährungsprobe. Berlin im Spannungsfeld von Ost und West, [West-]Berlin 1982 (2. Aufl.)

Wettig, Gerhard, Die sowjetische Politik während der Berlinkrise 1958 bis 1962. Der Stand der Forschungen, in: Deutschland Archiv, 3/1997, S. 383–398

Wettig, Gerhard, Chruschtschow, der Wettbewerb der Systeme und das Problem der intersystemaren Informationsverbreitung, in: Zeitschrift für Geschichtswissenschaft, 4/2003, S. 318–333

Wettig, Gerhard, Der Stillstand im Ringen um Berlin: Ein Motiv Chruschtschows für die Stationierung der Raketen auf Kuba?, in: Filippovych, Dimitrij N./Uhl, Matthias (Hrsg.),

Vor dem Abgrund. Die Streitkräfte der USA und der UdSSR sowie ihrer deutschen Bündnispartner in der Kubakrise, München 2005, S. 1–9

Wetzlaugk, Udo, Berlin und die deutsche Frage, Köln 1985

Wilkens, Andreas, Der unstete Nachbar. Frankreich, die deutsche Ostpolitik und die Berliner Vier-Mächte-Verhandlungen 1969–1974, München 1990

Wyden, Peter, Die Mauer war unser Schicksal, Berlin 1995

Young, John Wilson, Coldwar Europe 1945–1991, London 1997

Zubok, Vladislav, Berlin Crisis, 1958–1962: New Evidence From Soviet Archives, Vorbereitungspapier für die Internationale Konferenz über den Kalten Krieg im Lichte sowjetischer Archivdokumente, 12.–15. 1. 1993

Zubok, Vladislav M., Khrushchev's Motives and Soviet Diplomacy in the Berlin Crisis 1958–1962, Arbeitspapier für die internationale wissenschaftliche Konferenz „The Soviet Union, Germany, and the Cold War, 1945–1962", Essen und Potsdam, 28. 6.–3. 7. 1994

Zubok, Vladislav, Der sowjetische Geheimdienst in Deutschland und die Berlinkrise 1958–1961, in: Krüger, Wolfgang/Weber, Jürgen (Hrsg.), Spionage für den Frieden? Nachrichtendienste in Deutschland während des Kalten Krieges, München–Landsberg/Lech 1997, S. 121–143

Zubok, Vladislav/Pleshakov, Constantine, Inside the Kremlin's Cold War. From Stalin to Khrushchev, Cambridge/MA–London 1996 (deutsche Übersetzung: Subok, Wladislaw/Pleshakow, Constantine, Der Kreml im Kalten Krieg. Von 1945 bis zur Kubakrise, Hildesheim 1997)

Zubok, V./Vodop'janova, Z., Sovetskaja diplomatija i berlinskij krizis (1958–1962gg.) [Die sowjetische Diplomatie und die Berlin-Krise (1958–1962)], in: Narinskij, M. M. (Hrsg.), Cholodnaja vojna. Novye podchody, novye dokumenty [Der Kalte Krieg. Neue (Forschungs-)Ansätze, neue Dokumente], Moskau 1995, S. 258–274

Personenregister

www.ingramcontent.com/pod-product-compliance
Lightning Source LLC
Chambersburg PA
CBHW030812100426
42814CB00002B/90